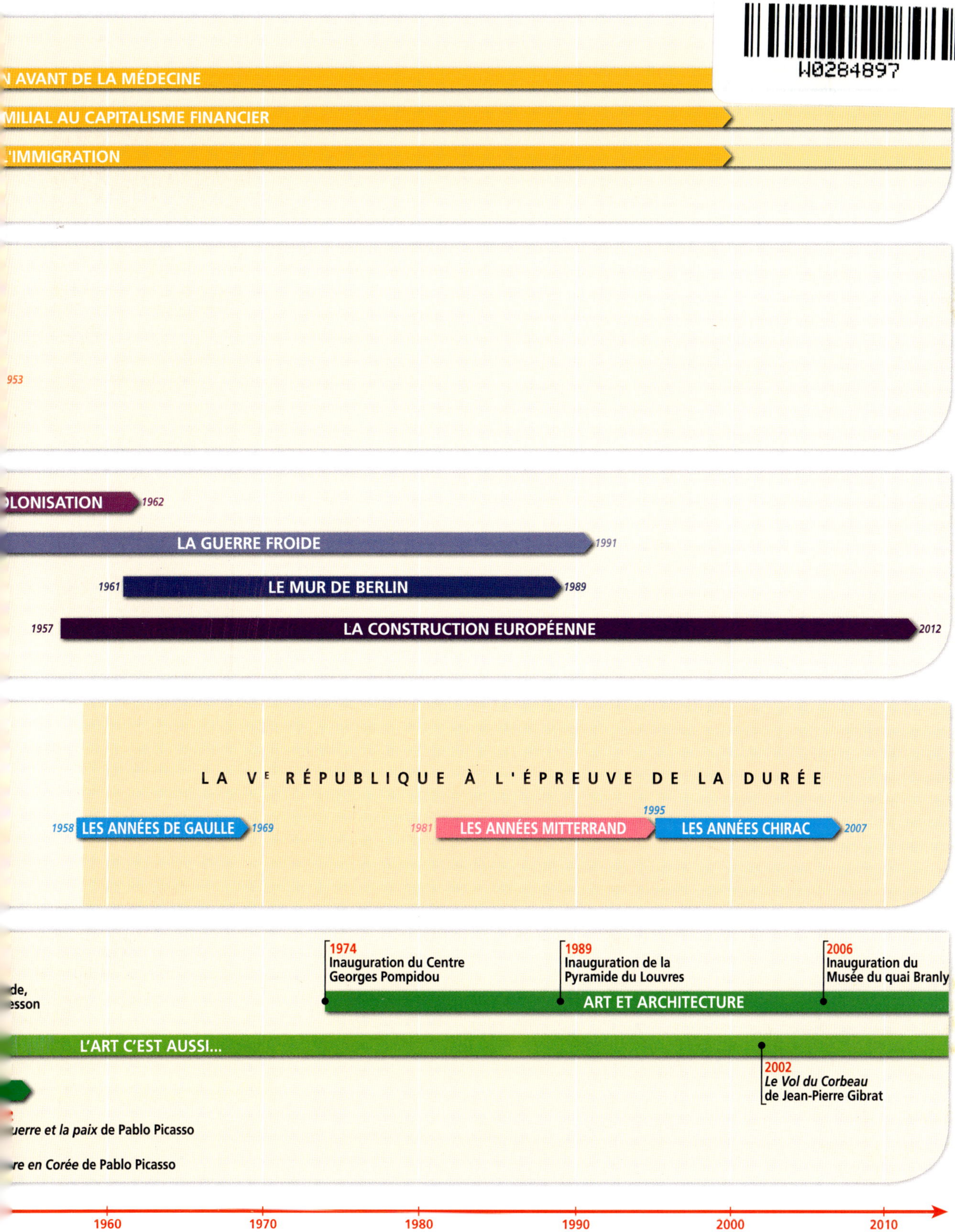

N AVANT DE LA MÉDECINE
MILIAL AU CAPITALISME FINANCIER
'IMMIGRATION
953
LONISATION 1962
LA GUERRE FROIDE 1991
1961 LE MUR DE BERLIN 1989
1957 LA CONSTRUCTION EUROPÉENNE 2012
LA Vᴱ RÉPUBLIQUE À L'ÉPREUVE DE LA DURÉE
1958 LES ANNÉES DE GAULLE 1969
1981 LES ANNÉES MITTERRAND
1995 LES ANNÉES CHIRAC 2007
1974 Inauguration du Centre Georges Pompidou
1989 Inauguration de la Pyramide du Louvres
2006 Inauguration du Musée du quai Branly
de,
esson
ART ET ARCHITECTURE
L'ART C'EST AUSSI...
2002 Le Vol du Corbeau de Jean-Pierre Gibrat
uerre et la paix de Pablo Picasso
re en Corée de Pablo Picasso
1960
1970
1980
1990
2000
2010

COLLEGE LES ORMEAUX

15, rue d'Estienne d'Orves – B.P. 87
92261 FONTENAY-AUX-ROSES Cedex
Tél. : 01 43 50 29 88

LIVRE PRÊTÉ

ÉTAT DU LIVRE

N : Neuf - **TB** : Très Bon - **B** : Bon
P : Passable

NOM ET PRÉNOM DE L'ÉLÈVE	CLASSE	ANNÉE SCOLAIRE	ÉTAT DU LIVRE

Réf. 514376 - **Berger Levrault** (9806) - Tél. : 03 83 38 83 83

HISTOIRE GÉOGRAPHIE

3e

Programme 2012

Sous la direction de

Rachid AZZOUZ et **Marie-Laure GACHE** (Académie de Créteil)

Nadine BOUETTE
Professeur au collège de la Durolle (Puy-de-Dôme)

Nathalie CHADEFAUD
Professeur au lycée de Chennevières-sur-Marne (Val-de-Marne)

Dominique DELMAS
Professeur au collège de Chennevières-sur-Marne (Val-de-Marne)

Frédéric FOULETIER
Professeur à la Cité scolaire internationale à Lyon (Rhône)

Patricia GÉRARDI
Professeur au collège Jean-Jacques Rousseau,
au Pré-Saint-Gervais (Seine-Saint-Denis)

Pascal JEZEQUEL
Formateur dans l'Académie de Créteil

Clarisse MAZIN
Professeur au collège Le parc à Aulnay-sous-bois (Seine-Saint-Denis)

Stéphanie PACOU
Professeur au lycée Honoré de Balzac à Mitry Mory (Seine-et-Marne)

Anne PHILIPPON
Professeur au micro-lycée de Sénart à Lieusaint (Seine-et-Marne)

Olivier PHILIPPON
Professeur au collège de Champigny-sur-Marne (Val-de-Marne)

Alexandre PLOYÉ
Formateur en Seine-Saint-Denis

Évelyne PONS-SOUMAH
Professeur à la Cité scolaire internationale à Lyon (Rhône)

Joëlle SALAZAR
Professeur au lycée Sonia Delauney à Vert-Saint-Denis (Seine-et-Marne)

Les auteurs et les éditions Magnard remercient vivement l'ensemble des relecteurs pour leurs remarques et leurs suggestions, ainsi que tous les enseignants qui ont participé aux études menées sur ce manuel.

MAGNARD

www.magnard.fr

Histoire

Sommaire

PARTIE I
Un siècle de transformations scientifiques, technologiques, économiques et sociales

Livret Brevet

▶ Au début de votre manuel

PARTIE II
Guerres mondiales et régimes totalitaires (1914-1945)

B2i

Dans chaque chapitre, un exercice B2i simple.

PARTIE III
Une géopolitique mondiale (depuis 1945)

PARTIE IV
La vie politique en France

Arts et histoire

Histoire des arts

Géographie

sommaire

PARTIE I
Habiter la France

PARTIE II
Aménagement et développement du territoire français

Cartes majeures du manuel

PARTIE III
La France et l'Union européenne

PARTIE IV
Le rôle mondial de la France et de l'Union européenne

Méthodes

Histoire

Géographie

Votre manuel et le socle commun

Socle

Ce tableau liste les compétences du livret personnel, susceptibles d'être évalués en histoire-géographie 3e grâce au manuel.

Palier 3

Domaines de compétences	Numéro des compétences	Pages
La maîtrise de la langue française	**1**	
Lire ➤ Repérer des informations dans un texte à partir d'éléments explicites et des éléments implicites nécessaires ➤ Dégager par écrit l'essentiel d'un texte lu ➤ Manifester par des moyens divers sa compréhension de textes variés	**1.1**	15, 45, 139, 155, 226, 256, 276, 290, 360
Écrire ➤ Rédiger un texte bref, cohérent et ponctué, en réponse à une question où à partir de consignes données ➤ Utiliser ses capacités de raisonnement, ses connaissances sur la langue, savoir faire appel à des outils variés pour améliorer son texte	**1.2**	23, 41, 55, 71, 97, 113, 125, 149, 163, 171, 181, 223, 242, 256, 276, 287, 290, 308, 343, 346, 360
Dire ➤ Développer de façon suivie un propos en public sur un sujet déterminé ➤ Participer à un débat, un échange verbal	**1.3**	139
La maîtrise des techniques usuelles de l'information et de la communication	**4**	
S'approprier un environnement numérique de travail ➤ Utiliser les logiciels et les services à disposition	**4.1**	243, 291
Créer, produire, traiter, exploiter des donnees ➤ Saisir et mettre en page un texte ➤ Organiser la composition du document, prévoir sa présentation en fonction de sa destination	**4.3**	257, 358, 361
S'informer, se documenter ➤ Identifier, trier et évaluer les ressources ➤ Chercher et sélectionner l'information demandée	**4.4**	25, 79, 98, 99, 139, 154, 172, 187, 197, 227, 243, 257, 277, 309, 347, 361
La culture humaniste	**5**	
Avoir des connaissances et des repères ➤ Relevant de l'espace (les grands ensembles physiques et humains et les grands types d'aménagements dans le monde, les principales caractéristiques géographiques de la France et de l'Europe) ➤ Relevant du temps (les différentes périodes de l'histoire de l'humanité – Les grands traits de l'histoire (politique, sociale, économique, littéraire, artistique, culturelle) de la France et de l'Europe) ➤ Relevant de la culture littéraire ➤ Relevant de la culture artistique ➤ Relevant de la culture civique	**5.1**	13, 14, 24, 41, 55, 71, 78, 93, 98, 105, 114, 125, 135, 149, 151, 154, 172, 186, 191, 196, 221, 226, 227, 251, 253, 256, 273, 276, 290, 305, 308, 346, 360

Palier 3

Domaines de compétences

	Numéro des compétences	Pages
La culture humaniste	**5**	
Situer dans le temps, l'espace, les civilisations ➤ Situer des évènements, des œuvres littéraires ou artistiques, des découvertes scientifiques ou techniques, des ensembles géographiques ➤ Identifier la diversité des civilisations, des langues, des sociétés, des religions ➤ Établir des liens entre les œuvres (littéraires, artistiques) pour mieux les comprendre ➤ Mobiliser ses connaissances pour donner du sens à l'actualité	**5.2**	13, 24, 44, 59, 78, 97, 115, 123, 126, 186, 191, 196, 223, 242, 343
Lire et pratiquer différents langages ➤ Lire et employer différents langages : textes – graphiques – cartes – images - musique ➤ Connaître et pratiquer diverses formes d'expression à visée littéraire ➤ Connaître et pratiquer diverses formes d'expression à visée artistique	**5.3**	14, 23, 25, 33, 77, 105, 115, 123, 127, 135, 138, 151, 169, 173, 221, 224, 240, 251, 253, 273, 274, 287, 288, 291, 306, 308, 347, 357
Faire preuve de sensibilité, d'esprit critique, de curiosité ➤ Être sensible aux enjeux esthétiques et humains d'un texte littéraire ➤ Être sensible aux enjeux esthétiques et humains d'une œuvre artistique ➤ Être capable de porter un regard critique sur un fait, un document, une œuvre ➤ Manifester sa curiosité pour l'actualité et pour les activités culturelles et artistiques	**5.4**	33, 45, 61, 77, 79, 93, 99, 113, 163, 169, 171, 173, 181, 242, 277, 309, 346
Les compétences sociales et civiques	**6**	
Connaitre les principes et fondements de la vie civique et sociale ➤ Principaux droits de l'Homme et du citoyen ➤ Valeurs, symboles, institutions de la République ➤ Règles fondamentales de la démocratie et de la justice ➤ Grandes institutions de l'Union européenne et rôle des grands organismes internationaux ➤ Rôle de la défense nationale ➤ Fonctionnement et rôle de différents médias	**6.1**	197, 305, 357
L'autonomie et l'initiative	**7**	
Être capable de mobiliser ses ressources intellectuelles et physiques dans diverses situations ➤ Être autonome dans son travail : savoir l'organiser, le planifier, l'anticiper, rechercher et sélectionner des informations utiles	**7.1**	78

➤ Retrouvez des exercices B2i pour valider les compétences

➤ Retrouvez un dossier ASSR / éducation civique sur le site élève www.3e.hgeleve.magnard.fr

CHAPITRE 1

Les grandes innovations scientifiques et technologiques

Comment les innovations scientifiques et technologiques ont-elles fait progresser la médecine au XXe siècle ?

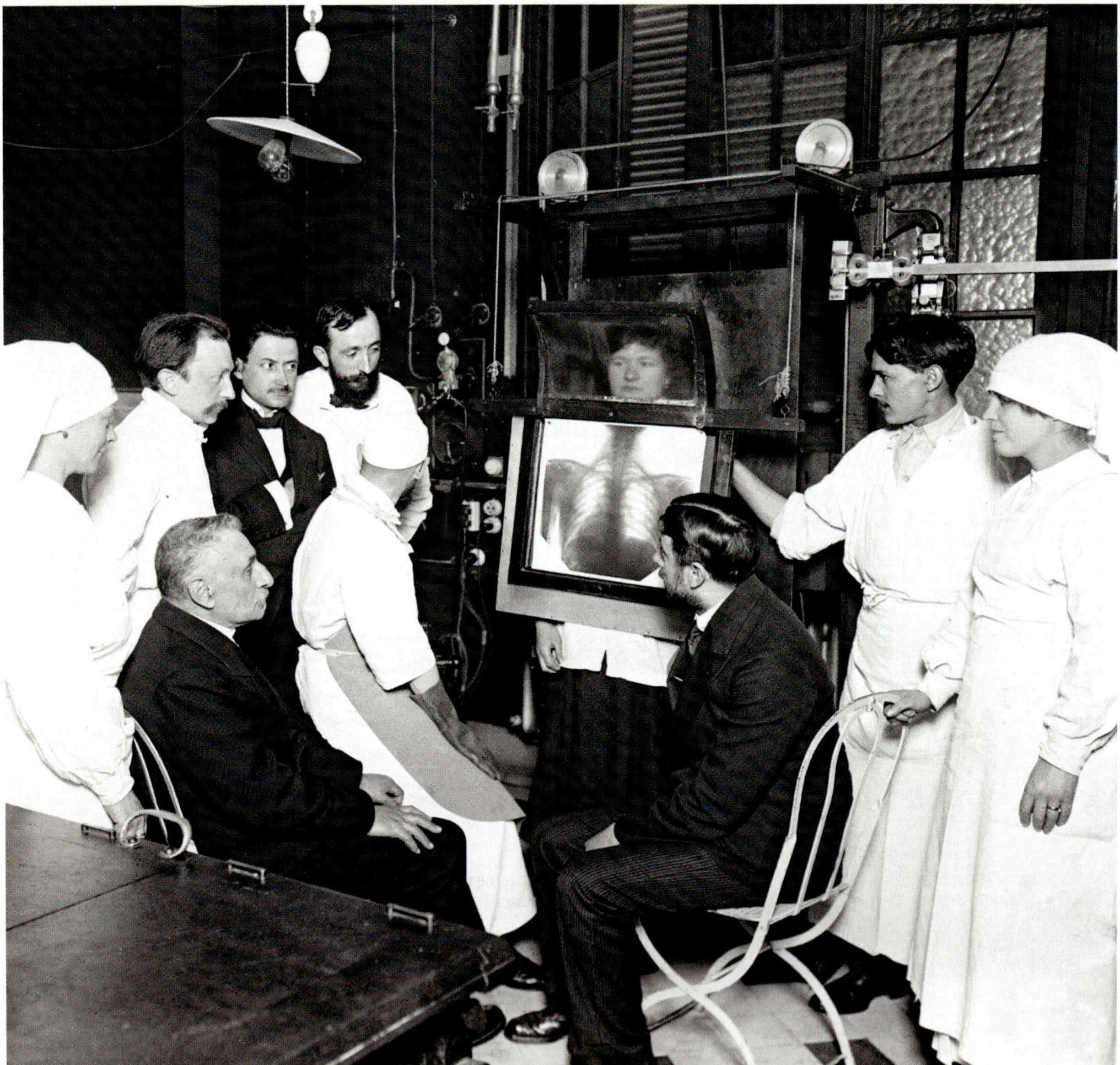

1 Radiographie des poumons en France vers 1910
Découverts en 1895 par l'allemand Wilhelm Röntgen, les rayons X premettent d'obtenir une image de l'intérieur du corps, projetée puis observée sur un écran fluorescent. Cet examen permet de poser des diagnostics, de plus en plus précis au XXe siècle, grâce au perfectionnement de la radiologie.

1914 **1re Guerre mondiale** 1918 — 1939 **2de Guerre mondiale** 1945

1925 — 1950 — 1975 — 2000

- **1914** Marie Curie, 1er service de radiologie mobile pour les blessés
- **1927** Vaccin du BCG
- **1928** Découverte de la pénicilline
- **1945** Création de la Sécurité sociale en France
- **1954** Première greffe de rein réussie
- **1960** Commercialisation de la pilule contraceptive aux États-Unis
- **1981** Premiers cas de SIDA identifiés
- **2004** Décryptage du génome humain

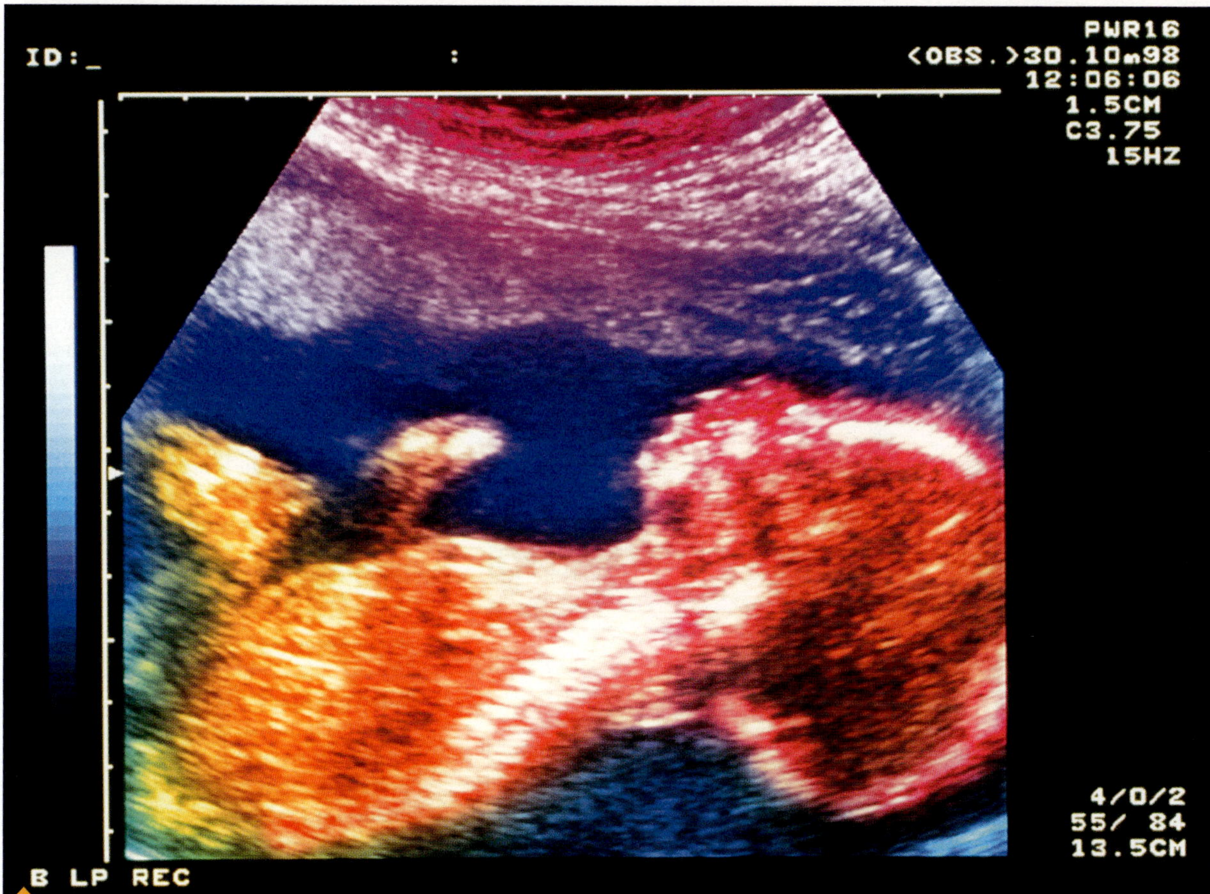

2 Échographie d'un fœtus en 2006
L'échographie est une image médicale réalisée à partir d'ultrasons et d'un système informatique qui interprète les données recueillies afin de visualiser l'image. Elle est utilisée pour contrôler l'évolution du fœtus pendant la grossesse.

Confronter les documents

1. Quel est l'objectif de ces examens ?
2. Présentez les deux techniques d'imagerie médicale utilisées.
3. Montrez que les progrès scientifiques et technologiques sont utilisés à la fois pour soigner, prévenir les maladies et accompagner les hommes et les femmes dans leur vie.

Un progrès de la médecine : les antibiotiques

Comment l'usage des antibiotiques au XXe siècle a-t-il permis aux hommes de mieux se soigner ?

En 1928, la découverte de la pénicilline par le scientifique Alexander Fleming donne naissance aux **antibiotiques**. Après des recherches aux États-Unis, cette **innovation** est d'abord utilisée pour soigner les soldats pendant la Seconde Guerre mondiale. Produits en masse à partir de 1945 par des industriels, les antibiotiques sont mis à la disposition des populations. Ils contribuent à l'augmentation de l'espérance de vie au XXe siècle.

A Une innovation scientifique majeure

1 Alexander Fleming dans son laboratoire
Alexander Fleming, microbiologiste britannique, découvre la pénicilline en 1928.

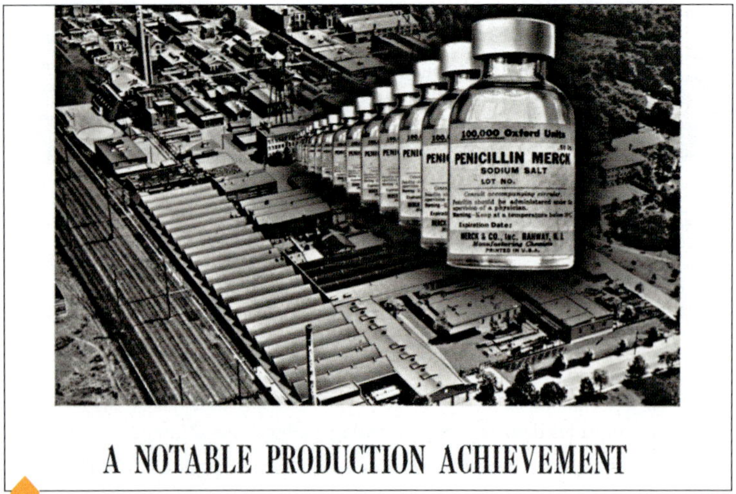

3 Une production industrielle
« Un aboutissement remarquable », publicité des laboratoires Merck (1945).

2 De la pénicilline aux antibiotiques

« Quant à la pénicilline, on sait que les propriétés bactéricides du petit champignon ont été découvertes par Alexander Fleming, un médecin britannique du St Mary Hospital de Londres. Mais Fleming a longtemps négligé les applications thérapeutiques du bactéricide[1] et ce sont deux chercheurs de l'Université d'Oxford, Howard Florey et Ernst Chain, qui réussissent à isoler le principe actif de la pénicilline grâce au soutien de la Fondation Rockefeller, puis à le purifier et à mener les premiers essais sur l'homme qui ont eu lieu en août 1940, c'est-à-dire en pleine bataille d'Angleterre. Ensuite, il revient aux programmes de guerre lancés aux États-Unis de permettre la mise au point d'un procédé de fabrication industrielle de pénicilline. En 1945, Chain, Fleming et Florey seront récompensés par le premier Nobel de médecine décerné après guerre. »

Jean-François Picard et Suzy Mouchet, *La Métamorphose de la médecine*, © PUF, 2009.

1. Applications destinées à soigner à partir de la pénicilline.

Vocabulaire

Antibiotiques : substances naturelles ou chimiques qui permettent de lutter contre des maladies (infections, bactéries).

Innovation : application industrielle et commerciale d'une invention.

Invention : découverte ou création.

B Une innovation scientifique qui soigne et sauve des vies

4 ***Enfant victime d'un bombardement recevant un traitement par la pénicilline* (1944)**
Huile sur toile d'Ethel Gabain (1944), 76,2 x 63,5 cm, Imperial War Museum, Londres.

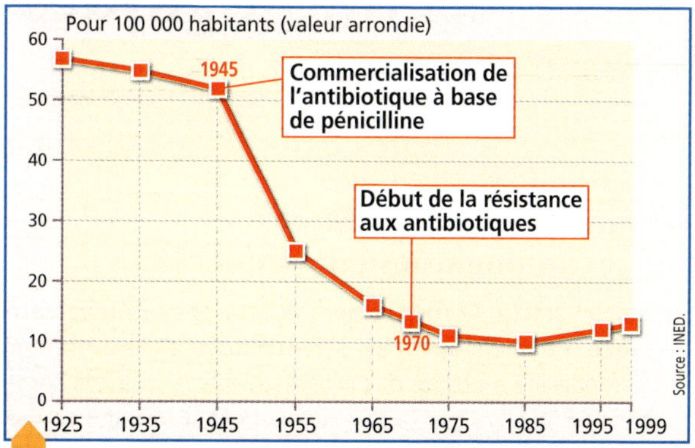

5 **La mortalité liée à la pneumonie (infection des poumons) en France (1925-1999)**

6 **La hausse de l'espérance de vie**

« L'espérance de vie moyenne est restée à 25 ans jusqu'en 1830. Entre 1830 et 1935, l'impact des mesures sanitaires augmente l'espérance de vie. Les antibiotiques (ainsi que l'alimentation et l'éducation à la santé) ont permis encore d'augmenter d'environ huit ans l'espérance de vie moyenne. »

M. Scaechter, G. Medoff, B. Eisenstein, *Microbiologies et pathologies infectieuses*, © De Boeck, 1993.

7 **Une campagne de sensibilisation en France**

A Une innovation scientifique majeure

1. Doc. 1 Que découvre Alexander Fleming en 1928 ?

2. Doc. 2 et 3 Comment cette découverte devient-elle un médicament pour tous ?

B Une innovation scientifique qui soigne et sauve des vies

3. Doc. 4 Où et quand se déroule la scène représentée par le peintre ? Comment sont utilisés ces antibiotiques ?

4. Doc. 4, 5 et 6 Quels sont les impacts de ce médicament sur les sociétés ? Comment évolue le taux de mortalité lié à la pneumonie ?

5. Doc. 5 et 7 Quelles sont les limites de ce médicament observées depuis les années 1970 ? Que révèle cette campagne sur les habitudes des Français ?

Bilan **DÉCRIRE ET EXPLIQUER**

À l'aide des documents, décrivez les progrès de la médecine à partir de la découverte de la pénicilline.

Aide à la rédaction

1. Le passage de l'invention scientifique à l'innovation de 1928 à 1945.
2. Les conséquences de l'utilisation de ce médicament dans les sociétés depuis 1945.
3. Les questions qui se posent sur l'utilisation de ce médicament depuis les années 1970.

Leçon

Les grandes innovations scientifiques et technologiques au service de la médecine

▷ **Comment les innovations scientifiques et technologiques dans le domaine médical ont-elles changé les sociétés ?**

A Innovations scientifiques et technologiques en médecine

- **Au XXe siècle, la médecine a connu des bouleversements grâce à des découvertes scientifiques et technologiques.** La médecine a profité des progrès d'autres sciences comme la biologie, la physique, la chimie ou la génétique, qui permettent de mieux connaître le fonctionnement du corps.
- **L'usage des rayons X** facilite les diagnostics et **la radiothérapie** permet de soigner certains cancers (doc. 1). Le recours aux échographies depuis les années 1970 permet un meilleur suivi de la grossesse.
- En 1928, la découverte par Alexander Fleming de la pénicilline débouche sur la production des antibiotiques (dossier p. 10). Ce médicament soigne des maladies infectieuses qui s'avéraient parfois mortelles, comme la pneumonie.
- Des innovations technologiques en informatique et en science des matériaux permettent aux chirurgiens de remplacer des organes par des prothèses (doc. 2).

B Innovations médicales et transformation des sociétés au XXe siècle

- **Au cours du XXe siècle, les sociétés accèdent plus largement aux soins médicaux.** Les États jouent un rôle important dans le financement de la recherche et l'organisation des campagnes de prévention et de vaccination. Ils mettent en place des systèmes de santé publique en Europe (Sécurité sociale en France en 1945).
- Les campagnes de prévention et de vaccination contre la tuberculose ont permis de faire reculer la mortalité en Europe et en Amérique du Nord (doc. 3). Le vaccin contre la tuberculose, le BCG, est mis au point en 1921 et commercialisé en 1927 (doc. 4).

C Innovations médicales et nouveaux défis

- Aujourd'hui, les chercheurs et les scientifiques cherchent des traitements à des maladies comme les cancers, celles liées au vieillissement de la population (maladie d'Alzheimer), aux modes de vie (maladies cardiovasculaires) et aux épidémies comme le SIDA.
- **Les progrès de la médecine posent des questions bioéthiques aux sociétés** ce qui amène les États à adopter des lois qui précisent les conditions de dons d'organes (doc. 5).
- **L'inégal accès aux soins persiste dans le monde.** Dans les pays en développement, une majorité de la population n'a toujours pas accès aux soins.

1 Les apports de l'imagerie médicale

« Depuis la découverte des rayons X[1], en 1895, les méthodes de la radiologie [...] ont été appliquées avec succès sous la forme de radio-diagnostic[2] et de radiothérapie[3]. Les progrès réalisés dans ce domaine sont dus, pour une grande partie, à la perfection des appareils mis à la disposition des médecins par les constructeurs. Il était à prévoir que la radiologie serait d'un secours puissant pour l'examen des blessés de guerre. [...] Cet effort a conduit directement à reconnaître l'utilité générale de la radiologie ; il a contribué à établir en France une vaste organisation mettant les bienfaits de la radiologie à la portée de toute la population. »

Marie Curie, *La Radiologie et la guerre*, Librairie Félix Alcan, 1921.

1. Permettent de radiographier le corps. 2. La radiologie permet de voir l'intérieur du corps sans avoir recours systématiquement à la chirurgie. 3. L'utilisation des rayons pour détruire les cellules cancéreuses.

2 Les prothèses

Oscar Pistorius, athlète sud-africain porte des prothèses en carbone. Plusieurs fois médaillé aux Jeux paralympiques en 2008, il a été autorisé à concourir avec des athlètes valides.

Vocabulaire

Technologique : qui se rapporte à la technologie (ensemble des connaissances et pratiques qui concernent une technique).

Prothèse : dispositif artificiel destiné à remplacer un membre, un organe ou une articulation.

BCG : Bacille de Calmette-Guérin. Vaccin contre la tuberculose.

SIDA : syndrome de l'immunodéficience acquise. Ensemble de symptômes liés à la destruction de plusieurs cellules du système immunitaire par le rétrovirus VIH.

Bioéthique : concerne les réflexions et les législations sur les manipulations du vivant (procréation artificielle, clonage, don d'organes, euthanasie...).

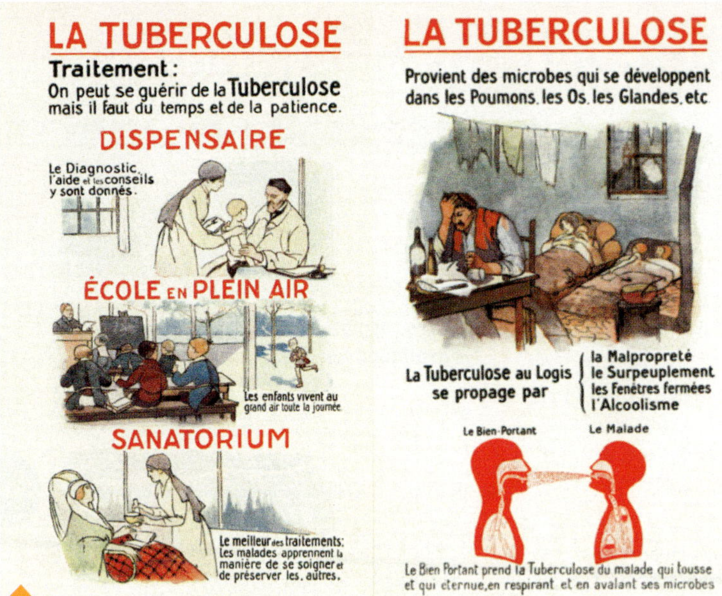

3 **Prospectus pour la prévention contre la tuberculose au Québec en 1923**
(Service provincial d'hygiène)

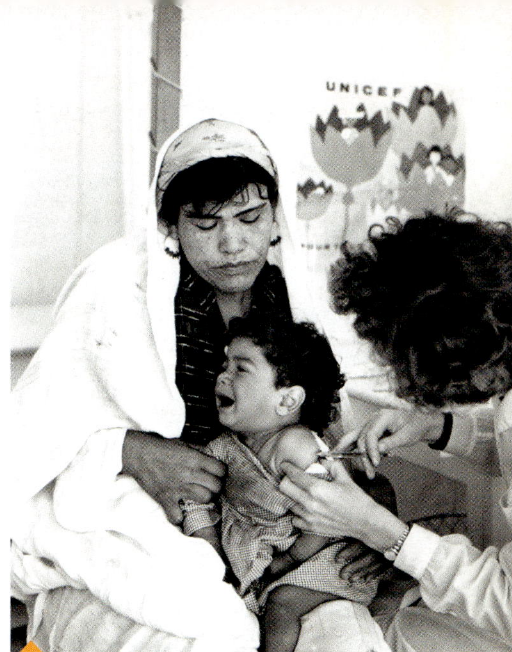

4 **Campagne de vaccination du BCG (Tunisie, 1959)**

5 **Une question bioéthique : le don d'organes**

« Les pays européens se distinguent sur la question du consentement au don d'organes.
Dans le cas du consentement explicite, le prélèvement d'organes n'est autorisé que si le donneur a donné explicitement son consentement de son vivant. C'est le principe adopté par le Danemark, les Pays-Bas, le Royaume-Uni, l'Irlande et l'Allemagne.
Dans le cas du consentement présumé, le prélèvement est envisagé dès lors que le donneur n'a pas exprimé de refus de son vivant. C'est le cas de l'Autriche, de la Belgique, de l'Espagne, de la Finlande, de la France, de la Grèce, de l'Italie, du Luxembourg, du Portugal et de la Suède [...]. Tous les pays de l'Union européenne ont institué l'anonymat et la gratuité pour les dons après la mort. »

Agence de la biomédecine, www.agence-biomedecine.fr, 2011.

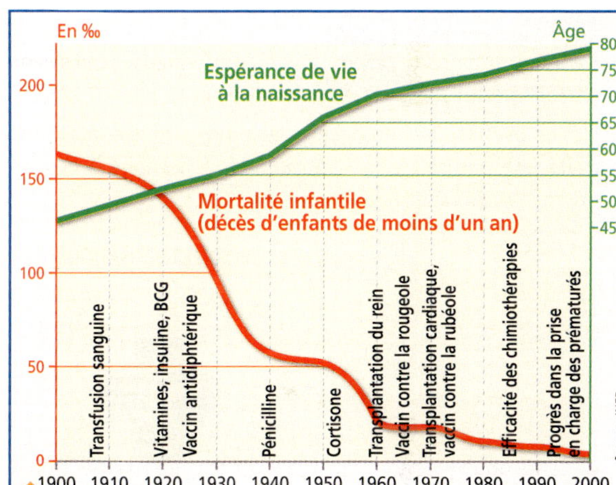

6 **L'évolution de la mortalité infantile et de l'espérance de vie en France**

A Innovations scientifiques et technologiques en médecine

1. Doc. 1, 2 et 5 Quelles sont les différentes innovations scientifiques et technologiques évoquées dans les documents ?

2. Doc. 2 Montrez que l'innovation technologique a permis une amélioration des conditions de vie de ce sportif.

B Innovations médicales et transformation des sociétés au XXe siècle

3. Doc 3 À qui cette affiche s'adresse-t-elle ? Quel est le message délivré ?

4. Doc. 4 et 6 Comment évolue le taux de mortalité infantile en France ? Comment peut-on expliquer cette évolution ?

C Innovations médicales et nouveaux défis

5. Doc. 5 Quelles sont les nouvelles questions qui se posent à la médecine ?

Bilan **DÉCRIRE ET EXPLIQUER**

À l'aide des documents, décrivez les progrès de la médecine au XXe siècle, leur impact sur les sociétés et les nouveaux défis auxquels la médecine est confrontée.

Compétence 5.1 › **Rédiger un texte bref, cohérent et ponctué** Socle

Compétence 5.2 › **Situer des découvertes dans le temps**

Réviser les repères

Livret Brevet

→ L'essentiel, p. 10

A Identifier l'essentiel à retenir

Brevet

Vocabulaire	Repères chronologiques	Capacités
Savoir définir : innovation, bioéthique	**Savoir situer dans le temps :** la découverte de la pénicilline	**Savoir :** **décrire** l'évolution d'un aspect de la médecine et **expliquer** son impact sur les sociétés.

B Compléter un schéma

Compétence 5.1 › **Avoir des connaissances et des repères**

Socle

► Recopiez le schéma ci-dessous et complétez-le à l'aide de ces propositions :
Découverte de la pénicilline – Hausse de l'espérance de vie – Utilisation par la population – Impact sur les sociétés – Production industrielle.

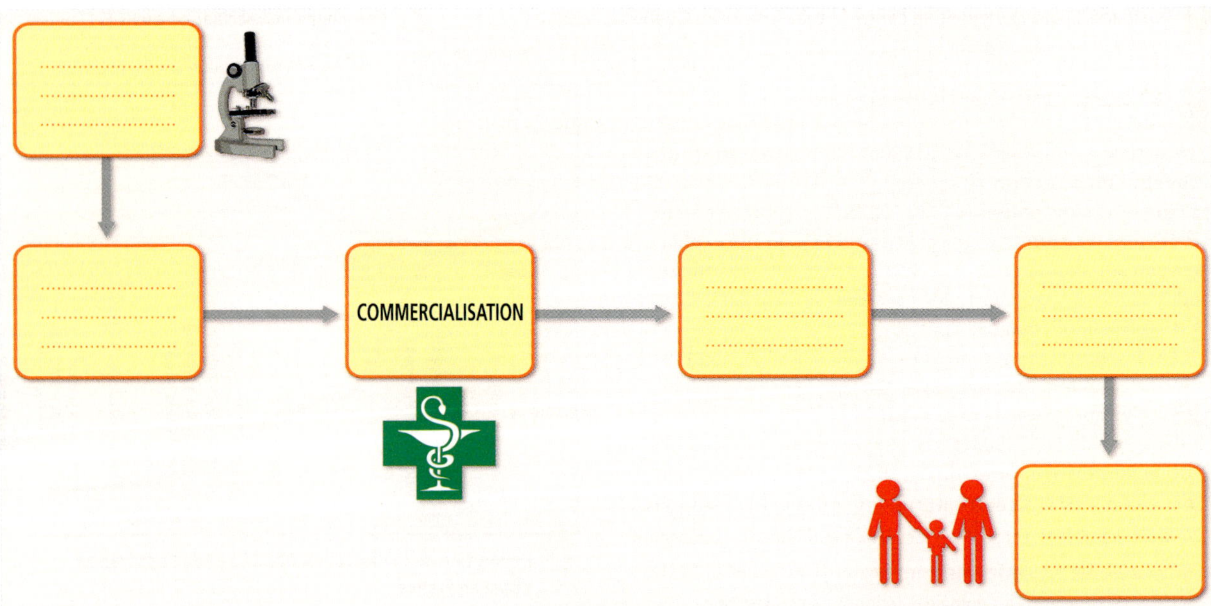

C Connaître et utiliser des repères

Compétence 5.1 › **Avoir des connaissances et des repères**

Brevet

► Choisissez la bonne réponse (plusieurs réponses sont possibles). Justifiez votre réponse.

1. Alexander Fleming a découvert :
- **a.** le BCG.
- **b.** l'ADN.
- **c.** la pénicilline.
- **d.** la radiothérapie.

2. La production de masse des antibiotiques a permis :
- **a.** de vacciner les hommes.
- **b.** de soigner les infections.
- **c.** de réaliser des greffes.
- **d.** de découvrir d'autres médicaments.

3. L'augmentation de l'espérance de vie peut s'expliquer par :
- **a.** la prévention.
- **b.** la bioéthique.
- **c.** les antibiotiques.
- **d.** la génétique.

Réviser les savoir-faire

D Confronter deux points de vue sur la génétique

Compétence 1.1 › **Dégager l'essentiel d'un texte lu** Socle

1 Jacques Testart, biologiste

« Encore un peu de progrès et vos petits seront choisis comme au chenil, couleur du poil et longueur des pattes, aptitude à la santé et forme des oreilles. Alors FIVETE[1] ne sera plus seulement une recette contre la stérilité mais un mode privilégié d'accéder dès la conception à l'identité de l'enfant […]. [Ce qui me tracasse c'est] cette perspective folle de l'enfant "clés en main" dont la venue sera nécessairement occasion de déception. »

Jacques Testard, *L'Œuf transparent*, Flammarion, 1986.

1. FIVETE : fécondation in vitro et transfert d'embryon. C'est une procréation médicalement assistée. Jacques Testart est le père scientifique du premier « bébé éprouvette » en France en 1982.

2 Pierre Tambourin, directeur du parc biotechnologique Génopole

« Depuis quelques années, la génétique se consacre plus particulièrement à l'identification et à l'isolement, voire à la manipulation, des fragments d'ADN[1]. Le déchiffrage de l'ADN – le séquençage – a permis de comprendre que les maladies génétiques, c'est-à-dire les maladies transmises héréditairement, procèdent en quelque sorte d'une erreur d'écriture dans le codage génétique. D'immenses perspectives thérapeutiques se sont alors ouvertes. »

« Café du gène : la génétique, ça sert à quoi ? », www.genopole.fr, 2002.

1. Molécule qui constitue les chromosomes et qui porte l'information héréditaire.

▶ Le point de vue de Jacques Testart

1. Quel est le rôle initial de FIVETE selon l'auteur ?
2. Quels sont les risques de la génétique selon lui en 1986 ?

▶ Le point de vue de Pierre Tambourin

3. Qu'est-ce que l'ADN ?
4. Quel est le rôle de la génétique selon l'auteur en 2002 ?

▶ Confronter les points de vue

5. En quoi ces deux points de vue montrent-ils une vision différente des évolutions scientifiques de la médecine ?

E Réaliser la biographie de Marie Curie

Compétence 4.4 › **Chercher et sélectionner l'information demandée** B2i

▶ Consulter une exposition en ligne sur Marie Curie

1. Connectez-vous à l'adresse suivante : http://mariecurie.science.gouv.fr/
2. À partir des différentes pastilles, accédez aux thèmes de l'exposition.

▶ Sélectionner des informations

3. À l'aide de l'onglet « chronologie », répondez aux questions suivantes.
- Quelles sont les origines et la formation de Marie Curie ?
- Que découvre Marie Curie en 1898 ?
4. À l'aide de l'onglet « portraits » :
- Quelles distinctions scientifiques a-t-elle reçues ?
5. À l'aide de l'onglet « radioactivité » :
- Quelles sont les applications des découvertes et des expériences de Marie Curie dans le domaine médical ?

▶ Organiser la biographie

6. À l'aide des informations que vous avez trouvées, rédigez la biographie de Marie Curie en utilisant le plan suivant :

A. L'origine et la formation de Marie Curie
B. Les découvertes scientifiques de Marie Curie
C. Les applications de ses découvertes en médecine

CHAPITRE 2

L'évolution du système de production et ses conséquences sociales

▷ Comment l'évolution du système de production a-t-il transformé les sociétés ?

1 Ouvriers sur une chaîne de montage des usines Ford à Detroit aux États-Unis vers 1935

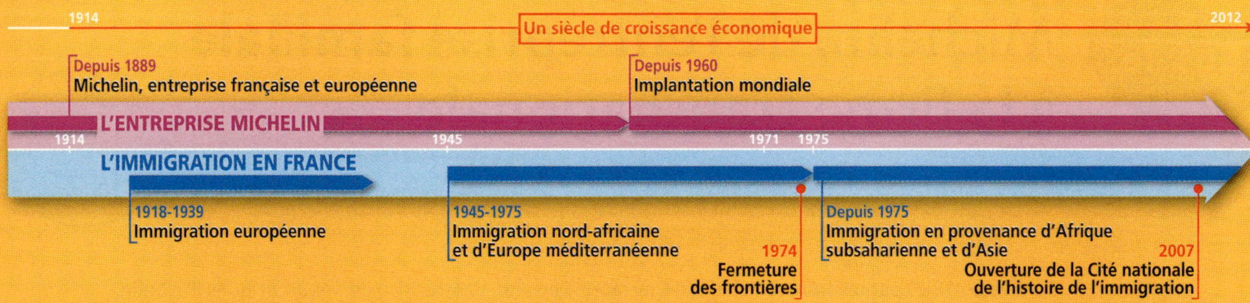

2 **Publicité pour Ford, 1958**
« Il n'y a rien de plus nouveau dans le monde que la 58 Ford
Prouvé et approuvé dans le monde entier »

Confronter les documents

1. Quelle est la méthode de travail utilisée pour la fabrication de ces automobiles ?

2. Quelle est la conséquence de cette méthode de travail sur la production automobile ?

3. Quel est le message de cette publicité ?

Dossier

Michelin, de l'entreprise familiale à la firme transnationale

▷ Comment l'entreprise Michelin devient-elle une firme transnationale au XXIe siècle ?

Fondée en 1889 par les frères Michelin à Clermont-Ferrand, l'entreprise de pneumatiques Michelin, qui publie également des guides et des cartes routières, connaît une formidable croissance pendant le XXe siècle. Aujourd'hui, c'est une entreprise transnationale, présente sur tous les continents. Elle est le second producteur mondial de pneumatiques.

A L'innovation au cœur de la réussite

1 Publicité Michelin, années 1950

2 Commercialiser un pneu de qualité

RECHERCHE-DEVELOPPEMENT
Le centre de recherche intègre recherche fondamentale et conception de nouveaux produits. Il compte 4 000 chercheurs dans le monde qui travaillent sur les matériaux utilisés et les performances des pneus.

CONCEPTION PRODUIT
Des équipes pluridisciplinaires (physique, chimie, électronique...) conçoivent les prototypes.

TESTS ET MESURES
Des tests permettent de garantir aux clients constructeurs et usagers les performances et la fiabilité du produit vendu.

D'après le site Internet Michelin, www.michelin.fr, 2012.

3 De l'école à l'usine

« Je suis entré à l'école maternelle de Michelin à l'âge de trois ans et j'ai continué jusqu'au bac technique. [...] Après la maternelle, je suis entré à l'école primaire, puis secondaire, toujours chez Michelin. L'école était entièrement gratuite [...]. À partir de la seconde, nous avions ce que l'on appelle un petit salaire qui était calculé suivant les notes, ce qui nous encourageait à bien travailler [...]. Quand on était en école technique, les parents n'avaient donc rien à payer [...]. À la fin de la terminale, il y avait un mois de vacances, puis, dans la foulée, au boulot tout de suite. Rapidement, on m'a dit : "Vous allez travailler à l'usine de la ville de Bassens[1]". »

Entretien avec Albert Couturier, ancien employé chez Michelin, cité par Pierre-Antoine Donnet, *La Saga Michelin*, © Seuil, 2008.

1. À côté de Bordeaux.

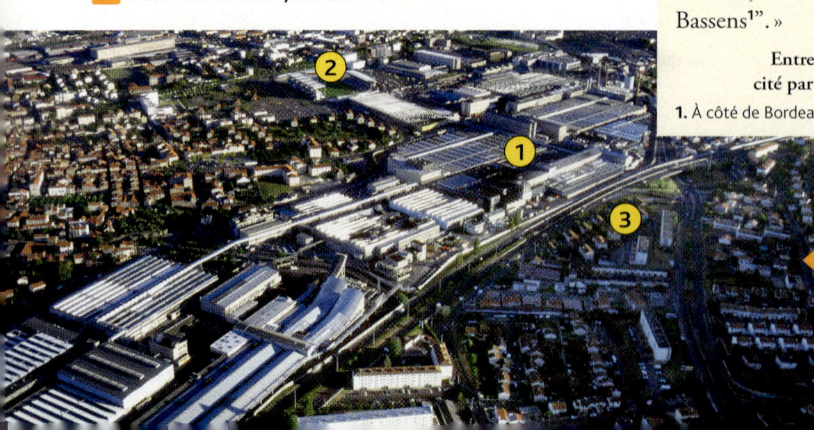

4 L'usine Michelin de Cataroux en 2012
① Les usines ② La cité ouvrière de Chanteranne
③ Le stade Marcel Michelin

B L'internationalisation, manifestation de la réussite

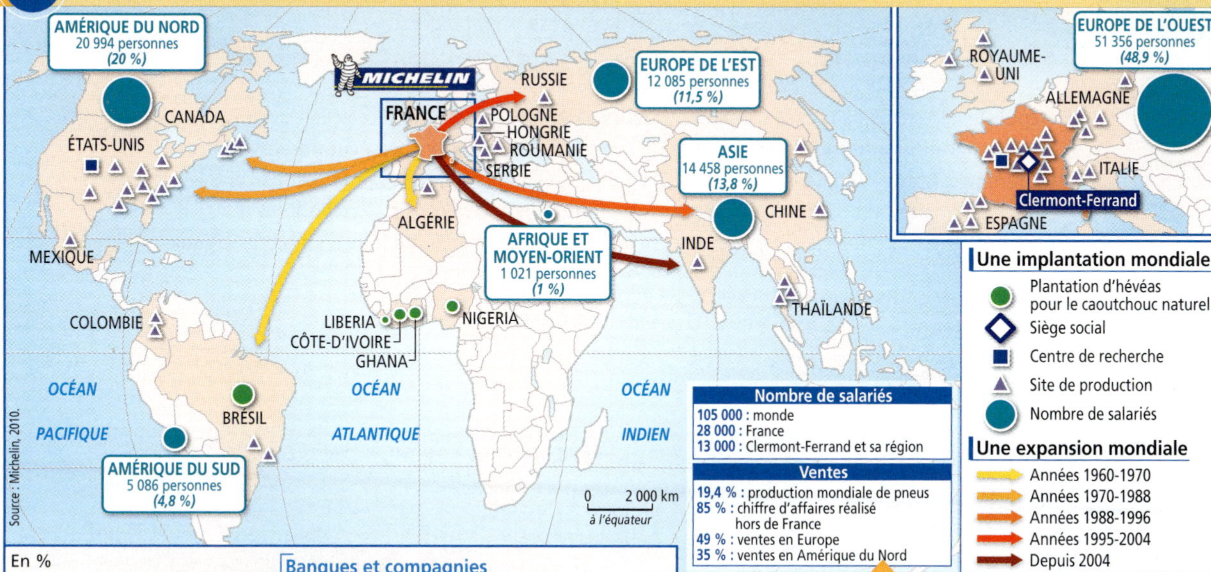

5 Une présence sur tous les continents

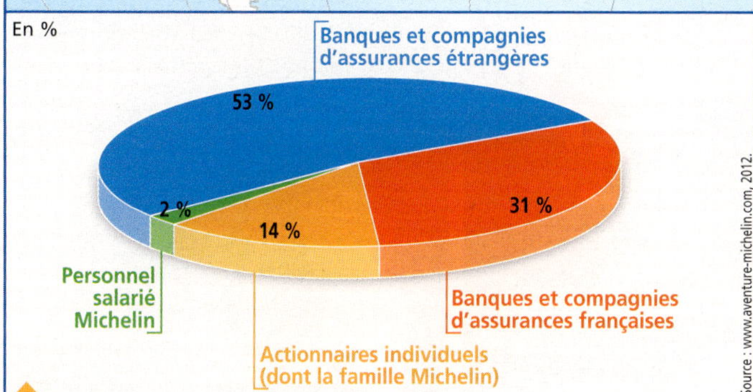

6 L'ouverture du capital de l'entreprise Michelin

7 Publicité Michelin à Beijing (Chine)

A L'innovation au cœur de la réussite

1. Doc. 1 Dans quel secteur l'entreprise Michelin s'est-elle développée ?

2. Doc. 2 Présentez les différentes étapes avant la commercialisation du pneu par l'entreprise Michelin. Qu'est-ce que cela confirme sur la course à l'innovation ?

3. Doc. 3 Qui prend en charge la scolarité de cet élève ?

4. Doc. 3 et 4 Montrez que Michelin est présent dans la vie de ses employés.

B L'internationalisation, manifestation de la réussite

5. Doc. 5 Présentez les deux principales zones de l'implantation de l'entreprise Michelin dans le monde.

6. Doc. 5, 6 et 7 Montrez que Michelin est une entreprise transnationale.

Bilan **DÉCRIRE ET EXPLIQUER**

À l'aide des documents, présentez l'évolution de l'entreprise Michelin au XXe siècle.

Aide à la rédaction

1. Une entreprise innovante.
2. Une entreprise présente dans la vie de ses employés.
3. Une entreprise nationale.

Dossier

Un siècle d'immigration en France

Quelles sont les grandes vagues d'immigration en France ?

Depuis le XIXe siècle, la France a connu plusieurs vagues d'immigration. Les causes de l'immigration sont multiples : trouver un avenir meilleur, fuir les persécutions, les guerres, les famines. Après 1945, la France fait appel à des travailleurs immigrés pour reconstruire le pays. Depuis 1974, dans un contexte de crise économique, la France a fermé ses frontières et contrôle les flux migratoires. Elle compte aujourd'hui environ 5 millions d'immigrés légaux.

A Une main-d'œuvre au service de l'économie

1 Une immigration plurielle

1918-1939	1945-1975	Depuis 1975
Une immigration essentiellement européenne	Une immigration en provenance d'Europe du Sud et du Maghreb	Une immigration venue d'Afrique subsaharienne et d'Asie

Jeune polonais recruté pour travailler dans les mines du nord de la France, années 1920.

Ouvriers nord-africains sur une chaîne de montage, usine Renault de Flins, 1975.

Ouvrier togolais sur un chantier, 2005.

2 « Leur histoire est notre histoire »

« Je veux citer les Polonais, les Belges, qui ont tant fait, dans le Nord et en Lorraine au moment de l'essor industriel de la France. Je veux citer les Italiens, les Espagnols qui ont donné leur vie pour travailler en France, dans des conditions souvent difficiles. Je veux citer les Portugais qui, dès les années 1920, ont rejoint en masse notre pays et ont été, comme les autres, souvent méprisés.

Je veux aussi citer les Maghrébins, Algériens, Marocains, Tunisiens, les Africains, Sénégalais, Maliens, Ivoiriens…, que la France a fait venir en masse et à qui elle doit tant pour sa reconstruction et sa prospérité, après 1945. Ils étaient là, dans les usines, sur les chantiers, vivaient souvent dans des taudis, seuls, économisant sur leur confort pour nourrir leur famille. »

Jean-Pierre Raffarin, Premier ministre, discours annonçant la création de la Cité nationale de l'histoire de l'immigration (extraits), 8 juillet 2004.

B Le destin des immigrés en France

3 Accord d'immigration franco-italien (21 mars 1947)

« **Art. 1 :** En vue d'assurer pendant l'année 1947 le recrutement en Italie et la mise au travail en France de 200 000 travailleurs destinés à l'industrie et à l'agriculture et désireux de se rendre en France, les deux gouvernements prendront les mesures nécessaires, chacun en ce qui le concerne, pour que le départ en France de ces immigrants, et leur mise au travail aient lieu à la cadence de 17 000 personnes par mois en moyenne.

Art. 2 : Le recrutement sera organisé par les soins des autorités italiennes compétentes, en accord avec l'Office national d'immigration français[1]. »

1. L'ONI, créé en 1945, était en charge de favoriser l'accueil des travailleurs immigrés en France.

Panneau indicateur destiné aux immigrants italiens arrivant à la frontière française.

4 Des conditions de logement difficiles
Le bidonville des Pâquerettes à Nanterre et la cité des Canibouts en construction dans les années 1960. En 1965, 70 000 immigrés vivaient dans des bidonvilles. Une partie sera relogée dans les HLM.
(Photographie de Robert Doisneau)

5 L'immigré : un bouc émissaire
Affiche du Front national de 1986.

6 Assia Djebar (écrivaine algérienne de langue française ①) et François Cheng (écrivain Français né en Chine ②), membres de l'Académie française

A Une main-d'œuvre au service de l'économie

1. Doc. 1 et 2 Quelles sont les différentes vagues d'immigration en France depuis 1918 ? Quelle est l'origine géographique de ces immigrants ?

2. Doc. 1 et 2 Dans quels secteurs de l'économie les immigrés sont-ils principalement employés ?

B Le destin des immigrés en France

3. Doc. 3 Que prévoit cet accord ? Pourquoi la France fait-elle appel à cette main-d'œuvre ?

4. Doc. 4 Décrivez les deux types d'habitat. Qui habitait dans le bidonville ? À qui les HLM sont-ils destinés ?

5. Doc. 5 Quel parti politique est à l'origine de cette affiche ? Comment peut-on qualifier son contenu ?

6. Doc. 6 Où cette scène se déroule-t-elle ? Qui est Assia Djebar ?

Bilan — DÉCRIRE ET EXPLIQUER

À l'aide des documents, décrivez l'évolution de l'immigration en France depuis 1918.

Aide à la rédaction

1. Les trois vagues d'immigration.
2. Les conditions de vie des immigrés.
3. Deux images de l'immigré : le rejet et la réussite.

Leçon 1

Un siècle de tranformations économiques et sociales

En quoi l'évolution du système de production modifie-t-elle les sociétés ?

A Une croissance économique continue au XXe siècle

- **Depuis 1914, malgré les guerres et les crises, l'économie mondiale a connu une croissance économique** (doc. 1). Durant les **Trente Glorieuses**, le **PIB** des principales puissances économiques a augmenté en moyenne de 4,8 % par an.
- **Depuis deux décennies, on assiste à une nouvelle répartition de la richesse dans le monde**. De nouvelles puissances comme la Chine, l'Inde ou le Brésil connaissent une forte croissance économique. Celle-ci repose sur une forte demande intérieure, mais aussi sur la conquête de marchés dans le monde. Les pays européens sont confrontés à la poussée du chômage et à une faible croissance.

B Les mutations des entreprises

- **Au XXe siècle, les innovations scientifiques et technologiques comme le travail à la chaîne ou l'emploi de robots automatisés (robotisation)** permettent de produire davantage et de réaliser des gains de productivité (doc. 3).
- **Dans une économie mondialisée, les entreprises se transforment**. Elles ouvrent leur capital aux investisseurs (banques, entreprises...) et deviennent des entreprises **transnationales** présentes sur tous les continents.
- **La hausse des salaires et la réduction du temps de travail** favorisent la naissance progressive d'une **société de consommation et de loisirs** dans les pays développés (doc. 4).

C L'évolution de la structure de la population active

- **Après la Seconde Guerre mondiale, dans un contexte de reconstruction, les pays européens ont recours à l'immigration**. En France, l'Etat crée en 1945 l'ONI (Office national de l'immigration) qui dispose du monopole pour faire venir une main-d'œuvre immigrée employée essentiellement dans le bâtiment, le secteur automobile ou d'autres usines (doc. 2). En 1974 avec la crise économique, la France décide de contrôler ses flux migratoires. Les immigrés sont parfois victimes de **xénophobie**.
- Si les nouvelles technologies créent de nombreux emplois qualifiés, le fort recul des agriculteurs et des ouvriers dans la population active atteste d'une **tertiarisation de l'économie** (doc. 5 et 6).
- **Alors que le marché de l'emploi s'est ouvert aux femmes**, dans certains pays européens, les écarts de salaires entre les hommes et les femmes persistent.

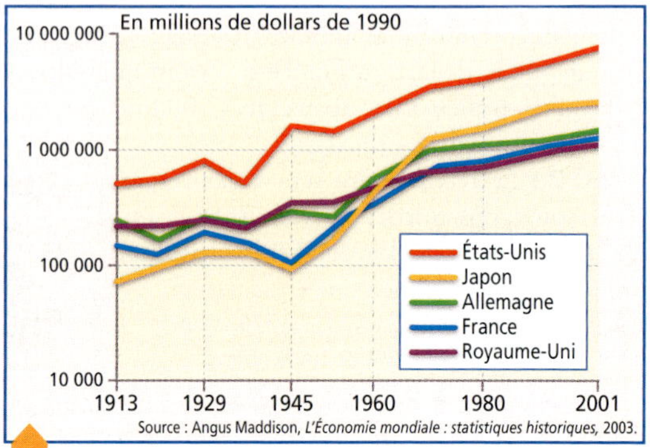

Source : Angus Maddison, *L'Économie mondiale : statistiques historiques*, 2003.

1 L'évolution du PIB depuis 1913

2 L'immigration organisée

« Tous les hommes des villages alentours étaient informés et rassemblés au même endroit au centre administratif de Taliouine [Maroc]. Pour moi c'était en 1969. On a été mis en rang l'un derrière l'autre, puis l'homme, Monsieur Mora [le recruteur], a choisi ceux qu'il voulait en leur mettant un tampon sur l'épaule et annoncé aux autres qu'ils pouvaient partir [...]. Par la suite, nous avons été convoqués à se présenter à l'hôpital de Taroudant [...]. Vingt jours après, nous avons été de nouveau convoqués à Casablanca à l'Office national d'immigration, où nous avons été sélectionnés de manière plus sévère [...]. Après, nous avons été amenés au port pour prendre le bateau, et nous sommes arrivés à Marseille au bout de quelques jours. Nous avons ensuite pris le car en direction du Nord. »

Témoignage de Zarfaoui Id Brehim cité par Daniel Assouline et Mehdi Lallaoui, *Un Siècle d'immigration en France*, © Syros-La Découverte, 1996.

Vocabulaire

Trente Glorieuses : période de forte croissance économique dans les pays développés après 1945.

PIB : produit intérieur brut. Valeur des richesses produites dans un pays.

Travail à la chaîne : chaque ouvrier effectue une seule tâche sur des pièces défilant devant lui.

Transnationale : entreprise qui est présente hors de son territoire national.

Xénophobie : haine de l'étranger.

3 **Le groupe General Motors : une entreprise transnationale**
Chaîne de montage de General Motors, leader mondial de l'automobile. Présente sur tous les continents, l'entreprise emploie 45 000 salariés et réalise un chiffre d'affaires de plus de 150 milliards de dollars.

4 **L'essor des loisirs**
Publicité pour le Club Med, 1956.

5 **La tertiarisation et la féminisation de l'économie**
La salle de rédaction du journal *Le Monde* en 2011.

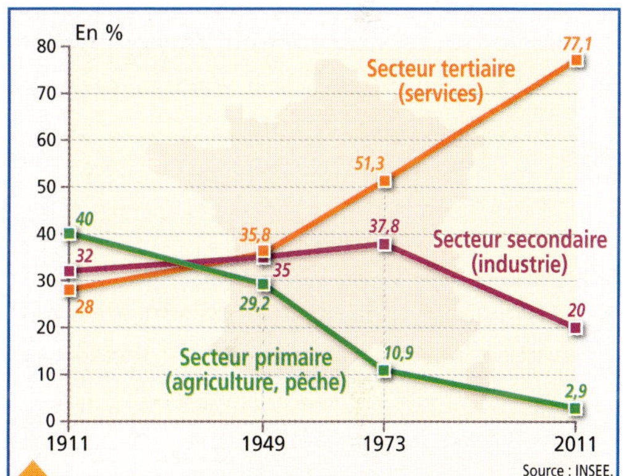

6 **L'évolution de la population active en France**

A Une croissance économique continue au XXe siècle

1. Doc. 1 Quelle a été l'évolution du PIB des puissances industrielles depuis 1913 ?

B Les mutations des entreprises

2. Doc. 2 À quelles règles ce travailleur doit-il se soumettre ? Quelle est la mission de l'ONI ?

3. Doc. 3 et 1 p. 16 Montrez comment a évolué la fabrication des automobiles.

4. Doc. 4 Que souhaite mettre en avant cette publicité ?

C L'évolution de la structure de la population active

5. Doc. 5 et 6 Comment ont évolué les secteurs de la population active française depuis 1949 ?
Dans quel secteur les hommes et les femmes travaillent-ils le plus ?

Bilan **DÉCRIRE ET EXPLIQUER**

À l'aide des documents, montrez l'évolution du système de production et ses conséquences sociales.

Compétence 1.2 › **Rédiger un texte bref**

Socle

Compétence 5.3 › **Lire et employer différents langages (graphiques, textes, images)**

Réviser les repères

Livret Brevet → L'essentiel, p.10

A Identifier l'essentiel à retenir

Brevet

Vocabulaire	Repères chronologiques	Capacités
Savoir définir : firme transnationale, croissance économique, immigré	**Savoir situer dans le temps :** l'immigration en France	**Savoir : décrire et expliquer** l'évolution des systèmes de production industrielle et la structure de l'entreprise, **caractériser** l'évolution de l'immigration en France.

B Compléter un tableau

Compétence 5.1 › **Avoir des connaissances et des repères**

Socle

1. Recopiez et complétez le tableau.

MICHELIN	Fondateurs et localisation de l'entreprise	Secteur d'activité	Gestion de l'entreprise	Manifestations de son internationalisation	Rang mondial
Michelin	....	....	....	....	....

C Caractériser l'évolution de l'immigration en France

Compétence 5.2 › **Situer dans le temps**

Brevet

► Recopiez et complétez le schéma à l'aide de ces propositions :
1918-1939 – milieu des années 1970 – ONI – croissance économique – mines – académiciens – 1945-1975 – xénophobie – bidonvilles puis HLM – depuis 1974 – bâtiments – secteur automobile

UN SIÈCLE D'IMMIGRATION EN FRANCE

Qui sont les immigrés ?

- Les trois phases de l'immigration : .... / .... / ....
- Organisme chargé d'organiser l'immigration en France après 1945 : ....
- Les secteurs d'emploi : .... / .... / ....
- Fermeture des frontières (date) : ....

Comment vivent les immigrés ?

- Les conditions de logement : ....
- Apports à l'économie et à la société française : ....
- Manifestations d'hostilité : ....

Réviser les savoir-faire

D Comprendre et interpréter un tableau statistique

Compétence 5.3 › **Lire et employer différents langages** Socle

Méthode

1 Identifier les statistiques

1. Quelle est la source des statistiques ?

2. Qui concernent-elles ? Sur quelle période ?

2 Comprendre le tableau statistique

3. Quelle est l'évolution globale de l'équipement des ménages en France ?

4. Quel bien a connu la plus forte croissance parmi les ménages ?
Calculez le coefficient multiplicateur sur la période 1950 à 2010 pour chaque produit selon l'exemple suivant : pour le téléviseur entre 1950 et 2010, le coefficient multiplicateur est de 9,7 (97:10).

3 Interpréter le tableau statistique

5. Quelles sont les causes économiques et sociales qui expliquent l'évolution de l'équipement des ménages à partir de 1950 ?

6. En quoi l'évolution de l'équipement des ménages a-t-elle modifié les modes de vie des sociétés ?

En %	1950	1970	1990	2010
Téléviseur	10	70	90	97
Réfrigirateur	7,5	85	95	99
Machine à laver	8,4	64	85	94
Automobile	20	70	76	83
Téléphone fixe	5	28	95	88
Ordinateur	–	–	–	62
Téléphone portable	–	–	–	78

1 L'équipement des ménages en France de 1950 à 2010
Source : INSEE.

E Exploiter un documentaire : « Deux siècles d'histoire de l'immigration en France »

Compétence 4.4 › **Identifier, trier, évaluer des ressources** B2i

▶ Consulter une vidéo en ligne sur le site de la CNHI

1. La **Cité nationale de l'histoire de l'immigration** propose de nombreuses ressources sur l'immigration en France.
Parmi elles, une vidéo retrace d'histoire de l'immigration en France.
Retrouvez le lien sur www.3e.hgeleve.magnard.fr/liens

2. À l'aide de la chronologie, sélectionnez la période 1945-1974.

3. Regardez le film en entier, puis utilisez les fonctions du lecteur pour effectuer des pauses et accéder aux différentes parties afin de répondre aux questions.

▶ Sélectionner des informations

4. À l'aide du commentaire et des photographies présentées, répondez aux questions.

I. L'État est un acteur de l'immigration
- Montrez que l'État détermine la politique d'immigration à l'aide d'un exemple précis.
- Quelles sont les décisions de l'État en faveur des immigrés installés en France ?
- Comment l'État réagit-il face à la montée du racisme en France en 1972 ?

II. Une immigration d'origines diverses
- Quelle est l'origine des immigrants en France dans les années 1950 et 1960 ?

- En quoi la guerre d'Algérie (1954-1962) a-t-elle modifié l'immigration algérienne en France ?
- Pourquoi les immigrés viennent ils en France ?

III. Les conditions de vie des travailleurs immigrés
- Dans quels secteurs économiques les hommes et les femmes immigrés travaillent-ils ?
- Quelles sont les conditions de vie des immigrés à la périphérie des grandes villes dans les années 1950 ? dans les années 1970 ?

Les artistes représentent la société de consommation

1 Biographie

Andy Warhol
1928-1987

• Après avoir fait des études artistiques, cet américain devient publiciste et travaille pour des magazines de mode comme « Vogue ». En 1952, il organise sa première exposition à New York. Il réalise en 1960 des tableaux inspirés des « comics » (bandes dessinées). Il est un des initiateurs du mouvement « Pop art » avec Roy Lichtenstein.

2 Biographie

Duane Hanson
1925-1996

• Né aux États-Unis, il obtient entre 1946 et 1951 plusieurs diplômes en Beaux-Arts. Il part ensuite enseigner les arts en Allemagne, notamment à Munich, avant de retourner aux États-Unis. Il crée des personnages humains grandeur nature en effectuant des moulages directement sur ses modèles vivants. Il est considéré comme le chef de file du mouvement « hyperréaliste ».

Présenter les œuvres

1. Doc. 1 et 2 Présentez les artistes. De quel pays sont-ils originaires ?

2. Doc. 3 et 4 Quelles sont les deux œuvres présentées (date, lieu de conservation, dimensions) ?

3. Dans quel contexte technique, économique et social ont-elles été réalisées ?

Analyser les œuvres

4. Doc. 3 De combien de toiles cette œuvre est-elle constituée ? Quel objet de consommation l'artiste a-t-il représenté ?

5. Doc. 4 Quels matériaux ont été utilisés pour réaliser cette œuvre ? De quel secteur économique sont-ils issus ?

6. Doc. 3 et 4 Décrivez les œuvres en insistant sur les formes et les couleurs.

Interpréter les œuvres

7. Doc. 3 À quoi se compare Andy Warhol lorsqu'il réalise des œuvres artistiques ? Pourquoi a-t-il choisi de représenter cet objet ?

8. Doc. 4 À l'aide des propos de Duane Hanson, expliquez comment l'artiste critique le quotidien du personnage représenté.

9. Quel type de société issue des transformations économiques et sociales les deux artistes décrivent-ils ? À quels mouvements artistiques respectifs appartiennent-ils ?

Réaliser une fiche pour l'épreuve orale d'histoire des arts — **Brevet HdA**

Présenter les œuvres
- Présentez les deux artistes.
- Identifiez les deux œuvres en insistant sur le contexte économique et social dans lequel elles ont été réalisées.

Analyser les œuvres
- Identifiez les matériaux utilisés par les deux artistes.
- Décrivez les objets et le personnage représentés.

Interpréter l'œuvre
- Quel type de société est décrit par les deux œuvres ?
- Expliquez à quels mouvements appartiennent chacun de deux artistes.
- Recherchez d'autres œuvres réalisées par ces deux artistes.

«Si je peins de cette façon, c'est parce que je veux être une machine, et je pense que tout ce que je fais comme une machine correspond à ce que je veux faire.»

«Les artistes pop faisaient des images que tous les passants de Broadway pouvaient reconnaître en un quart de seconde : des bandes dessinées, des tables de pique-nique, des pantalons, des personnes célèbres, des rideaux de douche, des réfrigérateurs, des bouteilles de Coca».

Warhol mangeait des soupes à presque tous ses repas, il déclare : «J'avais l'habitude d'en manger, j'ai mangé le même repas tous les jours pendant vingt ans».

Citations d'Andy Warhol

3 **Andy Warhol, *Campbell's Soup Cans*, 1962**
32 toiles d'acrylique peinte, 50,8 x 40,6 cm,
Musée d'art moderne de New York.

4 **Duane Hanson, *Lady's market*, 1969**
Fibre de verre, polyester et vêtements, caddie avec emballages de produits, env. 166 x 70 x 70 cm, Musée de Budapest, Hongrie.

«Je remplis mon caddie
je remplis mon frigo,
on se remplit la panse,
je tire la chasse,
je fais le plein d'amis,
je fais plein de rencontres,
on me fait plein d'histoires,
je vide mon sac.
Je remplis mon Ipod,
je remplis mon appart,
on me remplit mon verre,
je me vide la tête.
Je fais plein de voyages,
je fais plein de photos,
on fait plein de sauvegardes,
je vide ma mémoire.
Je remplis les critères,
je remplis ma mission,
on me remplit mon chèque,
je vide mon compte.
Je conserve,
j'entasse,
j'accumule,
je collectionne,
je fuis le vide.»

Duane Hanson

1 Situer des repères

Question

Pour chaque repère, vous rédigerez une courte explication.

- **Les premières civilisations**
- **L'âge des églises gothiques**
- **L'abolition de l'esclavage**
- **Loi de séparation des Églises et de l'État**

Conseils pour situer des repères

- Attention, la connaissance de ces repères ne se limite pas à la présentation de la date ou de l'événement. Vous devez donc être en mesure de rédiger une courte explication pour chaque événement.
- N'apprenez pas par cœur les dates et événements sans en connaître le sens !
- Évitez de commencer à réviser les repères quelques jours seulement avant l'épreuve. Révisez régulièrement. Vous pouvez vous aider du **Livret Brevet** (Frises repères ➜ p. 2 à 9)
- Pour bâtir votre explication, vous pouvez vous aider d'un tableau.

Repère chronologique (date ou période)	Événement	Acteurs, lieu, régime politique ou civilisation...
IIIe millénaire avant J.-C.	*L'invention de l'écriture*	*Les premières civilisations, le Croissant fertile*
....	....	....
1848	*L'abolition de l'esclavage*	*Victor Schoelcher, France, IIe République*
....	....	....

Exemple de réponse attendue :

▶ *Sous l'impulsion de Victor Schœlcher, en 1848, la Seconde République abolit définitivement l'esclavage.*

2 Connaître des notions, des acteurs, des faits historiques

Questions

1. Racontez une transformation du système de production au XXe siècle et ses conséquences sociales. Vous répondrez à cette question en rédigeant un développement.

2. En vous appuyant sur un exemple, vous définirez ce qu'est une entreprise transnationale.

3. Quelles sont les trois phases de l'immigration en France depuis 1918 ?

3 Travailler sur un document

Le travail dans une usine Renault à Paris dans les années 1930

Simone Weil (1909-1943), philosophe et enseignante, a travaillé quelques mois dans l'usine Renault.

« Il y a deux facteurs, dans cet esclavage : la vitesse et les ordres.
La vitesse : pour y "arriver", il faut répéter mouvement après mouvement à une cadence qui, étant plus rapide que la pensée, interdit non seulement de laisser libre cours à la réflexion mais même à la rêverie. Il faut en se mettant devant sa machine, tuer son âme pour huit heures par jour, sa pensée et ses sentiments. [...]
Les ordres : depuis qu'on pointe en entrant jusqu'à ce qu'on pointe en sortant, on peut à chaque moment recevoir n'importe quel ordre. Et toujours il faut se taire et obéir. [...] Tout ça, c'est pour le travail non qualifié bien entendu (surtout celui des femmes). »

Simone Weil, *La Condition ouvrière*, © Éd. Gallimard, 1951.

Questions

1. Quelle est la nature du document ? Qui en est l'auteur ?

2. Identifiez la forme de travail décrite par l'auteur.

3. Que nous apprend ce document sur les conditions de travail à l'usine dans les années 1930 ?

Mémo Brevet

✓ **Je sais situer des repères**

- Je situe l'événement dans le temps (date ou période historique), dans l'espace (étendue géographique : pays, continent...).
- Je suis capable de citer les principaux acteurs qui ont joué un rôle dans cet événement, le régime politique ou la civilisation.

Brevet *Sujet blanc*

❶ Situer des repères

Question

Pour chaque repère, vous rédigerez une courte explication.

- **Jules César et Vercingétorix, Alésia**
- **La Troisième République**
- **Première croisade**
- **Déclaration des Droits de l'Homme et du citoyen**

❷ Connaître des notions, des acteurs, des faits historiques

Questions

1. Donnez un exemple de progrès de la médecine au XXe siècle.

2. Présentez un scientifique et son rôle dans le domaine médical au XXe siècle (Alexander Fleming, Marie Curie…).

3. Expliquez l'impact d'un progrès scientifique et technologique sur les sociétés. Vous répondrez à cette question en rédigeant un développement.

❸ Travailler sur un document

Affiche française du Comité national de défense contre la tuberculose (1949)
Ministère de la Santé publique et de la population.

Questions

1. Quelle est la date et la nature de ce document ?

2. Identifiez la maladie dont il est question.

3. Que nous apprend ce document sur la façon dont les autorités sanitaires luttent contre cette maladie ?

CHAPITRE 3

La Première Guerre mondiale : vers une guerre totale

▷ **Comment la Première Guerre bouleverse-t-elle les États et les sociétés ?**

1 La Première Guerre mondiale en Europe (1914-1918)

Confronter les documents

1. Quels sont les deux systèmes d'alliances qui s'opposent lors de ce conflit ? Quelles sont les trois grandes phases de la guerre ?

2. Montrez que la guerre a impliqué d'autres continents que l'Europe.

3. Où ce village est-il situé ? Que s'y est-il passé en 1916 ?

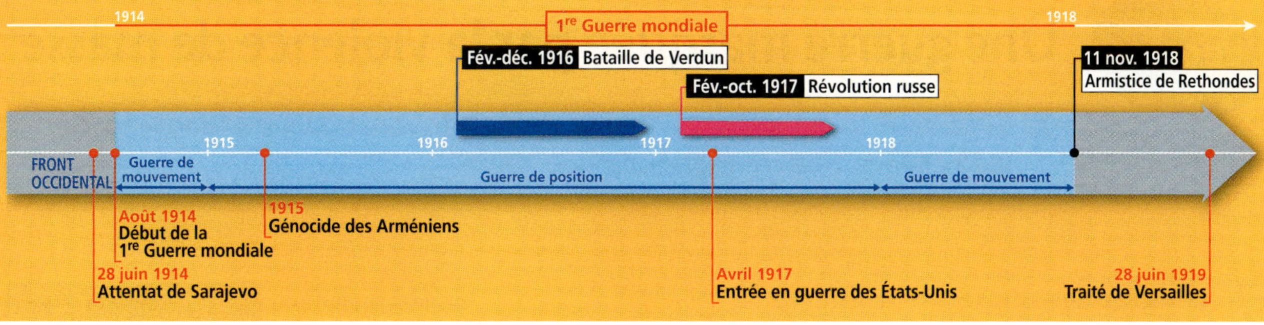

Pozières en 1908 **2**
(carte postale)

3 **Pozières en 1916**
Situé sur la ligne de front de la bataille de la Somme en 1916, le village a été le lieu de violents combats entre le 23 juillet et le 7 août 1916.

Leçon 1

Une guerre marquée par la violence de masse

Comment la violence de masse se manifeste-t-elle pendant la Première Guerre mondiale ?

A Les grandes phases de la guerre

- Après l'assassinat de François-Ferdinand d'Autriche en juin 1914 à Sarajevo, l'engrenage des alliances entraîne l'Europe dans une guerre qui mobilise **70 millions de soldats venus de tous les continents** (doc. 1).
- **D'août à décembre 1914, c'est la guerre de mouvement** (carte p. 30) : les états-majors lancent des offensives très meurtrières.
- Aucun belligérant n'ayant remporté de victoires décisives, **les armées s'enterrent dans des tranchées**. Cette **guerre de position** dure trois ans (doc. 2). Les tentatives pour percer les lignes ennemies échouent et sont des tueries.
- **En 1917, la Russie révolutionnaire quitte le conflit et les États-Unis entrent en guerre aux côtés des Alliés.** Au printemps 1918, l'Allemagne entreprend une guerre de mouvement sur le front occidental. Submergée par les forces alliées et confrontée à des troubles sur son territoire, elle signe **l'armistice à Rethondes le 11 novembre 1918**.

B Au front : la violence des combats

- **La guerre est d'une violence inédite**. Les belligérants utilisent de nouvelles armes industrielles (doc. 4). Les mitrailleuses, l'artillerie (canons et obus qui causent plus de 80 % des décès), les lance-flammes, l'aviation et les armes chimiques transforment **le champ de bataille en un véritable enfer** (doc. 6), comme le montrent les batailles de Verdun et de la Somme en 1916. Le bilan de la guerre est lourd : 9 millions de soldats tués (doc. 1) et 20 millions de blessés et de mutilés.
- **Des Poilus ont décrit l'horreur des combats et des conditions de vie dans les tranchées** (doc. 3). Ils font l'expérience de la mort et de la peur, du froid, de la boue, des poux, des rats et des difficultés de ravitaillement. En 1917, les soldats français et allemands se mutinent.

B À l'arrière : les souffrances des civils

- **Les civils n'échappent pas à la violence de la guerre**. Les bombardements urbains font des milliers de victimes (doc. 5). Dans les territoires occupés par l'ennemi, des populations sont parfois massacrées et le rationnement est imposé.
- En octobre 1914, l'Empire ottoman, engagé aux côtés de l'Allemagne, accuse les Arméniens, minorité chrétienne de l'Empire, de soutenir l'Entente. En juin 1915, les autorités turques ordonnent leur extermination : **800 000 à 1 200 000 d'entre eux auraient été tués lors de ce génocide**.

1 Les forces en présence

		Mobilisés	Tués
ENTENTE	France, dont colonies françaises	7 900 000 500 000	1 400 000 80 000
ENTENTE	Royaume-Uni, dont Empire des Indes	8 900 000 900 000	900 000 64 000
ENTENTE	Russie	18 000 000	1 800 000
ENTENTE	Italie	5 600 000	578 000
ENTENTE	États-Unis	4 300 000	116 000
EMPIRES CENTRAUX	Allemagne	13 200 000	2 030 000
EMPIRES CENTRAUX	Empire d'Autriche-Hongrie	9 000 000	1 100 000
EMPIRES CENTRAUX	Empire ottoman	3 000 000	800 000

2 Une guerre mondiale
Soldats australiens dans une tranchée à Ypres en 1917.

Vocabulaire

Tranchée : fossé creusé par les soldats et destiné à les abriter.
Armistice : arrêt des combats.
Poilus : surnom donné aux soldats français.
Génocide : extermination programmée d'un peuple.

3 La violence au front

Le lieutenant Maurice Genevoix a participé à la bataille des Éparges (sud de Verdun, février-avril 1915), qui a entraîné la mort de 100 000 soldats français et allemands.

« Mais nous marchions sur une terre bouleversée, calcinée, puante, semée de débris de fils de fer, de piquets, de vêtements hachés et sanglants, de paquets de chair humaine. À cinq heures le bombardement allemand commençait. [...] Pendant le même temps, des mitrailleuses qui tiraient de flanc combinaient leurs effets avec ceux de l'artillerie. [À l'aube], nous avons reçu des grenades, des bombes, un tas d'engins infernaux qui affolent nos hommes. Je me suis lancé en avant, le revolver à la main. J'en ai tué trois à bout portant. [...] Cette guerre est ignoble ; j'ai été pendant quatre jours souillé de terre, de sang, de cervelle. J'ai reçu au travers de la figure des paquets d'entrailles, et sur une main une langue, à quoi l'arrière-gorge était attachée. Je suis écœuré, saoul d'horreur. »

Maurice Genevoix (écrivain), lettre écrite le 23 février 1915, citée dans *Ceux de 14*, © Seuil, 2008.

4 Canons d'artillerie lourde allemande, tirant des obus de 750 kg avec une portée de 44 km

5 Les bombardements

« Combles[1] ne présentait plus [...] que le squelette d'une agglomération. [...] Des maisons entières avaient été aplaties ou fendues en deux par un coup de plein fouet, si bien que les chambres avec leur mobilier pendaient comme des coulisses de théâtre au-dessus du chaos. Une odeur de cadavres sortait de ces décombres, car le premier bombardement avait complètement surpris par sa soudaineté les habitants, et en avait enterré un grand nombre sous les ruines, avant qu'ils n'eussent pu sortir de chez eux. »

Ernst Jünger (écrivain allemand), *Orage d'acier*, 1920 © Le Livre de Poche, 2002.

1. Ville de la Somme.

6 Le champ de bataille

Otto Dix (1891-1969) a peint l'horreur de la guerre à laquelle il a participé comme soldat. *La Guerre*, 1932 (panneau central) Galerie Neue Meister, Dresde (Allemagne).

A Les grandes phases de la guerre

1. Doc. 1 et carte p. 30 Quelles sont les forces militaires en présence ? Quels pays ont connu le plus de pertes par rapport au nombre de soldats mobilisés ?
2. Doc. 2 D'où viennent ces soldats ? Qu'est-ce qu'une tranchée ?

B Au front : la violence des combats

3. Doc. 3 et 4 Quelles sont les armes utilisées pendant les combats ? Relevez le vocabulaire qui atteste de la violence des combats et de la lassitude des soldats.
4. Doc. 6 Quelle vision Otto Dix donne-t-il de la guerre ?

C À l'arrière : les souffrances des civils

5. Doc. 5 Qui est bombardé ? Quelles sont les conséquences de ce bombardement ?

Bilan — DÉCRIRE ET EXPLIQUER

À l'aide des documents, rédigez un développement montrant que la Première Guerre mondiale se caractérise par la violence de masse.

Compétence 5.3 › **Lire et employer différents langages : textes, images, données**

Compétence 5.4 › **Être sensible aux enjeux esthétiques et humains d'une œuvre**

Socle

Dossier

La guerre des tranchées : la bataille de Verdun (1916)

En quoi la bataille de Verdun de 1916 est-elle le symbole d'une violence de masse ?

Après l'échec des grandes offensives au début de la guerre, les armées s'enterrent dans les tranchées. En février 1916, les Allemands lancent à Verdun une grande attaque pour « saigner à blanc l'armée française » et contraindre le pays à demander l'arrêt des combats. Cette bataille qui se déroule du 21 février au 19 décembre 1916, avec le général Pétain à la tête des armées françaises, symbolise la violence de masse sur le front.

A Le quotidien dans les tranchées

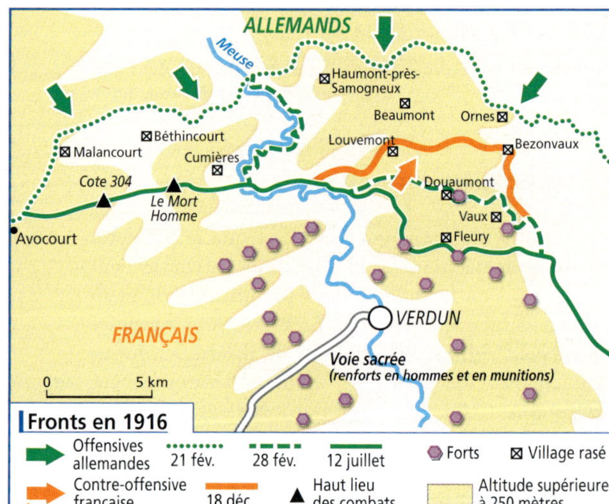

1 Les lieux de la bataille

2 Les conditions de vie des soldats

« Il ne fallait pas songer à se coucher ni à dormir tous assis ; le froid terrible qui sévissait, surtout la nuit nous obligeait d'aller fréquemment à un endroit où les caillebotis n'étaient pas recouverts d'eau pour piétiner furieusement afin de lutter contre la frigorification de nos pieds qui s'enflaient, bleuissaient, se crevassaient douloureusement. »

Carnets de guerre de Louis Barthas, tonnelier, 1914-1918, « 9e cahier : Vers l'enfer de Verdun, 29 février-26 avril 1916 », © La Découverte, 2009.

3 Soldats français (« poilus ») dans une tranchée à Verdun

B Combattre et mourir à Verdun

4 Des offensives meurtrières

« Mardi 29 février : Le carnage est immense. La débauche des projectiles d'artillerie est incroyable : 80 000 obus en quelques heures sur un espace de 1 000 m de long sur 3 à 400 mètres de profondeur. Trois millions d'obus en quelques jours. On se demande comment des êtres vivants arrivent à se maintenir et à combattre dans un pareil enfer [...].
Mercredi 29 mars : La bataille de Verdun, la plus longue et la plus effroyable de l'histoire universelle, continue. Les Allemands, avec une ténacité inouïe, avec une violence sans égale, attaquent nos lignes qu'ils martèlent et rongent [...]. Les mêmes noms reviennent dans tous les communiqués : Vaux, Douaumont, Béthincourt, Malancourt, Avoncourt, le Mort-Homme, la cote 304 ! Nos poilus héroïques tiennent bon, malgré les déluges d'acier, de liquides enflammés, de gaz asphyxiants...
Lundi 21 août : Près d'un million d'hommes sont tombés là, sur ce front minime. Des centaines de milliers de tonnes d'acier et d'explosifs ont été déversées sur ce sol. Le résultat est nul [...]. Cela dépasse l'imagination et, cependant, nous vivons avec l'espoir ferme qu'un jour nous l'obtiendrons, ce résultat si ardemment souhaité. »

Marcel Poisot, *Mon Journal de guerre : 1914-1918*, manuscrit retrouvé en 1986.

5 Soldats allemands dans le bois de la Callette reconquis par les Français Verdun, 1er juin 1916.

6 Le bilan de la bataille de Verdun, février-décembre 1916

Durée	300 jours
Bilan humain	Près de 1 000 morts par jour → **Pertes françaises :** 378 000 dont 162 000 morts et disparus → **Pertes allemandes :** 337 000 dont 140 000 morts et disparus
Villages détruits	Vaux, Cumières, Malancourt, Haumont-près-Samogneux, Louvemont, Douaumont, Fleury, Ornes, Beaumont, Bezonvaux
Artillerie	Près de 60 millions d'obus tirés, dont 2 millions par les Allemands le 21 février 1916
Logistique	• 3 500 camions français se relayent sans discontinuer pour acheminer les soldats et le ravitaillement par la Voie sacrée. • 66 divisions[1] sur les 95 de l'armée française sont envoyées à Verdun (soit près de 70 % des soldats).

1. Une division d'infanterie compte environ 15 500 hommes.

A Le quotidien dans les tranchées

1. Doc. 1 Quelles sont les grandes phases de la bataille de Verdun ?
2. Doc. 2 et 3 Dans quelles conditions les soldats vivent-ils dans les tranchées ?

B Combattre et mourir à Verdun

3. Doc. 4 et 5 Quels éléments montrent la violence des combats ? Quel est, selon Marcel Poisot, le résultat de ces offensives ?
4. Doc. 6 Quels moyens ont été mobilisés pour la bataille ? Quel est le bilan humain ? le bilan matériel ?

Bilan — Décrire et expliquer

À l'aide des documents, rédigez un développement qui décrit l'expérience combattante des soldats dans les tranchées lors de la bataille de Verdun.

Aide à la rédaction

1. Les tranchées, une nouvelle manière de combattre.
2. La violence de l'expérience combattante.
3. Un bilan très lourd.

Dossier

Le génocide des Arméniens (1915)

En quoi le génocide des Arméniens est-il le symbole de la violence de masse exercée contre les civils pendant la Première Guerre mondiale ?

Les Arméniens, originaires du Caucase, forment une importante minorité chrétienne dans l'Empire ottoman (environ 1,5 à 2 millions de personnes). En 1915, l'Empire, engagé dans le conflit aux côtés des Empires centraux, subit l'influence d'un mouvement nationaliste turc. Le gouvernement accuse les Arméniens de complicité avec les Alliés. Il ordonne leur déportation systématique et leur extermination, conduisant ainsi à l'un des premiers **génocides** du xxe siècle. Ce massacre aurait fait entre 800 000 et 1 200 000 de victimes. Une grande partie des Arméniens quitte le pays pour former une **diaspora**.

A L'Empire ottoman dans la guerre

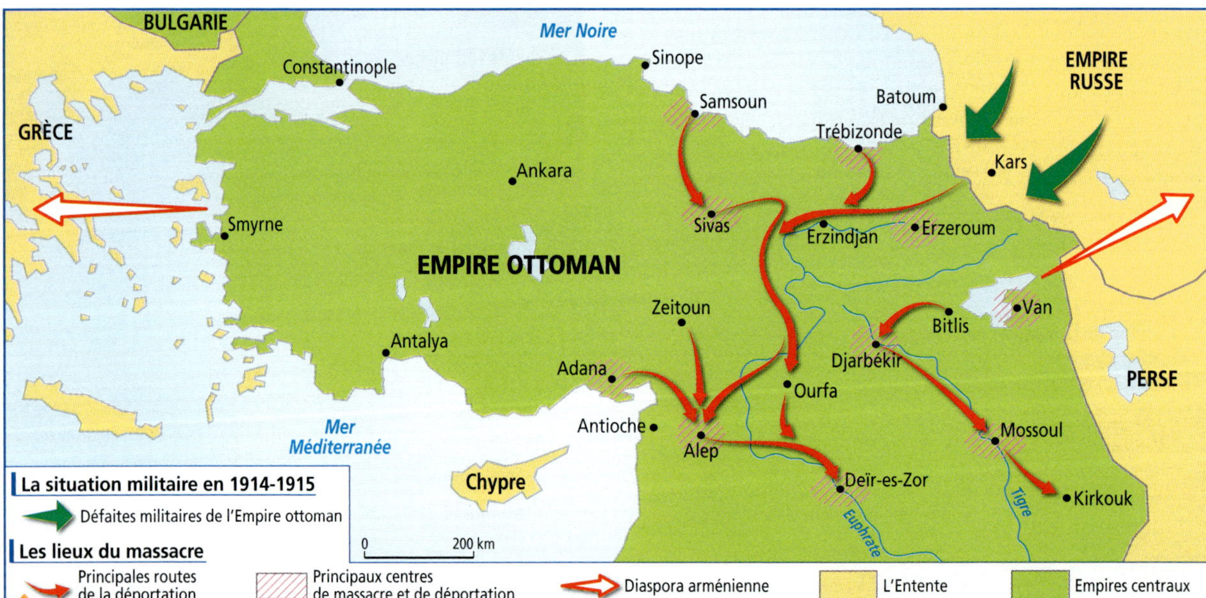

1 L'Empire ottoman en 1914-1915

2 Les autorités ottomanes justifient le massacre

« Nos concitoyens, les Arméniens, qui forment un des éléments des races de l'Empire ottoman, ayant adopté, depuis des années, […] bien des idées perfides de nature à troubler l'ordre public […] et ayant en outre osé se joindre […] aux ennemis [*la Russie*] actuellement en guerre avec notre empire, notre gouvernement se voit forcé de prendre des mesures extraordinaires […] pour le maintien de l'ordre et de la sécurité du pays. […] En conséquence, […] il est rigoureusement enjoint à tous les Ottomans d'obéir de la façon la plus absolue aux ordres ci-après :

1. Tous les Arméniens, à l'exception des malades, seront forcés de partir dans un délai de cinq jours de la date de la présente proclamation, par villages ou quartiers, et sous escorte de la gendarmerie.
2. Bien qu'il leur soit permis d'emporter avec eux, pour leur voyage, s'ils le désirent, les objets transportables leur appartenant, il leur est défendu de vendre leurs propriétés car leur exil n'est que temporaire. »

Affiche placardée à Trébizonde au printemps 1915, citée par Gérard Chaliand, *Le Génocide des Arméniens*, © Complexe, 1980.

Vocabulaire

Génocide : extermination programmée d'un peuple.

Diaspora : dispersion d'un peuple à travers le monde.

B L'organisation du génocide

3 L'ordre des autorités

« À la préfecture d'Alep,
Il a été récemment communiqué que le gouvernement [...] a décidé d'exterminer entièrement tous les Arméniens habitant en Turquie. Ceux qui s'opposeraient à cet ordre et à cette décision ne pourraient faire partie de la forme gouvernementale. Sans égard pour les femmes, les enfants et les infirmes, quelque tragiques que puissent être les moyens d'extermination, sans écouter les moyens de la conscience, il faut mettre fin à leur existence. »

Télégramme du ministre turc de l'Intérieur Mahmet Talaat Pacha, le 15 septembre 1915.

4 Arméniens victimes de massacres (Alep, 1915)

5 Deux infirmières allemandes racontent

« Le 21 juin, nous partîmes d'Erzindjan [...]. Nous rencontrâmes sur la route un grand convoi de déportés [...]. Ils s'en allaient dans un silence complet, les petits et les grands, jusqu'à ces femmes si vieilles qu'on avait du mal à les faire tenir sur leurs ânes, tous, pour être attachés et précipités ensemble du haut des rochers dans les flots de l'Euphrate, dans cette vallée maudite de Kemagh-Boghasi. Un cocher nous raconta comment l'on procédait et notre cœur se glaçait à l'entendre. [...] "Tous partis, tous morts", dit-il. »

D'après les récits de Thora von Wedel-Jarlsberg et Eva Elvers, cités dans Jean-Marie Carzou, *Arménie 1915, un génocide exemplaire*, © Flammarion, 1975.

6 Un rescapé du génocide témoigne

« Notre caravane comportait trois mille personnes. [...] Au cours de ce voyage, les Turcs nous avaient pillés [...]. Nous fûmes emprisonnés dans une écurie où les tchétas[1] vinrent nous tourmenter par tous les moyens : les femmes furent fouillées et plusieurs violées. Le lendemain, nous nous mîmes en route et chaque jour faisant une randonnée de plus de dix heures, affamés, en loques, nous arrivâmes à Erzindjian, où une scène horrible s'offrit à nos yeux : la terre était jonchée de têtes coupées, de membres humains épars, de chevelure de femmes [...] et pour compléter notre horreur, les Turcs au soir vinrent choisir les plus belles d'entre nous [...].
Pendant des journées, nous continuâmes notre marche, longeant l'Euphrate, dont les eaux lentement charriaient des cadavres humains. D'autres, en décomposition, offraient un spectacle horrible, et même parfois, suprême horreur, nous étions obligés pour pouvoir continuer notre marche, de piétiner les restes sacrés de nos frères [...]. Nous n'étions guère nombreux lorsque nous arrivâmes à Alep. »

Témoignage de Nvart Mahonian, cité dans Annick Asso, *Le Cantique des larmes, Arménie 1915, paroles de rescapés du génocide*, © Table ronde, 2005.

1. Brigands organisés et soutenus par le gouvernement.

A L'Empire ottoman dans la guerre

1. Doc. 1 Quelle est la situation militaire de l'Empire ottoman en 1914-1915 ?
2. Doc. 2 Qui a publié cette affiche ? Quel reproche est adressé aux Arméniens ?

B L'organisation du génocide

3. Doc. 2 et 3 Quelle décision est adoptée par le gouvernement ? Comment doit-elle être mise en œuvre ?
4. Doc. 2, 5 et 6 Dans quelles conditions les populations arméniennes sont-elles déplacées ?
5. Doc. 3, 4, 5 et 6 Comment les Arméniens sont-ils massacrés ? Montrez que ce génocide n'épargne personne.
6. Doc. 1 Que deviennent les rescapés ?

Bilan — Décrire et expliquer

À l'aide des documents, expliquez la violence de masse exercée contre les Arméniens en 1915.

Aide à la rédaction

1. La situation des Arméniens dans l'Empire ottoman en 1914.
2. L'organisation du génocide.
3. Le bilan du génocide.

Dossier

Mobiliser pour la guerre totale

Comment les États se sont-ils mobilisés pour mener une guerre totale ?

La Grande Guerre est une **guerre totale** qui a mobilisé toutes les ressources des États engagés dans le conflit pour détruire l'adversaire. L'économie est mise au service de la production militaire. Soucieux de maintenir l'unité nationale, les États mettent en place un contrôle de l'information et une propagande nationaliste.

A Mobiliser l'économie

1 La fabrication d'obus en Grande-Bretagne (1916)

2 La mobilisation des industries

« Hier, pendant la paix, les industriels multipliaient les reproches à l'égard de l'État ; hier ils s'en allaient isolés, de droite, de gauche, à l'aventure, au hasard de la concurrence. Aujourd'hui ils ont discipliné leurs efforts ; ils ont répondu à l'appel de la nation, ils ont permis cette organisation d'ensemble que les plus audacieux d'entre nous n'avaient pas osé rêver. Il s'est formé dans l'industrie comme une organisation supérieure d'État qui a su coordonner toutes les initiatives, sans en étouffer aucune [...]. Entre les industriels, hier, c'était la concurrence, au moins l'absence d'union, parfois la lutte. [...] Tout cela s'est trouvé réglé par la volonté commune, pendant le temps de guerre. »

Discours d'Albert Thomas, ministre de l'Armement devant le personnel des usines du Creusot, 1er mai 1916.

3 Renault : une entreprise au service de la guerre

	1913	1918
Voitures	1 484	553
Camions	174	1 793
Chars d'assaut	0	750
Moteurs d'avion	0	5 000
Obus de 75 et de 155	0	2 000 000
Effectifs des travailleurs (dont femmes)	6 300 3,8 %	22 500 31,6 %

Vocabulaire

Guerre totale : mobilisation de toutes les forces d'un pays, militaires, économiques et psychologiques dans le but de vaincre l'adversaire.

B Exalter la nation, contrôler l'information

4 Soutenir l'effort de guerre L'instituteur recueille les pièces d'or apportées par les élèves, dans une salle de classe à Paris.

5 Affiche de 1915 (BNF)

6 La mise en place officielle de la censure

« Interdiction en outre d'attaquer les officiers, de parler des formations nouvelles, de reproduire des articles parus dans les journaux étrangers.
Avis de décès : ne doivent pas indiquer le lieu où le défunt est tombé.
Interdiction de publier des articles concernant expériences ou mise en service d'engins nouveaux, des cartes postales ou illustrations reproduisant des canons ou des engins de guerre nouveaux ou du matériel ancien modèle, dans un paysage pouvant faire découvrir le lieu de l'emploi.
Surveiller tout ce qui pourrait sembler une propagande pour la paix.
Interdiction de publier cartes postales renfermant scènes ou légendes de nature à avoir une fâcheuse influence sur l'esprit de l'armée ou de la population ; cartes postales représentant matériel nouveau, armes, engins de toute nature. »

Décret du gouvernement français du 1er août 1914.

7 La guerre dans le quotidien des enfants : les jouets
Chariot en bois peint avec le coq gaulois terrassant un soldat allemand (Mémorial de Péronne).

A Mobiliser l'économie

1. Doc. 1 Qui fabrique les obus dans cette usine anglaise ? Pourquoi ?

2. Doc. 2 Qui est Albert Thomas ? Quelle est l'attitude des industriels français ? Quel est désormais le rôle de l'État ?

3. Doc. 3 Quelle production a reculé entre 1913 et 1918 dans cette entreprise ? Quelles productions ont augmenté ? Pourquoi ?

B Exalter la nation, contrôler l'information

4. Doc. 4 et 5 Où se déroule cette scène ? Quel est le message de l'affiche accrochée au tableau ? Que font les enfants ?

5. Doc. 7 À qui est destiné cet objet ? Comparez-le à l'affiche. Quels sentiments exalte-t-il ?

6. Doc. 6 Que prévoit ce décret ?

Bilan — DÉCRIRE ET EXPLIQUER

À l'aide des documents, montrez que les États ont mobilisé toutes les ressources pour mener leur pays à la victoire.

Aide à la rédaction

1. Mobiliser l'économie au service de la guerre.
2. Contrôler l'opinion publique et obtenir son soutien.

Leçon 2

L'Europe bouleversée par la guerre : la révolution russe et les révolutions en Europe

▶ Quelles sont les conséquences de la Première Guerre mondiale en Russie et en Europe ?

A La Russie en révolution

- **En 1917, l'Empire russe mal préparé à la conduite de la guerre est en totale déroute**. Sur le front, ses armées ont subi de lourdes défaites et une partie de son territoire est occupée par l'Allemagne. **Les pénuries, l'augmentation des prix et le chômage provoquent des mécontentements populaires dans les grandes villes**.
- **Du 23 au 27 février 1917, des manifestations et des grèves conduisent le tsar Nicolas II à abdiquer**. Le nouveau gouvernement provisoire est contesté et ne parvient pas à restaurer l'ordre. À la tête des **bolcheviks**, Lénine (doc. 1) organise méthodiquement la prise du pouvoir. **Le 24 octobre 1917 à Petrograd**, ses partisans renversent le gouvernement provisoire et s'emparent des principales villes du pays (doc. 2).
- **Lénine signe la paix avec l'Allemagne et prend des mesures** qui **redistribuent la terre aux paysans, abolissent la propriété privée** et donnent le pouvoir aux ouvriers dans les usines.

B La contagion révolutionnaire

- **Dès ses débuts, ce nouveau régime est contesté par les dirigeants européens qui craignent une extension de la Révolution dans leur pays.** Au cours de la guerre civile qui oppose le nouveau régime aux partisans du tsar, des pays comme la France ou la Grande-Bretagne envoient des soldats combattre aux côtés de ces derniers pour faire tomber le régime. À la tête de l'Armée rouge, Léon Trotski remporte des victoires militaires.
- **Pour sauver la Révolution dans son pays, Lénine lance un appel à la révolution et fonde la IIIe Internationale** en 1919, dont le siège est à Moscou. (doc. 4).
- La Révolution russe promet une société plus juste et égalitaire. Elle suscite un immense espoir en Europe. **Sa portée est considérable : une vague révolutionnaire déferle sur l'Europe au début des années 1920** (doc. 3).
- **Des mouvements de grèves et des occupations d'usines** se multiplient en Italie du Nord (doc. 5), en France, en Allemagne, en Angleterre et en Hongrie, suscitant une réaction violente des gouvernements. En Allemagne, en janvier 1919, les révolutionnaires Rosa Luxemburg et Karl Liebknecht, à la tête du mouvement **spartakiste**, appellent les ouvriers allemands à la révolution (doc. 6). La répression est terrible : ils sont assassinés à Berlin lors de la « semaine sanglante ».

1 Biographie

Lénine, 1870-1924

Vladimir Ilitch Oulianov, dit Lénine. Fondateur du parti bolchevik en 1912, il s'oppose au régime tsariste. Il passe une grande partie de sa vie en exil avant de rentrer en Russie en 1917. Favorable à une révolution communiste, il prend le pouvoir en Russie en octobre 1917 et le conserve jusqu'à sa mort en 1924. Il pose les bases d'une dictature et fonde l'URSS en 1922.

2 La révolution d'octobre 1917

En 1917, les Russes utilisent encore le calendrier julien qui a 12 jours de décalage avec le calendrier grégorien. Les événements de février et d'octobre se sont déroulés en mars et début novembre 1917.

« Les principales opérations commencèrent vers deux heures du matin[1]. Par petits groupes militaires, ordinairement avec un noyau d'ouvriers armés ou de matelots, sous la direction de commissaires, l'on occupe les gares, la centrale d'électricité, les arsenaux et les entrepôts d'approvisionnement, le service des eaux, le pont du Palais, la centrale des téléphones, la banque d'État, les grandes imprimeries, et l'on s'assure des télégraphes et de la poste. Partout, l'on place une garde sûre. Les lieux sont occupés sans coup férir par de forts détachements : les forces gouvernementales ont disparu dans les ténèbres. »

D'après Léon Trotski, *Histoire de la révolution russe*, tome 2, *La révolution d'octobre* (1932), © Seuil, 1995.

1. Le 25 octobre à Petrograd.

Vocabulaire

Bolcheviks : partisans d'une révolution pour l'instauration d'un régime communiste en Russie où l'égalité est réalisée par la suppression de la propriété privée sous l'autorité du parti unique.

IIIe Internationale : organisation dirigée par les bolcheviks soviétiques. Elle regroupe les partis communistes du monde entier pour préparer la Révolution mondiale.

Spartakiste : nom adopté par les révolutionnaires communistes allemands en souvenir de la révolte de l'esclave Spartacus dans l'Empire romain.

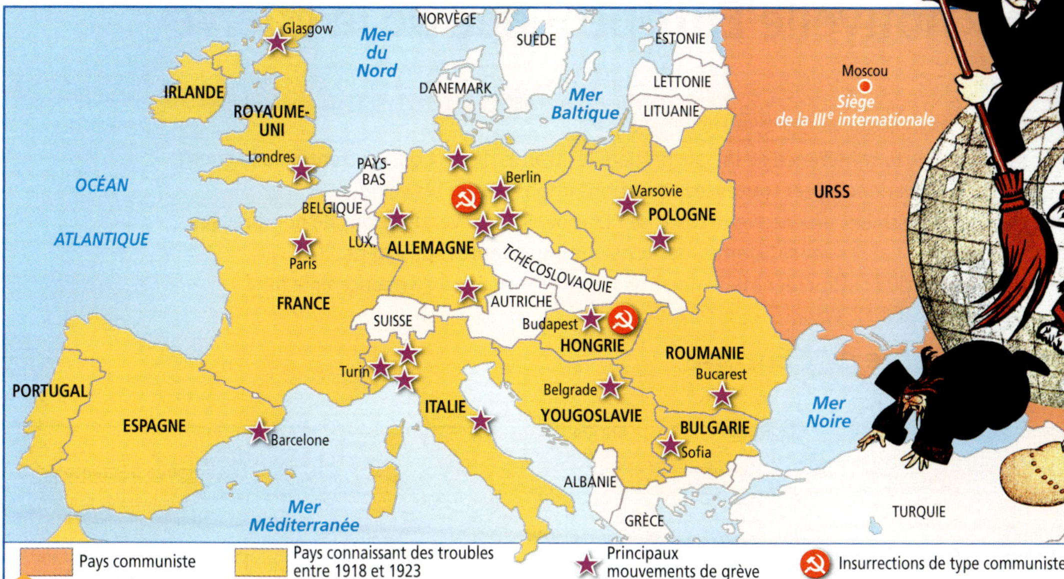

3 **La vague révolutionnaire et les grèves en Europe (1918-1923)**

4 **Lénine fait le ménage**
Affiche de 1920.

5 **Grévistes italiens à Turin en 1920**
La faucille et le marteau symbolisent le communisme (l'alliance de la paysannerie et du monde ouvrier).

6 **Barricades lors de la révolution spartakiste à Berlin en janvier 1919**

A La Russie en révolution

1. Doc. 1 et 2 Qui est Lénine ? Que se passe-t-il en 1917 en Russie ? Quel parti dirige-t-il ?

2. Doc. 2 À quoi ces événements aboutissent-ils ?

B La contagion révolutionnaire

3. Doc. 4 Que représentent les personnages balayés par Lénine ?

4. Doc. 3 Relevez quatre pays touchés par des grèves ou des insurrections.

5. Doc. 5 Dans quel pays la photographie a-t-elle été prise ? Que symbolisent la faucille et le marteau sur le document ?

6. Doc. 6 Où se déroule cette scène ? Que font ces hommes ?

Bilan **DÉCRIRE ET EXPLIQUER**

À l'aide des documents, décrivez la révolution bolchévique en Russie, puis expliquez ses principales répercussions en l'Europe au début des années 1920.

Compétence 1.2 › **Rédiger un texte bref, cohérent et ponctué**

Compétence 5.1 › **Avoir des connaissances relevant de l'espace et du temps**

Socle

Dossier

La « nouvelle Europe » née de la guerre

Comment la Grande Guerre a-t-elle transformé l'Europe ?

En janvier 1919, la conférence de la paix prépare les traités de paix qui mettent fin à la guerre. Les vaincus doivent accepter toutes les conditions imposées par les vainqueurs.
Ces traités redessinent une nouvelle carte de l'Europe. Si les revendications de nombreuses **minorités nationales** sont satisfaites, des tensions importantes subsistent.
Les vainqueurs du conflit créent la **Société des Nations**, chargée de maintenir la paix.

A Une nouvelle carte de l'Europe

1 L'Europe en 1923

2 Les principaux traités de paix

	Pays concerné	Principales dispositions
Traité de Versailles 28 juin 1919	Allemagne	L'Allemagne perd 15 % de son territoire et 10 % de sa population. Elle reconnaît sa responsabilité dans le déclenchement de la guerre et doit payer des réparations. Elle ne peut avoir une armée supérieure à 100 000 hommes.
Traité de Saint-Germain-en-Laye 10 septembre 1919	Autriche	L'Empire austro-hongrois disparaît. De nouveaux États apparaissent, comme la Tchécoslovaquie.
Traité de Trianon 4 juin 1920	Hongrie	Née de la partition de l'Autriche-Hongrie, la Hongrie perd des territoires au profit de la Tchécoslovaquie.
Traité de Sèvres 10 août 1920	Turquie	L'Empire ottoman est démembré. Il perd une partie de ses territoires au profit de la Grèce ; ses territoires arabes sont confiés par la SDN sous forme de mandats à la France (Syrie, Liban) et au Royaume-Uni (Palestine, Transjordanie, Irak et Koweit).

Vocabulaire

Minorité nationale : population minoritaire dans un État multinational.

Société des Nations : organisation internationale créée par le traité de Versailles.

B Les tensions nées de la paix

3 Le jugement d'un diplomate sur la paix

« Partout en Europe, les affaires se compliquent et le feu couve. À Fiume, le gouvernement italien ne peut rien faire parce que l'armée et la marine sont avec D'Annunzio[1], qui annonce l'intention de conquérir toute la Dalmatie [...]. Je ne parle ni du conflit serbo-roumain, ni de celui des Tchèques et des Polonais, ni de la possibilité d'une intervention des Yougoslaves contre l'Italie et d'autres encore. De quelque côté qu'on se retourne, on ne trouve que des explosifs qui fusent déjà. On peut dire qu'il y a dans l'histoire peu d'exemples d'une conférence de la paix ayant aussi bien réussi à déchaîner plus d'appétits et à créer plus de causes de conflits. »

Paul Cambon, ambassadeur de France à Londres, *Lettres*, 27 septembre et 11 octobre 1919.

1. Poète italien nationaliste, Gabriele d'Annunzio organise l'occupation militaire de la ville de Fiume peuplée d'une majorité d'Italiens.

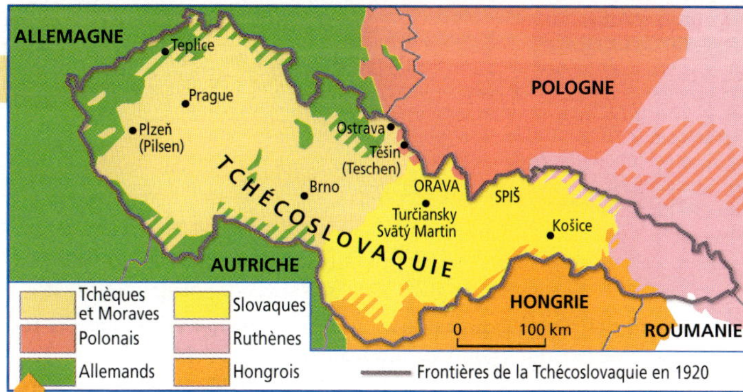

4 La Tchécoslovaquie en 1920 : une mosaïque de nationalités

Ce nouvel État de 13 millions d'habitants est composé à 65 % de Tchécoslovaques (6,75 millions de Tchèques et 2,25 millions de Slovaques) et à 35 % de minorités (dont 3 millions d'Allemands et 680 000 Hongrois).

5 Le conflit gréco-turc (1919-1923)

« J'espère que je réussirai à chasser de mon pays l'envahisseur grec, grâce au soutien admirable que m'apporte le peuple de Turquie et à l'héroïsme de nos combattants. »

« C'est pour libérer le pays que l'armée se bat. La nation ne veut plus jamais être trompée. Les vaines illusions nous ont coûté très cher. [...] Nous sommes des Turcs voilà tout. Nous souhaitons devenir les amis de tous ceux qui n'envisagent pas de nous priver de notre indépendance. »

Entretiens de Mustapha Kemal (président de la République turque), septembre 1921-mai 1922, cités dans P.-Y. Grasset et G. Daniel, *Atatürk*, © Éditions Chronique, 1998.

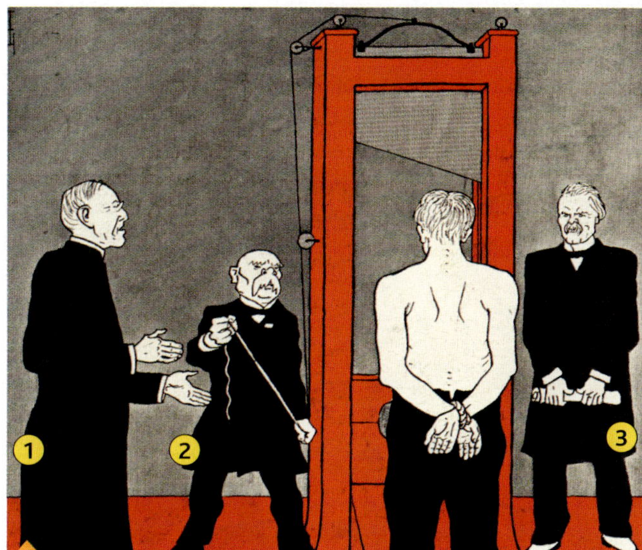

6 Un traité contesté

« Versailles », dessin de Th. Heine, publié le 3 juin 1919 dans l'hebdomadaire satirique allemand *Simplicissimus*.
(1) Le Président américain W. Wilson, (2) le Président du conseil français G. Clemenceau, (3) le Premier ministre anglais L. George.

A Une nouvelle carte de l'Europe

1. Doc. 1 et carte p. 30 Quels grands empires ont disparu en 1923 ?
2. Doc. 1 et 2 À l'aide d'exemples, expliquez les conséquences des traités de paix sur le découpage territorial de l'Europe.

B Les tensions nées de la paix

3. Doc. 3 D'après l'auteur, quelle est la conséquence de ces traités de paix ?
4. Doc. 4 Quelles sont les nationalités présentes en Tchécoslovaquie ?
5. Doc. 2 et 5 Quelle sont les dispositions du traité de Sèvres ? À quoi aboutit la contestation de ce traité ?
6. Doc. 6 Que représente l'homme torse nu ? Que dénonce ce dessin ?

Bilan — DÉCRIRE ET EXPLIQUER

À l'aide des documents, expliquez comment les traités de paix ont bouleversé l'Europe.

Aide à la rédaction

1. Les principales clauses des traités de paix.
2. Les modifications territoriales liées aux traités de paix.
3. Les traités de paix, une source de tensions dans cette nouvelle Europe.

Exercices

Réviser les repères

Livret Brevet
→ L'essentiel, p.11

A Identifier l'essentiel à retenir

Brevet

Vocabulaire	Repères chronologiques	Capacités
Savoir définir les expressions : guerre de position, guerre de mouvement, violence de masse, génocide	**Savoir situer dans le temps :** **1914-1918 :** la Première Guerre mondiale **1916 :** la bataille de Verdun **1917 :** la révolution russe **11 novembre 1918 :** l'armistice	**Savoir :** **raconter et expliquer** la guerre des tranchées et le génocide des Arméniens comme des manifestations de la violence de masse.

B Compléter un schéma

Compétence 5.1 › **Avoir des connaissances et des repères** Socle

▶ Recopiez et complétez le schéma à l'aide de ces propositions : Quotidien très difficile – Contrôle de l'information – Combats dans les tranchées – Économie de guerre – Souscription aux emprunts de guerre – Devoir patriotique – Bombardements – Nouvelles armes

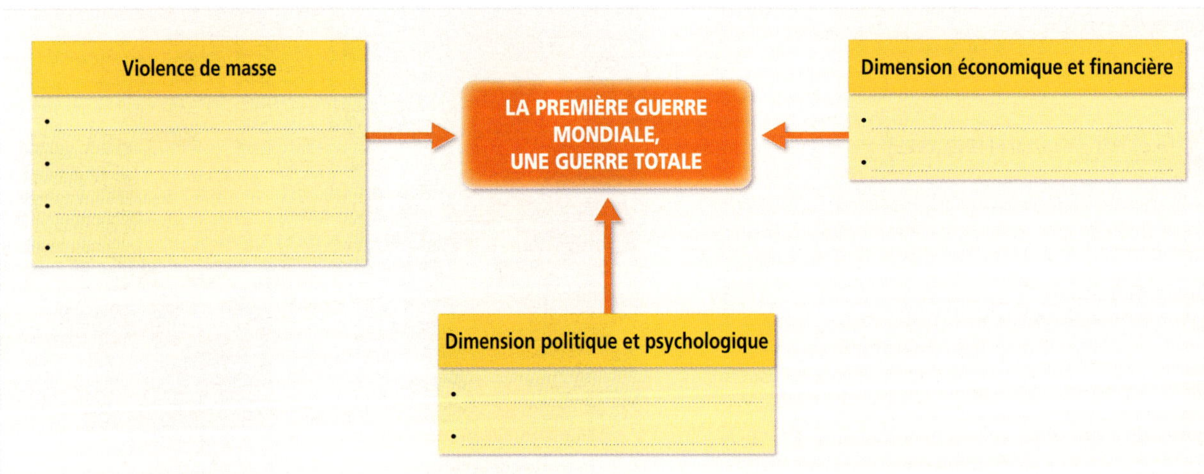

C Connaître et utiliser des repères

Compétence 5.2 › **Situer des événements** Brevet

1. Recopiez et complétez le tableau ci-dessous.

Événement	Date et localisation	Contexte et acteurs	Bilan et conséquences
Le génocide arménien	1915 dans l'Empire ottoman	Première Guerre mondiale, gouvernement turc, Arméniens	Déportation et massacre de 800 000 à 1 200 000 Arméniens
La bataille de Verdun	....	....	....
La révolution russe	....	....	....

2. En vous inspirant du modèle proposé sur le génocide arménien , décrivez et expliquez la révolution russe et la vague révolutionnaire en Europe en quelques phrases.

Un génocide est l'élimination programmée d'un peuple. En 1915, pendant la Première Guerre mondiale, l'Empire ottoman qui connaît des défaites militaires, accuse les Arméniens d'être des ennemis. Les autorités décident leur déportation et leur massacre. Ce génocide a fait entre 800 000 et 1 200 000 victimes.

Réviser les savoir-faire

D Analyser un monument aux morts

Compétence 5.4 › **Être sensible aux enjeux artistiques et humains d'une œuvre** Brevet

Méthode

1 Présenter le monument
1. Quel est la nature du monument ? Où est-il situé ? À qui s'adresse-t-il ?
2. Quel événement ce monument commémore-t-il ?
3. Comment a-t-il été financé ?

2 Analyser le monument
4. Identifiez les personnages représentés et leur fonction. Quelles valeurs l'artiste a-t-il cherché à exalter ?
5. Quel symbole est utilisé pour représenter la victoire ?

3 Comprendre le sens du monument
6. Quelle est la fonction d'un tel monument ?

1 Monument aux morts de Cambrai (Nord)
Inauguré en 1926, ce monument a été financé grâce à une souscription publique et aux subventions accordées par les villes de Cambrai et d'Alger.

(1) Victoire ailée
(2) Fantassins montant au combat
(3) Char d'assaut

E Confronter deux points de vue

Compétence 1.1 › **Dégager l'essentiel d'un texte lu** Socle

1 Clemenceau, chef du gouvernement français

« Je prends acte des paroles et des excellentes intentions du Président Wilson […] mais il méconnaît le fond de la nature humaine. Le fait de la guerre ne peut être oublié. L'Amérique n'a pas vu cette guerre de près pendant les trois premières années ; nous, pendant ce temps, nous avons perdu un million et demi d'hommes. Nous n'avons plus de main-d'œuvre. […]
Nos épreuves ont créé dans ce pays un sentiment profond des réparations qui nous sont dues ; et il ne s'agit pas seulement de réparations matérielles : le besoin de réparations morales n'est pas moins grand. »

Discours prononcé à la conférence de la paix à Paris en 1919.

2 John Maynard Keynes, économiste anglais

« La campagne accomplie pour faire payer par l'Allemagne les dépenses de guerre nous semble avoir été un des actes les plus graves de folie politique dont nos hommes d'État aient jamais été responsables. C'est vers un avenir bien différent que l'Europe aurait pu se tourner si M. Lloyd George et M. Wilson avaient compris que les plus importants problèmes qui devaient les occuper n'étaient ni politiques ni territoriaux, mais financiers et économiques, et que les dangers qui menaçaient n'étaient pas dans des questions de frontières et de souveraineté mais de ravitaillement, de charbon et de transports. […] Le but de Clemenceau était d'affaiblir et de détruire l'Allemagne par tous les moyens disponibles. »

Les Conséquences économiques de la paix, 1920, © Gallimard, 2002.

► **Le point de vue de Clemenceau**
1. Qui est Clemenceau ? Quand s'exprime-t-il ?
2. Pour quelles raison veut-il que l'Allemagne s'acquitte des réparations ?

► **Le point de vue de Keynes**
3. Qui est-il ? Quand s'exprime-t-il ?
4. Quel danger dénonce-t-il ?

► **Confronter les points de vue**
5. Distinguez les deux attitudes face à l'Allemagne.

La Chanson de Craonne, un chant populaire témoin de la Grande Guerre

D'avril à octobre 1917, la bataille du Chemin des Dames fait rage dans la Somme. La tentative de rupture du front allemand par les Français est un échec et se solde par un massacre. Des mutineries éclatent dans les unités combattantes. Sur les 500 mutins condamnés à mort, moins d'une trentaine sont exécutés.

La *Chanson de Craonne* exprime les doutes des soldats, leurs souffrances, mais aussi leur lassitude et leur quotidien dans les tranchées. Le texte s'inspire d'une valse à succès de 1911. La chanson est chantée par les combattants dès 1915 (*Chanson de Lorette*) puis pendant les batailles de Verdun en 1916 et du Chemin des Dames en 1917.

En 1919, Raymond Lefebvre et Paul Vaillant-Couturier (militants de gauche) stabilisent le texte et transforment le titre en *Chanson de Craonne*. Elle est interdite en France jusqu'en 1974, date à laquelle le président de la République Valéry Giscard d'Estaing autorise sa diffusion sur les ondes.

Vocabulaire

Civelots : personnes protégées.
Plateau : le plateau surplombe le village de Craonne et était tenu par les armées allemandes.
Purotins : soldats exposés.
Troufions : les soldats.

Le fusillé pour l'exemple 1
Jacques Tardi, détail d'une toile réalisée au fusain pour le 90e anniversaire de la bataille du Chemin des Dames en 2007, mairie de Craonne.

Présenter la chanson

1. Qui sont les auteurs de la version des années vingt ? Quel est leur engagement politique ?
2. Quelle est l'histoire de cette chanson ?
3. Qui est le personnage principal de la chanson ?

Analyser la chanson

4. Quelles sont les conditions de vie dans les tranchées ?
5. Selon les autorités militaires, quelle doit-être l'attitude normale des soldats ?
6. Quels reproches sont adressés à une certaine partie de la population ?

Interpréter cette chanson

7. Quels sont les différents messages de cette chanson ?
8. Quels éléments montrent que cette chanson est révolutionnaire ?

Réaliser une fiche pour l'épreuve orale d'histoire des arts — Brevet HdA

Présenter l'œuvre
- Présentez le contexte de sa création et les auteurs. À qui s'adresse-t-elle ?

Analyser l'œuvre
- Identifiez le domaine artistique auquel appartient l'œuvre étudiée.
- Présentez le thème de cette chanson.
- À quelle phase de la guerre correspond-elle ?
- Quelle est l'attitude des soldats en 1917 ? Pourquoi ?

Interpréter l'œuvre
- Analysez le message de la chanson.
- Expliquez pourquoi elle a été longtemps interdite.
- Expliquez l'intérêt historique de cette chanson.
- Exprimez votre point de vue sur la chanson en présentant une argumentation.

Pour aller plus loin
- Un film : La *Chanson de Craonne* est chantée dans *Un Long Dimanche de fiançailles*, de Jean-Pierre Jeunet (2004).
- Une bande dessinée : Jacques Tardi, *C'était la Guerre des tranchées*, © Casterman, 1993.
- Un site Internet sur le Chemin des Dames : www.chemindesdames.fr

Quand au bout d'huit jours, le repos terminé,
On va reprendre les tranchées,
Notre place est si utile
Que sans nous on prend la pile.
Mais c'est bien fini, on en a assez,
Personn' ne veut plus marcher,
Et le cœur bien gros, comm' dans un sanglot
On dit adieu aux civelots.
Même sans tambour, même sans trompette,
On s'en va là-haut en baissant la tête...

Refrain
Adieu la vie, adieu l'amour,
Adieu toutes les femmes.
C'est bien fini, c'est pour toujours,
De cette guerre infâme.
C'est à Craonne, sur le plateau,
Qu'on doit laisser sa peau
Car nous sommes tous condamnés,
C'est nous les sacrifiés !

Huit jours de tranchées, huit jours de souffrance,
Pourtant on a l'espérance
Que ce soir viendra la r'lève
Que nous attendons sans trêve.
Soudain, dans la nuit et dans le silence,
On voit quelqu'un qui s'avance,
C'est un officier de chasseurs à pied,
Qui vient pour nous remplacer.
Doucement dans l'ombre, sous la pluie qui tombe,
Les petits chasseurs vont chercher leurs tombes...
(au refrain)

C'est malheureux d'voir sur les grands boul'vards
Tous ces gros qui font leur foire ;
Si pour eux la vie est rose,
Pour nous c'est pas la mêm' chose.
Au lieu de s'cacher, tous ces embusqués,
F'raient mieux d'monter aux tranchées
Pour défendr' leurs biens, car nous n'avons rien,
Nous autr's, les pauvr's purotins.
Tous les camarades sont enterrés là,
Pour défendr' les biens de ces messieurs-là.
(au refrain)

Ceux qu'ont l'pognon, ceux-là r'viendront,
Car c'est pour eux qu'on crève.
Mais c'est fini, car les troufions
Vont tous se mettre en grève.
Ce s'ra votre tour, messieurs les gros,
De monter sur l'plateau,
Car si vous voulez faire la guerre,
Payez-la de votre peau !

Illustration d'Henri Lanos, tirée d'un alphabet de guerre, vers 1916.

2 ***La Chanson de Craonne***
Écoutez la chanson en vous connectant sur
www.3e.hgeleve.magnard.fr/liens

CHAPITRE 4

Les régimes totalitaires dans les années 1930

▷ **Qu'est-ce qui caractérise les régimes totalitaires soviétique et nazi dans les années 1930 ?**

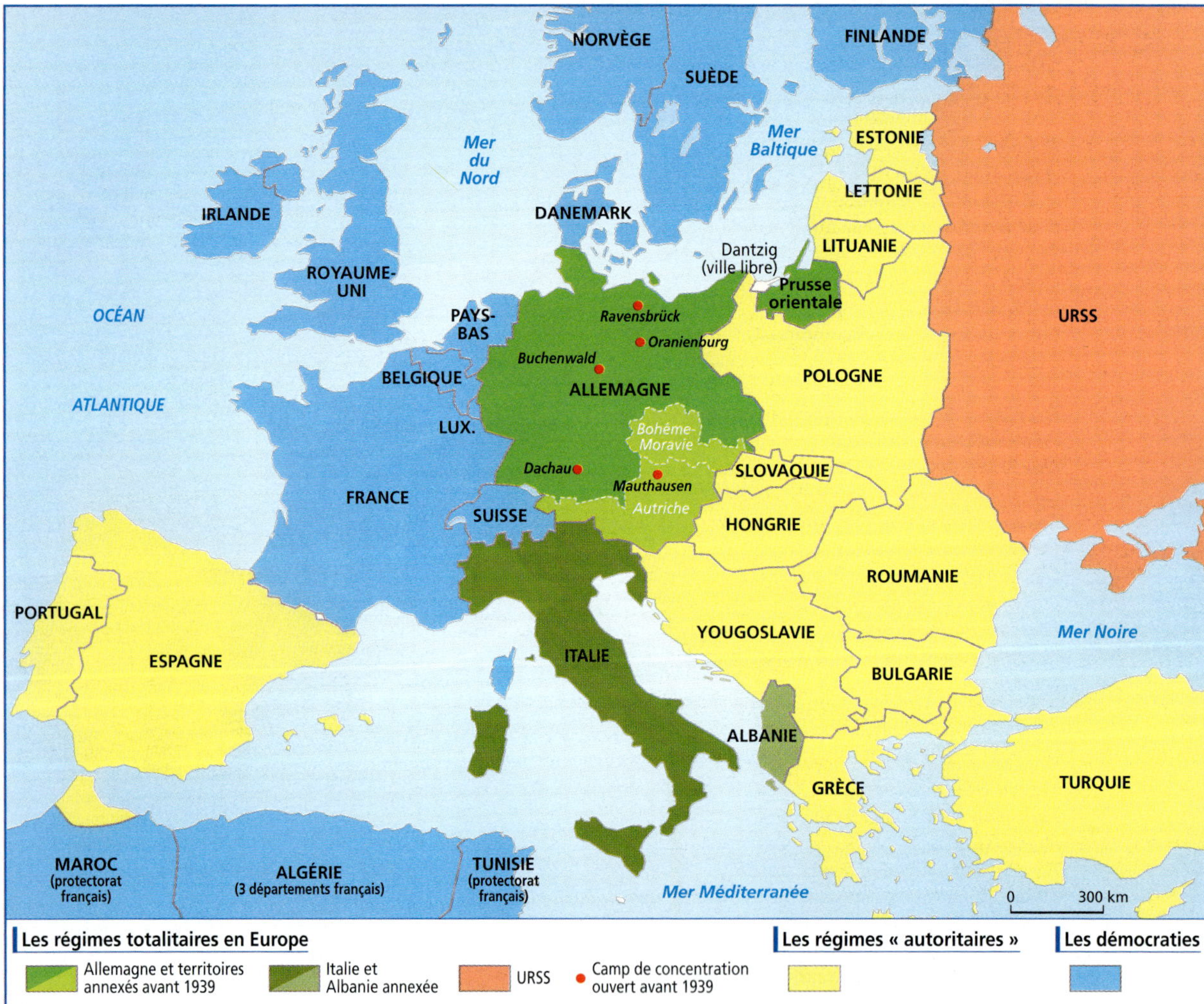

1 **Les régimes politiques en Europe en 1939**

Confronter les documents

1. Quels sont les trois États totalitaires en 1939 en Europe ?
2. À quels pays correspondent respectivement les documents 2 et 3 ?
3. Comment est représenté l'homme aryen sur le tableau ?
4. Quelles classes sociales le régime soviétique met-il en avant ? À quoi le voyez-vous ?

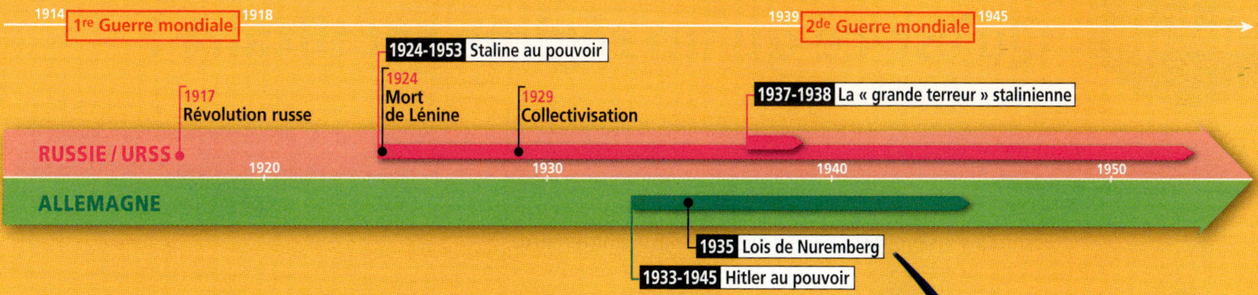

2 ***Les Gymnastes*, Allemagne, 1939**
Huile sur toile de Gerhard Keil, 125,5 x 115,5 cm, Gemäldegalerie Neue Meister, Dresde.

3 ***L'Ouvrier et la kolkhozienne*, URSS, 1937**
Sculpture en acier inoxydable de Vera Moukhina, conçue pour le bâtiment soviétique de l'Exposition internationale de Paris en 1937 (24 m de haut, 65 tonnes).

Dossier

Qu'est-ce qu'un régime totalitaire ?

Les régimes totalitaires soviétique et nazi sont-ils semblables ?

Le totalitarisme caractérise les régimes politiques apparus après la Première Guerre mondiale en URSS, en Italie puis en Allemagne. Si les régimes totalitaires soviétique et nazi ont des points communs, ils proposent des projets de nature différente.

A Les régimes soviétique et nazi ont des caractéristiques communes...

1 Le rôle du chef

a. Staline à un congrès du parti communiste (affiche de propagande soviétique, années 1930).

b. Hitler au congrès du parti nazi à Nuremberg en 1935.

2 Des historiens définissent le régime totalitaire

a. « La structure du régime totalitaire est gouvernée […] par une tendance à l'unification. […] Sa forme la plus voyante, peut-être, est l'instauration d'un parti unique […]. Ce pouvoir touche à tous les domaines, publics et privés, et intervient à tous les niveaux […]. Il le fait en se dotant d'une **idéologie** d'État. […] La grande conséquence de ce vaste mouvement d'unification est que tout ce qui lui échappe est perçu comme un obstacle à détruire, comme un ennemi à éliminer. […] L'instrument que le régime totalitaire utilise pour atteindre ses buts est la terreur. »

Tzvetan Todorov, *Le Totalitarisme, encore une fois*, © CNRS-CNL, 1997.

b. « Le totalitarisme se caractérise par "l'effort" constant de l'État ou du Parti pour soumettre à son contrôle la totalité de la vie sociale. De la naissance à la tombe, à travers tout un ensemble d'organisations, les masses sont surveillées et guidées. Dans l'idéal, la vie de chaque individu aurait dû être entièrement soumise à ce contrôle extérieur. »

Krzysztof Pomian, « Communisme et nazisme : les tragédies du siècle », interview dans *L'Histoire*, n° 223, juillet-août 1998.

Vocabulaire

Idéologie : ensemble d'idées propres à un groupe, un parti.

Bolchévisme : désigne le communisme russe qui prône l'égalité par la suppression de la propriété privée sous l'autorité du parti unique.

Pogrom : explosion de violence organisée contre la communauté juive.

B ... mais aussi des différences significatives

3 Des projets différents

« *L'Histoire :* Vous avez énuméré des points de convergence. N'y a-t-il pas, aussi, des différences notables entre le totalitarisme nazi ou fasciste et le totalitarisme soviétique ?

K. Pomian : Il en est plusieurs. Elles portent sur le contenu même des idéologies qu'ils professent. Le fascisme et le nazisme sont nationalistes ; le **bolchevisme** se proclame internationaliste. À leur prétention de trouver des modèles dans le passé, il oppose son programme d'édification d'une société radicalement nouvelle. Tandis que [le fascisme et le nazisme] combattent les Lumières et l'héritage de la Révolution française, le bolchevisme s'en réclame. »

Krzysztof Pomian, « Communisme et nazisme : les tragédies du siècle », interview dans *L'Histoire*, n° 223, juillet-août 1998.

4 La singularité radicale du nazisme

a. « L'antisémitisme, fondé sur des motifs purement sentimentaux, trouvera son expression finale sous la forme de **pogroms** [...]. En revanche, l'antisémitisme de raison doit conduire à une lutte méthodique et à l'élimination des privilèges que le juif possède [...]. Mais son objectif final et immuable doit être l'élimination des juifs en général. »

Extrait d'une lettre d'Hitler, datée du 16 septembre 1919.

b. « 4. Seul peut être citoyen un frère de race. Seul est frère de race celui qui est de sang allemand, sans considération de confession. Aucun juif ne peut donc être un frère de race.
5. Qui n'est pas citoyen ne peut vivre en Allemagne que comme un hôte et doit être soumis à la réglementation des étrangers. »

Extrait du programme du NSDAP (Parti nazi), 24 février 1920.

5 Une manifestation de l'antisémitisme à Berlin en 1933

A Les régimes soviétique et nazi ont des caractéristiques communes...

1. **Doc. 1** Quelles caractéristiques des régimes totalitaires sont illustrées par les deux documents ?
2. **Doc. 2** Relevez dans les deux textes, quatre caractéristiques communes des régimes totalitaires soviétique et nazi.
3. **Doc. 2b** Comment les régimes totalitaires surveillent-ils les citoyens ?

B ... mais aussi des différences significatives

4. **Doc. 3** Quelles sont les différences entre le projet du régime soviétique et celui du régime nazi ?
5. **Doc. 4** Comment Hitler définit-il le citoyen allemand ? Relevez les éléments qui montrent que le régime nazi est raciste.
6. **Doc. 4 et 5** Qu'est-ce que l'antisémitisme ? Comment se manifeste-t-il en Allemagne?

Bilan — Décrire et expliquer

À l'aide des documents, décrivez et expliquez les caractéristiques communes aux régimes totalitaires soviétique et nazi, ainsi que leurs différences.

Aide à la rédaction

1. Les points communs aux deux régimes totalitaires.
2. La spécificité du régime totalitaire soviétique puis celle du régime nazi.

Dossier La collectivisation des terres en URSS

En quoi la collectivisation et la dékoulakisation montrent-elles que le régime soviétique est totalitaire ?

Depuis 1924, Staline dirige l'URSS. En 1928, il prend une série de mesures économiques appelées le « Grand tournant ». Afin d'augmenter la production agricole, Staline décrète en 1929 la collectivisation des terres. Face à la résistance des **koulaks** et des paysans, le régime a recours à la terreur et à la violence.

A Une réforme imposée

1 La collectivisation des terres

Discours de Staline le 7 novembre 1929, intitulé « Le Grand Tournant », paru dans la *Pravda*, le journal officiel du Parti communiste.

« [Aller] de la petite économie individuelle arriérée à la grande agriculture collective avancée, au travail de la terre en commun…

…aux stations de machines et tracteurs, aux **kolkhozes** basés sur des techniques modernes, enfin aux **sovkhozes** géants pourvus de centaines de tracteurs et de moissonneuses-batteuses.

La réalisation du Parti, ici, c'est que dans nombre de régions, nous avons réussi à détourner les masses paysannes fondamentales de l'ancienne voie capitaliste de développement vers la voie nouvelle, qui évince les richards capitalistes […]. »

→ **Situation initiale de l'agriculture en 1929 : 25 millions de petites exploitations, productions insuffisantes**

→ **Engagement « volontaire » puis contraint des paysans dans des exploitations collectives**

→ **Liquidation des paysans « riches », les koulaks, en tant que classe**

2 Des paysans dans un kolkhoze (1935)

3 Témoignage d'un paysan à propos de la collectivisation

« Camarades, vous écrivez dans votre journal que tous les paysans pauvres et moyennement aisés adhèrent volontairement au kolkhoze, mais ce n'est pas vrai. Ainsi, dans notre village, tous n'entrent pas au kolkhoze de bon gré. Quand circula le registre des adhésions, 25 % seulement signèrent, tandis que 75 % s'abstenaient. Ils ont collecté les semences par la terreur, en multipliant procès-verbaux et arrestations. Si quelqu'un exprimait son opposition, on le menaçait d'emprisonnement et de travail forcé. Vous vous êtes trompés sur ce point, Camarades : la vie collective peut exister seulement à condition que la masse entière des paysans l'adopte volontairement, et non par force […]. Je vous prie de ne pas révéler mon nom, car les gens du Parti seraient furieux. »

Lettre d'un paysan russe au journal *Notre Village*, vers 1930.

B La « liquidation des koulaks comme classe »

4 Un écrivain raconte

« On nous parlait des koulaks aux réunions. La radio, le cinéma, les écrivains et Staline lui-même disaient tous la même chose : les koulaks sont des parasites, ils brûlent le blé, ils tuent les enfants. Et on nous a déclaré sans ambages : il faut soulever les masses contre eux et les anéantir tous, en tant que classe, ces maudits [...]. Dès qu'on les aura exterminés, une ère heureuse commencera pour la paysannerie.
La dékoulakisation[1] a commencé en 1929, à la fin de l'année, mais elle a battu son plein en février et mars 1930. [...]. On a commencé par arrêter les chefs de famille. [...] C'était la **Guépéou** qui procédait aux arrestations. [...] Tout le premier contingent a été fusillé. Personne n'en a réchappé. Quant à ceux qu'on a arrêtés à la fin de décembre, on les a gardés en prison deux à trois mois et on les a envoyés en "migrations spéciales[2]". »

Vassili Grossman, *Tout passe*, 1963, © Éd. L'Âge d'Homme, 2001.

1. La dékoulakisation a entraîné la déportation de 1 800 000 personnes et des centaines de milliers de morts.
2. Déportation dans les camps de travail du **Goulag**.

5 La dékoulakisation
Affiche de propagande de Kukryniski, 1930.
① « Annihilons la classe des koulaks ».
② Le kolkhoze moderne.
③ Les tracteurs, symboles de la réussite économique des kolkhozes.
④ Le tracteur de l'État soviétique écrasant les koulaks.

Vocabulaire

Koulak : en 1929, le mot désigne la classe des paysans riches ou moyens par opposition aux paysans pauvres.
Kolkhoze : ferme où la terre, les outils, les machines et le bétail sont détenus collectivement. Les paysans vendent leur production à l'État à un prix bas.
Sovkhoze : ferme d'État où les paysans sont salariés de l'État.
Guépéou : police politique aux ordres de Staline.
Goulag : désigne le système concentrationnaire soviétique.

A Une réforme imposée

1. Doc. 1 Quels sont les objectifs de la collectivisation des terres ? Quel doit être le rôle de l'État ? Contre quelle classe cette politique est-elle menée ?
2. Doc. 2 Quelle vision de la collectivisation cette photographie donne-t-elle ?
3. Doc. 3 Comment l'État soviétique a-t-il imposé la collectivisation des terres ?

B La « liquidation des koulaks comme classe »

4. Doc. 4 et 5 Comment le régime soviétique qualifie-t-il les koulaks ?
5. Doc. 4 et 5 Quels sorts leur réserve-t-il ?
6. Doc. 4 et 5 Quels moyens le régime utilise-t-il pour convaincre les populations de la nécessité d'éliminer les koulaks ?

Bilan — Raconter et expliquer

À l'aide des documents, expliquez la collectivisation des terres en URSS et la dékoulakisation en montrant que le régime soviétique a utilisé des méthodes violentes.

Aide à la rédaction
❶ La collectivisation et la dékoulakisation.
❷ Les méthodes employées par le régime pour appliquer ces politiques.

Leçon 1 De Lénine à Staline, la construction du régime totalitaire soviétique

Quelle sont les étapes de la construction du totalitarisme soviétique ?

A Un régime fondé par Lénine…

- La révolution d'octobre 1917 permet à Lénine, chef du parti **bolchévique** de s'emparer du pouvoir (doc. 1). **Il souhaite construire une société sans classe qui défende les intérêts des ouvriers et des paysans**. Pendant la guerre civile, **il met en place une dictature.**
- **Tous les partis sont interdits à l'exception du Parti communiste. Les opposants sont traqués** par la **Tcheka** puis la Guépéou. **Le nouveau régime rétablit la censure, supprime la presse d'opposition et contrôle les tribunaux**. Le commerce et les industries passent sous le contrôle de l'État. Dès 1918, Lénine embrigade les jeunes dans les Jeunesses communistes, les Komsomols (doc. 2).
- En 1919, Lénine fonde le **Komintern**, puis crée en 1922 une vaste fédération : l'Union des républiques socialistes soviétiques (URSS).

B … et consolidé par Staline

- Après la mort de Lénine en 1924, une lutte s'engage pour sa succession à l'intérieur du Parti. **Entre 1924 et 1927, Staline élimine ses opposants** et exile Trotski en 1929.
- **Staline décide du « Grand Tournant » économique en 1929. Toute l'économie est dirigée et planifiée par l'État qui prend possession des moyens de production industriels et collectivise les terres**. Staline élimine les paysans présentés comme hostiles au régime soviétique : les koulaks. La dékoulakisation fait 1 800 000 déportés et des centaines de milliers de morts (doc. 3). La collectivisation désorganise l'économie et provoque des grandes famines, en Ukraine notamment.

C … qui impose la « Grande Terreur »

- Le régime condamne à mort ou déporte des milliers de personnes au **Goulag**, en Sibérie, où les conditions de vie sont très difficiles (doc. 4). Les détenus y accomplissent des grands travaux : exploitations de mines, percements de canaux, etc. La mortalité y est très élevée.
- **Entre 1936 et 1938, Staline mène une campagne d'élimination des opposants** (doc. 5). Il fait organiser des procès truqués, au cours desquels les principaux dirigeants du Parti et d'anciens compagnons de Lénine sont accusés de comploter contre l'URSS. Les aveux sont obtenus par la torture et des dénonciations calomnieuses. **Ces « purges » permettent à Staline de devenir le maître incontesté du Parti et du pays**.

1 Biographie

Staline, 1879-1953

- Dirigeant de l'URSS entre 1924 et 1953. Initiateur du Goulag, il met en œuvre la Terreur pour contrôler le pays. D'abord allié à Hitler (pacte germano-soviétique de 1939), il conduit l'URSS dans le camp des vainqueurs en 1945.

2 Les Komsomols « Les dignes successeurs des Komsomols de Lénine sont prêts. » Affiche de 1933.

Vocabulaire

Bolchevique : signifie « majoritaire » en russe. Ancien nom du Parti communiste.

Tchéka : police politique aux ordres du Parti communiste, devient la Guépéou en 1922.

Komintern ou IIIe Internationale : organisation créée par l'URSS. Son but est d' « exporter » la Révolution dans le monde.

Planification : organisation de la production selon les directives d'un plan.

Goulag : voir p. 51.

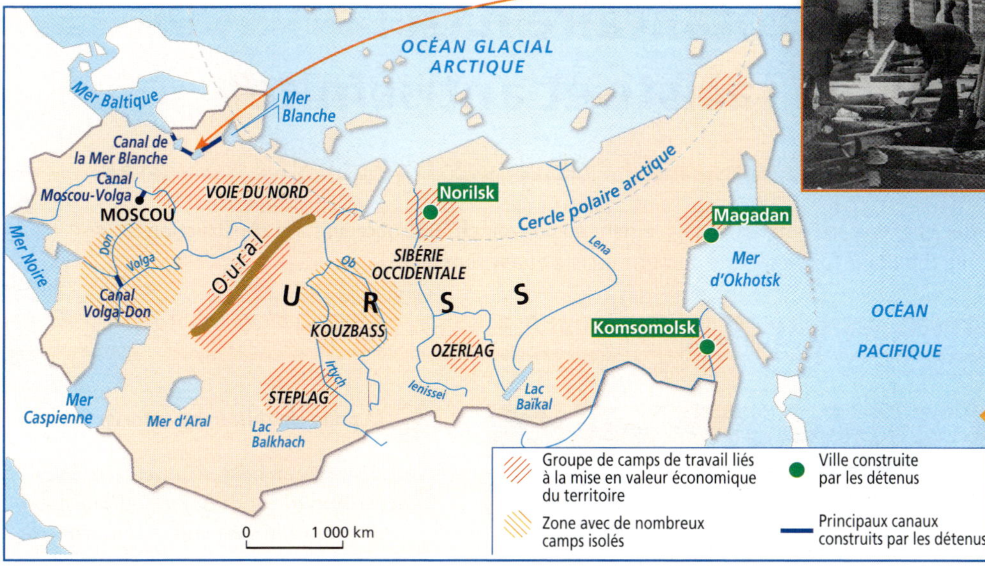

Détenus travaillant sur le chantier du canal de la mer Blanche en 1934

3 Le Goulag

4 La vie au Goulag

« Volkovoï[1], ça n'est pas tout que les zeks[2] en aient peur : les surveillants aussi le craignent, et même, qu'on dit, le commandant du camp [...]. Il a l'œil du loup. Avec ça, sombre de poil, efflanqué, l'air mauvais et des ressorts dans les jarrets. Il vous bondit dessus, de derrière les baraques, en hurlant : "Qu'est-ce que vous foutez là ?" On n'en réchappe jamais. Dans les débuts, il portait encore un fouet, en cuir tressé, long d'un demi-bras... On raconte, qu'il fouettait les gens avec. Ou, encore, à l'appel du soir, quand les zeks se massent devant la baraque, il se glissait par derrière et vous en envoyait une cinglée dans la nuque. "Pourquoi tu n'es pas dans le rang, ordure ?" qu'il demandait. Les autres s'écartaient, à croire des vagues. Et l'éclopé s'épongeait le sang, en faisant attention à la boucler, bien content encore qu'on ne l'ait pas envoyé en cellule. »

Alexandre Soljenitsyne, *Une Journée d'Ivan Denissovitch*, 1962, trad. Lucia et Jean Cathala, © Éd. Julliard, 1992.

1. Nom du gardien, dérivé de *volk* qui désigne le loup en russe. **2.** Détenus.

5 Le procès d'une victime de la Grande Terreur

« *Nom :* Sidorov ; *Prénom :* Vassili Klementovitch ;
Profession : employé de coopérative.
Extrait de l'acte d'accusation : Sidorov, malintentionné envers le pouvoir soviétique en général et le Parti en particulier, disant : "Staline et sa bande ne veulent pas quitter le pouvoir, Staline a tué un tas de gens, mais il ne veut pas s'en aller" [...]. Le prévenu Sidorov a plaidé non coupable, mais a été démasqué par plusieurs témoignages.
Sentence : Accusé d'avoir mené, parmi les kolkhoziens, une propagande contre-révolutionnaire, caractérisée par des propos défaitistes, accompagnés de menaces contre les communistes, de critiques contre la politique du Parti et du gouvernement.
Verdict : Fusiller Sidorov [...], confisquer tous ses biens.
La sentence a été exécutée le 3 août 1938. »

Procès verbal cité dans Stéphane Courtois, *Le Livre noir du communisme*, © R. Laffont, 1997.

A Un régime fondé par Lénine...

1. **Doc. 1 et 1 p. 40** Rappelez le rôle de Lénine dans la révolution de 1917.
2. **Doc. 2** Quels éléments montrent l'encadrement de la jeunesse par le parti ?

B ... et consolidé par Staline

3. **Doc 3, 4 et 5** Quelles sont les différentes méthodes utilisées pour éliminer les opposants ?
4. **Doc. 3** Où sont localisés les camps du Goulag ? Quelles sont les activités des détenus ?

C ... qui impose la « Grande Terreur »

5. **Doc. 4** Décrivez les conditions de détention au Goulag.
6. **Doc. 5** Quelles sont les accusations portées contre cet employé ?

Bilan **EXPLIQUER**

À l'aide des documents, expliquez la mise en place du régime totalitaire soviétique en URSS.

Compétence 1.2 › **Rédiger un texte bref, cohérent et ponctué**

Compétence 5.3 › **Employer différents langages**

Socle

Dossier

Le régime totalitaire nazi : un régime raciste et antisémite

Comment se manifestent le racisme et l'antisémitisme nazis ?

Adolf Hitler, chef du parti nazi, arrive légalement au pouvoir en 1933. Il œuvre à la construction d'un régime totalitaire fondé sur une doctrine raciste et antisémite.

A D'une idéologie de la « race »…

1 Propagande antisémite à l'intention des enfants
Illustration d'un livre pour enfants, Allemagne, 1936.
① « Les juifs sont notre malheur »
② « Comment le juif triche ».
(Musée du Mémorial de l'Holocauste, États-Unis)

2 La prétendue hiérarchie entre les « races »

« L'histoire établit avec une effroyable évidence que, lorsque l'Aryen a mélangé son sang avec celui de peuples inférieurs, le résultat de ce mélange a été la ruine du peuple civilisateur.
Les juifs deviennent les ferments de décomposition des peuples et des races et, au sens le plus large, ils désagrègent la civilisation humaine.
Tout le système d'éducation et de culture doit viser à leur donner [aux jeunes Allemands] la conviction qu'ils sont absolument supérieurs aux autres peuples. La force et l'adresse corporelle doivent leur rendre la foi en l'invincibilité du peuple auquel ils appartiennent. »

Adolf Hitler, *Mein Kampf*, 1925.

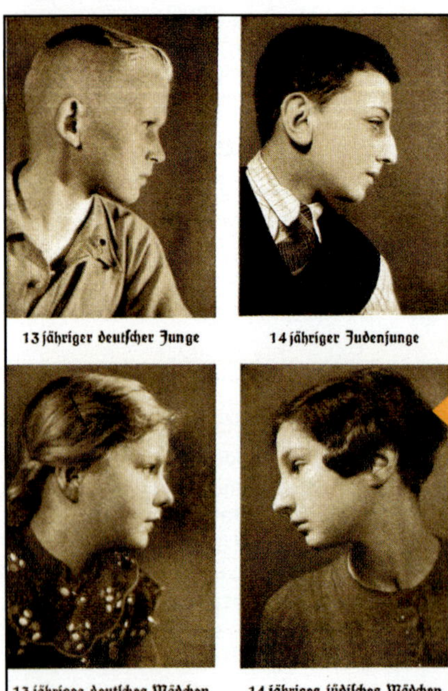

3 Apprendre à opposer juifs et aryens dès l'école
Extrait d'un manuel de pédagogie (1937). Cet ouvrage devait permettre aux enseignants d'éveiller le sentiment de la « race » chez leurs élèves, en prêtant notamment attention à des signes physiques.
À gauche, enfants aryens ; à droite, enfants juifs.

4 L'exclusion des juifs : les lois de Nuremberg (1935)

« Certain que la pureté du sang allemand est la condition nécessaire pour assurer la vie du peuple allemand et animé par la volonté inflexible d'assurer l'avenir de la nation allemande, le Reichstag a décidé unanimement la loi promulguée ici :
Art. 1. Les mariages entre juifs et citoyens allemands ou de sang voisin sont interdits. Les mariages consentis malgré cette interdiction n'ont pas de valeur, même s'ils ont été conclus à l'étranger pour ne pas tomber sous le coup de la présente loi.
Art. 2. Les relations extraconjugales entre juifs et citoyens allemands ou de sang voisin sont interdites. »

Loi « pour la protection du sang et de l'honneur allemands », 1935.

B ... aux violences antisémites : la Nuit de cristal (9-10 novembre 1938)

14, ROND-POINT DES CHAMPS-ÉLYSÉES, PARIS (8e)
TÉLÉPHONE : ÉLYSÉES 98-31 A 98-38

MANIFESTATIONS ANTISÉMITES TRÈS VIOLENTES EN ALLEMAGNE

Des synagogues en feu et les magasins juifs saccagés

Telles sont les premières conséquences de la mort de M. Vom Rath. Des « sanctions légales » vont suivre

(Téléphone « Figaro »)

Berlin, 10 novembre. — Une espèce de folie s'est emparée de la population allemande et la haine de la race israélite a atteint aujourd'hui son paroxysme. Des juifs de tout âge, hommes ou fem-

M. Paul ... ET M. ...

5 Une du journal français *Le Figaro* paru le vendredi 11 novembre 1938

Vitrines de boutiques endommagées appartenant à des juifs pendant la Nuit de cristal à Berlin (photographie colorisée) 6

7 La responsabilité du Parti nazi

Rapport d'une brigade de Darmstadt, 11 novembre 1938.

« Le 10.11.1938, à 3 heures, je reçus l'ordre suivant :

" Sur ordre du chef de groupe, il faut faire sauter ou incendier immédiatement dans la brigade 50 l'ensemble des synagogues juives. Les maisons voisines qui sont habitées par une population aryenne ne doivent pas être endommagées. L'action doit être menée en civil. Les mutineries et les pillages sont proscrits ". »

8 Les violences au cours de la Nuit de cristal en Allemagne et en Autriche

A D'une idéologie de la « race »...

1. Doc. 1 À qui ce document est-il destiné ?
2. Doc. 2 Quelle est la « race supérieure » selon Hitler ? À quoi doit servir l'école selon lui ?
3. Doc. 1 et 3 Quelle vision des juifs ces documents donnent-ils ?
4. Doc. 4 Quel est l'objectif de cette loi ? De quel extrait du document 2 pouvez-vous la rapprocher ?

B ... aux violences antisémites : la Nuit de cristal (9-10 novembre 1938)

5. Doc. 5, 6 et 8 Que s'est-il passé lors de la Nuit de cristal ?
6. Doc. 7 et 8 Qui est responsable de ce pogrom ? Montrez que cet événement est organisé et qu'il a une dimension nationale.

Bilan — RACONTER ET EXPLIQUER

À l'aide des documents, expliquez la théorie raciste d'Hitler et ses conséquences sur les citoyens juifs allemands.

Aide à la rédaction

1. La théorie raciste d'Hitler.
2. Une société antisémite.
3. La nuit de cristal.

Leçon 2 Le régime totalitaire nazi

Quelles sont les caractéristiques du totalitarisme nazi ?

A L'accession au pouvoir d'Adolf Hitler et la suppression des libertés

- En 1920, Hitler fonde le **NSDAP**. Après l'échec de sa tentative de prise de pouvoir en 1923, il est emprisonné. Profitant de la crise économique, son parti progresse lors des élections législatives. **Le 30 janvier 1933, il est nommé Chancelier** et obtient les pleins pouvoirs en mars.
- **Dès son accession au pouvoir, Hitler restreint les libertés. Le Parti nazi devient le seul parti légal** (doc. 1). Les nazis se livrent à de nombreuses violences dans les rues et progressivement les libertés publiques sont supprimées. En 1934, il cumule les fonctions de Chancelier et de président de la République : **la démocratie disparaît** (doc. 5).
- **En 1933, le premier camp de concentration, Dachau, est ouvert pour les opposants** (doc. 2 et doc. 1 p. 48). En une année, Hitler instaure une domination sans partage, dont témoigne la devise « *Ein Volk, ein Reich, ein Führer* ».

B Le nazisme et la société allemande

- L'État nazi encadre la société allemande. Hitler bénéficie du soutien d'une grande partie de la population. **Il s'appuie sur un Parti nazi fort de plus de 5 millions de membres** et utilise toutes les ressources de la **propagande**.
- **L'État contrôle la culture** (doc. 4), **l'éducation, les loisirs, la presse**. Des organisations nazies encadrent la population, notamment les jeunes, embrigadés dans les Jeunesses hitlériennes (doc. 3). La police politique traque les opposants et a recours à toutes les formes de violence. Dans l'industrie, l'État développe une « économie de guerre » qui vise au réarmement de l'Allemagne (doc. 6).

C Le racisme au cœur du régime nazi

- **L'idéologie nazie repose sur une conception raciste du monde.** Selon Hitler, la « race aryenne » est supérieure. Les Slaves, les Tziganes, les Africains, l'ensemble des « races » non-nordiques sont considérées comme inférieures. **L'antisémitisme est au cœur du projet nazi** : les juifs sont désignés comme les ennemis du peuple allemand. **Exclus de la société** (lois de Nuremberg, 1935, p. 56), **ils sont victimes de nombreuses violences, notamment lors de la Nuit de cristal** (9-10 novembre 1938, p. 57).
- **Le racisme nazi souhaite conquérir un « espace vital »** pour permettre au peuple allemand de se développer à l'est de l'Europe, au détriment des peuples qu'il considère comme inférieurs (doc. 6). Hitler lance une politique de militarisation qui va se manifester par des agressions contre les États voisins et mener à la Seconde Guerre mondiale (doc. 6 et 7).

1 Biographie

• Adolf Hitler, 1889-1945
Né en Autriche, engagé volontaire dans l'armée allemande en 1914, Hitler devient chef du NSDAP en 1921. Il échoue à prendre le pouvoir par la force en 1923. Il écrit *Mein Kampf* (*Mon Combat*) alors qu'il est en prison. Nommé chancelier en janvier 1933, il met en place un régime totalitaire. Après la défaite de l'Allemagne en 1945, il se suicide le 30 avril 1945.

2 « Une » du journal nazi *Illustrierter Beobachter* sur le camp de concentration de Dachau, décembre 1936

Vocabulaire

NSDAP : Parti national-socialiste des travailleurs allemands, dit Parti nazi.
Chancelier : chef du gouvernement.
Camp de concentration : camp de détention édifié afin d'emprisonner un grand nombre de personnes.
Ein Volk, ein Reich, ein Führer : un peuple, un empire, un chef.
Propagande : action visant à influencer l'opinion publique.
Antisémitisme : haine à l'égard des juifs.

3 Une unité des Jeunesses hitlériennes (*1938*)
L'embrigadement de toute la jeunesse allemande devient obligatoire en 1939.

4 Autodafé nazi
Le 10 mai 1933 à Berlin, les nazis brûlent les livres « d'esprit non allemands ». Les auteurs juifs sont particulièrement visés.

5 La soumission au chef

« Pour rendre à notre peuple sa grandeur et sa puissance, il faut tout d'abord exalter la personnalité du chef et la rétablir dans tous ses droits [...].
L'État raciste, depuis la commune jusqu'au gouvernement du Reich, ne possédera aucun corps représentatif qui décide quoi que ce soit par voie de majorité, mais seulement des corps consultatifs qui se trouveront sans cesse aux côtés du chef et qui recevront leur tâche de lui [...]. »

Adolf Hitler, *Mein Kampf*, 1925.

6 L'espace vital et les prétentions nazies

« La politique extérieure de l'État raciste doit assurer les moyens d'existence sur cette planète de la race. [...] Seul un espace suffisant sur cette terre assure à un peuple la liberté d'existence. Le mouvement national-socialiste doit alors trouver le courage de rassembler notre peuple pour le lancer sur la voie qui le sortira de son étroit habitat actuel et le mènera vers de nouveaux territoires. [...] L'avenir de notre politique extérieure se trouve dans une politique de l'Est dans le sens de l'acquisition de la terre nécessaire à notre peuple allemand. »

Adolf Hitler, *Mein Kampf*, 1925.

7 Le « plan de quatre ans » (1937-1941) Affiche de propagande.

A L'accession au pouvoir d'Adolf Hitler et la suppression des libertés

1. **Doc. 1 et 5** Quel est le rôle du chef au sein du régime ? Quels sont ses pouvoirs ?
2. **Doc. 2** Quel est la fonction du camp de Dachau ?

B Le nazisme et la société allemande

3. **Doc. 3** Pourquoi le régime nazi rend-il l'embrigadement dans les Jeunesses hitlériennes obligatoire ?
4. **Doc. 4** Qu'est-ce qu'un autodafé ? Quelle liberté fondamentale disparaît avec le régime nazi ?

C Le racisme au cœur du régime nazi

5. **Doc. 6** Sur quels territoires les conquêtes allemandes doivent-elles être réalisées ?
6. **Doc. 6 et 7** Quelle production est mise en avant par le « plan de quatre ans ». Quelle ambition nazie cette affiche illustre-t-elle ?

Bilan RACONTER ET EXPLIQUER

À l'aide des documents, expliquez la mise en place du régime totalitaire nazi.

Compétence 5.1 › **Avoir des connaissances et des repères** Socle

Réviser les repères

Livret Brevet

→ L'essentiel, p. 12

A Identifier l'essentiel à retenir

Brevet

Vocabulaire	Repères chronologiques	Capacités
Savoir définir : régime totalitaire, parti unique, propagande, Goulag, camp de concentration, collectivisation, dékoulakisation	**Savoir situer dans le temps :** **1924 :** Staline au pouvoir **1937-1938 :** la grande terreur « stalinienne » **1933 :** Hitler au pouvoir **1935 :** les lois de Nuremberg	**Savoir : raconter et expliquer** la mise en place du pouvoir soviétique par Lénine, la stalinisation de l'URSS, la mise en place du pouvoir nazi, **caractériser** chacun des régimes totalitaires étudiés.

B Compléter un schéma

Compétence 5.1 › **Avoir des connaissances et des repères** Socle

▶ Recopiez et complétez le schéma à l'aide de ces propositions :
Staline – nazisme – Komsomols – camps de concentration – Parti communiste – Hitler – Goulag – communisme – Parti nazi – Jeunesses hitlériennes

LES RÉGIMES TOTALITAIRES

- **Une idéologie**
  - URSS : ....
  - Allemagne nazie : ....
- **La propagande et l'encadrement de la population**
  - URSS : ....
  - Allemagne nazie : ....
- **Un parti**
  - URSS : ....
  - Allemagne nazie : ....
- **Un chef**
  - URSS : ....
  - Allemagne nazie : ....
- **La répression**
  - URSS : ....
  - Allemagne nazie : ....

C Connaître et utiliser des repères

Compétence 5.2 › **Situer des événements** Brevet

▶ Recopiez et complétez le tableau.

Nature du régime	Régime totalitaire nazi	Régime totalitaire stalinien
Nom du chef	....	....
Date d'arrivée au pouvoir	....	....
Caractéristiques du régime	....	....
Symboles du régime	....	....
Décisions politiques et conséquences	....	....

Réviser les savoir-faire

D Analyser et comprendre une affiche de propagande

Compétence 5.4 › **Porter un regard critique sur un document** — **Brevet**

Méthode

1 Présenter l'affiche et la situer dans son contexte

1. Quelle est la date du document ?
2. Quel régime a diffusé cette affiche ?
3. Qui est le personnage central ?

2 Analyser la composition de l'affiche

4. Identifiez les différents groupes de personnages.
5. Comment sont-ils disposés ?
6. Qu'évoque la couleur rouge (drapeaux, foulards, slogan) ?
7. Que signifie le slogan ?

3 Comprendre le sens de l'affiche

8. Quel message le régime veut-il faire diffuser ?

1 Affiche de propagande soviétique, 1938
« Longue vie à Staline, le grand architecte du communisme ! »
1 Staline
2 Les jeunesses communistes
3 Les armées
4 Le Kremlin (siège du pouvoir politique)
5 Les paysans et les ouvriers

E Exploiter un document source

Compétence 1.1 › **Repérer des informations** — **Socle**

► **À l'aide du document, définissez la particularité du régime totalitaire nazi.**

1. Présentez le document (date, nature).
2. Présentez le contexte historique (qui est au pouvoir ? quelle est la nature de ce régime ?).
3. Que s'est-il passé le mois précédent en Allemagne ?
4. Qui est discriminé ?
5. Quelle caractéristique du régime illustre ce document ?

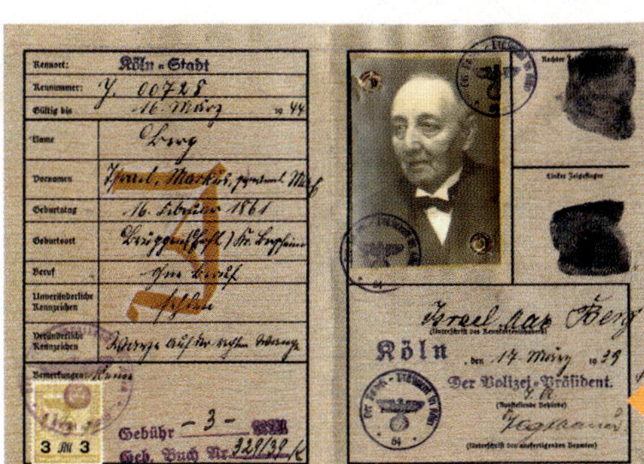

2 Passeport d'un homme juif portant la mention "J" pour "Jude"
Karlsruhe, Allemagne, 29 décembre 1938 (Musée du Mémorial de l'Holocauste, États-Unis).

Arts et histoire

Arts de l'espace

Germania, un projet urbain et politique de l'Allemagne nazie

Germania (Allemagne en latin) est le nom donné au projet de reconstruction de Berlin souhaité par Hitler. Ce projet urbanistique et architectural devait, selon lui, permettre à la nouvelle capitale de la Grande Allemagne de surpasser Paris et Vienne. Hitler impose ses conceptions architecturales, puisées dans un néo-classicisme mêlant l'imitation de l'Antiquité et la mégalomanie. Des artistes officiels comme Arno Breker ou Albert Speer ont mis leur art au service du régime. Ce projet n'a jamais abouti.

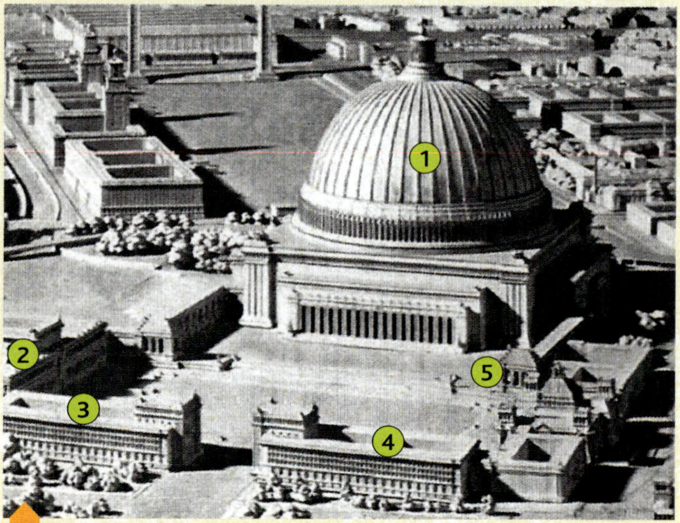

2 Le Grand Dôme et le nouveau cœur du pouvoir nazi

1. Le Grand Dôme (pour les discours et les réunions du NSDAP)
2. Palais du Führer (demeure du « chef »)
3. Chancellerie (siège du gouvernement)
4. Haut-commandement (direction des armées)
5. Reichstag (parlement)

Vocabulaire

Esplanade : vaste étendue plane devant un monument.

Arc de triomphe : arcade monumentale sous laquelle passaient les généraux romains victorieux dans l'Antiquité.

Dôme : toit élevé de forme arrondie (coupole).

Bas-relief : ouvrage de sculpture qui se détache d'un fond dont il fait partie.

Présenter le projet

1. Présentez le projet, le dôme et le bas-relief : nature, auteurs, date.
2. Décrivez le projet architectural d'Hitler dessiné par Albert Speer.
3. Replacez ce projet dans ce contexte : quel régime commande ce projet ?

Analyser le projet

4. Décrivez le dôme. De quels monuments célèbres Albert Speer s'est-il inspiré ?
5. Quelle période de l'histoire de l'art ce projet architectural évoque-t-il pour vous ? Justifiez votre réponse.
6. Que pensez-vous de l'ampleur du projet ?

Interpréter le projet

7. Quel lien peut-on établir entre le projet Germania et l'idéologie nazie ?
8. Quelles idées du nazisme sont portées par ce projet ?

Réaliser une fiche pour l'épreuve orale d'histoire des arts — Brevet HdA

Présenter l'œuvre
- Présentez en quelques mots l'œuvre étudiée. Qui en est le commanditaire ?
- Situez ce projet architectural dans le temps et l'espace.

Analyser l'œuvre
- Utilisez le vocabulaire spécifique à l'architecture pour analyser le projet.
- Identifiez les objectifs de ce projet.
- Relevez les éléments qui montrent la démesure du projet.

Interpréter l'œuvre
- Qu'est devenu ce projet ?
- Exprimez votre point de vue en présentant une argumentation.

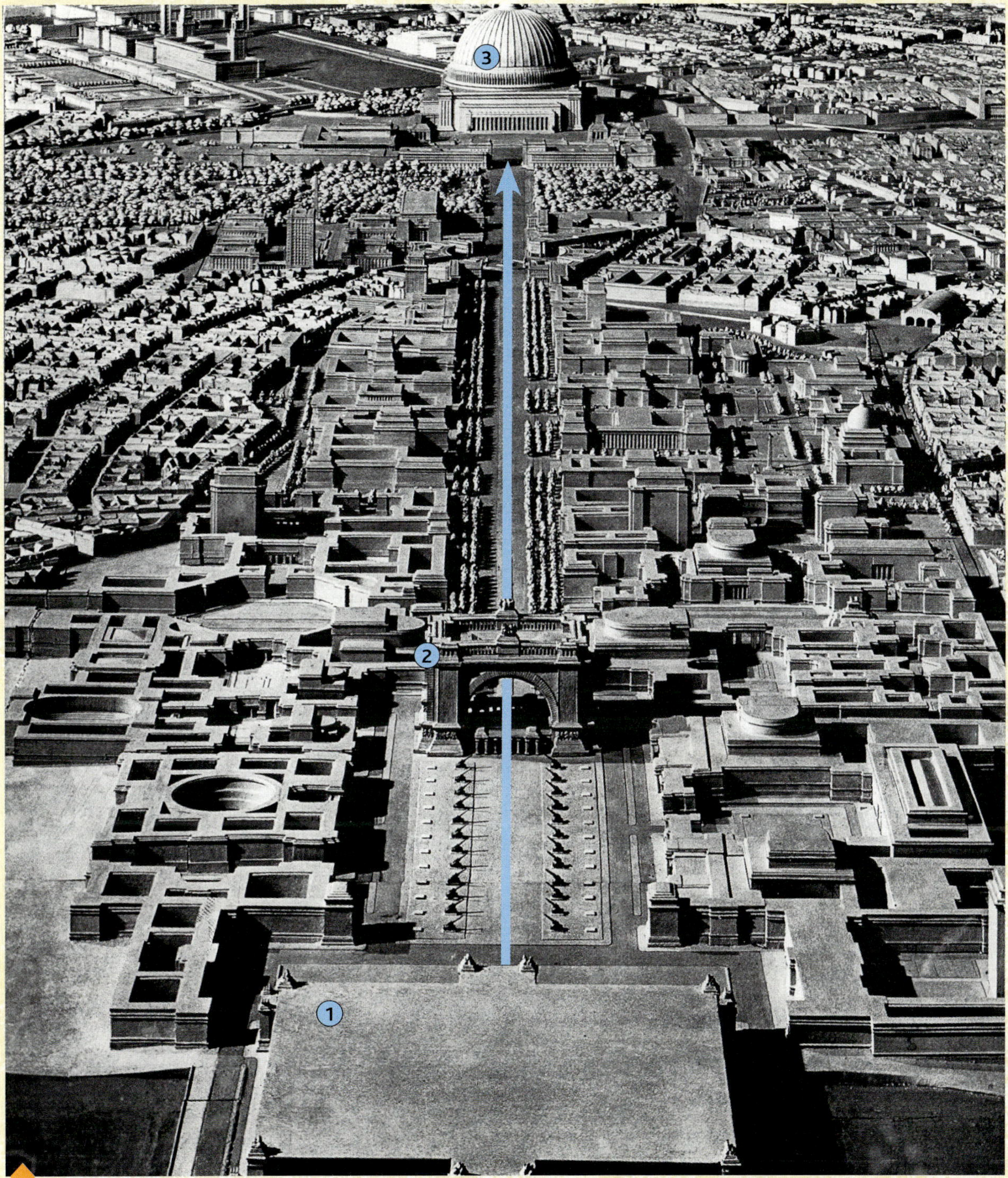

1 **Maquette du projet Germania présentée par Albert Speer à Hitler en 1938** (Deutsches Bundesarchiv, Berlin)
1 Gare du sud et **esplanade** 2 **Arc de triomphe** 3 Le Grand **Dôme**
L'avenue devait mesurer 5 kilomètres de long sur 100 de large, soit 20 de plus que l'avenue des Champs-Élysées à Paris.

CHAPITRE 5

La Seconde Guerre mondiale, une guerre d'anéantissement

▷ **Pourquoi la Seconde Guerre mondiale est-elle considérée comme une guerre d'anéantissement ?**

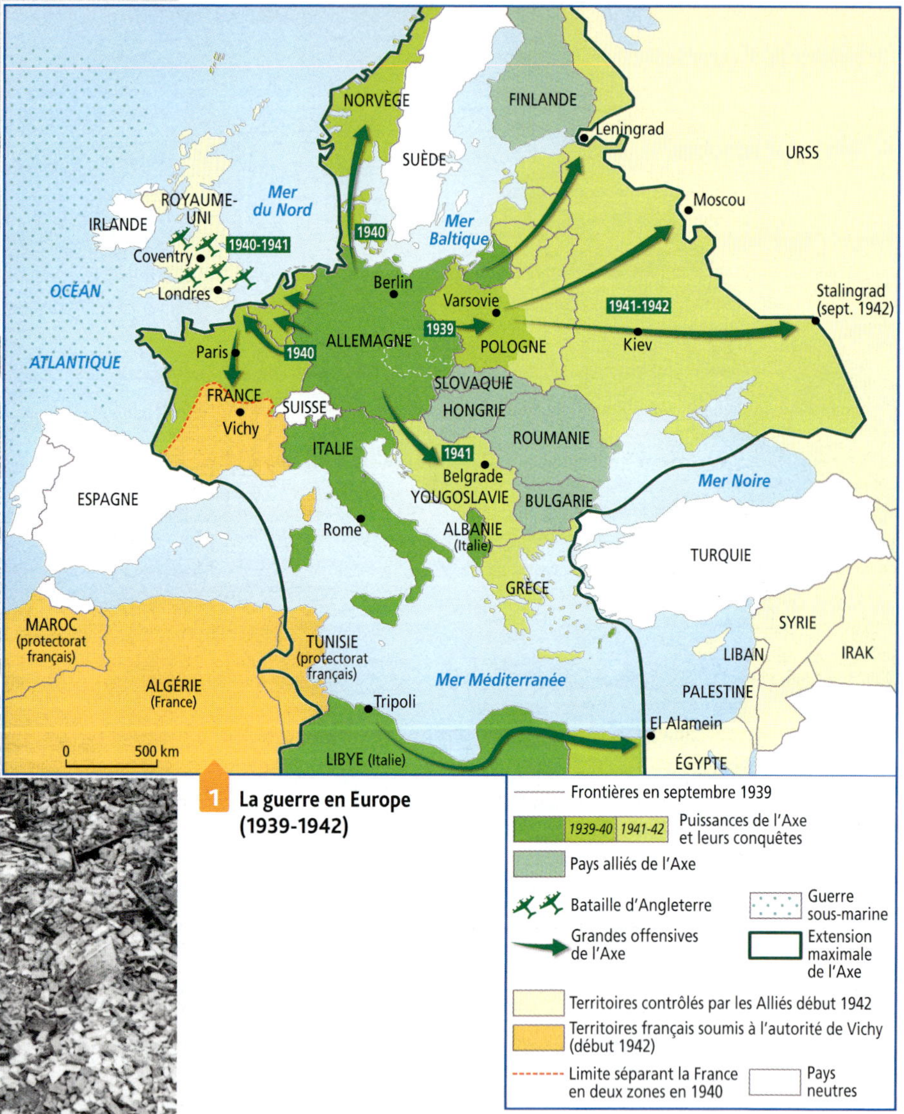

1 La guerre en Europe (1939-1942)

2 La ville de Coventry à 150 km de Londres, après le bombardement allemand du 14 novembre 1940

Les bombardements sur l'Angleterre ont fait 15 000 morts civils et 20 000 blessés. 3,5 millions de personnes évacuèrent Londres et les principales villes du pays.

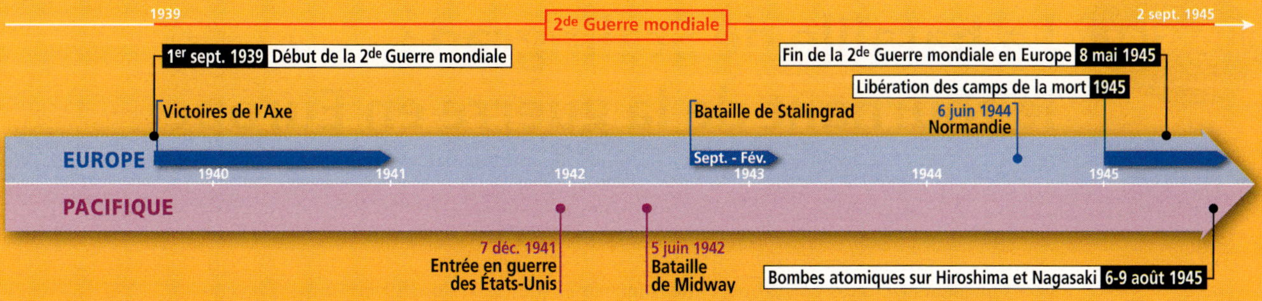

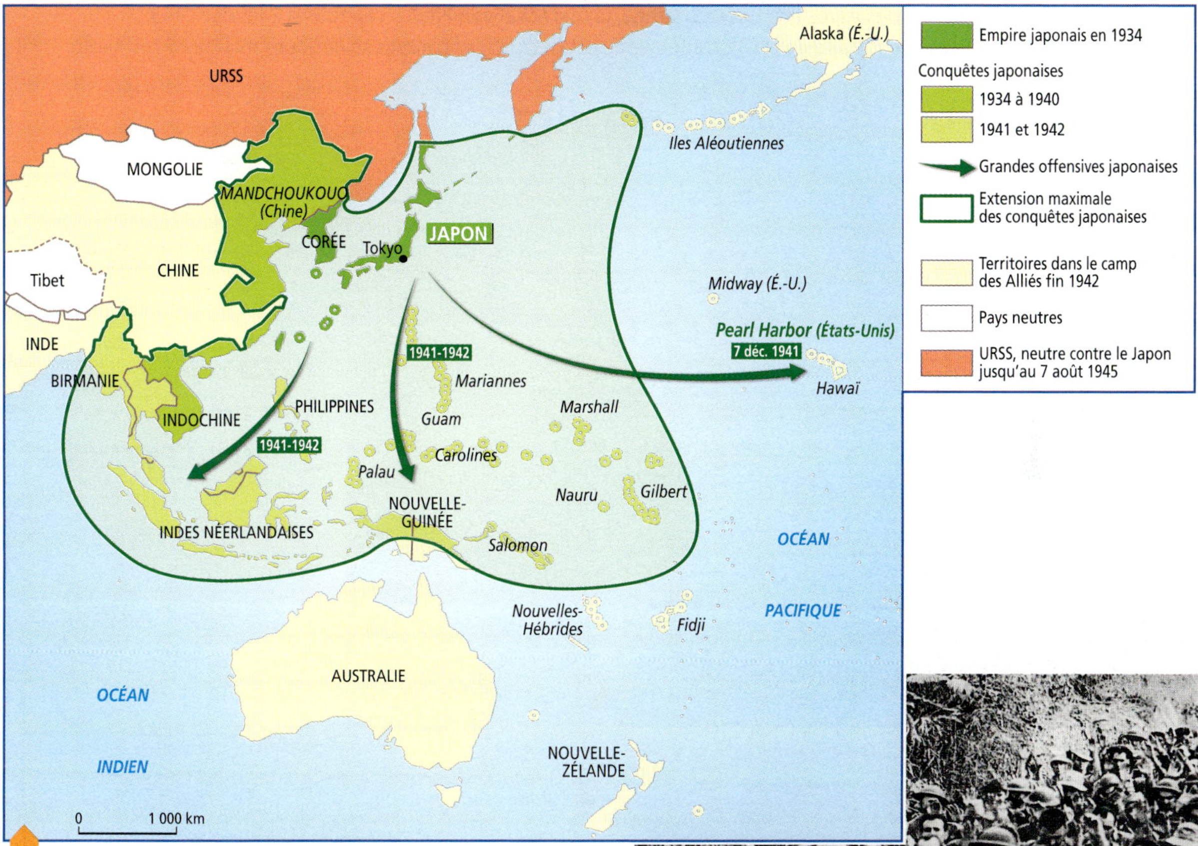

3 **La guerre dans le Pacifique (1939-1942)**

Prisonniers alliés détenus par les Japonais **4**
Philippines, avril 1942.

Confronter les documents

1. Quels pays appartiennent à l'Axe ?

2. Quelle est la situation militaire de l'Europe et du Pacifique en 1942 ?

3. Décrivez l'état de Coventry après le bombardement.

4. Où se déroule cette scène **(doc. 4)** ? Que montre-t-elle ?

Dossier

La bataille de Stalingrad : le tournant de la guerre en Europe

Pourquoi la bataille de Stalingrad est-elle considérée comme le tournant de la guerre en Europe ?

Après plusieurs victoires en Europe, Hitler lance le 22 juin 1941 l'opération Barbarossa contre l'URSS. En septembre 1942, les troupes allemandes assiègent les grandes villes du pays et la bataille de Stalingrad s'engage. Après une lutte acharnée, le maréchal von Paulus capitule le 2 février 1943. Le mythe de l'invincibilité de l'armée allemande est détruit. Les troupes soviétiques marchent sur Berlin.

A Stalingrad, « capitale mondiale de la guerre »[1]

1 Les troupes de l'Armée rouge lors des combats à Stalingrad

« La ville est morte […]. Tout est calciné. »

Vassili Grossman[1], *Carnets de guerre. De Moscou à Berlin 1941-1945*, © Calmann-Lévy, 2007.

1. Écrivain et journaliste, Vassili Grossman a suivi les combats de l'Armée rouge jusqu'à la chute de Berlin en mai 1945.

2 La victoire de Stalingrad

« Vent de déroute sur les nazis.
L'écrasante défaite de la Wehrmacht[1] en Russie. Finis les espoirs et les chants de triomphe. Le glas sonne pour Stalingrad […]. Les succès vont aussi vite désormais que les jours. Le destin tourne. Stalingrad : la plus nette, la plus lourde, la plus sanglante défaite hitlérienne depuis la guerre. Une défaite militaire telle que l'Allemagne n'en avait jamais subi sur les champs de bataille en 1918 : 300 000 hommes exterminés[2], des prisonniers par milliers, des généraux tués ou captifs, des tonnes de matériel et d'armes prises par les Russes. […] Du nord au sud de l'immense front, la Wehrmacht bat en retraite. »

Franc-Tireur, 20 février 1943, organe des Mouvements unis de Résistance, paraissant à Lyon.

1. Armée allemande. 2. La bataille aurait fait 700 000 morts du côté allemand et 500 000 du côté soviétique.

3 Discours de Goebbels après la bataille de Stalingrad

« Stalingrad était et est l'appel du destin à la nation allemande ! Une nation qui a la force de survivre et de surpasser un tel désastre, et même d'en retirer des forces supplémentaires, est imbattable […]. Les coups et les malheurs de la guerre ne font que décupler nos forces […]. La tragique bataille de Stalingrad est un symbole de résistance héroïque et virile […]. Le peuple allemand fait maintenant face à la plus grave demande de la guerre, celle de trouver la détermination de mettre à contribution toutes nos ressources pour protéger tout ce que nous avons et tout ce dont nous aurons besoin à l'avenir […]. La guerre totale est la demande de l'heure […]. Nous devons donc utiliser toutes nos ressources, aussi rapidement et complètement que pratiquement possibles. »

Joseph Goebbels, ministre nazi de la Propagande, discours prononcé à Berlin le 18 février 1943 lors d'une réunion publique et radiodiffusé à l'intention des soldats et du peuple allemands.

B De Stalingrad à Berlin

Les victoires des Alliés en Europe (1942-1945) 4

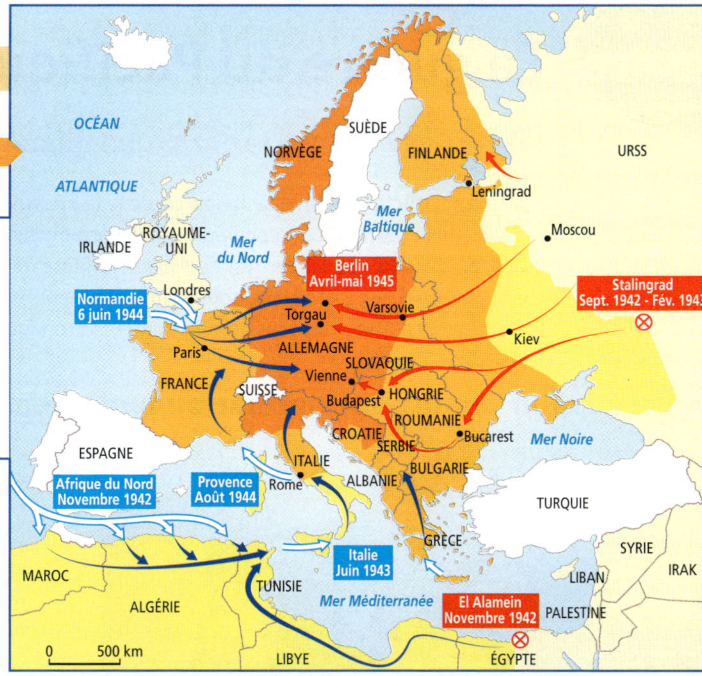

Territoires contrôlés par les Alliés fin 1942
Coups d'arrêt aux offensives de l'Axe
Débarquements alliés
Offensives alliées
Offensives soviétiques

Territoires conquis par les Alliés
- 1942 et 1943
- 1944
- 1945

Pays neutres

5 La chute de Berlin

« 2 mai 1945. Jour de la capitulation de Berlin. C'est difficile à décrire. La concentration des impressions est monstrueuse. Du feu, des incendies, de la fumée, de la fumée, de la fumée. Une foule gigantesque de prisonniers. Les visages ont une expression tragique, sur beaucoup d'entre eux, on lit le chagrin, pas seulement celui d'une souffrance personnelle, mais aussi d'une souffrance civique ; ce jour gris, froid et pluvieux est incontestablement le jour de la perte de l'Allemagne. Dans la fumée, au milieu des ruines, dans les flammes, au milieu de centaines de cadavres jonchant les rues.
Les cadavres sont écrasés par les chars, vidés comme on vide un tube, presque tous serrent dans leurs mains des grenades et des fusils-mitrailleurs : ils sont morts au combat. »

Vassili Grossman, *Carnets de guerre. De Moscou à Berlin, 1941-1945*, © Calmann-Lévy, 2007.

Drapeau rouge flottant sur le Reichstag (Parlement allemand), Berlin, 8 mai 1945 6

A Stalingrad, « capitale mondiale de la guerre »

1. **Doc. 1 et 2** Où se déroulent les combats ? Quels éléments montrent leur violence ?
2. **Doc. 2** À l'aide d'exemples précis, expliquez pourquoi cette bataille est décisive.
3. **Doc. 3** Après la défaite de Stalingrad, quelle doit être l'attitude du peuple allemand selon Goebbels ?

B De Stalingrad à Berlin

4. **Doc. 4** Présentez les défaites de l'Allemagne en Europe. Quelle est la conséquence du débarquement de Normandie sur le plan stratégique ?
5. **Doc. 5 et 6** Décrivez la violence des combats lors de la chute de Berlin. Montrez que les soldats allemands ont combattu jusqu'au bout.
6. **Doc. 6** Que fait le soldat ? Pourquoi cette photographie est-elle symbolique ?

Bilan — Décrire et expliquer

À l'aide des documents, rédigez un développement qui présente la bataille de Stalingrad et son rôle dans la défaite finale de l'Allemagne.

Aide à la rédaction

1. Les belligérants.
2. La bataille de Stalingrad.
3. Les conséquences de la bataille pour la suite du conflit.

Dossier

La guerre du Pacifique

Quelles ont été les grandes phases du conflit dans le Pacifique ?

Après la destruction de la majeure partie de la flotte américaine lors de l'attaque de Pearl Harbor le 7 décembre 1941, le Japon poursuit son expansion dans le Pacifique. Il cherche à acquérir des matières premières et des territoires. Mais la défense de son empire est difficile.

De 1941 à 1945, les États-Unis mobilisent toutes leurs forces pour vaincre le Japon qui capitule le 2 septembre 1945, après les bombardements atomiques d'Hiroshima et de Nagasaki les 6 et 9 août.

A Le Japon impose sa domination par la terreur

1 **Samouraï japonais détruisant la flotte américaine**
Affiche japonaise de 1941 (Musée impérial de la Guerre, Londres).

2 **1942 : les victoires du Japon dans le Pacifique**

« À la fin du mois de mars [1942], la première phase du plan d'opérations japonais avait remporté un succès si total qu'il surprit ses auteurs eux-mêmes. Le Japon s'était rendu maître de Hong Kong, du Siam, de la Malaisie et de presque tout l'immense archipel constituant les Indes néerlandaises ; des troupes nippones s'enfonçaient profondément en Birmanie, tandis qu'aux Philippines, les Américains continuaient le combat à Corregidor mais sans espoir d'être secourus. L'exultation des Japonais était à son comble ; l'orgueil suscité par leurs victoires et la confiance qu'ils avaient en leurs dirigeants se trouvaient renforcés par la conviction que les puissances occidentales n'avaient pas la volonté requise pour mener une lutte à mort [...]. À l'intérieur de cette immense zone, qui contenait des ressources et des richesses innombrables, ils pouvaient désormais consolider leurs conquêtes et développer la puissance qu'ils venaient d'acquérir. »

Winston Churchill, *Mémoires de guerre (1941-1945)*, 1959, © Tallandier, 2010.

Crime de guerre : décapitation du sergent australien L. G. Siffleet 3
Nouvelle-Guinée, octobre 1943. Cette photographie a été retrouvée sur le corps d'un soldat japonais.

B La défaite du Japon

4 La bataille de Midway (juin 1942)

« Le 4 juin […] à 6h30, l'attaque japonaise, puissante et brutale, se déclencha. Elle se heurta à une résistance farouche […]. À 7 heures, l'*Enterprise* et le *Homet*[1] commencèrent à mettre en l'air tous leurs appareils pour les lancer à l'attaque […]. Il ne restait plus qu'un seul porte-avions ennemi, le *Hityu*[1] fut repéré à 14h45 et moins d'une heure après vingt-cinq bombardiers en piqué de l'*Enterprise* filaient vers lui à tire d'aile. Ils l'atteignirent à 17 heures et quelques minutes plus tard le porte-avions japonais n'était plus qu'une épave en flammes […]. Avec lui disparaissait le dernier des quatre grands porte-avions japonais. L'ennemi avait perdu tous ses équipages aériens si magnifiquement entraînés et il ne put jamais les remplacer. »

Winston Churchill, *Mémoires de guerre (1941-1945)*, 1959, © Tallandier, 2010.

1. Nom des porte-avions.

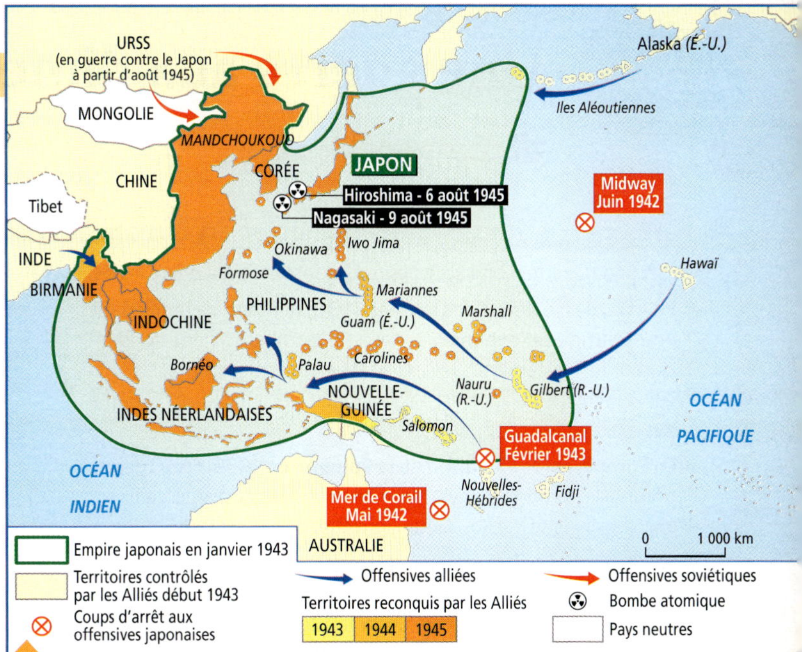

5 La reconquête américaine dans le Pacifique (1942-1945)

6 La ville de Hiroshima après le bombardement atomique (6 août 1945)
Ce bombardement a causé la mort de 140 000 personnes, directement et des suites des radiations (source ONU).

7 Un survivant raconte

« Ils sont tous blessés, nus, ensanglantés et comme épluchés de leur peau. Il y a des visages calcinés […]. Ils semblent sortir de l'enfer […]. Tout est en feu. La ville a disparu. […]. De tous côtés des cris arrivaient des maisons effondrées […]. J'ai vu des morts innombrables. On ne savait même plus où poser le pied. Les gens appelaient sans cesse au secours. Il devait y avoir dans cette partie autour de nous, une vingtaine de milliers de morts et entre soixante et soixante-dix mille blessés. »

Témoignage de Takashi Nagai, publié dans *Le Monde* le 7 août 1970.

A Le Japon impose sa domination par la terreur

1. **Doc. 1** Quand cette affiche a-t-elle été publiée ? Comment le Japon est-il représenté ? Quelle valeur exalte-t-elle ?
2. **Doc. 2** Quelle est la situation militaire du Japon en 1942 selon Churchill ?
3. **Doc. 3** Quel est le sort de ce prisonnier australien ? Qu'est-ce que cela révèle sur la façon dont le Japon fait la guerre ?

B La défaite du Japon

4. **Doc. 4 et 5** Pourquoi considère-t-on que la bataille de Midway a été décisive pour les Alliés ?
5. **Doc. 5** Quelles sont les autres défaites du Japon ?
6. **Doc. 6 et 7** Décrivez la situation des habitants et de la ville d'Hiroshima après le bombardement atomique.

Bilan — DÉCRIRE ET EXPLIQUER

À l'aide des documents, rédigez un développement qui présente l'expansion japonaise dans le Pacifique jusqu'en 1942 puis sa défaite.

Aide à la rédaction

1. La situation militaire du Japon en 1942.
2. La défaite du Japon (1942-1945).

Leçon 1

Une guerre aux dimensions planétaires

Quels sont les continents impliqués dans la Seconde Guerre mondiale ?

A Une guerre qui débute en Asie et en Europe

La Seconde Guerre mondiale a opposé les forces de l'**Axe** aux **Alliés**.

- **En Asie, dès le début des années 1930, le Japon se lance dans une politique d'expansion.** Après le bombardement de Pearl Harbor le 7 décembre 1941, les États-Unis entrent en guerre. En 1942, l'empire du Japon est à son apogée : il contrôle un huitième des mers et des continents du globe (doc. 3).
- **En Europe, après l'invasion de la Pologne en 1939, l'Allemagne occupe de nombreux pays.** Malgré de violents bombardements sur les villes anglaises, le Royaume-Uni refuse de capituler (doc. 1 et 2).
- **Le 22 juin 1941, l'Allemagne attaque l'URSS** (plan Barbarossa). Jusqu'en 1942, les Allemands multiplient les succès militaires contre une armée soviétique désorganisée.
- En 1942, l'Axe a remporté des succès sur tous les fronts.

B ... se poursuit en Afrique et au Moyen-Orient

- **L'Afrique est un enjeu stratégique, car ce continent borde de nombreux espaces maritimes.** Hitler occupe l'Égypte pour empêcher le Royaume-Uni de s'approvisionner par le canal de Suez et l'isoler de son empire colonial.
- La victoire du général anglais Montgomery et un débarquement allié en 1942 permettent de chasser les Allemands d'Afrique (doc. 3). Dès lors, les soldats africains participent aux combats pour la libération de l'Europe. Au Moyen-Orient, les Alliés contrôlent de nombreux territoires (Syrie, Liban...).

C ...et s'achève à Berlin et à Hiroshima

- **Après des combats acharnés, le maréchal von Paulus encerclé dans Stalingrad capitule le 2 février 1943.** Cette première lourde défaite redonne de l'espoir aux Alliés. Dès 1943, les troupes russes libèrent une grande partie des territoires que l'Allemagne occupait.
- **Pour alléger le poids de la guerre qui pèse sur l'URSS, le débarquement anglo-américain du 6 juin 1944 oblige l'Allemagne à se battre sur deux fronts** (doc. 5). Les Alliés et les mouvements de **résistance** libèrent l'Europe de l'Ouest en 1944. Désormais, Russes et Américains se lancent à l'assaut de Berlin. **Le 8 mai 1945, l'Allemagne capitule sans condition**.
- Dans le Pacifique, depuis la victoire américaine de Midway (1942), le Japon est isolé et affaibli, mais refuse de capituler. Il utilise des **kamikazes** qui entraînent de lourdes pertes dans le camp américain. Face à sa détermination, les États-Unis utilisent une nouvelle arme, **la bombe atomique, contre les villes d'Hiroshima et de Nagasaki** (doc. 4). **Le 2 septembre 1945, le Japon capitule : c'est la fin de la Seconde Guerre mondiale**.

1 Biographie

Winston Churchill, 1874-1965

• Député conservateur, il est ministre à plusieurs reprises de 1906 à 1929. Après avoir dénoncé le danger hitlérien, il devient Premier ministre du Royaume-Uni le 10 mai 1940. Refusant toute compromission avec l'Allemagne, il mobilise toutes les forces de son pays pour remporter la victoire.

2 Discours de Churchill le 13 mai 1940 devant la Chambre des Communes[1]

« À la Chambre des communes, je dirai comme je l'ai dit à ceux qui ont rejoint le gouvernement : "Je n'ai rien d'autre à offrir que du sang, de la peine, des larmes et de la sueur".

Nous avons devant nous une épreuve des plus douloureuses. Nous avons devant nous de nombreux et longs mois de combat et de souffrance. Vous demandez, quelle est notre politique ? Je peux vous dire : c'est d'engager le combat sur terre, sur mer et dans les airs, avec toute la puissance, la force que Dieu peut nous donner ; engager le combat contre une monstrueuse tyrannie, sans égale dans les sombres et désolantes annales du crime. Voilà notre politique.

Vous demandez, quel est notre but ? Je peux répondre en un mot : la victoire, la victoire à tout prix, la victoire en dépit de la terreur, la victoire aussi long et dur que soit le chemin qui nous y mènera ; car sans victoire, il n'y a pas de survie. »

1. Parlement britannique qui vote les lois.

Vocabulaire

Axe : alliance entre l'Allemagne, l'Italie et le Japon pendant la Seconde Guerre mondiale.

Alliés : désigne l'ensemble des pays qui s'opposent aux forces de l'Axe durant la Seconde Guerre mondiale (États-Unis, Royaume-Uni, URSS, France libre, Australie, Canada, ...).

Résistance : opposition à l'occupant et lutte pour la libération du pays.

Kamikaze : pilote japonais volontaire ou réquisitionné pour s'écraser avec son avion chargé d'explosifs sur un navire américain.

3 **Une guerre mondiale et multiforme**

4 **Le général américain Mac Arthur évoque la situation du Japon en août 1945**

« Le Japon n'était plus qu'une décharge de ferraille [...]. Les villes offraient un spectacle incroyable. Pas de téléphone, pas de trains, pas d'usines d'électricité [...]. Hiroshima et Nagasaki étaient réduites à l'état de cailloux vitrifiés ; les autres grandes villes, Tokyo comprise, ne valaient guère mieux [...]. À l'exception de quelques maisons à l'épreuve du feu et des tremblements de terre, tout était réduit en cendres. »

William Manchester,
Mac Arthur, un César américain (1880-1964),
© Robert Laffont, 1981.

5 **Le débarquement de Normandie, 6 juin 1944**
5 000 navires ont été mobilisés pour acheminer les hommes et le matériel.

A B Une guerre qui débute en Asie et en Europe... qui se poursuit en Afrique et au Moyen-Orient

1. Doc. 1 et 2 Qui est Winston Churchill ? Quel est le contexte lorsqu'il prononce son discours ?
2. Doc. 2 Quelles promesses fait-il aux Anglais ? Comment qualifie-t-il le régime nazi ?
3. Doc. 3 Précisez l'ordre d'entrée dans la guerre pour chacun des continents. Comment l'Afrique a-t-elle participé aux combats ?
4. Doc. 3 Quel type de guerre les États-Unis ont-ils mené contre le Japon ?

C ... et s'achève à Berlin et à Hiroshima

5. Doc. 3 Relevez quelques défaites de l'Axe à partir de 1942.
6. Doc. 3 et 5 Quels sont les moyens mis en œuvre lors de ce débarquement ? Pourquoi est-il primordial pour les Alliés ?
7. Doc. 4 Comment la guerre dans le Pacifique s'achève-t-elle ? Quelle est la situation du Japon en 1945 d'après l'auteur ?

Bilan **DÉCRIRE ET EXPLIQUER**

À l'aide des documents, rédigez un développement qui montre que la guerre de 1939-1945 a été mondiale et multiforme.

Compétence 1.2 › **Rédiger un texte cohérent en réponse à une consigne**

Compétence 5.1 › **Avoir des connaissances et des repères dans le temps et l'espace**

Socle

Dossier

La violence nazie : les ghettos et les *Einsatzgruppen*

▷ Comment se manifeste la violence nazie pendant la Seconde Guerre mondiale ?

En 1940, le transfert des populations juives dans les **ghettos** s'amplifie. Au printemps 1941, peu avant l'attaque de l'URSS, sont mises sur pied des « unités mobiles de tuerie » (les *Einsatzgruppen*) chargées d'assassiner les responsables communistes et les juifs. Selon l'historien Raul Hilberg, 800 000 personnes seraient mortes dans les ghettos et 1 300 000 aurait été assassinées par les *Einsatzgruppen*.

A La vie dans le ghetto de Varsovie

1 Survivre dans le ghetto

a. « La vie dans le ghetto était d'autant plus atroce qu'elle gardait les apparences de la liberté, au contraire. Il suffisait de descendre dans la rue pour avoir l'impression trompeuse de se trouver au milieu d'une ville comme les autres. Nous ne prêtions même plus attention à nos brassards de Juifs, puisque nous en portions tous un. Après un certain temps, je me suis rendu compte que je m'y étais habitué au point de le voir sur mes amis "aryens" lorsque je rêvais d'eux, comme si cette bande de tissu blanc était devenue un accessoire vestimentaire aussi banal et universel que la cravate.
Mais les rues du ghetto, et elles seules, finissaient toutes contre un mur. Il m'arrivait souvent de partir en marchant au hasard, sans but précis, et chaque fois j'étais surpris de buter sur l'une de ces barrières. »

Wladyslaw Szpilman, *Le Pianiste*[1], 1998, © Robert Laffont, 2002.

1. Dans cette œuvre autobiographique, Wladyslaw Szpilman raconte sa vie dans le ghetto de Varsovie. Le livre a été porté à l'écran par Roman Polanski en 2002 dans *Le Pianiste*.

b. « On ne peut rien voir de pire dans le ghetto que ces foules de visages décharnés dont toute couleur a disparu. Certains ressemblent à des cadavres qui auraient été mis en terre quelques semaines plus tôt. »

Abraham Lewin, *Journal du ghetto de Varsovie,* trad. Dominique Dill, © Plon, 1990.

2 Le soulèvement du ghetto de Varsovie (19 avril-16 mai 1943)

a. « Peuple, réveille-toi et combats ! Ton salut est dans la lutte. Qui lutte pour sa vie peut se sauver. Nous nous soulevons au nom de la lutte pour la vie de ceux qui sont dans la détresse et que nous voulons sauver. »

Extrait d'un appel clandestin, janvier 1943.

b. « Le combat concerne notre liberté et la vôtre, notre honneur et le vôtre, notre dignité humaine, nationale, sociale et la vôtre. Nous vengeons les crimes d'Auschwitz, de Treblinka, de Belzec et de Majdanek[1]. Vive la fraternité d'armes de la Pologne combattante ! Vive la lutte à mort contre les occupants ! »

Proclamation de l'Organisation juive de combat, 23 avril 1943.

1. Camps d'extermination situés en Pologne.

3 Membres de la résistance juive du ghetto de Varsovie capturés par les troupes allemandes

Environ 13 000 juifs sont morts pendant la révolte du ghetto en 1943. La plupart d'entre eux ont été assassinés dans les camps.

Vocabulaire

Ghetto : quartier dans lequel les Allemands ont enfermé les juifs à partir de 1940.

Einsatzgruppen : unités mobiles de tueries.

B L'action des *Einsatzgruppen*

4 Les exactions des *Einsatzgruppen*

« On arrachait leurs alliances aux doigts des gens dénudés. Ensuite, les bourreaux plaçaient les condamnés par groupes au bord du profond ravin et leur tiraient dessus à bout portant. Les corps tombaient dans le précipice. Les petits enfants étaient poussés vivants dans le ravin. »

Textes et témoignages réunis par Ilya Ehrenburg et Vassili Grossman, *Le Livre noir. Textes et témoignages*, © Actes Sud, 1999.

5 Les 29 et 30 septembre 1941, 33 771 juifs sont assassinés à Babi Yar, près de Kiev en Ukraine

6 Témoignage d'un membre des *Einsatzgruppen*

« Au fond du gouffre, les tireurs avaient été divisés en trois groupes d'environ douze hommes. Les juifs étaient tous conduits en même temps aux pelotons d'exécution. Les suivants devaient s'allonger sur les corps de ceux qui venaient d'être exécutés. Les tireurs se mettaient derrière eux et les abattaient d'une balle dans la nuque. Je me souviens encore aujourd'hui qu'ils étaient saisis d'épouvante dès qu'ils arrivaient au bord de la fosse, et apercevaient les cadavres. Beaucoup d'entre eux, terrifiés, ont commencé à crier. »

Kurt Werner, membre des *Einsatzgruppen*, témoignage recueilli lors du procès de Nuremberg qui a jugé les criminels nazis (nov. 1945-oct. 1946).

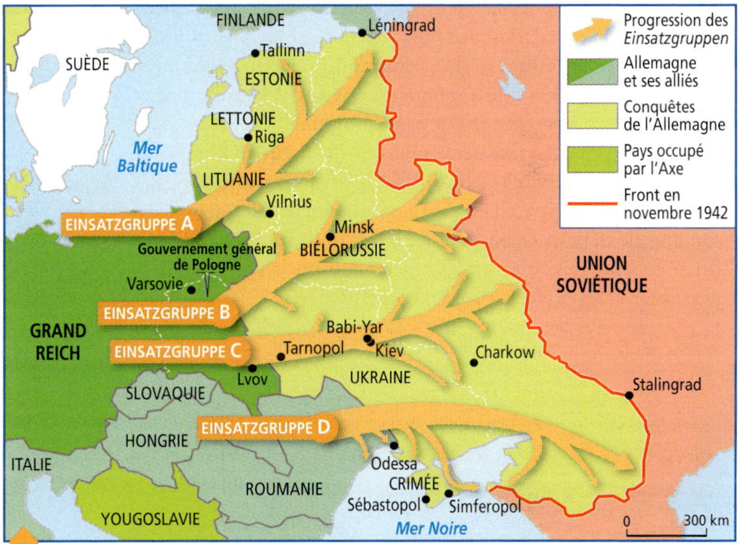

7 Les zones d'action des *Einsatzgruppen* en URSS en 1941-1942

A La vie dans le ghetto de Varsovie

1. **Doc. 1** Quelles sont les conditions de vie dans le ghetto ?
2. **Doc. 2** Quelles valeurs les révoltés mettent-ils en avant ?
3. **Doc. 3** Identifiez les différents groupes de personnes sur la photographie. Par qui les survivants sont-ils encadrés ? Quel sort leur est réservé ?

B L'action des *Einsatzgruppen*

4. **Doc. 5 et 7** Dans quelle partie de l'Europe les *Einsatzgruppen* ont-ils sévi ?
5. **Doc. 4, 5 et 6** Quelles sont les méthodes utilisées par les *Einsatzgruppen* ?
6. **Doc. 4, 5 et 6** Contre qui ces atrocités sont-elles commises ?

Bilan — DÉCRIRE ET EXPLIQUER

À l'aide des documents, rédigez un développement qui montre comment s'est manifestée la violence nazie contre les populations juives.

Aide à la rédaction

1. La vie dans le ghetto de Varsovie et la révolte.
2. Les exactions des *Einsatzgruppen*.

Dossier

Auschwitz-Birkenau : un camp de la mort

Pourquoi le camp d'Auschwitz-Birkenau symbolise-t-il la volonté de « destruction du peuple juif » par les nazis ?

Après la conférence de Wannsee en 1942 qui planifie et organise la « **solution finale** », les déportations de masse commencent vers les camps. En 1944, le camp d'Auschwitz-Birkenau, en Pologne, devient le principal centre de l'assassinat de masse avec un million de victimes. Il symbolise le **génocide** du peuple juif et la volonté de « **destruction des juifs d'Europe** ». Auschwitz figure depuis 1979 sur la liste du patrimoine mondial de l'UNESCO en tant que lieu de mémoire de la **Shoah**.

A L'organisation du camp

1 Extrait du protocole de la conférence de Wannsee[1]

« L'émigration a désormais cédé la place à une autre possibilité de solution : l'évacuation des Juifs vers l'est, solution adoptée avec l'accord du Führer [...]. La solution finale du problème juif en Europe devra être appliquée à environ 11 millions de personnes [...]. Dans le cadre de la solution finale du problème, les Juifs doivent être transférés sous bonne escorte à l'Est et y être affectés au service du travail [...]. Il va sans dire qu'une grande partie d'entre eux s'éliminera tout naturellement par son état de déficience physique. Le résidu qui subsisterait en fin de compte – et qu'il faut considérer comme la partie la plus résistante – devra être traitée en conséquence. »

1. Cette réunion s'est tenue le 20 janvier 1942 à Wannsee, près de Berlin, en présence des hauts dignitaires nazis.

2 L'arrivée à Auschwitz d'un convoi de juifs hongrois en mai 1944
La file de gauche est directement conduite aux chambres à gaz. Celle de droite va travailler jusqu'à la mort par l'épuisement.

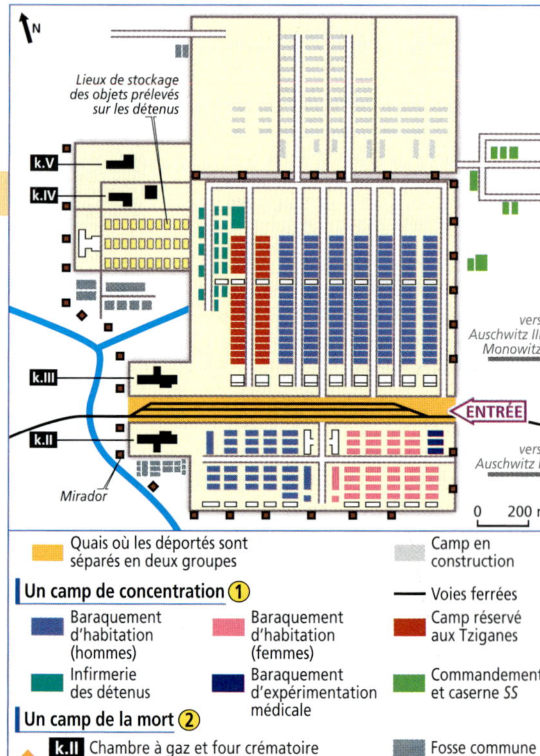

3 Le plan du camp d'Auschwitz-Birkenau
① Camp de concentration : partie réservée aux résistants et opposants de toute l'Europe (Europe de l'Ouest, Balkans, Hongrie, Pologne). Le principe de la mort par le travail forcé devient la règle.
② Camp d'extermination ou camp de la mort : camp destiné à exterminer les juifs et les tziganes.

Vocabulaire

Solution finale : expression utilisée par les nazis pour leur plan d'extermination du peuple juif.

Génocide : massacre systématique de tout un peuple.

Destruction des juifs d'Europe : expression utilisée par l'historien américain Raul Hilberg pour désigner la volonté de faire disparaître le peuple juif.

Shoah : de l'hébreu, signifie « catastrophe ». Fréquemment utilisé en France depuis le film de Claude Lanzmann (*Shoah*, 1985) pour désigner l'assassinat des juifs d'Europe.

B Un centre de « mise à mort »

4 Biographie

Primo Lévi, 1919-1987

- Écrivain juif italien, Primo Lévi est chimiste de formation. Après son engagement dans la résistance au fascisme, il est arrêté et déporté à Auschwitz en février 1944.
- En 1947, son livre *Si c'est un homme* est publié à 2 500 exemplaires. Depuis les années 1970, ses ouvrages qui constituent un témoignage essentiel sur la déportation rencontrent un large succès et sont traduits dans le monde entier.

5 Survivre dans le camp

« J'ai donc touché le fond. On apprend vite en cas de besoin à effacer d'un coup d'éponge passé et futur. Au bout de quinze jours de Lager[1], je connais déjà la faim réglementaire, cette faim chronique que les hommes libres ne connaissent pas, qui fait rêver la nuit et s'installe dans toutes les parties de notre corps ; j'ai déjà appris à me prémunir contre le vol, et si je tombe sur une cuillère, une ficelle, un bouton que je puisse m'approprier sans être puni, je l'empoche et le considère à moi de plein droit. Déjà sont apparues sur mes pieds les plaies infectieuses qui ne guériront pas. Je pousse des wagons, je manie la pelle, je fonds sous la pluie et je tremble dans le vent. Déjà mon corps n'est plus mon corps. J'ai déjà le ventre enflé, des membres desséchés, le visage bouffi le matin et creusé le soir ; chez certains, la peau est devenue jaune, chez d'autres, grise ; quand nous restons trois ou quatre jours sans nous voir, nous avons du mal à nous reconnaître. »

Primo Lévi, *Si c'est un homme*, 1947, trad. Martine Schruoffensger, © Éd. Julliard, 1987.

1. Désigne le camp.

6 Un témoignage sur les chambres à gaz

« À Auschwitz, deux médecins SS[1] examinaient les arrivages de transports de prisonniers. Les prisonniers devaient passer devant l'un de ces médecins qui, à l'aide d'un signe faisait connaître sa décision. Ceux qui étaient jugés aptes au travail étaient envoyés dans le camp ; les autres, dirigés sur les lieux d'extermination. Les enfants en bas âge étaient exterminés sans exception, puisque du fait de leur âge, ils étaient incapables de travailler [...]. J'avais reçu l'ordre de mettre au point les procédés d'extermination à Auschwitz [...]. Je décidai d'employer le zyklon B [...] que nous introduisions dans la chambre à gaz par une petite fenêtre. Il fallait de trois à cinq minutes pour tuer les gens se trouvant dans la chambre à gaz [...].
Nous attendions d'habitude une demi-heure avant de rouvrir les portes et de sortir les cadavres. Nos groupes spécialisés[2] leur retiraient alors bagues, alliances ou dents en or. »

Rudolf Hoess, commandant du camp d'Auschwitz, déposition au procès de Nuremberg, avril 1946.

1. Section spéciale chargée de l'administration et de la surveillance des camps.
2. Les Sonderkommandos étaient des détenus également chargés de transporter les cadavres vers les fours crématoires.

7 Rescapés d'Auschwitz en février 1945
Cliché pris par l'Armée rouge après la libération du camp le 27 janvier 1945.

A L'organisation du camp

1. **Doc. 1** Que décident les dignitaires nazis lors de la conférence de Wannsee ?
2. **Doc. 2** Que se passe-t-il à l'arrivée des déportés ? D'où arrivent-ils ?
3. **Doc. 3** Quelles sont les différentes parties du camp ainsi que leur fonction ?

B Un centre de « mise à mort »

4. **Doc. 4 et 5** Qui est Primo Lévi ? À quelles difficultés a-t-il été confronté pendant sa déportation ?
5. **Doc. 6** Comment les nazis procèdent-ils à l'extermination ?
6. **Doc. 7** À quel moment a été prise cette photographie ? Décrivez le document.

Bilan — Décrire et expliquer

À l'aide des documents, rédigez un développement qui explique le fonctionnement d'un camp de la mort.

Aide à la rédaction

1. L'organisation d'un camp de la mort.
2. L'extermination des déportés.

Leçon 2 Une guerre d'anéantissement

Pourquoi la Seconde Guerre mondiale est-elle considérée comme une guerre d'anéantissement ?

A Une guerre d'anéantissement qui aboutit à des crimes de masse

- **La Seconde Guerre mondiale est le conflit le plus meurtrier de l'histoire avec 50 millions de morts. La Shoah, crime contre l'humanité, est le symbole des crimes de masse.** Après l'exclusion des juifs de la société, ces derniers sont enfermés dans des ghettos. **À partir de 1941, les *Einsatzgruppen* sont responsables de massacres à grande échelle** (Babi Yar, Berditchev…) (doc. 7).
- Après la conférence de Wannsee en 1942, **l'Allemagne met en place une politique d'extermination des juifs** et déporte des millions de personnes vers les camps d'extermination (Treblinka, Auschwitz-Birkenau…) (doc. 6). **On estime qu'environ 6 millions de juifs y sont morts ainsi que 220 000 Tziganes** (doc. 5).

B Une guerre d'anéantissement pour terrasser l'adversaire

- **Les combats n'épargnent pas les civils. Les forces de l'Axe et les Alliés bombardent massivement les villes** pour semer la terreur parmi les populations et amener à la capitulation de l'ennemi (Londres, Coventry, Berlin, Tokyo…) (doc. 4, doc. 2 p. 64).
- **Les résistants des territoires occupés par l'Axe, mais aussi les prisonniers, sont torturés et assassinés** (doc. 4 p. 65). Sur les 3,5 millions de prisonniers russes, on estime que 2 millions furent tués.
- Les combats s'avèrent acharnés. **La reconquête des villes comme Stalingrad ou Berlin se réalise dans des conditions extrêmes.** Face à une guerre qui s'enlise contre le Japon, **les États-Unis ont recours à l'usage de la bombe atomique à deux reprises.** Les 6 et 9 août 1945, les villes d'Hiroshima et de Nagasaki sont anéanties, entraînant respectivement la mort de 140 000 et 80 000 personnes.

C Une guerre d'anéantissement qui mobilise les sociétés et les économies

- **Face aux régimes totalitaires qui utilisent la répression, la terreur et les massacres, les Alliés mettent en avant le combat pour la liberté, la démocratie et la défense du pays** (doc. 2). Tous les belligérants ont recours à la propagande pour obtenir le soutien de la population, mais aussi pour démoraliser l'ennemi. La radio et le cinéma sont utilisés pour mobiliser les esprits (doc. 1).
- **Les États mettent en place une économie de guerre** (doc. 3). Les forces de l'Axe pillent les ressources des pays occupés et imposent le travail forcé. Les Alliés utilisent toutes leurs forces économiques pour l'effort de guerre. L'économie américaine mobilise 50 millions de travailleurs, ce qui lui confère une incontestable supériorité militaire face au Japon, dont l'économie s'essouffle.

1 ***Pourquoi nous combattons* (1942)**
Cette série fut commandée par l'armée pour expliquer aux Américains l'engagement des États-Unis dans la guerre.

2 Allocution de Franklin D. Roosevelt

« Quand, à la fin de cette grande bataille nous aurons sauvegardé notre mode de vie libre, nous n'aurons fait aucun “sacrifice”. Le prix pour la civilisation n'est pas trop élevé. Si vous en doutez, demandez aux millions de gens qui vivent aujourd'hui sous la tyrannie de l'hitlérisme. »

Allocution radiodiffusée du Président américain Franklin D. Roosevelt, 28 avril 1942.

3 Les dépenses militaires (en milliards de dollars)

	1940	1942	1944
Allemagne	19	32	40
États-Unis	2	31	65
URSS	–	21	27
Japon	1,5	2,5	4

D'après Robert Franck, *La Loi des géants, 1941-1964*, © Masson, 1993.

Vocabulaire

Crime contre l'humanité : « assassinat, extermination, réduction en esclavage, déportation et tout autre acte inhumain commis contre toute population civile, avant ou pendant la guerre, ou bien les persécutions pour des motifs raciaux ou religieux » (définition du tribunal de Nuremberg chargé de juger les criminels nazis en 1945).

Einsatzgruppen : unités mobiles de tuerie.

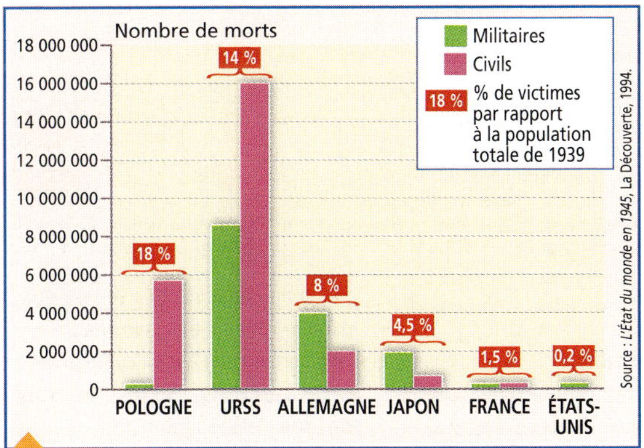

4 **Le bilan humain de la Seconde Guerre mondiale**

5 **Tziganes dans le camp d'extermination de Belzec en 1942**
À partir de 1942, les Tziganes, peuple d'Europe de l'Est, sont déportés dans les camps d'extermination.

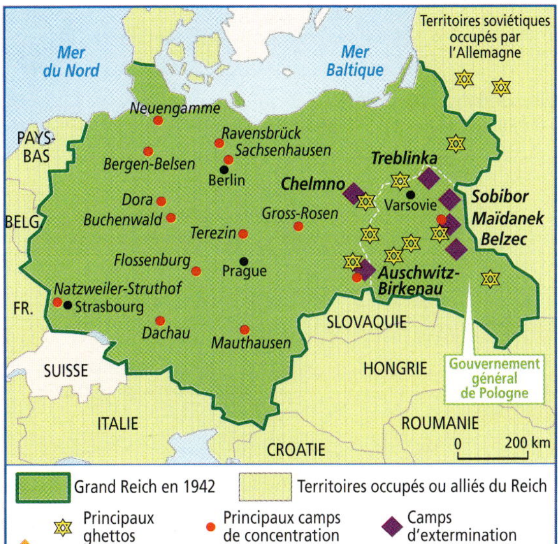

6 **Les camps et les ghettos en Europe en 1942**

7 **Le bilan de la Shoah**

Répartition des victimes par espaces géographiques	Nombre	
Europe de l'Est	Environ 3 403 500 *(3 000 000 en Pologne)*	
URSS	1 100 000	
Europe centrale et balkanique	1 039 950	
Europe occidentale	216 612	
TOTAL	**Environ 5 800 000**	
Répartition des victimes par mode d'extermination	**Nombre**	**%**
Morts par suite de la « ghettoïsation » et des privations	800 000	14
Morts par exécution en plein air par les *Einsatzgruppen* et autres fusillades	2 000 000	34,5
Morts dans les camps (dont 1 million à Auschwitz)	3 000 000	51,5

D'après *L'Encyclopédie de l'Holocauste*, Munich, 1998.

A Une guerre d'anéantissement qui aboutit à des crimes de masse

1. Doc. 6 et 7 Où les camps et les ghettos sont-ils localisés ? Quelle est la partie d'Europe la plus touchée par l'extermination ?

2. Doc. 7 Combien de juifs ont été exterminés pendant la guerre ? Combien sont morts dans les camps ?

3. Doc. 5 Où cette photographie a-t-elle été prise ? Identifiez les personnes présentes. Pourquoi ont-elles été déportées ?

B Une guerre d'anéantissement pour terrasser l'adversaire

4. Doc. 4 Quel est le pays qui a été numériquement le plus touché ?

5. Doc. 4 et 7 Quel est le pays qui proportionnellement a eu le plus grand nombre de victimes ? Pourquoi ?

B Une guerre d'anéantissement qui mobilise les économies et les sociétés

6. Doc. 3 Quel pays a réalisé la plus forte mobilisation économique ? Montrez la supériorité économique des Alliés en 1944.

7. Doc. 1 Qui est l'ennemi sur l'affiche ? Par qui le soldat est-il terrassé ?

8. Doc. 2 Quelle est la valeur défendue par Roosevelt ? À quoi s'oppose-t-elle ?

Bilan **DÉCRIRE ET EXPLIQUER**

À l'aide des documents, rédigez un développement qui montre que la Seconde Guerre mondiale a été une guerre d'anéantissement.

Socle

Compétence 5.3 › **Lire et employer différents langages (textes, graphique, carte, images)**

Compétence 5.4 › **Être capable de porter un regard critique sur un fait**

Réviser les repères

Livret Brevet

→ L'essentiel, p. 13

A Identifier l'essentiel à retenir

Brevet

Vocabulaire	Repères chronologiques	Capacités
Savoir définir et connaître : Axe, Alliés, Shoah, *Einsatzgruppen*, Auschwitz-Birkenau, guerre d'anéantissement	**Savoir situer dans le temps :** **1939-1945 :** la Seconde Guerre mondiale **1945 :** la libération des camps d'extermination **8 mai 1945 :** la fin de la Seconde Guerre mondiale en Europe **Août 1945 :** les bombes atomiques sur Hiroshima et Nagasaki	**Savoir : caractériser** les enjeux militaires et idéologiques de la guerre, **décrire et expliquer** le processus de l'extermination des juifs et des tziganes.

B Compléter un schéma

Compétence 5.1 › **Avoir des connaissances et des repères**

Socle

► Recopiez le schéma ci-dessous et complétez-le à l'aide de ces propositions : Berlin, Londres, Tokyo – Radio, cinéma – 6 août 1945 : Hiroshima, 140 000 morts – 9 août 1945 : Nagasaki, 80 000 morts – 6 millions de morts – 50 millions de morts

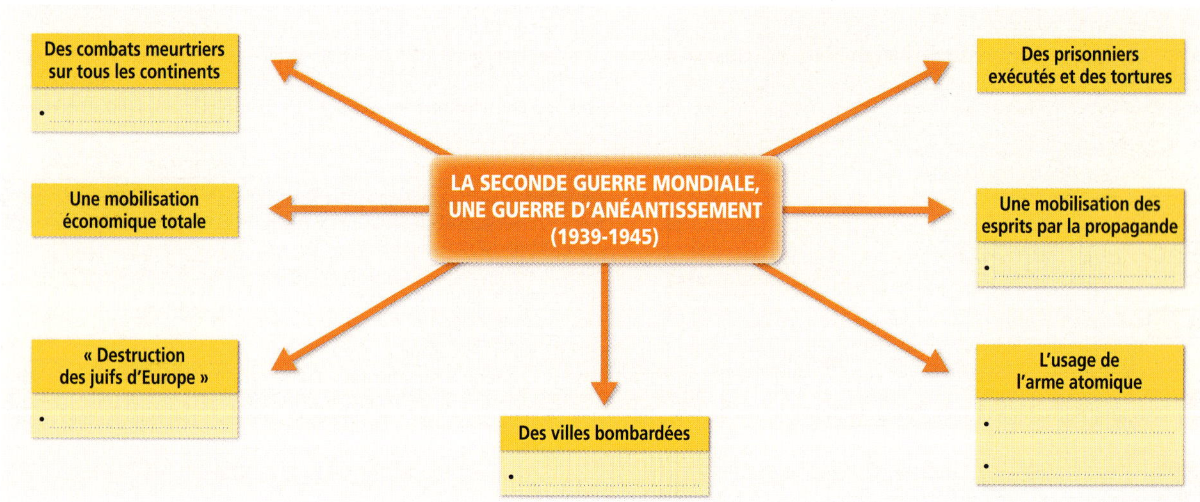

C Repérer dans le temps le processus d'extermination des juifs

Compétence 5.2 › **Situer des événements**

Brevet

► Associez chaque date à l'événement qui lui correspond.

Allemagne (1933-1939) •	• Ghettoïsation (Varsovie, Lodz…)
1939-1941 •	• Déportation de masse vers les camps d'extermination (6 millions de victimes)
À partir de 1941 •	• Exclusion des juifs de la société (expropriation, interdiction de certaines professions, violences…)
À partir de 1942 •	• Massacres perpétrés par les *Einsatzgruppen*

Réviser les savoir-faire

D Exploiter un témoignage

Compétence 5.4 › **Être capable de porter un regard critique sur un document** **Brevet**

« Je peux affirmer qu'il y a des notions que nous ne pouvons comprendre totalement que dans un camp de concentration. Dans les contes stupides de mon enfance apparaissait fréquemment le personnage du "vagabond" ou du "brigand" qui entre au service du roi pour obtenir la main de la princesse, et ce, avec plaisir, car le prix à payer se résume en tout et pour tout à sept jours. "Mais sept jours chez moi sont sept années", lui dit le roi, eh bien, je peux dire la même chose à propos du camp de concentration. Je n'aurais jamais cru, par exemple, que je me transformerais si vite en un vieil homme flétri. Au pays, il faut du temps pour cela, cinquante ou soixante ans au moins ; au camp, trois mois ont suffi pour que mon corps me trahisse. Je peux affirmer qu'il n'y a rien de plus pénible, de plus décourageant que de relever, de comptabiliser jour après jour ce qui meurt en nous. À la maison, même si je n'y accordais pas trop d'attention, j'étais dans l'ensemble en harmonie avec mon organisme, j'aimais – pour ainsi dire – cette machinerie. »

Imre Kertész, *Être sans destin*, 1945, trad. Natalia et Charles Zaremba, © Actes Sud, 1998.

Méthode

1 Identifier le témoin à l'aide d'une recherche au CDI

1. Qui est Imre Kertész ? Quelle était sa nationalité ?

2. Où et quand a-t-il été déporté ? À quel âge ?

3. Combien de temps est-il resté dans les camps ?

2 Analyser le témoignage

4. Relevez les traits physiques qui montrent les souffrances endurées lors de sa déportation.

5. Montrez que le vocabulaire utilisé est empreint d'une certaine pudeur.

3 Présenter l'intérêt du témoignage

6. Quel est son intérêt sur le plan historique ?

7. Quel est son intérêt pour le citoyen et pour la mémoire ?

▶ Rapprocher ce texte d'autres témoignages :

- en écoutant d'autres témoins des camps sur le site Mémoire-net. Retrouvez le lien sur www.3e.hgeleve.magnard.fr/liens
- en faisant une biographie d'anciens déportés : Elie Wiesel, Germaine Tillon, Simone Weil, Anne Frank
- en découvrant des artistes qui ont peint la réalité des camps : David Olère, Léo Haas
- en regardant des documentaires sur la déportation : *Nuit et brouillard* (Alain Resnais, 1955), *Le Temps du ghetto* (Frédéric Rossif, 1961), *Shoah* (Claude Lanzmann, 1985)
- en regardant un film : *La Vie est belle* (Roberto Benigni, 1998)
- en lisant une bande dessinée sur la déportation : *Mauss* (Art Spiegelman, © Flammarion, 1998).

E Le Mémorial de la Shoah

Compétence 4.4 › **Sélectionner des informations lors d'une recherche** **B2i**

Le Mémorial de la Shoah propose une encyclopédie multimédia de la Shoah qui permet d'approfondir les leçons abordées en classe.

▶ Consulter une encyclopédie multimédia en ligne

1. Connectez-vous sur le site du Mémorial de la Shoah. Retrouvez le lien sur www.3e.hgeleve.magnard.fr/liens

2. Dans l'onglet « Archive et documentation », cliquez sur « L'encyclopédie de la Shoah », puis sur « L'encyclopédie multimedia de la Shoah ».

3. Choisissez un thème.

▶ Définir le thème

4. Rédigez deux ou trois phrases pour définir le thème choisi à l'aide du manuel (exemples : pour le système concentrationnaire, p. 72-73 ; pour les *Einsatzgruppen*, p. 71).

▶ Sélectionner les informations de l'article

5. Identifiez, si le thème s'y prête, les acteurs, les lieux, les dates (deux ou trois) importants.

6. Soulignez les mots de vocabulaire inconnus (en bleu sur le site) et notez leur définition à l'aide du lexique du manuel ou d'un dictionnaire.

▶ Découvrir les témoignages, mais aussi les drames humains

7. Décrivez la photographie choisie (regardez la date).

8. Précisez s'il s'agit d'un témoin et/ou d'une victime, d'un « Juste », d'un résistant...

9. Résumez son témoignage en quelques phrases.

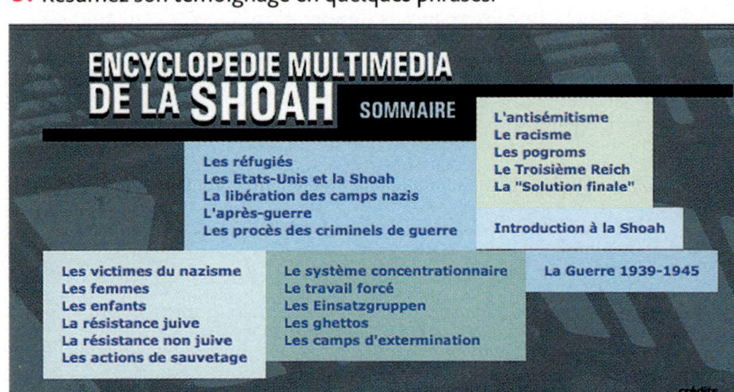

crédits

Les témoignages des enfants déportés du camp de Terezin

Contexte

Le 24 novembre 1941, les nazis ouvrent un ghetto à Terezin près de Prague, qu'ils qualifient de « site d'implantation juif ». **Ce lieu sert de vitrine à leur politique raciste**. En juin 1944, lors de la visite de la Croix rouge, les responsables organisent un spectacle pour présenter une image positive du camp. On estime que **88 000 personnes déportées à Terezin ont été assassinées dans les camps d'extermination**.

« À Terezin, plus de 15 000 enfants sont internés. Friedl Dickers-Brandeis, détenue juive autrichienne, prend en charge l'enseignement artistique de ces enfants. Grâce à son expérience de professeur, elle leur apprend à traduire leurs sentiments, et exprimer leurs peurs par le dessin et la peinture. Elle-même laisse un ensemble de tableaux remarquables, évoquant la résistance et la liberté. [...]
Les dessins procèdent par étapes. Ils commencent par évoquer les souvenirs heureux de leurs petits auteurs, et certains éléments de leur vie quotidienne : jouets, maison, ville, paysages familiers, ou encore assiettes remplies de leurs plats préférés. Ils dessinent et peignent des fleurs, des animaux, des personnages de contes de fées qui ont enchanté leur enfance. Contrastant avec les précédents, d'autres dessins représentent la cruelle réalité de la vie au camp : casernes, baraques, chambrées, châlits, mais aussi gardiens, malades, hôpitaux, enterrements, parfois même exécutions publiques ! »

Mémoire vivante n° 57, septembre 2008 (http://fmd.asso.fr).

Le thème du concours national de la Résistance et de la Déportation 2009 était : « Les enfants et les adolescents dans le système concentrationnaire nazi ». Le dossier proposé s'inspire du travail réalisé par les élèves du collège Jean Moulin de Pontault-Combault (Seine-et-Marne) sous la direction de Nadine Lopes, enseignante d'histoire et géographie.

1 Témoignage de Georges Brady, survivant de Terezin.

2 Poème d'un enfant déporté (extrait).

3 *Vedem*, « Nous menons » en tchèque, était un magazine littéraire en langue tchèque publié de 1942 à 1944 au camp-ghetto de Terezin.
Il était fabriqué artisanalement par un groupe de jeunes garçons de 13 à 15 ans. Au total, 800 pages de *Vedem* seront retrouvées après la guerre.

4 Dessin de Hana Grünfeld, déportée au camp de Terezin (musée juif de Prague, République tchèque).

5 L'opéra *Brundibar* est un opéra pour enfants écrit par Adolf Hoffmeister et composé par Hans Krása en 1938. Il fut interprété pour la première fois le 23 septembre 1943 par les enfants du camp de Terezin.

Présenter le dossier

1. Rappelez le contexte historique. Où le camp de Terezin se trouve-t-il ?
2. Quelle était sa fonction ? Combien d'enfants y ont été internés ?
3. Quelles sont les sources qui permettent de connaître l'existence d'une vie artistique à Terezin malgré la déportation ?

Analyser le dossier

4. Qui encadrait les enfants ?
5. Sous quelles formes artistiques se manifeste l'expression des enfants ? Quels sentiments sont perceptibles à travers leurs œuvres ?

Interpréter le dossier

6. Montrez comment l'expression artistique a pu, en dépit des conditions de vie très dures et de la menace constante de la déportation, aider les enfants à résister moralement.
7. Recherchez des informations complémentaires sur l'opéra Brundibar.

Pour aller plus loin

Connectez-vous sur www.3e.hgeleve.magnard.fr/liens et retrouvez des liens vers les sites Internet sur :
- **le camp de Terezin**
  – les dessins et les poèmes des enfants de Terezin.
  – un spectacle en hommage aux déportés du camp, Cabaret Terezin.
- **le concours national de la Résistance et de la Déportation**
  – le site de la Fondation de la Résistance regroupe les sites des fondations, association et des musées qui participent à l'organisation du concours.

1

« Je me suis trouvé parmi les garçons qui étaient encadrés par Valtr Eisinger. Dans une petite pièce surpeuplée, avec trois niveaux de lits superposés, il a été créé un nouveau monde fascinant pour nous, derrière les murs du ghetto. Ces garçons développaient des talents qu'ils n'auraient jamais rêvés d'avoir, et ils avaient aussi fondé un magazine d'enfant illégal[1].

Sur une centaine de garçons qui sont passés progressivement par le groupe de Eisinger, seulement quinze étaient vivants à la Libération. L'un d'entre-eux, Zdenek Taussig, a sauvé le magazine à Terezin, et maintenant vit aux États-Unis. »

1. Le magazine *Vedem*.

2

Un peu de saleté cernée dans la lèpre des murs
avec un peu de barbelés autour.
30 000 sont là dormant
qui un jour s'éveilleront
et ce jour-là verront
la mare de leur sang.
Je fus jadis un enfant,
voilà tantôt trois ans.
[…]
Enfance affreuse qui dans son for intime
Se dira : un tel est bon, mais cet autre est méchant.
Douce enfance lointaine qui doucement repose
Dans ces petites allées d'un parc
et là, sur cette maison, quelque part se penche
quand pour moi restait seul le mépris,
là-bas dans les jardins et dans les fleurs
où du sein maternel, je suis né au monde
Pour pleurer…
La bougie brûle et je dors sur ma couche
pour comprendre plus tard peut-être
que je n'étais qu'un tout petit,
juste aussi petit que le cœur
Des 30 000 dont la vie dort,
là-bas dans les parcs se réveillera,
ouvrira un beau jour ses yeux
et, parce qu'elle en verra trop,
dans le sommeil replongera…

Hanus Hachenburg (mort à Auschwitz à 15 ans en juillet 1944), poème publié dans *Vedem*

3

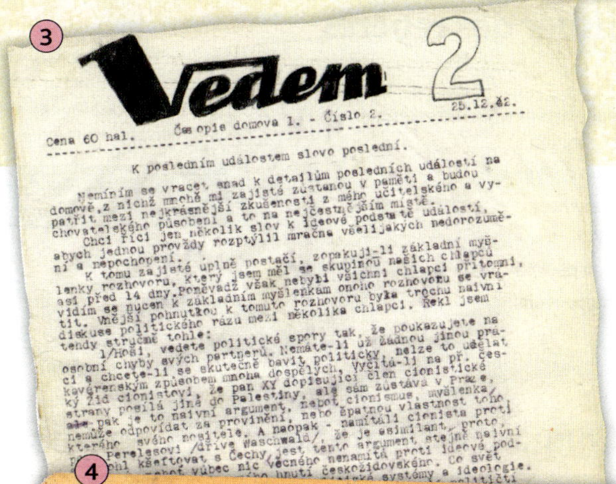
Vedem 2
Cena 60 hal. Časopis domova 1. - Číslo 2. 25.12.42.
K posledním událostem slovo poslední.

4

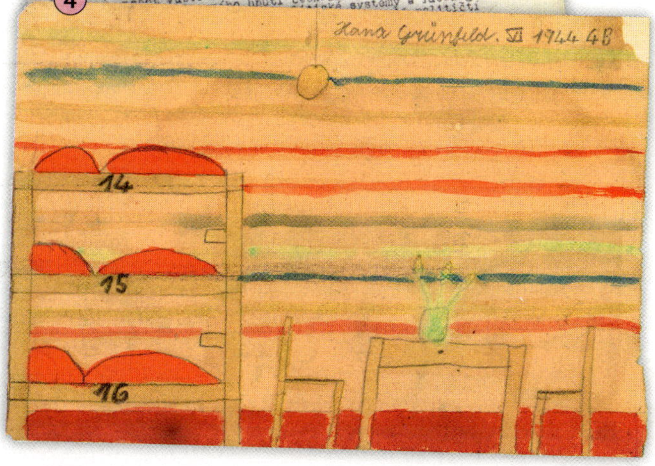

5

Brevet

Sujet 1 accompagné

1 Situer des repères

Question

Pour chaque repère, vous rédigerez une courte explication.

- Fondation de Rome
- La Renaissance
- 1799-1815
- Staline au pouvoir
- Hitler au pouvoir

Conseils pour situer des repères

- Rappel : la connaissance de ces repères ne se limite pas à la présentation de la date ou de l'événement. Vous devez rédiger une explication.
- Vous pouvez vous aider d'un tableau (➜ p. 28) et du **Livret Brevet** (➜ p. 2 à 9)

Repère chronologique	Événement	Acteurs, lieu, régime politique ou civilisation...
....	....	....

2 Connaître des notions, des acteurs, des faits historiques

Questions

1. Caractérisez le régime totalitaire stalinien.

2. Quelles sont les conséquences humaines de la grande terreur imposée par Staline ?

3. Comment se manifeste l'antisémitisme du régime nazi ? (1933-1939).
Vous répondrez à cette question en rédigeant un développement.

Conseils pour rédiger le développement

1. Lisez plusieurs fois la question posée pour repérer les éléments essentiels (mots clés, date, espace, acteurs...).

l'antisémitisme du régime nazi (1933-1939)

↓ *Définir « antisémite »* (antisémitisme)

↓ *Situer dans l'espace et préciser à quel évènement correspond chacune des deux dates* (nazi, 1933-1939)

2. Réalisez un brouillon rapide pour mobiliser vos connaissances : illustrez chaque élément de réponse par un exemple.

► *Nazisme = régime totalitaire raciste/antisémite : ex. lois de Nuremberg (1935)*

3. Organisez votre réponse :

- Rédigez une phrase d'introduction pour rappeler le contexte.

► *Chef du NSDAP, dès la rédaction de son livre en 1924 « Mein Kampf », A. Hitler expose sa théorie de la hiérarchie des races. Responsable de tous les maux de l'Allemagne, les Juifs sont désignés comme des ennemis.*

- Développez deux à trois idées illustrées d'exemples.
  1. un régime totalitaire antisémite (ex. : lois de Nuremberg - 1935)
  2. un régime violent envers la communauté juive de son pays (ex. : Nuit de Cristal - 1938)
- Rédigez une phrase de conclusion pour ouvrir la réponse en montrant la portée de l'événement.

► *À la veille de la guerre, A. Hitler a imposé en Allemagne une politique antisémite. À partir de 1942, il va ordonner la « solution finale » en exterminant le peuple juif d'Europe. Le bilan de cette politique est de 6 millions de morts.*

4. Pensez à soigner la forme : écriture soignée, présentation aérée, orthographe correcte.

❸ Travailler sur un document

Affiche pour le XVIIe Congrès du parti communiste, 1934
On peut y lire : « Tout le pouvoir aux soviets ! Brandissons plus haut l'étendard de Lénine, il nous donne la victoire ! »

Questions

1. Quelle est la nature du document ? Qui sont les deux personnages présents sur le document ?

2. Quelle est la couleur dominante ? Pourquoi ?

3. Quelles réalisations du régime sont mises en avant ?

4. Quel aspect du stalinisme n'est pas représenté sur cette affiche ?

Mémo Brevet

✓ Je sais rédiger un développement construit

- J'analyse le sujet de façon méthodique : je repère la notion, le contexte historique.
- Je mobilise mes connaissances pour apporter des éléments de réponse précis.
- Je suis capable de formuler une réponse construite, organisée selon un plan, en m'appuyant sur des exemples précis.

Brevet Sujet 2 accompagné

1 Situer des repères

Question

Pour chaque repère, vous rédigerez une courte explication.

- « Paix romaine »
- L'âge des églises romanes
- Monarchie constitutionnelle en France
- Verdun

2 Connaître des notions, des acteurs, des faits historiques

Questions

1. Définissez la notion de « guerre totale ».

2. Expliquez l'action de Lénine dans la Révolution russe et la diffusion des idées révolutionnaires en Europe au début des années 1920.

3. Présentez un ou deux exemples de tensions en Europe à la fin de la Première Guerre mondiale. Vous répondrez à cette question en rédigeant un développement.

Conseils pour répondre à la question 2

- Révisez la biographie et l'action de Lénine à l'aide de votre manuel. Vous pouvez vous constituer un ensemble de fiches biographiques pour chaque personnage-clé.
- Situez l'action de Lénine dans le temps et dans l'espace : évitez de raconter sa vie entière, évitez de raconter la révolution russe dans le détail.
- Présentez le message porté par Lénine et la Révolution. Vous pouvez vous aider de ce tableau.

Lénine	Son parti, ses idées politiques	Son rôle dans la révolution de 1917	Le message de la révolution de 1917
Homme politique russe	*Leader du parti bolchévik*	*Après la révolution de février 1917 - chute du tsar - Lénine dirige la Révolution d'octobre*	*Volonté d'exporter la Révolution dans le monde entier - Nombreux mouvements insurrectionnels en Europe*

Exemple de réponse attendue :

▶ *Lénine, homme politique russe, était le leader du parti bolchevik qui défendait des idées communistes. Après la chute du régime tsariste en octobre 1917, les bolcheviks de Lénine s'emparent du pouvoir. Ils souhaitent la création d'un état socialiste. La révolution russe et le message de Lénine ont eu une grande influence puisque l'Europe (Italie, France, Allemagne...) connaît des mouvements insurrectionnels.*

3 Travailler sur un document

Ouvrières de l'usine Pathé à Vincennes confectionnant des lunettes de protection contre les gaz (avril 1916) Avant la guerre, les usines Pathé (région parisienne) fabriquaient des pellicules pour film.

Questions

1. Où et quand se déroule la scène ?

2. Que fabriquent ces femmes ?

3. À qui est destinée cette production ?

Mémo Brevet

✓ Je sais répondre à une question de cours

- Je peux définir une notion : je connais les aspects essentiels de chaque partie du programme.
- Je connais les personnages clés du programme et les éléments majeurs de leur biographie.
- Je suis capable de présenter un fait historique : je peux décrire un événement et en expliquer les enjeux. Je m'appuie sur les fiches de synthèse du Livret Brevet (L'essentiel → p. 10 à 21).

1 Situer des repères

Question

Pour chaque repère, vous rédigerez une courte explication.

- Louis XIV
- L'Encyclopédie
- Le Second Empire
- 1917
- Hiroshima et Nagasaki

2 Connaître des notions, des acteurs, des faits historiques

Questions

1. Racontez le débarquement du 6 juin 1944.

2. Définissez la guerre d'anéantissement.

3. Quel est le rôle des puissances de l'Axe dans la guerre du Pacifique ou dans la bataille de Stalingrad ? Vous répondrez à cette question en rédigeant un développement. Vous vous appuierez sur l'exemple que vous avez étudié au cours de l'année.

3 Travailler sur un document

Témoignage d'un survivant à Hiroshima (septembre 1945)

« Les survivants ont fui […]. Nous arrivons au centre de la ville […]. Nous apercevons alors la cité détruite, s'étendant sur des kilomètres ; tout n'est que silence et désolation. Par-dessus un premier plan de grands arbres, cassés comme des allumettes, et d'énormes pierres renversées, on aperçoit les traces, à peine visibles, des bâtiments militaires dont plusieurs possédaient de solides fondations en béton. […] La ville est rasée, les balustrades des ponts les plus proches sont arrachées. Nous sommes là, à peu près au-dessus du point où la bombe éclata. Au milieu d'un amas indescriptible de tuiles cassées, de tôles rouillées, de carcasses de machines et de voitures brûlées, de tramways jetés hors des rails, quelques arbres dressent vers le ciel leurs troncs noirs et dénudés. Sur les rives du fleuve, des bateaux éventrés penchent sur le côté. Par-ci, par-là, de grands bâtiments de pierre se dressent encore, interrompant la monotonie du paysage. »

Témoignage du docteur M. Junod, premier médecin étranger à visiter les ruines d'Hiroshima, le 9 septembre 1945, *Soixante ans après : Le désastre de Hiroshima*, Labor et Fides.

Questions

1. Présentez le document.

2. Que s'est-il passé à Hiroshima ?

3. Comment la ville est-elle décrite dans le document ?

CHAPITRE 6

La guerre froide

Comment le monde s'organise-t-il pendant la guerre froide ?

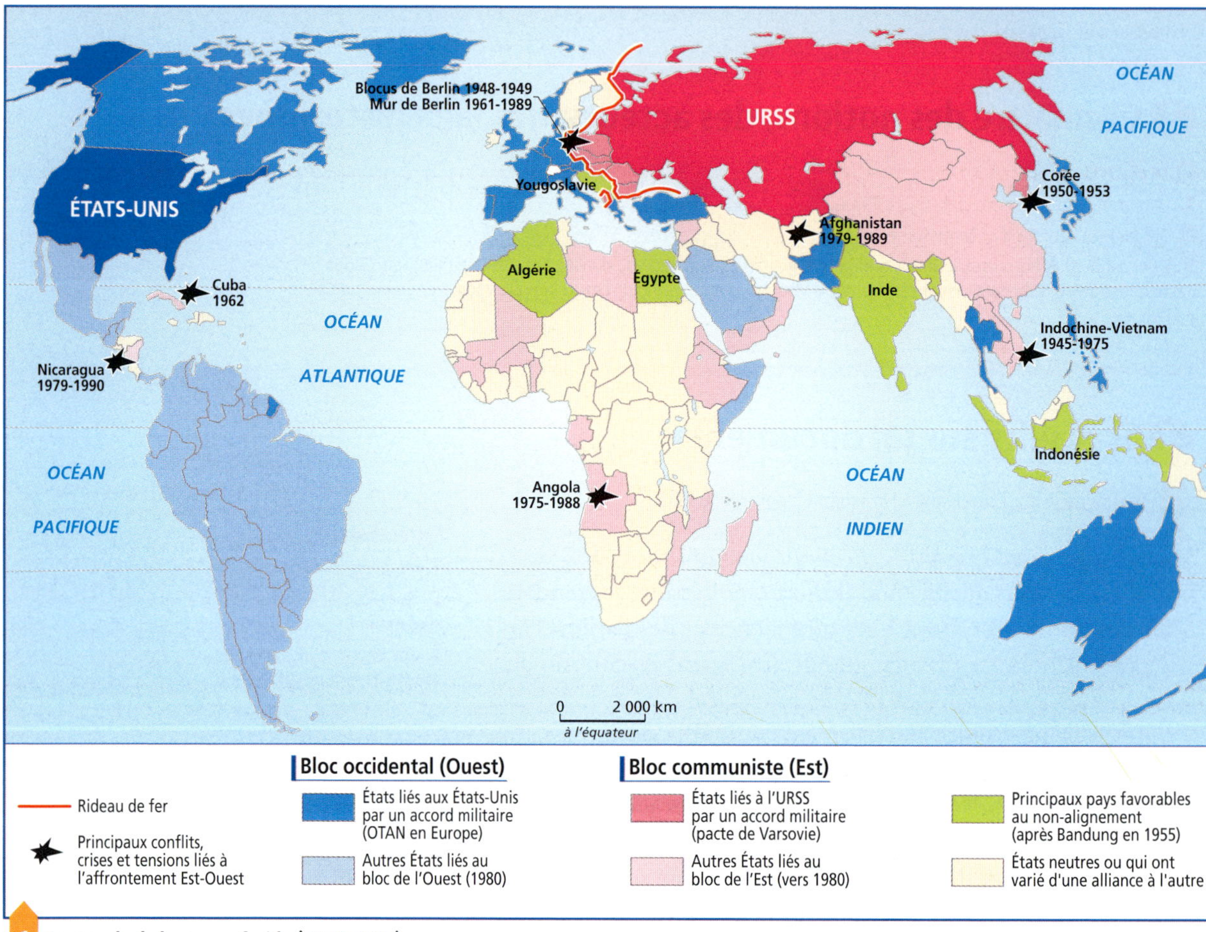

1 **Le monde de la guerre froide (1945-1991)**

Confronter les documents

1. Quels sont les deux blocs qui s'opposent pendant la guerre froide ? Quelles puissances les dirigent ?

2. Où cette scène se déroule-t-elle ? En quoi montre-t-elle que la guerre froide aurait pu conduire à un affrontement direct entre les États-Unis et l'URSS ?

3. Montrez que la guerre froide a touché toute la planète.

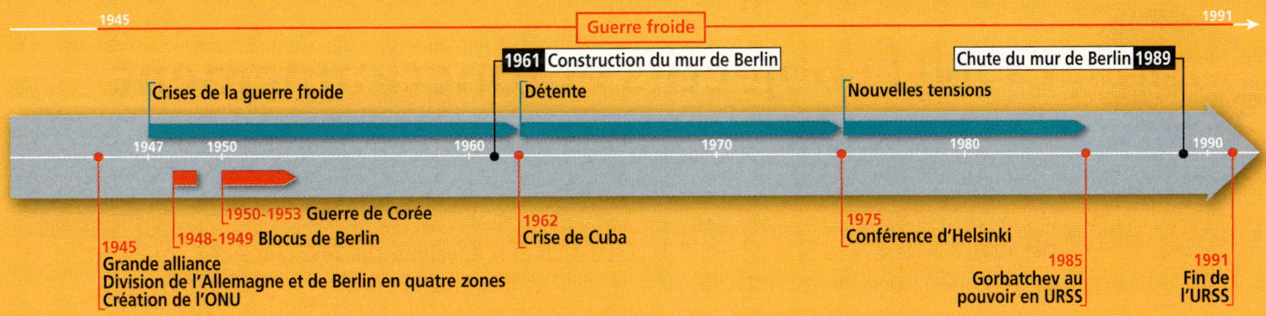

2 Berlin 1961 : un lieu de tension de la guerre froide

Le 17 octobre 1961, les blindés américains (A) et soviétiques (B) se font face à « Checkpoint Charlie », le point de passage à travers le mur entre le secteur américain et le secteur soviétique, après la remise en cause de la libre circulation des troupes d'occupation par les Allemands de l'Est, alliés des Soviétiques.

Dossier L'ONU : objectifs et fonctionnement

Pourquoi l'ONU représente-t-elle l'espoir d'un monde nouveau en 1945 ?

Dès 1941, dans la **charte de l'Atlantique**, les États-Unis et le Royaume-Uni émettent l'idée de créer une nouvelle organisation internationale qui remplacerait la **SDN**.
Fondée à San Francisco en juin 1945, l'Organisation des Nations unies entend bâtir un monde nouveau, fondé sur la paix et la défense de valeurs démocratiques et universelles.

A La création de l'ONU : la défense de la paix et des Droits de l'homme

1 La fondation d'une organisation internationale

« Nous, peuples des Nations unies, résolus :
– à préserver les générations futures du fléau de la guerre qui deux fois en l'espace d'une vie humaine a infligé à l'humanité d'indicibles souffrances,
– à proclamer à nouveau notre foi dans les droits fondamentaux de l'homme, dans la dignité et la valeur de la personne humaine, dans l'égalité de droits des hommes et des femmes, ainsi que des nations, grandes et petites,
– à créer les conditions nécessaires au maintien de la justice et du respect des obligations nées des traités et autres sources du droit international,
– à favoriser le progrès social et instaurer de meilleures conditions de vie dans une liberté plus grande […]. »

Préambule de la charte de l'ONU signée par 51 pays le 26 juin 1945 à San Francisco (États-Unis).

2 Le combat pour les Droits de l'homme

« Considérant que la reconnaissance de la dignité inhérente à tous les membres de la famille humaine et de leurs droits égaux et inaliénables constitue le fondement de la liberté, de la justice et de la paix dans le monde.
Considérant que la méconnaissance et le mépris des Droits de l'homme ont conduit à des actes de barbarie qui révoltent la conscience de l'humanité et que l'avènement d'un monde où les êtres humains seront libres de parler et de croire, libérés de la terreur et de la misère, a été proclamé comme la plus haute aspiration de l'homme.
Considérant qu'il est essentiel que les Droits de l'homme soient protégés par un régime de droit pour que l'homme ne soit pas contraint, en suprême recours, à la révolte contre la tyrannie et l'oppression.
L'Assemblée générale proclame la présente Déclaration universelle des Droits de l'homme comme l'idéal commun à atteindre par tous les peuples et toutes les nations. »

Déclaration universelle des Droits de l'homme, adoptée par l'Assemblée générale des Nations unies le 10 décembre 1948 à Paris.

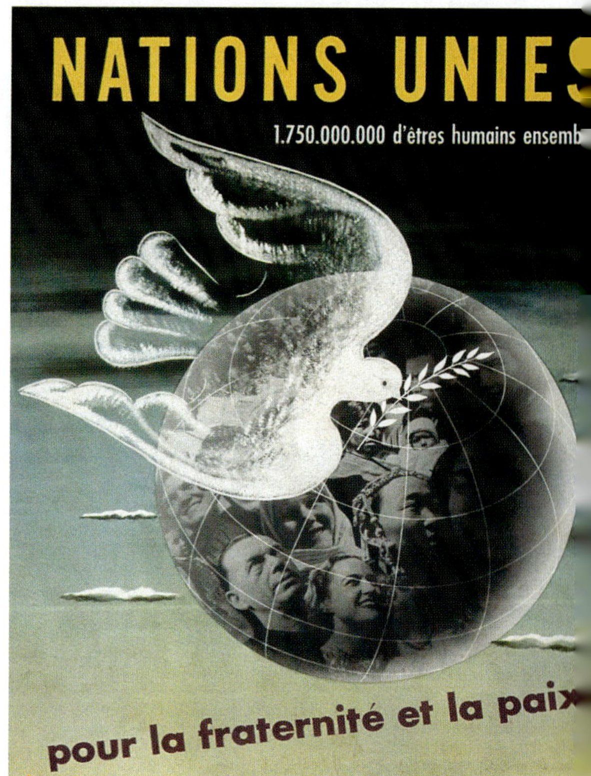

3 Préserver la paix
Affiche éditée par l'ONU en 1946.

Vocabulaire

Charte de l'Atlantique : déclaration du 14 août 1941, initiée par le Président américain F. Roosevelt et le Premier ministre anglais W. Churchill, qui pose les bases d'une future coopération internationale.

Société des Nations (SDN) : première organisation internationale mise en place en 1919.

Préambule : avant-propos, introduction à un texte.

B Le fonctionnement de l'ONU

4 **L'organisation de l'ONU aujourd'hui**

5 **Une critique de l'ONU**

« On a protesté contre l'hégémonie[1] des cinq grands[2], contre le rôle trop effacé laissé aux petites nations. Mais on n'a pas parlé – comme si c'était chose naturelle – du rôle quasi nul laissé aux vaincus de la guerre […]. Mais ce fait nous rappelle qu'à son origine, elle n'est pas et ne pourra être une société égalitaire : elle n'existe que par la volonté des grandes puissances victorieuses. »

Le Monde, 26 avril 1945 (jour de l'ouverture de la conférence de San Francisco).

1. Domination sans partage.
2. Les cinq membres permanents du Conseil de sécurité.

6 **Les Casques bleus, des missions variées**
Intervention en Haïti après la tempête tropicale de 2007.

A La création de l'ONU : la défense de la paix et des Droits de l'homme

1. Doc. 1 et 5 Quand la charte de l'ONU a-t-elle été signée et par combien de pays ? Quels États ont été écartés à sa création ?
2. Doc. 1, 2 et 3 Quels sont les objectifs de l'ONU ?
3. Doc. 2 À qui cette déclaration s'adresse-t-elle ? Quelles valeurs sont défendues ?
4. Doc. 3 Identifiez les éléments qui composent l'affiche. Quels buts essentiels de l'ONU illustrent-ils ?

B Le fonctionnement de l'ONU

5. Doc. 4 Quelles sont les deux instances les plus importantes de l'ONU ?
6. Doc. 4 et 5 Dans quelle instance les puissances victorieuse de la Seconde Guerre mondiale sont-elles représentées ?
7. Doc. 5 Quels reproches sont adressés à l'ONU lors de sa création ?
8. Doc. 4 et 6 Qui sont les Casques bleus ? Quelles missions remplissent-ils ?

Bilan **DÉCRIRE ET EXPLIQUER**

À l'aide des documents, décrivez et expliquez les conditions, les objectifs et les critiques liés à la fondation de l'ONU et à son fonctionnement.

Aide à la rédaction

1. Une organisation chargée de promouvoir la paix et le progrès social.
2. Une organisation complexe qui intervient pour défendre des valeurs.

Dossier

Berlin et l'Allemagne, symboles de la guerre froide

Pourquoi l'Allemagne et Berlin sont-ils devenus des enjeux de la guerre froide ?

En 1945, l'Allemagne et Berlin sont divisées en quatre secteurs d'occupation. Dès 1946, la question du statut de ces territoires accroît les tensions entre les anciens alliés. En 1949, à la suite du blocus de Berlin imposé par l'URSS, l'Allemagne est divisée en deux : la RFA (République fédérale d'Allemagne) à l'Ouest et la RDA (République démocratique allemande) à l'Est. En 1961, confrontées à une émigration massive de Berlinois vers l'ouest, les autorités est-allemandes construisent un mur. La division de Berlin et de l'Allemagne symbolise la **bipolarisation**.

A Le blocus de Berlin et ses conséquences (1948-1961)

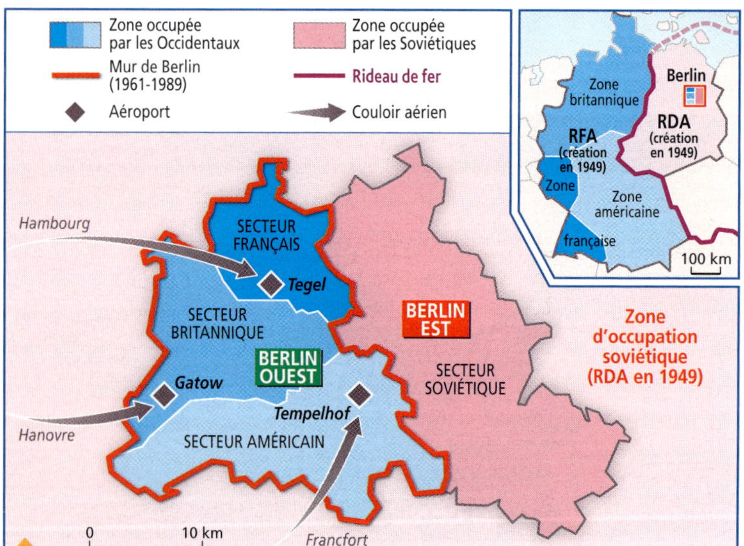

1 Des territoires occupés et divisés (1945-1990)

2 Konrad Adenauer raconte le blocus de Berlin

« Le système d'occupation prévu par les quatre puissances victorieuses pour Berlin […] supposait une coopération confiante entre les quatre alliés […]. À la fin du mois de mars [1948], les Soviétiques se mirent à couper les lignes de communication terrestres les unes après les autres. Le 30, ils exigèrent de contrôler les avions militaires des puissances occidentales, qui opposèrent un refus formel […]. Les Alliés répondirent à ce défi par l'établissement d'un pont aérien […]. Dans la nuit du 12 mai 1949, les Soviétiques levèrent le blocus […]. Berlin demeurait le bastion de l'Occident. »

Konrad Adenauer, chancelier allemand de la RFA entre 1949 et 1963, *Mémoires*, © Hachette, 1965.

3 **Le pont aérien** Atterrissage d'un avion américain de ravitaillement à Berlin-Ouest. Pendant le blocus, 275 000 vols ont acheminé 2,5 millions de tonnes de marchandises à Berlin-Ouest.

Vocabulaire

Bipolarisation : organisation du monde autour d'un bloc américain et d'un bloc soviétique.

Rideau de fer : expression utilisée par le Premier ministre anglais Winston Churchill pour décrire la mise sous tutelle de l'Europe de l'Est par l'URSS.

Blocus : opération militaire qui vise à isoler un territoire.

B Du mur de Berlin à la réunification (1961-1990)

4 « *Ich bin ein Berliner !* »

« Il y a beaucoup de gens dans le monde qui ne comprennent pas ou qui prétendent ne pas comprendre quelle est la grande différence entre le monde libre et le monde communiste. Qu'ils viennent à Berlin !
Il y en a qui disent qu'en Europe et ailleurs, nous pouvons travailler avec les communistes. Qu'ils viennent à Berlin ! [...]
Notre liberté éprouve certes beaucoup de difficultés et notre démocratie n'est pas parfaite. Cependant, nous n'avons jamais eu besoin, nous, d'ériger un mur pour empêcher notre peuple de s'enfuir. [...] Le mur fournit la démonstration éclatante de la faillite du système communiste. Cette faillite est visible aux yeux du monde entier. [...] Tous les hommes libres, où qu'ils vivent, sont citoyens de Berlin. C'est pourquoi, en tant qu'homme libre, je suis fier de dire : *Ich bin ein Berliner*![1] »

John F. Kennedy, président des États-Unis, discours prononcé à Berlin le 26 juin 1963.

1. Je suis un Berlinois.

5 Le président américain J. F. Kennedy observe le mur depuis Berlin-Ouest, le 26 juin 1963

6 La chute du mur de Berlin : un symbole de la fin de la guerre froide

« Aucun d'entre nous n'oubliera jamais cette nuit du 9 au 10 novembre durant laquelle les Berlinois ont pu pour la première fois depuis 28 ans circuler à nouveau librement dans leur ville et se serrer dans les bras les uns les autres. Nous Allemands, avons ressenti en même temps une vague générale de sympathie et d'émotion partagée lorsque les hommes à Berlin-Est et en RDA ont franchi murs et barbelés et que les Allemands ont célébré leurs retrouvailles. »

Helmut Kohl, chancelier allemand de la RFA, discours prononcé à Paris le 17 janvier 1990.

7 L'ouverture du mur le 9 novembre 1989

A Le blocus de Berlin et ses conséquences (1948-1961)

1. Doc. 1 Quelles puissances occupent l'Allemagne et Berlin ? Dans quelle zone la ville de Berlin se trouve-t-elle ?

2. Doc. 1, 2 et 3 Qu'est-ce que le « blocus de Berlin » ? Comment les Occidentaux y mettent-ils fin ? Quelle est la conséquence du blocus sur le territoire allemand ?

B Du mur de Berlin à la réunification (1961-1990)

3. Doc. 4 et 5 Pourquoi le mur est-il construit ? En quoi est-il un symbole de la guerre froide ?

4. Doc. 4 Qui est J. F. Kennedy ? À qui s'adresse son message ? Que révèle son discours sur l'engagement des États-Unis en Europe ?

5. Doc. 6 Quand le mur de Berlin tombe-t-il ? Pourquoi cet événement est-il, selon Helmut Kohl, un moment historique pour les Allemands ?

6. Doc. 7 Où cette scène se déroule-t-elle ? Quelle est la réaction des soldats est-allemands face à cet événement ?

Bilan — DÉCRIRE ET EXPLIQUER

À l'aide des documents, rédigez un développement expliquant pourquoi l'Allemagne et Berlin sont devenus des symboles de la guerre froide.

Aide à la rédaction

1. Des territoires occupés et divisés.
2. Des territoires au cœur de la guerre froide.
3. Des territoires où s'achève la guerre froide.

Leçon 1 Les débuts de la guerre froide (1945-1962)

Comment les deux blocs se sont-ils constitués ?

A De l'alliance à la rupture (1945-1947)

- **Dès 1945, les relations entre les anciens alliés de la Seconde Guerre mondiale se dégradent**. Dans une Europe divisée par un « rideau de fer », les Occidentaux s'inquiètent de l'expansion des Soviétiques en Europe de l'Est (doc. 1). Les Soviétiques sont préoccupés par la puissance des États-Unis, seuls à posséder la bombe atomique jusqu'en 1949.
- **Les deux superpuissances s'opposent d'abord sur le plan idéologique**. Le régime soviétique communiste soutient la propriété collective et le parti unique (doc. 4), alors que les États-Unis défendent le libéralisme fondé sur la liberté d'entreprendre et la **démocratie libérale** (doc. 3). **S'ils ne souhaitent pas détruire leur ennemi**, les deux Grands entendent imposer leurs conceptions politiques, économiques et sociales aux autres États.
- **Dès 1947, les États-Unis décident de soutenir tous les pays qui veulent résister à la poussée communiste**. En juin, le plan Marshall (doc. 2) propose à l'Europe une aide économique pour freiner la misère et « endiguer » la menace communiste (doc. 3). **Du côté soviétique, la doctrine Jdanov dénonce l'impérialisme américain** et impose aux autres pays communistes une véritable soumission (doc. 4).

B La naissance de deux blocs (1947-1962)

- **Les deux superpuissances constituent autour d'elles des alliances stratégiques pour isoler l'adversaire**. Les États-Unis signent de nombreux traités, notamment militaires (Alliance atlantique ou l'**OTAN** en 1949). L'URSS regroupe les pays communistes d'Europe de l'Est, les démocraties populaires, dans une alliance militaire, le **pacte de Varsovie** (1955).
- Une compétition s'ouvre dans les domaines politique, économique, scientifique (course à l'espace) et culturel. Chaque **bloc** utilise la propagande pour promouvoir son modèle idéologique (doc. 5 et 6).
- **Les crises de Berlin (1948-1949 et 1961) et la guerre de Corée (1950-1953) opposent les deux blocs sans déboucher sur un conflit direct.** La crise de Cuba en 1962 constitue l'apogée de la guerre froide avec l'« **équilibre de la terreur** ».
- **Quelques pays tentent de s'affranchir de la logique des blocs :** ils constituent, lors de la conférence de Belgrade en 1961, le **mouvement des non-alignés**, surtout constitué de pays du tiers-monde nouvellement indépendants. Il éclate quand certains se rapprochent du camp soviétique (carte p. 86).

1 Churchill dénonce la menace soviétique

« De Stettin dans la Baltique jusqu'à Trieste dans l'Adriatique, un rideau de fer est descendu à travers le continent. Derrière cette ligne se trouvent toutes les capitales des anciens États de l'Europe centrale et orientale. Varsovie, Berlin, Prague, Vienne, Budapest, Belgrade, Bucarest et Sofia, toutes ces villes célèbres et les populations qui les entourent se trouvent dans ce que je dois appeler la sphère soviétique, et toutes sont soumises, sous une forme ou sous une autre, non seulement à l'influence soviétique, mais aussi à un degré très élevé et, dans beaucoup de cas, à un degré croissant, au contrôle de Moscou. »

Winston Churchill, Premier ministre britannique, discours prononcé à Fulton le 5 juin 1946.

2 Le plan Marshall Affiche française (1947). Seize pays européens ont reçu l'équivalent de 100 milliards de dollars d'aujourd'hui de la part des États-Unis.

Vocabulaire

Superpuissances : (ou Grands) États dominants les autres pays de la planète sur les plans économique, politique, culturel et militaire.

Démocratie libérale : régime politique basé sur le pluripartisme et la défense des libertés.

Impérialisme : domination exercée par un État sur un autre.

Blocs : alliances constituées autour des États-Unis et de l'URSS.

Équilibre de la terreur : rapport de force entre l'URSS et les États-Unis. En cas d'attaque nucléaire, la riposte adverse entraînerait la destruction des deux adversaires.

3 Truman et la politique d'endiguement (1947)

« Le moment était venu de ranger délibérément les États-Unis d'Amérique dans le camp et à la tête du camp du monde libre [...]. Chaque nation se trouvait désormais en face d'un choix à faire entre deux modes de vie opposés. L'un d'eux, avais-je dit, repose sur la volonté de la majorité et il est caractérisé par des institutions libres, un gouvernement représentatif, des élections libres, des garanties assurant la liberté individuelle, la liberté de parole et de religion, et l'absence de toute oppression politique. Quant à l'autre, il repose sur la volonté d'une minorité imposée par la force à la majorité. Il s'appuie sur la terreur et l'oppression, une presse et une radio contrôlées, des élections truquées et la suppression des libertés personnelles. »

Henry Truman, président des États-Unis, *Mémoires*, © Plon, 1956.

4 La doctrine Jdanov (1947)

« Plus nous nous éloignons de la fin de la guerre et plus nettement apparaissent [...] deux camps principaux des forces politiques qui opèrent sur l'arène mondiale : le camp impérialiste et antidémocratique d'une part, et, d'autre part, le camp anti-impérialiste et démocratique. Les États-Unis sont la principale force dirigeante du camp impérialiste. [...] Les forces anti-impérialistes et antifascistes forment l'autre camp. L'URSS et les pays de la nouvelle démocratie en sont le fondement [...]. Le camp anti-impérialiste s'appuie dans tous les pays sur le mouvement ouvrier et démocratique. [...] Ainsi deux camps se sont formés dans le monde. »

Andreï Jdanov, idéologue du Parti communiste soviétique, communiqué publié en octobre 1947.

5 Les États-Unis vus par les Soviétiques : « Des phrases et ... des bases »
Affiche soviétique de 1952. Le personnage annonce dans le micro « paix », « défense », « désarmement ». (1) Carte de l'Europe (2) Bases militaires (3) Radio Free Europe (radio de propagande américaine) (4) Rameau d'olivier

6 Les Soviétiques vus par les Occidentaux Affiche française de 1953 éditée par le mouvement Paix et Liberté (mouvement anticommuniste).

A De l'alliance à la rupture (1945-1947)

1. **Doc. 1** Quelle situation W. Churchill dénonce-t-il dans son discours ?
2. **Doc. 2** Quel pays est représenté par le personnage ? Quel est le sens de son action ?
3. **Doc. 3 et 4** Selon H. Truman et A. Jdanov, qu'est-ce qui caractérise chacun des deux camps ? Quelle mission donnent-ils chacun à leur pays ? Sur quel plan s'opposent-ils ?

B La naissance de deux blocs (1947-1962)

4. **Doc. 5** Quelle est la nature de ce document ? Qui en est à l'origine ? Quel en est le message ?
5. **Doc. 6** De quel bloc cette affiche est-elle issue ? Décrivez le soldat soviétique. Quelles dérives du régime soviétique sont dénoncées ?
6. **Doc. 5 et 6** Montrez que les deux blocs s'adressent des reproches identiques.

Bilan — DÉCRIRE ET EXPLIQUER

À l'aide des documents, expliquez en quelques phrases les origines de la guerre froide et comment les deux blocs s'opposent dans un affrontement d'un type nouveau.

Socle

Compétence 5.1 › **Avoir des connaissances et des repères relevant du temps**

Compétence 5.4 › **Être capable de porter un regard critique sur un document**

Dossier

Deux crises majeures de la guerre froide

En quoi la guerre de Corée et la crise de Cuba illustrent-elles l'affrontement Est-Ouest ?

La guerre froide est un affrontement indirect entre les deux superpuissances américaine et soviétique qui mettent tout en œuvre pour qu'il ne dégénère pas en conflit armé. La **dissuasion nucléaire** contraint les deux superpuissances à ne pas prendre le risque d'une mutuelle destruction.
Pourtant à deux reprises, en Corée et à Cuba, le monde se trouve au bord de la guerre.

A La guerre de Corée : une crise de la guerre froide en Asie (1950-1953)

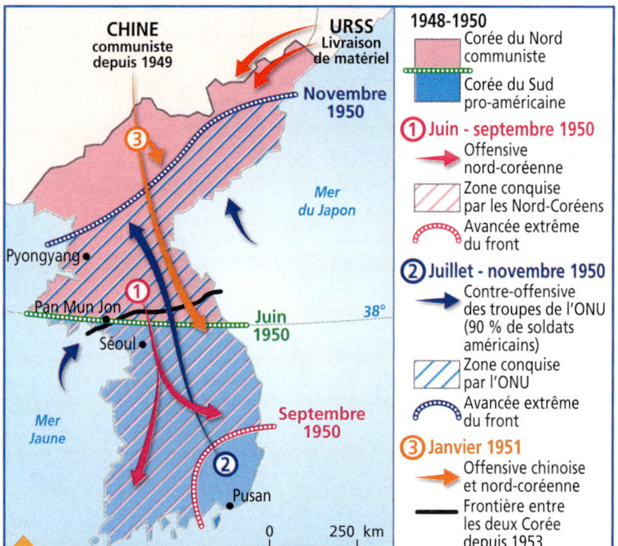

1 La Corée en guerre (1950-1953)

2 Le point de vue de Khrouchtchev

« Je dois insister sur le fait que l'idée de déclencher la guerre n'était pas de Staline, mais de Kim Il-Sung[1], qui en avait pris l'initiative. Staline, bien sûr, n'essaya pas de l'en dissuader. À mon avis aucun vrai communiste n'eût tenté de détourner Kim Il-Sung de son désir de libérer la Corée du Sud [...] de l'influence américaine réactionnaire. Le faire eût été se mettre en contradiction avec la conception du monde. Mao Tsé-Dong[2] [...] dit qu'à son avis les États-Unis n'interviendraient pas. »

Nikita Khrouchtchev, dirigeant soviétique, *Souvenirs*, © Robert Laffont, 1971.

1. Dirigeant nord-coréens. 2. Dirigeant de la Chine communiste depuis 1949.

3 Truman justifie la stratégie américaine

« Voici ce que nous faisons en Corée : nous essayons d'éviter une troisième guerre mondiale. Jusqu'ici en nous limitant à une guerre localisée en Corée, nous avons réussi à empêcher l'agresseur de réussir à la provoquer [...]. Pourquoi ne bombardons-nous pas la Chine elle-même ? [...] Si nous avions recours à ces mesures, nous risquerions de déclencher une guerre générale [...]. Nous nous trouverions entraînés dans un vaste conflit sur le continent asiatique. »

Henry Truman, président des États-Unis, discours prononcé à Washington le 12 avril 1951.

4 L'armistice de Pan Mun Jon en 1953 : un retour au statu quo
La délégation nord-coréenne fait face à la délégation américaine qui représente l'ONU. L'armistice confirme la séparation de la Corée en deux États sur le 38e parallèle Nord. Le conflit a fait 2,5 millions de victimes, dont 550 000 civils.

Vocabulaire

Dissuasion nucléaire : stratégie consistant à faire renoncer l'adversaire à toute attaque en le menaçant en retour d'une guerre nucléaire.

B La crise de Cuba, l'apogée de la guerre froide (1962)

5 Les temps forts de la crise

Janvier 1959 • Fidel Castro s'empare du pouvoir à Cuba puis se rapproche du camp soviétique.

14 octobre 1962 • Un avion espion américain repère sur l'île des rampes de lancement pour des missiles soviétiques.

22 octobre • Le Président américain J. F. Kennedy instaure un blocus naval autour de Cuba pour empêcher l'arrivée des navires soviétiques transportant les fusées.

24-28 octobre • Les navires soviétiques font demi-tour et Khrouchtchev propose à Kennedy un accord : les États-Unis s'engagent à ne plus attaquer Cuba en échange du démantèlement des fusées. La crise s'achève.

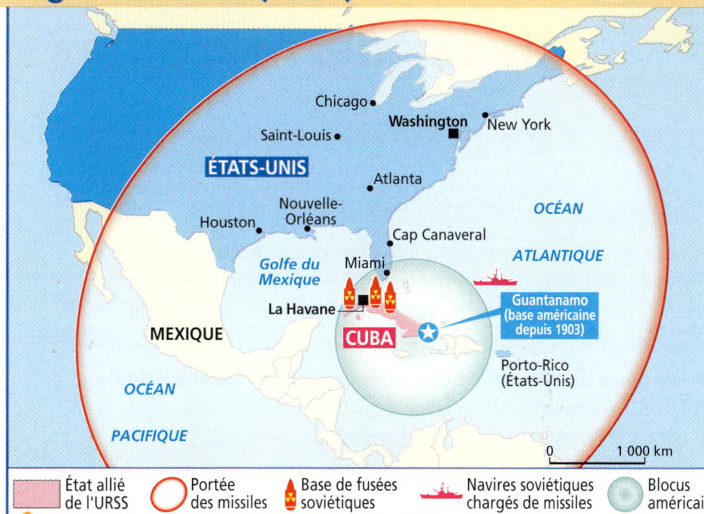

6 Cuba, une crise majeure de la guerre froide

7 La réaction américaine

« Au cours de la dernière semaine, nous avons eu des preuves incontestables de la construction de plusieurs bases de fusées dans cette île opprimée. Ces sites de lancement ne peuvent avoir qu'un but : la constitution d'un potentiel nucléaire dirigé contre l'hémisphère occidental […]. Cette décision soudaine et clandestine […] constitue une provocation délibérée […]. Toute fusée nucléaire lancée à partir de Cuba, contre l'une des nations de l'hémisphère occidental, sera considérée comme l'équivalent d'une attaque soviétique contre les États-Unis, attaque qui entraînerait des représailles massives contre l'Union soviétique. »

John F. Kennedy, discours télévisé du 22 octobre 1962.

8 Le face à face Krouchtchev-Kennedy

« Kennedy savait que Khrouchtchev ne s'obstinerait pas. Engagé dans une partie de poker, ce joueur d'échecs a reculé […]. Le monde est entré dans une ère nouvelle […]. Il en résulte que l'affrontement direct était sinon impossible, du moins peu probable. »

Claude Delmas, *Cuba : de la révolution à la crise des fusées*, © Éd. Complexe, 1993.

Dessin de G. Illingworth paru dans le *Daily Mail*, 29 octobre 1962.

A La guerre de Corée : une crise de la guerre froide en Asie (1950-1953)

1. **Doc. 1** Quels sont les différents acteurs de cette crise ? Montrez l'implication des deux Grands dans le conflit.
2. **Doc. 2** Comment N. Khrouchtchev explique-t-il cette crise ?
3. **Doc. 3** Selon H. Truman, quelle est la stratégie adoptée par les Américains en Corée ? Comment la justifie-t-il ?
4. **Doc. 4** Quelles sont les parties présentes lors de la signature de l'armistice ? Quelles en sont les conséquences territoriales ?

B La crise de Cuba, l'apogée de la guerre froide (1962)

5. **Doc. 5 et 6** Quelle est l'origine de cette crise ? Quel territoire est menacé ?
6. **Doc. 5, 6 et 7** Identifiez les acteurs. Comment J.F. Kennedy réagit-il ? Quel risque cette crise fait-elle courir au monde ?
7. **Doc. 5 et 8** Comment la crise de Cuba s'achève-t-elle ? Relevez la phrase du **doc. 8** qui montre que les relations entre les deux Grands se détendent.

Bilan — DÉCRIRE ET EXPLIQUER

À l'aide des documents, expliquez les origines de chacune de ces crises et la manière dont les superpuissances ont agi pour éviter un affrontement direct.

Aide à la rédaction

1. Les origines de ces crises.
2. Les acteurs.
3. Le dénouement et les conséquences.

Leçon 2

De la détente à la fin de la guerre froide (1963-1991)

Comment peut-on expliquer la fin de la guerre froide ?

A L'esprit de la détente (1962-1975)

- **La crise de Cuba en octobre 1962 fait prendre conscience aux deux superpuissances de la nécessité d'un dialogue pour éviter une guerre nucléaire**. Désormais, une ligne de communication directe, le « téléphone rouge », relie Washington et Moscou.
- **Les deux Grands vont s'entendre pour limiter une partie de leurs armements**. La méfiance demeure mais chacun respecte la **zone d'influence** de l'autre. Les États-Unis laissent l'URSS réprimer les tentatives d'autonomie de certaines démocraties populaires (Tchécoslovaquie, 1968).
- **En 1975, la signature des accords d'Helsinki** par trente pays, dont les deux superpuissances, marque l'apogée de la détente en Europe (doc. 1).

B Les dernières tensions de la guerre froide (1975-1985)

- **À la fin des années 1970, les relations entre les deux grands se tendent de nouveau**. Les États-Unis, qui ont connu un échec au Viêtnam, sont préoccupés par les avancées du bloc soviétique en Asie et en Afrique où les conflits se multiplient (carte p. 86). Le président américain Ronald Reagan relance la lutte contre l'URSS qu'il qualifie d' « empire du mal » (doc. 2).
- Dès lors, les tensions sont ravivées un peu partout dans le monde. **Après l'intervention militaire russe en Afghanistan en 1979 (doc. 4), aucune rencontre américano-soviétique n'a lieu jusqu'en 1985**.

C L'effondrement du bloc soviétique : la fin de la guerre froide (1985-1991)

- **Le coût de la course aux armements et l'impossibilité de se réformer affaiblissent l'URSS**. Dans les démocraties populaires, la contestation est de plus en plus vive (par exemple en Pologne), tandis que la guerre s'enlise en Afghanistan.
- **Arrivé au pouvoir en 1985, Mikhaïl Gorbatchev décide d'entamer des réformes et de négocier avec les États-Unis** pour sauver le système communiste en URSS (doc. 3). Plusieurs accords de désarmement sont signés entre 1987 et 1991 (doc. 5).
- Privées du soutien soviétique, les démocraties populaires s'effondrent en Europe centrale et orientale. **La chute du mur de Berlin, le 9 novembre 1989 entraîne la réunification de l'Allemagne. Mais Gorbatchev est contesté et l'URSS cesse d'exister en décembre 1991 : c'est la fin de la guerre froide.**

1 Les accords d'Helsinki (1975)

« 1. [...] Les États participants respectent mutuellement leur égalité souveraine. [...]. Ils respectent le droit de chacun d'entre eux de choisir et de développer librement son système politique, social, économique et culturel.
2. Non-recours à la menace ou à l'emploi de la force.
3. [...] Les États participants tiennent mutuellement pour inviolables toutes les frontières. [...]
5. [...] Les États participants règlent leurs différends entre eux par des moyens pacifiques, de manière à ne pas mettre en danger la paix, la sécurité internationale et la justice. »

Extrait de l'acte final signé par 33 États dont les États-Unis et l'URSS à Helsinki (Finlande) le 1er août 1975.

2 Le projet « guerre des étoiles »
Le Président américain Ronald Reagan annonce le 23 mai 1983 la mise en place d'un bouclier antimissile au-dessus des États-Unis. Ce projet inquiète les Soviétiques.

Vocabulaire

Détente : période pendant laquelle les États-Unis et l'URSS ont privilégié le dialogue et la négociation pour éviter tout risque d'affrontement mutuel.

Zone d'influence : espace géographique situé hors des frontières d'un État et sur lequel il exerce sa domination.

Course aux armements : processus dans lequel s'engagent plusieurs États qui cherchent à obtenir la supériorité militaire sur leurs adversaires.

3 L'effondrement du bloc soviétique

« Tout a commencé à Moscou. [...] La perestroïka[1] de Mikhaïl Gorbatchev [...] donna le signal et l'élan. Partie de Moscou, la nouvelle révolution, irrésistible cette fois, devait y revenir, après un tour d'Europe des capitales communistes [...]. Je ne pense pas que l'histoire moderne ait connu un événement aussi considérable et aussi surprenant par sa soudaineté que la chute de l'empire soviétique. Quarante-deux ans plus tôt, l'Allemagne nazie vaincue, Staline avait poussé les feux pour occuper, sous prétexte de les libérer, la plupart des pays d'Europe centrale et orientale [...]. Or, sans guerre, sans coup d'État, sans résistance organisée, sans complot, l'empire s'est écroulé de lui-même, rongé de l'intérieur [...]. Les historiens situeront en 1987 le moment où basculèrent les régimes communistes des pays satellites. C'est cette année-là que Gorbatchev décida de ne pas les soutenir par la force. »

François Mitterrand, président de la République française de 1981 à 1995, *De l'Allemagne, de la France*, © Odile Jacob, 1997.

1. « Restructuration » en russe. Désigne les réformes mises en place par Mikhaïl Gorbatchev en 1985 visant à réorganiser le système soviétique.

4 Un hélicoptère de l'Armée rouge abattu par des combattants Afghans (Afghanistan, fin 1979).

Les deux Grands négocient 5
Enveloppe commémorative du traité de Washington (décembre 1987). Source : Conseil de l'Europe.

A L'esprit de la détente (1962-1975)

1. **Doc. 1** Quels engagements sont pris par les pays signataires ? Que révèlent ces accords sur la volonté des deux pays ?

B Les dernières tensions de la guerre froide (1975-1985)

2. **Doc. 2** Quel président américain souhaite relancer la lutte contre l'URSS ? Quelle stratégie américaine est ici mise en avant ? Pourquoi est-elle source de tensions ?
3. **Doc. 4 et 1 p. 86** Quand les Soviétiques envahissent-ils l'Afghanistan ? Comment réagit une partie de la population afghane ?

C L'effondrement du bloc soviétique : la fin de la guerre froide (1985-1991)

4. **Doc. 3** Pourquoi François Mitterrand est-il un témoin privilégié de la période ? Comment explique-t-il la chute du bloc soviétique ?
5. **Doc. 5** Que commémore ce document ? Relevez les éléments qui montrent le rapprochement entre les États-Unis et l'URSS.
6. **Doc. 3 et 5** Quels dirigeants ont joué un rôle décisif dans la fin de la guerre froide ?

Bilan — DÉCRIRE ET EXPLIQUER

À l'aide des documents, expliquez en quelques phrases comment a évolué la guerre froide entre 1962 et 1991.

Compétence 1.2 › **Rédiger un texte cohérent en réponse à une consigne**
Compétence 5.2 › **Situer des événements dans le temps**
Socle

Exercices

Réviser les repères

Livret Brevet

→ L'essentiel, p.14

A Identifier l'essentiel à retenir

Brevet

Vocabulaire	Repères chronologiques	Capacités
Savoir définir : guerre froide, bipolarisation, démocratie libérale, impérialisme, bloc, détente	**Savoir situer dans le temps :** **1945 :** création de l'ONU **1948-1949 :** blocus de Berlin **1950-1953 :** guerre de Corée **1961-1989 :** mur de Berlin **1962 :** crise de Cuba **1991 :** effondrement du bloc soviétique et fin de la guerre froide	**Savoir :** **raconter** le blocus de Berlin et la division de l'Allemagne, la guerre de Corée et la crise de Cuba, et **expliquer** en quoi elles sont révélatrices de la situation de la guerre froide.

B Compléter un schéma

Compétence 5.1 › **Avoir des connaissances et des repères** Socle

► Recopiez le schéma puis complétez-le à l'aide de ces propositions : de l'Est – alliances militaires – libérale – communiste – de l'Ouest – collective – Cuba – URSS – capitaliste – États-Unis – politique – libertés – guerre

C Connaître et utiliser des repères

Compétence 5.2 › **Situer des événements** Brevet

1. Recopiez et complétez le tableau ci-dessous.

Événement	Date et localisation	Contexte et acteurs	Conséquences
La guerre de Corée	...	...	...
La crise de Cuba	...	...	...

2. En vous inspirant du paragraphe ci-contre sur la guerre de Corée, décrivez et expliquez la crise de Cuba.

La guerre de Corée s'est déroulée en Asie entre 1950 et 1953. Elle est un conflit de la guerre froide. La Corée du Nord, prosoviétique, envahit la Corée du Sud, pro-américaine. Après avoir remporté une victoire, les Coréens du Nord sont repoussés par l'armée des États-Unis qui représente l'ONU. Face à cette avancée, la Chine intervient pour la repousser jusqu'à la frontière de 1950. En mars 1953, l'armistice de Pam Mun Jon met un terme à cette guerre qui a causé la mort de 2,5 millions de personnes et qui aboutit à un retour aux frontières de 1950.

Réviser les savoir-faire

D Analyser une affiche de cinéma

Compétence 5.4 › **Porter un regard critique sur un document** — Brevet

1 Affiche du film humoristique *Dr. Folamour* réalisé par Stanley Kubrick en 1964
Un général américain devenu fou donne l'ordre à son escadrille de bombarder l'URSS. Le Pentagone (ministère de la Défense américain) rappelle les bombardiers mais l'un d'eux, piloté par le major King Kong, ne répond pas et se dirige vers l'URSS…

Méthode

1 Identifier le document

1. Quelle est la nature et la date du document ?
2. Qui est le réalisateur ?

2 Analyser le témoignage

3. Que représentent :
– la sphère ?
– les deux drapeaux ?
– les deux personnages en bas de l'affiche ?
– le téléphone rouge ?
4. Que nous apprend la phrase écrite sous le titre sur le ton adopté par le réalisateur ?

3 Mobiliser ses connaissances

5. Quelle crise internationale grave s'est déroulée deux ans auparavant (voir p. 95) ?
6. Dans quelle nouvelle période des relations internationales est-on entré depuis cette date (voir p. 96) ?
7. Pourquoi le réalisateur a-t-il choisi de faire un film humoristique sur un sujet aussi sérieux, alors que les Américains vivent dans la crainte d'une guerre nucléaire ?

E Étudier un document d'archive commenté

Compétence 4.4 › **S'informer et se documenter** — B2i

▶ Consulter un document en ligne

1. Regardez la vidéo sur l'édification du mur de Berlin, sur le site **Curiosphere.tv.**
Retrouvez tous les liens en vous connectant sur www.3e.hgeleve.magnard.fr/liens

▶ Identifier la source

2. Quel est le producteur de cette vidéo ?
3. S'agit-il d'images d'archives ? Le commentaire est-il contemporain de l'événement ?

▶ Comprendre l'essentiel

4. Quelles sont les causes de la construction du mur de Berlin ?
5. Comment le mur est-il édifié ? Comment réagit la population berlinoise ?
6. Quelles sont les conséquences de la construction du mur ?
Classez-les en fonction de leur nature (politiques, sociales, économiques) ou par échelle (internationales, nationales, locales).

▶ Analyser

7. Le commentaire de l'événement est-il objectif ? Argumentez votre réponse.

2 1961 : l'édification du mur de Berlin

Picasso, un artiste engagé pendant la guerre froide

1 Biographie

Pablo Picasso, 1881-1973

- Né en Espagne, il s'installe en France dès 1904.
- Après des études artistiques, il peint en 1907 *Les Demoiselles d'Avignon*, une œuvre cubiste. Pendant la guerre civile espagnole (1936-1939), il soutient les républicains.
- Il peint en 1937 sa célèbre toile *Guernica* qui dénonce le bombardement de la ville par les Allemands. En 1944, il s'engage auprès du Parti communiste français et dénonce la guerre froide.
- En 1951, il peint *Massacre en Corée* et dessine en 1952 *La Guerre et la paix* pour la chapelle de Vallauris dans les Alpes-Maritimes.

2 Timbre soviétique représentant Picasso et la colombe de la paix qu'il a dessinée (1981)

Présenter les œuvres

1. Qui est le peintre ? Dans quel camp idéologique de la guerre froide est-il engagé ?

2. Doc. 3 et 4 Quelles sont les œuvres présentées ? Où sont-elles conservées ?

3. Dans quel contexte sont-elles réalisées ?

Analyser les œuvres

4. Doc. 3 Identifiez les deux groupes de personnages. Quels sentiments expriment-ils ?

5. Doc. 4 Que symbolisent la balance dans la main du personnage et la colombe sur le bouclier ? Que représente ce personnage ?

6. Doc. 3 et 4 Quels points communs observe-t-on dans ces deux peintures (groupes de personnages et couleurs) ?

7. Doc. 3 et 4 Comment Picasso exprime-t-il son dégoût de la guerre (formes, couleurs…) ?

Interpréter les œuvres

8. Montrez que Picasso s'est engagé pendant la guerre froide.

9. Quel message délivre-t-il ?

Réaliser une fiche pour l'épreuve orale d'histoire des arts — **Brevet HdA**

Présenter les œuvres
- Présentez l'artiste.
- Présentez les deux œuvres en insistant sur le contexte international de leur réalisation.

Analyser les œuvres
- Identifiez le thème principal des deux œuvres.
- Décrivez les scènes représentées et les principaux groupes de personnages.

Interpréter l'œuvre
- Citez une autre œuvre réalisée par l'artiste sur le même thème.
- Retrouvez de quel tableau de Goya, étudié en 4e, *Massacre en Corée* peut être rapproché.
- Expliquez l'intérêt historique de ces deux œuvres.
- Recherchez d'autres artistes engagés pendant la guerre froide.

3 ***Massacre en Corée*** (1951, huile sur contreplaqué, 110 x 120 cm, Musée national Picasso, Paris).
① Des expressions et des âges différents des femmes victimes. ② La déshumanisation des guerriers et bourreaux.

4 ***La Guerre*** (1952, peinture réalisée pour la chapelle de Vallauris, 10 x 4,70 m). Elle fait face à *La Paix*, de mêmes dimensions.
① Un livre, symbole de la culture, est piétiné.
② Un corbillard, tiré par des chevaux de guerre, est conduit par un être cornu qui tient dans son dos une hotte où sont entassés des crânes humains.

CHAPITRE 7

Des colonies aux États nouvellement indépendants

▷ Comment les colonies accèdent-elles à l'indépendance ?

▷ À quelles difficultés ces nouveaux États sont-ils confrontés ?

1 Le 5 juillet 1962 à Alger, la foule en liesse célèbre l'indépendance de l'Algérie approuvée à 99,72 % par la population lors d'un référendum

Confronter les documents

1. Où et quand cette scène se déroule-t-elle ? Que célèbre la foule ?

2. Qu'est-ce que la CNUCED ? Quelle est l'origine géographique des participants ?

3. Comment les anciens pays colonisés prennent-ils en charge leur destin ?

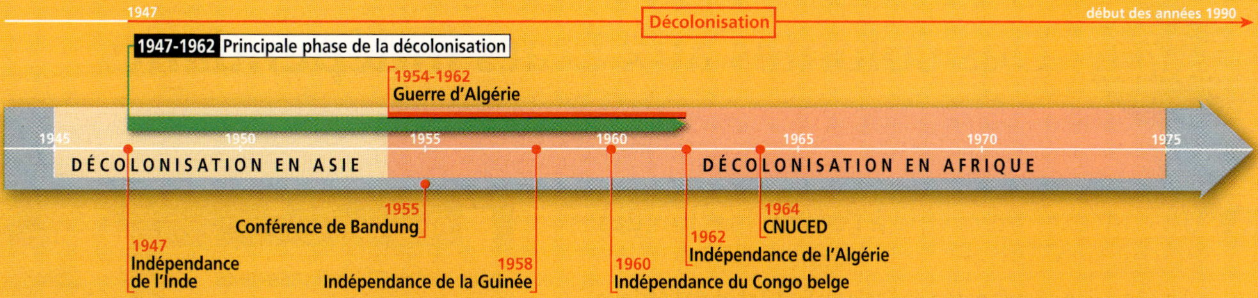

2 Séance inaugurale de la CNUCED en juin 1964 à Genève
La Conférence des Nations unies pour le commerce et le développement s'est tenue à la demande des anciens pays colonisés et en présence essentiellement de leurs représentants.

Leçon 1 Des colonies aux États indépendants

Comment les colonies deviennent-elles des États indépendants ?

A Un contexte favorable à l'émancipation des peuples colonisés

- **En 1945, une grande partie de l'Asie du Sud-Est et de l'Afrique est dominée par les puissances coloniales européennes**, dont le prestige est affaibli après la Seconde Guerre mondiale. Dans les pays colonisés, les mouvements **nationalistes** revendiquent l'indépendance.
- **Le contexte international leur est favorable**. L'URSS et les États-Unis dénoncent le **colonialisme** et l'ONU, fondée en 1945, réaffirme les « droits des peuples et leur droit à disposer d'eux-mêmes » (doc. 2).
- **La décolonisation se réalise en deux phases** (doc. 3). De 1947 à 1962, les pays du Moyen-Orient, de l'Asie et une grande partie de l'Afrique deviennent indépendants. De 1962 à 1993, les dernières colonies d'Afrique et d'Océanie accèdent à leur tour à l'indépendance.

B Les voies de l'indépendance

- **En 1947 dans les Indes Britanniques, Gandhi et Nehru négocient l'indépendance** (doc. 1) **mais ne peuvent empêcher la division du pays** entre l'Union indienne à majorité hindoue et le Pakistan à majorité musulmane. Cette partition entraîne des violences entre les deux communautés et d'importants déplacements de populations.
- **En 1958, la France organise des référendums pour redéfinir ses relations avec ses colonies dans le cadre de la Communauté franco-africaine**. Seule la Guinée vote « non » et accède immédiatement à l'indépendance en 1958. La plupart des colonies françaises d'Afrique noire sont indépendantes en 1960.
- **La Belgique, longtemps hostile à l'indépendance de ses colonies, accède aux revendications des nationalistes**. En 1960, le Congo devient un État indépendant (doc. 5).
- **En Algérie française, les attentats de novembre 1954 signent le début d'une guerre de 8 ans**, marquée par des atrocités commises de part et d'autre. Après la signature des accords d'Évian le 18 mars 1962, le pays accède à l'indépendance en juillet.

C L'émergence du tiers-monde

- Dans le contexte de la guerre froide, les États nouvellement indépendants souhaitent s'affranchir de la tutelle de l'URSS et des États-Unis. Ils se regroupent et forment le **tiers-monde**.
- **En 1955, à Bandung en Indonésie, 23 pays d'Asie et 6 pays d'Afrique condamnent le colonialisme** et encouragent les mouvements nationalistes dans leur lutte pour l'indépendance (doc. 4).

1 Biographie

Mohandas Ghandi 1869-1948

• Né dans une riche famille hindoue, il fait des études de droit à Londres et devient avocat. Dès 1916, il lutte contre l'occupation britannique en utilisant la non-violence et la désobéissance civile (refus de payer l'impôt et boycott des produits britanniques). Il participe aux négociations d'indépendance, mais ne peut éviter la partition du pays en deux États. Il meurt, assassiné par un fanatique hindou, en 1948.

2 L'ONU condamne le colonialisme

« [...] Convaincue que le maintien du colonialisme empêche le développement de la coopération économique internationale, entrave le développement social, culturel et économique des peuples dépendants et va à l'encontre de l'idéal de paix universelle des Nations unies [...],
Persuadée que le processus de libération est irrésistible et irréversible et que, pour éviter de graves crises, il faut mettre fin au colonialisme et à toutes les pratiques de ségrégation et de discrimination dont il s'accompagne,
Se félicitant de ce qu'un grand nombre de territoires dépendants ont accédé à la liberté et à l'indépendance au cours de ces dernières années, et reconnaissant les tendances toujours plus fortes vers la liberté qui se manifestent dans les territoires qui n'ont pas encore accédé à l'indépendance [...],
Proclame solennellement la nécessité de mettre rapidement et inconditionnellement fin au colonialisme sous toutes ses formes et dans toutes ses manifestations. »

Résolution 1 514 (XV) de l'Assemblée générale de l'ONU, 14 décembre 1960.

Vocabulaire

Nationalistes : partisans de la transformation d'une colonie en une nation indépendante.

Colonialisme : doctrine légitimant la domination politique et économique d'un pays sur un autre.

Communauté franco-africaine : association entre la France et ses anciennes colonies d'Afrique noire, mise en place en 1958.

Tiers-monde : désigne les pays pauvres souvent issus de la décolonisation.

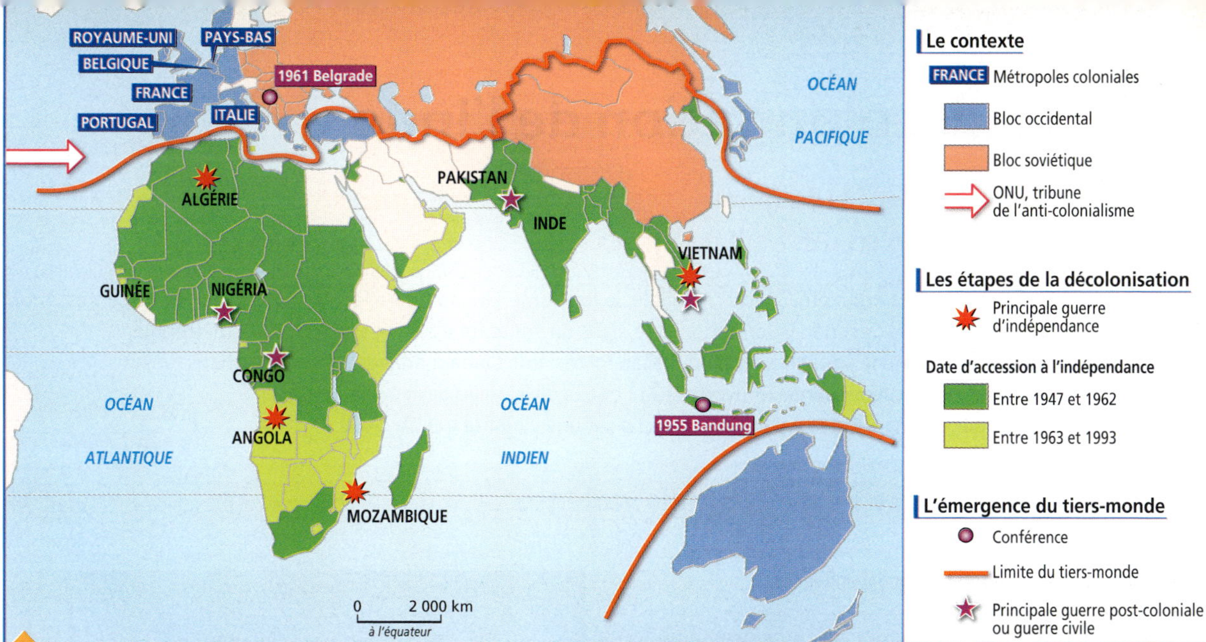

3 **Les étapes de la décolonisation en Asie et en Afrique depuis 1945**

4 **La conférence de Bandung : l'éveil du tiers-monde**

« La Conférence est d'accord :
- pour déclarer que le colonialisme sous toutes ses formes est un mal auquel il doit être rapidement mis fin ;
- pour affirmer que la soumission des peuples au joug étranger et à l'exploitation étrangère constitue une violation des droits fondamentaux de l'homme, est contraire à la Charte des Nations unies et est un obstacle à la consolidation de la paix mondiale.

En vérité, toutes les Nations devraient avoir le droit de choisir librement leurs propres systèmes politique et économique et leur propre mode de vie, conformément aux principes et aux buts des Nations unies. »

Acte final de la conférence de Bandung (extraits), 18-24 avril 1955.

5 **L'indépendance du Congo belge, 30 juin 1960**
Signature de l'acte d'indépendance du Congo belge par Patrice Lumumba, Premier ministre du Congo indépendant, et le Premier ministre belge Gaston Eyskens.

A Un contexte favorable à l'émancipation des peuples colonisés

1. **Doc. 1** Qui est Gandhi ? Comment mène-t-il sa lutte pour l'indépendance ?
2. **Doc. 2** À qui s'adresse cette résolution ? Que dénonce l'ONU ?

B Les voies de l'indépendance

3. **Doc. 3** Quelles sont deux grandes étapes de la décolonisation dans le monde ?
4. **Doc. 3** Relevez deux indépendances qui débouchent sur une guerre civile.
5. **Doc 3 et 5** Quand et comment le Congo belge accède-t-il à l'indépendance ?

C L'émergence du tiers-monde

6. **Doc. 4** Quelles sont les revendications exprimées lors de la conférence de Bandung ? À qui s'adressent-elles ?

Bilan **DÉCRIRE ET EXPLIQUER**

À l'aide des documents, décrivez les facteurs qui expliquent la décolonisation puis présentez les différentes voies d'accès à l'indépendance.

Compétence 5.1 › **Avoir des connaissances et des repères relevant de l'espace et du temps** Socle

Compétence 5.3 › **Lire et employer différents langages (images, textes, carte)**

Dossier

La décolonisation de l'Inde

Comment l'Inde accède-t-elle à l'indépendance et à quelles difficultés ce nouvel État est-il confronté ?

Depuis la fin de la Première Guerre mondiale, le Royaume-Uni doit faire face à un mouvement de contestation en Inde. Lors de la Seconde Guerre mondiale, dans un contexte d'affaiblissement de la métropole, le mouvement mené par le leader hindou Gandhi réclame l'indépendance. Les négociations aboutissent à l'indépendance le 15 août 1947 et à la division du pays en deux États : l'Inde et le Pakistan. Cette partition débouche sur une violente guerre civile.

A Une indépendance négociée mais violente

1 Les Britanniques consentent à l'indépendance

« Depuis longtemps, la politique des gouvernements britanniques successifs a été de travailler à la réalisation du self-government[1] en Inde. En fonction de cette politique, une responsabilité croissante a été dévolue aux Indiens et, aujourd'hui, l'administration civile et les forces armées indiennes sont dans une large mesure aux mains de fonctionnaires et d'officiers indiens.

Le moment est venu de faire passer la responsabilité du gouvernement de l'Inde dans des mains indiennes. […]

Les intérêts commerciaux et industriels britanniques en Inde peuvent s'attendre à ce que leur activité reçoive une place juste dans le nouveau contexte. Les relations commerciales entre l'Inde et la Grande-Bretagne sont anciennes et amicales et continueront à servir leurs intérêts mutuels. »

Clement Atlee, Premier ministre britannique, déclaration à la Chambre des Communes, 20 février 1947.

1. Système qui consiste à laisser une grande autonomie au territoire concerné.

2 Les négociations pour l'indépendance en juin 1947
① Nehru, disciple de Gandhi et représentant du parti du Congrès.
② Lord Mountbatten, dernier vice-roi des Indes.
③ Jinnah, leader des musulmans et partisan de la partition.
En 1947, Nehru devient le Premier ministre de l'Union indienne.

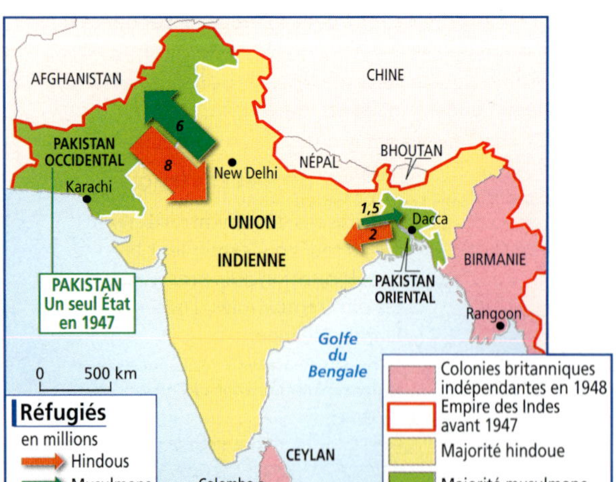

3 La partition de l'Inde

4 Les violences post indépendance Les services sanitaires ramassent les corps des victimes des massacres entre musulmans et hindouistes (New Delhi, septembre 1947).

B Les défis de la démocratie indienne

5 Assurer le développement de l'Inde

« Nous sommes aujourd'hui un peuple libre et souverain débarrassé des fardeaux passés. Nous regardons le monde avec des yeux limpides et amicaux, et l'avenir avec espoir et confiance. Certes, le fardeau de l'occupation étrangère est maintenant loin, mais la liberté nous met face à d'autres responsabilités et d'autres fardeaux que seul l'esprit d'un peuple libre, auto-discipliné et déterminé peut relever afin de préserver et de promouvoir cette liberté. [...]
Notre objectif premier et immédiat sera de mettre fin à toutes les querelles internes et les violences qui défigurent, détériorent et minent la cause de la liberté. Cela sans oublier de prendre en considération les grandes difficultés économiques qu'endure une population en grande détresse [...], notre peuple manque de nourriture, d'habits et d'autres nécessités. [...]
Il doit clairement être compris que les intérêts de notre population qui souffre depuis tellement longtemps doivent constituer la priorité et que tout doit être mis en œuvre pour atteindre ce but. Nous devons rapidement changer notre système [...] et promouvoir l'industrialisation à une mesure plus large et plus équilibrée, ce qui contribuera à accroître la richesse de l'État et par conséquent le revenu national, lequel pourra ensuite être redistribué plus équitablement. »

Discours radiodiffusé de Jawaharlal Nehru, Premier ministre indien, le 15 août 1947 à l'occasion de l'accès à l'indépendance de l'Inde.

6 Maîtriser la croissance démographique, « Pour la santé et le bonheur » Affiche indienne, Bombay, années 1950.

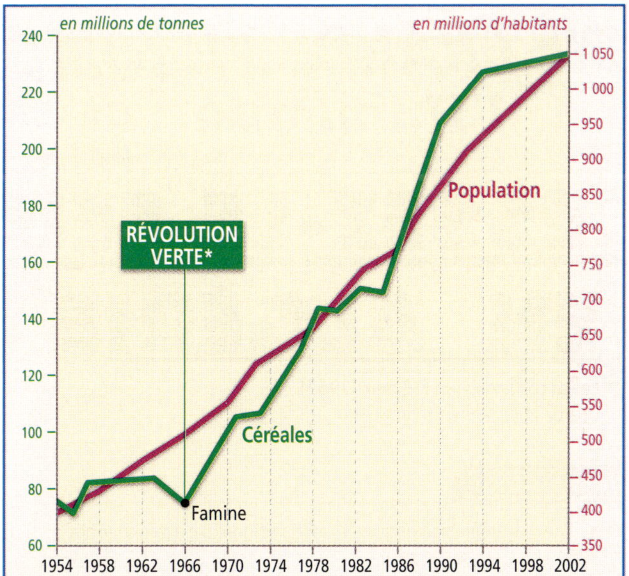

* Augmentation très importante des productions agricoles liée à l'utilisation massive d'engrais, à une forte mécanisation, à l'irrigation et à la sélection de semences à hauts rendements.

7 Le défi alimentaire

A Une indépendance négociée mais violente

1. **Doc. 1** Comment C. Atlee présente-t-il l'évolution des rapports entre le Royaume-Uni et l'Inde ?
2. **Doc. 2** Qui sont les personnes présentes sur le document ? Que font-elles ?
3. **Doc. 1 et 2** Quelle voie les Britanniques ont-ils choisie pour accorder l'indépendance à l'Inde ? Quelles relations futures entre les deux pays sont envisagées ?
4. **Doc. 2, 3 et 4** Quelles sont les conséquences de l'indépendance de l'Inde ?

B Les défis de la démocratie indienne

5. **Doc. 5 et 6** Quels « défis » l'Inde indépendante doit-elle relever ?
6. **Doc. 6** À qui cette affiche est-elle destinée ? Quel modèle familial est mis en avant ?
7. **Doc. 7** Comment évoluent la courbe de population indienne et celle des céréales depuis 1954 ? À quel problème est confrontée l'Inde de 1954 à 1986 ?

Bilan — Décrire et expliquer

À l'aide des documents, expliquez l'accession à l'indépendance de l'Inde et les difficultés que connaît le pays par la suite.

Aide à la rédaction

1. Le processus de décolonisation.
2. Les conséquences de cette indépendance.
3. Les difficultés de l'Inde après l'indépendance.

Dossier

L'indépendance de l'Algérie

Comment l'Algérie devient-elle indépendante et quelles difficultés rencontre-t-elle ?

Territoire français depuis 1830, l'Algérie compte 9,5 millions d'habitants en 1954 dont 10 % d'origine européenne. En novembre 1954, des attentats organisés par les mouvements nationalistes marquent le début d'une guerre qui va diviser la société française.
Après 8 ans de conflit, l'Algérie accède en 1962 à l'indépendance dans des conditions humaines difficiles, tant pour les **harkis** que pour les Européens (**pieds-noirs**).

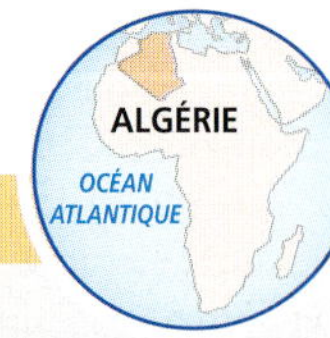

A Une guerre de libération nationale (1954-1962)

1 Le programme du FLN (1954)

« Nous considérons avant tout qu'après des décades de lutte, le mouvement national a atteint sa phase de réalisation. En effet, le but d'un mouvement révolutionnaire étant de créer toutes les conditions d'une action libératrice, nous estimons que […] le peuple est uni derrière le mot d'ordre d'indépendance et d'action. […] Notre programme politique :
But : L'Indépendance nationale par :
1) La restauration de l'État algérien souverain, démocratique et social […] ;
2) Le respect de toutes les libertés fondamentales […].
Objectifs intérieurs : […]
2) Rassemblement et organisation de toutes les énergies saines du peuple algérien pour la liquidation du système colonial. »

Proclamation du FLN du 1er novembre 1954 (extraits).

2 Une opération de « maintien de l'ordre » en 1956
Pendant la guerre d'Algérie, l'armée française a utilisé la torture.

3 L'autodétermination[1] de l'Algérie (1959)

Après les émeutes à Alger du 13 mai 1958, Charles de Gaulle est revenu au pouvoir en France.
« Grâce au progrès de la pacification, […] on peut maintenant envisager le jour où les hommes et les femmes qui habitent l'Algérie seront en mesure de décider de leur destin, une fois pour toutes, librement, en connaissance de cause. Compte tenu de toutes les données […], je considère comme nécessaire que ce recours à l'autodétermination soit, dès aujourd'hui, proclamé. Au nom de la France et de la République, […] je m'engage à demander, d'une part aux Algériens, dans leurs douze départements, ce qu'ils veulent être en définitive et, d'autre part, à tous les Français d'entériner ce que sera ce choix. »

Discours radiodiffusé du général de Gaulle, 16 septembre 1959 dans *Discours et messages*, © Plon, 1970.

1. Action par laquelle un peuple choisit librement son statut politique.

UNE GRANDE VICTOIRE
PAGES 4 ET 5 : Sept années d'une lutte longue et difficile
l'Humanité
ORGANE CENTRAL DU PARTI COMMUNISTE FRANÇAIS
LUNDI 19 MARS 1962
DE LA PAIX :
CESSEZ-LE-FEU
EN ALGÉRIE

4 Les accords d'Évian (18 mars 1962)
Une de *L'Humanité*, 19 mars 1962.

Vocabulaire

FLN : Front de libération nationale, parti nationaliste algérien fondé en 1954.
Harkis : Algériens ayant combattu aux côtés des Français pendant la guerre d'Algérie.
Pieds-noirs : désigne les Européens d'Algérie après l'indépendance.

B L'Algérie après l'indépendance

5 **Le destin des harkis** (Camp de Bourg-Lastic en Auvergne, 1962)
On estime que 60 000 harkis ont fui l'Algérie pour échapper aux représailles.

6 **L'arrivée des rapatriés pieds-noirs au port de Marseille en juin 1962**

7 **Un modèle socialiste**

« La République Algérienne Démocratique et Populaire oriente ses activités dans la voie de l'édification du pays, conformément aux principes du socialisme […].
Le fonctionnement harmonieux et efficace des institutions politiques prévues par la Constitution est assuré par le Front de libération nationale[1] qui :
- Mobilise, encadre les masses populaires […].
- Élabore, définit la politique de la nation et en contrôle l'exécution […].
- Base son organisation et ses structures sur la base du centralisme démocratique.[…]
[Un] régime basé sur la prééminence du peuple souverain et du parti unique peut assurer efficacement [la stabilité des institutions]. »

Préambule de la Constitution de la République algérienne, 10 septembre 1963.

1. Il est parti unique.

8 **Ouvriers, soldats et paysans œuvrent pour le développement de l'Algérie** (Panneau dans une rue d'Alger, 1979)

A Une guerre de Libération nationale (1954-1962)

1. **Doc. 1** Quelles sont les revendications du FLN ?
2. **Doc. 2** Quelles sont les pratiques de l'armée française ?
3. **Doc. 3** Quelle politique le général de Gaulle choisit-il pour l'Algérie ?
4. **Doc. 4** Qu'annonce la « une » de ce journal ?

B L'Algérie après l'indépendance

5. **Doc. 5 et 6** Quelles sont les conséquences humaines de la guerre pour les pieds-noirs et les harkis ?
6. **Doc. 7 et 8** Quelles sont les orientations politiques et économiques de l'Algérie indépendante ?
7. **Doc. 7 et 8** De quel régime politique déjà étudié s'inspire l'Algérie ?

Bilan — DÉCRIRE ET EXPLIQUER

À l'aide des documents, expliquez comment l'Algérie accède à l'indépendance, ainsi que les choix politiques et économiques de ce nouvel État.

Aide à la rédaction

1. La guerre d'indépendance en Algérie.
2. Les conséquences de cette indépendance sur les populations.
3. Les choix politiques et économiques de l'Algérie indépendante.

Dossier L'indépendance de la Guinée

▷ Comment la Guinée accède-t-elle à l'indépendance ?

Depuis 1891, la Guinée est une colonie française d'Afrique noire. En 1958, le général de Gaulle propose davantage d'autonomie aux colonies françaises d'Afrique noire dans le cadre de la Communauté franco-africaine. Par référendum, les pays d'Afrique noire française acceptent d'y adhérer, à l'exception de la Guinée qui proclame son indépendance le 2 octobre 1958. Le nouveau président guinéen, Sékou Touré, se rapproche de l'URSS et impose une véritable dictature.

A Un référendum qui débouche sur l'indépendance

1 Le refus de la Communauté franco-africaine

« Nous avons, quant à nous, un premier et indispensable besoin, celui de notre Dignité. Or, il n'y a pas de Dignité sans Liberté, car tout assujettissement, toute contrainte imposée et subie dégrade celui sur qui elle pèse, lui retire une part de sa qualité d'Homme et en fait arbitrairement un être inférieur. Nous préférons la pauvreté dans la liberté à la richesse dans l'esclavage. […] Aujourd'hui, en raison de l'évolution de la situation internationale et surtout du gigantesque progrès du mouvement de décolonisation dans les pays dépendants, nous pouvons affirmer que la force militaire dirigée contre la liberté d'un pays ne peut plus garantir ni le prestige, ni les intérêts d'une métropole. […]
Nous ne renonçons pas et ne renoncerons jamais à notre droit légitime et naturel à l'indépendance car, à l'échelon franco-africain, nous entendons exercer souverainement ce droit. »

Discours de Sékou Touré à Conakry le 25 août 1958 lors de la visite du général de Gaulle (extraits).

2 Sékou Touré représenté en Saint Georges terrassant le dragon
Affiche de propagande. Sékou Touré fonde le Parti démocratique de Guinée et se fait élire maire de Conakry en 1956. Il proclame l'indépendance de la Guinée le 2 octobre 1958 et dirige le pays d'une main de fer jusqu'à sa mort en 1984.

3 La population dit « NON »
Le journal du Parti démocratique de Guinée (PDG), *La Liberté*, appelle à voter *non* au référendum sur la création d'une communauté française en Afrique. Le 28 septembre 1958, la population répond non à 95 % des voix.

4 L'attitude de la France

« La République française à laquelle vous avez à faire n'est plus celle que vous avez connue […]. Pour la France d'aujourd'hui, le colonialisme est fini. […] J'ajoute, qu'étant donné les liens qui ont uni nos deux pays, vous ne pouvez douter qu'un "non" solennellement adressé par vous[1] à la solidarité que la France vous propose, fera que nos relations perdront le caractère de l'amitié et de la préférence au milieu des États du monde. »

Charles de Gaulle à Sékou Touré en octobre 1958, cité dans Charles de Gaulle, *Mémoires d'espoir*, 1970, © Plon, 1999.

1. Sékou Touré et les Guinéens.

B Quel avenir pour la Guinée ?

5 Une dérive autoritaire

Lors de la présidence de Sékou Touré, le régime se radicalise très rapidement. La crainte des complots conduit à des arrestations massives et à des assassinats de milliers de personnes.

« Il faut savoir que toute réunion du parti est précédée de slogans qu'on crie et qui sont [...] les suivants :
"L'Impérialisme ! crie l'orateur principal – *À bas !*
– Le Néocolonialisme ! *À bas !*
– Honneur ! *Au peuple !*
– Gloire ! *Au peuple !*
– Victoire ! *Au peuple !*
– Vive la Révolution ! *Vive la révolution !*"
À la fin, une voix [...] crie et fait répéter à son tour :
"Longue vie au président Ahmed Sékou Touré !
Santé de fer au président Ahmed Sékou Touré !
Gloire au président Ahmed Sékou Touré !
Vive le président Ahmed Sékou Touré !"
Gare au malheureux qui [...] s'abstiendrait de crier ces slogans ! Il est automatiquement contre révolutionnaire avec tout ce que cela comporte de conséquences pour sa liberté et même pour sa vie ! »

Cité par Alpha-Abdoulaye Diallo, *Dix Ans dans les geôles de Sékou Touré ou la vérité du Ministre*, © L'Harmattan, 2004.

6 La bauxite : l'or rouge de la Guinée
Les sous-sols de la Guinée renferment la moitié des réserves mondiales de bauxite, utilisée pour fabriquer l'aluminium.

7 Les difficultés au quotidien pour les populations

En francs guinéens	1958	1968	Variation entre 1958 et 1968
Salaire horaire minimum	31	40	29 %
Prix du riz	30	200	566 %
Viande de bœuf	90	500	455 %

Source : *Bulletin statistique de la Guinée.*

8 Les exportations de la Guinée entre 1958 et 1962

En millions de francs guinéens	1958	1962
Productions agricoles [1]	3 444 (soit 83,2 % de la valeur des exportations)	2 734 (soit 26 % de la valeur des exportations)
Produits miniers	739	7 701

Source : *Le Moniteur africain*, n° 156, 26 septembre 1964.

1. Bananes, café vert, ananas.

A Un référendum qui débouche sur l'indépendance

1. Doc. 1 À quelle occasion ce discours est-il prononcé ? Expliquez la phrase soulignée.
2. Doc. 2 Comment Sékou Touré est-il représenté ? Quel acte accomplit-il ?
3. Doc. 3 et 4 Quel est le résultat du référendum en Guinée ? Quelle est la première conséquence de ce résultat ?

B Quel avenir pour la Guinée ?

4. Doc 5 Quel est le régime politique mis en place par Sékou Touré ?
5. Doc. 7 Comment évoluent les prix du riz et de la viande et le salaire horaire minimum? Quelle peut être la principale conséquence pour le quotidien des Guinéens ?
6. Doc. 6 et 8 Après l'indépendance, quelle production la Guinée développe-t-elle ? Au détriment de quels produits ?

Bilan — Décrire et expliquer

À l'aide des documents, vous présenterez la décolonisation de la Guinée et son évolution.

Aide à la rédaction

1. Le refus de la colonisation.
2. L'accès à l'indépendance.
3. Un pays fragile dirigé par un pouvoir autoritaire.

Leçon 2 L'évolution des nouveaux États indépendants et leurs revendications

Comment les États indépendants évoluent-ils et quelles sont leurs revendications ?

A Le tiers-monde prône le non-alignement

- Au cours de l'année 1960, la majeure partie des pays d'Afrique noire accède à l'indépendance.
- **Face à l'URSS et aux États-Unis**, ces nouveaux États entendent jouer un rôle sur la scène internationale. **En 1961, les 25 pays qui assistent à la conférence de Belgrade dénoncent le colonialisme et prônent le non-alignement** (doc. 1). Ils utilisent désormais l'ONU comme tribune pour leurs revendications. Alors qu'en 1955, l'ONU accueillait 26 États africains ou asiatiques, ils sont 78 à en faire partie en 1975 sur 142 États membres.
- **Cependant, les États rallient progressivement l'un des deux camps** (doc. 2) : le mouvement des non-alignés montre ses limites lorsque Cuba ou encore la Guinée rejoignent le bloc soviétique.

B Les fragilités du tiers-monde

- **En Afrique, les indépendances s'accompagnent parfois de guerres civiles**. Après la proclamation de l'indépendance du Congo en 1960, le nouvel État doit faire face à la sécession de la riche région minière du Katanga (doc. 3). La guerre civile entraîne l'intervention des casques bleus de l'ONU. Après l'assassinat de Patrice Lumumba en 1960, le sergent Mobutu réalise un coup d'État en 1965 et impose une dictature.
- **Aux difficultés politiques, s'ajoutent les difficultés économiques**. Les nouveaux États indépendants sont confrontés à une forte croissance démographique et à la nécessité de nourrir leur population.

C À la recherche de nouveaux rapports internationaux

- Les nouveaux États indépendants critiquent les inégalités de développement entre les pays riches et les pays pauvres (doc. 5). **Ils revendiquent un nouvel ordre économique international** (doc. 6) qui leur permettrait de vendre leurs ressources à un prix raisonnable et non plus fixé par les anciennes métropoles.
- **En 1964, un groupe de 77 pays d'Afrique, d'Asie et d'Amérique latine se constitue à l'ONU**. Il appelle à une conférence économique mondiale qui prend le nom de CNUCED (doc. 2 p. 103). Elle œuvre pour lutter contre le mal développement.
- Une grande majorité d'États maintient des liens privilégiés avec leurs anciennes colonies. La France développe la coopération avec son ancien empire colonial en apportant une aide au développement (doc. 4).

1 Le refus des blocs

« Notre conférence n'a pas pour objet de créer un bloc. Au contraire, elle doit dénoncer l'exclusivisme des blocs, qui est un danger pour la paix mondiale [...]
Qu'il me soit permis de relever ici une erreur que l'on rencontre de temps à autre dans la presse et les commentaires à propos de l'orientation qu'empruntera la conférence des chefs d'États ou de gouvernement des pays non-engagés[1]. On se demande si cette orientation sera pro-occidentale ou pro-orientale. [...] Nous ne sommes pas réunis pour nous prononcer sur ce point, mais bien pour préciser et harmoniser nos positions sur les grandes questions qui inquiètent aujourd'hui le monde. On verra alors en quoi nos positions divergent et en quoi elles concordent avec celles de l'une ou de l'autre partie. »

Allocution prononcée par Tito, président de la République socialiste de Yougoslavie, à l'ouverture de la conférence de Belgrade, septembre 1961.

1. En 1961, de nombreux États d'Afrique noire ont accedé à l'indépendance.

2 Quel choix pour le tiers-monde ? Dessin de Plantu, 1978.

Vocabulaire

Non-alignement : volonté de ne s'aligner ni sur le bloc américain, ni sur le bloc soviétique.

CNUCED : Conférence des Nations unies sur le commerce et le développement créée en 1964 pour promouvoir des échanges commerciaux équilibrés entre les États.

3 La guerre civile au Katanga en lutte (1961)
Riche région minière du sud-est du Congo, le Katanga fait sécession en juillet 1960 sous la pression des Katangais et des milieux d'affaires occidentaux hostiles à la nationalisation des mines de cuivre.

La France et l'Afrique 4
Affiche de Massacrier réalisée en 1962 pour le ministère de la Coopération en France.

5 Les difficultés après les indépendances

« Le sort de plus d'un milliard d'habitants du monde en voie de développement continue d'empirer du fait de l'évolution des relations économiques internationales [...]. Le pouvoir d'achat des exportations des pays en voie de développement n'a cessé de diminuer [...]. La quasi-stagnation de la production des denrées alimentaires, alors que la population s'accroît rapidement, a aggravé l'état chronique de sous-alimentation et de malnutrition [...]. La communauté internationale a l'obligation de corriger ces tendances et de créer les conditions dans lesquelles toutes les nations pourront jouir du bien-être économique et social. »

Appel du groupe des 77 (coalition des pays en développement à l'ONU), octobre 1967.

6 Pour un nouvel ordre économique

« Le nouvel ordre économique international devrait être fondé sur le plein respect des principes suivants : [...].
b) Coopération la plus étendue possible entre tous les États membres de la communauté internationale, fondée sur l'équité et de nature à éliminer les disparités existant dans le monde et à assurer la prospérité pour tous. [...]
j) Rapports justes et équitables entre les prix des matières premières, des produits primaires, des articles manufacturés et semi-finis, exportés par les pays en voie de développement et le prix des matières premières, des produits primaires, des articles manufacturés, des biens d'équipement et du matériel importé par eux, en vue de provoquer au profit de ces pays, une amélioration soutenue des termes de l'échange. »

Déclaration adoptée par l'Assemblée générale de l'ONU, réunie en session extraordinaire le 1er mai 1974.

A Le tiers-monde prône le non-alignement

1. **Doc. 1** Que dénonce la conférence de Belgrade ? Quelle doit être l'attitude des pays décolonisés selon Tito ?
2. **Doc. 2** Quel constat ce dessin dresse-t-il ? Pourquoi est-il en contradiction avec le document 1 ?

B Les fragilités du tiers-monde

3. **Doc. 3** Où cette scène se déroule-t-elle ? Quelle est la situation du pays ?
4. **Doc. 3 et 5** À quelles difficultés les pays indépendants sont-ils confrontés ? Quelles sont leurs revendications ?

C À la recherche de nouveaux rapports internationaux

5. **Doc. 6** Quelles doivent être les bases du nouvel ordre économique international ?
6. **Doc. 4** Décrivez l'affiche. Que propose-t-elle ? Que montre-t-elle sur les relations que la France veut mettre en place avec ses anciennes colonies ?

Bilan — DÉCRIRE ET EXPLIQUER

À l'aide des documents, expliquez les difficultés auxquelles sont confrontés les nouveaux États après leur indépendance et leurs revendications.

Compétence 2.1 › **Rédiger un texte bref, cohérent et ponctué**
Compétence 5.4 › **Être capable de porter un regard critique sur un document**
Socle

Réviser les repères

Livret Brevet → L'essentiel, p. 15

A Identifier l'essentiel à retenir

Brevet

Vocabulaire	Repères chronologiques	Capacités
Savoir définir : décolonisation, non-alignés	**Savoir situer dans le temps :** **- 1947-1962 :** la principale phase de la décolonisation	**Savoir : raconter** la manière dont une colonie devient un État souverain, **décrire** les difficultés auxquelles est confronté le nouvel État.

B Compléter un schéma

Compétence 5.1 > **Avoir des connaissances et des repères**

Socle

► Recopiez puis complétez le schéma à l'aide de ces propositions :
Subsistance alimentaire – Décolonisation négociée – Régime démocratique – Guerre de décolonisation – Nouvel ordre mondial – Régime autoritaire socialiste – Régime autoritaire de Sékou Touré – Problème de croissance démographique – Décolonisation liée au choix du peuple

ACTEURS

ONU et grandes puissances hostiles à la colonisation

Mouvements nationalistes

DÉCOLONISATION
1re phase : 1947-1962

Mode d'accès à l'indépendance
Inde : ....
Algérie : ....
Guinée : ....

SITUATION APRÈS L'INDÉPENDANCE

Choix politique des États indépendants
Inde : ....
Algérie : ....
Guinée : ....

Les difficultés de ces nouveaux États
- ....
- ....

Revendication des États indépendants
- ....

C Connaître et utiliser des repères

Compétence 5.1 > **Avoir des connaissances et des repères**

Brevet

► Recopiez et complétez le tableau.

Pays colonisé	Ancienne métropole	Modalités d'accès à l'indépendance	Acteurs de l'indépendance	Date d'accession à l'indépendance	Les difficultés du pays
Inde	....	....	....	....	....
Algérie	....	....	Ahmed Ben Bella Houari Boumediene	....	....
Guinée	....	....	....	....	....

Réviser les savoir-faire

D Comprendre la « une » d'un journal

Compétence 5.3 › **Lire et employer différents langages** — Brevet

① La **manchette** présente « l'état civil » du journal : son nom et son logo, la date du jour, le numéro.

② La **tribune** présente les titres importants du jour pour attirer l'œil du lecteur.

③ Les **oreilles** affichent une publicité ou un titre renvoyant à un article en page intérieure.

Pages 6 et 7 : DEUX ANS DE NÉGOCIATIONS AVEC LE F.L.N.

BAGNOLES-DE-L'ORNE
TESSÉ-LA-MADELEINE
PHLÉBITES - VARICES
5 MAI — 25 SEPTEMBRE

LE FIGARO

ÉDITION DE 5 HEURES

136e ANNÉE — N° 5.456

LUNDI 19 MARS 1962

DIRECTEUR : Pierre BRISSON

78e JOUR DE L'ANNÉE

Bazin — chaussettes fines en fil

MIDI : CESSEZ-LE-FEU EN ALGÉRIE

DEMAIN

LE GÉNÉRAL DE GAULLE : " Qui sait si la lutte et le sacrifice des morts n'auront pas aidé les deux peuples à mieux comprendre qu'ils sont faits pour marcher fraternellement ? "

- CET APRÈS-MIDI : Conseil des ministres à l'Élysée
- DEMAIN MATIN : Session extraordinaire du Parlement (message du président de la République, communication du gouvernement, débat)
- DIMANCHE 8 AVRIL : RÉFÉRENDUM (date probable)

Accord conclu hier à 17 h. 40 à Évian

- DÉCLARATION GÉNÉRALE : " La coopération de la France et de l'Algérie répond aux intérêts des deux pays "
- BEN KHEDDA A TUNIS : " J'ordonne à toutes les troupes de l'A. L. N. d'arrêter les combats "

BEN BELLA ET SES COMPAGNONS REGAGNENT RABAT VIA GENÈVE

PAGES 4 à 10 : Les dépêches de Serge BROMBERGER J.-F. CHAUVEL

ORDRE DU JOUR DU GÉNÉRAL AILLERET AUX TROUPES : « CESSEZ LE FEU »

④ Le **bandeau** annonce une rubrique spéciale.

⑤ Les **sous-tribunes** sont occupées par des débuts d'articles.

Méthode

① Identifier la « une » du journal

1. À l'aide d'une recherche sur Internet, identifiez le journal dont est issue cette « une » (année de fondation, tendance politique…).

2. Quelle est la date du journal ?

② Analyser la « une » du journal

3. Quel est le contexte historique de cette « une » ?

4. Qu'annonce le bandeau ? Quel est le titre de la tribune ? Quel événement important est signalé ?

5. Où et quand l'accord a-t-il été signé ? Que prévoit-il ?

③ Expliquer la portée historique du document

6. Quelles sont les conséquences de ces accords pour la France et l'Algérie ?

E Confronter deux points de vue : les difficultés post-indépendance en Afrique noire

Compétence 5.2 › **Mobiliser ses connaissances pour donner du sens à l'actualité** — Brevet

1 Avant et après la décolonisation
Nouvelles gens, caricature de Fritz Berendht, 1960.

2 Les nombreux défis de l'Afrique

« Depuis les indépendances, [les pays africains] ont dû relever un triple défi : une très forte croissance démographique […] une urbanisation tout aussi rapide […] ; la construction de la nation enfin […]. Pourtant, là où la paix règne, les choses ne se passent pas si mal […], de véritables nations sont nées. Je pense qu'il faut admirer la génération africaine actuelle. Elle a su composer avec un passé très lourd à porter, en réussissant une synthèse, souvent admirable entre la culture occidentale et sa propre culture, une culture qui a pourtant été niée durant toute la colonisation. »

D'après Sylvie Brunel, « La Colonisation est-elle responsable du sous-développement ? », *Les collections de L'Histoire*, n° 11, 2001.

En utilisant la caricature

1. Quelle est la date cette caricature ?

2. Décrivez la caricature. Que symbolise le personnage assis dans la partie supérieure ? Celui dans la partie inférieure ?

3. Que veut exprimer le dessinateur ?

En utilisant le texte

4. Quand ce texte a-t-il été écrit ?

5. Quels défis l'Afrique doit-elle relever selon l'auteur ? Son point de vue est-il optimiste quant à l'avenir de ce continent ? Justifiez votre réponse.

En croisant les documents

6. Montrez les différentes difficultés envisagées au moment des indépendances. Étaient-elles justifiées ? Aujourd'hui, quelles sont les difficultés pour les États issus de la décolonisation ?

Arts et histoire

Arts du visuel

La photographie, témoin de l'histoire

1 Biographie

Henri Cartier-Bresson 1908-2004

• Passionné d'abord de peinture, il se consacre ensuite à la photographie. Dès les années 1930, il voyage à travers le monde et rapporte des reportages qui lui assurent une grande notoriété. Après la Seconde Guerre mondiale, il fonde l'agence Magnum Photos. Lors de ses voyages en Asie, il assiste à l'indépendance de l'Inde et aux obsèques de Gandhi. Il est considéré comme l'un des pionniers du photojournalisme[1].

1. Métier ou technique journalistique consistant à fournir aux journaux des reportages photographiques éventuellement accompagnés d'articles.

L'appareil photo

« Carnet de croquis, l'instrument de l'intuition et de la spontanéité, le maître de l'instant. »

Photographier

« C'est retenir son souffle quand toutes nos facultés convergent pour capter la réalité fuyante. […] C'est dans un même instant et en une fraction de seconde reconnaître un fait et l'organisation rigoureuse des formes perçues visuellement qui expriment et signifient ce fait. C'est mettre sur la même ligne de mire la tête, l'œil et le cœur. C'est une façon de vivre ».

Henri Cartier-Bresson, *Photopoche*, © Actes sud, 2004.

2 Les mots de la photographie d'après Henri Cartier-Bresson

Présenter l'artiste

1. Qui est Henri Cartier-Bresson ?
2. De quel profession est-il l'un des pionniers ?
3. Quelle est la fonction d'un appareil photo selon Henri Cartier-Bresson ?

Analyser les photographies

4. Quelles sont les scènes représentées ?
5. Quel est leur point commun ?
6. Décrivez les personnages de ces deux photographies. Quels sont les sentiments saisit par le photographe ? Que suggère le mouvement de la foule sur la seconde photographie ?

Interpréter les photographies

7. Comment ces deux photographies témoignent-elles d'une situation historique ?
8. Quelle vision Henri Cartier-Bresson donne-t-il de la décolonisation de l'Inde ?

Réaliser une fiche pour l'épreuve orale d'histoire des arts **Brevet HdA**

Présenter les œuvres
- Présentez en quelques mots l'artiste.
- Précisez sa conception de la photographie.

Analyser les œuvres
- Identifiez le thème central.
- Décrivez les principaux personnages et les scènes représentées.
- Présentez l'intérêt historique des œuvres.

Interpréter les œuvres
- Quel est l'intérêt de ces photographies ?
- Recherchez à l'aide d'Internet d'autres conflits couverts par Henri Cartier-Bresson.
- Exprimez votre point de vue sur ces photographies.

3 Des réfugiés musulmans dans le train Delhi-Lahore, à la gare de Kuinkshaha, Inde du Nord, 1947
Après l'indépendance proclamée le 15 août 1947, la partition de l'ancienne colonie britannique entraîne des déplacements massifs de réfugiés, comme ici des musulmans quittant l'Inde pour le Pakistan.

4 Indiens assistants à la crémation de Gandhi en 1948
Le 30 janvier 1948, Gandhi est assassiné par un extrémiste hindou qui le rend responsable de la partition de l'Inde.
Son corps est incinéré et ses cendres sont dispersées selon sa volonté dans les eaux de grands fleuves du monde entier.

CHAPITRE 8

La construction européenne jusqu'au début des années 2000

Quelles sont les grandes étapes de la construction européenne entre 1950 et les années 2000 ?

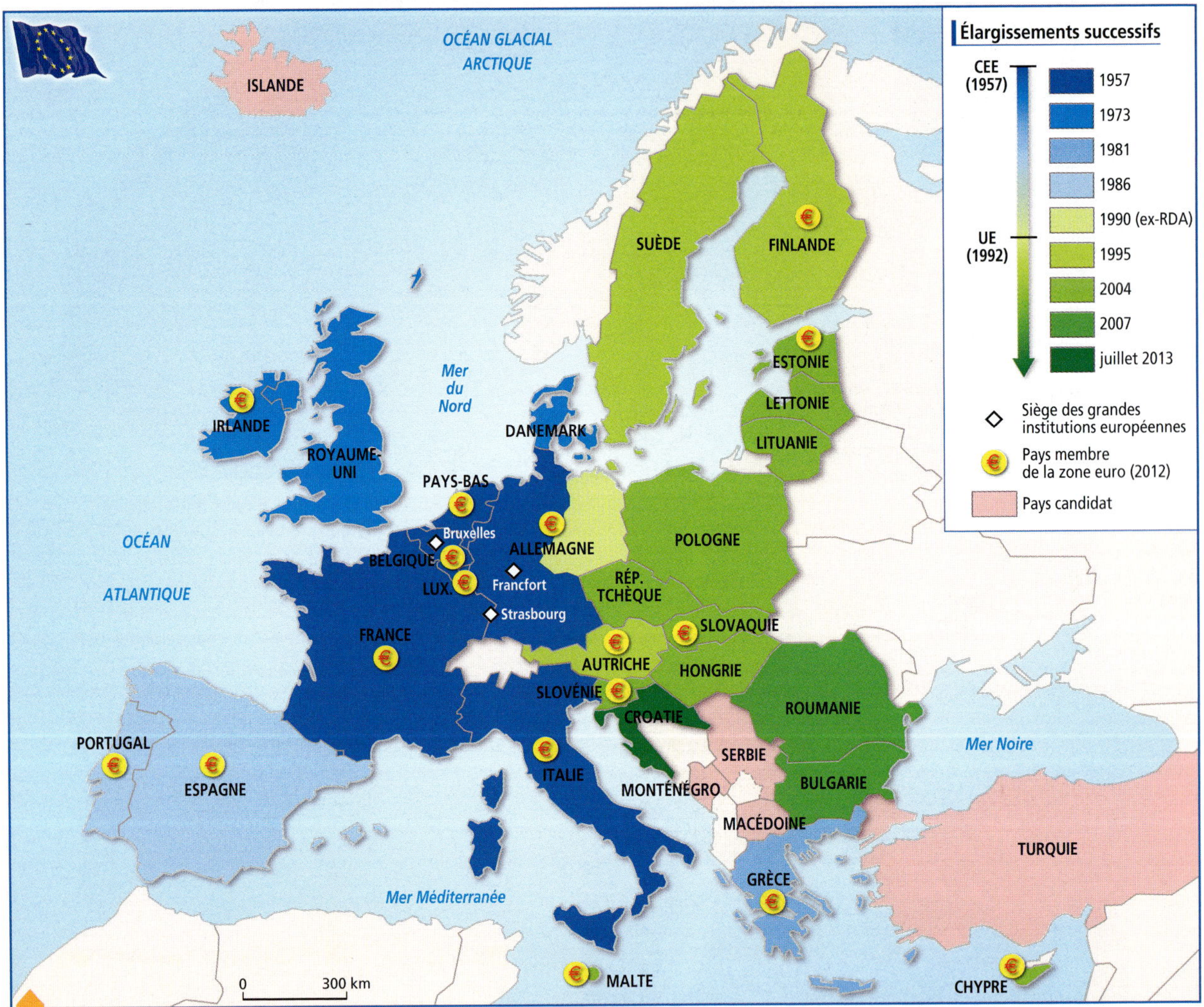

1 Les grandes étapes de la construction européenne (1957-2013)

Confronter les documents

1. Quels sont les pays signataires des traités de Rome en 1957 ?
2. Autour de quelles valeurs l'Europe s'est-elle construite ?
3. Combien l'Union européenne compte-t-elle de membres aujourd'hui ? Précisez les dates d'élargissement de l'Union européenne depuis 1957.

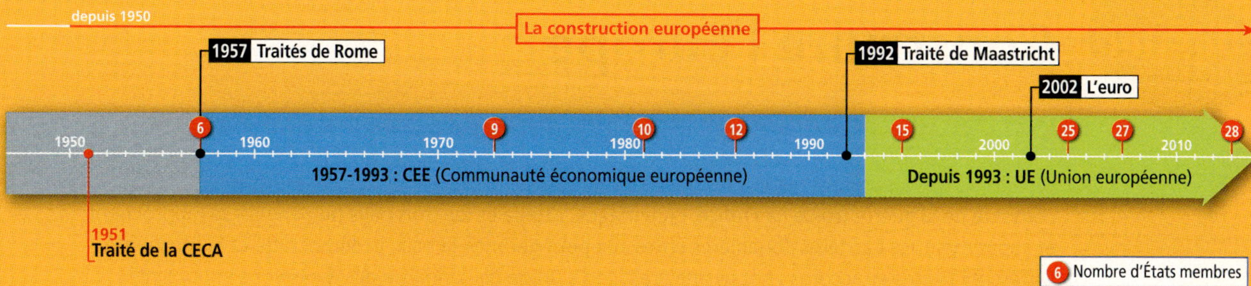

Europe unie pour le progrès et pour la paix

« Les frontières puissent-elles être enfin abattues en Europe et puissions-nous avoir une seule Communauté et une libre circulation, pour les personnes, pour les biens et surtout pour le travail. »
Alcide de Gasperi (président du Conseil italien).

Affiche italienne célébrant la signature des traités de Rome en 1957 2

Signature des traités pour le Marché commun et l'Euratom

Dossier Construire l'Europe

▶ Pourquoi et comment le projet européen s'est-il construit ?

Le 25 mars 1957, six États signent les traités de Rome qui instaurent la **CEE** et l'**Euratom**. Dans le contexte de la guerre froide, la France, l'Allemagne, l'Italie et les trois pays du **Benelux** se rapprochent et suppriment les barrières douanières entre eux pour garantir la paix, la démocratie et la prospérité. Différents traités et accords vont permettre à cette union de connaître des évolutions importantes. Plus d'un demi-siècle après les traités fondateurs, l'Europe compte 28 États.

A Une Europe de la paix, de la démocratie et de la prospérité

1 Robert Schuman propose une CECA

« La paix mondiale ne saurait être sauvegardée sans des efforts créateurs à la mesure des dangers qui la menacent. […] L'Europe ne se fera pas d'un coup, ni dans une construction d'ensemble : elle se fera par des réalisations concrètes créant d'abord une solidarité de fait. Le rassemblement des nations européennes exige que l'opposition séculaire de la France et de l'Allemagne soit éliminée : l'action entreprise doit toucher au premier chef la France et l'Allemagne. Dans ce but, le gouvernement français propose de porter immédiatement l'action sur un point limité mais décisif : le gouvernement français propose de placer l'ensemble de la production franco-allemande de charbon et d'acier sous une Haute Autorité commune, dans une organisation ouverte à la participation des autres pays d'Europe. »

Robert Schuman, ministre français des Affaires étrangères, discours prononcé le 9 mai 1950 à Paris.

2 La naissance de la CEE (1957)

« Sa Majesté le roi des Belges, le président de la République fédérale d'Allemagne, le président de la République française, le président de la République italienne, Son Altesse Royale la grande-duchesse de Luxembourg, Sa Majesté la reine des Pays-Bas,

Déterminés à établir les fondements d'une union sans cesse plus étroite entre les peuples européens,

Décidés à assurer par une action commune le progrès économique et social de leur pays en éliminant les barrières qui divisent l'Europe. […]

Désireux de contribuer, grâce à une politique commerciale commune à la suppression des restrictions aux échanges internationaux, […]

Résolus à affermir, par la constitution de cet ensemble de ressources, les sauvegardes de la paix et de la liberté, et appelant les autres peuples de l'Europe qui partagent leur idéal à s'associer à leur effort,

Ont décidé de créer une Communauté économique européenne. […] »

Préambule des traités de Rome, 25 mars 1957.

3 Rapprocher des peuples (Buvard d'écolier, 1957).

Vocabulaire

CEE : Communauté économique européenne (1957). Elle prévoit la création d'un marché commun avec la libre circulation des biens et des personnes entre les pays signataires.

Euratom : accord de coopération sur la recherche nucléaire (1957).

Benelux : Belgique, Pays-Bas, Luxembourg.

CECA : Communauté européenne du charbon et de l'acier (1951) qui met en commun les productions d'acier et de charbon de l'Allemagne, de la France, de l'Italie et du Benelux.

État fédéral : gouvernement supranational commun aux États européens.

B L'Europe unit des hommes

4 La réconciliation franco-allemande
Charles de Gaulle (président de la République française) et Konrad Adenauer (chancelier de la RFA) se rencontrent à Bonn en 1962. Sur la pancarte, en allemand, on peut lire : « Nous voulons un **État fédéral** européen. »

5 *L'Auberge espagnole* de Cédric Klapisch (2001)
Ce film décrit la vie d'étudiants européens réunis à Barcelone grâce au programme Erasmus qui, créé en 1987, renforce les échanges entre les étudiants et les enseignants européens.

6 Les trois piliers du traité de Maastricht (1992)

Les Communautés européennes	La politique étrangère et de sécurité commune (PESC)	Justice et affaires intérieures
« **Art 3.A** - [...] l'action des États membres et de la Communauté comporte [...] l'instauration d'une politique commune fondée sur l'étroite coordination des politiques économiques des États membres [...] et à l'instauration d'une monnaie unique [...]. **Art. 8.1** - Il est institué une citoyenneté de l'Union. Est citoyen de l'Union toute personne ayant la nationalité d'un État membre. **Art. 8.B** - [...]Tout citoyen de l'Union résidant dans un État membre dont il n'est pas ressortissant a le droit de vote et d'éligibilité aux élections municipales dans l'État membre où il réside [...]. »	« **Art. J.1** - Les objectifs de la politique étrangère et de sécurité commune sont : – la sauvegarde des valeurs communes, des intérêts fondamentaux et de l'indépendance de l'Union ; – le maintien de la paix et le renforcement de la sécurité internationale ; – le développement et le renforcement de la démocratie et de l'État de droit [...]. »	« **Art. K.1** - [...] les États membres considèrent les domaines suivants comme des questions d'intérêt commun : – la politique d'asile ; [...] – la politique d'immigration [...] à l'égard des ressortissants des pays tiers : [...] la lutte contre l'immigration, le séjour et le travail irrégulier de ressortissants des pays tiers sur le territoire des États membres [...]. »

A Une Europe de la paix, de la démocratie et de la prospérité

1. Doc. 1 Qui est Robert Schuman ? Rappelez le contexte historique de l'Europe en 1950. Quel projet propose-t-il ?

2. Doc. 2 et 3 Quels sont les pays signataires des traités de Rome en 1957 ? Quelles valeurs sont mises en avant ?

3. Doc. 2 et 3 Quels sont les objectifs de ce traité ? Que deviennent les frontières économiques entre les pays ?

B L'Europe unit des hommes

4. Doc. 1 et 4 Quel objectif de Robert Schuman est illustré par cette photographie ?

5. Doc. 1, 2 et 5 Quelle coopération européenne le programme Erasmus permet-il ? En quoi est-il conforme aux objectifs de Robert Schuman et des traités de Rome ?

6. Doc. 2 et 6 Quels sont les trois piliers du traité de Maastricht ? Quelles valeurs fondatrices de la construction européenne retrouve-t-on ? Quelles sont les nouveautés introduites par rapport aux traités de Rome ?

Bilan DÉCRIRE ET EXPLIQUER

À l'aide des documents, rédigez un développement qui montre les objectifs et les grandes étapes de la construction européenne depuis 1957.

Aide à la rédaction

1. Dans un contexte de guerre froide, les pays européens se rapprochent pour défendre la paix et les valeurs démocratiques.
2. La CEE a des conséquences concrètes sur les relations entre les pays membres.
3. Le traité de Maastricht confère de nouvelles compétences à l'Union européenne.

Leçon 1

Les premières étapes de la construction européenne (1950-1986)

▷ **Quelles sont les premières étapes de la construction européenne ?**

A Construire l'Europe pour préserver la paix

- **L'idée de construction européenne est ancienne**. Malgré de nombreux projets dans l'entre-deux-guerres, aucun ne va aboutir.
- L'Europe sort profondément affaiblie et divisée par la Seconde Guerre mondiale. Dans un monde bipolaire dominé par l'URSS et les États-Unis, quelques hommes politiques européens que l'on nomme « Pères de l'Europe » (doc. 1) proposent en 1950 une **collaboration économique des pays européens autour des valeurs démocratiques pour construire un espace de paix et unir des hommes**.
- **En 1951, par la signature du traité de la CECA, les six États décident de mettre en commun leur production d'acier et de charbon, longtemps utilisée pour fabriquer des armes** (doc. 2). Cette première étape favorise la réconciliation entre la France et l'Allemagne et accélère la reconstruction de l'Europe. La Grande-Bretagne refuse de se joindre à cette union qu'elle juge trop **supranationale**.

B La « petite Europe » à six

- **Le 25 mars 1957, les six pays de la CECA signent les traités de Rome qui créent une Communauté économique européenne (CEE), ou Marché Commun, ainsi que l'Euratom** (doc. 4). Ils rappellent l'attachement aux valeurs démocratiques comme la paix, le progrès social, la liberté et la libre circulation des biens et des personnes. La CEE s'appuie sur de nouvelles institutions comme le Parlement européen.
- Entre ces six pays, deux conceptions de l'Europe s'opposent. Certains comme l'Allemagne sont favorables à une **Europe fédérale**. D'autres, comme la France de Charles de Gaulle, souhaitent limiter cette union à une coopération économique entre nations qui n'empiète pas sur la souveraineté des États (doc. 3).

C L'élargissement de l'Europe

- **Les succès de la CEE suscitent de nombreuses demandes d'adhésion, mais aussi des inquiétudes parmi les populations**. Les années 1970 et 1980 connaissent les premiers **élargissements** : Grande-Bretagne, Irlande et Danemark en 1973 (doc. 6) ; Grèce en 1981, Espagne et Portugal en 1986 (doc. 5). À cette date, la CEE compte 12 membres.
- Cet élargissement s'accompagne d'un développement de la vie démocratique européenne. **En 1979, le Parlement européen est élu au suffrage universel par tous les citoyens européens**. La française Simone Veil en est la première présidente.

1 Les « Pères de l'Europe »
Ouverture de la 1re conférence de la CECA en 1952 à Paris.
① **Konrad Adenauer** (1876-1967) : Chancelier de la RFA. Partisan d'une Europe fédérale et d'un rapprochement avec la France.
② **Jean Monnet** (1888-1979) : premier président de la CECA en 1952. Partisan d'une Europe fédérale. Ses cendres sont transférées au Panthéon en 1988.
③ **Robert Schuman** (1886-1963) : plusieurs fois ministre et président du Conseil. Partisan d'une réconciliation avec l'Allemagne, il est le fondateur de la CECA.
Alcide de Gasperi (1881-1954) : président du Conseil italien. Président de la CECA en 1954.

Le train de la CECA (1956) 2
Le 2 mai 1956, un train orné des drapeaux des six États membres de la CECA et chargé de houille traverse la frontière franco-luxembourgeoise.

Vocabulaire

Supranationale : qui dispose de certains pouvoirs délégués par les pays qui la composent.
CECA : voir p. 120.
Europe fédérale : voir p. 120.
Élargissement : adhésion de nouveaux pays.

3 Adenauer et de Gaulle : deux visions de la construction européenne

« Le travail pour l'Europe, entrepris en 1950, nous avait conduit [...] à un tournant dans les relations des peuples européens que personne n'aurait cru possible dix ans seulement auparavant. L'unification de l'Europe avait une importance qui dépassait de loin ses frontières, car une Europe unie s'emploierait toujours à la défense de la liberté et au maintien de la paix. »

Konrad Adenauer, *Mémoires*, © Hachette, 1965.

« J'approuve aussi le Marché commun. Il est conforme aux intérêts de la France. C'est un traité de commerce et rien de plus, n'en déplaise à ceux qui prétendent autre chose. »

Charles de Gaulle, *Mémoires d'espoir, Le renouveau* (1958-1962) © Plon, 1970.

4 La signature des traités de Rome le 25 mars 1957

5 L'entrée de l'Espagne dans la CEE

« L'Espagne n'est pas et ne sera pas un obstacle sur le chemin de l'intégration communautaire. L'Espagne est disposée à avancer, en se fixant l'union européenne pour but [...].
Je veux souligner que les Espagnols entrent dans la Communauté pour construire en commun un futur de liberté et de progrès, pour une Europe unie ; que les Espagnols ont encore présentes à l'esprit les blessures que cause le manque de liberté[1] et que cela les pousse à redoubler d'efforts pour faire de l'Europe un lieu sûr, d'autant plus sûr que libre ; que pour respecter cet engagement de construction politique de l'Europe dans la liberté, l'égalité, la justice et la sauvegarde de sa sécurité, les Espagnols assumeront avec décision et le sens de la responsabilité la tâche qui leur correspondra. »

Felipe Gonzalez, Président du gouvernement espagnol entre 1982 et 1996, discours au collège d'Europe de Bruges, 28 octobre 1985.

1. Après la guerre civile (1936-1939), l'Espagne est dirigée par le général Franco qui impose une dictature jusqu'en 1975.

6 Manifestation à Copenhague en 1972 contre l'entrée du Danemark dans la CEE

A Construire l'Europe pour préserver la paix

1. **Doc. 1** Qui sont les « Pères de l'Europe » ? Quel a été leur rôle dans la construction européenne ?
2. **Doc. 2** À quelle occasion cette photographie a-t-elle été prise ? Qu'illustre-t-elle ?

B La « petite Europe » à six

3. **Doc. 4** À quelle occasion ces dirigeants européens sont-ils réunis ?
4. **Doc. 3** Montrez que de Gaulle et Adenauer n'ont pas la même vision de l'Europe.

C L'élargissement de l'Europe

5. **Doc. 5 et carte p. 118** En quelle année l'Espagne a-t-elle rejoint la CEE ? Quels espoirs Felipe Gonzalez fonde-t-il pour son pays ? Quelles valeurs met-il en avant ?
6. **Doc. 6** Où cette scène se déroule-t-elle ? Quel est l'objet de cette manifestation ?

Bilan — DÉCRIRE ET EXPLIQUER

À l'aide des documents, rédigez un développement qui présente les grandes étapes de la construction de 1952 à 1986 en insistant sur le rôle des acteurs et les critiques qu'elle suscite.

Socle

Compétence 5.3 › **Lire et employer différents langages**

Compétence 5.2 › **Situer des événements pour dégager les liens de continuité et de rupture qu'ils entretiennent**

Leçon 2 Élargissements et approfondissements de la construction européenne (1986-années 2000)

Comment l'Europe a-t-elle évolué depuis les années 1980 ?

A Un nouveau contexte en Europe

- **Dans les années 1980, l'ensemble de l'Europe connaît des bouleversements importants**. À l'ouest, en 1986, la CEE adopte l'Acte unique qui prévoit entre autres la création d'un espace sans frontière et la libre circulation des capitaux (doc. 1).
- À l'Est, la chute du mur de Berlin en 1989 permet la réunification de l'Allemagne en 1990 et l'entrée de l'ex-RDA dans la CEE. En 1991, **la disparition de l'URSS et l'apparition de nouveaux États posent la question de l'adhésion de ces pays au sein de la CEE**.
- Afin de renforcer la construction européenne, Jacques Delors propose en 1992 un nouveau traité qui vise à un **approfondissement** de la future Union européenne.

B L'approfondissement de l'unité européenne : le traité de Maastricht (1992)

- **Le traité de Maastricht signé le 7 février 1992 fonde une Union européenne (UE). Une citoyenneté européenne** est instituée et intégrée dans les constitutions des États membres (doc. 4). Les pouvoirs du Parlement européen sont étendus (doc. 3).
- **Le traité prévoit la mise en œuvre d'une politique étrangère et de sécurité commune**. L'union économique et monétaire est renforcée et une monnaie unique, l'euro, est créée. Elle entre en circulation en 2002. Son adoption est soumise à des critères qui imposent la bonne santé économique et financière des États. Cette nouvelle monnaie permet d'affirmer l'identité européenne (doc. 2).
- **La position des États et des citoyens est parfois réservée**. Une partie de l'opinion publique développe un **europessimisme** (doc. 5). En 1992, le traité de Maastricht est rejeté par référendum par le Danemark et adopté à une faible majorité par la France. La Grande-Bretagne refuse d'adopter l'euro.

C Les doutes d'une Europe à 28 États

- **Après un élargissement en 1995, l'UE accueille les anciens pays communistes d'Europe de l'Est en 2004 puis en 2007** (carte p. 118). Avec l'entrée de la Croatie en 2013, elle doit regrouper 28 pays et compter 505 millions d'habitants (doc. 6).
- Depuis plusieurs années, l'adhésion de la Turquie à l'Union européenne suscite un vif débat au sein des États membres de l'UE.
- Après la crise financière de 2008, **la zone euro est touchée par une profonde crise économique et sociale**. L'UE peine à trouver une solution collective à ses problèmes.

1 Biographie

Jacques Delors (né en 1925)
Le père de l'euro

• Homme politique français, il est ministre de l'Économie, des Finances et du Budget entre 1981 et 1984. Devenu président de la Commission de la Communauté européenne entre 1985 et 1994, il est à l'origine de l'Acte unique (1986) et du traité de Maastricht (1992) qui institue l'Union européenne.

2 Des symboles pour l'Europe

Un drapeau
Créé en 1955, le drapeau bleu avec 12 étoiles d'or devient l'emblème de toutes les institutions européennes en 1985.

Un hymne
L'*Ode à la Joie* de Beethoven (4e mouvement de la 9e symphonie, 1824) est l'hymne européen depuis 1972.

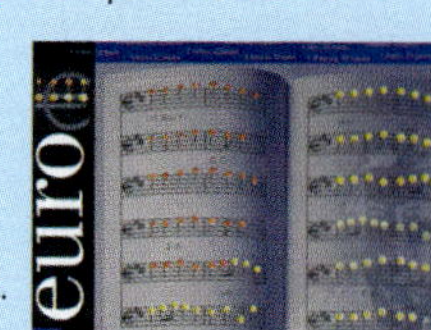

Une devise, une journée
« Unie dans la diversité » est la devise depuis 2000. Le 9 mai est la journée anniversaire de l'Europe.

Une monnaie
Depuis 2002, l'euro est la monnaie unique des États membres de la zone euro.

Vocabulaire

Approfondissement : extension des compétences de l'Union européenne.

Europessimisme : méfiance envers l'Europe d'une partie des opinions publiques.

Zone euro : l'espace dans lequel 17 pays de l'UE ont adopté l'euro comme monnaie unique.

3 Les citoyens et l'Europe

« Art. 138.A - Les partis politiques au niveau européen sont importants en tant que facteur d'intégration au sein de l'Union. Ils contribuent à la formation d'une conscience européenne et à l'expression de la volonté politique des citoyens de l'Union. [...]
Art. 138.B - Le Parlement européen participe au processus conduisant à l'adoption des actes communautaires[1]. [...]
Art. 138.D - Tout citoyen de l'Union, ainsi que toute personne physique ou morale[2] résidant ou ayant son siège statutaire dans un État membre, a le droit de présenter, à titre individuel ou en association avec d'autres citoyens ou personnes, une pétition au Parlement européen. [...] »

Traité de Maastricht, 1992.

1. Décisions prises par le Parlement européen.
2. Un citoyen, une entreprise, une association.

4 L'instauration d'une citoyenneté européenne
La Constitution française a été modifiée pour permettre aux citoyens de l'UE résidant en France de voter aux élections municipales.

5 Campagne contre l'euro au Royaume-Uni (2000) « La vraie bataille commence maintenant. Si vous ne voulez pas que la Grande-Bretagne soit enfermée dans l'euro, soutenez la campagne pour le "non". »

6 L'élargissement de l'Union européenne
Caricature du dessinateur tchèque Matuska, 2004.

A Un nouveau contexte en Europe

1. **Doc. 1** Qui est Jacques Delors ? Quel rôle a-t-il joué dans la construction européenne ?

B L'approfondissement de l'unité européenne : le traité de Maastricht (1992)

2. **Doc. 2** Quels sont les symboles de l'Union européenne ?
3. **Doc. 3** Quel est le rôle du Parlement européen ? Quels sont les droits des citoyens européens ?
4. **Doc. 4** Quelle est la conséquence de l'adoption du traité de Maastricht pour les citoyens européens ?
5. **Doc. 5** Avec quel objet le mot « euro » est-il écrit ? Que dénonce cette affiche ?

C Les doutes d'une Europe à 28 États

6. **Doc. 6 et carte p. 118** Quels États entrent dans l'UE en 2004 ? Que représente la mère ?
7. **Doc. 6** Quelle difficulté de la construction européenne est soulevée par le caricaturiste ?

Bilan — DÉCRIRE ET EXPLIQUER

À l'aide des documents, expliquez les élargissements et l'approfondissement de la construction européenne entre les années 1980 et 2000.

Compétence 1.2 › **Rédiger un texte bref et cohérent** Socle
Compétence 5.1 › **Avoir des connaissances et des repères relevant du temps**

Réviser les repères

Livret Brevet

→ L'essentiel, p.16

A Identifier l'essentiel à retenir

Brevet

Vocabulaire	Repères chronologiques	Capacités
Savoir définir les expressions : Europe fédérale, « pères de l'Europe », approfondissement, élargissement, zone euro	**Savoir situer dans le temps :** **1957 :** traités de Rome **1992 :** traité de Maastricht **2002 :** introduction de l'euro	**Savoir : raconter et expliquer** quelques étapes de la construction européenne en les situant dans le contexte international.

B Compléter un schéma

Compétence 5.1 › **Avoir des connaissances et des repères**

Socle

▶ Recopiez et complétez le schéma à l'aide de ces propositions :
introduction de l'euro – traités de Rome – traité de Maastricht – l'*Ode à la joie* – l'euro – des biens et des personnes – Unie dans la diversité

C Lire et analyser une frise chronologique multimédia

Compétence 5.2 › **Situer des événements dans le temps**

B2i

Le site officiel « Toute l'Europe » propose une frise historique multimédia qui permet d'étudier les grandes étapes de la construction européenne.

▶ Consulter une frise historique multimédia en ligne

1. Connectez-vous à l'adresse www.touteleurope.eu/fr/histoire puis cliquez sur l'animation de la frise chronologique.

2. À l'aide du zoom, découvrez les différentes périodes et les détails de chacune. Cliquez sur un événement ou un personnage précis pour obtenir des informations.

▶ Passer d'une lecture chronologique à une lecture thématique d'une frise historique

3. Identifiez les principales étapes de la construction européenne :
- les périodes de construction européenne ;
- les périodes de « freins » à la construction européenne.

4. Recopiez le tableau ci-dessous. Sélectionnez trois événements ou personnages qui permettent d'illustrer chacun des titres des trois colonnes du tableau. Justifiez votre choix.

L'Europe, une construction historique	L'Europe, une construction politique et économique	L'Europe, une construction culturelle

Réviser les savoir-faire

D Analyser et comprendre un dessin de presse

Compétence 5.3 › **Lire et employer différents langages** **Brevet**

Méthode

1 Présenter le dessin

1. Présentez l'auteur, la date, le journal dans lequel il a été publié, le thème.

2 Observer les éléments qui composent le dessin

2. À quelles périodes de l'histoire européenne correspondent les trois premiers dessins ? Comment Plantu illustre-t-il les relations entre les pays européens ?

3. Que font les personnages sur le 4e et dernier dessin ?

3 Interpréter le dessin

4. Quelles valeurs européennes sont mises en avant dans le dernier dessin ?

5. Quel est le message de ce dessin ?

4 Conclure en élargissant

6. À l'aide du chapitre, relevez les problèmes auxquels l'Union européenne est confrontée aujourd'hui.

L'Europe : de la guerre à l'union des peuples 1
Dessin de Plantu, paru dans *Le Monde* en 1979.

E Confronter deux points de vue

Compétence 7.2 › **Être autonome dans son travail** **Brevet**

1 Allocution radiotélévisée de François Mitterrand, président de la République (1981-1995) lors du 30e anniversaire des traités de Rome le 20 mars 1987

« Hâtons l'Europe technologique. Américains et Japonais ne nous attendront pas. Conquérons l'espace, nous aussi. Organisons nos moyens de communication, d'éducation et de culture. Formons les jeunes aux disciplines du savoir dans les universités de leur choix. Réduisons les inégalités, entre régions, entre les groupes sociaux et les individus. Préparons enfin le moment où l'Europe, dotée d'un pouvoir politique central, décidera elle-même des moyens de sa sécurité. »

2 Discours de Margaret Thatcher, Premier ministre britannique de 1979 à 1990, devant le Collège d'Europe de Bruges le 20 septembre 1988

« Une coopération volontaire et active entre États souverains indépendants est le meilleur moyen de construire une Communauté européenne réussie. Il serait hautement préjudiciable de tenter de supprimer la nationalité et de concentrer le pouvoir au centre d'un conglomérat européen. […] C'est en nous débarrassant des barrières et en donnant aux entreprises la possibilité d'opérer à l'échelle européenne que nous pourrons le mieux concurrencer les États-Unis, le Japon et les autres puissances qui naissent en Asie et ailleurs. »

► Le point de vue de François Mitterrand

1. Quelle fonction François Mitterrand occupe-t-il en 1987 ?

2. Selon lui, de quoi faut-il doter l'Europe ? Pour concurrencer quels pays ?

► Le point de vue de Margaret Thatcher

3. Qui est Margaret Thatcher ?

4. Quel doit-être, selon elle, le rôle des États au sein de l'Europe ?

5. Quel danger l'Europe fédérale représente selon elle ?

► Confronter les deux points de vue

6. Sur quel point les deux auteurs sont-ils en accord ?

7. Qui doit détenir le pouvoir au sein de la CEE selon M. Thatcher et selon F. Mitterrand ?

Des timbres pour célébrer l'Europe, ses valeurs et ses symboles

Depuis les années 1950, l'art du timbre et la construction de l'Europe sont associés.

Friedensreich Hundertwasser, un peintre autrichien (1928-2000) dit du timbre qu'il « est la seule œuvre d'art que tout le monde peut posséder. Jeunes et vieux, riches et pauvres, bien portants et malades, savants et ignorants, hommes libres et privés de liberté, ce précieux morceau d'art atteint tout le monde en tant que cadeau venu de loin ».

Le timbre constitue un moyen privilégié de la diffusion des valeurs et des symboles de l'Europe auprès des peuples européens.

1 Le Conseil de l'Europe
Timbre de 1975 célébrant le conseil de l'Europe. Cette organisation, instituée en 1949, œuvre pour la construction européenne. Elle compte aujourd'hui 47 États membres (les pays de l'Union européenne mais aussi l'Arménie, la Géorgie, la Fédération de Russie, la Turquie…).

Les mots de la philatélie

Art contemporain : on appelle ainsi l'art actuel inspiré de notre quotidien.
Plasticien(ne) : artiste se servant de supports ou de techniques variés, dit « plastiques ». Niki de Saint-Phalle utilise par exemple le grillage.
Philatélie : art de collectionner les timbres et de les étudier.
Commémoratifs : timbres émis pour commémorer un événement.
Légende : inscriptions qui figure sur un timbre.
Millésime : date indiquant l'année à laquelle un timbre a été émis ou imprimé.

Présentez les timbres

1. Quel est le thème commun à ces timbres ?
2. Présentez chaque timbre et lisez leur **légende** : quel est le thème illustré ? Quel est leur **millésime** ?
3. À qui sont destinés ces timbres ?

Analyser les timbres

4. Quels sont les points communs aux timbres 1, 3 et 5 (couleurs, symboles…) ?
5. Quelle image le timbre 2 donne-t-il de Robert Schuman ?

Interpréter les timbres

6. Quels sont les objectifs de ces timbres ?
7. Comment l'Europe est-elle présentée sur ces timbres ?

Réaliser une fiche pour l'épreuve orale d'histoire des arts

Brevet HdA

Présenter les œuvres
- Présentez en quelques mots les œuvres étudiées. Quelle est leur origine géographique ?
- Situez l'artiste (s'il est identifié) dans le temps et dans l'espace.

Analyser les œuvres
- Utilisez le vocabulaire spécifique pour présenter les timbres.
- Présentez le thème central de ces timbres.
- Identifiez les symboles utilisés, les couleurs dominantes.
- Expliquez l'intérêt historique de ces timbres.

Interpréter le sens des œuvres
- Quel est le but de ces timbres ?
- Citez d'autres œuvres de Niki de Saint-Phalle.
- Exprimez votre point de vue sur les timbres en présentant une argumentation.

2 **Un acteur de la construction européenne**

3 **La célébration de l'Europe**
Niki de Saint-Phalle est une célèbre **plasticienne** française. Elle s'est notamment fait connaître par sa série de sculptures, les *Nanas*, des femmes aux formes amples et très colorées. Elle reprend ce thème dans le timbre français qui célèbre l'Europe en 1992.

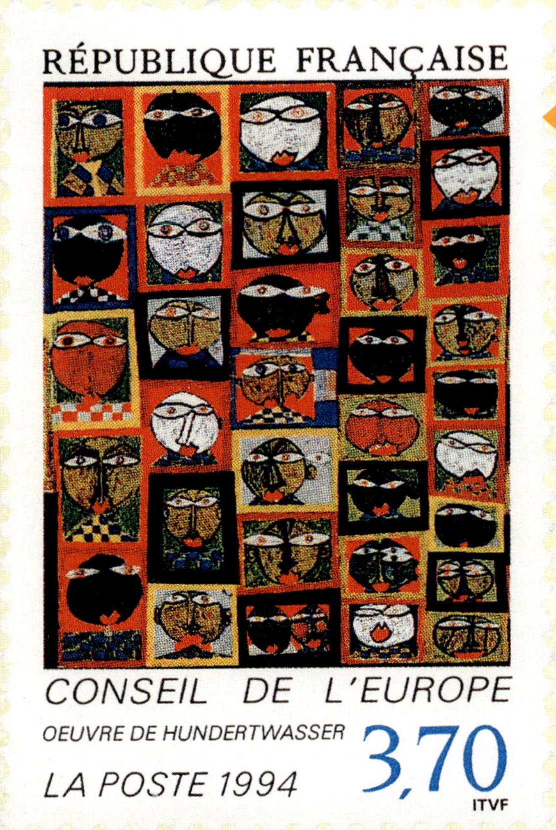

4 **Des hommes unis autour de valeurs**
Sur cette peinture intitulée *36 têtes*, Friedensreich Hundertwasser a placé dans un cadre unique 36 visages différents, à l'image d'une Europe constituée autour des singularités de chaque pays.

5 **Une monnaie commune, l'euro**

CHAPITRE 9

Le monde depuis le début des années 1990

▷ **Quels changements le monde a-t-il connu depuis le début des années 1990 ?**

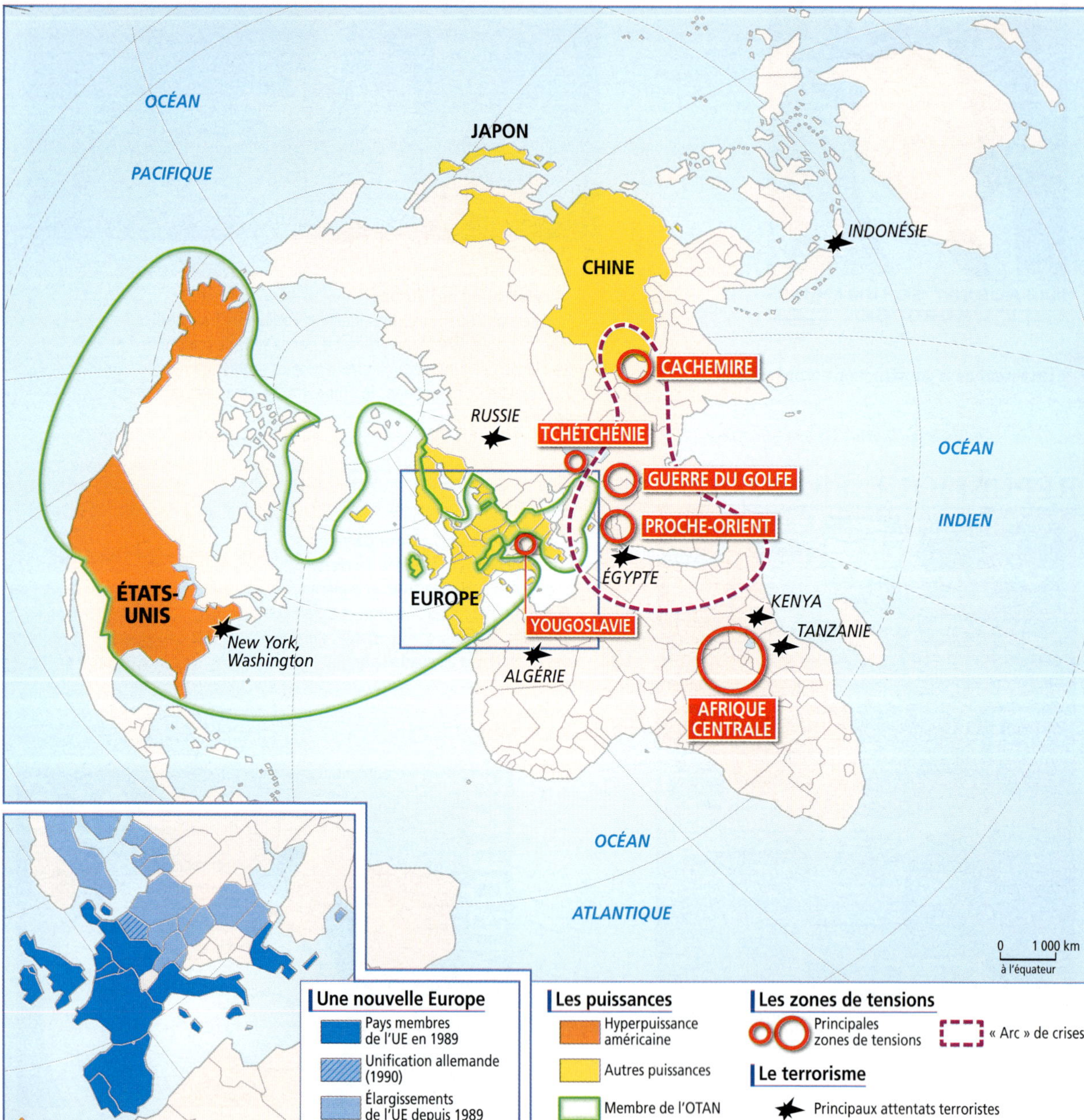

1 Le monde de la fin de la guerre froide au début des années 2000

2 **Un monde complexe**
Caricature de Chalvin, 2009.

Confronter les documents

1. Quelle était la situation du monde pendant la guerre froide ? Quelle est la situation du monde après la guerre froide ?

2. Quelles sont les zones de tensions dans le monde à la fin du xxe siècle ?

3. Quelles sont les puissances au début du xxie siècle ?

Dossier La naissance d'une nouvelle Europe

Quelles évolutions l'Europe a-t-elle connues depuis 1990 ?

En 1990, l'Allemagne est réunifiée. En 1991, la dislocation de l'URSS et du bloc communiste bouleverse l'Europe de l'Est et entraîne la naissance de nouveaux États. Les démocraties populaires proclament leur indépendance, souvent de façon pacifique. Mais l'implosion de la Yougoslavie débouche entre 1992 et 1999 sur le premier conflit en Europe depuis la fin de la Seconde Guerre mondiale.

A La chute du bloc communiste

1 Une nouvelle carte de l'Europe

2 La statue de Lénine déboulonnée en Lituanie en 1999

3 La Tchécoslovaquie retrouve sa liberté

« J'ai été surpris de la vitesse et de la douceur avec laquelle le changement s'était produit. Face aux événements dramatiques en Europe centrale et orientale et aux bouleversements dans son propre pays, l'URSS a apparemment compris qu'il serait insensé de vouloir maintenir le système de l'hégémonie soviétique dans notre partie de l'Europe.
Nous sommes ainsi devenus, pratiquement du jour au lendemain, un pays politiquement indépendant. Cela ne veut pas dire que nous nous soyons libérés grâce à l'effort de la direction soviétique et que notre liberté nous ait été offerte ou même imposée. Il a fallu la saisir et c'est ce que nous avons fait. Je veux juste dire qu'en 1989, nous n'avons pas rencontré de résistance significative pour retrouver notre liberté. »

Vaclav Havel, ancien président de la Tchécoslovaquie puis de la République tchèque, *Méditations d'été*, © Éditions de l'Aube, 1992.

B Le retour de la guerre en Europe

4 L'Union européenne impuissante
Caricature de Georges Million parue dans *Guère épais*, 1994.

5 La bibliothèque de Sarajevo après les bombardements serbes en 1994
Dans un contexte de montée des nationalismes, l'ex-Yougoslavie a connu un conflit complexe. Après l'échec de l'Europe, l'ONU puis l'OTAN interviennent.

6 Les accords de Dayton (14 décembre 1995)

« Ce soir, je veux vous parler de la mise en œuvre de l'accord de paix en Bosnie et pourquoi nos valeurs et nos intérêts exigent que nous y participions. Dans l'accomplissement de cette mission, nous aurons la chance d'aider à arrêter le massacre des civils innocents, en particulier les enfants, et en même temps, à apporter la stabilité à l'Europe centrale, une région du monde qui est vitale pour nos intérêts nationaux […]. L'Amérique a travaillé avec nos alliés européens dans la recherche de la paix afin d'arrêter la guerre de se répandre et à soulager les souffrances du peuple bosniaque […]. Il y a trois semaines, les Musulmans, les Croates et les Serbes sont venus à Dayton, dans l'Ohio, au cœur de l'Amérique, afin de négocier un règlement. Là, épuisés par la guerre, ils ont fait un engagement pour la paix. Ils ont convenu de déposer leurs armes à feu, afin de préserver la Bosnie en tant qu'État unique, pour enquêter et poursuivre les criminels de guerre, pour protéger les Droits de l'homme de tous les citoyens, pour essayer de construire un avenir pacifique, démocratique. Et ils ont demandé de l'aide à l'Amérique pour mettre en œuvre cet accord de paix. »

Bill Clinton, président des États-Unis, discours à la nation, 27 novembre 1995.

A La chute du bloc communiste

1. **Doc. 1** Citez deux conséquences liées à la disparition de l'URSS.
2. **Doc. 1 et 2** Quel était la situation de la Lituanie avant 1990 ? Quel changement ce pays connaît-il ?
3. **Doc. 1 et 2** De quelles organisations les pays du bloc de l'Est se rapprochent-ils ?
4. **Doc. 1 et 3** Comment Vaclav Havel présente-t-il l'indépendance de la Tchécoslovaquie ? Quelle évolution cet État a-t-il connu ?

B Le retour de la guerre en Europe

5. **Doc. 1 et 5** Présentez le contexte historique. Où se déroule cette scène ?
6. **Doc. 4** Qui les pompiers représentent-ils ? Quel est le message délivré ?
7. **Doc. 4 et 6** Qui est à l'origine de la signature de ces accords ? Que prévoient-ils ? Que confirment ces accords sur le rôle de l'Union européenne dans ce conflit ?

Bilan DÉCRIRE ET EXPLIQUER

À l'aide des documents, rédigez quelques lignes qui présentent les transformations de l'Europe depuis la disparition de l'URSS.

Aide à la rédaction

1. L'adhésion des anciennes Républiques et démocraties populaires à l'OTAN et à l'UE.
2. La crise en ex-Yougoslavie : la guerre en Europe.

Leçon 1

L'émergence d'un monde multipolaire

Comment le monde s'organise-t-il aujourd'hui ?

A Les États-Unis : la fin de l'hégémonie ?

- **Avec la disparition de l'URSS et du bloc soviétique au début des années 1990, les États-Unis sont désormais la seule « hyperpuissance » au monde.** Forts de leur supériorité, ils multiplient les interventions militaires, sous couvert de l'OTAN (ex-Yougoslavie en 1995) ou de l'ONU (Irak en 1991).
- **Le début des années 2000 marque un tournant.** Le 11 septembre 2001, les attentats commis» par Al-Qaïda à New York et à Washington remettent en cause la puissance américaine (doc. 1). Face à cette agression, les États-Unis attaquent l'Afghanistan, qu'ils considèrent comme la base de ce mouvement terroriste dirigé par Ben Laden.
- **Après avoir dénoncé « l'axe du Mal », le président G. W. Bush part en guerre en 2003 contre l'Irak** (doc. 2). Cette intervention, très contestée par de nombreux pays, contribue à les isoler.

B La Chine, puissance du XXIe siècle ?

- **Peuplée de 1,2 milliard d'habitants, la Chine est devenue grâce à des réformes économiques la seconde puissance mondiale, derrière les États-Unis** (doc. 4). Elle dispose des attributs d'une grande puissance : arme atomique, membre du conseil de Sécurité de l'ONU, membre du **G20**. Elle réalise des investissements importants partout dans le monde (doc. 3).
- **Puissance régionale, la Chine aspire à devenir une grande puissance mondiale.** Elle joue un rôle actif au sein de l'ONU et utilise son droit de veto pour protéger ses intérêts. Elle a empêché la prise de sanctions après les violentes répressions du mouvement démocratique en Syrie en 2011-2012.

C Les autres puissances

- **Au début du XXIe siècle, l'émergence de nouvelles puissances comme l'Inde, le Brésil, la Russie ou encore l'Afrique du Sud bouleverse la géopolitique mondiale.** L'hégémonie américaine est contestée. Le monde devient **multipolaire** (doc. 4).
- **Les nouvelles puissances entendent jouer un rôle sur la scène internationale** (doc. 5). Elles réclament une réforme du conseil de Sécurité de l'ONU, dont seuls les pays membres, vainqueurs de la Seconde Guerre mondiale, disposent d'un droit de veto.
- **Au sein du conseil de Sécurité, la Russie fait part de ses divergences** : en 2012, elle s'est opposée aux États-Unis qui veulent sanctionner l'Iran pour ses travaux sur l'arme atomique. Quant à l'Union européenne, elle peine à faire entendre sa voix sur la scène internationale.

1 Les attentats du 11 septembre 2001
Deux avions détournés par des membres d'Al-Qaïda s'écrasent sur les tours du World Trade Center à New York et un troisième sur le Pentagone à Washington.

2 Lutter contre « l'axe du Mal »

« Notre objectif consiste à empêcher les gouvernements qui parrainent le terrorisme de menacer les États-Unis et leurs amis au moyen d'armes de destruction massives. Certains gouvernements se tiennent tranquilles depuis le 11 septembre, mais nous connaissons leur véritable caractère. La Corée du Nord a un gouvernement qui s'équipe de missiles et d'armes de destruction massive [...]. L'Iran s'emploie activement à fabriquer de telles armes et exporte le terrorisme [...].
L'Irak continue à afficher son hostilité envers les États-Unis et à soutenir le terrorisme. Le gouvernement irakien complote depuis plus de dix ans pour mettre au point le bacille du charbon, des gaz neurotoxiques et des armes nucléaires [...].
De tels États constituent, avec leurs alliés terroristes, un axe du Mal et s'arment pour menacer la paix mondiale [...]. Les États-Unis ne permettront pas aux gouvernements les plus dangereux du monde de nous menacer avec les armes les plus destructrices du monde. »

Discours du président américain George W. Bush, sur l'état de l'Union, 29 janvier 2002.

Vocabulaire

« Hyperpuissance » : désigne les États-Unis, seuls à concentrer la puissance économique, technologique, financière, militaire, géopolitique, culturelle et médiatique.

G20 : groupe des 20 pays les plus industrialisés au monde.

Géopolitique : étude des rivalités de pouvoir à l'échelle de la planète.

Multipolaire : organisation du monde autour de plusieurs pôles.

3 La Chine, seconde puissance mondiale

« Convoitée et redoutée à la fois, la puissance chinoise semble de plus en plus agressive sur la scène internationale. Elle fait feu de tout bois : en économie, ses réserves en devises la dotent d'un levier sur les pays dont elle absorbe la dette – comme, récemment, l'Europe. Ses entreprises d'État investissent à tour de bras à l'étranger, siphonnant actifs énergétiques ou technologies. L'Afrique est un continent où elle est désormais incontournable et sème partout son modèle de non-ingérence et d'aide économique liée.
Son armée a accéléré sa modernisation : avion furtif, porte-avions, mais aussi missiles destructeurs de satellites sont testés avec un manque suspect de discrétion. Les attaques de piraterie informatique attribuées à ses équipes de hackeurs suscitent l'indignation en Occident. La Chine a désormais le deuxième budget militaire du monde. Il reste de quatre à huit fois inférieur, selon les estimations, à celui des États-Unis. Et l'Armée populaire n'entretient aucune base militaire à l'étranger. »

Brice Pedroletti,
« La Chine, puissance agressive et complexe »
***Le Monde*, 24 février 2011.**

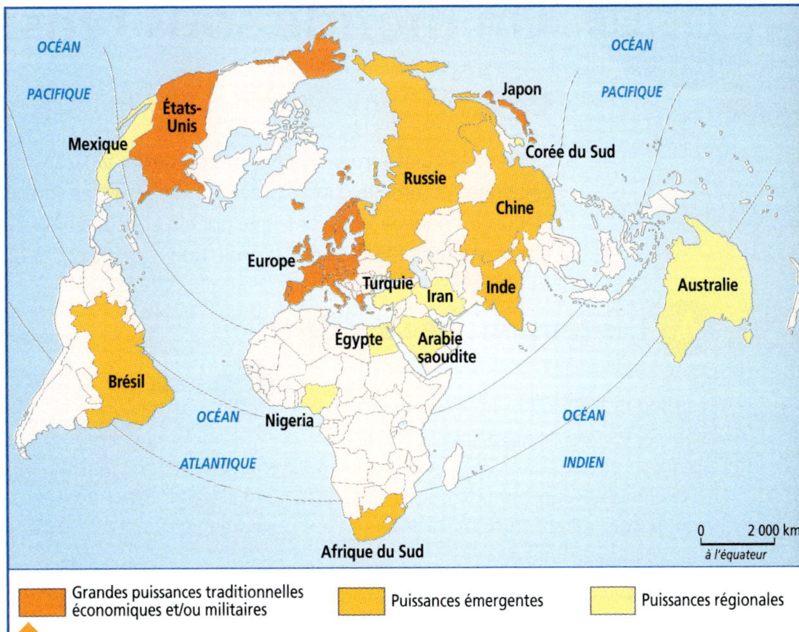

4 Les puissances du XXIe siècle

5 La revendication des nouvelles puissances

« L'Allemagne, le Japon, l'Inde et le Brésil ont formé une alliance pour faire avancer la réforme du Conseil de sécurité des Nations unies. Ce directoire a la responsabilité principale du maintien de la paix et de la sécurité internationales. Mais le déséquilibre de sa composition a souvent suscité des critiques. Cinq États ont non seulement le droit d'y siéger en permanence mais y disposent d'un droit de veto : ce sont la Chine, les États-Unis, la France, la Grande-Bretagne et la Russie. Les dix autres États membres sont élus pour deux ans. Son fonctionnement, qui reflète les rapports de force de l'après-guerre, n'a pas été modifié depuis 1945. [...].
Pour le Brésil, l'élargissement du Conseil ne doit pas se limiter aux seuls "pays développés du Nord" qui sont le Japon et l'Allemagne mais inclure des grands pays en développement.
L'Inde, qui a été l'un des fondateurs du mouvement des non-alignés, a toujours joué le rôle de porte-parole des pays du tiers-monde au sein de l'ONU. Pour défendre leur adhésion au club, les autorités indiennes font valoir deux arguments : d'une part, les opérations de maintien de la paix ont le plus souvent pour théâtre les pays du Sud. Et, d'autre part, ceux-ci fournissent d'importants contingents de Casques bleus. »

Any Bourrier, « Conseil de sécurité de l'ONU : l'Asie veut deux sièges », RFI, www.rfi.fr, 16 septembre 2004.

A Les États-Unis : la fin de l'hégémonie ?

1. Doc. 1 Que s'est-il passé à New York le 11 septembre 2001 ?

2. Doc. 1 et 2 Qui G. W. Bush rend-il responsable des attentats du 11 septembre 2011 ? Quels reproches adresse-t-il aux pays qu'il qualifie d'« axe du Mal » ?

B La Chine, puissance du XXIe siècle ?

3. Doc. 3 Montrez que la Chine est une grande puissance économique.

4. Doc. 3 et 4 Relevez les éléments qui montrent que la Chine est aussi une puissance militaire qui joue un rôle sur la scène internationale.

C Les autres puissances

5. Doc. 4 Quelles sont les puissances émergentes ?

6. Doc. 5 Que revendiquent les puissances émergentes ?

Bilan **DÉCRIRE ET EXPLIQUER**

À l'aide des documents, rédigez un développement qui montre que le monde est passé d'un monde dominé par les États-Unis à un monde multipolaire.

Compétence 5.1 › **Lire et employer différents langages**
Compétence 5.3 › **Mobiliser ses connaissances pour donner du sens à l'actualité**

Socle

Dossier Un monde sous tension

Quels sont les principaux lieux de tension dans le monde ?

La fin de la guerre froide n'a pas mis un terme aux tensions dans le monde. Certaines sont anciennes comme le conflit israélo-arabe, d'autres sont plus récentes.
Depuis les années 1990, l'Afrique noire a été confrontée à plusieurs guerres civiles meurtrières, notamment au Rwanda qui a connu un génocide en 1994.

A Les tensions de l'arc de crises

1 Les tensions et les conflits depuis 1990

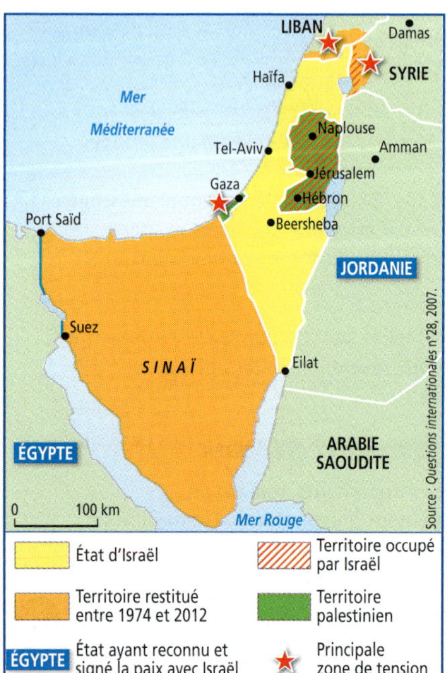

2 Israël et ses voisins en 2012

3 L'engagement de l'Amérique dans l'arc de crises

• **En Afghanistan** « La situation en Afghanistan met en lumière les objectifs de l'Amérique et notre besoin de coopérer. Il y a plus de sept ans, les États-Unis ont pourchassé Al-Qaïda et les talibans avec un large soutien international [...]. »

• **En Irak** « J'ai dit clairement au peuple irakien que nous ne voulions aucune base, ne revendiquions aucun territoire ou ressource. La souveraineté de l'Irak lui appartient [...]. C'est pourquoi nous respecterons notre engagement auprès du gouvernement irakien démocratiquement élu et retirerons [...] toutes nos troupes d'Irak en 2012[1]. »

• **Le conflit israélo-arabe** « Pour que la paix advienne, il est temps [...] de prendre nos responsabilités [...]. Les Palestiniens doivent renoncer à la violence [...]. Israël doit aussi respecter ses engagements et assurer aux Palestiniens la possibilité de vivre, travailler et développer leur société. »

• **L'Iran** « Cette source de tension relève de notre intérêt commun dans les droits et les devoirs des nations au sujet des armes nucléaires. Cette question est une source de tension entre les États-Unis et la République islamique d'Iran. [...] Il s'agit d'empêcher une course à l'arme nucléaire au Moyen-Orient qui pourrait mener cette région et le monde sur une voie extraordinairement dangereuse. »

Discours de Barack Obama, président des États-Unis, prononcé au Caire en juin 2009.

1. Les États-Unis ont renversé le dictateur irakien Saddam Hussein en 2003.

B Les crises en Afrique (1991-2011)

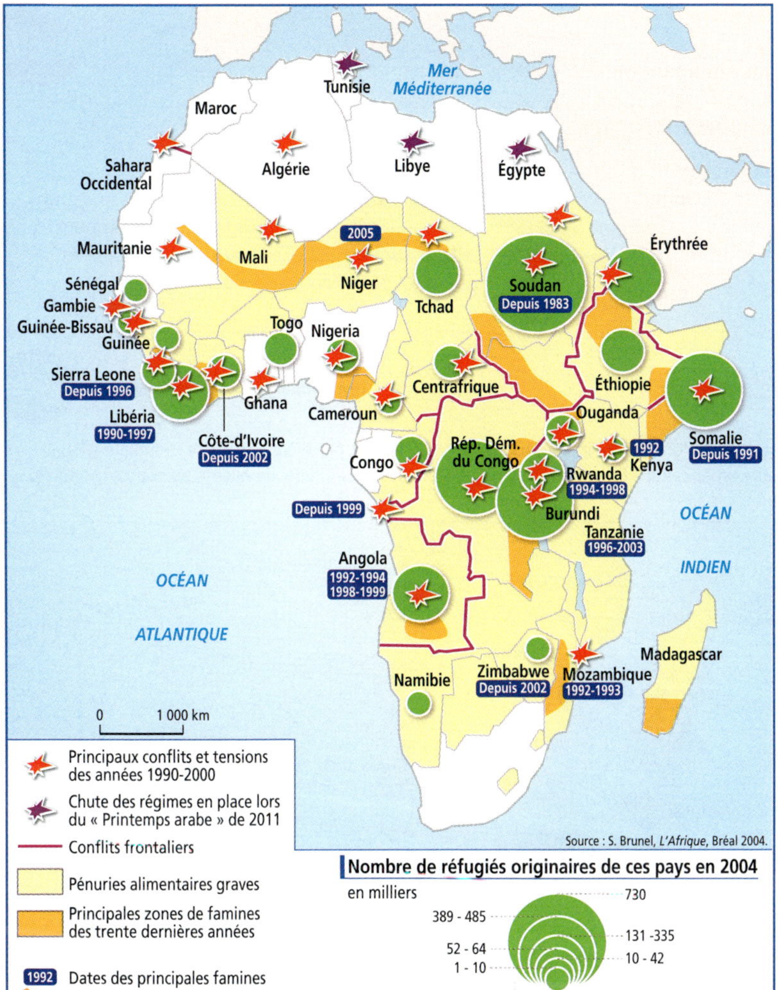

4 **Les conflits en Afrique depuis 1991**

5 **Attentats revendiqués par l'AQMI (Al-Qaïda au Maghreb islamique) à Marrakech au Maroc en avril 2011**

6 **Le génocide Tutsi**

En 1994, pendant la guerre civile au Rwanda, les Hutus assassinèrent plus de 800 000 Tutsis.

« D'une voix de stentor [...] l'animateur de la station, appelle au meurtre : "Nettoyez le pays. Que le cancrelat disparaisse ! Qu'il soit éradiqué ! Vive le Rwanda hutu..." Un troisième acolyte du génocide a une voix grave et un ton sec : "Comment distinguer le cancrelat du Hutu ? Plusieurs moyens sont à votre disposition : le cancrelat a des incisives écartées, le talon étroit, le nez fin, le cheveu moins crépu. Le crâne du cancrelat est long derrière, et son front est incliné. Le cancrelat est grand et il a de la morgue dans son regard [...]. Chaque famille hutu, chaque Hutu a aujourd'hui un devoir envers sa patrie. Et ce devoir est simple : éliminer le serpent cancrelat. Que servent vos machettes ! [...] Vous avez un seul ennemi commun : le cancrelat." »

Yolande Mukagasany, *N'aie pas peur de savoir*, © Robert Laffont, 1999.

A Les tensions de l'arc de crises

1. Doc. 1 Sur quels continents l'arc de crises s'étend-il ?

2. Doc. 1 et 3 Quelles sont, d'après Barack Obama, les zones de tension dans la région ?

3. Doc. 1 et 2 Quelle est la situation d'Israël dans la région ? Où sont localisés les territoires palestiniens ?

4. Doc. 3 Quelle est l'attitude des États-Unis face à l'Iran ?

B Les crises en Afrique (1991-2011)

5. Doc. 4 Relevez trois types de crises en Afrique depuis 1991.

6. Doc. 5 Que signifie AQMI ? Quel moyen AQMI utilise-t-il pour se faire connaître ?

7. Doc. 6 Comment ce message est-il diffusé ? Quel est son contenu ? Quel est le bilan de ce génocide ?

Bilan **DÉCRIRE ET EXPLIQUER**

À l'aide des documents, présentez pour l'un des exemples les acteurs des crises et leurs conséquences.

Aide à la rédaction

1. Les foyers des crises.
2. Les acteurs.
3. Les raisons de ces crises et leurs conséquences.

Réviser les repères

Livret Brevet

→ L'essentiel, p. 17

A Identifier l'essentiel à retenir

Brevet

Vocabulaire	Repères chronologiques	Capacités
Savoir définir : hyperpuissance, multipolaire, géopolitique	**Savoir situer dans le temps :** **1991 :** la première guerre du Golfe **1994 :** le génocide rwandais **11 septembre 2001 :** les attentats du World Trade Center à New York	**Savoir :** **raconter** un événement majeur depuis le début des années 1990 et **expliquer** ses conséquences, **situer** sur une carte les grandes puissances et les lieux de tension aujourd'hui.

B Compléter la légende d'une carte

Compétence 5.3 › **Lire et employer différents langages**

Socle

► Recopiez la légende de la carte puis attribuez à chaque figuré l'une de ces informations : Les États-Unis, première puissance mondiale – Pays membres de l'OTAN – Arc de crises – Intervention militaire américaine – Principaux attentats islamistes – La Chine, deuxième puissance mondiale.

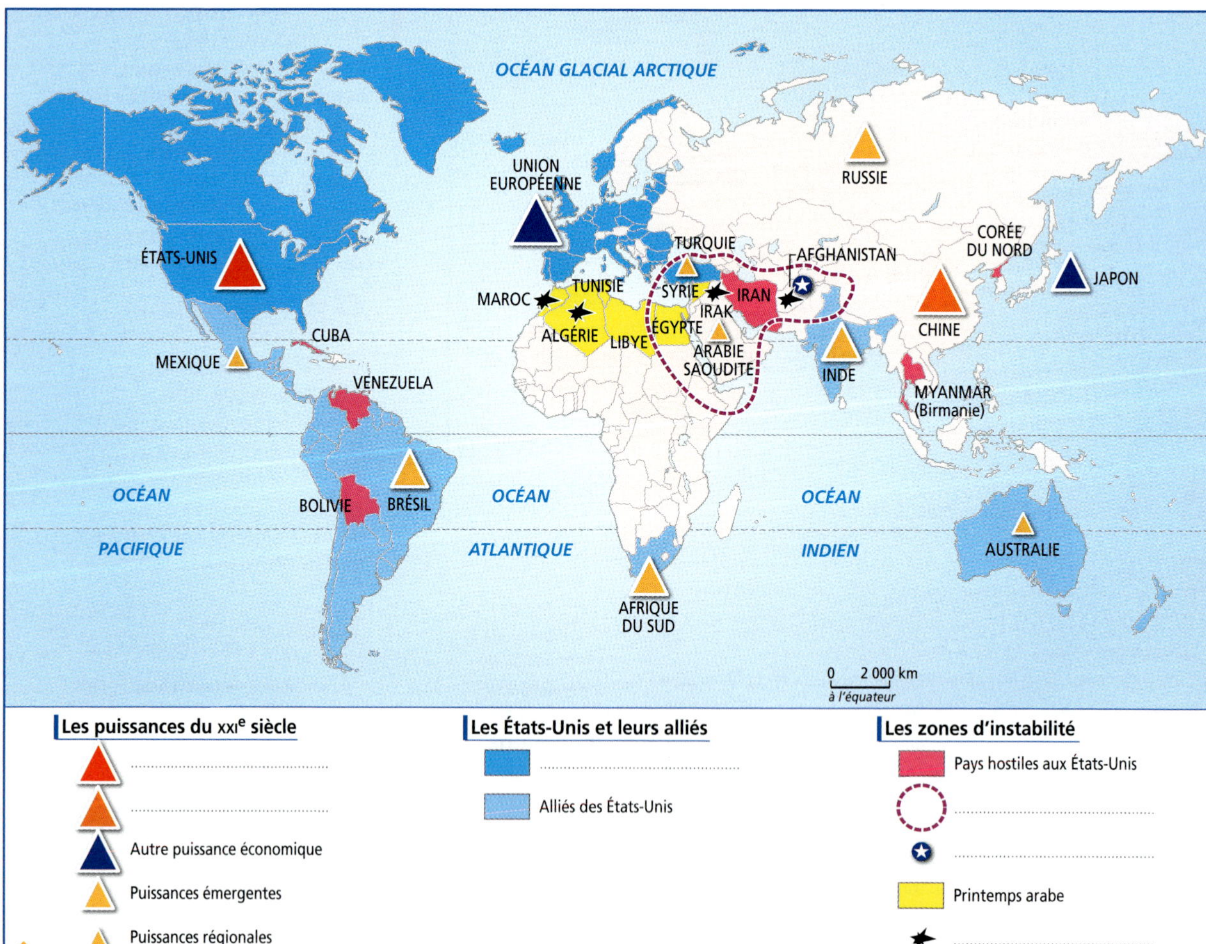

1 Le monde au XXIe siècle

Réviser les savoir-faire

C Comprendre la géopolitique

Compétence 1.1 › **Dégager l'essentiel d'un texte lu** Brevet

« Le terme géopolitique, dont on fait de nos jours de multiples usages, désigne en fait tout ce qui concerne les rivalités de pouvoirs ou d'influence sur des territoires et les populations qui y vivent : rivalités entre les pouvoirs politiques de toutes sortes, – et pas seulement des États, mais aussi entre des mouvements politiques ou des groupes armés plus ou moins clandestins –, rivalités pour le contrôle ou la domination de territoires de grande ou de petite taille. »

Yves Lacoste, article « Géopolitique », *Dictionnaire de géopolitique*, © Flammarion, 1995.

Méthode

1 Analyser le document

1. Que désigne la géopolitique ?

2. Quels sont les différents acteurs de la géopolitique ?

2 Comprendre un conflit géopolitique : la guerre contre l'Irak en 2003 (pour vous aider : doc. 1 et 3 p. 136)

3. Présentez les différents acteurs de ce conflit (États, fonction des dirigeants…)

4. Pourquoi l'Irak est-elle une région stratégique ?

5. Quelles sont les conséquences de ce conflit pour les différents acteurs ?

6. À partir de cette grille de lecture, analysez un autre conflit des années 2000.

D Étudier l'effondrement du bloc soviétique et ses conséquences

Compétence 4.4 › **Créer, produire, traiter, exploiter des données** B2i

► Rechercher des informations

1. Le site Internet **Curiosphère** propose un dossier éducatif sur la guerre froide. Retrouvez le lien sur www.3e.hgeleve.magnard.fr/liens

2. À l'aide du sommaire, dans la rubrique sur « La fin du système communiste », découvrez les différentes parties proposées.

► Sélectionner et organiser les informations

3. Ouvrez un document de traitement de texte puis recopiez le plan proposé.

- I. Des acteurs
- II. Des politiques
- III. Des territoires

4. Répondez aux questions en indiquant pour chaque partie les liens utilisés depuis la page.

I. Des acteurs

- Cliquez sur l'onglet « Portraits », puis lisez et résumez la biographie d'un acteur important de l'effondrement du bloc soviétique (Mikhaïl Gorbatchev, Vaclav Havel ou Lech Walesa par exemple).

II. Des politiques

- Cliquez sur l'onglet « Un système économique exsangue », lisez le texte puis présentez la politique mise en place en URSS à partir de 1985.
- À partir de l'onglet « Vidéos sur l'effondrement du bloc soviétique », sélectionnez la vidéo qui montre que l'URSS est un acteur essentiel en Europe de l'Est en 1989.
- Quelles sont les différentes causes qui expliquent l'éclatement de l'URSS en 1991 ?

III. Des territoires

- À partir du dossier « 1991 : la disparition de l'URSS », copiez la carte dans votre document de traitement de texte puis montrez que la dislocation de l'URSS entraîne la naissance de nouveaux États et de nouveaux conflits.

► Sauvegarder les informations

5. Enregistrez votre fichier en lui donnant un nom.

Brevet Sujet 1 accompagné

1 Situer des repères

Question

Pour chaque repère, vous rédigerez une courte explication.

- Le couronnement de Charlemagne
- Le Congrès de Vienne
- 14 juillet 1789
- L'euro monnaie européenne

2 Connaître des notions, des acteurs, des faits historiques

Questions

1. Qu'est-ce que la bipolarisation du monde pendant la guerre froide ? Vous répondrez à cette question en rédigeant un développement.

2. Expliquez les causes de la construction du mur de Berlin.

3. Définissez la perestroïka.

3 Travailler sur un document

R. Nixon et L. Brejnev (18 juin 1973)
Le président américain Richard Nixon (à droite) prononce un discours de bienvenue au dirigeant soviétique Leonid Brejnev (à gauche), lors d'une rencontre à Washington. L'homme au centre de l'image est l'interprète. Lors de cette rencontre, Brejnev déclare : « Nous savons qu'en ce qui concerne la puissance et l'influence, il n'y a que deux nations au monde qui compte réellement, l'Union soviétique et les États-Unis ».

Questions

1. Où et quand se déroule la scène ? À quelle période de la guerre froide, cela correspond-il ?

2. Quels personnages sont représentés ? Quelles fonctions exercent-ils ?

3. Selon L. Brejnev, quels rôles exercent leurs deux pays dans les relations internationales?

Conseils pour travailler sur un document

- Observez bien le document, lisez son titre et sa légende.
- Situez le document dans le temps et dans l'espace : identifiez les acteurs et le contexte historique.
- Vous pouvez citer un élément du document pour appuyer votre réponse.

Exemple de réponse attendue à la question 3 :

► *Depuis le début de la guerre froide, le monde est divisé en deux blocs. Pour L. Brejvev, la direction du monde est assurée par ces deux seules superpuissances. Il déclare : « Nous savons qu'en ce qui concerne la puissance et l'influence, il n'y a que deux nations au monde qui compte réellement, l'Union soviétique et les États-Unis ».*

- Ne vous contentez pas de recopier le document ou de le décrire. À l'inverse, évitez de resituer des éléments de cours sans prendre en compte le document.

Mémo Brevet

Je sais répondre à des questions sur un document

- Je caractérise le document et je suis capable d'en situer le cadre historique (personnages, faits, période).
- Je m'appuie sur des éléments du document et fais appel à mes connaissances pour répondre précisément aux questions posées.

Brevet

Sujet 2 accompagné

1 Situer des repères

Question

Pour chaque repère, vous rédigerez une courte explication.

- **Début de l'écriture de la Bible**
- **Premier voyage de Christophe Colomb**
- **Régime de Vichy**
- **Les traités de Rome**
- **Le mur de Berlin**

Conseils pour situer des repères

- Rappel : la connaissance de ces repères ne se limite pas à la désignation de la date ou de l'événement. Vous devez rédiger une explication.
- Vous pouvez vous aider d'un tableau (➜ p. 28) et du **Livret Brevet** (➜ p. 2 à 9)

Repère chronologique	Événement	Acteurs, lieu, régime politique ou civilisation...
....	....	....

2 Connaître des notions, des acteurs, des faits historiques

Questions

1. Racontez la décolonisation d'un État à partir de l'exemple étudié pendant l'année.
2. Présentez un acteur de la décolonisation et son rôle dans l'indépendance de son pays.
3. Expliquez ce qu'est la CNUCED. Vous répondrez à cette question en rédigeant un développement.

3 Travailler sur un document

Les non-alignés vus par Plantu (1978)
Caricature parue dans *Pauvres chéris* (Le Centurion). Le dessin s'inspire d'une légende allemande : le joueur de flûte de Hamelin. Celle-ci raconte comment un joueur de flûte débarrassa la ville de milliers de rats en les charmant avec ses mélodies et en les noyant dans la rivière.

Questions

1. Présentez le document : nature, auteur, date et contexte historique.
2. Qui sont les deux joueurs de flûte ? Que représentent les animaux ?
3. Quel regard le caricaturiste porte-t-il sur le « non-alignement » ?

Conseils pour travailler sur un document

- Tenez compte de la nature du document :
  – un texte : un extrait de Mémoires ou un article de journal n'ont pas la même signification.
  – une caricature : identifiez les personnages et le message du caricaturiste.
  – une photographie : identifiez la scène ou les personnages représentés.
  – une carte ou un graphique : lisez bien la légende et le thème de la carte.
- Réfléchissez à la portée du document.

Exemple de réponse attendue à la question 3 :

► *Dans un monde bipolaire, le non-alignement est impossible, car les pays non-alignés doivent obligatoirement se tourner vers l'un des deux blocs.*

- Faites appel à vos connaissances : appuyez-vous sur des exemples.

Mémo Brevet

Je sais interpréter une caricature

- J'identifie la nature du document (affiche, caricature, photographie) et réfléchis à son sens et à sa portée, en faisant appel à mes connaissances.

Brevet

Sujet 3 blanc

1 Situer des repères

Question

Pour chaque repère, vous rédigerez une courte explication.

- **Le début du christianisme**
- **septembre 1792**
- **L'armistice de la Grande Guerre**
- **Libération de la France**
- **Principale phase de la décolonisation**

2 Connaître des notions, des acteurs, des faits historiques

Questions

1. Qui sont les signataires des traités de Rome ? Quand les traités ont-ils été signés ?

2. Qu'est-ce que l'approfondissement au sein de l'Union européenne ?

3. Expliquez le rôle de la France dans la construction européenne des traités de Rome au traité de Maastricht.
Vous répondrez à cette question en rédigeant un développement.

3 Travailler sur un document

L'espérance européenne de Jean Monnet

« À présent l'idée d'une Europe qui ne connaîtra plus de frontières – où les peuples auront mis en commun leurs ressources et seront unis dans le même destin pacifique, libérant leurs enfants de la crainte et de l'esprit de domination qui ont ensanglanté nos pays pendant tant de siècles – cette idée a commencé à être une réalité...

En même temps que nous avons progressé, pendant que s'établissaient et se fortifiaient nos premières institutions européennes, la force dynamique des principes de notre entreprise a entraîné la préparation de l'étape nouvelle essentielle à la réunion des peuples d'Europe, l'élection d'un Parlement européen au suffrage universel par tous les citoyens de l'Europe. »

J. Monnet, allocution prononcée le 9 mai 1959 en l'honneur de R. Schuman.

Questions

1. Identifiez la nature du document et présentez son auteur.

2. D'après l'auteur, quelles sont les réalisations de l'Europe ?

3. Que souhaite-t-il pour la vie démocratique de l'Europe ?

Brevet *Sujet 4 blanc*

1 Situer des repères

Question

Pour chaque repère, vous rédigerez une courte explication.

- **Homère**
- **Le château de Versailles**
- **La IIe République**
- **1958-1969**
- **Traité de Maastricht**

2 Connaître des notions, des acteurs, des faits historiques

Questions

1. À l'aide de vos connaissances, rédigez un développement qui montre l'évolution du monde depuis la disparition de l'URSS.

2. Nommez deux pays émergents et donnez deux ou trois aspects de leur puissance.

3. Quelles sont les conséquences du 11 septembre 2001 ?

3 Travailler sur un document

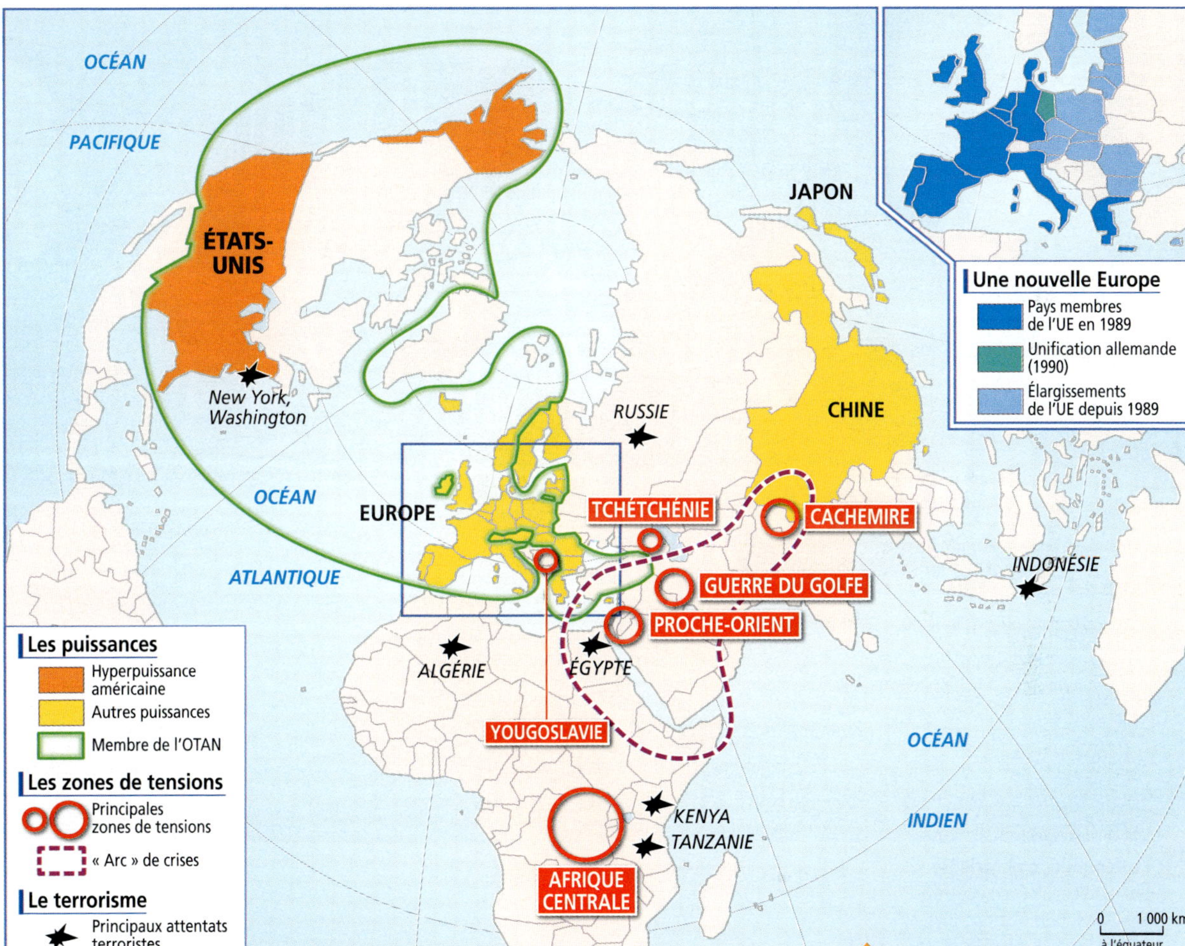

Le monde de la fin de la guerre froide au début des années 2000

Questions

1. Quelles évolutions l'Europe a-t-elle connu depuis 1989 ?

2. Quelles sont les puissances au début des années 2000 ?

3. Où les principales zones de tensions sont-elles localisées au début des années 2000 ?

CHAPITRE 10

La République de l'entre-deux-guerres : victorieuse et fragilisée

▷ **Quelles sont les fragilités de la France dans l'entre-deux-guerres ?**

1 La République victorieuse
Les maréchaux Foch et Joffre défilent sur les Champs-Élysées à Paris le 14 juillet 1919.

Confronter les documents

1. Où et quand cette scène se déroule-t-elle ?
2. Que célèbre-t-on ?
3. Quel est le slogan mis en avant par le Front populaire ? À quoi s'oppose-t-il ?

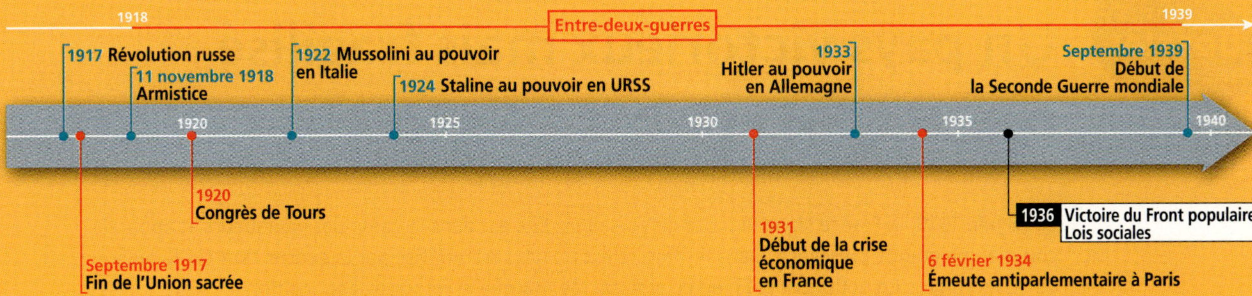

2 Couverture d'une brochure du Front populaire en 1936

Dossier Un pays victorieux mais fragilisé

Quelle est la situation de la France au début des années 1920 ?

Le 28 juin 1919, la France signe le traité de Versailles. Elle est dans le camp des vainqueurs et apparaît comme une grande puissance. Dans les faits, c'est un pays traumatisé par la guerre, tant sur le plan humain qu'économique. En politique, la fin de l'Union sacrée marque le retour de l'opposition **droite-gauche**.

A Clemenceau à la tête d'un pays victorieux

1 Biographie

Georges Clemenceau, 1841-1929

• Il est élu maire du 18e arrondissement de Paris en 1870, puis député en 1871. En 1898, directeur de *L'Aurore*, il publie « J'accuse » de Zola pour défendre le capitaine Dreyfus. De 1906 à 1909, il est nommé président du Conseil[1].
À partir de 1917, il cumule les fonctions de ministre de la Guerre et de Président du Conseil.
Il signe le traité de Versailles en 1919 et remporte les élections à la tête du Bloc national. Battu lors de l'élection présidentielle de 1920, il se retire de la vie politique.

1. Chef du gouvernement sous la IIIe République.

2 Les vainqueurs négocient le traité de Versailles (dessin de 1919)
① Lloyd George, Premier ministre britannique.
② Georges Clemenceau, président du Conseil français.
③ Woodrow Wilson, Président des États-Unis.

3 Les résultats des élections législatives de 1919 : la victoire du Bloc national

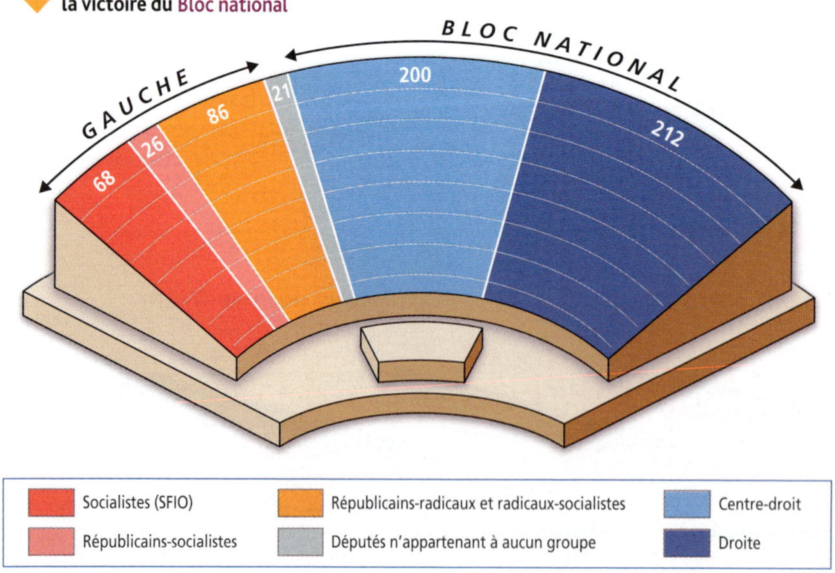

Vocabulaire

Droite-gauche : depuis la Révolution française, on utilise la notion de droite et de gauche pour désigner les partis politiques en France. La droite est attachée à l'ordre, à la propriété et au libéralisme économique. La gauche souhaite l'égalité et le progrès grâce à l'intervention de l'État.

Bloc national : coalition politique des partis du centre droit et de droite en 1919.

SFIO : section française de l'Internationale ouvrière née en 1905.

SFIC : section française de l'Internationale communiste née en 1920.

B Un pays fragilisé

La France en deuil 4
Le monument aux morts de Marçon (Sarthe) est l'un des 36 000 monuments érigés entre 1918 et 1926 en France. La France a perdu 1 383 000 soldats, laissant derrière eux 700 000 orphelins.

5 La peur du communisme
Affiche du groupement économique des arrondissements de Sceaux et Saint-Denis (1919).

LE PARTI COMMUNISTE(1) DE RUSSIE
invite les militants des partis socialistes européens à adhérer à la IIIe Internationale après acceptation de **21 conditions**, dont l'une prévoit qu'ils seront sous son autorité.

↓

CONGRÈS DE TOURS

LES RÉVOLUTIONNAIRES
M. Cachin et L.-O. Frossard
« Contre la guerre qui monte, contre l'impérialisme triomphant [...] notre devoir c'est [de] nous mettre côte à côte avec la grande révolution russe. » (Marcel Cachin)

↓

3 208 pour l'adhésion décident de créer la **SFIC**

LES RÉFORMISTES
L. Blum, P. Faure, M. Sembat
« Vous voulez un parti [...] dans lequel il n'y ait plus de libertés de pensée [...] eh bien... nous n'acceptons pas ce parti nouveau qu'on veut faire. » (Léon Blum)

↓

1 022 contre l'adhésion décident de maintenir la **SFIO**

6 Le congrès du Parti socialiste à Tours (1920) : l'opposition de deux textes 1. En 1918, le parti bolchévique prend le nom de parti communiste.

A Clemenceau à la tête d'un pays victorieux

1. **Doc. 1 et 2** Quelles fonctions Clemenceau a-t-il occupé pendant la guerre ?
2. **Doc. 2** Quels éléments montrent que la France est victorieuse ?
3. **Doc. 3** Quel camp politique remporte les élections ?

B Un pays fragilisé

4. **Doc. 4** Quel est le bilan humain de la guerre ? Quelles sont les conséquences sur les familles ?
5. **Doc. 5** Quelle réaction l'affiche exprime-t-elle à l'égard de la révolution bolchevique ?
6. **Doc. 6** Quelles sont les conséquences de la Révolution russe sur la gauche française ?

Bilan — DÉCRIRE ET EXPLIQUER

À l'aide des documents, décrivez et expliquez la situation de la France au début des années 1920.

Aide à la rédaction
1. Un pays victorieux porté par Clemenceau.
2. Un pays fragilisé par la guerre et les divisions politiques.

Leçon 1 De la guerre à la paix

Quelles sont les divisions de la France après la guerre ?

A La fin de l'Union sacrée

- **Après trois ans de conflit, l'année 1917 apparaît comme une année terrible :** la révolution qui secoue la Russie prive la France d'un allié sur le front ; des mutineries éclatent et des grèves paralysent les usines à l'arrière.
- **En novembre 1917, c'est la fin de l'Union sacrée.** La gauche pacifiste quitte le gouvernement et réclame la paix. Dans ce contexte, **Georges Clemenceau est investi Président du Conseil le 20 novembre 1917**. Il conserve le ministère de la Guerre (doc. 2).
- Homme politique d'expérience, **Clemenceau va jusqu'en novembre 1918 mobiliser toutes les ressources du pays pour mener la France à la victoire**. À plusieurs reprises, il se rend sur le front pour soutenir les soldats (doc. 1).

B Le retour à la paix et ses difficultés

- Après l'abdication de l'empereur Guillaume II, l'Allemagne **demande l'armistice. Il est signé le 11 novembre 1918 à Rethondes (Oise).** La paix est revenue : la France est victorieuse, mais meurtrie.
- En novembre 1919, dans un contexte de peur révolutionnaire, Clemenceau souhaite prolonger l'Union sacrée à travers **le Bloc national, composé de la droite et du centre. Ce dernier remporte les élections législatives : c'est la chambre « bleu horizon »**.
- **La paix s'accompagne de nombreuses grèves** liées aux difficultés d'après guerre. Les démobilisés retrouvent des salaires mal adaptés à la cherté de la vie. En 1920, 8 000 cheminots sont révoqués suite à un vaste mouvement de grève (doc. 4).

C Les affrontements politiques

- La Révolution russe de 1917 provoque une onde de choc en Europe. À la tête du parti bolchevik russe, Lénine souhaite étendre la révolution au monde entier. Il propose aux partis socialistes européens d'adhérer à la IIIe Internationale sous condition de l'acceptation de 21 conditions, dont l'une est la soumission aux directives du parti bolchevik.
- **Lors du congrès de Tours de décembre 1920, la SFIO se divise** (doc. 3 et 5). La majorité fonde la SFIC qui accepte les 21 conditions de Lénine. La minorité dirigée par Léon Blum refuse. Deux ans plus tard, la CGT connaît une scission avec la création de la CGTU (unitaire proche des communistes).

1 Clemenceau rencontre les soldats sur le front de l'Oise (Le Plémont) en mai 1918

2 Rien que la guerre

« Messieurs, nous avons accepté d'être au gouvernement pour conduire la guerre avec un redoublement d'efforts en vue du meilleur rendement de toutes les énergies. Nous nous présentons devant vous dans l'unique pensée d'une guerre intégrale. [...] Vaincre pour être justes, voilà le mot d'ordre de tous nos gouvernements depuis le début de la guerre. [...] Faiblesse serait complicité. Nous serons sans faiblesse, comme sans violence. Tous les inculpés en conseil de guerre[1]. [...] Plus de campagnes pacifistes, plus de menées allemandes. Ni trahison, ni demi-trahison : la guerre. Rien que la guerre. »

Discours d'investiture de Georges Clemenceau, 20 novembre 1917.

1. Tribunal militaire pouvant prononcer des peines de mort.

Vocabulaire

Union sacrée : union de l'ensemble des forces politiques.

Président du Conseil : chef du gouvernement investi par l'Assemblée nationale.

Chambre « bleu horizon » : élue en 1919, elle comportait de nombreux anciens combattants. Le bleu était la couleur des uniformes des soldats.

IIIe Internationale : organisation qui souhaite regrouper les partis socialistes du monde entier.

CGT (confédération générale du travail) : syndicat des travailleurs fondé en 1895.

3 Le point de vue de Léon Blum

« Nous sommes convaincus, jusqu'au fond de nous-mêmes, que, pendant que vous irez courir l'aventure, il faut que quelqu'un reste garder la vieille maison[1]. Nous sommes convaincus qu'en ce moment, il y a une question plus pressante que de savoir si le socialisme sera uni ou ne le sera pas (applaudissements). C'est la vie même du socialisme que nous avons la conscience profonde de préserver en ce moment dans la mesure de toutes nos forces. »

Discours de Léon Blum au congrès de Tours, 27 décembre 1920.

1. La SFIO.

4 Assemblée générale des cheminots grévistes à la gare de triage de Villeneuve (Hauts-de-Seine) en 1920

5 Le congrès de Tours (25-30 décembre 1920)
Les socialistes français se réunissent à Tours pour leur 18e congrès. Il s'achève cinq jours plus tard sur la division du mouvement.

A La fin de l'Union sacrée

1. **Doc. 1 et 2** Qui est Clemenceau ? Quelles fonctions occupe-t-il quand il prononce ce discours ?
2. **Doc. 1** Montrez que Clemenceau a une attitude de chef militaire.

B Le retour à la paix et ses difficultés

3. **Doc. 4** Que font les cheminots ?

C Les affrontements politiques

4. **Doc. 5** Qui le congrès de Tours réunit-il ? Pourquoi ?
5. **Doc. 3 et 6 p. 147** Quelle est la position de Léon Blum sur les propositions de la IIIe Internationale ?
6. **Doc. 3 et 6 p. 147** Quelle est la conséquence du congrès de Tours ?

Bilan — DÉCRIRE ET EXPLIQUER

À l'aide des documents, rédigez un développement sur la situation de la France après la guerre, sur les plans social et politique.

Compétence 1.2 › **Rédiger un texte bref, cohérent et ponctué**

Compétence 5.1 › **Avoir des connaissances et des repères**

Socle

Leçon 2 La crise des années 1930 en France

Quelles sont les différentes manifestations de la crise des années 1930 en France ?

A Une violente crise économique et sociale…

- **En 1931, une violente crise économique touche la France.** La surproduction agricole entraîne la **baisse des prix**. La production industrielle et les exportations chutent (doc. 1). **Le budget français redevient déficitaire**.
- **En 1932, la France compte 273 000 chômeurs indemnisés** (doc. 1 et 2). La politique de **déflation** entraîne une baisse du traitement des fonctionnaires et des salariés. **Entre 1928 et 1935, les salaires ont baissé d'un quart**.

B … qui débouche sur une crise politique

- **La France est confrontée à une instabilité ministérielle :** entre 1932 et 1934, cinq gouvernements se succèdent. **Le pays est aussi touché par divers scandales politico-financiers**, dont l'affaire Stavisky.
- **Dans un contexte européen de montée de l'extrême droite**, les **ligues** se saisissent de ce scandale pour dénoncer la « République des voleurs » (doc. 5). **Le 6 février 1934, elles organisent une manifestation de protestation devant la chambre des Députés.** Les échauffourées avec les forces de l'ordre font 15 morts et 1 435 blessés (doc. 3). Le 7 février 1934, le Président du conseil radical Daladier démissionne. Les forces républicaines réagissent pour défendre la République (doc. 4).

C …. et un sursaut républicain

- **Divisée depuis le congrès de Tours, la gauche se rassemble**. Les communistes, les socialistes puis les radicaux s'unissent et forment le Front populaire autour du slogan « le pain, la paix, la liberté ». **La coalition remporte les élections législatives de mai 1936** (doc. 7). Léon Blum, chef de la SFIO, forme un gouvernement. Les communistes le soutiennent mais refusent d'y participer.
- **L'arrivée du Front populaire suscite un immense espoir** qui entraîne une explosion sociale dans le pays (doc. 6). En juin 1936, la France compte deux millions de grévistes.
- **En un an, le gouvernement Blum engage des réformes importantes en signant avec les syndicats et le patronat les accords Matignon, complétés par des lois sociales**. Ces textes prévoient le droit syndical, une augmentation des salaires de 7 à 15 %, la semaine de travail de 40 heures et deux semaines de congés payés… Dans le même temps, un décret dissout les ligues.
- Confronté à des divisions au sein de la coalition, notamment sur l'attitude à adopter face à la **guerre d'Espagne**, **Léon Blum démissionne le 21 juin 1937**. C'est la fin du Front populaire.

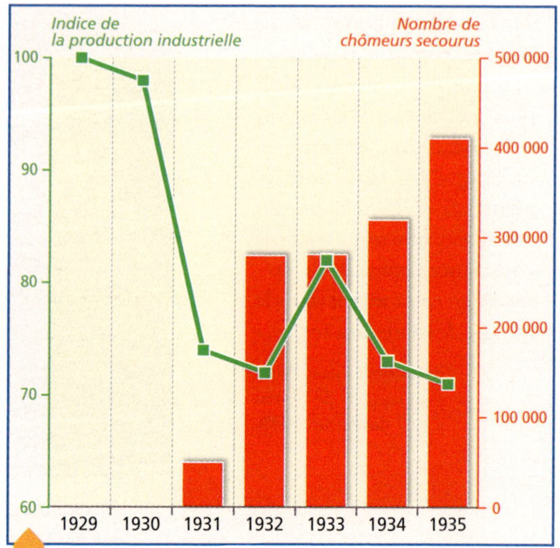

1 La situation économique et sociale de la France dans les années 1930

2 Manifestation de la faim des chômeurs du nord de la France à Paris en 1933

Vocabulaire

Déflation : baisse des prix et des salaires.

Ligues : formations politiques antiparlementaires d'extrême droite.

Guerre d'Espagne : guerre civile espagnole opposant, de 1936 à 1939, le gouvernement républicain au général Franco qui imposa une dictature.

3 Les émeutes d'extrême droite du 6 février 1934

« Les manifestants, pour la plupart des jeunes gens, se précipitent à nouveau vers le barrage [...]. Les cavaliers reculent en désordre [...]. Des manifestants se précipitent en criant : "À la Chambre ! À l'eau les gardes !". Il se produit une panique sur le pont. Des gardiens de la paix et des gardes mobiles se trouvant en état de légitime défense sortent leurs pistolets et tirent. Beaucoup de coups de feu sont tirés en l'air ; quelques-uns sur les manifestants. »

Rapport de la commission d'enquête parlementaire sur le 6 février 1934, cité par Serge Berstein, *Le 6 février 1934*, coll. Archives, © Gallimard, 1975.

4 La réaction de la gauche

« Il faut seulement observer que ce régime, tel qu'il est, avec ses défauts et ses qualités se trouve menacé, attaqué avec des forces de réaction qui veulent le détruire pour mettre à la place quoi ? Un régime de dictature qui marquera un recul immense des forces de progrès social qui même les détruira de fond en comble. »

Journal de la CGT, *Le Progrès*, 7 février 1934.

5 Affiche d'extrême droite (1935)

6 Les grèves de 1936
Couverture de la revue *Miroir du Monde*, 6 juin 1936.

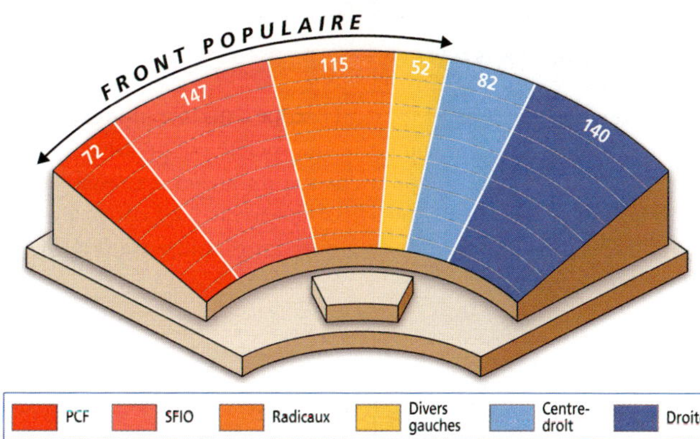

7 La Chambre des députés élue en mai 1936

A Une violente crise économique et sociale...

1. **Doc. 1** Comment évolue la production industrielle en France entre 1931 et 1935 ?
2. **Doc. 1 et 2** Comment la crise sociale se manifeste-t-elle ?

B ... qui débouche sur une crise politique

3. **Doc. 3** Que s'est-il passé le 6 février 1934 ?
4. **Doc. 4** Que redoute la gauche pour la démocratie ?
5. **Doc. 5** Qui est visé par la propagande de ce parti ? De quelle idéologie ces arguments se rapprochent-ils ?

C ... et un sursaut républicain

6. **Doc. 7** Quelle coalition remporte les élections ? Quels partis la composent ?
7. **Doc. 6** Comment les ouvriers réagissent-ils à la victoire du Front populaire ?

Bilan DÉCRIRE ET EXPLIQUER

À l'aide des documents, rédigez un développement qui présente la crise des années 1930 en France et le sursaut républicain qu'elle entraîne.

Socle

Compétence 5.3 › **Lire et employer différents langages (textes, graphiques, images)**

Dossier

Les réformes du Front populaire

Quelles sont les grandes réformes du Front populaire ?

Après les élections législatives de mai 1936, la France est confrontée à un mouvement social de grande ampleur. Le Front populaire, vainqueur des élections, adopte d'importantes réformes sociales, économiques et culturelles qui ont marqué la France.

A Les réformes économiques et sociales

1 Biographie

Léon Blum, 1872-1950

- Né en 1872 dans un milieu bourgeois, il fait des études de lettres et de droit.
- En 1904, il participe à la fondation de *L'Humanité*. De 1919 à 1940, il est à plusieurs reprises élu député. En 1920, il refuse l'adhésion à la IIIe Internationale et devient le leader de la SFIO. À la tête du Front populaire, il est nommé président du Conseil en 1936 et fait adopter de grandes réformes. En 1940, il est jugé par Vichy (procès de Riom) puis déporté en Allemagne en 1943. Il est chef du gouvernement provisoire de la République française de décembre 1946 à janvier 1947.

2 La loi sur les congés payés

« Tout ouvrier, employé ou apprenti occupé dans une profession industrielle, commerciale ou libérale ou dans une société coopérative, ainsi que tout compagnon ou apprenti appartenant à un atelier artisanal, a droit, après un an de services continus dans l'établissement, à un congé annuel continu payé d'une durée minimum de quinze jours comportant au moins douze jours ouvrables. »

Loi du 26 juin 1936.

3 Les accords Matignon

« **Art. 3**. - Les employeurs reconnaissent la liberté d'opinion, ainsi que les droits pour les travailleurs d'adhérer librement et d'appartenir à un syndicat professionnel [...].
Art. 4. - Les salaires réels pratiqués pour tous les ouvriers à la date du 25 mai 1936 seront, du jour de la reprise du travail, rajustés suivant une échelle décroissante commençant à 15 % pour les salaires les moins élevés pour arriver à 7 % pour les salaires les plus élevés.
Art. 5. - Dans chaque établissement comprenant plus de dix ouvriers [...] il sera institué deux [titulaires] ou plusieurs délégués ouvriers suivant l'importance de l'établissement. Ces délégués ont qualité pour présenter à la direction les réclamations individuelles qui n'auraient pas été directement satisfaites [...]. »

Accords Matignon, 7 juin 1936.

4 Départ d'un train lors des premiers congés payés, été 1936

5 **La politique du Front populaire en faveur de l'éducation, de la culture et des loisirs**

Des mesures en faveur de l'éducation
- Prolongation de 13 à 14 ans de l'âge de la scolarité obligatoire.
- Effort pour l'équipement des écoles (postes de radio, ateliers d'art...).
- Développement du sport à l'école (5 heures hebdomadaires).

Des mesures en faveur de la diffusion des savoirs
- Création du Service central de la Recherche scientifique (futur CNRS).
- Création de musées à Paris : Palais de la Découverte, musée d'art moderne de la ville de Paris, musée national des Arts et Traditions populaires, musée de l'Homme.
- Baisse du tarif des musées.

Des mesures pour encourager la pratique du sport et des loisirs
- Subventions pour la construction de piscines couvertes, de stades et de terrains de jeux.
- Billets de train à tarif réduit.
- Développement des auberges de jeunesse.

Léo Lagrange, sous-secrétaire d'État aux Sports et à l'Organisation des loisirs **6**

« Notre but, simple et humain, est de permettre aux masses de la jeunesse française de trouver dans la pratique des sports, la joie et la santé et de construire une organisation des loisirs telle que les travailleurs puissent trouver une détente et une récompense à leur dur labeur. La plus grande partie de la jeunesse de France ne peut pas aujourd'hui pratiquer les sports. Les causes sont multiples : manque de terrains et de stades, manque d'instructeurs et d'entraîneurs, manque de temps pour les jeunes qui travaillent, frais trop élevés. Nous allons attaquer de front tous ces problèmes ».

Discours radiodiffusé de Léo Lagrange, 10 juin 1936.

B Les réactions aux réformes du Front populaire

7 **La droite et le Front populaire**

« L'expérience Blum prendra fin un jour, misérablement ou tragiquement. C'est l'occasion qu'attend le parti communiste pour proclamer la grève générale et tenter d'instaurer sa dictature et son cortège d'horreurs et d'ignominies comme hier en Russie [...], comme aujourd'hui en Espagne où les élections du Front populaire ont abouti à une catastrophe sanglante. Le péril est le même chez nous. Français de toutes opinions : ayez le courage de regarder les événements qui se préparent. C'est à cette seule condition que vous sauverez votre maison, votre champ, votre fortune petite ou grande, votre travail, votre liberté, votre vie. »

Appel lancé par 300 journaux républicains nationaux de Paris et de province, le 16 octobre 1936.

8 **Caricature de Dubosc, 1936** « Oh ! Horreur ! Impossible de rester ici ! Ils baignent dans notre océan, ils respirent notre air et se font brunir par notre soleil. »

A Les réformes économiques et sociales

1. Doc. 1 Présentez Léon Blum, chef de parti et leader du Front populaire.

2. Doc. 2, 3 et 4 Relevez trois mesures qui changent la vie des travailleurs dans l'entreprise.

3. Doc. 5 Relevez quatre mesures qui changent la vie quotidienne des Français.

4. Doc. 5 et 6 Qui est Léo Lagrange ? Pourquoi les Français ne peuvent-ils pas pratiquer les sports ? Quelle réforme adopte-t-il ?

B Les réactions aux réformes du Front populaire

5. Doc. 7 Quelles sont les inquiétudes formulées dans cet appel ?

6. Doc. 8 Qui sont les personnages ? Quelle est leur réaction ?

Bilan **DÉCRIRE ET EXPLIQUER**

A l'aide des documents, rédigez un développement qui présente les réformes du Front populaire et les réactions qu'elles suscitent.

Aide à la rédaction

1. Les réformes économiques.
2. Les réformes sociales et culturelles.
3. Les réactions.

Exercices

Réviser les repères

Livret **Brevet**

→ L'essentiel, p.18

A Identifier l'essentiel à retenir — Brevet

Vocabulaire	Repères chronologiques	Capacités
Savoir définir : droite-gauche, Front populaire, ligue, antiparlementarisme	**Savoir situer dans le temps** : **1931** : début de la crise économique en France **6 février 1934** : manifestation antiparlementaire à Paris **1936** : victoire électorale et lois sociales du Front populaire	**Savoir** : **décrire** l'impact de la révolution russe en France, les principaux aspects de la crise des années 1930, les principales mesures adoptées par le Front populaire en montrant les réactions qu'elles suscitent.

B Compléter un schéma

Compétence 5.1 › **Avoir des connaissances et des repères** — Socle

► Recopiez et complétez le schéma à l'aide de ces propositions :
Semaine de 40 heures – Baisse du tarif des musées – Élections de délégués ouvriers – 15 jours de congés payés

C Connaître et utiliser des repères

Compétence 5.2 › **Situer des événements** — Brevet

1. Recopiez et complétez le tableau ci-dessous.

Événement	Date et localisation	Contexte et acteurs	Conséquences
Les émeutes antiparlementaires	......	......	......
Le Front populaire	......	......	......

2. En quelques phrases, décrivez et expliquez les émeutes antiparlementaires et le Front populaire.

Réviser les savoir-faire

D Exploiter un témoignage oral

Compétence 1 › Dégager l'essentiel d'un texte lu — Brevet

1 Germaine Bonnet, née en 1913, raconte les grèves de 1936

« Au moment du Front populaire, j'habitais à Champigny[1] où je suis toujours restée depuis mon mariage, et je travaillais à Air Liquide depuis quelques mois. J'étais en plein dans les événements et de son côté, mon père travaillait à Montreuil[1] comme découpeur-emboutisseur dans une entreprise où il participait aux revendications. On a bataillé, j'étais jeune, mais je me rendais compte des soucis des ouvriers et j'ai adhéré à la CGT. Je participais aux piquets de grèves, mais uniquement dans la journée, car le soir on renvoyait les jeunes chez leurs parents. C'était correct. Il y avait des grèves partout, au Rotin et dans presque tout Champigny. Grâce au Front populaire, mon salaire est passé à 4 francs de l'heure, ce qui était bien pour l'époque. J'avais commencé à 14 ans, après le certificat d'études[2], dans une cartonnerie de Vincennes.
Les premiers congés, ça paraissait énorme. Mon plus beau souvenir, c'est quand nous avons pris le train pour aller en Savoie chez mes grands-parents. À la gare de Lyon, il y avait une effervescence extraordinaire, les gens étaient joyeux, j'étais émerveillée. »

Témoignage publié par la mairie de Champigny.

1. Villes de la banlieue parisienne. 2. Diplôme délivré à la fin de l'école primaire.

Méthode

1 Identifier le témoin

1. Relevez son nom, son prénom, sa date de naissance et son âge en 1936.

2 Situer le témoin

2. Où vit le témoin en 1936 ?

3. À quel milieu social et professionnel appartiennent le témoin et son père ?

4. Identifiez :
- l'âge de fin des études et le diplôme obtenu ;
- ses débuts professionnels ;
- l'emploi occupé en 1936 ;
- son engagement syndical.

3 Contextualiser le témoignage à l'aide de ses connaissances

5. Le témoin dit avoir participé à des grèves en 1936. Quand et pourquoi les grèves de 1936 se sont-elles déroulées ?

6. Qui a remporté les élections qui précèdent ces grèves ?

4 Confronter le témoignage avec ses connaissances

7. Quels sont les avantages obtenus par le témoin en 1936 ?

8. Quels accords ont octroyé des droits sociaux ?

E Confronter des points de vue : le droit de vote des femmes

Compétence 5.3 › Lire et employer différents langages — Socle

1 Louis Andrieux, député du Rhône (centre-droit)

« Dans une démocratie, ceux qui ne votent pas ne comptent pas ; et c'est une des raisons profondément humaines pour lesquelles je vous demande de donner à la femme les moyens de défendre son existence, celle de ses enfants, l'avenir des siens. »

Intervention à la Chambre des députés, 20 mai 1919.

2 Paul Régismanset, sénateur et président de la Commission sur le suffrage féminin (gauche démocratique)

« Il y a des suffragettes[1] qui viennent nous affirmer : les Françaises veulent donner leur avis sur les questions politiques, diplomatiques, économiques ; elles en ont assez d'être traitées en sœurs inférieures ; cela m'étonne, car, lorsque trois femmes sont réunies, elles se mettent aussitôt à parler chiffons. »

Intervention au Sénat, 21 novembre 1922.

1. Mouvement féministe venu de Grande-Bretagne.

► Le point de vue de Louis Andrieux

1. Qui est Louis Andrieux ? Où et quand s'exprime-t-il ?

2. Quelle est sa position sur le vote des femmes ? Identifiez ses arguments.

► Le point de vue de Paul Régismanset

3. Qui est Paul Régismanset ? Où et quand s'exprime-t-il ?

4. Que pense-t-il du vote des femmes ? Identifiez ses arguments.

► Confronter les points de vue

5. Que montrent ces deux discours sur les débats sur le droit de vote des femmes ?

6. À l'aide du chapitre 11, retrouvez en quelle année le droit de vote a été accordé aux femmes.

Le cinéma engagé : *La Grande Illusion*

1 Biographie

Jean Renoir (1894-1979)

- Fils du peintre impressionniste Auguste Renoir, Jean Renoir tient de son père le goût de montrer les hommes de son temps dans leur vie de tous les jours. Mais il s'exprime avec le cinéma, art du XXe siècle et art de masse, qui permet de toucher un plus vaste public que la peinture, au moment où de nouvelles catégories sociales accèdent aux loisirs et à la culture.
- Dans les années 1930, la montée du nazisme en Allemagne et de l'extrême droite en France poussent Jean Renoir à s'engager pour le Front populaire. Dans *La Grande Illusion*, les hommes fraternisent malgré les oppositions de classes sociales et de nationalités.
- Son œuvre cinématographique est importante : *La Vie est à nous* (1936) ; *La Marseillaise* (1937) ; *La Grande Illusion* (1937) ; *La Bête humaine* (1938) ; *La Règle du jeu* (1939).

2 Affiche du film *La Grande Illusion*
Le casque et le fusil allemands sont les symboles du militarisme.
La colombe emprisonnée par les barbelés est un symbole pacifiste.

Présenter le film

1. Qui est le réalisateur de *La Grande Illusion* ?
2. Recherchez qui était Joseph Kosma.
3. Quel est le contexte politique de l'année 1937 ?

Analyser le film

4. Quels sont les symboles présents dans l'affiche ?
5. Où l'intrigue du film se déroule-t-elle ?
6. Qui sont les principaux acteurs ?

Interpréter le film

7. Que dénonce le film ?
8. Pourquoi a-t-on dit que ce film était pacifiste ?
9. Expliquez le titre du film.

Réaliser une fiche pour l'épreuve orale d'histoire des arts — Brevet HdA

Présenter l'œuvre
- Présentez en quelques mots l'œuvre étudiée.
- Situez l'artiste et son film dans le temps et l'espace. Quand l'action se déroule-t-elle ?

Analyser l'œuvre
- Identifiez le thème central du film et l'intrigue.
- Présentez les personnages principaux.
- Expliquez l'intérêt historique de l'œuvre.

Interpréter l'œuvre
- Citez d'autres films de l'artiste.
- Effectuez un rapprochement avec d'autres œuvres pacifistes.
- Présentez un espace culturel autour du cinéma.
- Exprimez votre point de vue sur le film en présentant une argumentation.

3 Les prisonniers français dans le camp

Pendant la Première Guerre mondiale, le lieutenant Maréchal et le capitaine de Boëldieu sont faits prisonniers par le commandant von Rauffenstein. Les deux officiers français sont envoyés dans un camp en Allemagne. Ils retrouvent d'autres prisonniers de tous grades et issus de différents milieux sociaux. Ensemble, ils organisent des activités, partagent leurs maigres ressources. La chambrée regroupe Maréchal (ouvrier), Boëldieu (aristocrate) et le lieutenant Rosenthal (bourgeois). Ils décident de s'échapper. La veille de leur évasion, ils sont transférés dans un autre camp.

4 Les retrouvailles entre le capitaine de Boëldieu et le commandant von Rauffenstein

Maréchal et Boëldieu arrivent dans un camp fortifié dirigé par von Rauffenstein, qui avait abattu leur avion. Ils retrouvent également Rosenthal. Les deux officiers aristocrates se lient d'amitié. Poursuivant leur projet d'évasion, Maréchal, Rosenthal et Boëldieu s'échappent. Boëldieu se sacrifie pour couvrir leur fuite. L'évasion réussit, mais Boëldieu est abattu par accident par von Rauffenstein, forcé de tirer sur celui qui était devenu son ami.

5 L'évasion de Maréchal et Rosenthal

Épilogue

Dans leur fuite vers la Suisse, à travers la campagne allemande, Maréchal et Rosenthal sont accueillis dans une ferme allemande dont les hommes sont morts à la guerre : c'est Elsa, une jeune fermière, qui élève désormais seule sa fille et mène au mieux l'exploitation. Maréchal tombe amoureux d'Elsa et il lui promet de revenir après la guerre. Ils arrivent finalement en Suisse.

CHAPITRE 11

Effondrement et refondation républicaine

▷ **Comment, après l'effondrement de la France en 1940, la Résistance a-t-elle contribué à refonder la République ?**

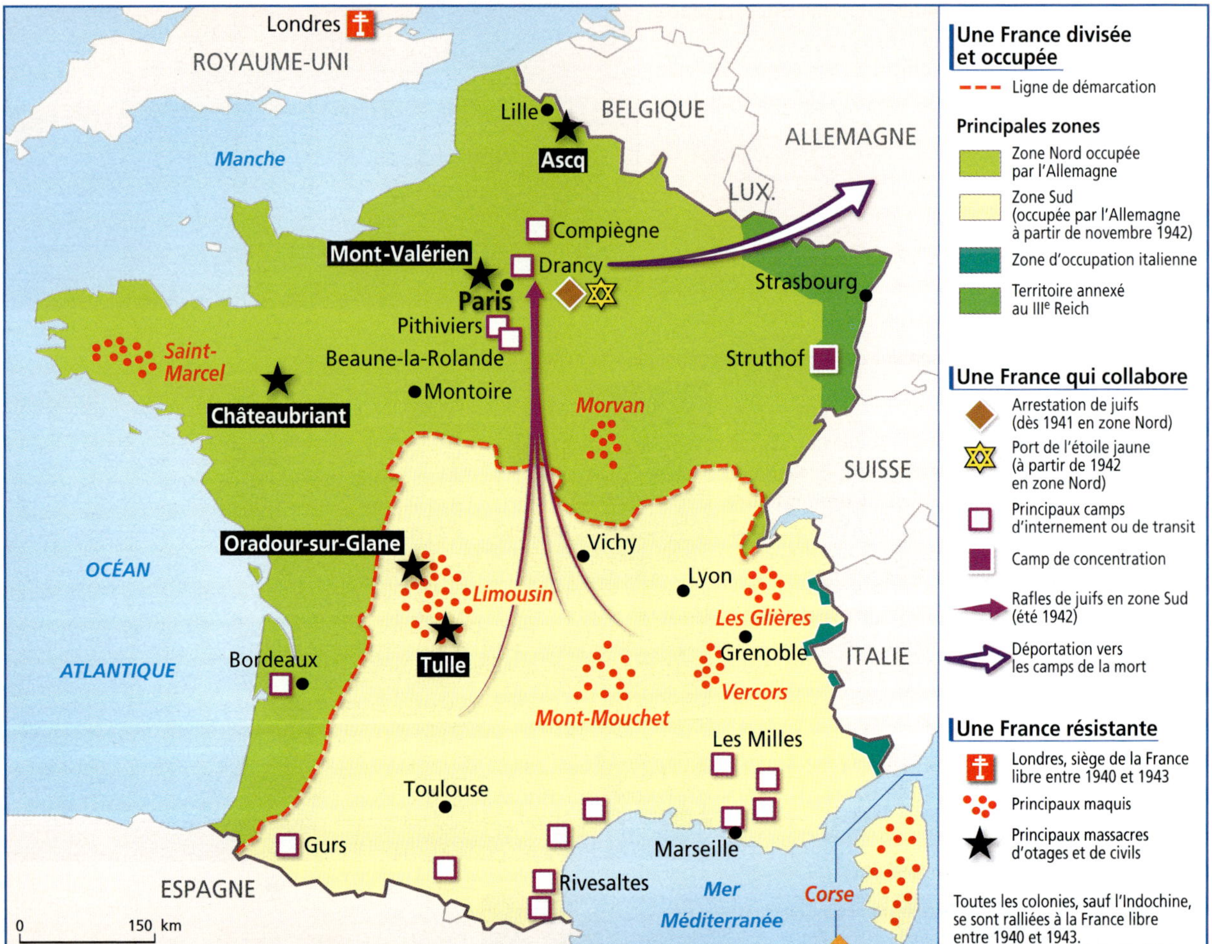

1 L'effondrement de la France (1940-1944)

2 Prisonniers français lors de la défaite de juin 1940

En mai-juin 1940, l'armée française recule face à l'attaque allemande. De nombreux soldats français sont faits prisonniers.

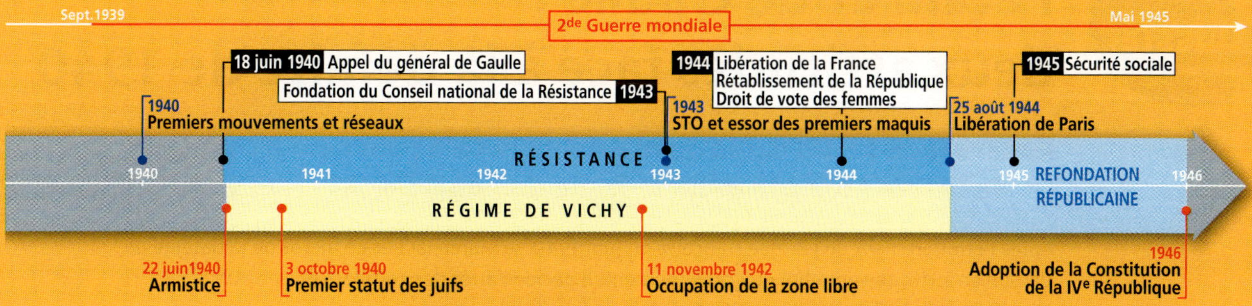

Affiche du Gouvernement provisoire de la République française, août 1944 3

À la suite des différents débarquements alliés et grâce à l'action des résistants, la France est libérée à partir de l'été 1944.

Confronter les documents

1. Que se passe-t-il en juin 1940 ? Quelles en sont les conséquences pour certains soldats français ?

2. Quelle est la situation territoriale de la France de 1940 à 1944 ?

3. Quelle est la situation de la France en août 1944 ? Comment est représentée la Libération sur l'affiche (gestes, personnages, symboles) ?

Dossier

Pétain et de Gaulle : deux attitudes face à la défaite de 1940

Quelle est l'attitude du maréchal Pétain puis celle du général de Gaulle face à la défaite française de 1940 ?

Après l'effondrement de l'armée française en juin 1940, le maréchal Pétain, héros de la bataille de Verdun en 1916, devient chef du gouvernement. Il décide l'arrêt des combats et signe un **armistice** avec l'Allemagne. Face à cette attitude, le général de Gaulle, encore inconnu des Français, refuse l'asservissement de la France et décide de poursuivre la lutte depuis Londres.

A Le maréchal Pétain choisit la collaboration avec l'Allemagne

1 17 juin 1940 : « Il faut cesser le combat »

« Français ! À l'appel de Monsieur le président de la République, j'assume à partir d'aujourd'hui la direction du gouvernement de la France. Sûr de l'affection de notre admirable armée, qui lutte avec un héroïsme digne de ses longues traditions militaires contre un ennemi supérieur en nombre et en armes, sûr que par sa magnifique résistance elle a rempli son devoir vis-à-vis de nos alliés, sûr de l'appui des anciens combattants que j'ai eu la fierté de commander, sûr de la confiance du peuple tout entier, je fais à la France le don de ma personne pour atténuer son malheur. En ces heures douloureuses, je pense aux malheureux réfugiés […]. Je leur exprime ma compassion et ma sollicitude. C'est le cœur serré que je vous dis aujourd'hui qu'il faut cesser le combat.

Je me suis adressé cette nuit à l'adversaire pour lui demander s'il est prêt à rechercher avec nous, entre soldats, après la lutte et dans l'honneur, les moyens de mettre un terme aux hostilités.

Que tous les Français se groupent autour du gouvernement que je préside pendant ces dures épreuves et fassent taire leur angoisse pour n'écouter que leur foi dans le destin de la patrie. »

Discours radiodiffusé du maréchal Pétain.

2 Biographie

Philippe Pétain, 1856-1951

• Considéré comme le « vainqueur de Verdun », le maréchal Pétain dirige le gouvernement à partir du 16 juin 1940. Après avoir demandé l'armistice à l'Allemagne, il obtient du Parlement les pleins pouvoirs à Vichy le 10 juillet. Devenu chef de l'État français, il dirige la France jusqu'en 1944. En 1945, il est jugé et condamné pour haute trahison.

3 L'exode de juin 1940
Les Français fuient l'avancée allemande vers le sud.

Vocabulaire

Armistice : cessation des combats avant de signer la paix.
Exode : fuite massive des civils en mai-juin 1940 devant l'avance de l'armée allemande.
BBC : *British Broadcasting Corporation*, radio britannique.

B Le général de Gaulle choisit la résistance

4 18 juin 1940 : « La flamme de la résistance française ne s'éteindra pas »

« Les chefs qui, depuis de nombreuses années, sont à la tête des armées françaises, ont formé un gouvernement. Ce gouvernement, alléguant la défaite de nos armées, s'est mis en rapport avec l'ennemi pour cesser le combat. Certes, nous avons été, nous sommes, submergés par la force mécanique, terrestre et aérienne, de l'ennemi. Infiniment plus que leur nombre, ce sont les chars, les avions, la tactique des Allemands qui nous font reculer. [...] Mais le dernier mot est-il dit ? L'espérance doit-elle disparaître ? La défaite est-elle définitive ? Non ! [...]
Car la France n'est pas seule ! [...]. Elle a un vaste Empire derrière elle. Elle peut faire bloc avec l'Empire britannique qui tient la mer et continue la lutte. Elle peut, comme l'Angleterre, utiliser sans limites l'immense industrie des États-Unis [...]. Cette guerre n'est pas tranchée par la bataille de France. Cette guerre est une guerre mondiale [...]. Foudroyés aujourd'hui par la force mécanique, nous pourrons vaincre dans l'avenir [...]. Le destin du monde est là. Moi, général de Gaulle, actuellement à Londres, j'invite les officiers et les soldats français qui se trouvent en territoire britannique ou qui viendraient à s'y trouver, avec leurs armes ou sans leurs armes [...] à se mettre en rapport avec moi.
Quoi qu'il arrive, la flamme de la résistance française ne doit pas s'éteindre et ne s'éteindra pas. Demain, comme aujourd'hui, je parlerai à la Radio de Londres. »

Appel radiodiffusé du général de Gaulle à la BBC, dans *Discours et messages*, © Plon, 1970.

5 Biographie

Charles de Gaulle, 1890-1970

• Ayant participé à la Première Guerre mondiale, cet officier rédige plusieurs ouvrages militaires entre 1918 et 1939, dans lesquels il encourage l'armée française à se moderniser. Devenu général, il est nommé sous-secrétaire d'État à la Guerre en mai 1940. Opposé à l'armistice, il part à Londres d'où il organise la poursuite de la guerre. Entre 1940 et 1944, il unifie la Résistance et s'efforce de faire reconnaître la France libre auprès des Alliés. Il dirige le Gouvernement provisoire de 1944 à 1946 puis se retire de la vie politique. Il revient au pouvoir en 1958 et devient le premier président de la Ve République.

6 Daniel Cordier choisit de rejoindre de Gaulle

« 17 juin 1940. Je n'ai jamais entendu la voix du Maréchal. Soudain j'entends ces mots inouïs : "C'est le cœur serré que je vous dis aujourd'hui qu'il faut cesser le combat". Le mythe du "vainqueur de Verdun" s'effondre.
19 juin. Nous lisons les journaux. "De Londres où il s'est transporté, le général français de Gaulle, continue la lutte". Nous sommes d'autant intéressés qu'aucun de nous n'a écouté la radio hier. »

D'après Daniel Cordier (secrétaire de Jean Moulin), *Alias Caracalla*, © Gallimard, 2009.

7 De Gaulle passe en revue les troupes féminines des FFL (Forces françaises libres) le 11 juillet 1940 à Londres

A Le maréchal Pétain choisit la collaboration avec l'Allemagne

1. Doc. 1 et 3 Quelle est la situation de la France en juin 1940 ? Comment Pétain explique-t-il la défaite et qu'annonce-t-il ?

2. Doc. 2 Quelle est la fonction de Pétain à partir du 10 juillet 1940 ? Pourquoi est-il populaire ?

B Le général de Gaulle choisit la résistance

3. Doc. 4 et 5 Qui est le général de Gaulle ? D'où prononce-t-il son discours le 18 juin ? Par quel moyen s'adresse-t-il aux Français ?

4. Doc. 4 Comment de Gaulle explique-t-il la défaite française ? Quel choix fait-il ?

5. Doc. 4 et 7 Pourquoi pense-t-il que la guerre peut encore être gagnée ? À qui demande-t-il en particulier de résister ?

6. Doc. 6 Comment Daniel Cordier a-t-il pris connaissance de l'appel du 18 juin 1940 ? Que pense-t-il de l'armistice ?

Bilan — Décrire et expliquer

À l'aide des documents, rédigez un développement racontant la défaite de la France et montrant que Pétain et de Gaulle proposent deux voies différentes aux Français.

Aide à la rédaction

1. 1940 : la défaite de la France.
2. Pétain choisit la collaboration.
3. De Gaulle incarne la Résistance.

Leçon 1

Le régime de Vichy : une remise en cause de la République

Quelle est la nature du régime de Vichy ?

A La défaite entraîne la mort de la IIIe République

- Le 3 septembre 1939, la France déclare la guerre à l'Allemagne. **Face à l'attaque allemande du 10 mai 1940 et malgré de rudes combats, l'armée française est vaincue**. Devant l'avancée des troupes allemandes, les civils fuient vers le sud : c'est l'exode.
- Le 16 juin, le maréchal Pétain, « héros de Verdun », est nommé chef du gouvernement. Il entame des négociations avec l'Allemagne. **L'armistice, signé le 22 juin 1940 à Rethondes,** impose des conditions très dures à la France (doc. 1).
- Le gouvernement s'installe à Vichy et convoque le Parlement. **Le 10 juillet 1940, une écrasante majorité de parlementaires (509 sur 589) votent les pleins pouvoirs au maréchal Pétain** : c'est la fin de la IIIe République.

B Vichy : un régime antirépublicain, autoritaire et antisémite

- Le maréchal Pétain et son gouvernement expliquent la défaite par les erreurs commises par la République (doc. 2) et rendent responsables les juifs et les étrangers, considérés comme ennemis de la France. **Ils proposent une « Révolution nationale » basée sur de nouvelles valeurs, opposées à celles de la République.** La nouvelle devise de la France est « Travail, Famille, Patrie » (doc. 7).
- Le Parlement n'est plus réuni, les partis et les syndicats sont interdits, la presse et la radio censurées. Pétain, **le chef de l'État, concentre tous les pouvoirs. La France cesse d'être une démocratie pour devenir un régime autoritaire**.
- **Ce régime antisémite exclut les juifs de la nation française** en adoptant les lois anti-juives en 1940 et 1941 (doc. 5). En zone Nord, les juifs sont contraints de porter l'étoile jaune.

C Vichy : un régime qui collabore

- Après la rencontre à Montoire entre le maréchal Pétain et Hitler le 24 octobre 1940 (doc. 4), **Vichy engage la France dans la voie de la collaboration avec l'Allemagne nazie**.
- **Des policiers français participent aux arrestations de juifs** (doc. 3). **À Paris, lors de la « rafle du Vel d'Hiv » le 16 juillet 1942,** 13 152 juifs sont internés dans des camps de transit avant d'être déportés vers les camps d'extermination. En 1943, Vichy crée la **Milice** qui se met au service de l'Occupant.
- En 1943, **Pierre Laval, chef du gouvernement, instaure le Service du travail obligatoire (STO)**. Cette mesure très impopulaire entraîne la défiance d'une partie de la jeunesse française (doc. 6).

1 Les principales conditions de l'armistice du 22 juin 1940

Territoire	La France est divisée en deux grandes zones par une ligne de démarcation : une occupée (zone Nord) et une non occupée (zone Sud).
Armée	L'armée française est réduite à 100 000 hommes et les 1,8 million de soldats français prisonniers sont emmenés en Allemagne.
Politique	L'administration française des territoires occupés doit se mettre au service de l'Allemagne (début de la collaboration).
Libertés	La France doit livrer au Reich les 120 000 Allemands et Autrichiens réfugiés sur son sol (opposants au nazisme, juifs).
Économie	La France doit payer les frais d'occupation (400 millions de francs par jour).

2 La fin de la République

« Français, la France a connu, il y a quatre mois, l'une des plus grandes défaites de son histoire. Cette défaite a de nombreuses causes, mais toutes ne sont pas d'ordre technique. Le désastre n'est, en réalité, que le reflet, sur le plan militaire, des faiblesses et des tares de l'ancien régime politique[1]. Ce régime, pourtant, beaucoup d'entre vous l'aimaient. Votant tous les quatre ans, vous vous donniez l'impression d'être les citoyens libres d'un État libre [...]. C'est sur cet amas de ruines qu'il faut aujourd'hui reconstruire la France [...]. L'autorité est nécessaire pour sauvegarder la liberté et l'État. »

Extrait du discours radiodiffusé du maréchal Pétain du 11 octobre 1940.

1. La république.

Vocabulaire

Révolution nationale : programme conservateur, nationaliste et antirépublicain mis en œuvre par le gouvernement de Vichy.

Antisémite : qui manifeste de la haine à l'égard des juifs.

Collaboration : politique d'entente engagée entre l'Allemagne nazie et le Gouvernement de Vichy.

Milice : police politique créée par Vichy en 1943 pour traquer les juifs et les résistants.

STO : Service du travail obligatoire. Obligation pour les jeunes Français de 20 à 23 ans d'aller travailler gratuitement en Allemagne à partir de 1943.

Jeudi 15 mai 1941

DÉPÊCHE DU CENTRE 5fr

Téléphone 37-91 et la suite (4 lignes)

Les prisonniers sont exonérés des impôts de 1939-1940 si leur montant n'excède pas

5.000 JUIFS de provenance étrangère ont été arrêtés par la police parisienne

C'est en vertu du décret du 4 octobre 1940, que l'ordre est venu de Vichy

3 Une de la *Dépêche du Centre*, 15 mai 1941

4 Un régime qui collabore

Après sa rencontre avec Hitler à Montoire-sur-le-Loir le 24 octobre 1940, Pétain décide de collaborer avec l'Allemagne.

5 Un régime antisémite

« Art. 2 - L'accès et l'exercice des fonctions publiques et mandats énumérés ci-après sont interdits aux juifs.

Art. 5 - Les juifs ne pourront, sans condition ni réserve, exercer l'une quelconque des professions suivantes : directeurs, gérants, rédacteurs de journaux […]. »

Extrait du Statut des juifs (3-4 octobre 1940).

6 Une jeune fille raconte l'instauration du STO à Lyon (1943)

« Les jeunes gens de vingt-et-un, vingt-deux, vingt-trois ans sont mobilisés pour le service du travail obligatoire : service de deux ans pour partir travailler en Allemagne. Les étudiants sont furieux. Mercredi à midi – le décret [signé par Pétain] a été publié le matin – il y a eu un monôme[1]. »

D'après Denise Domenach-Lallich, *Une Jeune Fille libre*, © Les Arènes Éditions, 2005.

1. Une manifestation d'étudiants.

7 La France de Vichy : une nouvelle devise

Carte postale de propagande émise par le Gouvernement de Vichy (1943).

A La défaite entraîne la mort de la IIIe République

1. Doc. 1 Quelles conditions de l'armistice soumettent la France à l'Allemagne ?

2. Doc. 1 Quelle disposition montre que la France ne respecte plus les valeurs républicaines ?

B Vichy : un régime antirépublicain, autoritaire et antisémite

3. Doc. 2 Selon Pétain, qui est responsable de la défaite militaire de mai-juin 1940 ? Que faut-il faire pour reconstruire la France ?

4. Doc. 7 Quelle est la nouvelle devise de la France ?

C Vichy : un régime qui collabore

5. Doc. 4 et 6 La collaboration a-t-elle été imposée par l'Allemagne ? Justifiez votre réponse. Quelle est l'attitude des étudiants face au STO ?

6. Doc. 3 et 5 De quelles professions sont exclus les juifs ? Quel rôle a joué le régime de Vichy dans l'arrestation des juifs parisiens le 15 mai 1941 ?

Bilan — Décrire et expliquer

À l'aide des documents, montrez que Vichy est un régime autoritaire, antisémite et qu'il choisit la voie de la collaboration.

Compétence 1.2 › **Rédiger un texte bref, cohérent et ponctué**

Compétence 5.4 › **Être capable de porter un regard critique sur des documents**

Socle

Dossier

La Résistance : le réseau Marco-Polo et le mouvement Combat

Comment le réseau Marco-Polo et le mouvement Combat ont-ils défendu les valeurs de la Résistance et de la République sous l'Occupation ?

Les réseaux de résistance sont des groupes spécialisés dans les opérations militaires, dans l'aide aux personnes et le renseignement. Les mouvements de résistance informent les populations en diffusant une presse clandestine, organisent le renseignement et surtout en coordonnent les opérations militaires contre l'Occupant (sabotages).

A Le réseau Marco-Polo : renseigner et aider les populations

1 Biographie

Pierre Sonneville, 1911-1970
Fondateur de Marco-Polo

• Officier de marine, il rejoint de Gaulle à Londres en juillet 1940. En novembre 1942, il reçoit l'ordre de créer un réseau de renseignement en France. Dès janvier 1943, il envoie les premiers renseignements à Londres. Le réseau Marco-Polo devient l'un des plus importants de la zone Sud. Recherché par la **Gestapo**, Pierre Sonneville gagne l'Angleterre en avril 1943 et est remplacé par René Pellet.

Rivets

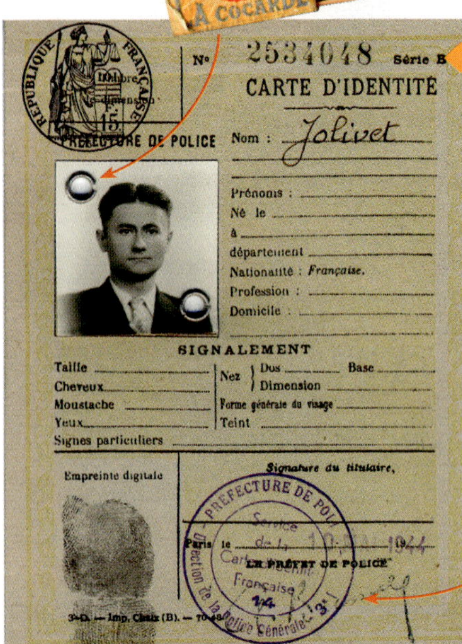

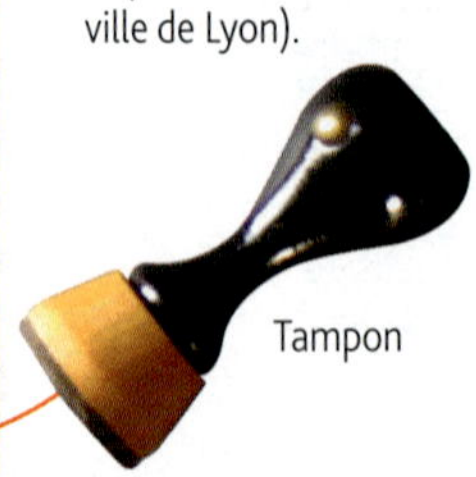

Tampon

3 La fabrication de faux papiers

Le réseau fabrique des fausses cartes d'alimentation, des papiers d'identité et de faux certificats d'inaptitude au STO. (Centre d'histoire de la Résistance et de la Déportation, ville de Lyon).

2 René Pellet (1911-1944), un homme engagé pour les valeurs de la Résistance

« René Pellet est agréé au poste de responsable du réseau fin septembre 1943. Sous son impulsion le réseau s'étend [...]. Il fournit à Londres des renseignements de toute nature sur l'occupant : rapport photographique du sabordage de la flotte de Toulon, transmission de listes de miliciens, rapport sur les installations portuaires de Brest, rapport sur le balisage d'aérodromes comme Bron, [...] rapport sur la fusée V1[1] alors inconnue, supervision sur le réseau téléphonique allemand et sa destruction, rapports sur les trains [...]. Il est finalement arrêté à Chaponost le 30 juillet 1944. Parmi les personnes présentes, la Gestapo semble savoir que René Pellet est celui qu'elle recherche. Il est torturé sur place. Il reconnaît être résistant mais innocente les personnes présentes qu'il dit être des réfugiés ou des personnels de maison. »

Régis Le Mer, *Francs-maçons résistants, Lyon 1940-1944*, © Éditions Mémoire Active, 2011.

1. Première fusée mise au point par les Allemands pour bombarder Londres.

Vocabulaire

Gestapo : police politique d'État allemande chargée de traquer les opposants, les juifs et les résistants.

MUR : Mouvements unis de la Résistance, créés par Jean Moulin en janvier 1943 pour unifier autour du général de Gaulle les trois grands mouvements de résistance Franc-Tireur, Combat et Libération.

CNR : Conseil national de la Résistance où sont rassemblés les mouvements de résistance, les partis politiques et les syndicats.

B Le mouvement Combat : résister et défendre les valeurs de la République

4 Pourquoi s'engager ?

« Insensiblement, depuis juillet 1940, j'ai beaucoup évolué [...]. À cette époque, s'engager dans la lutte contre le nazisme et espérer en Pétain n'était nullement contradictoire [...]. Puis, au fur et à mesure que le gouvernement du Maréchal cédait aux exigences allemandes,[...] le fossé s'est creusé entre lui et nous, [...] et s'est opéré un rapprochement avec les Forces françaises libres et leur chef, le général de Gaulle. Dès la fin du printemps de 1941, j'en avais ressenti le besoin [...] pour éviter l'émiettement de la Résistance en groupes et groupuscules [...]. C'est autour de de Gaulle, pensais-je, qu'il faut se rassembler ».

Henri Frenay, *La Nuit finira, Mémoires de résistance, 1940-1945* (1973), © Michalon, 2006.

5 Biographie

Henri Frenay, 1905-1988
Fondateur de Combat

• Cet officier est fait prisonnier en juin 1940 mais réussit à s'évader. Il refuse la défaite, sans être hostile au maréchal Pétain au début. En janvier 1941, il rencontre Jean Moulin et fonde le Mouvement de libération nationale (MLN). Ce dernier fusionne en décembre 1941 avec le mouvement Liberté dans Combat. Frenay fait publier un journal du même nom. Recherché par la police de Vichy, il part à Londres et rencontre de Gaulle en 1942. Parfois opposé à Jean Moulin, il accepte que Combat adhère aux **MUR**. Il fait partie du **CNR** en 1943 et devient membre du Gouvernement provisoire de la République française (GPRF) en 1944.

6 Résister pour des valeurs

« Le moment est venu d'exprimer le sens profond de notre combat. Nous nous battons contre l'Allemagne, et contre ses alliés qu'ils soient à Rome, à Tokyo ou à Vichy. Mais à travers le nazisme, nous combattons aux côtés de toutes les nations meurtries, pour que dans l'effroyable épreuve que subit notre pays, soit enfanté un monde meilleur. Notre tâche ne s'arrêtera pas à la libération du territoire. Nous voulons au-delà reconstruire la France [...]. Nous voulons une France libre, parce que la liberté est le premier des biens [...]. Nous voulons une France juste parce que la justice [...] protège la dignité de l'homme [...]. Nous voulons une France honnête [...]. Nous voulons la République, parce que depuis deux ans le sort de la République et de la Résistance sont indissolublement liés. »

Article paru dans *Combat*, n° 34, septembre 1942.

EDITION SPÉCIALE

4e Année - N° 59 — LUNDI 21 AOUT 1944 — Le n° : 2 francs

COMBAT

DE LA RÉSISTANCE A LA RÉVOLUTION

L'insurrection fait triompher la République à Paris

Le combat continue...

AUJOURD'HUI 21 Août, au moment où nous paraissons, la libération de Paris s'achève. Après cinquante mois d'occupation, de luttes et de sacrifices, Paris renait au sentiment de la liberté, malgré les coups de feu qui, soudain, éclatent à un coin de rues.

Mais il serait dangereux de recommencer à vivre

LES TROUPES ALLIEES SONT A SIX KILOMETRES DE LA CAPITALE

HEURE PAR HEURE
deux jours de lutte dans la rue

SAMEDI

7 Le journal *Combat*, une des voix de la Résistance (21 août 1944)
Ce journal clandestin est tiré à 30 000 exemplaires quotidiens.

A Le réseau Marco-Polo : renseigner et aider les populations

1. Doc. 1 et 2 Dans quelles conditions a été créé le réseau Marco-Polo ?
2. Doc. 2 Quelle fonction René Pellet assure-t-il ? Quelles étaient ses missions ?
3. Doc. 2 et 3 Quelles actions les membres du réseau Marco-Polo mènent-ils ?

B Le mouvement Combat : résister et défendre les valeurs de la République

4. Doc. 4 et 5 Comment l'opinion d'Henri Frenay a-t-elle évolué depuis 1940 ?
5. Doc. 5 Quand le mouvement Combat est-il fondé ? Pourquoi cette lutte est-elle dangereuse ?
6. Doc. 6 Autour de quelles valeurs les membres de Combat veulent-ils reconstruire la France ?
7. Doc. 7 Par quel moyen le mouvement fait-il connaître ses idées ?
8. Doc. 7 Quels événements célèbre ce journal ? Quelle est leur conséquence ?

Bilan — DÉCRIRE ET EXPLIQUER

À l'aide des documents, expliquez le rôle du réseau Marco-Polo et du mouvement Combat dans la Résistance.

Aide à la rédaction

1. Les missions du réseau Marco-Polo et du mouvement Combat.
2. Des organisations qui défendent les valeurs de la République.

Dossier

Un maquis dans la Résistance : le Mont-Mouchet

En quoi le maquis du Mont-Mouchet témoigne-t-il de la lutte engagée par la Résistance pour libérer la France ?

Situés au sein de régions isolées, les **maquis** rassemblent des hommes et des femmes vivant dans l'illégalité. Ils combattent l'Occupant et le régime de Vichy. Le maquis du Mont-Mouchet, en Auvergne, devient à partir du 10 mai 1944 l'un des cinq grands maquis de France. Il est composé de trois réduits : la Truyère, le Mont-Mouchet et Venteuges. Les Allemands l'attaquent entre le 2 et le 20 juin 1944 au cours de très durs combats. En retardant l'avancée des troupes allemandes vers la Normandie, ce maquis participe à la libération du territoire.

A Une fonction stratégique et militaire en liaison avec la France libre

1 Un maquis stratégique

« Le Massif central, placé en avant-garde de la zone Sud-Ouest, faiblement occupé par l'ennemi, constitue l'un des pôles essentiels de la Résistance française. À mi-chemin des théâtres d'opérations Nord et Sud, il est en mesure de fournir des éléments de première valeur pour les actions à mener. »

Déclaration du général de Gaulle aux Alliés, 16 mai 1944.

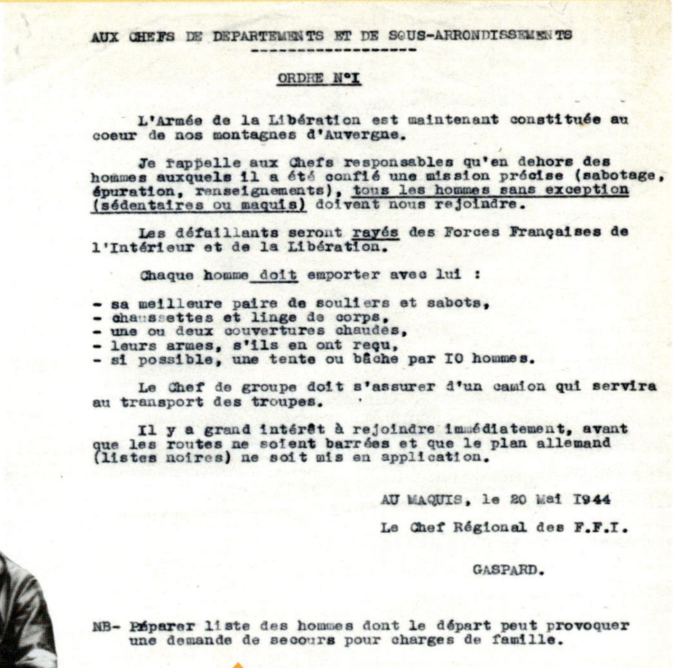

AUX CHEFS DE DEPARTEMENTS ET DE SOUS-ARRONDISSEMENTS

ORDRE N°I

L'Armée de la Libération est maintenant constituée au coeur de nos montagnes d'Auvergne.

Je rappelle aux Chefs responsables qu'en dehors des hommes auxquels il a été confié une mission précise (sabotage, épuration, renseignements), tous les hommes sans exception (sédentaires ou maquis) doivent nous rejoindre.

Les défaillants seront rayés des Forces Françaises de l'Intérieur et de la Libération.

Chaque homme doit emporter avec lui :

- sa meilleure paire de souliers et sabots,
- chaussettes et linge de corps,
- une ou deux couvertures chaudes,
- leurs armes, s'ils en ont reçu,
- si possible, une tente ou bâche par IO hommes.

Le Chef de groupe doit s'assurer d'un camion qui servira au transport des troupes.

Il y a grand intérêt à rejoindre immédiatement, avant que les routes ne soient barrées et que le plan allemand (listes noires) ne soit mis en application.

AU MAQUIS, le 20 Mai I944

Le Chef Régional des F.F.I.

GASPARD.

NB- Préparer liste des hommes dont le départ peut provoquer une demande de secours pour charges de famille.

2 Gaspard « chef » des FFI d'Auvergne appelle à la mobilisation (Musée du Mont-Mouchet)

3 Maquisards du groupe Duchêne au Mont-Mouchet (mai 1944)

Vocabulaire

Maquis : refuges situés dans des régions isolées qui rassemblent des résistants et des réfractaires au STO.

FFI : Forces françaises de l'Intérieur créées en 1944 pour rassembler les groupes armés de la Résistance.

B La défense des valeurs de la Résistance et le combat pour la Libération

4 Un maquisard témoigne

« En moins de quinze jours, près de 3 000 volontaires rejoindront ainsi le Mont-Mouchet [...]. De tous horizons, des volontaires sont venus grossir les rangs des Forces françaises de l'Intérieur, avec un seul idéal : la Liberté et un seul but : libérer la France de l'envahisseur allemand [...]. Ce rassemblement indispensable dépassait toutes les prévisions des stratèges. Il créait un État dans l'État à la barbe de la puissance occupante. Une France libre en France occupée [...]. Notre arrivée fut une apothéose ! C'est fou l'espoir ! Après quatre années de guerre, nous n'écouterions plus le bruit des bottes nazies. »

René Crozet, *La Bataille du Mont-Mouchet*, © Plume du temps, 1999.

5 Le Mont-Mouchet : un maquis au cœur des combats pour la Libération (juin 1944)

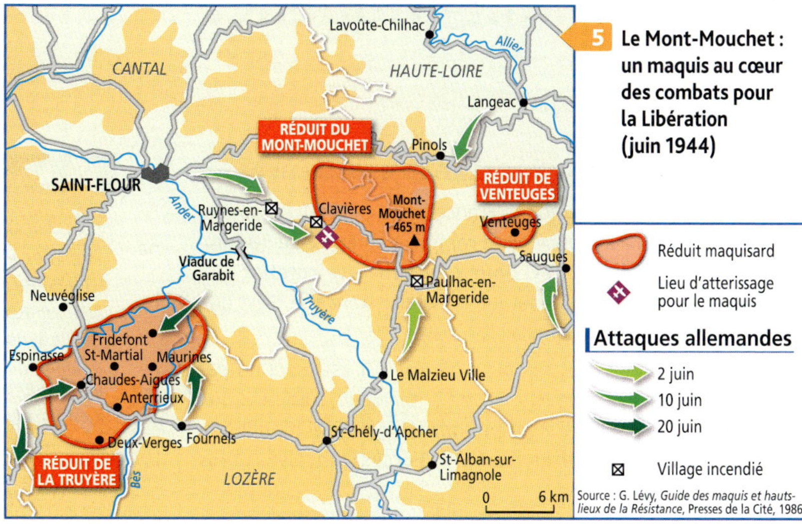

Source : G. Lévy, *Guide des maquis et hauts-lieux de la Résistance*, Presses de la Cité, 1986.

« La fusillade a repris sur plusieurs points. Les nôtres ont fléchi car l'ennemi se sert de mortiers et rend nos positions de mitrailleuses intenables. Chacun est bien conscient que l'étau se resserre. »

René Crozet, *La Bataille du Mont-Mouchet*, © La Plume du temps, 1999.

6 Bilan des combats au Mont-Mouchet

Après des combats acharnés, les maquisards sont obligés de se replier et de se disperser. Le nombre de maquisards tués est évalué à 260 (les blessés ayant peu de chances de survie et les prisonniers étant souvent passés par les armes). Côté allemand, on comptabilise quarante morts, une dizaine de prisonniers et une quarantaine de blessés.
En représailles, les nazis incendient de nombreux villages et exécutent des civils.

7 Monument érigé en 1946 à la mémoire des maquisards du Mont-Mouchet
Deux maquisards se tiennent côte à côte, l'un en tenue de combat et l'autre en civil, symbolisant la levée des volontaires.

A Une fonction stratégique et militaire en liaison avec la France libre

1. **Doc. 1** Pourquoi le Massif central occupe-t-il une position stratégique ?
2. **Doc. 2** Quel ordre donne Gaspard aux FFI d'Auvergne ? Quel matériel doivent-ils apporter ?

B La défense des valeurs de la Résistance et le combat pour la Libération

3. **Doc. 3 et 4** Comment est organisé le maquis ? Combien de personnes s'y rassemblent et dans quelle ambiance ? Quels sont leurs buts ?
4. **Doc. 2 et 7** Quelle est l'origine des maquisards du Mont-Mouchet ?
5. **Doc. 5 et 6** Comment les combats se déroulent-ils et combien de maquisards sont-ils tués ? Pourquoi y a-t-il peu de blessés ?
6. **Doc. 7** Quelle est la fonction de ce monument ?

Bilan — Décrire et expliquer

À l'aide des documents, expliquez la formation du maquis du Mont-Mouchet et son rôle dans la Résistance.

Aide à la rédaction

1. La fonction stratégique du maquis.
2. Des maquisards nombreux qui combattent vaillamment.
3. Un combat pour les valeurs républicaines.

Leçon 2

La Résistance porte les valeurs de la République

Comment les Résistances intérieure et extérieure combattent-elles pour le retour de la République ?

A La France libre : la Résistance extérieure

- Après la défaite militaire de la France en mai 1940, le général de Gaulle refuse l'armistice et se réfugie à Londres. **Le 18 juin, il lance un appel à la BBC pour poursuivre le combat aux côtés du Royaume-Uni**. Pour lui, la défaite française n'est que temporaire. Il invite les Français à résister.
- À cette date, le général semble isolé mais il est reconnu par Winston Churchill, le Premier ministre britannique, comme « chef des Français libres ». De Gaulle entend incarner l'État républicain et démocratique. **À Londres, il crée les Forces françaises libres (FFL)** (doc. 2).
- Plusieurs colonies françaises se rallient à la France libre. **Les FFL participent aux combats pour libérer la France aux côtés des FFI (Forces françaises de l'intérieur)**.

B La Résistance intérieure : les premiers refus

- Dès l'été 1940, certains Français s'opposent individuellement à l'occupation allemande, par des actes de sabotage ou la diffusion de tracts. Progressivement, la Résistance civile (doc. 4) ou armée (doc. 5) s'organise. **Des réseaux et des mouvements** (dossier p. 164-165) **rassemblent des personnes issues de milieux sociaux et politiques différents**. Les valeurs de la Résistance sont diffusées auprès des Français par la presse clandestine (doc. 6).
- Combattant à la fois l'Occupant et Vichy, la Résistance est divisée et minoritaire (doc. 3). **La répression menée par les Allemands, la Milice et la police de Vichy porte de rudes coups aux résistants**. À partir de 1943, pour fuir le STO, de nombreux jeunes s'engagent dans les maquis (dossier p. 166-167).

C La Résistance : préparer la refondation républicaine

- **De Gaulle souhaite unifier la Résistance intérieure**. Son représentant Jean Moulin est chargé de fédérer les différents mouvements (doc. 1). Il crée les MUR en janvier 1943 et le CNR en mai 1943.
- **Dès 1942, de Gaulle s'engage à refonder la République après la Libération. En juin 1944, il crée le Gouvernement provisoire de la République française (GPRF)** qui regroupe différentes tendances politiques et syndicales et prépare avec l'**Assemblée consultative** la mise en place d'une nouvelle République. Progressivement, le général de Gaulle est reconnu par les Français qui voient en lui un recours face à la politique de collaboration de Vichy.

1 Biographie

Jean Moulin, 1899-1943
Premier Président du CNR

• Préfet de Chartres en 1940, il refuse de se soumettre aux Allemands. Démis de ses fonctions, il rencontre en 1941 de Gaulle à Londres qui le charge d'unifier la Résistance intérieure. Il fonde les MUR en 1943. En mai 1943, il réunit le CNR qui unifie la Résistance autour du général de Gaulle. Arrêté par la Gestapo en juin, il meurt des suites de tortures. Symbole de la Résistance, il est inhumé au Panthéon le 19 décembre 1964.

2 S'engager à 19 ans pour la France libre

« Quand nous sommes arrivés à Plymouth[1], le 29 juin [1940], alors que nous sortions des bombardements et de l'exode, nous avons trouvé un pays qui semblait en paix [...]. Nous avons eu la visite de Courcel, aide de camp du général de Gaulle ; nous lui avons aussitôt confirmé notre intention de nous engager dans la Légion des Volontaires français. Nous partons enfin, le 2 juillet [...] précédés d'une pancarte "*French Volunteers for General de Gaulle's Army*[2]". En tête, on chante *La Marseillaise*. Nous représentons la France libre combattant avec l'Angleterre. Il faut que nous durions en tant que Français libres jusqu'à la victoire pour défiler sur les Champs-Élysées. Cette fin me paraît utopique, lointaine au moins [...]. [Fin 1944] Je reçois une palme à ma croix de guerre avec la citation suivante : "Jeune officier ayant servi [...] dans les Forces françaises libres, engagé le 1er juillet 1940 et s'étant particulièrement distingué à Bir-Hakeim[3]. S'est confirmé comme chef hors de pair au cours des combats du 19 au 28 novembre [en Alsace en 1944]". »

Jean-Mathieu Boris, « Un Français libre, 1940-1945 », *Espoir*, n° 159, 2009-2010.

1. En Angleterre. 2. Volontaires français pour l'armée du général de Gaulle 3. En Libye

Vocabulaire

FFL : Forces françaises libres créées par de Gaulle pour poursuivre la lutte aux côtés des Alliés.

MUR : voir page 164. **CNR** : voir page 164.

Assemblée consultative : elle est composée des représentants des mouvements résistants et de ceux des partis politiques et des colonies.

3 Étudiantes et résistantes

« Novembre 1942. La voie des ondes[1] stimule notre désir d'agir [...]. Nous organisons des réunions clandestines, nous distribuons des tracts ; la nuit tombante, munies de pots de peinture, nous faisons fleurir sur les places et les murs de notre ville des slogans anti-Allemands [...]. Notre action porte ; nous atteignons notre but, celui de semer le doute dans l'esprit de l'ennemi et de lui faire savoir que la victoire nazie n'est pas acquise, que notre sol est jonché de dynamites : la Résistance. Nous savons que notre engagement n'est pas sans risque. »

Chantal Benoist-Lucy (résistante), témoignage cité dans *Paroles de l'ombre*, © Les Arènes, 2009.

1. La BBC, la radio britannique.

4 La Résistance civile
Photographie clandestine d'une manifestation illégale organisée à Lyon le 14 juillet 1942 par la Résistance. Ce jour n'était pas fêté par le régime de Vichy.

5 La Résistance armée
Le 11 novembre 1943, les maquisards de l'Ain défilent à Oyonnax en pleine Occupation alors que le régime de Vichy interdit cette commémoration.

6 La presse clandestine diffuse les valeurs de la Résistance
Affiche de la France libre parachutée en France occupée (1943). Les trois grands mouvements de résistance Franc-tireur, Combat et Libération publient leur journal clandestin. La croix de Lorraine (1) est le symbole de la France libre.

A La France libre : la Résistance extérieure

1. **Doc. 2** Dans quels lieux Jean-Mathieu Boris a-t-il combattu pour la France libre ? Montrez qu'il est favorable à la République.

B La Résistance intérieure : les premiers refus

2. **Doc. 3** Pourquoi ces jeunes étudiantes décident-elles de résister ? Comment ?
3. **Doc. 4** À quelle date cette manifestation a eu lieu ? Pourquoi peut-on la qualifier d'acte de résistance ?
4. **Doc. 5** Quel acte héroïque les maquisards de l'Ain accomplissent-ils ? Pourquoi la date choisie est-elle symbolique ? Quel symbole de la République est présent ?

C La Résistance : préparer la refondation républicaine

5. **Doc. 1** Quel rôle Jean Moulin a-t-il joué dans la Résistance ?
6. **Doc. 6** Comment la Résistance fait-elle connaître ses idées aux Français ? Quel symbole représente la France libre ?

Bilan – DÉCRIRE ET EXPLIQUER

À l'aide des documents, montrez comment, en liaison avec la France libre, la Résistance intérieure lutte contre l'Occupant et porte les valeurs de la République.

Compétence 5.3 › **Lire et employer différents langages (textes, photos, archives)** — Socle

Compétence 5.4 › **Être capable de porter un regard critique sur une période**

Leçon 3

La refondation républicaine

Comment les idées de la Résistance ont-elles influencé la fondation de la République ?

A La Libération : le retour de la République

- Après les débarquements de Normandie (6 juin 1944) et de Provence (15 août 1944) et grâce à l'action des FFI, la majeure partie du territoire est libérée. **Le 25 août 1944, après le soulèvement de Paris, le général de Gaulle fait une entrée triomphale dans la capitale** (doc. 1). **Il entend restaurer la République** et l'ordre en contrôlant l'**épuration** et en désarmant les groupes de résistants (doc. 2).
- **À la tête du Gouvernement provisoire (GRPF), de Gaulle adopte une ordonnance qui accorde le droit de vote aux femmes en 1944**. La démocratie est rétablie et des élections municipales sont organisées en avril 1945 (doc. 4).
- Si la France fait partie des vainqueurs de la guerre, le pays est divisé et affaibli par quatre années d'une lourde occupation.

B La Libération : les premières réformes

- **Conformément au programme du CNR, le gouvernement adopte d'importantes réformes économiques, politiques et sociales** (doc. 3). Afin de faciliter la reconstruction du pays, l'État **nationalise** des grandes entreprises dans le secteur de l'énergie (Charbonnages de France), des transports (Renault), des banques et des assurances (doc. 6).
- **La France met en place un « État-Providence »** en 1945 en créant la Sécurité sociale qui permet d'assurer à tous les Français l'accès à un système de protection sociale (santé, retraite, famille).

C La Libération : les Français ont la parole

- **En janvier 1946, le général de Gaulle démissionne** pour protester contre le projet de la future Constitution de la IVe République. Il désapprouve en effet la suprématie de l'Assemblée nationale sur le chef de l'État et le gouvernement. Il juge également le rôle des partis politiques trop important.
- Après avoir rejeté par **référendum** à 96 % le retour de la IIIe République, **les Français adoptent la nouvelle Constitution** en octobre 1946. **C'est le début de la IVe République**.
- Le préambule de la Constitution reprend les premières mesures du Gouvernement provisoire **et reconnaît des droits économiques, sociaux et politiques** (doc. 5). Il rappelle **l'attachement à la Déclaration des Droits de l'homme et du citoyen de 1789**.

1 **26 août 1944 : Charles de Gaulle et les membres du CNR défilent sur les Champs-Élysées**

2 **Rétablir l'autorité de l'État**

En août 1944, de Gaulle nomme le résistant Raymond Aubrac commissaire de la République[1] à Marseille.

« Quand je suis arrivé à Marseille, l'insurrection n'était pas terminée [...]. Je me suis installé à la Préfecture [...]. Mon premier souci, c'est d'essayer de refaire fonctionner l'image que j'ai de la République [...]. Quand le général de Gaulle fait la tournée des provinces, le mot clé qu'il emploie partout, c'est l'État. »

Témoignage de R. Aubrac cité dans Pascal Convers, *Raymond Aubrac : résister, reconstruire, transmettre*, © Seuil, 2011.

1. Représentant du GPRF dans les territoires français libérés.

Vocabulaire

Épuration : jugement sommaire ou organisé des collaborateurs par l'État.

Nationaliser : transférer à l'État des entreprises privées.

État-Providence : qui organise la diffusion de nouveaux droits sociaux.

Référendum : consultation directe des citoyens sur une question à laquelle ils doivent répondre par *oui* ou *non*.

3 Les réformes du CNR (Conseil national de la Résistance)

« Mesures à appliquer à la libération du territoire afin d'assurer :
- le rétablissement de la démocratie la plus large en rendant la parole au peuple français par le rétablissement du suffrage universel

Sur le plan économique :
- le retour à la Nation des grands moyens de production monopolisés, fruit du travail commun, des sources d'énergie, des richesses du sous-sol, des compagnies d'assurance et des grandes banques

Sur le plan social :
- un plan complet de sécurité sociale, visant à assurer à tous les citoyens des moyens d'existence, dans tous les cas où ils sont incapables de se le procurer par le travail, avec gestion appartenant aux représentants des intéressés et de l'État.

Ainsi sera fondée une République nouvelle qui balaiera le régime de basse réaction instauré par Vichy. »

Programme du CNR (extrait), 15 mars 1944.

4 Les Françaises votent (avril 1945)
En 1944, le Gouvernement provisoire accorde le droit de vote aux femmes.

5 La Constitution de 1946

« Au lendemain de la victoire remportée par les peuples libres [...], le peuple français proclame à nouveau que tout être humain, sans distinction de race, de religion ni de croyance, possède des droits inaliénables et sacrés [...].
- La loi garantit à la femme, dans tous les domaines, des droits égaux à ceux de l'homme.
- Tout bien, toute entreprise, dont l'exploitation a ou acquiert les caractères d'un service public national ou d'un monopole de fait, doit devenir la propriété de la collectivité.
- Elle [*la nation*] garantit à tous, notamment à l'enfant, à la mère et aux vieux travailleurs, la protection de la santé, la sécurité matérielle, le repos et les loisirs. Tout être humain qui, en raison de son âge, de son état physique ou mental, de la situation économique, se trouve dans l'incapacité de travailler a le droit d'obtenir de la collectivité des moyens convenables d'existence. »

Préambule de la Constitution de 1946 (extraits).

6 La nationalisation de l'entreprise Renault en 1945

A La Libération : le retour de la République

1. **Doc. 1** Où cette photographie a-t-elle été prise ? Dans quel contexte ?
2. **Doc. 1** Quelle image donne-t-elle de de Gaulle ? Qui est à ses côtés ?

B La Libération : les premières réformes

3. **Doc. 4** Décrivez la photographie. Quelle mesure du CNR appliquée par le Gouvernement provisoire a rendu possible ce vote ?
4. **Doc. 3 et 6** Quelles autres mesures du CNR sont appliquées à la Libération ?
5. **Doc. 3, 5 et 6** Pourquoi peut-on parler de « République sociale » ? Quelles mesures du CNR sont adoptées par la Constitution de 1946 ?

C La Libération : les Français ont la parole

6. **Doc. 5** Quelles sont les valeurs républicaines affirmées dans ce préambule ?

Bilan — DÉCRIRE ET EXPLIQUER

À l'aide des documents, montrez qu'à la Libération, les Français ont la volonté de refonder les valeurs républicaines avec de grandes réformes.

Compétence 1.2 › **Rédiger un texte bref, cohérent et ponctué**

Compétence 5.4 › **Être capable de porter un regard critique sur une période**

Socle

Réviser les repères

Livret Brevet

→ L'essentiel, p. 19

A Identifier l'essentiel à retenir

Brevet

Vocabulaire	Repères chronologiques	Capacités
Savoir définir et connaître : armistice, Révolution nationale, collaboration, STO, réseau, mouvement, CNR, Résistance, maquis.	**Savoir situer dans le temps :** **1940 :** la défaite **18 juin 1940 :** appel du général de Gaulle **1940-1944 :** régime de Vichy **1943 :** fondation du CNR par Jean Moulin **1944 :** libération de la France **1944 :** droit de vote accordé aux femmes **1945 :** création de la Sécurité sociale **1946 :** Constitution de la IVe République	**Savoir :** **raconter** la défaite, **expliquer** ses conséquences, l'armistice et la fin de la IIIe République, **décrire** quelques aspects de la politique du régime de Vichy révélateurs de son idéologie, **décrire** la vie d'un réseau, d'un mouvement ou d'un maquis en montrant les valeurs dont se réclament les hommes et les femmes de la Résistance, **décrire** les principales mesures prises à la Libération.

B Compléter un schéma

Compétence 5.1 › **Avoir des connaissances et des repères**

Socle

► Recopiez le schéma ci-dessous et complétez-le à l'aide de ces propositions :
Le général de Gaulle – Le maréchal Pétain – Jean Moulin – Gouvernement de Vichy – Maquis – Sécurité sociale – Régime autoritaire – Réformes de la Libération

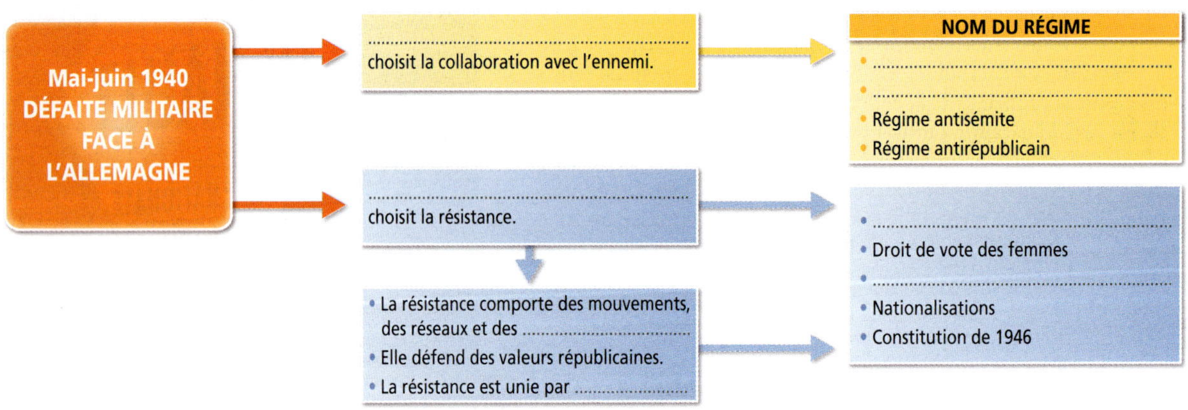

C Connaître et utiliser des repères

Compétence 5.1 › **Avoir des connaissances et des repères**

Brevet

► À l'aide des propositions, recopiez et complétez le schéma expliquant la refondation républicaine.
Gouvernement provisoire de la République française – MUR – IVe République – CNR

Réviser les savoir-faire

D Rapprocher un témoignage d'un document d'archive

Compétence 5.3 › **Lire et employer différents languages** Socle

1 Lucie Aubrac à la BBC le 28 avril 1944

Lucie Aubrac (1912-2007), professeur d'histoire-géographie, est une des fondatrices du mouvement Libération Sud. Après la guerre, elle a beaucoup témoigné de son engagement dans les établissements scolaires.

« Je me souviens des 1er mai[1] de 1941 et 1942 à Lyon quand nous nous retrouvions l'après-midi jetant des fleurs aux pieds de la statue de la République, place Carnot. Je me souviens de la chaude atmosphère de toute cette foule – les ouvriers qui chômaient, les employés qui avaient quitté le bureau plus tôt, les élèves de toutes les écoles qui étaient venus au galop sitôt la classe finie et qui se montraient [sic] leurs maîtres, là eux aussi ! Une foule extraordinaire où se retrouvaient les Lyonnais de tous les horizons sociaux [...]. Nous allions jusqu'à la place Bellecour en chantant *La Marseillaise*, *Le Chant du départ* en conspuant les Allemands, Vichy, sa police et les traitres. »

Intervention citée par Laurent Douzou, *Lucie Aubrac*, © Perrin, 2009.

1. Le 1er mai, jour de la fête du travail, est interdit par Vichy.

Tract de la Résistance lyonnaise 2
Archives CHRD, ville de Lyon.

FRANCE-LIBERTÉ
1er MAI 1942

LYONNAIS !...

Pour manifester votre attachement à la Patrie et à la Liberté ;
Contre la trahison des hommes de Vichy ;

Le Vendredi 1er Mai

à partir de 18 h. 30 vous passerez avec vos familles devant la statue de la République, Place Carnot, à partir de 18 h. 30.

Vive la France ! Vive la Liberté !

Méthode

1 Comprendre le témoignage de Lucie Aubrac

1. Quel a été le rôle de Lucie Aubrac dans la Résistance ?

2. À quelles dates la manifestation qu'elle décrit a-t-elle été organisée ?

3. Pourquoi le lieu et la date sont-ils symboliques ?

2 Confronter le témoignage à un document d'archive

4. Quelle est la nature du document 2 ?

5. Quelles informations données dans le témoignage confirme-t-il ?

6. Quels actes de résistance sont évoqués par le témoignage et le document ?

E Confronter deux documents

Compétence 5.4 › **Etre capable de porter un regard critique sur un document** Socle

1 La Révolution nationale
Affiche de 1940.

2 « Vive la IVe » Le 14 juillet 1944, à Bugey (Ain), des résistants ont placé le buste de Marianne sur le socle d'une statue de la République que les Allemands avaient déboulonnée.

Le point de vue du régime de Vichy

1. Quelle est la nature du document 1 ?

2. Qui représente-t-il ? Qu'est-ce que la Révolution nationale ?

Le point de vue des résistants

3. Comment les résistants ont-ils réutilisé le socle de cette ancienne statue ? Quels sont les symboles utilisés ?

4. Que signifie le slogan « Vive la IVe » ?

Confronter les points de vue

5. Quels régimes politiques différents proposent les deux documents ?

6. Quel symbole est présent sur les deux documents ?

La Résistance dans la bande dessinée

1 Juifs et résistants persécutés sous Vichy
Edmond Calvo, *La Bête est morte !*, 1944, © Gallimard, 2007.
① Affiche de condamnation à mort des juifs.

2 Calvo, un précurseur
Edmond Calvo dessine pendant l'Occupation une bande dessinée sur le thème de la guerre et de la Résistance.

Parus en 1944 et 1945, les deux volumes de *La Bête est morte !* utilisent la métaphore animalière pour évoquer les principaux épisodes de la Seconde Guerre mondiale. Cette bande dessinée met en scène un peuple de lapins (les Français) luttant contre des loups tyranniques (les Allemands).

Les mots de la bande dessinée

Planche : correspond à une page entière d'une bande dessinée.
Case : cadre contenant une vignette.
Bande ou bandeau : ligne de cases se lisant de gauche à droite sur une page.
Bulle ou phylactère : contient les dialogues.

Présenter les œuvres

1. Présentez les auteurs de ces différentes bandes dessinées à l'aide d'une recherche sur Internet.
2. De quels albums ces planches sont-elles extraites ? À quelles dates sont-elles parues ?

Analyser les œuvres

3. Doc. 3 Quel moment du conflit est évoqué dans cette planche ? Quelles sont les couleurs utilisées ? Pourquoi ?
4. Doc. 1, 2 et 3 Identifiez les différents personnages. Comment sont représentés les différents « acteurs » de la guerre dans ces albums ?

Interpréter les œuvres

5. Doc. 2 Comment les Allemands sont-ils désignés ? Quels sont les risques encourus par les résistants ?
6. Doc. 3 Quelles attitudes différentes face à la guerre symbolisent chacun des personnages ?

Réaliser une fiche pour l'épreuve orale d'histoire des arts — Brevet HdA

Présenter les œuvres
- Présentez en quelques mots les œuvres (date...) et le thème qui leur est commun.
- À quel domaine artistique appartiennent-elles ?
- Présentez les deux artistes.
- Présentez les différentes situations proposées.

Analyser les œuvres
- Utilisez le vocabulaire spécifique.
- Décrivez les principaux personnages.
- Expliquez l'intérêt historique des œuvres.

Interpréter les œuvres
- Présentez l'engagement des artistes.
- Citez d'autres œuvres de ces artistes.
- Présentez un espace culturel en France ou en Europe dédié à la bande dessinée.
- Exprimez votre point de vue sur ces deux œuvres en présentant une argumentation.

3 Choisir pendant l'Occupation : entre résistance et attentisme[1]

Jean-Pierre Gibrat, *Le Vol du Corbeau*, © Gibrat-Dupuis, 2012.

1. Fait de ne pas prendre parti.

L'intrigue : Paris le 6 juin 1944. Dénoncée par une lettre anonyme, Jeanne, une jeune résistante, est arrêtée par la police française. Elle pense que tout son réseau est tombé. Elle se retrouve en cellule avec François, un cambrioleur.

CHAPITRE 12

De Gaulle et le nouveau système républicain (1958-1969)

▷ **Quel est le nouveau système républicain mis en place par Charles de Gaulle en 1958 ?**

1 **Charles de Gaulle présente le projet de nouvelle Constitution, le 4 septembre 1958 place de la République à Paris**

Confronter les documents

1. Dans quel lieu symbolique et à quelle date se déroule la cérémonie ? Qui est le personnage central sur la photographie ? Que vient-il faire ?

2. Quels sont les symboles républicains présents sur cette photographie ?

3. Où et quand cette scène de rue se déroule-t-elle ? Qui sont les manifestants ? Que font-ils ?

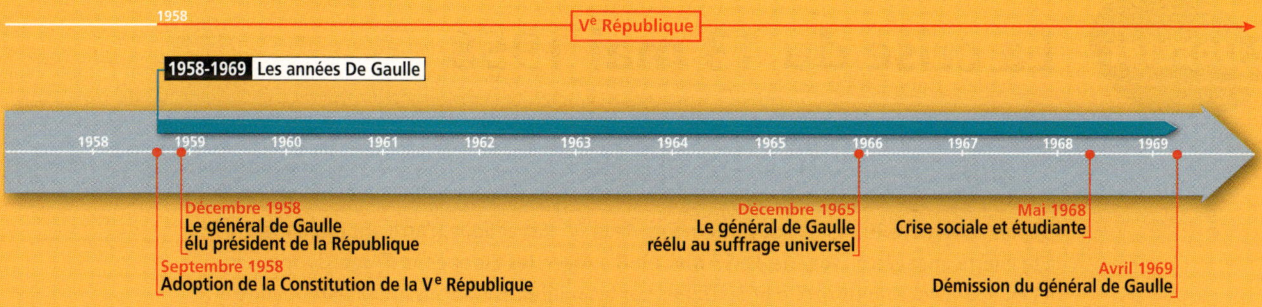

2 Manifestation étudiante le 6 mai 1968 à Paris
Ce jour-là, 6 000 étudiants affrontent 10 000 policiers dans le quartier des universités, le Quartier latin.

Dossier

La crise du 13 mai 1958

Quelles sont les conséquences politiques de la crise du 13 mai 1958 ?

Depuis novembre 1954, les gouvernements de la IVe République n'arrivent pas à mettre fin à la guerre engagée en Algérie. Le 13 mai 1958 à Alger, les Européens d'Algérie, opposés à l'indépendance du territoire et soutenus par les militaires français, manifestent contre le gouvernement. En quelques jours, la crise aboutit au retour aux affaires du général de Gaulle qui reçoit les pleins pouvoirs pour rédiger une nouvelle **Constitution**.

A La chute de la IVe République

1 La IVe République : un régime en crise

« Les crises qui nous assaillent ne sont guère que les effets d'une seule et même crise, la crise gouvernementale […]. Notre pays bat, et de loin, tous les records d'instabilité gouvernementale. Cette instabilité ne se mesure pas d'ailleurs seulement à la brève durée de nos gouvernements : même pendant leur vie éphémère, ils sont instables puisqu'il leur faut défendre leur existence perpétuellement menacée[1] […]. Il suffit de comparer […] : la France est le pays où l'exécutif est le plus désarmé face au pouvoir législatif […], alors qu'à raison de l'ampleur et de la gravité de nos problèmes, nous aurions plus que d'autres besoin de continuité et d'autorité gouvernementale. »

Discours de René Coty, président de la République, prononcé à Strasbourg, le 6 juillet 1957.

1. De 1946 à 1958, la France a connu 23 gouvernements.

2 Manifestation des Européens d'Algérie soutenue par l'armée, le 13 mai 1958 à Alger

3 La peur d'un coup de force

Le 13 mai 1958, le président de la IVe République René Coty répond au général Massu qui a créé un comité de salut public à Alger.

« Officiers généraux, officiers, sous-officiers, caporaux et soldats, conscrits en Algérie, Gardien de l'unité nationale, je fais appel à votre patriotisme et à votre bon sens pour ne pas ajouter aux épreuves de la patrie celle d'une division des Français en face de l'ennemi. Tout manquement à la discipline ne peut profiter qu'à ceux qui nous combattent. Chef des armées, en vertu de l'article 33 de la Constitution, je vous donne l'ordre de rester dans le devoir, sous l'autorité du gouvernement de la République française. »

Discours de René Coty aux forces armées d'Algérie, le 14 mai 1958.

4 Charles de Gaulle se déclare prêt

« Naguère, le pays, dans ses profondeurs, m'a fait confiance pour le conduire tout entier jusqu'à son salut.
Aujourd'hui, devant les épreuves qui montent de nouveau vers lui, qu'il sache que je me tiens prêt à assumer les pouvoirs de la République. »

Charles de Gaulle, déclaration du 15 mai 1958, dans *Discours et messages*, © Plon, 1970.

Vocabulaire

Constitution : loi fondamentale qui fixe l'organisation politique d'un État.

B Le retour du général de Gaulle et la naissance de la Ve République

5 Sauver la France, changer la Constitution

« La dégradation de l'État qui va se précipitant. L'unité française immédiatement menacée. L'Algérie plongée dans la tempête des épreuves et des émotions [...]. En ce temps, même où tant de chances, à tant d'égards, s'offrent à la France, elle se trouve menacée de dislocation et peut-être de guerre civile.
C'est dans ces conditions que je me suis proposé pour tenter de conduire une fois de plus au salut le pays, l'État, la République [...].
Le gouvernement, si vous voulez l'investir [...] vous demandera les pleins pouvoirs [...] pour une durée de six mois, espérant qu'au terme de cette période l'ordre rétabli dans l'État, l'espoir retrouvé en Algérie, l'union refaite dans la nation, permettront aux pouvoirs publics de reprendre le cours normal de leur fonctionnement [...]. Le gouvernement [...] vous saisira d'un projet de réforme de la Constitution. »

Charles de Gaulle, discours d'investiture devant l'Assemblée nationale le 1er juin 1958 dans *Discours et messages*, © Plon, 1970.

DE GAULLE INVESTI
à l'Assemblée par 329 voix contre 224
lui demande ce matin
PLEINS POUVOIRS PENDANT SIX MOIS
pour agir rapidement dans la métropole et en Algérie
SANS DÉLAI S'OUVRIRA UNE PROCÉDURE EXPÉDITIVE DE RÉFORME CONSTITUTIONNELLE PAR RÉFÉRENDUM :
• Suffrage universel, source de tout pouvoir
• Séparation de l'Exécutif et du Législatif
• Responsabilité du gouvernement devant le Parlement

6 La Une du quotidien *L'Aurore* le 12 juin 1958

Un mariage forcé ? 7
Caricature de Jean Effel, parue dans *L'Express* le 19 septembre 1958
Le général Massu (1) qui a activement participé à la manifestation du 13 mai 1958 à Alger marie le général de Gaulle (2) et Marianne (3), maintenue par F. Gaillard (radical) (4) et G. Mollet (socialiste) (5)

A La chute de la IVe République

1. **Doc. 1** Quelle est selon René Coty la situation de la France en 1957 ?
2. **Doc. 2** Où et quand cette manifestation se déroule-t-elle ? Que réclament les manifestants ?
3. **Doc. 3** À qui ce discours s'adresse-t-il ? Que demande René Coty ?
4. **Doc. 4** Quelle est l'attitude du général de Gaulle face à cette crise ?

B Le retour du général de Gaulle et la naissance de la Ve République

5. **Doc. 5** Quels dangers menacent le pays selon Charles de Gaulle ?
6. **Doc. 5 et 6** De qui reçoit-il les pleins pouvoirs ? Quelle est sa mission ?
7. **Doc. 7** Décrivez la scène représentée. Quelle inquiétude le retour du général de Gaulle suscite-t-il ?

Bilan — DÉCRIRE ET EXPLIQUER

À l'aide des documents, rédigez un développement sur la crise du 13 mai 1958 et ses conséquences sur l'évolution politique de la France.

Aide à la rédaction
1. La IVe République, un régime en crise.
2. Le 13 mai 1958 et le retour du général de Gaulle.
3. La mission du général de Gaulle.

Leçon 1 De Gaulle et le nouveau système républicain

Quelle conception de la République et de la démocratie le général de Gaulle met-il en œuvre ?

A La IVe République dans l'impasse

- Née en 1946, la IVe République est confrontée à une forte instabilité ministérielle. **Entre 1946 et 1958, la durée moyenne des gouvernements est inférieure à six mois.**
- **Le 13 mai 1958, les Européens d'Algérie, soutenus par l'armée, défilent contre les projets d'indépendance de l'Algérie.** Ils souhaitent le retour au pouvoir du général de Gaulle pour restaurer un État fort. Le 1er juin 1958, l'Assemblée lui donne les pleins pouvoirs et la mission de proposer aux Français une nouvelle **Constitution** (doc. 1 et 3).

B Les débuts de la Ve République

- Le 4 septembre 1958, Charles de Gaulle présente son projet de Constitution (doc. 1 p. 176). **Elle est approuvée par référendum le 28 septembre 1958 par 79 % : c'est la naissance de la Ve République.**
- **La Constitution fait du Président la clé de voûte du nouveau système républicain** (doc. 3). Le 21 décembre 1958, Charles de Gaulle est élu président de la Ve République. Après avoir fait approuver en 1962 par référendum **l'élection du président de la République au suffrage universel**, il est réélu en 1965. Il effectue de nombreux voyages afin de consolider son lien avec les français (doc. 4). L'opposition critique cette pratique du pouvoir qu'elle juge autoritaire (doc. 2).
- **Charles de Gaulle souhaite redonner « son rang à la France ».** En 1960, la France fait exploser sa première bombe atomique. Il met un terme à la guerre d'Algérie en faisant approuver par référendum l'indépendance en 1962. En 1966, **il décide le retrait de la France du commandement intégré de l'OTAN** (doc. 5).
- **Sur le plan de la politique intérieure**, il démocratise l'accès à la culture et allonge la scolarité obligatoire jusqu'à 16 ans.

C La crise de mai 1968

- **En 1968, un mouvement de contestation initié par les étudiants éclate en France.** Face à l'exercice du pouvoir du général de Gaulle et des dirigeants politiques, ils aspirent à plus de liberté (doc. 5).
- **En mai, les universités en grève sont rejointes par un mouvement social.** Le 29 mai 1968, la France compte environ 9 millions de grévistes (dossier p. 184-185). Charles de Gaulle remporte les élections législatives de juin 1968, mais le pouvoir sort affaibli de cette crise.
- **En 1969, 53,18 % des Français rejettent par référendum son projet de régionalisation et de réforme du Sénat.** Après cet échec, le général de Gaulle démissionne le 28 avril 1969.

1 **Affiche en faveur du *oui* au référendum sur la Constitution de la Ve République, 28 septembre 1958**

2 **François Mitterrand critique la Constitution**

« Qu'est-ce donc que la Ve République sinon la possession du pouvoir par un seul homme [...]. J'appelle le régime gaulliste dictature parce que, tout compte fait, c'est à cela qu'il ressemble le plus, parce que c'est vers un renforcement continu du pouvoir personnel qu'inéluctablement il tend. »

François Mitterrand (député de la Nièvre, opposant socialiste), *Le Coup d'État permanent*, © Julliard, 1964.

Vocabulaire

Constitution : voir p. 178.

Référendum : consultation directe des citoyens sur une question posée par le pouvoir exécutif à laquelle ils doivent répondre par *oui* ou par *non*.

Système républicain : désigne la pratique politique mise en place par le général de Gaulle. Il donne de larges pouvoirs au président de la République qui instaure une relation directe avec le peuple.

OTAN : Organisation du traité de l'Atlantique nord. Organisation militaire créée par les États-Unis en 1949.

3 La suprématie du pouvoir présidentiel

« **Titre II - Le Président de la République**

Art. 5 Le Président de la République veille au respect de la Constitution. Il assure le fonctionnement ainsi que la continuité de l'État. Il est le garant de l'indépendance nationale, de l'intégrité du territoire et du respect des traités.

Art. 8 Le Président de la République nomme le Premier ministre [...]. Sur la proposition du Premier ministre, il nomme les autres membres du Gouvernement.

Art. 9 Le Président de la République préside le Conseil des ministres.

Art. 11 Le Président de la République [...] peut soumettre au référendum tout projet de loi.

Art. 12 La Président de la République peut, après consultation du Premier ministre et des Présidents des Assemblées, prononcer la dissolution de l'Assemblée nationale.

Art. 15 Le Président de la République est le chef des armées.

Art. 16 Lorsque les institutions de la République, l'indépendance de la Nation, l'intégrité du territoire ou l'exécution de ses engagements internationaux sont menacés d'une manière grave ou immédiate, le Président prend les mesures exigées par la Constitution. »

Constitution de la Ve République, 1958.

4 Le « bain de foule » (Bretagne, 1964)

5 La France retrouve sa souveraineté militaire

« La France considère que les changements accomplis, ou en voie de l'être, depuis 1949 en Europe, en Asie et ailleurs[1], ainsi que l'évolution de sa propre situation et de ses propres forces[2], ne justifient plus, pour ce qui la concerne, les dispositions d'ordre militaire prises après la conclusion de l'alliance [...]. C'est pourquoi la France se propose de recouvrer sur son territoire l'entier exercice de sa souveraineté, actuellement entamée par la présence permanente d'éléments militaires alliés ou par l'utilisation habituelle qui est faite de son ciel, de cesser toute participation aux “commandements intégrés” et de ne plus mettre de forces à la disposition de l'OTAN. »

Lettre du général de Gaulle au président américain Lyndon B. Johnson, le 7 mars 1966.

1. La formation de deux blocs : le bloc de l'Ouest (pro-américain) et le bloc de l'Est (prosoviétique). **2.** La France fait exploser sa première bombe atomique en 1960.

Un pouvoir autoritaire 6
Affiche diffusée à Paris en juin 1968 par les étudiants.

A La IVe République dans l'impasse

1. **Doc. 1** Dans quel contexte cette affiche a-t-elle été réalisée ?
2. **Doc. 1** Quels symboles républicains sont mis en avant ? Quel avenir est promis aux Français s'ils approuvent la Constitution ?

B Les débuts de la Ve République

3. **Doc. 3** Quels sont les pouvoirs du président de la République ?
4. **Doc. 5** Quel acte d'indépendance Charles de Gaulle accomplit-il ? Pourquoi ?
5. **Doc. 4** Que montre cette scène sur la pratique politique du général de Gaulle ?

C La crise de mai 1968

6. **Doc. 2 et 6** Comment Charles de Gaulle est-il représenté ? Quelles critiques lui sont adressées ?

Bilan **DÉCRIRE ET EXPLIQUER**

À l'aide des documents, rédigez un développement qui présente le système mis en place par Charles de Gaulle en 1958 et sa contestation lors de la crise de mai 1968.

Compétence 1.2 › **Rédiger un texte bref, cohérent et ponctué**

Compétence 5.4 › **Être capable de porter un regard critique sur un fait**

Socle

Dossier

Une politique de grandeur pour la France

Comment le général de Gaulle met-il en œuvre une politique de grandeur pour la France ?

Le général de Gaulle entend redonner à la France son rang en Europe et dans le monde. Il veut moderniser la France en soutenant la recherche et met en œuvre une politique culturelle ambitieuse. Sur la scène internationale, il se montre actif en rencontrant les grands dirigeants et en affirmant, dans un contexte de guerre froide, son indépendance vis-à-vis des États-Unis et de l'URSS.

A Une politique intérieure ambitieuse

1 Soutenir la recherche

« Dans l'ordre économique, pour sauvegarder notre indépendance, nous devons soutenir coûte que coûte la concurrence dans les secteurs de pointe. Nous avons depuis six ans, multiplié par six les crédits consacrés à la recherche. [...] Nous perçons le tunnel du Mont Blanc conjointement avec les Italiens. [...] Nous nous unissons à l'Angleterre pour construire le premier avion supersonique du monde[1]. »

Allocution radiodiffusée du général de Gaulle, 27 avril 1965 dans *Discours et messages*, © Plon, 1970.

1. Le Concorde.

2 Développer l'industrie aéronautique
Charles de Gaulle au Salon de l'aéronautique du Bourget en 1959, devant la maquette de la Caravelle.
À l'arrière plan, la maquette du Mirage III.

« Il faut que nous puissions rassembler le plus grand nombre d'œuvres pour le plus grand nombre d'hommes. »

Charles de Gaulle le 15 mai 1965, Bourges

3 Favoriser l'accès de tous à la culture
Charles de Gaulle inaugure la maison de la culture à Bourges le 15 mai 1965 en présence d'André Malraux, ministre des Affaires culturelles.

B Une politique étrangère indépendante

LE MIRACLE ATOMIQUE
« Auparavant, on m'ignorait. Maintenant... »

Algemeen Handelsblad, Amsterdam

4 La France devient une puissance atomique

Le miracle atomique : « Auparavant, on m'ignorait. Maintenant… »
Dessin de Berhendt paru à l'occasion du premier essai de la bombe atomique française dans le Sahara en 1960.
① D. D. Eisenhower (président des États-Unis)
② N. Khrouchtchev (dirigeant de l'URSS)

5 Le refus des blocs

« Le fait capital de ces sept dernières années, c'est que nous avons choisi l'indépendance.
Dans le domaine politique, il s'agit, sans renier notre amitié américaine, que nous nous comportions en Européens que nous sommes. C'est bien ce que nous faisons en nous réconciliant avec l'Allemagne[1]. Quant aux problèmes qui se posent dans le reste de l'univers, notre indépendance nous conduit à mener […] une action conforme à ce qui est notre propre conception. À savoir : chaque nation est responsable d'elle-même. »

Extrait d'un discours télévisé du général de Gaulle, 27 avril 1965.

1. Le 22 janvier 1963, Ch. de Gaulle et K. Adenauer signent le traité de l'Élysée qui renforce la coopération entre les deux pays.

6 De Gaulle au Cambodge[1]

« La France considère que les combats qui ravagent l'Indochine[1] n'apportent aucune issue […]. Au degré de puissance, de richesse, de rayonnement auxquels les États-Unis sont parvenus, le fait de renoncer à leur tour à une expédition lointaine et de lui préférer un engagement international organisant la paix et le développement d'une importante région du monde, n'aurait rien en définitive, qui puisse blesser leur fierté, contrarier leur idéal et nuire à leur intérêt. »

Discours du général de Gaulle le 1er septembre 1966 au stade de Phnom Penh au Cambodge (ancien protectorat français, indépendant depuis 1953) dans *Discours et messages*, © Plon, 1970.

1. La guerre du Vietnam a opposé, de 1959 à 1975, le Nord-Vietnam soutenu par l'URSS, au Vietnam du Sud soutenu par les États-Unis.

A Une politique intérieure ambitieuse

1. **Doc. 1 et 2** Quels secteurs de l'économie le général de Gaulle soutient-il ? Quels grands projets initie-t-il ?
2. **Doc. 3** Identifiez les personnages présents sur la photographie et leur fonction. Quelle est la mission de l'édifice inauguré ?

B Une politique étrangère indépendante

3. **Doc. 4 et 5** Pour quelle raison la France doit-elle détenir l'arme nucléaire selon le général de Gaulle ? D'après la caricature, avec qui la France peut-elle désormais rivaliser ?
4. **Doc. 5** Avec quel pays Charles de Gaulle poursuit-il un rapprochement ?
5. **Doc. 6** Quel accueil lui est réservé ? Que reproche-t-il aux États-Unis ?

Bilan — DÉCRIRE ET EXPLIQUER

À l'aide des documents, rédigez un développement qui montre la volonté de Charles de Gaulle de moderniser la France et de lui redonner son rang sur la scène internationale.

Aide à la rédaction

1. Moderniser la France.
2. Faire de la France un État indépendant et puissant.

Dossier

La crise de mai 1968

Qu'est-ce que la crise de mai 1968 ?

Après une décennie d'exercice du pouvoir, le général de Gaulle affronte en mai 1968 une grave crise. Dans une période d'expansion économique, la jeunesse réclame la liberté d'expression et des mœurs. D'abord étudiant, le mouvement se radicalise avec des grèves qui paralysent le pays. Contesté, le général de Gaulle dissout l'Assemblée et remporte largement les élections législatives en juin 1968. Si cette victoire permet de mettre un terme à la crise politique, elle affaiblit durablement le pouvoir du général qui a donné l'impression d'être débordé par les revendications des Français.

A Les revendications des étudiants et des ouvriers

1 La jeunesse bâillonnée
Affiche anonyme de 1968, réalisée aux Beaux-Arts à Paris.

2 « La jeunesse s'ennuie »

« La jeunesse s'ennuie. Les étudiants manifestent, bougent en Espagne, en Italie, en Belgique, en Amérique, en Égypte [...]. Ils ont l'impression qu'ils ont des conquêtes à entreprendre, une protestation à faire entendre [...]. Quant aux jeunes ouvriers, ils cherchent du travail et n'en trouvent pas. Les empoignades [...], les apostrophes des hommes politiques de tout bord paraissent à tous ces jeunes, au mieux plutôt comiques, au pire tout à fait inutiles, presque toujours incompréhensibles [...]. Seuls quelques centaines de milliers de Français ne s'ennuient pas : chômeurs, jeunes sans emploi, petits paysans écrasés par le progrès [...], vieillards plus ou moins abandonnés de tous. Ceux-là sont si absorbés par leurs soucis qu'ils n'ont pas le temps de s'ennuyer, ni d'ailleurs le cœur à manifester et à s'agiter. Et ils ennuient tout le monde. La télévision qui est faite pour distraire, ne parle pas assez d'eux. Aussi le calme règne-t-il. »

Pierre Viansson-Ponté, « La France s'ennuie », *Le Monde*, 15 mars 1968.

3 Ce que veulent les étudiants et les ouvriers

« On a prétendu que les revendications étaient spécifiquement étudiantes. Or c'est faux. Les ouvriers ont commencé la lutte à Caen, à Redon [...], Nantes [...] et maintenant à Renault.

Ce n'est qu'un début, le combat continue ! Partout les étudiants sont à leurs côtés. Les travailleurs sont pour la liberté syndicale, pour la liberté de presse à l'intérieur des ateliers. Les étudiants sont pour la liberté d'expression dans l'Université, pour la discussion politique dans son sein. Ils sont pour la disparition du capitalisme, mot d'ordre qu'ils ont pris au mouvement ouvrier lui-même. »

Tract du Comité d'action travailleurs-étudiants de la Sorbonne, 16 mai 1968, publié dans Alain Schnapp et Pierre-Vidal Naquet, *Journal de la Commune étudiante*, © Seuil, 1988.

B La France paralysée

4 Usines Renault en grève à Boulogne-Billancourt le 17 juin 1968

5 La place de la Sorbonne à Paris après une nuit d'émeutes

6 La réponse politique du général de Gaulle

« Dans les circonstances présentes, je ne me retirerai pas. J'ai un mandat du peuple, je le remplirai. Je ne changerai pas le Premier ministre […]. Je dissous aujourd'hui l'Assemblée nationale. […]

Quant aux élections législatives, elles auront lieu dans les délais prévus par la Constitution[1], à moins qu'on entende bâillonner le peuple français tout entier, en l'empêchant de s'exprimer en même temps qu'on l'empêche de vivre, par les mêmes moyens qu'on empêche les étudiants d'étudier, les enseignants d'enseigner, les travailleurs de travailler.

Ces moyens, ce sont l'intimidation, l'intoxication et la tyrannie exercées par des groupes organisés de longue date en conséquence et par un parti qui est une entreprise totalitaire[2], même s'il a déjà des rivaux à cet égard. […]

Eh bien non, la République n'abdiquera pas. Le peuple se ressaisira. Le progrès, l'indépendance et la paix l'emporteront avec la liberté.

Vive la République ! Vive la France ! »

Allocution radiodiffusée du général de Gaulle, le 30 mai 1968 dans *Discours et messages*, © Plon, 1970.

1. Les élections législatives du 23 et 30 juin 1968 ont été largement remportées par les partisans du général de Gaulle. **2.** Allusion au Parti communiste français.

A Les revendications des étudiants et des ouvriers

1. Doc. 1 et 2 Quelle est la situation de la France avant les événements de mai 1968 ? Pourquoi la jeunesse française est-elle en crise ?

2. Doc. 1 Quelle image du général de Gaulle cette affiche donne-t-elle ? Quel reproche lui est adressé ?

3. Doc. 3 Quelles sont les revendications des étudiants et des ouvriers ?

B La France paralysée

4. Doc. 3, 4 et 5 Quels moyens les ouvriers et les étudiants utilisent-ils pour faire entendre leurs revendications ?

5. Doc. 6 Quand et comment la crise de mai 1968 se termine-t-elle ?

Bilan — DÉCRIRE ET EXPLIQUER

À l'aide des documents, rédigez un développement qui présente la crise de mai 1968.

Aide à la rédaction

1. Les raisons de la révolte de mai 1968.
2. Les différents acteurs du mouvement et leurs modes d'action.
3. Les conséquences politiques de mai 1968.

Réviser les repères

Livret Brevet

→ L'essentiel, p. 20

A Identifier l'essentiel à retenir

Brevet

Vocabulaire	Repères chronologiques	Capacités
Savoir définir : référendum, République, Constitution	**Savoir situer dans le temps :** **13 mai 1958 :** la crise de la IVe République **1958-1969 :** les années De Gaulle **1968 :** les événements de mai	**Savoir :** **caractériser** les grands choix politiques du général de Gaulle.

B Compléter un schéma

Compétence 5.1 › **Avoir des connaissances et des repères**

Socle

▶ Recopiez et complétez le schéma à l'aide de ces propositions :
- Voyages en province et discours radiodiffusés
- Soutien aux industries de haute technologie
- Retrait du commandement de l'OTAN (1966)
- Bombe atomique et dissuasion nucléaire
- Indépendance à l'égard des deux blocs
- Référendums

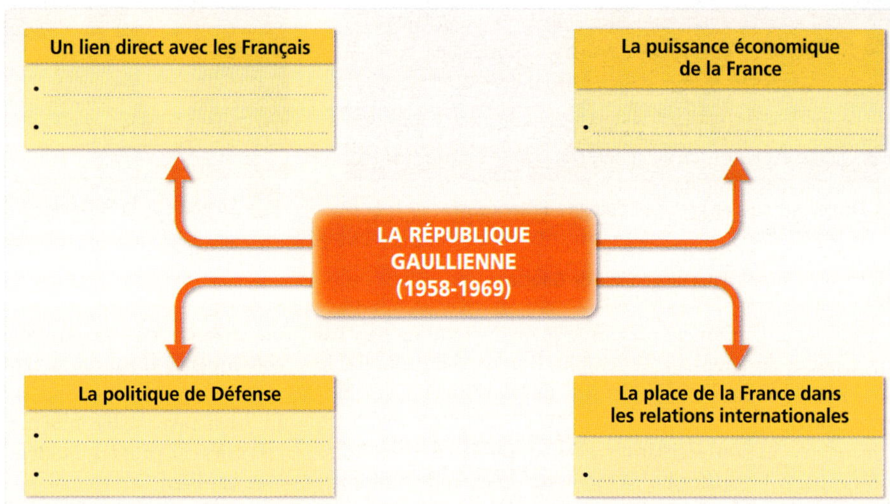

C Connaître les référendums de la présidence du général de Gaulle

Compétence 5.2 › **Situer un événement dans le temps**

Brevet

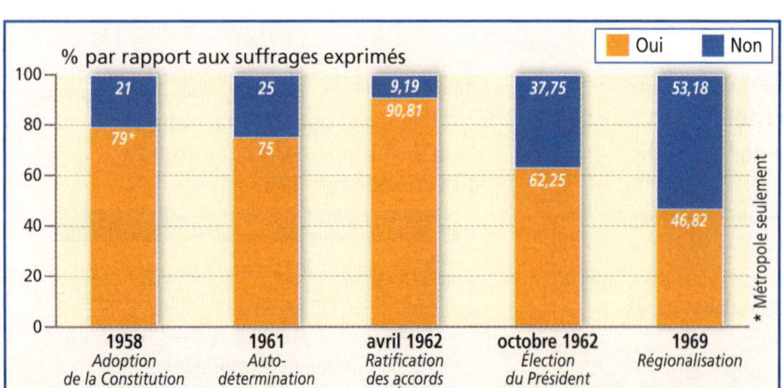

1 La pratique référendaire sous la présidence du général de Gaulle

▶ **Présenter le document**

1. Quelle est la nature du document ?

2. Quel est le thème abordé ? Quelle est la période concernée ?

3. Qu'est-ce qu'un référendum ?

▶ **Analyser le document**

4. Combien de référendums le général de Gaulle a-t-il soumis aux Français ? Que montre ce document sur sa pratique politique ?

5. À l'aide du manuel, indiquez à quel thème correspond chacune de ces consultations.

6. Quel est le résultat de la consultation de 1969 ? Quelle en est la conséquence ?

Réviser les savoir-faire

D Exploiter des archives audiovisuelles

Compétence 4.4 › **Chercher et sélectionner l'information demandée** B2i

Méthode

Le site Internet de l'INA propose des documents vidéos d'archives. Connectez-vous sur www.3e.hgeleve.magnard.fr/liens et regardez la vidéo sur la crise de mai 1968.

1 Identifier le document

1. Quand et à quelle occasion a-t-il été diffusé ?

2 Analyser le document

2. Où démarre le mouvement ?
3. Qui sont les leaders étudiants ? Quels sont leurs slogans ?
4. Où se déroulent essentiellement les accrochages ?
5. Que se passe-t-il dans le monde du travail ?

3 Présenter les acteurs politiques

6. Quelle est l'attitude du général de Gaulle ? Quel a été le rôle de Georges Pompidou ?
7. Quelle force politique organise un meeting au stade Charléty ? Dans quel but ?

4 Comprendre la portée de l'événement

8. Comment s'achève la crise de mai 1968 ?
9. Comment cet événement est-il interprété ?

E Confronter deux points de vue sur la politique du général de Gaulle

Compétence 5.3 › **Lire et employer différents langages** Socle

1 Jean Charbonnel, ancien ministre du général de Gaulle

« De Gaulle avait défini un certain nombre d'objectifs qu'il empruntait à nos deux cultures politiques. À la gauche, son volontarisme économique, son désir d'instaurer, dans le domaine social, la participation[1], sa recherche de la paix par la décolonisation – de l'Algérie au Vietnam –, son souci de la coopération. À la droite, sa volonté d'assurer la grandeur par l'indépendance de la nation, son affirmation de l'autorité de l'État. Sa stature lui a permis de réaliser une synthèse originale entre toutes ses exigences. »

Entretien avec N. Domenach dans *L'Histoire* n° 162, janvier 1993.

1. La participation des salariés au partage des profits de l'entreprise et à certaines des décisions.

2 François Mitterrand, député socialiste

« Ah Mesdames, Messieurs, déjà nous connaissons ce domaine réservé qui a fait passer indûment les Affaires Étrangères, la Défense nationale [...] sous la gouvernance directe du président de la République. Mais la République n'a jamais reconnu l'autorité d'un homme ni l'autorité d'un seul pouvoir [...]. Il faut en revenir à un régime de liberté et d'équilibre et en finir avec celui que vous nous faites et qui n'est qu'un régime d'autorité et d'irresponsabilité. »

François Mitterrand, intervention devant l'Assemblée nationale, 24 avril 1964.

► Le point de vue de Jean Charbonnel

1. Qui est l'auteur ?
2. Quel est la position de Charles de Gaulle sur le plan politique selon l'auteur ?

► Le point de vue de François Mitterrand

3. Quelle fonction F. Mitterrand occupe-t-il en 1964 ?
4. Quels reproches adresse-t-il au général de Gaulle ?

► Confronter les points de vue

5. En quoi ces deux points de vue s'opposent-ils sur les pratiques politiques du général de Gaulle ?

CHAPITRE 13

La Vᵉ République à l'épreuve de la durée

▷ **Comment la Vᵉ République a-t-elle évolué depuis 1969 ?**

Dinan

Vers la dissolution de l'Assemblée nationale
Les élections législatives les 21 et 28 juin ?

ouest france

Justice et Liberté
Lundi
11 mai 1981
2 F 00
Normandie, Bretagne
Pays de Loire
Fondateur :
Paul Hutin-Desgrées
Président : Louis Estrangin
Rennes - Tél. (99) 30.56.71

Premier socialiste élu à l'Elysée au suffrage universel

Mitterrand président

Giscard d'Estaing : 47,93
Mitterrand . . . . . . : 52,06
Forte participation : 86 %

Le nouveau président : **« Seule la communauté nationale entière pourra répondre aux exigences du temps présent »**

M. Mitterrand a été élu président de la République au terme d'une campagne qui a permis un large débat. Beaucoup de ses électeurs ont attendu ce moment durant des années. Les voici aujourd'hui pleins d'espoir et de joie. Beaucoup d'autres électeurs sont dans le même temps déçus et certains d'entre eux profondément inquiets. Il importe qu'il n'y ait, de part et d'autre, ni rancœur, ni rancune, ni vainqueur, ni vaincu, mais seulement des démocrates acceptant loyalement de se conformer aux règles qu'ils se sont librement données : la France a fait un choix sans équivoque. Chacun doit s'incliner devant la décision du suffrage universel.
Nul doute que le nouveau président s'attachera d'abord à démontrer par ses gestes, par ses décisions, qu'il n'entretient lui-même, comme l'a dit M. Defferre, aucun esprit de revanche, qu'il est bien le président de tous les Français, qu'il est l'homme de la réconciliation, du rassemblement, du dialogue ; de ce dialogue qui est, en effet, plus nécessaire que jamais dans ce pays affronté à une crise considérable. Il importe aussi que chacun sache que personne ne dispose de solutions miracles susceptibles de résoudre d'un seul coup tous les problèmes, mais que seuls l'effort et la coopération de tous pourront permettre de surmonter les difficultés, dans une période dangereuse de la vie du monde.

François Régis Hutin

Victoire indiscutable

François Mitterrand vingt et unième président de la République française. L'événement est historique : c'est le premier président socialiste, élu au suffrage universel, de la Vᵉ République et c'est la première véritable alternance au pouvoir depuis près d'un quart de siècle.
La victoire de M. Mitterrand est indiscutable, plus nette que celle de M. Giscard d'Estaing en 1974. Celui-ci l'a d'ailleurs reconnu fort élégamment. Pour le nouveau président, c'est évidemment une revanche sur ses deux échecs précédents, en 1965 et en 1974, mais c'est surtout l'aboutissement d'une lutte opiniâtre pour imposer les idées socialistes. Il jouait quitte ou double dans cette élection : il empoche donc l'intégralité de la mise.
Naturellement, l'élection de François Mitterrand implique, à court et à moyen terme, des changements importants dans la vie politique française. C'est ce qu'attendent ceux qui l'ont élu, qui souhaitent d'abord l'amélioration du sort des plus défavorisés et la réduction du chômage. Quant à ceux qui ont voté pour son adversaire, ils redoutent peut-être un bouleversement : ce ne devrait pas être le cas. La question est de savoir si les modifications politiques notables, qui vont intervenir, n'entraîneront pas le « changement de société » tellement évoqué ces dernières années. A ce propos, M. Mitterrand a dit par avance : « Non » et il n'y a aucune raison de mettre sa parole en doute.
Dans sa première déclaration présidentielle, il a souligné qu'il ne ferait pas de distinction entre ceux qui ont voté pour lui et les autres : **« Ils sont notre peuple et rien d'autre. »**
Bien sûr, Georges Marchais a aussitôt revendiqué pour le P.C.F. la part qui lui revient dans la victoire de François Mitterrand, y compris des ministres au gouvernement. Il est exact que le report des voix communistes sur François Mitterrand semble s'être effectué très largement. De son côté, Jacques Chirac, dont les électeurs ne se sont pas tous reportés, loin de là, sur Valéry Giscard d'Estaing, a déjà esquissé sa silhouette de chef de l'opposition susceptible d'offrir un recours. L'une et l'autre réactions étaient attendues.
En réalité, pour mieux cerner les conséquences de cette élection, il va falloir déterminer dans quelle mesure les Français ont voté « pour » Mitterrand plutôt que « contre » Giscard. Les élections législatives, que le nouveau président doit organiser pour la fin de juin, donneront sans doute la réponse à cette question. Elles permettront, si la gauche les remporte, de consolider la victoire de François Mitterrand. Dans l'hypothèse contraire, les institutions de la Vᵉ République seront mises à l'épreuve.
En attendant, le quatrième président de la Vᵉ République doit s'employer à prendre rapidement en main une situation – notamment économique – que la campagne électorale a quelque peu occultée. C'est « ici et maintenant » que tout commence.

Paul-Jacques TRUFFAUT

(Photo Gamma)

Giscard : « Je continuerai à défendre les intérêts essentiels de notre pays »

Chirac : « J'appelle à se rassembler tous ceux qui sont attachés aux valeurs de liberté et de progrès qu'incarne la Vᵉ République »

Marchais : « Nous sommes prêts à assumer toutes nos responsabilités »

(Nos informations en pages 2, 3, 4 et 5)

Paris la joie, Paris la folie

Manifestations d'enthousiasme dans la capitale

Ce numéro d'Ouest-France a été tiré à 1 003 428 exemplaires.

1 La victoire de François Mitterrand à l'élection présidentielle le 10 mai 1981
Pour la première fois sous la Vᵉ République, la gauche remporte l'élection présidentielle : c'est l'alternance.
(Une du quotidien Ouest France, 11 mai 1981)

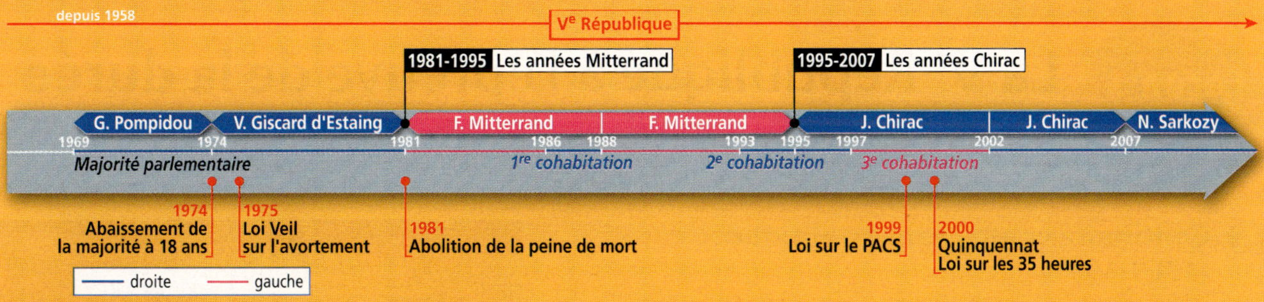

2 Le premier conseil des ministres de la troisième cohabitation, le 5 juin 1997

Après les élections législatives de 1997, remportées par la gauche, Jacques Chirac (1), président de la République de droite nomme Lionel Jospin (2), Premier ministre de gauche.

Confronter les documents

1. Qui a été élu président de la République le 10 mai 1981 ? Pourquoi sa victoire marque-t-elle une rupture ?

2. Quelle est la fonction des deux hommes identifiés sur la photographie ? À quel courant politique appartiennent-ils ?

3. Dans quelle situation politique se retrouve la France en 1997 ?

Leçon 1

La Ve République à l'épreuve de la durée

Comment a évolué la vie politique en France depuis 1969 ?

A Continuité et alternance politique (1969-1981)

- **Après la démission du général de Gaulle en 1969, la droite conserve le pouvoir sous les présidences de Georges Pompidou (1969-1974) et de Valery Giscard d'Estaing (1974-1981)**. Elle bénéficie d'une large majorité à l'Assemblée nationale pour mettre en œuvre sa politique.
- Les difficultés économiques et sociales conduisent à la victoire du socialiste François Mitterrand à l'élection présidentielle le 10 mai 1981. **Pour la première fois sous la Ve République, un président de gauche est élu au suffrage universel direct : c'est l'alternance (doc. 1)**. Jusqu'en 1986, F. Mitterrand gouverne avec une majorité de gauche.

B Cohabitations et alternances depuis 1986

- **Entre 1986 et 2002, la France a connu neuf années de cohabitation**. En 1986, le Président de gauche, F. Mitterrand, nomme un premier ministre de droite, Jacques Chirac, puis en 1993, Édouard Balladur. En 1997, le Président de droite J. Chirac, nomme le socialiste Lionel Jospin. Le choix du Premier ministre est déterminé par le résultat des élections législatives.
- **Au sein de l'exécutif, ces périodes de cohabitations créent des tensions qui tournent souvent à l'avantage du Président**. Garant de la Constitution, il n'hésite pas à critiquer ouvertement la politique de son Premier ministre (doc. 3).
- En 2002, Jean-Marie Le Pen, leader de l'extrême droite, se retrouve au second tour de l'élection présidentielle (doc. 4). J. Chirac est réélu grâce à une forte mobilisation contre le Front national. **En 2007, malgré les succès de la gauche aux élections locales, Nicolas Sarkozy est élu président de la République** (doc. 6).

C Les réformes de la société française

- **Sous la présidence de V. Giscard d'Estaing, la droite abaisse le droit de vote de 21 à 18 ans et légalise l'avortement (loi Veil)**. J. Chirac **privatise** les entreprises et suspend le service militaire obligatoire. Son successeur, Nicolas Sarkozy limite le nombre de fonctionnaires et recule l'âge de la retraite (doc. 2).
- **Dès son arrivée au pouvoir en 1981, la gauche abolit la peine de mort**. En 1999, elle fait adopter le **PACS** (doc. 5). Ces deux réformes ont suscité de vifs débats au sein de la société française (doc. 6).
- Sur certaines questions, une partie de la gauche et de la droite se retrouvent. **Le référendum de 2000 relatif à la réduction du mandat présidentiel de 7 à 5 ans a ainsi fait un consensus**.

1 Le premier gouvernement de la gauche dirigé par Pierre Mauroy en mai 1981

2 Les principales réformes depuis 1974

	Droite	Gauche
Société	**1974** : abaissement de l'âge de la majorité à 18 ans **1975** : légalisation de l'avortement **1976** : création du collège unique **1997** : suspension du service militaire	**1981** : abolition de la peine de mort **1999** : adoption du PACS
Économie	**1986** : privatisations	**1981** : nationalisations
Politique	**2000** : référendum sur la réduction du mandat Présidentiel de 7 à 5 ans	**1982-1986** : premières lois de décentralisation **2000** : loi sur la parité
Sociale	**2011** : recul de l'âge de la retraite	**1981** : fixation de l'âge de la retraite à 60 ans **1988** : création du RMI

Vocabulaire

Alternance : arrivée au pouvoir d'un autre courant politique.

Cohabitation : situation politique dans laquelle le président de la République et le Premier ministre sont de tendances politiques opposées.

Privatiser : vendre des entreprises publiques au secteur privé.

PACS (Pacte civil de solidarité) : contrat définissant les modalités juridiques de la vie commune entre deux personnes qui ne souhaitent pas ou ne peuvent pas se marier.

3 Une troisième cohabitation tendue

En 1998, J. Chirac prend position sur le projet du gouvernement Jospin sur la réduction du temps de travail hebdomadaire de 39 à 35 heures.

« Qui ne voit le danger dans ce domaine de méthodes qui imposeraient des solutions uniformes sans tenir compte des différences dans un monde de plus en plus concurrentiel. Les Français le savent bien qui, dans leur immense majorité, ne croient pas que la baisse du temps de travail, qui est par ailleurs une évolution naturelle et légitime, réduira le chômage. »

Extrait du journal télévisé diffusé sur la chaîne publique A2 le 10 janvier 1998.

4 Manifestation hostile au Front national après le 1er tour de l'élection présidentielle de 2002 Pour la première fois, l'extrême droite est présente au 2e tour de l'élection présidentielle.

5 Le débat autour du PACS (1999)

« Ce texte poursuit trois objectifs [...] : la reconnaissance sociale du couple homosexuel [...] ; la définition d'un cadre juridique plus stable pour les situations de concubinage ; l'extension de ce cadre aux relations de solidarité entre des personnes, y compris entre des frères et des sœurs. C'est un texte de liberté. »

Jean-Pierre Michel, député socialiste (gauche), rapporteur de la loi sur le PACS, 1999.

« Le Pacte est inopportun car il introduit une confusion des valeurs, notamment en ce qu'il aboutit à nier de facto, que vous le vouliez ou non, la valeur centrale du mariage [...]. Il est inopportun car il conduit à des situations confuses parfois inacceptables liées à la faculté de renvoyer le partenaire à tout moment. »

Philippe Marini, sénateur RPR (droite), 1999.

6 Une tradition républicaine : le débat télévisé
Débat télévisé entre Ségolène Royal et Nicolas Sarkozy le 2 mai 2007 avant le second tour de l'élection présidentielle. Le compteur comptabilise le temps de parole des deux candidats qui doit être identique à l'issue du débat.

A Continuité et alternance politique (1969-1981)

1. Doc. 1 et frise p. 189 Qui est élu président de la République le 10 mai 1981 ? À quelle occasion cette photographie a-t-elle été prise ?

B Cohabitations et alternances depuis 1986

2. Doc. 3 Quelle est la situation politique de la France en 1998 ? À quel projet du gouvernement de Lionel Jospin, Jacques Chirac s'oppose-t-il ? Pourquoi ?

3. Doc. 4 Que dénonce cette manifestation ? Quel événement inédit l'explique ?

4. Doc. 6 À quel moment de la vie politique cet événement se déroule-t-il ? Pourquoi ce débat est-il important ?

C Les réformes de la société française

5. Doc. 2 Citez deux réformes sociales de la gauche et deux réformes de société de la droite.

6. Doc. 5 Qu'est-ce que le PACS ? Quel est le courant politique hostile au PACS ? le courant favorable ? Quels sont les arguments avancés ?

Bilan **DÉCRIRE ET EXPLIQUER**

À l'aide des documents, décrivez les évolutions politiques de la France depuis 1969, en insistant sur les alternances et les cohabitations, puis les réformes adoptées par les différents présidents de la République.

Compétence 5.1 › **Avoir des connaissances et des repères**
Compétence 5.2 › **Mobiliser ses connaissances pour donner du sens à l'actualité**

Socle

Dossier La place des femmes dans la société française

Comment le rôle des femmes dans la société a-t-il évolué ?

Si en 1944, les femmes obtiennent le droit de vote en France, les inégalités persistent entre hommes et femmes. Depuis les années 1960, elles mènent plusieurs combats pour conquérir l'égalité dans de nombreux domaines. Cette conquête lente de nouveaux droits se poursuit encore aujourd'hui.

A Le combat des femmes pour la liberté sexuelle

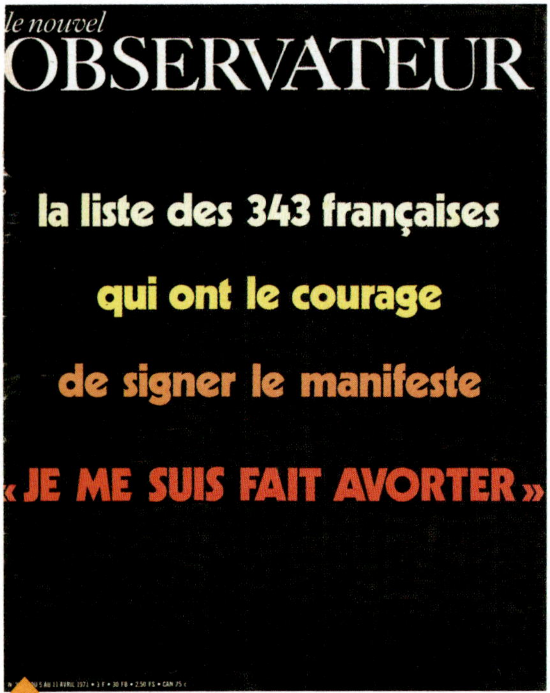

1 Le manifeste des 343 (*Le Nouvel Observateur*, 5 avril 1971)
L'avortement est interdit en France depuis 1920.
Simone de Beauvoir, Marguerite Duras ou encore Catherine Deneuve ont signé ce manifeste.

2 Manifestation féministe en 1973
Au début des années 1970, des mouvements féministes comme le MLAC (Mouvement pour la liberté de l'avortement et de la contraception) et le MLF (Mouvement de libération des femmes) militent pour le droit à l'avortement et à la contraception.

3 Simone Veil défend la loi sur l'interruption volontaire de grossesse (IVG)

« Pourquoi ne pas continuer à fermer les yeux ? Parce que la situation actuelle est mauvaise. Je dirai même qu'elle est déplorable et dramatique.
Mais, me direz-vous, pourquoi avoir laissé la situation se dégrader ainsi et pourquoi la tolérer ? Pourquoi ne pas faire respecter la loi ? Parce que si des médecins, si des personnels sociaux, même un certain nombre de citoyens participent à ces actions illégales, c'est bien qu'ils s'y sentent contraints. Parce qu'en face d'une femme décidée à interrompre sa grossesse, ils savent qu'en refusant leur conseil et leur soutien, ils la rejettent dans la solitude et l'angoisse d'un acte perpétré dans les pires conditions qui risque de la laisser mutilée à jamais. Ils savent que la même femme, si elle a de l'argent, si elle sait s'informer, se rendra dans un pays voisin. C'est à ce désordre qu'il faut mettre fin. C'est cette injustice qu'il convient de faire cesser. »

Simone Veil, ministre de la Santé, discours à l'Assemblée nationale le 26 novembre 1974.

B Le combat des femmes pour l'égalité des droits

4 L'évolution du statut juridique des femmes

Art. 213 du Code civil	
De 1942 à 1971 : Le mari est le chef de la famille. Il exerce cette fonction dans l'intérêt commun du ménage et des enfants. La femme concourt avec le mari à assurer la direction morale et matérielle de la famille, à pourvoir à son entretien, à élever les enfants et à préparer leur établissement. [...]	**Depuis 1971 :** Les époux assurent ensemble la direction morale et matérielle de la famille. Ils pourvoient à l'éducation des enfants et préparent leur avenir.
Art. 223 du Code civil	
Jusqu'en 1966[1] **:** La femme peut exercer une profession séparée de celle de son mari, à moins que ce dernier ne s'y oppose.	**Depuis 1986 :** Chaque époux peut librement exercer une profession, percevoir ses gains et salaires et en disposer après s'être acquitté des charges du mariage.

1. L'article 223 a connu une première modification en 1966, puis une deuxième en 1986.

5 La loi sur la parité Dessin de Plantu, 1999.

6 La parité en politique

a. « Art. 1 - La loi favorise l'égal accès des femmes et des hommes aux mandats électoraux et fonctions électives. »

Loi constitutionnelle du 8 juillet 1999.

b. « Art. 2 - Sur chacune des listes, l'écart entre le nombre des candidats de chaque sexe ne peut être supérieur à un. Au sein de chaque groupe entier de six candidats dans l'ordre de présentation de la liste doit figurer un nombre égal de candidats de chaque sexe. »

Loi du 6 juin 2000.

7 La situation en 2010

« Les chiffres sont brutaux [...]. À l'Assemblée nationale, le nombre de femmes a à peine augmenté, passant de 12,3 % en 2002 à 18,5 % de femmes en 2007 [...]. 109 femmes sur 577 députés soit même pas 1 femme sur 5 à l'Assemblée nationale ! Nous devrions avoir honte [...].

Notre proposition de loi vise ainsi à mettre les partis politiques face à leurs responsabilités à partir d'une double sanction : supprimer le financement public pour les partis politiques qui ne présentent pas 50 % de candidates et pénaliser les partis politiques qui n'obtiennent pas 50 % de femmes élues. »

Discours d'Élisabeth Guigou (députée socialiste) à l'Assemblée nationale, 20 mai 2010.

A Le combat des femmes pour la liberté sexuelle

1. **Doc. 1** Pourquoi les femmes signataires de ce manifeste sont-elles dans l'illégalité ? À qui ce manifeste s'adresse-t-il ?
2. **Doc. 2** Quelles sont les revendications de cette manifestation féministe ?
3. **Doc. 3** Que prévoit la loi présentée par Simone Veil ?

B Le combat des femmes pour l'égalité des droits

4. **Doc. 4** Quels changements ont été introduits dans le Code civil ?
5. **Doc. 5 et 6** Dans quel domaine les lois de 1999 et 2000 veulent-elles établir l'égalité entre hommes et femmes ?
6. **Doc. 7** Quelle est la situation des femmes dans ce domaine en 2010 ?

Bilan — DÉCRIRE ET EXPLIQUER

À l'aide des documents, décrivez l'évolution de la place des femmes dans la société française.

Aide à la rédaction

1. Les revendications des femmes.
2. Les lois en faveur de la liberté et de l'égalité.
3. Un combat à poursuivre en politique.

Dossier

Les partis politiques et l'Europe

Comment la position des partis politiques a-t-elle évolué sur la question européenne ?

Georges Pompidou et Valéry Giscard d'Estaing ont œuvré pour la construction européenne.
À la fin des années 1970, une partie de la droite conservatrice dénonce le projet européen. La position des courants politiques évolue. Comme le montre le référendum de 2005 sur le projet de traité constitutionnel, des partis hostiles ou favorables au projet européen se retrouvent à droite comme à gauche.

A Une droite divisée, une gauche plutôt favorable à l'Europe

1 La position d'un parti de droite : le RPR[1] en 1978

« L'Europe ne peut servir à camoufler l'effacement d'une France qui n'aurait plus sur le plan mondial ni autorité, ni idée, ni message, ni visage. Nous récusons une politique étrangère qui cesse de répondre à la vocation d'une grande puissance […].
C'est pourquoi nous disons NON.
Non à la politique de supranationalité.
Non à l'asservissement économique.
Non à l'effacement international de la France.
Favorables à l'organisation européenne, oui, nous le sommes pleinement. Nous voulons autant que les autres que se fasse l'Europe. Mais une Europe où la France conduise son destin de grande nation. Nous disons non à une France vassale dans un empire de marchands, non, à une France qui démissionne aujourd'hui pour s'effacer demain. »

Jacques Chirac, leader du RPR, Appel de Cochin, 6 décembre 1978.

1. RPR : Rassemblement pour la République.

2 La position d'un parti de gauche : le Parti socialiste en 1981

« L'Europe des neuf avait réussi, à la veille de la crise du pétrole, à devenir la première puissance commerciale du monde. Avec son union douanière, ses tarifs préférentiels et son marché commun agricole […], elle a prouvé qu'elle pouvait exister […]. Elle offre aux pays qui la composent la chance de vivre ensemble, avec des règles qui leur sont propres, et de constituer une entité dont les autres doivent tenir compte. Elle a su […] inaugurer une audacieuse politique de coopération avec l'Afrique et le tiers-monde. Sur un plan plus restreint […], elle a hâté, facilité la réconciliation franco-allemande sans laquelle rien n'eut été possible. »

François Mitterrand, *L'Homme, les idées, le programme*, © Flammarion, 1981.

3 La position d'un parti de centre-droit : l'UDF lors des élections européennes de 1979

B L'avenir de l'Europe modifie les positions

4 Jacques Chirac défend le traité de Maastricht en 1992

« Je n'ai pas hésité à prendre parti pour la ratification du traité de Maastricht, qui permet la création de l'Union économique et monétaire, impliquant celle de la monnaie unique [...]. J'ai demandé publiquement au Président Mitterrand d'organiser un référendum à ce sujet, malgré les risques liés à ce genre de consultation. Il me paraissait impossible de ne pas solliciter directement l'avis des Français sur une question engageant à ce point leur avenir. Mais si la réponse va de soi du côté de l'UDF et du Parti socialiste, je n'ignore pas, pour les avoir quelque temps partagées, qu'elle se heurte à de fortes réticences au sein du RPR [...]. Or, le traité [...] stipule que l'Union européenne "respecte l'identité nationale des pays qui la composent". »

Jacques Chirac, *Chaque Pas doit être un but*, © Nil Éditions, 2009.

5 Philippe Séguin, membre du RPR, critique le traité de Maastricht

« Que l'on ne s'y trompe pas : la logique du processus de l'engrenage économique et politique mis au point à Maastricht est celle d'un fédéralisme[1] au rabais fondamentalement antidémocratique, faussement libéral et résolument technocratique. L'Europe qu'on nous propose n'est ni libre, ni juste, ni efficace [...].

On nous dit que la monnaie unique est la clé de l'emploi. On nous annonce triomphalement qu'elle créera des millions d'emplois nouveaux [...]. Mais que vaut ce genre de prédiction, alors que, depuis des années, le chômage augmente en même temps que s'accélère la construction de l'Europe technocratique ? »

Discours de Philippe Séguin, président de l'Assemblée nationale, le 5 mai 1992.

1. Favorable à un gouvernement supranational commun aux États membres.

6 Affiche d'un parti de droite, l'UMP (ex-RPR), en faveur du traité constitutionnel européen en 2005

7 Affiche d'un parti de gauche, le parti socialiste, en faveur du traité constitutionnel européen en 2005

A Une droite divisée, une gauche plutôt favorable à l'Europe

1. **Doc. 1, 2 et 3** Quels sont les courants politiques en faveur de l'Europe ?
2. **Doc. 1** Quelle est la position de Jacques Chirac sur la construction européenne ?
3. **Doc. 2** Quels arguments en faveur de l'Europe François Mitterrand avance-t-il ?

B L'avenir de l'Europe modifie les positions

4. **Doc. 4 et 5** Montrez que le RPR est divisé sur le traité de Maastricht en 1992.
5. **Doc. 6 et 7** Quelle est la position du RPR et du PS sur le traité constitutionnel de 2005 ?
6. **Docs 1, 4, 5 et 6** Comment la position du RPR, puis de l'UMP, a-t-elle évolué au sujet de la construction européenne depuis 1978 ?

Bilan — DÉCRIRE ET EXPLIQUER

À l'aide des documents, décrivez et expliquez la position des courants politiques sur l'Europe à la fin des années 1970 et en 2005.

Aide à la rédaction

1. La position des courants politique à la fin des années 1970.
2. L'évolution de la position des courants politiques lors des deux référendums sur l'Europe (1992 et 2005).

Réviser les repères

Livret Brevet

→ L'essentiel, p. 21

A Identifier l'essentiel à retenir

Brevet

Vocabulaire	Repères chronologiques	Capacités
Savoir définir : alternance, cohabitation	**Savoir situer dans le temps :** **1981-1995 :** les années Mitterrand **1995-2007 :** les années Chirac	**Savoir : décrire et expliquer** quelques exemples d'adaptations législatives à l'évolution de la société, des prises de positions, arguments et recompositions politiques sur la question européenne.

B Compléter un schéma

Compétence 5.2 › **Situer des événements dans le temps**

Socle

▶ **Recopiez et complétez le schéma.**

1. Complétez les cohabitations en indiquant les dates et le nom du Président et du Premier ministre pendant la troisième cohabitation.

2. Replacez ces propositions dans le schéma : Légalisation de l'avortement (1975) – Abolition de la peine de mort (1981) – Loi sur la parité hommes-femmes – Adoption du quinquennat (2000) – Abaissement de l'âge de la majorité à 18 ans (1975) – 35 heures (1998) – 5e semaine de congés payés (1981) – Loi sur la décentralisation (1982)

LES ALTERNANCES

- **1981 :** ....
- **1995 :** la droite au pouvoir avec Jacques Chirac

LES COHABITATIONS

- **1re** : 1986-1988 / Mitterrand-Chirac
- **2e** : 1993-1995 / Mitterrand-Balladur
- **3e** ....

Ch. de Gaulle *1958-1969* – G. Pompidou *1969-1974* – V. Giscard d'Estaing *1974-1981* – F. Mitterrand *1981-1995* – J. Chirac *1995-2007* – N. Sarkozy *depuis 2007*

LES RÉFORMES

POLITIQUE

- **Présidence de F. Mitterrand**
  - ....
- **Présidence de J. Chirac** (cohabitation)
  - ....
  - ....

SOCIÉTÉ

- **Présidence de V. Giscard d'Estaing**
  - ....
- **Présidence de F. Mitterrand**
  - ....
  - ....
- **Présidence de J. Chirac** (cohabitation)
  - ....

C Connaître et utiliser des repères

Compétence 5.1 › **Avoir des connaissances et des repères**

Brevet

1. Recopiez et complétez le tableau ci-dessous.

Événement	Date	Situation politique	Principales réformes adoptées
Les années Mitterrand et l'alternance	....	....	....
Les années Chirac et la troisième cohabitation	....	....	....

2. Rédigez un paragraphe qui présente la troisième cohabitation et les réformes adoptées.

Réviser les savoir-faire

D Analyser des résultats électoraux

Compétence 6.1 › Connaître les principes et les fondements de la vie civique et sociale — Brevet

1 Les résultats du second tour des élections législatives de 1997 suite à la dissolution de l'Assemblée nationale par le président de la République

	Voix (en milliers)	En %
Inscrits	38 487 205	100
Votants	27 353 998	71,07
Exprimés	25 626 329	66,58
Abstention	11 133 207	28,92

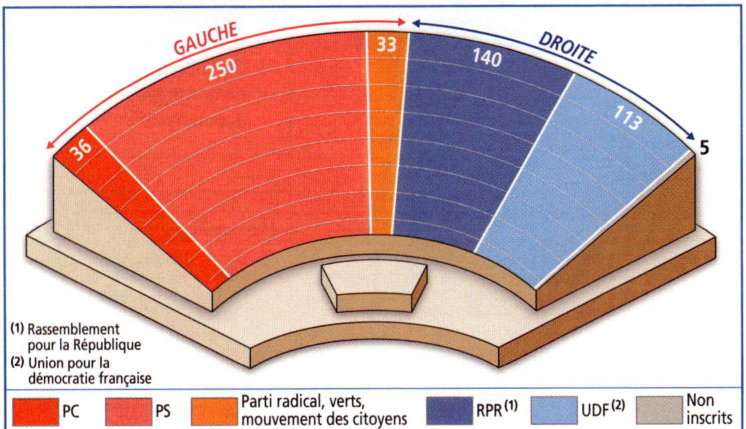

2 La répartition des sièges à l'Assemblée nationale en 1997

Méthode

1 Présenter l'élection et son contexte

1. Qui est le président de la République à cette date ? À quel courant politique appartient-il ? À quelle occasion se déroule cette élection ? Qui élit-on ?

2. Combien de sièges sont à pourvoir ?

2 Étudier les résultats

3. Quel est le taux d'abstention ?

4. Combien la droite totalise-t-elle de sièges ? Combien la gauche en totalise-t-elle ?

5. Quel est le courant politique qui a remporté les élections ?

3 Tirer les conséquences de l'élection

6. À l'issue de cette élection, qui a été nommé Premier ministre par le président de la République ? Pourquoi ?

7. Comment appelle-t-on cette situation. Combien de fois s'est-elle produite sous la sous la Vᵉ République ? Justifiez votre réponse.

E Comprendre l'engagement d'une femme du xxᵉ siècle

Compétence 4.4 › Chercher et sélectionner l'information demandée — B2i

▶ Rechercher des informations

1. Connectez-vous à l'adresse www.3e.hgeleve.magnard.fr/liens
2. À partir du lien, regardez une première fois la vidéo sur la vie de Simone Veil.

▶ Construire une fiche biographique

3. Que lui arrive-t-il pendant la Seconde Guerre mondiale ?
4. Recopiez le tableau, puis complétez-le en visionnant une seconde fois la vidéo.

	Fonctions occupées	Actions, grandes lois
1957-1964		
1974-1975		
1979-1982		
1998-2007		
2010		

Les grands travaux présidentiels sous la Ve République

Depuis Georges Pompidou, les présidents de la République ont réalisé des grands travaux pour marquer leur empreinte et doter Paris de grands équipements culturels. François Mitterrand est à l'origine du plus grand nombre de réalisations architecturales. Dès 1982, il propose huit « Grands Projets », dont il suivra personnellement l'avancement des travaux.
Ces présidents « bâtisseurs » donnent à l'architecture sa dimension symbolique.

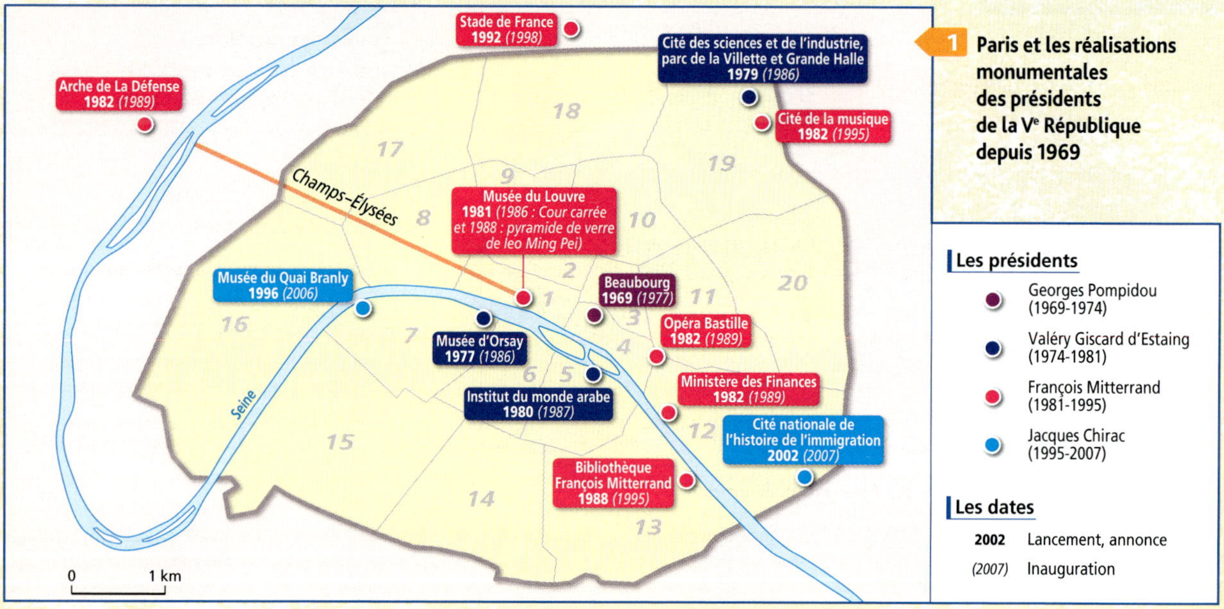

1 Paris et les réalisations monumentales des présidents de la Ve République depuis 1969

Présenter les édifices

1. Quels sont les points communs à toutes ces réalisations architecturales ?
2. Pour chacune d'elles, précisez le commanditaire, l'architecte et leur fonction.

Analyser les édifices

3. Pour chacun des édifices, identifiez les matériaux utilisés.
4. Quelle impression se dégage du centre Georges Pompidou ?
5. Quelle est la fonction de la pyramide ?
6. Quelle est l'originalité du musée du quai Branly ?

Interpréter les édifices

7. Quelle est la volonté des présidents de la République dans la réalisation de ces édifices ?
8. Quel est le retentissement de ces œuvres pour Paris et la France ?

Réaliser une fiche pour l'épreuve orale d'histoire des arts — Brevet HdA

Présenter les œuvres
- Présentez en quelques mots les œuvres (date, lieu…).
- À quel domaine artistique appartiennent-elles ?
- Qui sont les commanditaires ? Qui les a réalisées ?

Analyser les œuvres
- Utilisez le vocabulaire spécifique.
- Localisez ces monuments dans leur environnement proche.

Interpréter les œuvres
- Présentez l'intérêt de ces œuvres.
- Exprimez votre point de vue sur ces œuvres en présentant une argumentation.

Pour aller plus loin
- Citez d'autres réalisations de ces architectes.
- Retrouvez sur Internet les autres monuments commandés par les présidents de la République. Des grands travaux présidentiels sont-ils en cours ou en projet ?

2 Le centre Georges Pompidou

Passionné d'art contemporain, Georges Pompidou commande en 1969 aux architectes Renzo Piano et Richard Rodgers un centre culturel place Beaubourg à Paris.
Ce monument instaure un nouvel ordre architectural et urbain dans le centre de Paris. Les concepteurs de cet édifice (150 m de longueur sur 50 m de largeur et 50 m de hauteur) devaient répondre aux exigences de pluridisciplinarité : musées, salles pour les expositions, bibliothèque accessible gratuitement à tous. La structure portante et les circulations (la chenille des escalators) sont rejetées à l'extérieur laissant toute la place aux espaces muséaux et d'activités. La transparence de la façade principale à l'ouest permet d'observer la vie du Centre depuis une vaste esplanade voulue par les architectes comme lieu de continuité entre la ville et l'édifice.
En 2011, le musée a accueilli 6 millions de visiteurs.

« Beaubourg est mon affaire et son échec serait le mien. » Georges Pompidou

3 La pyramide du Louvre

François Mitterrand décide de moderniser l'ancien palais royal pour en faire un des plus grands musée au monde. L'architecte sino-américain Ieoh Ming Pei est choisi pour diriger les travaux. Le projet de construction d'une pyramide de verre et de métal d'inspiration égyptienne au centre de la cour suscite alors une polémique.
Composée de 603 losanges et 70 triangles en verre, la pyramide s'élève à 21,64 mètres de hauteur sur une base de 35,42 mètres de largeur. Située au cœur du musée, elle apporte une lumière naturelle à l'intérieur et permet aux visiteurs de s'orienter dans les trois ailes du musée.
En 2011, le Louvre a accueilli 8,8 millions de visiteurs.

« Je souhaite que le Louvre devienne le premier musée du monde. » François Mitterrand

4 Le musée du quai Branly

Inauguré en 2006, le musée du quai Branly ou musée des arts et civilisations d'Afrique, d'Asie, d'Océanie et des Amériques (civilisations non occidentales) est situé au pied de la tour Eiffel. Ce projet, réalisé par l'architecte français Jean Nouvel, a été porté par Jacques Chirac passionné des « arts premiers ». Sa façade principale est un mur végétalisé. Le pont-musée, avec sa structure métallique, est le bâtiment principal du musée. Le musée s'étend sur cinq bâtiments et dispose également d'un jardin. En 2011, le Quai Branly a accueilli 1,5 million de visiteurs.

« Je souhaite un musée pour les chefs d'œuvre et les civilisations oubliées. » Jacques Chirac

1 Situer des repères

Question

Pour chaque repère, vous rédigerez une courte explication.

- Périclès
- 1789-1799
- Jules Ferry et l'école gratuite, laïque et obligatoire
- Seconde Guerre mondiale
- Les années Mitterrand

Conseils pour situer des repères

- Rappel : la connaissance de ces repères ne se limite pas à la désignation de la date ou de l'événement. Vous devez rédiger une explication.
- Vous pouvez vous aider d'un tableau (➔ p. 28) et du Livret Brevet (➔ p. 2 à 9)

Repère chronologique	Événement	Acteurs, lieu, régime politique ou civilisation...
....	....	....

2 Connaître des notions, des acteurs, des faits historiques

Questions

1. Qu'est-ce que l'Union sacrée ?

2. Expliquez le rôle de Léon Blum dans le Front populaire. Vous répondrez à cette question en rédigeant un développement.

3. Quelles sont les conséquences du congrès de Tours sur la vie politique française ?

3 Travailler sur un document

Les inquiétudes d'un dirigeant d'industrie

« Monsieur le Président du Conseil,

Les industriels ne veulent plus que leurs usines soient occupées. Ils ne veulent plus de séquestrations [...]. Ils ne veulent plus voir les patrons bloqués chez eux ou assaillis dans leurs usines [...] ils ne veulent pas accepter l'instauration de Soviets[1] dans leur établissement.

Tant que le gouvernement que vous présidez n'aura pas montré sa volonté formelle de rétablir l'ordre dans la rue, dans les usines, dans les esprits, nous pensons, monsieur le Président du conseil, qu'aucune solution n'apparaît possible et nous estimons aussi que l'intérêt national fait un devoir impérieux de s'opposer résolument à l'anarchie. Le conflit actuel n'est pas entre les patrons et les ouvriers mais entre le patronat et une poignée d'agitateurs révolutionnaires dont beaucoup sont étrangers aux usines.

Lettre de P. Thiriez, dirigeant d'une entreprise de textile à Lille, adressée à Léon Blum, septembre 1936.

1. En russe, « conseil » : assemblée d'ouvriers, de soldats ou de paysans ou comités d'ouvriers et de soldats placés à la tête des entreprises après l'arrivée des bolchéviks au pouvoir en Russie.

Questions

1. Présentez l'auteur et la nature du document.

2. Quels reproches sont adressés au Front populaire ?

3. Relevez les éléments qui montrent que ce document est engagé.

Conseils pour porter un regard critique sur un document

- Replacez le document dans son contexte historique. ➔ Cette lettre a été rédigée en septembre 1936 après la victoire du Front populaire, alors que les usines sont occupées par des ouvriers.
- Analysez le contenu du document en insistant sur le vocabulaire utilisé. ➔ Soulignez ici les termes qui évoquent la contrainte, le conflit, le désordre politique.
- Dites en quoi l'auteur porte un jugement engagé.

Exemple de réponse attendue à la question 3 :

► *P. Thiriez, dirigeant d'une entreprise textile, s'adresse directement au président du Conseil pour dénoncer la situation d'occupation des usines dans le Nord de la France. Le vocabulaire utilisé est orienté : « séquestration, patrons bloqués, assaillis, Soviets, anarchie, agitateurs révolutionnaires ». En tant que dirigeant d'entreprise, il défend ses intérêts et ceux de son entreprise (produire, vendre).*

- N'oubliez pas que tout document est un point de vue. Il faut garder à l'esprit qu'un texte n'illustre jamais l'opinion générale.

Mémo Brevet

✓ Je peux porter un regard critique sur un document

- Je comprends le sens d'un document et suis capable de l'expliquer en prenant de la distance par rapport au document.

Brevet Sujet 2 accompagné

1 Situer des repères

Question

Pour chaque repère, vous rédigerez une courte explication.

- L'Hégire
- L'affaire Dreyfus
- 14 juillet 1789
- Le droit de vote des femmes en France, la Sécurité sociale

2 Connaître des notions, des acteurs, des faits historiques

Questions

1. Depuis 1962, comment le président de la République est-il élu en France ?
2. À travers deux exemples, montrez que Charles de Gaulle a mené en France une politique de grandeur.
3. Comment se manifeste la crise de mai 1968 en France ? Vous répondrez à cette question en rédigeant un développement.

3 Travailler sur un document

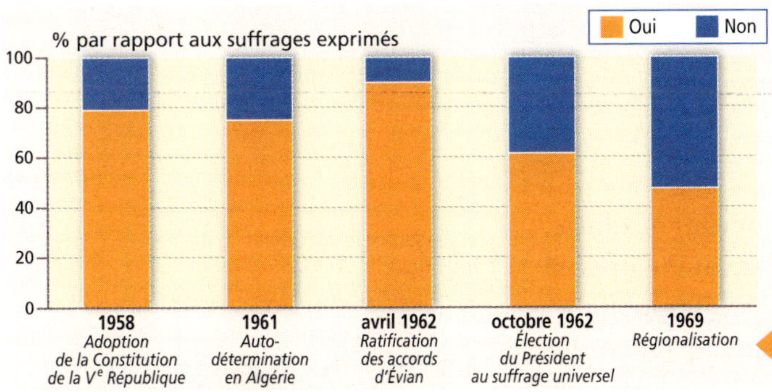

La pratique référendaire sous la présidence du général de Gaulle

Questions

1. Quelle est la nature du document ?
2. Qu'est-ce qu'un référendum ?
3. Quel est le résultat des référendums de 1958 à 1962 ?
4. Quel est le résultat de celui de 1969 et ses conséquences ?

Conseils pour travailler sur un graphique

- Lisez bien la légende et repérez les informations importantes à l'aide des couleurs et des symboles graphiques utilisés.

Exemple de réponse attendue à la question 1 :

► *L'histogramme ici proposé présente les résultats aux cinq référendums organisés par le général de Gaulle. Les résultats sont exprimés en pourcentages.*

- Repérez à quoi correspondent l'axe des abscisses et celui des ordonnées. Vous pourrez ainsi comprendre les données et répondre aux questions.

→ L'orange indique le *oui* : reportez la valeur sur l'axe des abscisses. En 1958, la valeur orange est proche de 80 : la Constitution a donc été adoptée par près de 80 % de *oui*.

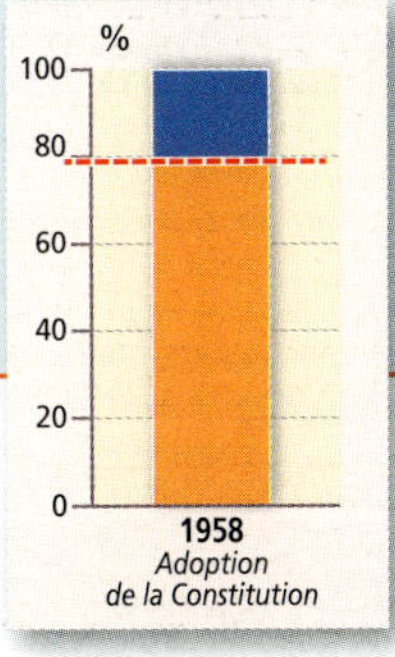

Mémo Brevet

Je sais interpréter un graphique

- Je suis capable de rendre compte d'une proportion en lisant le schéma.
- Je peux interpréter les données.

1 Situer des repères

Question

Pour chaque repère, vous rédigerez une courte explication.

- **L'Édit de Nantes**
- **1914-1918**
- **Victoire électorale et lois sociales du Front populaire**
- **Rétablissement de la République (la IVe)**
- **Les années Chirac**

2 Connaître des notions, des acteurs, des faits historiques

Questions

1. Définissez la notion de « Résistances ».

2. Présentez le rôle de Pétain dans la mise en place d'un régime autoritaire.

3. Quelles sont les grandes réformes mises en place à la Libération ? Vous répondrez à cette question en rédigeant un développement.

3 Travailler sur un document

Vichy, un régime antirépublicain

« Il y a un an, le gouvernement français renonçant à la lutte, acceptait le plus écrasant armistice qui ait jamais été imposé à un vaincu [...]. Nous avons vu rayer notre République, renier notre parole. Un maréchal de France a rencontré Hitler à Montoire au lieu de prendre l'avion pour l'Afrique. Il livre, morceau par morceau notre empire [...]. Il laisse dans une ville d'opérette [Vichy] se dérouler depuis un an la plus grotesque, la plus odieuse des comédies qu'on ait jamais vues [...]. Que chaque jour [le Français] s'exerce à trouver une attitude, un geste individuel qui symbolise la Résistance. »

Éditorial du n° 2 du quotidien *Libération*, août 1941.

Questions

1. Présentez le document : date, nature, contexte historique.

2. Quels reproches ce mouvement adresse-t-il au maréchal Pétain ?

3. Quel est le message adressé aux Français ?

1 Situer des repères

Question

Pour chaque repère, vous rédigerez une courte explication.

- **1804**
- **18 juin 1940**
- **Établissement du suffrage universel masculin en France**
- **8 mai 1945**
- **Fondation de la Ve République**

2 Connaître des notions, des acteurs, des faits historiques

Questions

1. Définissez la notion d'alternance politique à partir d'un exemple.
2. Présentez le rôle de François Mitterrand dans la vie politique française de 1981 à 1995. Vous répondrez à cette question en rédigeant un développement.
3. Citez un exemple qui illustre les difficultés de la cohabitation de 1997 à 2002.

3 Travailler sur un document

« La Constitution, toute la Constitution »

Le président de la République François Mitterrand explique la répartition des pouvoirs lors de la première cohabitation en 1986.

« Depuis 1958 et jusqu'à ce jour, le président de la République a pu remplir sa mission en s'appuyant sur une majorité et un gouvernement qui se réclamaient des mêmes opinions que lui. Tout autre est la situation issue des dernières élections législatives[1].

Pour la première fois, la majorité parlementaire relève de tendances politiques différentes de celles qui s'étaient rassemblées lors de l'élection présidentielle, ce que la composition du gouvernement exprime comme il se doit.

Devant un tel état de choses, qu'ils ont pourtant voulu, beaucoup de citoyens se posent la question de savoir comment fonctionneront les pouvoirs publics. À cette question, je ne connais qu'une réponse, la seule possible, la seule raisonnable, la seule conforme aux intérêts de la nation : la Constitution, toute la Constitution. »

F. Mitterrand, message au Parlement, 8 avril 1986.

1. Les élections législatives de 1986 ont vu la victoire de la droite sur la gauche à laquelle appartient F. Mitterrrand.

Questions

1. Quel personnage s'exprime ? Quelle est sa fonction ?
2. Quelle est la situation politique issue des élections législatives ?
3. Comment les pouvoirs se répartissent-ils désormais ?

Arts et histoire

1er itinéraire d'histoire des Arts

▷ Les arts, témoins du xxe siècle (1914-1945)

Repères culturels et artistiques

1916	**Henri Barbusse** reçoit le prix Goncourt pour *Le Feu*
1919	Sortie au cinéma de *J'accuse*, un film antimilitariste d'**Abel Gance**
1920	**Otto Dix** peint *La Rue de Prague* et *Invalides de guerre* (*Les Joueurs de skat*)
1923	Construction de l'église **Notre-Dame du Raincy** en béton armé
1924	**André Breton** écrit le *Manifeste du surréalisme*
1924	**George Gershwin** compose la *Rhapsody in blue*
1925	Sortie au cinéma du *Cuirassé Potemkine* de **Sergueï Eisenstein**
1927	**Le cinéma devient parlant** avec *Le Chanteur de Jazz* d'**Alan Crosland**
1927	Sortie au cinéma de *Metropolis* de **Fritz Lang**
1928	**Maurice Ravel** compose *Le Boléro*
1929	**Hergé** publie l'album *Tintin au pays des Soviets*
1934	**Aimé Césaire** et **Léopold Sédar Senghor** créent la revue *L'Étudiant noir* qui dénonce le colonialisme et inventent le concept de « négritude »
1935	**Jean Giraudoux** écrit *La Guerre de Troie n'aura pas lieu*
1936	Sortie au cinéma des *Temps modernes* de **Charlie Chaplin**
1936	**Parution du magazine *Life*** qui ouvre ses pages aux essais photographiques
1937	**Picasso** peint *Guernica*
1940	Sortie au cinéma du *Dictateur* de **Charlie Chaplin**

Repères politiques

1914-1918	**Première Guerre mondiale**
1919	Signature des **traités de paix**
1922	Naissance de l'**URSS**
1933	Arrivée au pouvoir d'**Hitler en Allemagne**
1936	Victoire du **Front populaire** en France
1939-1945	**Seconde Guerre mondiale**
1940	Ouverture du **camp d'Auschwitz**
1940-1944	**Régime de Vichy** en France

Itinéraire 1

Arts, États et pouvoir

Cet itinéraire permet d'aborder les œuvres dans une perspective politique pour montrer les liens qu'elles entretiennent avec le pouvoir et les événements qui caractérisent la période.

Au cours de la première moitié du xxe siècle, jalonnée par les idéologies et les conflits, les artistes s'engagent. Impliqués dans leur époque, les créateurs témoignent des ruptures et des évolutions qui transforment les sociétés.

1 Les artistes témoins de la guerre

- Durant la Première Guerre mondiale, de nombreux artistes sont enrôlés dans les armées. **Otto Dix** peint plus tard l'horreur des tranchées et des batailles. Au cinéma, Jean Renoir, ancien soldat, situe *La Grande Illusion* pendant la Grande Guerre. Les monuments aux morts, érigés après 1918, commémorent la guerre à la fois en célébrant l'exaltation des combattants et en dénonçant la brutalité du conflit.
- Pendant la Seconde Guerre mondiale, les enfants enfermés dans le camp de Theresienstadt (ou Terezin) réalisent en captivité des dessins décrivant leurs conditions de vie, mais aussi leurs espoirs.

2 Les artistes et les totalitarismes

- Les totalitarismes stalinien et nazi mettent les arts au service du pouvoir. Instrumentalisés par le régime, les artistes sont privés de leur liberté de création.
- Stigmatisant l'« art dégénéré », le régime nazi cherche à s'entourer des meilleurs plasticiens. Si de nombreux artistes s'exilent ou refusent de soutenir le régime, l'architecte **Albert Speer** et le sculpteur Arno Breker conçoivent le projet monumental de ce qui aurait dû être la future capitale allemande, « Germania ».
- En URSS, toute la production artistique (affiches, peintures, cinéma) est mise au service du régime. L'imagerie autour du dictateur sert le culte de la personnalité et la propagande.

3 Les artistes résistent

- Durant la Seconde Guerre mondiale, les artistes, quel que soit leur engagement, mettent leur art au service de la propagande.
- **Primo Levi**, chimiste de formation et engagé dans la résistance italienne, est déporté à Auschwitz. Selon lui, il ne serait jamais devenu écrivain sans cette expérience. Grâce à ses ouvrages (*Si c'est un homme*, *La Trêve*), il est devenu une figure emblématique du témoignage sur le système concentrationnaire. Il relate les conditions de vie, les principes de survie et son incompréhension devant l'horreur. Son action et son engagement ont aujourd'hui une portée universelle.

Arts du visuel

Voir p. 33

Arts de l'espace

Voir p. 63

Arts du langage

Voir p. 75

Arts du son

Une œuvre à la loupe

L'hymne de la Résistance : *Le Chant des partisans*, 1943

Vers le brevet **Pour vous préparer à l'épreuve d'histoire des arts du brevet, découvrez une œuvre en lien avec le programme.**
Retrouvez le lien vers *Le Chant des partisans* sur www.3e.hgeleve.magnard.fr/liens

Fiche d'identité du chant

- **Paroles** : Joseph Kessel et Maurice Druon
- **Musique** : Anna Marly
- **Date** : 1943 (© Éd. Raould Breton)
- **Portée de l'œuvre**
- Les raisons pour résister sont plurielles : l'occupation, la faim, défendre les valeurs de la République (dont la liberté)…
- Ce chant s'adresse à tous ceux qui veulent résister (issus de différentes milieux) ou sont déjà engagés dans les maquis, les mouvements et les réseaux.
- Le chant appelle à la révolte et à prendre les armes pour combattre jusqu'à la mort.

Ami, entends-tu le vol noir des corbeaux
Sur nos plaines ?
Ami, entends-tu
Les cris sourds du pays
Qu'on enchaîne ?
Ohé ! partisans,
Ouvriers et paysans
C'est l'alarme !
Ce soir l'ennemi
Connaîtra le prix du sang
Et des larmes
Montez de la mine,
Descendez des collines,
Camarades,
Sortez de la paille,
Les fusils, la mitraille,
Les grenades…
Ohé ! les tueurs
À la balle ou au couteau
Tuez vite !
Ohé ! saboteur,
Attention à ton fardeau…
Dynamite !
C'est nous qui brisons
Les barreaux des prisons
Pour nos frères […]

2nd itinéraire d'histoire des Arts

Arts et histoire

Les arts, témoins du xxe siècle (après 1945)

Repères culturels et artistiques

1945	Des photographes comme **Lee Miller** présents à l'ouverture des camps de concentration nazis témoignent de l'horreur
1946	**Jean-Paul Sartre** publie *L'Existentialisme est un humanisme*
1946	Première édition du **Festival de Cannes**
1947	**Jackson Pollock** réalise les *dripping*, des toiles de grand format réalisées par projection de peinture (*Arabesque n° 13*)
1947	Création de l'**agence Magnum** par Henri Cartier-Bresson, Robert Capa et David Seymour
1948	**Roberto Rossellini** réalise *Allemagne année zéro*
1949	**Simone de Beauvoir** publie *Le Deuxième sexe*
1957	*West Side Story*, comédie musicale de **Leonard Bernstein** mise en scène par J. Robbins et R. Wise
1958-1970	**Oscar Niemeyer** crée Brasilia, la nouvelle capitale du Brésil
1959	**La Nouvelle Vague** au cinéma (**Jean-Luc Godard**, *À bout de souffle*, **François Truffaut**, *Les 400 coups*)
1962	**Andy Warhol**, figure du Pop art, peint *Campbell's Soup Cans*
1969	**Festival de Woodstock**
1973	**Alexandre Soljenitsyne** publie clandestinement *L'Archipel du Goulag*
1980-1990	Le **cinéma d'animation** obtient une reconnaissance avec le film *Le Roi et l'Oiseau* de **Paul Grimault**, et le cinéma d'animation japonais (films de **Hayao Miyazaki**)
1985	**Arman** sculpte *L'Heure de tous*

Repères politiques

1945	Fin de la **Seconde Guerre mondiale** Création de l'**ONU**
1946	Fondation de la **IVe République**
1947	Début de la **guerre froide**
1948-1949	**Crise de Berlin**
1950-1953	**Guerre de Corée**
1951	Débuts de la construction européenne avec la **CECA**
1954	Début de la **guerre d'Algérie**
1957	Signature des **traités de Rome**
1958	Le général de Gaulle fonde la **Ve République**
1960	**Indépendances** de nombreux **États africains**
1962	**Indépendance de l'Algérie** **Crise des fusées Cuba**
1969	Les États-Unis gagnent la « course à l'espace » en envoyant des **hommes sur la lune**
1975	**Conférence d'Helsinki**
1981	**François Mitterrand** est élu président de la République
1985	**Mikhaïl Gorbatchev** accède au pouvoir en URSS
1989	**Chute des démocraties populaires d'Europe**
1991	**Effondrement de l'URSS**
1992	Signature du **traité de Maastricht**
2002	Introduction de l'**euro**
2004	**Élargissement de l'UE** à 10 nouveaux États

Itinéraire

2 Arts, techniques et expressions

Cet itinéraire permet d'aborder les œuvres d'art comme support de connaissances et d'inventions en lien avec les évolutions techniques et les progrès scientifiques.

L'impact de la Seconde Guerre mondiale sur les artistes et leur production est très important. La période des Trente Glorieuses, caractérisée par des progrès industriels et techniques, entraîne l'apparition de nouveaux matériaux qui libèrent l'imaginaire artistique : béton, ciment, grès, verre, plexiglas, polyester et plastiques.

1 Des artistes engagés

- Confrontés à une époque troublée et aux souvenirs de la Seconde Guerre mondiale, les artistes s'engagent. Dans *Massacre en Corée* (1952), **Pablo Picasso** dénonce les crimes commis pendant ce conflit de la guerre froide. Devenu sympathisant du Parti communiste français, il apporte son soutien à l'URSS.
- L'engagement est parfois ambigu. Le Pop art détourne les objets du quotidien et la publicité pour faire réfléchir le spectateur sur sa consommation et la société. Mais dans son apparente neutralité, ce mouvement peut apparaître comme une critique ou comme une glorification de cette nouvelle société.

2 Appropriation de l'espace

- Après 1945, l'utilisation du béton armé permet des innovations architecturales. Le ciment coulé sur une structure métallique, qui s'adapte à toutes les formes, est abondamment utilisé par les architectes (Le Corbusier).
- L'architecture occupe l'espace et s'insère dans des lieux historiques. Le centre Beaubourg (conçu par **R. Piano** et **R. Rodgers**) s'installe en plein cœur historique de Paris. Libérés des contraintes liées aux matériaux, les artistes sont aujourd'hui soumis aux règles du développement durable (réalisation du musée du quai Branly à Paris).
- Le mouvement de mai 1968 s'est approprié l'espace et les murs de Paris. Un atelier d'affiches est créé aux Beaux-Arts où les étudiants, les ouvriers, les syndicalistes et les artistes réalisent des affiches en mettant en images les mots, les attentes et les révoltes de mai 1968.

3 Les arts témoins de leur temps

- En 1945, les sculpteurs se servent de nouveaux supports issus de l'industrie (la résine ou le polyester). **Niki de Saint-Phalle** réalise des assemblages et des *Nanas* dansantes, volumineuses (fontaine de Beaubourg), témoignant ainsi de l'émancipation des femmes dans les années 1950-1970. En 1992, elle transpose son art sur un timbre de la série *Europa* qui célèbre l'intégration européenne.
- La photographie, instrument de l'intuition et de l'instant, obtient une véritable reconnaissance. Les clichés d'Henri Cartier-Bresson captent ainsi les réalités de la décolonisation.

Arts du visuel

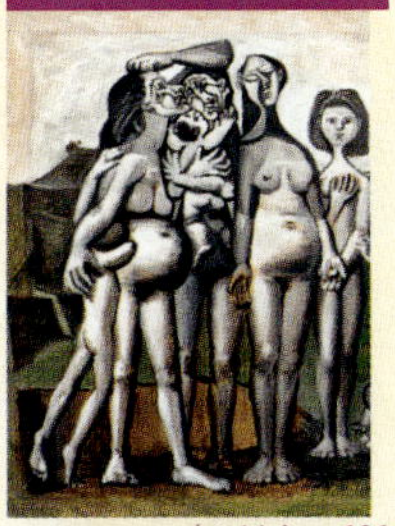

➡ Voir p. 101

Arts de l'espace

➡ Voir p. 199

Arts du quotidien et arts du visuel

➡ Voir p. 129

Arts du visuel

Une œuvre à la loupe — Les graffitis du mur de Berlin, 1990

Vers le brevet **Pour vous préparer à l'épreuve d'histoire des arts du brevet, découvrez une œuvre en lien avec le programme.**

Fiche d'identité de la fresque

- **Auteur** : Birgit Kinder
- **Date** : 1990
- **Technique** : fresque-graffiti réalisée au pinceau
- **Lieu de conservation** : « East Side gallery », vestige d'une portion du mur d'une longueur d'un kilomètre à Berlin
- **Description de l'œuvre** : une Trabant, voiture est-allemande, traverse le mur. Le numéro d'immatriculation est la date de la chute du mur. C'est avec ce véhicule que les Allemands de l'Est ont pu se rendre à l'Ouest en 1989. Le mur, symbole d'oppression, est devenu expression de la liberté retrouvée.

CHAPITRE 14

De la ville à l'espace rural, un territoire sous influence urbaine

▷ **Quels sont les effets de l'urbanisation sur les territoires français ?**

1 Quand la ville s'étend dans les campagnes
Depuis plusieurs années, la ville de Perpignan, dans les Pyrénées-Orientales, se développe et le tissu urbain gagne l'espace rural : pavillons, routes et équipements commerciaux « grignotent » peu à peu les campagnes environnantes.

Confronter les documents

1. Présentez ces deux documents : nature, lieu ou thème évoqué.

2. Décrivez le paysage sur le document 1. Quelle évolution montre-t-il ?

3. Quels usages de l'espace rural le document 2 évoque-t-il ?

4. Que montrent ces deux documents sur l'influence des villes sur les territoires ?

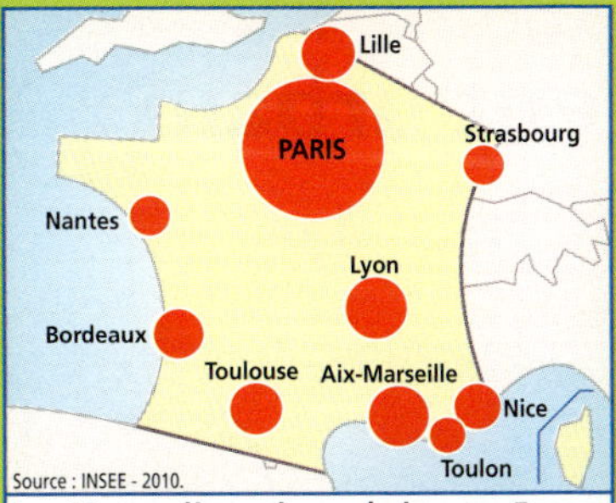

Les 10 premières aires urbaines en France

Aire urbaine

Une aire urbaine est un espace géographique continu qui comprend une ville-centre, ses banlieues immédiates et une couronne périurbaine.

2 La voie verte de l'Ailette à Neuville-sur-Ailette, dans l'Aisne
Située à deux heures de Paris, cette petite commune rurale accueille depuis 2007 un complexe touristique au cœur d'un domaine forestier de 84 hectares, qui offre près de trente activités différentes aux urbains en mal de loisirs et de détente.

Étude de cas 1

Une question d'aménagement urbain : l'aire urbaine de Nantes

▷ Comment aménager l'espace urbain nantais dans le cadre du développement durable ?

Nantes, située dans le département de la Loire-Atlantique, est la sixième ville de France et l'une des **métropoles** françaises qui s'affirme de plus en plus. Ce dynamisme a des conséquences sur les paysages et sur les aménagements.

A Une aire urbaine en expansion

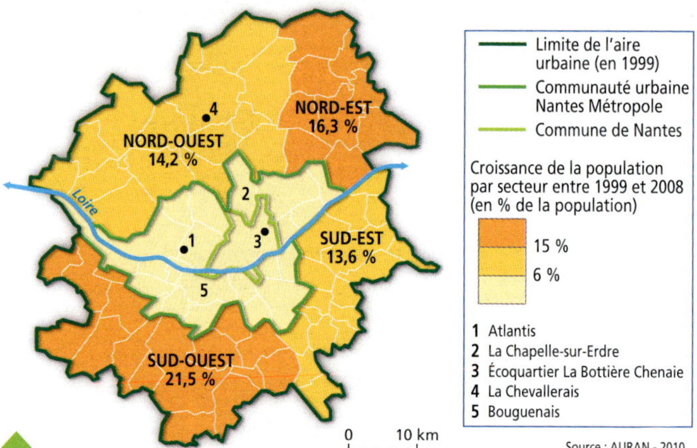

1 L'évolution de la population de l'aire urbaine de Nantes

2 Des nouveaux défis pour l'aire urbaine de Nantes

« La ville déborde. Le dynamisme démographique de la région, porté à la fois par une forte fécondité et des migrations massives, l'explique en partie. Le territoire accueille 30 000 habitants de plus chaque année qu'il faut loger. 70 % des constructions neuves sont individuelles alors que la moyenne nationale est de 54 %. Forcément, on consomme plus de terrain. Au moins 40 % des habitants des communes (de l'aire urbaine) partent travailler (à Nantes) chaque jour. Les conséquences sont écologiques, l'étalement étant d'ailleurs corrélé à la hausse du nombre de voitures par ménage. Elles sont aussi sociales : on observe une faible mixité, les ouvriers vivent surtout en campagne, les cadres en ville. »

A. Gazeau, *20 minutes*, 24 novembre 2010.

3 La part des différents transports dans les déplacements des habitants de l'aire urbaine nantaise

4 L'étalement de l'aire urbaine de Nantes (1960-2008)

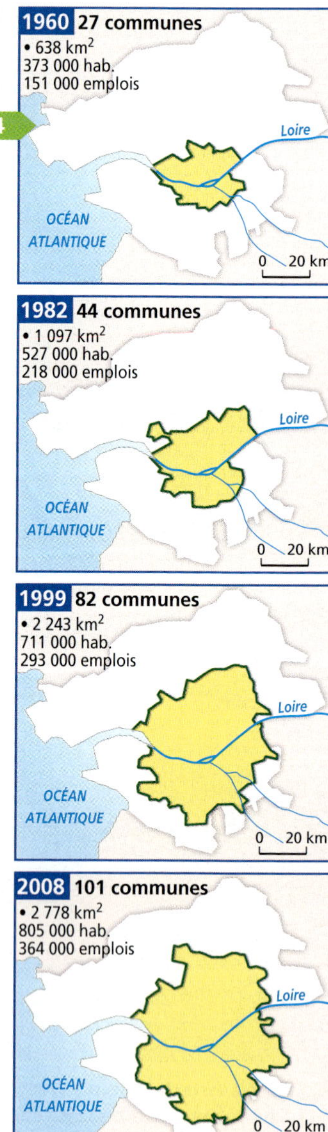

5 **Le centre commercial Atlantis de Saint-Herblain**
De la banlieue de Nantes à l'**espace périurbain**, la ville s'étend en direction de la périphérie.

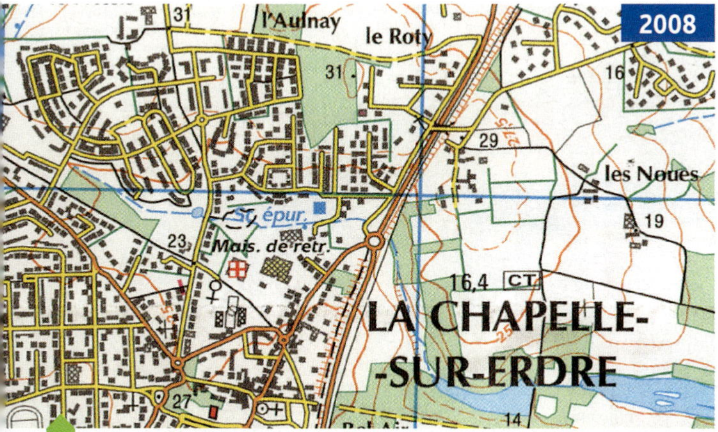

6 **L'étalement urbain à La Chapelle-sur-Erdre**
Extraits des cartes 1/25 000 de l'Institut géographique national

Vocabulaire

Métropole : ville dominante qui concentre l'essentiel de la population et des activités économiques.

Aire urbaine : voir p. 209

Espace périurbain : espace à la périphérie des villes qui, tout en conservant l'apparence de la campagne, accueille de nombreux habitants liés à la ville voisine pour leur travail, leurs courses ou leurs loisirs.

JE DÉCOUVRE

Décrire l'évolution de l'aire urbaine

1. Doc. 1, 2 et 4 Comment la population et le territoire de l'aire urbaine nantaise ont-ils évolué des années 1960 à nos jours ?
2. Doc. 5 et 6 Comment l'étalement urbain sur les territoires se manifeste-t-il ? Décrivez les paysages de l'espace périurbain.

Expliquer les causes de l'étalement urbain

3. Doc. 2 Qu'est-ce qui explique l'importance de l'étalement urbain dans la région nantaise ?

Expliquer les conséquences en matière de développement durable

4. Doc. 2, 3, 5 et 6 Quels sont les défis à la fois sociaux, économiques et environnementaux posés par le développement périurbain ?

B Les solutions d'aménagement pour les habitants

7 Au cœur de la ville-centre : l'aménagement de l'île de Nantes
La transformation des friches industrialo-portuaires du centre-ville en lieux d'art, de loisirs et de logements permet de fixer les populations et de limiter l'étalement de l'aire urbaine.

8 Le développement des écoquartiers

« Les 35 hectares disponibles à Bottière Chênaie sont l'un des grands secteurs d'urbanisation de l'Est de Nantes. Actuellement, il s'agit d'un terrain délaissé composé essentiellement de friches maraîchères. Il est prévu d'y construire environ 1 600 logements dont 25 % de logements sociaux qui permettront d'accueillir une population nouvelle d'environ 3 500 personnes. À deux pas de l'ancien village de Doulon, Bottière Chênaie s'affirme comme un poumon vert de la métropole nantaise et se construit en écoquartier. Les objectifs du projet sont de construire des logements accessibles aux classes moyennes, faire revenir une population qui part actuellement à vingt ou trente kilomètres pour accéder à la propriété, renforcer la qualité paysagère du site. »

Site de la ville de Nantes, www.nantes.fr.

9 **Construire de nouveaux équipements dans la couronne périurbaine : La Chevallerais**

« En 1999, ce village, situé à vingt minutes de Nantes, ne comptait que 652 âmes.
Onze ans plus tard, la commune en accueille 1 450, *"surtout des jeunes ménages"*, selon la secrétaire générale de la Mairie. *"La plupart travaillent à Nantes. La distance reste acceptable"*.
Forcément, le visage du village a changé. La Chevallerais, ses deux lotissements, son terrain multisport, sa bibliothèque agrandie, son nouveau centre de loisirs, sa microcrèche, etc.
"Les nouveaux habitants sont habitués à la ville. Ils veulent des services". »

20 minutes, 24 novembre 2010.

10 **Développer l'intermodalité des transports : tramway et vélos**

11 **Soutenir l'agriculture périurbaine**

« La Ferme des Neuf Journaux est un bel établissement agricole situé sur la commune de Bouguenais. Depuis qu'ils ont repris cette exploitation, à l'abandon en 2008, les deux jeunes agriculteurs ont bénéficié du soutien financier de la mairie et de Nantes Métropole[1] pour mener à bien leur projet de GAEC[2] bio produisant du lait et de la viande [...]. Des projets pour la Ferme des Neuf journaux, les deux jeunes agriculteurs en ont quelques-uns, notamment la vente directe. " *Nous avons commencé à vendre de la viande à la ferme et, à terme, nous voulons créer une fontaine à lait*". »

www.nantesmetropole.fr, 20 janvier 2011.

1. Communauté urbaine de Nantes. **2.** Groupement agricole d'exploitations en commun.

Vocabulaire

Écoquartier (ou « quartier durable ») : quartier qui met en avant simultanément la gestion des ressources et de l'espace, la qualité de vie et la participation des habitants.

Intermodalité : correspondance entre différents types de transports.

JE DÉCOUVRE

Identifier les aménagements et leurs fonctions

5. **Doc. 7, 8 et 9** Quels sont les aménagements réalisés sur l'île de Nantes ? Dans les écoquartiers ? À La Chevallerais ?

6. **Doc. 10** Comment la demande croissante de mobilité dans l'aire urbaine est-elle prise en compte ?

7. **Doc. 7 à 11** À quels besoins des populations ces aménagements répondent-ils ? Comment permettent-ils de mieux gérer l'étalement urbain ?

Identifier les acteurs impliqués

8. **Doc. 7 à 11** Quels sont les acteurs impliqués dans la réalisation ou l'utilisation de ces aménagements ?

Comprendre les enjeux du développement urbain durable

9. **Doc. 7 à 11** Repérez dans les différents aménagements les enjeux du développement durable en matière sociale, économique et environnementale.

CE QUE J'AI APPRIS

Sur l'aménagement de l'aire urbaine de Nantes

La périurbanisation

La population française est de plus en plus urbaine. Cette croissance profite surtout aux marges des villes qui tendent à « grignoter » les campagnes environnantes.

Les effets de l'étalement urbain

Les paysages se transforment, les mobilités se développent et les fonctions se diversifient au détriment de l'activité agricole.

Les aménagements urbains mis en œuvre

Pour gérer durablement leur ville, les acteurs urbains doivent concilier des impératifs de développement économique et social dans le respect de l'environnement.

Étude de cas 2

Le parc naturel de la Vanoise : de l'espace rural au territoire protégé

Comment faire coexister différentes activités humaines dans un espace protégé de haute montagne ?

Créé dans le but de préserver le milieu naturel particulièrement fragile des Alpes du Nord à l'époque du développement des grandes stations de sports d'hiver, le **Parc national** de la Vanoise est aussi un espace de vie, de travail et de loisir, pour les citadins comme pour les ruraux.

A Le parc naturel de la Vanoise

1 Un espace de loisirs dans un environnement préservé

2 Le Parc naturel de la Vanoise en bref

3 Entre protection de la nature et développement économique

« Le Parc national de la Vanoise est une référence grâce à son expérience dans la protection de la nature et sa volonté de promouvoir un développement durable respectueux des traditions.
Ses différentes fonctions, il les assume au cœur d'une nature exceptionnelle où, de longue date, un tourisme très actif a pénétré ses deux vallées. C'est donc à une recherche permanente d'harmonie entre les exigences de préservation de la biodiversité et les besoins de l'activité économique que se livre le Parc national. »

J.-P. Giran, *Vanoise, Journal d'information de l'espace Parc*, n°14, hiver 2010.

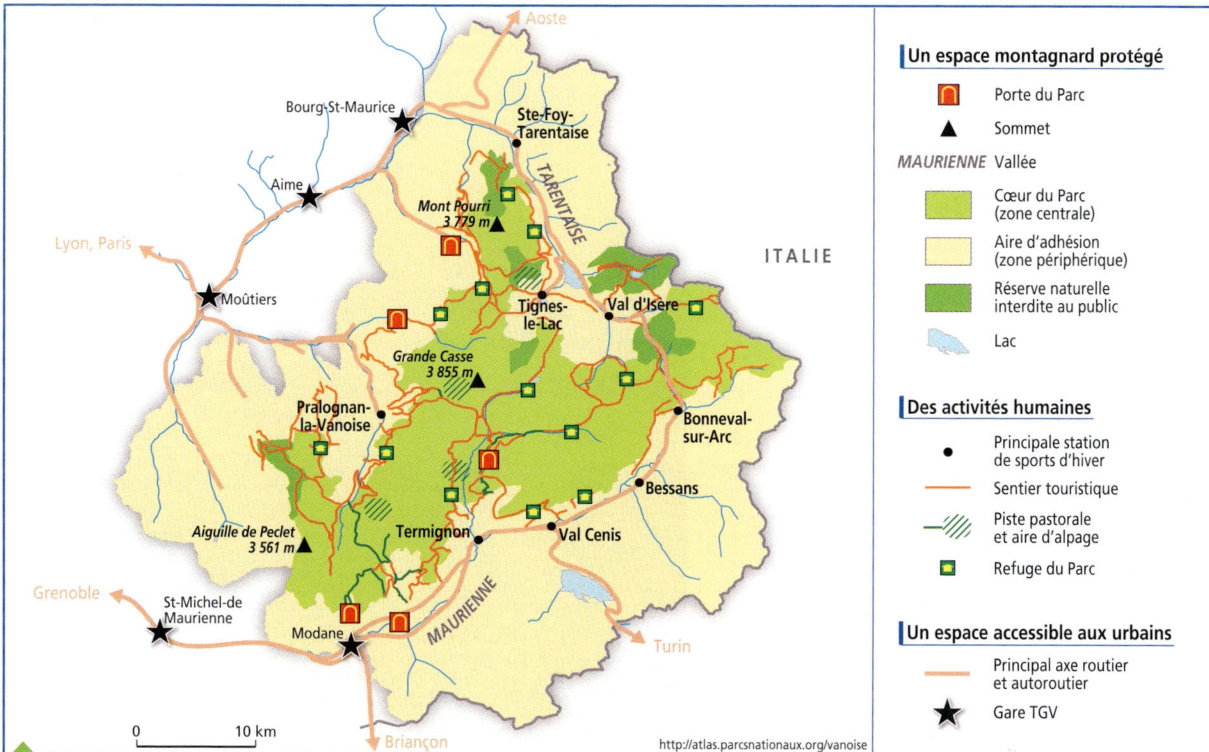

4 Un territoire protégé et aménagé dans un espace montagneux

Vocabulaire

Parc national : territoire protégé par l'État qui abrite une faune et une flore exceptionnelles.

Alpage : pâturage en haute montagne où les troupeaux sont conduits en été pour profiter d'une herbe fraîche et abondante.

Conflit d'usage : opposition qui naît de la concurrence entre différents acteurs autour de l'utilisation d'un espace ou d'une ressource.

Gestion durable : mesures qui permettent à un territoire d'assurer son développement économique en respectant les équilibres environnementaux et le mode de vie de la population.

5 **Des activités variées dans le Parc national**
Le maintien de l'activité agricole en zone centrale : les **alpages** et le tourisme hivernal de masse dans la zone périphérique, à Tignes.

JE DÉCOUVRE

Définir la notion de « parc national »

1. Doc. 2 et 3 Quand et pourquoi le Parc national de la Vanoise a-t-il été créé ?
2. Doc. 1 et 4 Quelles sont les caractéristiques naturelles et humaines de cet espace ?

Comprendre l'organisation du territoire

3. Doc. 2 et 4 Quels sont les différents espaces du parc ? Quelles différences présentent-ils ?
4. Doc. 4 À quelles villes le parc est-il relié ? Par quels moyens de transports ?

Identifier les activités humaines

5. Doc. 1, 2, 4 et 5 Quelles sont les activités pratiquées dans le parc national ? Dans quelle partie de son territoire sont-elles situées ?
6. Doc. 1 à 5 Quelles sont les différentes fonctions que ce parc national doit concilier ?

B Un territoire convoité

6 La Vanoise, les touristes et la nature
Plaquette du Parc, 2011.

La réglementation du *cœur* du Parc

Le Parc national de la Vanoise, créé pour vous et pour les générations futures, ne peut être sauvegardé sans votre concours.
Il est impératif de :

- Ne pas cueillir ou prélever fleurs, fruits, minéraux et fossiles.
- Ne pas camper, ni bivouaquer. L'usage de tentes légères est autorisé autour de certains refuges en juillet et août, sous certaines conditions et moyennant redevance donnant accès aux commodités du refuge.
- Ne pas amener de chien même tenu en laisse.
- Ne pas troubler la tranquillité des lieux par des bruits, cris ou appareils sonores.
- Ne pas allumer de feu.
- Ne pas pratiquer de parapente, planeur ou autres sports aériens. Le survol à moins de 1000 m du sol est interdit sauf dans les zones et les conditions autorisées.
- Ne pas pratiquer le vélo tout terrain ou autres cycles non motorisés. Quelques pistes néanmoins sont autorisées par arrêté du Directeur de l'établissement public du Parc national.
- Ne pas circuler avec des véhicules motorisés en dehors des voies autorisées.
- Ne pas détenir d'arme.
- Remporter vos détritus, même lors de votre passage en refuge.

7 La Vanoise : territoire d'élevage ou territoire du loup ?
Dans les alpages en altitude, les chiens « patous » protègent les troupeaux du loup, réapparu en Vanoise dans les années 1990.

8 Comment concilier les activités de tous ?

L'été, des chiens patous attaquent des randonneurs, provoquant la colère des victimes et le désarroi des éleveurs. Comment apprendre à vivre ensemble sur une terre de pastoralisme et de tourisme ?

« Le sujet de la cohabitation des chiens de protection des troupeaux – dont la race du berger des Pyrénées ou " patou " – et des randonneurs cristallise certaines tensions. L'émotion a été vive cet été suite aux agressions de plusieurs personnes sur le territoire du Parc national de la Vanoise et à leurs conséquences judiciaires.

Les autorités compétentes – les communes et l'État – ont pris des mesures. D'abord, poursuivre encore et toujours l'information au public. Des panneaux présents sur les chemins d'accès aux alpages rappellent les mesures de précaution à prendre à l'approche d'un troupeau. Mais l'information ne suffit pas. *"Nous avons, dans certains sites, aidé les éleveurs à installer des filets en bordure de sentier pour délimiter les zones de pâturage"* explique le chargé de mission Agriculture au parc.

Il ne s'agit pas d'exclure les randonneurs ou les chiens de certaines zones, mais bien de rechercher la cohabitation des uns et des autres au sein d'une montagne qui est aujourd'hui à la fois un espace agricole et de loisirs. »

Vanoise, Journal d'information de l'espace parc, **n° 10, 2009.**

C Quelles solutions ?

9 Pralognan : une station-village au cœur du parc de la Vanoise

10 Pralognan-la-Vanoise : activités de montagne et protection de l'environnement

« À Pralognan, le respect de l'environnement est une priorité. Dès 1963, plutôt que de se tourner vers l'industrie des sports d'hiver, le village a préféré céder 70 % de son territoire communal pour créer le Parc national de la Vanoise.
Au cœur du parc, le ski alpin en pleine nature permet de côtoyer, au quotidien ou presque, bouquetins et chamois. Mais Pralognan ce sont aussi la randonnée, les raquettes, les chiens de traineau, l'architecture d'un village de 756 habitants.
Nichée dans un cirque aux multiples contrastes, la station séduit ses visiteurs, vite et longtemps : *"notre clientèle, à 95 % française et très familiale, est fidèle"*. Les 5 000 lits, chiffre stable depuis dix ans, trouvent facilement preneurs. »

J.-F. Casanova, *Le Dauphiné libéré*, 7 mars 2011.

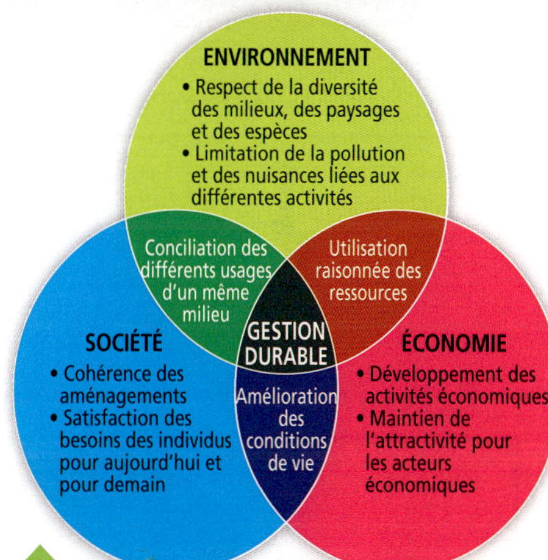

11 Vers une **gestion durable** des espaces protégés.

JE DÉCOUVRE

Identifier les conflits et leurs acteurs

7. Doc. 6 à 8 Qu'est ce qui peut favoriser les conflits dans cette région ? Pourquoi peut-on parler de **conflits d'usage** ?

8. Doc. 6 à 8 Quels acteurs ces conflits opposent-ils ? Pourquoi ?

Identifier les solutions proposées

9. Doc. 6 et 8 Quelles mesures ont été prises pour que l'élevage et le tourisme puissent coexister ?

10. Doc. 9 et 10 Comment la station de Pralognan-la-Vanoise concilie-t-elle tourisme et sauvegarde de l'environnement ?

11. Doc. 11 Quels moyens permettent d'assurer une gestion durable de la Vanoise ?

CE QUE J'AI APPRIS

Sur le parc naturel de la Vanoise

Un territoire protégé et aménagé
La qualité de la faune et de la flore impose des mesures de protection et d'aménagement particulières.

Un territoire convoité
« Monument de la nature », le parc est aussi un espace de vie, de travail et de récréation.

Un territoire de compromis
La gestion de ce territoire exige de concilier les impératifs de conservation durable de la nature avec les enjeux économiques et sociaux du développement local.

Retenir à l'aide de cartes

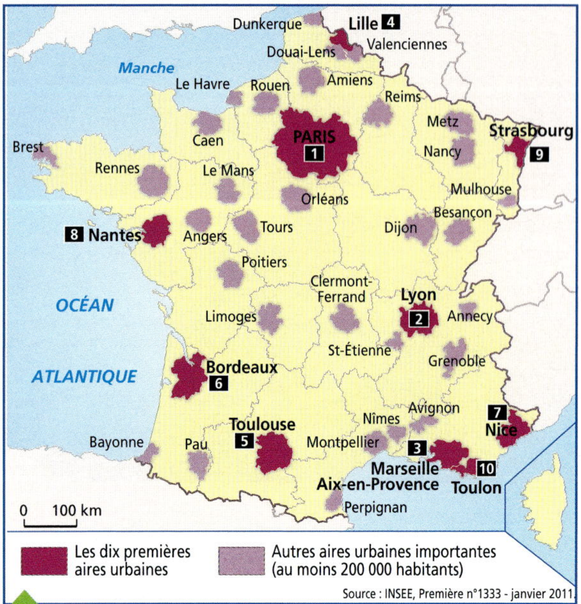

1 Les principales aires urbaines en France

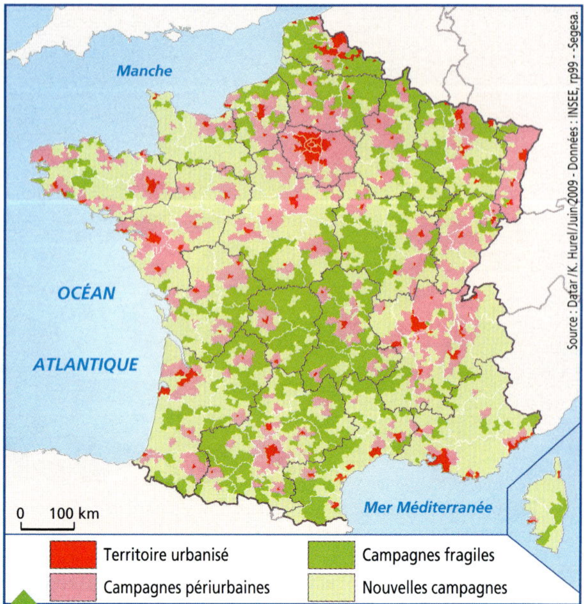

2 Trois France rurales

Retenir à l'aide d'un schéma une notion clé

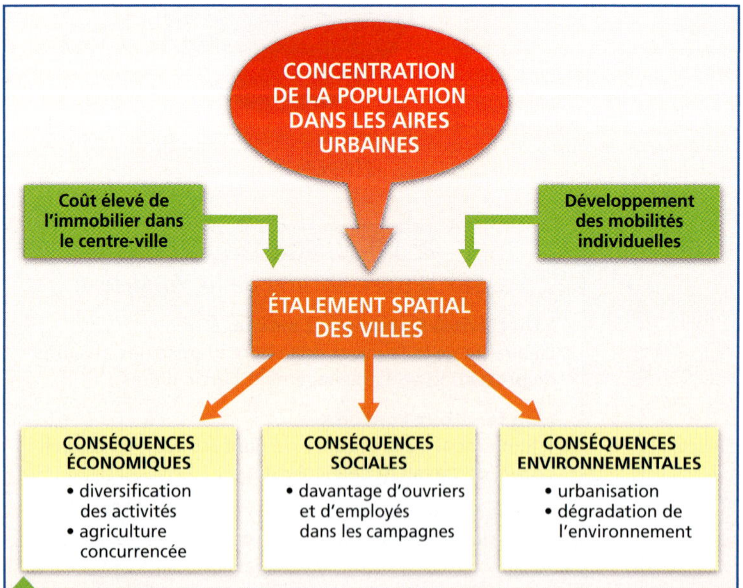

3 L'urbanisation de l'espace français

Lire les cartes

1. Carte 1 Repérez et nommez les dix premières aires urbaines en France.

2. Carte 2 Quelles sont les trois catégories d'espaces ruraux en France ? Quels sont ceux où l'influence des villes est la plus importante ? Où sont situés les espaces ruraux fragiles ?

Retenir à l'aide d'un schéma

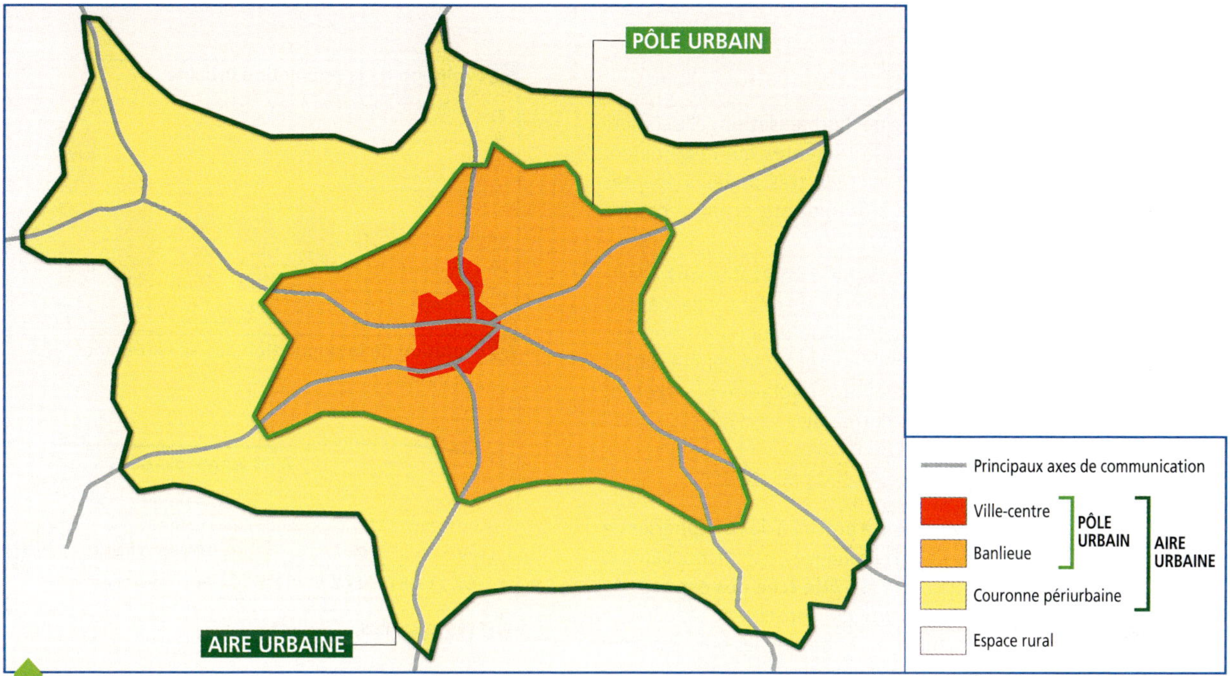

4 L' aire urbaine

Des études de cas → aux leçons

Étude de cas 1

Étude de cas	Leçon 1 (p. 220)
Les causes et les manifestations de la croissance urbaine sont-elles les mêmes dans toutes les villes de France ?	L'affirmation de la France des villes
Quels sont les effets de l'étalement urbain dans les villes de France ?	Les mutations de l'espace périurbain
Quels nouveaux aménagements les acteurs urbains cherchent-ils à mettre en place dans les villes ?	Vers un aménagement durable des villes

Étude de cas 2

Étude de cas	Leçon 2 (p. 222)
Quelles transformations connaît le monde rural ?	La transformation des campagnes françaises
Quels conflits d'usage peuvent se développer dans les espaces ruraux ?	Diversification des activités et conflits d'usages
Tous les territoires ruraux se ressemblent-ils ?	Des campagnes plurielles

Leçon 1

La France, un territoire urbanisé

Quelles sont les caractéristiques de l'urbanisation en France ?

A L'affirmation de la France des villes

- **La France est fortement marquée par l'urbanisation :** elle compte 354 **aires urbaines** de tailles très différentes qui rassemblent 82 % de la population (doc. 1) avec de très fortes inégalités d'une région à l'autre. **L'espace à dominante urbaine couvre 42 % du territoire métropolitain.**
- **La croissance urbaine s'accompagne d'un étalement**, c'est-à-dire d'une expansion spatiale à partir de la ville-centre. Elle s'accompagne donc logiquement de l'augmentation des déplacements (doc. 2) de la population et de la généralisation de l'automobile, les services et les équipements restant majoritairement concentrés en centre-ville.

B Les mutations de l'espace périurbain

- **Depuis 1975, la croissance urbaine a profité à des périphéries de plus en plus éloignées**, au-delà des banlieues, par un mouvement continu de **périurbanisation** (doc. 3). **Elle crée des espaces de transition entre l'urbain et le rural** qui conservent l'apparence de la campagne (prédominance des champs et des bois) mais qui accueillent une forte proportion d'habitants étroitement liés aux villes voisines pour leur travail, leurs courses ou leurs loisirs.
- Dans ces espaces périurbains, la construction de maisons individuelles – sous forme de **lotissement** ou de **mitage** – ainsi que le développement de nouvelles activités récréatives, industrielles ou commerciales remettent en cause **les activités agricoles traditionnelles** (doc. 4).

C Vers un aménagement durable des villes

- **L'urbanisation et l'étalement urbain ont un impact sur l'environnement :** ils contribuent au recul des milieux naturels tandis que la multiplication des déplacements automobiles accentue l'émission de gaz à effet de serre.
- **Ils soulèvent également des défis économiques et sociaux :** la gestion des transports, l'organisation des services publics, la création d'emplois et la diversification des activités économiques sont des préoccupations communes à l'ensemble des espaces urbains. S'y ajoute une **inquiétude sur l'avenir de l'agriculture et des agriculteurs** des zones périurbaines.
- **Des enjeux de développement durable mobilisent donc l'ensemble des acteurs présents sur ces territoires** (élus, habitants, associations, entreprises) : ils justifient la mise en œuvre de **politiques d'aménagement spécifiques** à toutes les échelles (doc. 5).

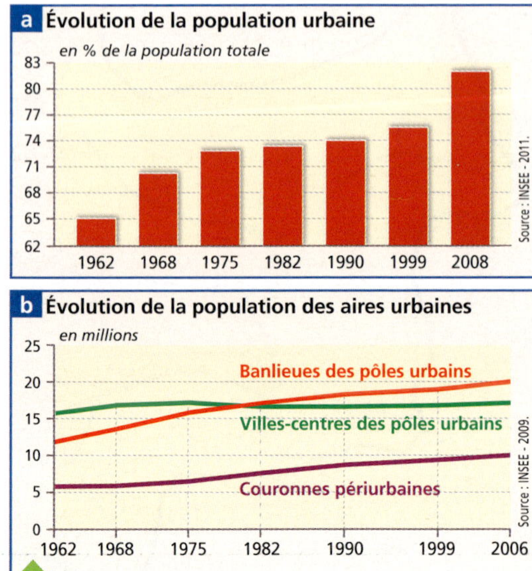

1 Une population de plus en plus urbaine

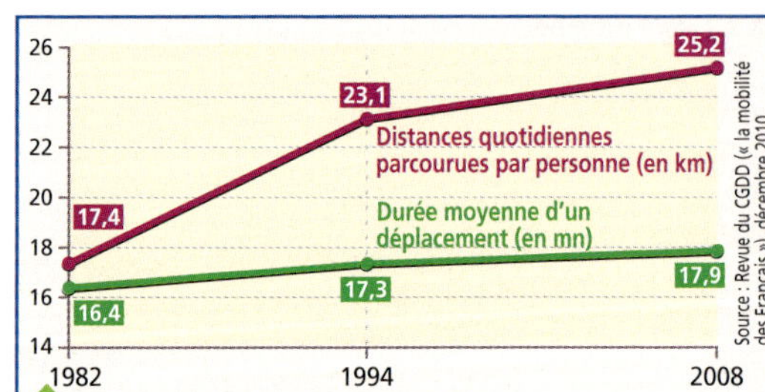

2 Le développement des mobilités

Vocabulaire

Aire urbaine : voir p. 209.

Espace à dominante urbaine : ensemble des aires urbaines et des communes sous leur influence.

Croissance urbaine : augmentation de la population de la ville.

Périurbanisation : extension de la ville au-delà des banlieues.

Lotissement : ensemble de pavillons construits par un promoteur immobilier.

Mitage : construction isolée d'une résidence par un particulier sur une parcelle déjà desservie par les infrastructures (route, électricité, eau…).

3 Un paysage périurbain
Lotissements, échangeurs routiers, zones industrielles et commerciales s'étendent dans l'espace rural autour de Nancy.

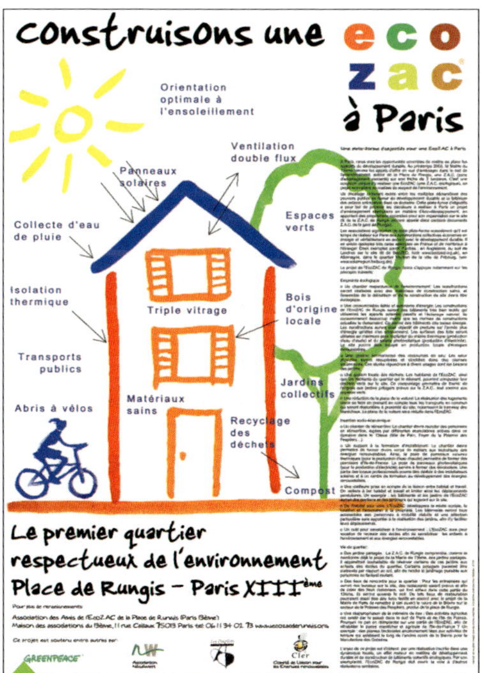

5 Aménager la ville dans le respect des principes du développement durable
Affiche en faveur de la réalisation d'une Zone d'Aménagement Concerté (ZAC) à Paris.

4 « Ainsi se fait la ville en France... »

« Ils sont jeunes, ils ont un bébé, ils habitent un deux pièces en HLM et rêvent d'une maison. Leurs finances sont ric-rac. Près de la gare, ça va être un peu cher pour eux. Ils cherchent plus loin, dégottent un terrain dans un lotissement. Le monsieur des Maisons Machin leur propose un pavillon clé en main. [...]
Il est maire d'un village à une quinzaine de kilomètres d'une ville moyenne. Il reçoit la visite d'un lotisseur. Monsieur le Maire, je vous amène le géomètre, on va vous diviser le foncier en parcelles, on fait les tuyaux, eau, électricité, assainissement, et à vous les petites familles tranquilles. C'est toujours ça d'impôts locaux qui rentrent. Ainsi se fait la ville en France. Elle se couvre de lotissements. C'est la "marée pavillonnaire ". Et elle n'a que des défauts : usage massif de la voiture, impossibilité de créer des transports collectifs, surendettement des ménages, absence d'équipements, goudronnage de milliers d'hectares de sols qui aggravent les crues des rivières. Massacre du paysage. »

S. Vincendon, *Libération*, 20 novembre 2010.

A L'affirmation de la France des villes

1. Doc. 1a et 1b Comment évolue la population urbaine en France ? Dans quel sous-ensemble des aires urbaines la croissance est-elle la plus forte depuis 1962 ?

2. Doc. 2 et 4 Comment la croissance urbaine se manifeste-t-elle ? Comment les déplacements des Français évoluent-ils ? Quel lien peut-on établir entre croissance urbaine et mobilités ?

B Les mutations de l'espace périurbain

3. Doc. 3 Décrivez le paysage. Quelles activités les espaces périurbains accueillent-ils ?

4. Doc. 4 Qui sont les acteurs de la périurbanisation ?

C Vers un aménagement durable des villes

5. Doc. 4 Quelles sont les conséquences négatives de l'étalement urbain ?

6. Doc. 5 Comment les écoquartiers cherchent-ils à limiter les effets négatifs de la croissance urbaine ?

Bilan **LES ENJEUX DE L'URBANISATION EN FRANCE**

À l'aide de l'ensemble des documents, rédigez un paragraphe sur l'urbanisation en France.

Compétence 1.2 › **Rédiger un texte bref**
Compétence 5.1 › **Avoir des connaissances et des repères relevant de l'espace**
Socle

Leçon 2 Des territoires ruraux sous influence urbaine

Quelles sont les conséquences de l'urbanisation sur les campagnes françaises ?

A La transformation des campagnes françaises

- **Les territoires ruraux ont beaucoup changé au cours des trente dernières années. Ils accueillent une population néorurale** aux profils très variés : jeunes actifs avec enfants, populations exclues du centre-ville, retraités ou Européens à hauts revenus. L'élévation du niveau de vie et la densification des moyens de communication rapides facilitent l'**exode urbain** (doc. 1).
- **La majorité des néo-ruraux travaillent en ville :** leur mobilité quotidienne est forte, leur taux d'équipement automobile élevé. L'étalement de l'habitat et des activités urbaines dans l'**espace rural** rend de plus en plus floue la limite entre villes et campagnes où les agriculteurs sont désormais très minoritaires.

B Diversification des activités et conflits d'usage

- **Les campagnes, autrefois essentiellement agricoles, s'affirment de plus en plus comme des espaces résidentiels ou récréatifs** (doc. 2). Le cadre de vie et la proximité avec la nature en font des espaces attractifs, voire idéalisés. Pour protéger l'environnement et le patrimoine dans une perspective de développement durable, certains de ces territoires sont transformés en parcs naturels.
- **La diversification des activités (tourisme, industrie...) dans les espaces ruraux peut susciter des tensions entre les acteurs** (agriculteurs, touristes, résidents secondaires...) et provoquer des **conflits d'usage** des ressources (terres, eau, forêts) (doc. 3). Le mitage des campagnes par les lotissements et les constructions individuelles de plus en plus dispersées réduit en effet les surfaces à cultiver.

C Des campagnes plurielles

On peut distinguer **trois types d'espaces ruraux en France**.

- **Les « campagnes périurbaines » sont les plus dynamiques** (doc. 5). Elles sont marquées par une occupation résidentielle importante et connaissent une croissance d'autant plus forte que l'aire urbaine dont elles dépendent se développe rapidement.
- **Les « nouvelles campagnes » accueillent aussi de nouveaux habitants et créent des emplois, mais à une distance plus importante des villes**. Leur patrimoine naturel ou culturel, la disponibilité d'espaces à coût réduit les rendent aussi attractives (doc. 6).
- **Les « campagnes fragiles » s'enfoncent dans la crise** (doc. 4). Ces espaces ruraux cumulent les handicaps : avec un niveau de revenus modeste, ils font face à un déclin démographique prononcé et à d'importantes difficultés économiques.

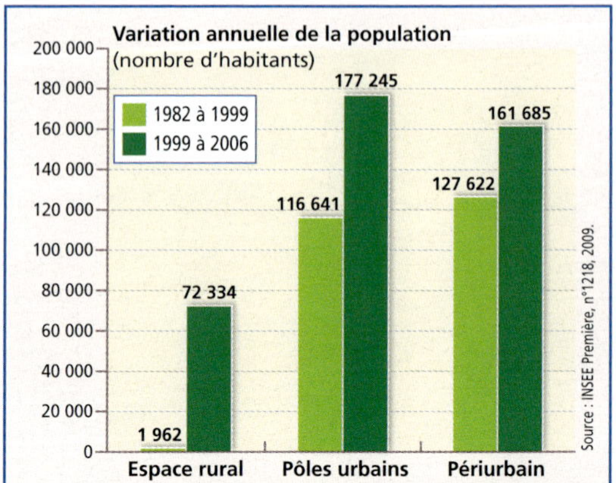

Après avoir stagné, la population de l'espace rural s'accroît désormais de 0,7 % par an.

1 Évolution des populations rurale et urbaine

2 Des campagnes « citadinisées »

« Les villages se repeuplent sans que les nouveaux habitants adhèrent à l'image d'un mode de vie campagnard : chant du coq, passage des vaches, travail nocturne des machines au temps des récoltes sont peu appréciés.
Les agriculteurs sont devenus minoritaires et la nouvelle identité des villages est presque citadine, consommatrice, très mobile. Elle est individualiste dans sa façon de vivre. La population est surmotorisée, ce qui n'est pas sans poser des problèmes de surcoût, d'endettement à la consommation élevé et même de difficultés de voisinage. »

J.-P. Husson, *Envies de campagne. Les territoires ruraux français*, Ellipses, 2008.

Vocabulaire

Néorurale : population ayant quitté les villes pour s'installer dans les villages ou dans les espaces périurbains.

Exode urbain : migration de la population urbaine en direction de l'espace à dominante rurale.

Espace rural : espace situé en dehors de l'espace à dominante urbaine.

Conflit d'usage : voir p. 215.

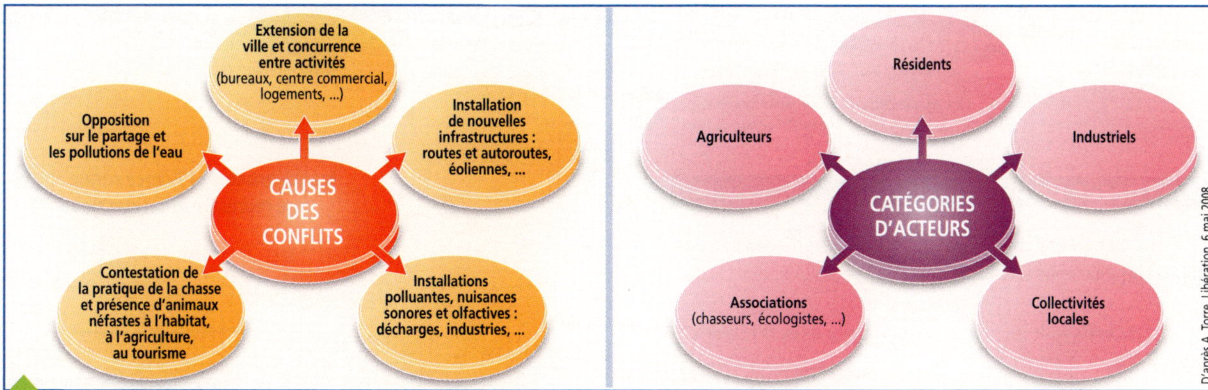

3 **Causes et acteurs des conflits d'usage en milieu rural**

4 **Des espaces ruraux en crise** Dans certains villages, la diminution de la population s'accompagne de la fermeture des commerces et de la disparition des services de proximité.

6 **Le développement du tourisme rural en zone d'élevage**

5 **Des campagnes dynamiques**

« En France, l'attractivité des espaces ruraux n'est plus à démontrer. Cadre de vie, proximité avec la nature, lieu d'épanouissement : la campagne traduit une évolution inédite du style de vie de nombreux individus et de leur rapport à l'espace. La campagne en tant que domaine dédié à la seule activité agricole a disparu ; elle est désormais un espace aux multiples usages, où des individus travaillent, habitent et se détendent tout en tissant continuellement des liens avec une diversité de territoires. »

Revue « Territoires 2040 » n°2, DATAR, Documentation française, décembre 2010.

A La transformation des campagnes françaises

1. Doc. 1 Comment évolue la population rurale entre 1982 et 1999 ? Depuis 1999 ?

2. Doc. 2 Pourquoi peut-on dire que les campagnes sont « citadinisées » ?

B Diversification des activités et conflits d'usage

3. Doc. 5 et 6 Quelles nouvelles activités se développent dans les espaces ruraux ?

4. Doc. 3 Quels conflits d'usage peuvent se développer en milieu rural ? Qui en sont les principaux acteurs ?

C Des campagnes plurielles

5. Doc. 4 Quels dangers menacent les espaces ruraux les plus fragiles ?

6. Doc. 6 Quels sont les signes du dynamisme de certaines campagnes françaises ?

Bilan **Espaces ruraux et influence urbaine**

À l'aide de l'ensemble des documents, rédigez un paragraphe sur les transformations des territoires ruraux en France.

Compétence 1.2 › **Rédiger un texte bref**

Compétence 5.3 › **Mobiliser ses connaissances pour donner du sens à l'actualité**

Socle

Méthode
en 3 étapes

Lire et comparer des cartes : deu

Compétence 5.4 › **Lire et employer différents languages (graphiques, cartes)** Socle

Étape 1 Lire chaque carte

1. Cartes 1 et 2 Pour chacune des deux cartes, repérez et indiquez les éléments suivants : titre, échelle, source, date, thème.

2. Carte 1 Quels sont les figurés cartographiques et les couleurs utilisés ? À quoi correspondent-ils ?

3. Carte 2 En proportion de quelle donnée les espaces sont-ils représentés ?

Étape 2 Comparer les deux cartes

4. Observez les deux cartes. Pour chacune d'elle, classez de 1 à 3 les espaces, du plus visible au moins visible.

	Urbain	Périurbain	Rural
Carte 1			
Carte 2			

5. Comparez les classements obtenus : que constatez-vous ?

6. Comment ces différences s'expliquent-elles ?

Étape 3 Faire le bilan

7. Que nous apprennent ces deux cartes sur l'importance des espaces urbains et des espaces ruraux :
– du point de vue de la surface occupée d'une part ?
– du point de vue démographique d'autre part ?

8. Quel est l'intérêt de confronter ces deux représentations pour caractériser l'importance du fait urbain en France ?

Mémo Brevet

Pour lire une carte

1. Je repère le titre de la carte, la date, la source et l'échelle.
2. J'observe la légende pour comprendre les idées clés.
3. Je croise la légende et les figurés correspondants pour localiser les phénomènes.
4. J'interprète les informations de la carte à l'aide de mes connaissances.

Pour comparer deux cartes

5. Je compare les titres des cartes, les dates, les sources, les échelles et les représentations choisies.
6. Je recherche l'intérêt de la confrontation : ici, la carte par anamorphose, qui représente non pas les espaces mais les populations urbaines et périurbaines, souligne mieux l'importance de l'urbanisation dans la société française.

Attention, une carte est toujours une représentation : elle n'est pas le réel mais une façon de le représenter et de l'interpréter.

France urbaine et France rurale : une représentation classique 1

Surface occupée dans les espaces
En % du total

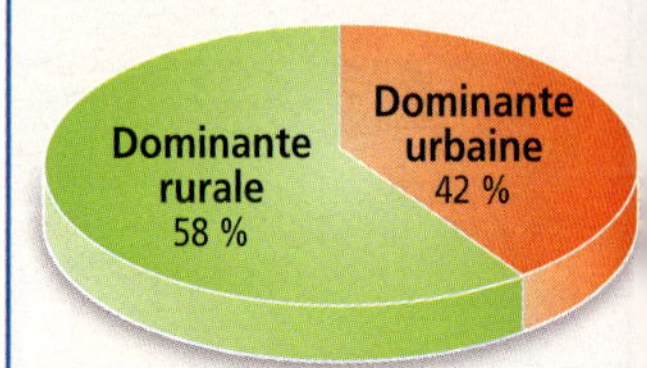

POUR LIRE LA CARTE
Cette carte montre l'inscription d phénomène urbain au sein de l'espac rural qui occupe la majeure partie d territoire français.

France urbaine et France rurale : une représentation par anamorphose 2

Population dans les espaces
En % du total

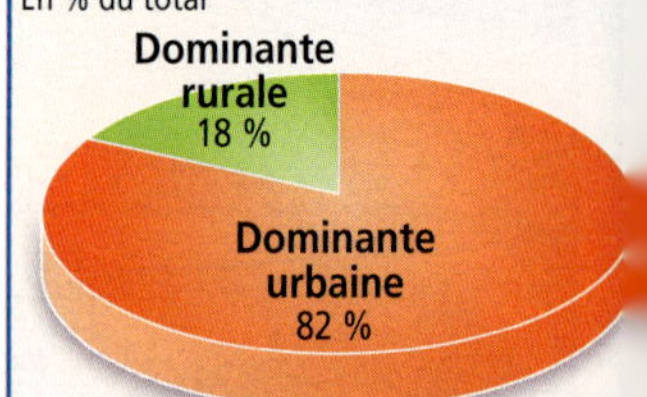

POUR LIRE LA CARTE
Sur cette seconde carte, les espaces urba et périurbain sont représentés de maniè proportionnelle au nombre d'habitants. L'ampleur de l'urbanisation en Fran apparaît de manière plus évidente.

représentations de la France urbaine et de la France rurale

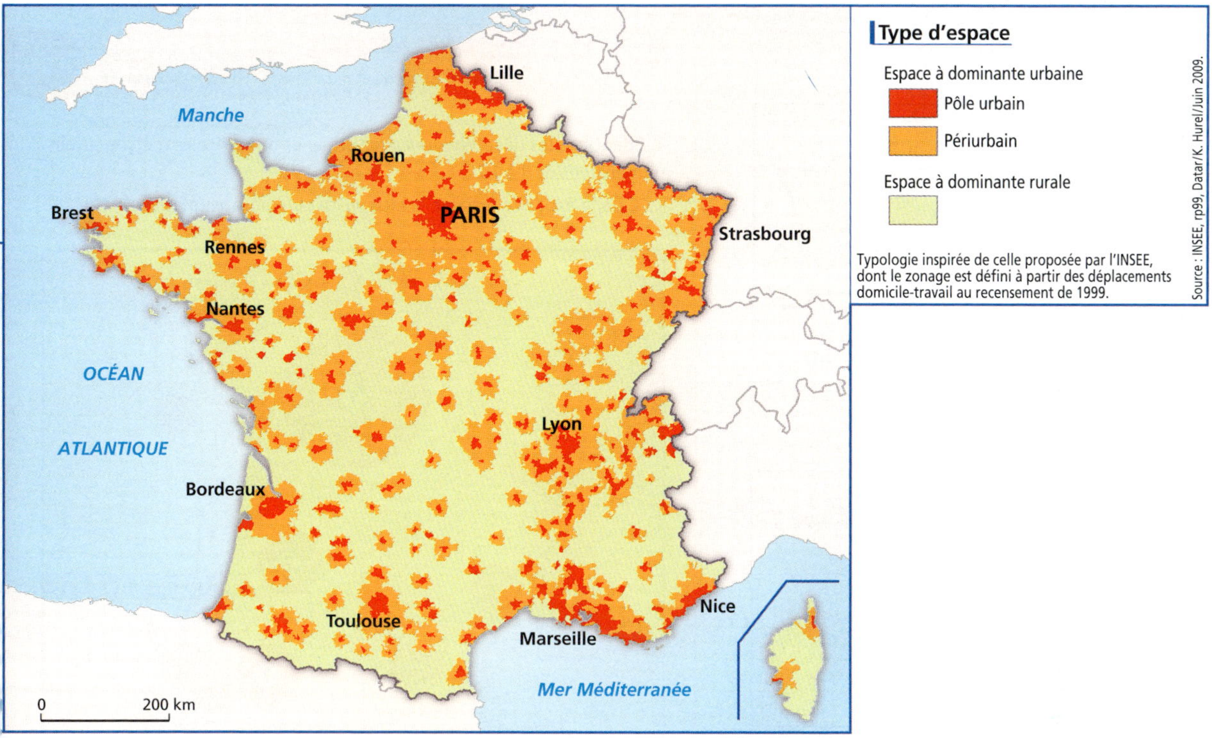

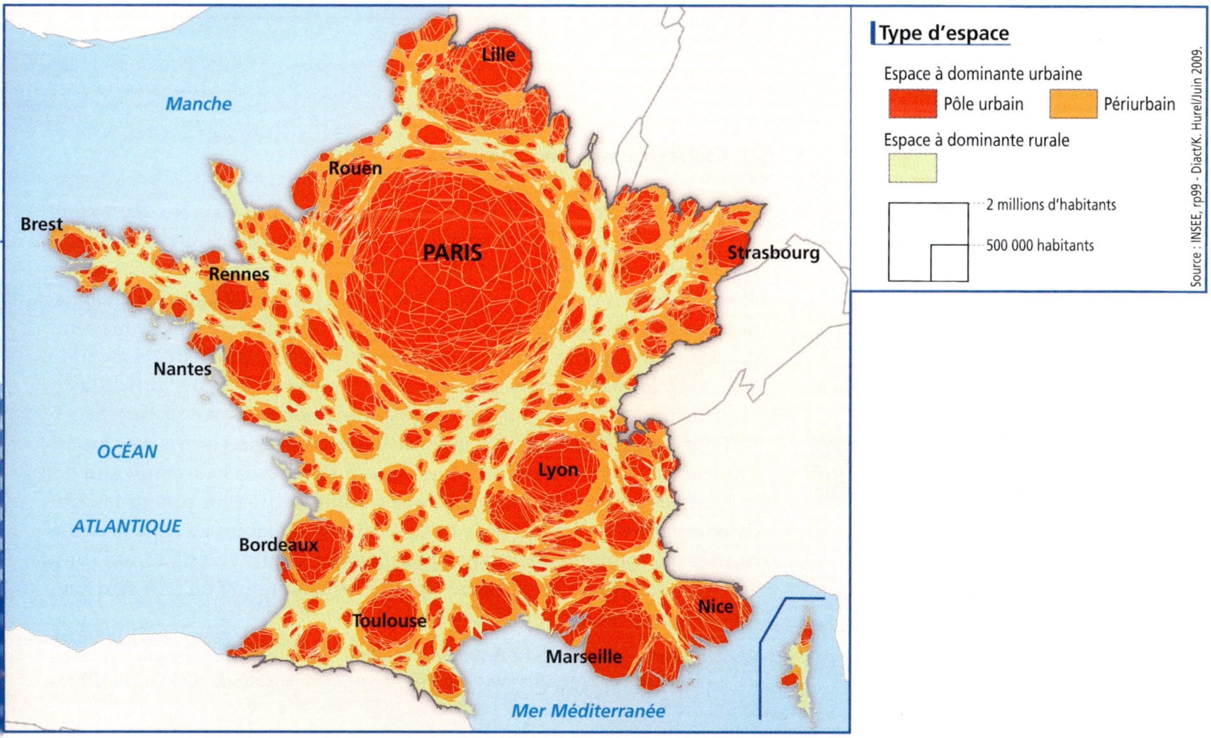

Réviser les repères

Livret Brevet

→ L'essentiel p. 30

A LE VOCABULAIRE

1. Associez à chaque espace la lettre correspondant sur le schéma.

Ville-centre	
Banlieue	
Couronne périurbaine	

2. À quel figuré correspondent les limites de l'aire urbaine ?

3. Associez à chaque élément de la légende la couleur correspondante :

- ☐ Campagnes dynamiques
- ☐ Nouvelles campagnes
- ☐ Campagnes fragiles

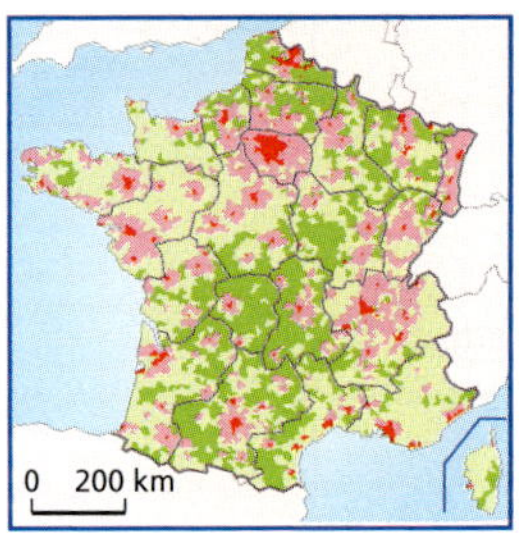

B LES LOCALISATIONS

Compétence 5.1 › **Avoir des connaissances et des repères relevant de l'espace** Brevet

1. Identifiez les dix premières aires urbaines du territoire métropolitain numérotées de 1 à 10.

2. Quelle est l'aire urbaine la plus vaste et la plus peuplée ?

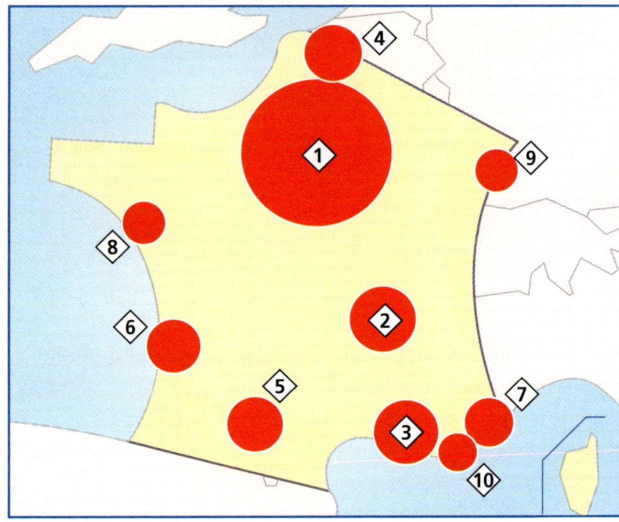

C LES ACTEURS

Compétence 1.2 › **Dégager l'essentiel d'un texte lu** Brevet

► Situer

1. D'où viennent les nouveaux habitants de Tayrac ? Pourquoi s'installent-ils dans cette commune ?

2. Comment certains d'entre eux s'isolent-ils de leurs voisins ? Quelle est la conséquence de ce choix ?

► Identifier les acteurs et la nature des conflits

3. Classez les informations relevées dans le tableau ci-dessous.

Lieu	Acteurs en présence	Nature du conflit

► Conclure

4. En quoi la situation observée à Tayrac est-elle représentative des tensions nées de l'influence des villes en milieu rural ?

1 Conflits d'usage à Tayrac (Aveyron)

« Tayrac est située à une heure de route de Rodez, la préfecture. Ici, ce qui fait patrimoine, c'est l'architecture paysanne et le cadre naturel préservé. Depuis plusieurs années, au gré des cessations d'activité agricole et des décès, plusieurs fermes ont été vendues. Si les terres sont cédées aux agriculteurs de la commune, les bâtiments le sont à des urbains à la recherche de maisons de caractère. Certains d'entre eux, une fois installés, cherchent à nouer des liens avec les habitants et parviennent à s'intégrer. D'autres privilégient l'isolement. Venus là pour fuir l'agitation citadine, ils considèrent leurs maisons comme des refuges éloignés de toutes contraintes liées au voisinage. Plusieurs de ces résidents ont clôturé leurs propriétés de hauts murs afin de se préserver des regards, sans prendre en compte les droits de passage inscrits dans les actes notariés lors de leurs acquisitions, obligeant les agriculteurs à trouver des solutions alternatives pour accéder à leurs parcelles : [ils] sont ainsi fort mal perçus et considérés comme venant profiter du pays sans rien lui offrir en retour. »

L. Bossuet et A. Torre, « Le devenir des ruralités. Entre conflits et nouvelles alliances autour des patrimoines locaux », revue *Économie rurale*, n° 313-314, 2009.

Réviser les savoir-faire

D LIRE UNE CARTE : l'aire urbaine de Caen

Compétence 5.1 › **Avoir des connaissances et des repères relevant de l'espace** Brevet

1975	1982	1999	2006
298	321	371	393

1 **L'évolution de la population dans l'aire urbaine de Caen (en milliers d'habitants)** Source : INSEE, 2010.

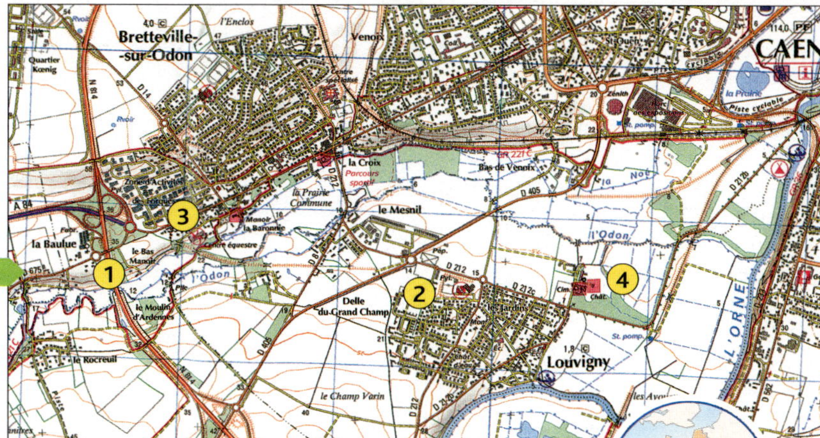

L'aire urbaine de Caen 2
Carte topographique IGN (1/25 000), 2008.
1 Voie de communication (rocade)
2 Lotissement récent
3 Zone d'activités industrielle et commerciale
4 Zone agricole

1. Doc. 1 Comment évolue la population dans l'aire urbaine de Caen ?
2. Doc. 2 Quelles manifestations du développement périurbain peut-on observer sur la carte ?
3. Doc. 2 Qu'est-ce qui témoigne du maintien de l'activité agricole dans la périphérie de Caen ?
4. Bilan : Caractérisez en quelques phrases le processus de périurbanisation à Caen.

E FAIRE UNE RECHERCHE : les parcs naturels régionaux sur Internet

Compétence 4.4 › **Sélectionner des résultats lors d'une recherche** B2i

▶ Présenter la Fédération des parcs naturels régionaux

1. Connectez-vous au site de la **Fédération des parcs naturels régionaux de France** en allant sur www.3e.hgeleve.magnard.fr/liens .
2. Sur la page d'accueil, cliquez sur l'onglet « approfondir » puis sur « la Fédération ». Relevez les trois objectifs de cette institution.

▶ Définir les parcs naturels régionaux

3. Cliquez ensuite sur l'onglet « Qu'est-ce qu'un parc ? » et relevez la définition proposée.
4. En quoi sont-ils des « territoires de développement durable » ?
5. Revenez sur la page d'accueil du site. Combien y a-t-il de parcs régionaux en France métropolitaine et en outre-mer ?

CHAPITRE 15

La Région

- Quelle place ma région occupe-t-elle en France et en Europe ?
- Comment s'organise le territoire de ma région ?
- Quel est le rôle de ma région dans le développement et l'aménagement du territoire ?

L'exemple de la Région Rhône-Alpes

A

Les départements de la région Rhône-Alpes
La Région Rhône-Alpes regroupe huit départements : l'Ain, l'Ardèche, la Drôme, l'Isère, la Loire, le Rhône, la Savoie et la Haute-Savoie.

B

Rhône-Alpes à l'échelle de la France
- 4 497 km² (2e rang en France).
- 6,1 millions d'habitants (2e rang).
- 188 milliards d'euros de PIB en 2008 (2e rang).

C

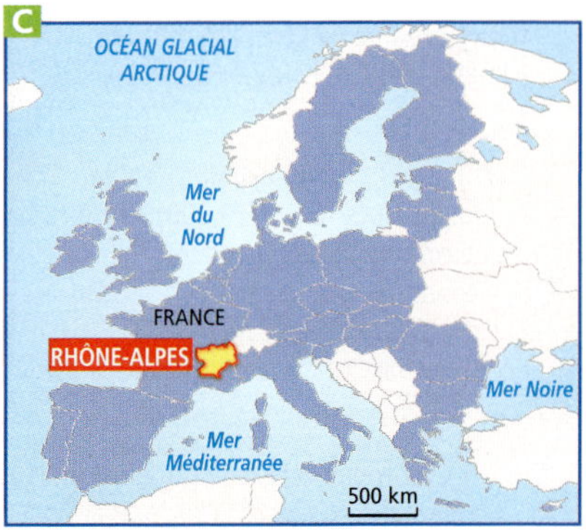

Rhône-Alpes à l'échelle de l'Europe
- Rhône-Alpes entretient des relations de coopération avec sept autres régions d'Europe.
- L'Europe investit plus d'un milliard d'euros pour la Région Rhône-Alpes.

1 **La vallée de l'Arve (Haute-Savoie), un territoire économique dynamique**
Le conseil régional accompagne le développement de ce territoire en soutenant les activités innovantes des entreprises de la vallée.

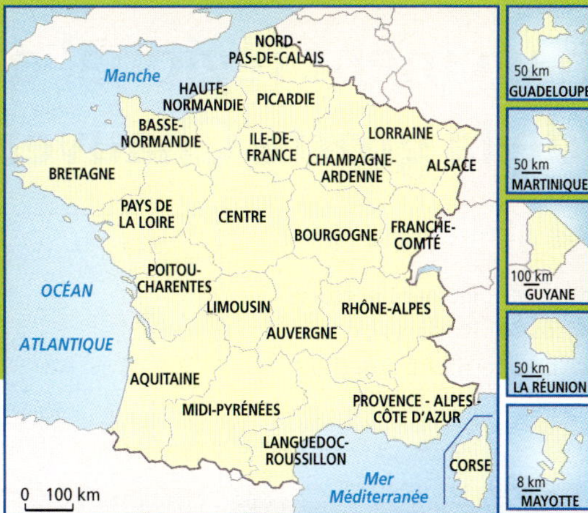

Les 27 régions françaises

Région

Territoire avec à sa tête un conseil régional élu au suffrage universel.

2 À Lyon, le nouveau siège du conseil régional
Ce bâtiment, siège du conseil régional, a été conçu par le célèbre architecte Christian de Portzamparc, lauréat d'un concours européen. Il s'est installé dans le quartier de Confluence, un nouveau quartier de Lyon où de nombreux aménagements sont en cours.

Confronter les documents

1. Localisez les deux images.
2. Quel est l'acteur principal de la politique de la région ?
3. Quel rôle joue-t-il dans le développement du territoire régional ?

Dossier

Les enjeux d'un aménagement régional en Rhône-Alpes : le site de la grotte Chauvet

Comment valoriser les ressources d'un territoire ?

Avec l'**aménagement** d'un espace de 3 000 m² qui reproduit fidèlement la grotte Chauvet, la Région Rhône-Alpes et les autres **collectivités territoriales** impliquées dans le projet visent le développement local d'un territoire ardéchois.

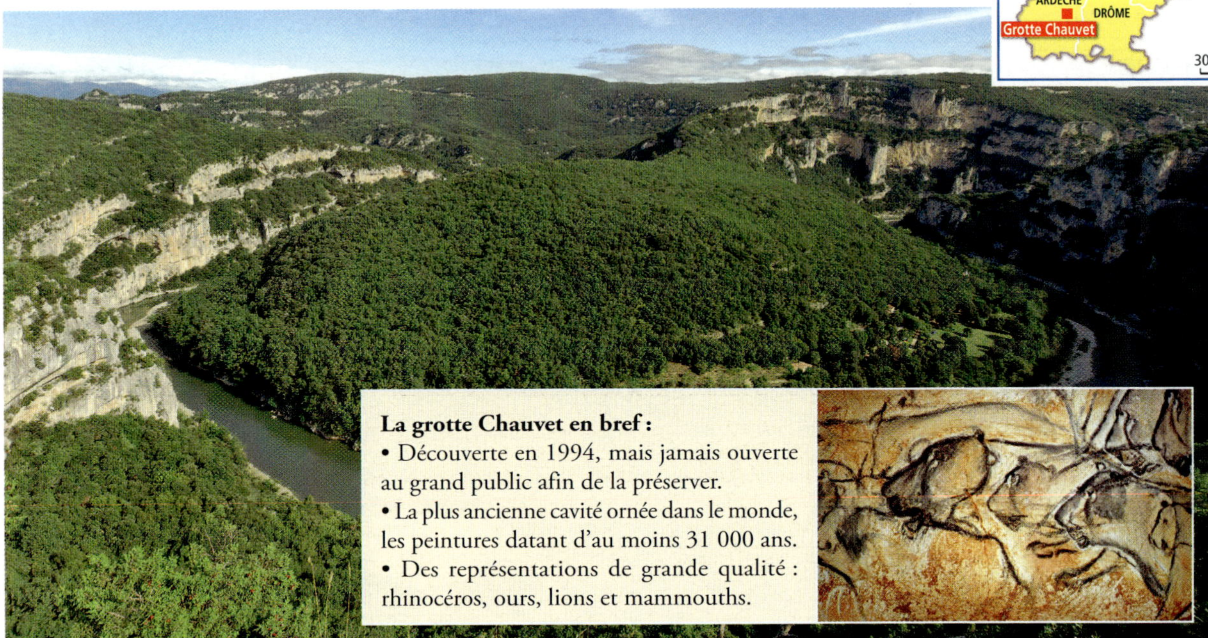

La grotte Chauvet en bref :
- Découverte en 1994, mais jamais ouverte au grand public afin de la préserver.
- La plus ancienne cavité ornée dans le monde, les peintures datant d'au moins 31 000 ans.
- Des représentations de grande qualité : rhinocéros, ours, lions et mammouths.

1 Le site de la grotte Chauvet en Ardèche

2 Le projet pour 2014

« Pour permettre au plus grand nombre de découvrir les merveilleux trésors laissés par nos ancêtres, le conseil général de l'Ardèche et la Région Rhône-Alpes ont décidé, avec le soutien de l'État et de l'Europe, de créer un Espace de restitution de la Grotte Chauvet-Pont d'Arc. Ainsi, dès 2014, le public pourra découvrir, à deux kilomètres du site originel, sur les hauteurs de Vallon-Pont d'Arc une reproduction grandeur nature des œuvres laissées par les plus anciens artistes de l'humanité. Ce projet très ambitieux est porté par le Syndicat mixte[1] « Espace de restitution de la Grotte Chauvet-Pont d'Arc » [...]. Installé sur le site du Razal (7 hectares végétalisés), l'Espace de restitution comprendra la grotte reconstituée de 3 500 m², un centre de découverte, un pôle pédagogique, un espace événementiel, un restaurant et une boutique. »

Site du syndicat mixte, www.grotte-chauvet.org.

1. le Syndicat mixte Espace de restitution de la Grotte Chauvet-Pont d'Arc est composé d'élus généraux et régionaux.

3 L'Ardèche, un territoire à valoriser

Quelques chiffres clés :
- Une faible densité : 59 habitants au km² (moyenne régionale : 139).
- Part des plus de 65 ans : 19,1 % (moyenne régionale : 15).
- Revenu par habitant en euros : 19 646 (moyenne régionale : 27 581).

Source : INSEE.

Vocabulaire

Aménagement : intervention sur un territoire de plusieurs acteurs, en particulier des collectivités territoriales.

Collectivité territoriale : structure administrative qui prend en charge le fonctionnement et l'aménagement d'un territoire précis (commune, département, région).

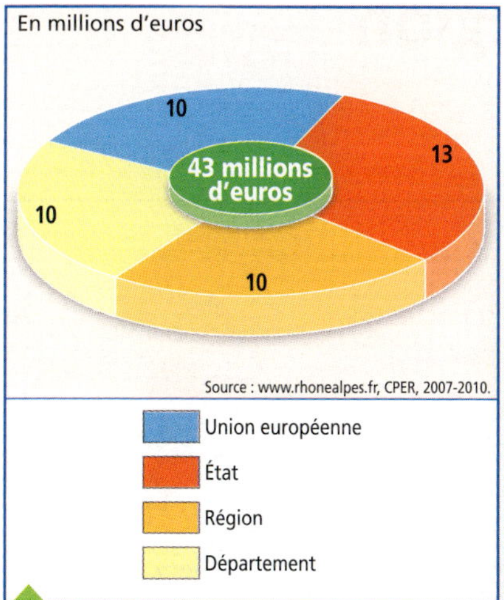

4 Des acteurs de projet à toutes les échelles
Le budget prévisionnel prévoit 43 millions d'euros investis dans des travaux qui s'échelonneront entre 2011 et 2014.

5 Une perspective économique pour le territoire

« Les élus locaux espèrent de belles retombées pour leur région, avec plus de 300 000 visiteurs attendus sur dix mois de l'année… Une manne touristique que le syndicat mixte espère irriguer sur tout le territoire en faisant travailler l'hôtellerie et la restauration locale mais aussi la filière alimentaire de proximité et les métiers d'art. Jusqu'alors tournée vers la baignade et le sport de pleine nature, la région s'ouvrira à de nouveaux touristes. C'est en tout cas son objectif. Sur la grotte Chauvet elle-même, ce sont une trentaine d'emplois qui sont attendus mais beaucoup plus de façon induite sur ce territoire. »

Thierry Dubourg, « Ardèche : la grotte Chauvet aura bien son fac-similé », *Midi Libre*, 22 juillet 2011.

6 Un enjeu de développement régional

« La découverte de la grotte, le travail de recherche scientifique, le projet d'Espace de restitution et la candidature UNESCO sont étroitement liés et constituent pour l'ensemble des acteurs du Grand projet Grotte Chauvet-Pont d'Arc une occasion unique de créer une véritable dynamique de développement territorial.[…] Le label GPRA[1] vise à favoriser un aménagement équilibré et durable du territoire, la création d'emplois, la préservation et la valorisation de l'environnement, le rayonnement national et international de la Région Rhône-Alpes ainsi qu'un large partenariat entre les acteurs sociaux, économiques, universitaires. […] L'objectif consiste à faire émerger un pôle de développement structurant dont le rayonnement devra dépasser les limites régionales. »

Site du syndicat mixte, www.grotte-chauvet.org.

1. Grand projet Rhône-Alpes. Le projet grotte Chauvet est un des sept grands projets.

JE DÉCOUVRE

Découvrir l'aménagement

1. Doc. 1 Localisez la grotte Chauvet dans la Région Rhône-Alpes. Quel est son intérêt culturel ?

2. Doc. 2 Que va permettre l'aménagement de l'Espace de restitution de la grotte Chauvet pour le grand public ? Quels sont les différents équipements prévus ?

Découvrir les acteurs du projet

3. Doc. 2 Quel est le rôle du syndicat mixte ? Par qui est-il composé ?

4. Doc. 4 Quels sont les autres acteurs qui participent au financement du projet ?

Comprendre les effets attendus à toutes les échelles

5. Doc. 3 et 5 Quelles retombées pour leur territoire les élus espèrent-ils ? Caractérisez la situation démographique, sociale et économique de l'Ardèche. Pourquoi ce projet de développement est-il important pour ce département ?

6. Doc. 6 Quelles sont les retombées de ce projet local pour la Région Rhône-Alpes ?

CE QUE J'AI APPRIS

Sur l'aménagement du site de la grotte Chauvet

Un aménagement régional valorisant les ressources locales
Différents acteurs agissent pour valoriser leur territoire.

Un enjeu économique régional
Cet aménagement permet à la Région Rhône-Alpes de développer son territoire et de rayonner à toutes les échelles.

Étudier ma région 1

Quelle place occupe ma région en France et en Europe ?

1 Le poids économique de Rhône-Alpes en France

Chiffre d'affaires des remontées mécaniques	75 %
Lits en résidence de tourisme	30 %
Emplois dans la fabrication des équipements électriques	19,8 %
Pôles de compétitivité (2007)	18,3 %
Emplois dans l'industrie pharmaceutique	16,2 %
Ingénieurs formés	14 %
Emplois industriels	12,9 %
Exportations françaises (2009)	10,6 %
Population (2008)	9,8 %
PIB (2009)	9,7 %
Dépôts de brevets	9,5 %
Superficie	8 %
Production agricole	5,5 %

Source : Chambre de commerce et d'industrie de Rhône-Alpes et DATAR, 2010-2011.

3 Rhône-Alpes et l'Europe

L'Union européenne investit en Rhône-Alpes

De 2007 à 2013, plus d'1,2 milliard d'euros seront investis par l'Europe sur l'ensemble de la région.

Rhône-Alpes se tourne en priorité vers l'Europe

« Deuxième région exportatrice, la région se tourne en priorité vers l'Europe. […] Cette ouverture se reflète dans l'**attractivité** des **investissements directs étrangers** (IDE) : 900 établissements emploient plus de 172 000 salariés essentiellement dans l'industrie grâce à une forte présence américaine, allemande, britannique ou suisse […]. Enfin, les entreprises rhône-alpines sont largement internationalisées avec 2 000 implantations à l'étranger dont la moitié en Europe. »

Jean-Claude Boyer, Laurent Carroué (coll.), *La France, les 26 régions*, © Armand Colin, 2010.

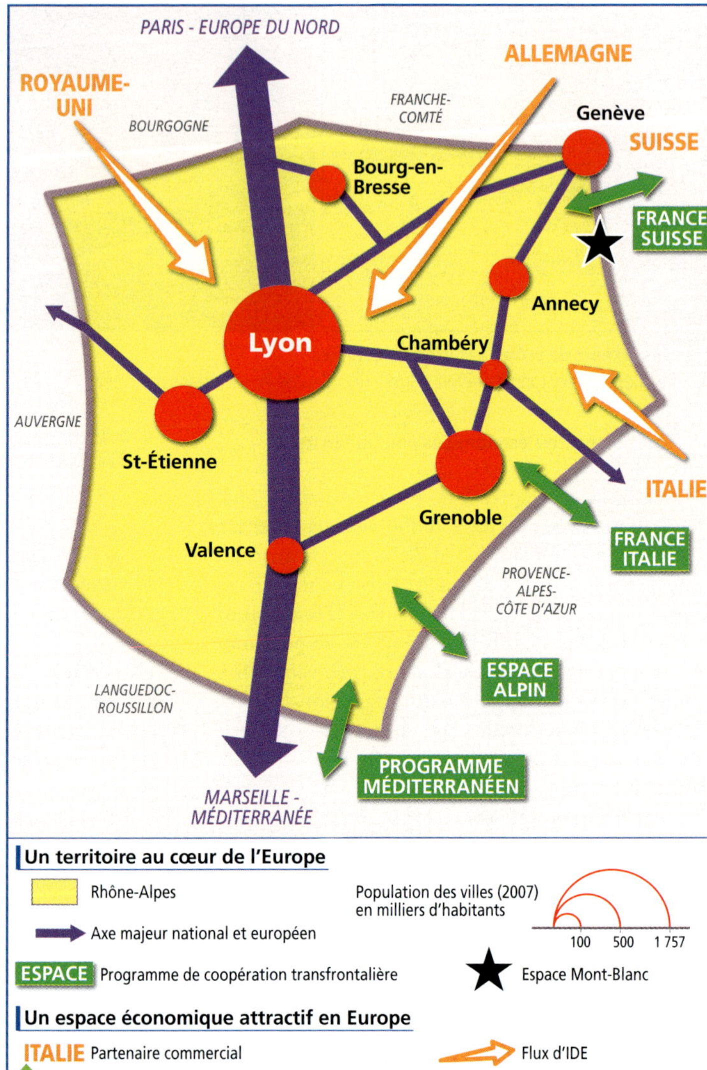

2 Un territoire ouvert sur l'Europe

Vocabulaire

Attractivité : ensemble des qualités d'un territoire qui contribuent à attirer les populations, les entreprises…

Coopération transfrontalière : collaboration visant à renforcer et à développer les rapports de voisinage entre collectivités territoriales relevant de plusieurs États, en particulier entre des régions frontalières.

Investissement direct étranger (IDE) : capital investi à l'étranger par des entreprises pour y développer leurs activités économiques.

4 Lyon, un rayonnement européen ?
Des sièges d'institutions internationales (Interpol, Euronews…) et de grandes firmes (Sanofi-Pasteur, Suez…) se sont installés à Lyon.

5 L'Espace Mont-Blanc, un exemple de coopération transfrontalière

« L'Espace Mont-Blanc est une **coopération transfrontalière** entre la Savoie et la Haute-Savoie en Rhône-Alpes, le val d'Aoste et le Valais suisse. [Elle] envisage la sauvegarde des paysages et de la nature, le soutien à l'agriculture de montagne et aux activités pastorales, et propose d'encourager un tourisme de découverte respectueux de l'environnement… Elle permet aux communes de retrouver leurs racines communes, de resserrer leurs liens. »

Vincent Adoumié (dir.), *Les régions françaises*, © Hachette, 2010.

JE DÉCOUVRE

Sa situation et son poids en France

1. Doc. 2 Localisez la Région Rhône-Alpes à l'échelle nationale et à l'échelle européenne. Quels sont les atouts de la région pour la localisation des entreprises ?

2. Doc. 1 Quels sont les points forts de son économie ?

Son attractivité

3. Doc. 1 et 3 Quelle est la part de Rhône-Alpes dans les exportations françaises ?

4. Doc. 2, 3 et 4 Quelles sont les manifestations de la forte attractivité économique de la région ?

Son ouverture européenne

5. Doc. 3 Quelle est la place de l'Europe dans les échanges économiques de la région ?

6. Doc. 5 Quels sont les territoires concernés par l'« Espace Mont-Blanc » ? Quels sont leurs objectifs ? Pourquoi parle-t-on d'une coopération transfrontalière ?

CE QUE J'AI APPRIS

Sur la place de la Région Rhône-Alpes en France et en Europe

Sa place en France : une région de poids
• La deuxième région par sa superficie et sa population : plus de six millions d'habitants soit 10 % de la population française.
• Un acteur économique de poids : deuxième région française par son produit intérieur brut et deuxième région industrielle française.
• Une région tournée vers les secteurs de l'innovation : treize pôles de compétitivité dont trois d'envergure mondiale.
• La deuxième région touristique française : deux parcs nationaux, 30 % des lits en résidence de tourisme et l'un des plus grands domaines skiables au monde.

Son dynamisme : une région attractive
• Une attractivité de la région surtout pour les jeunes, grâce aux grands pôles universitaires et aux possibilités d'emplois.
• Une ouverture internationale importante : la bonne place dans les exportations françaises et le poids des investissements étrangers.
• L'affirmation de Lyon comme une métropole attractive.

Sa place en Europe : une région tournée vers l'UE
• Un carrefour en Europe : l'axe Saône-Rhône est un couloir majeur et Lyon constitue un nœud européen de premier plan.
• Une région tournée en priorité vers l'Europe : poids important des pays européens dans ses échanges commerciaux et part des IDE européens en Rhône-Alpes essentielle.
• Des coopérations européennes et transfrontalières nombreuses entre Rhône-Alpes et les autres régions européennes.

Étudier ma région 2

Comment s'organise le territoire de ma région ?

Voir aussi Méthode p. 240

1 Le couloir rhodanien, un axe fort de circulation et d'urbanisation
① Lyon ② Rhône ③ voie ferrée Lyon-Marseille ④ autoroute A7 ⑤ raffinerie

2 Lyon dans sa région

« L'affirmation de Lyon comme **métropole régionale**, nationale et européenne repose sur l'accumulation de facteurs démographiques et économiques [...]. Deuxième concentration industrielle nationale, elle dispose d'un personnel hautement qualifié d'ingénieurs, de cadres, d'activité à haute valeur ajoutée [...]. Elle est un grand centre de commandement administratif, d'affaires et de commerce. [...] Son potentiel intellectuel et universitaire lui assure un rayonnement sans précédent.[...] Elle déploie à partir de la ville centre son aire d'influence directe sur un espace considérable.»

Jean-Claude Boyer, Laurent Carroué (coll.), *La France, les 26 régions*, © Armand Colin, 2010.

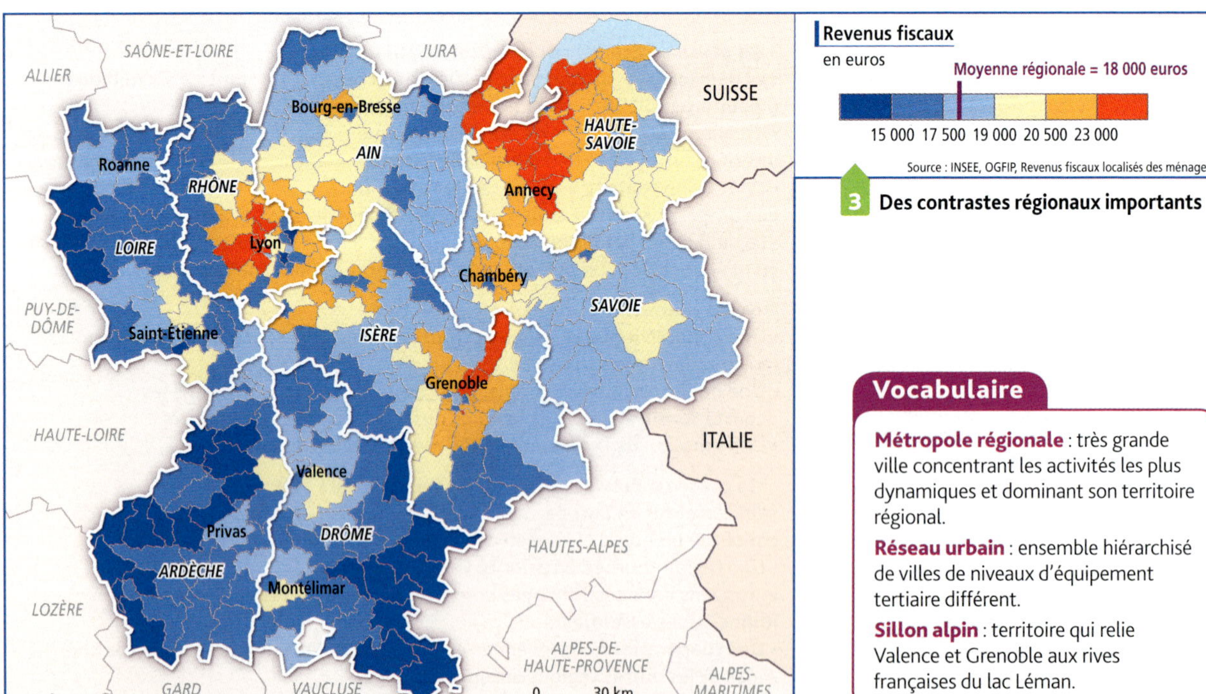

3 Des contrastes régionaux importants

Vocabulaire

Métropole régionale : très grande ville concentrant les activités les plus dynamiques et dominant son territoire régional.

Réseau urbain : ensemble hiérarchisé de villes de niveaux d'équipement tertiaire différent.

Sillon alpin : territoire qui relie Valence et Grenoble aux rives françaises du lac Léman.

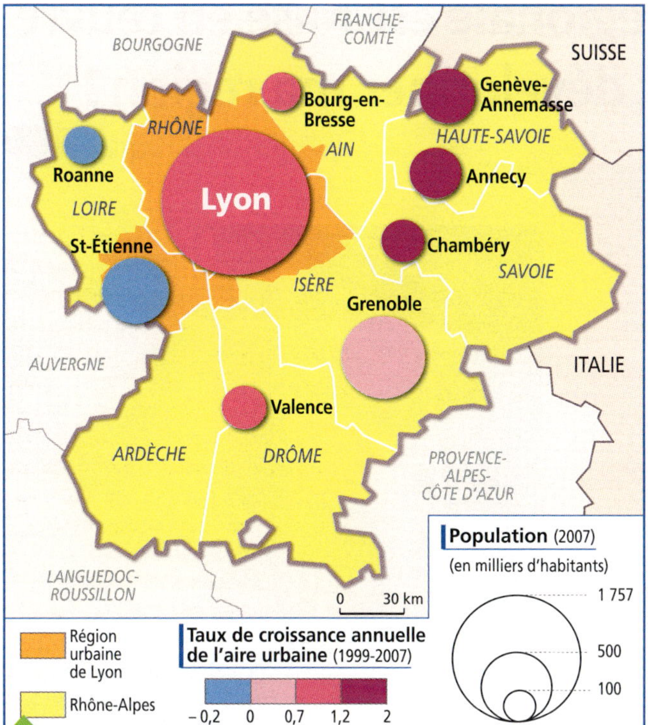

4 Le **réseau urbain** de la Région Rhône-Alpes

5 **Des travailleurs frontaliers vers la Suisse**
Des frontaliers en provenance de la France se rendant à leur travail en Suisse en bateau-navette sur le lac Léman. Ils sont environ 50 000 par jour à traverser la frontière pour travailler dans les cantons suisses de Genève et de Vaud.

JE DÉCOUVRE

Les grandes lignes de force de l'organisation régionale

1. Doc. 1 et 4 Quel est l'axe majeur qui traverse Rhône-Alpes du nord au sud ? Décrivez les aménagements et les activités présentes.

2. Doc. 2 et 4 Comment Lyon s'affirme-t-elle comme métropole ? Quels sont les deux autres pôles urbains majeurs de la région ?

Les différents types d'espaces

3. Doc. 3 Identifiez les départements qui connaissent les revenus les plus faibles.

4. Doc. 2 et 3 Où sont situés les espaces les plus riches ?

Des évolutions récentes

5. Doc. 4 Où sont situées les aires urbaines les plus dynamiques ? les moins dynamiques ?

6. Doc. 5 Où résident ces frontaliers et dans quel pays partent-ils travailler ?

CE QUE J'AI APPRIS

Sur l'organisation du territoire de la Région Rhône-Alpes

Les axes et les pôles majeurs de la région

- Encadré par les espaces montagnards, un axe central : le couloir rhodanien, couloir majeur de circulation Nord-Sud.
- Trois pôles urbains dominés par la métropole régionale, Lyon, secondée par Grenoble et Saint-Étienne.
- D'autres pôles plus secondaires complètent le réseau urbain.

Les différents types d'espaces de la région

- Le cœur de la région :
  - L'axe Saône-Rhône, axe économique majeur, formant un long ruban d'urbanisation quasi continue.
  - Un autre couloir très peuplé et industrialisé, le **Sillon alpin** qui relie Valence et Grenoble aux rives françaises du lac Léman.
- Des espaces en difficulté : essentiellement des espaces ruraux et montagnards, particulièrement dans les territoires de la Loire, la Drôme et l'Ardèche.
- Ailleurs, les espaces diversifient leurs activités et sont plus actifs.

Les évolutions du territoire régional

- Augmentation des disparités entre l'est et l'ouest : la Loire, l'Ardèche et la Drôme enregistrent les plus faibles revenus. À l'inverse, les départements de l'est connaissent les plus forts revenus, particulièrement les départements frontaliers de la Suisse.
- Influence grandissante de l'agglomération Genève-Annemasse : peu à peu les départements frontaliers de la Suisse sont intégrés dans l'aire d'influence de Genève comme en témoignent les flux de main-d'œuvre transfrontaliers.

Étudier ma région 3

Quelle politique régionale est mise en œuvre pour aménager et développer ma région ?

Voir aussi Dossier p. 230

1 Lyon dans sa région

« Quatre axes interdépendants sont privilégiés :
- un développement [des métropoles] en articulation avec les réseaux de transports collectifs.
- la maîtrise de l'étalement urbain.
- la contribution au développement économique.
- la valorisation et la préservation de l'environnement. [...]

Par ses politiques d'aménagement du territoire, la Région Rhône-Alpes s'emploie à répondre tant aux besoins des agglomérations que des communes rurales ainsi que de leurs habitants, dans une recherche d'équilibre et de solidarité entre les territoires et un souci permanent de protection et de valorisation de ses ressources naturelles et patrimoniales. »

Aménagement et développement durables des territoires. Les orientations régionales, Politique territoriale de la Région Rhône-Alpes, déc. 2008.

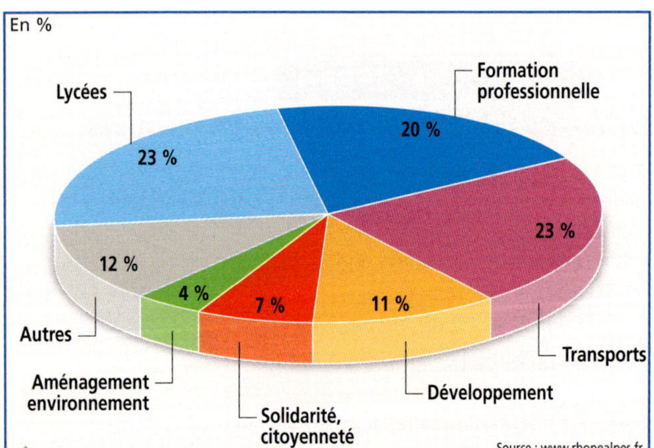

3 Le budget du conseil régional de Rhône-Alpes

2 Faciliter les déplacements : le réseau TER (Transport Express Régional) La région organise et finance les transports collectifs : définition des horaires ou des tarifs, modernisation des gares. Dans la gare de Lyon-Jean-Macé, un parking à vélos a été créé pour faciliter l'**intermodalité**.

4 Contribuer au développement économique

Cluster Rhône-Alpes : pour une compétitivité régionale

« Avec Cluster Rhône-Alpes, la Région impulse une mise en réseau des entreprises s'adressant à un même marché et de leur environnement (recherche, enseignement supérieur, formation professionnelle et institutionnels du développement économique et de l'innovation).

Les douze Clusters Rhône-Alpes ont pour objectifs de favoriser l'innovation et la compétitivité des entreprises... La région porte l'ambition de conforter ses filières d'excellence, notamment au plan international, afin de faire émerger une offre régionale innovante, compétitive et créatrice d'emplois. »

Direction du Développement Économique et de l'Emploi de la région Rhône-Alpes, www.rhonealpes.fr, 2011.

Vocabulaire

Cluster : un cluster permet d'associer des entreprises, des universités, des laboratoires de recherche, travaillant sur des filières complémentaires, pour développer des projets innovants et conquérir de nouveaux marchés.

Intermodalité : correspondance entre différents types de transport.

Schéma régional d'aménagement et de développement durable du territoire (SRADDT) : document qui définit les grands axes de la politique régionale et planifie l'aménagement et le développement d'une région.

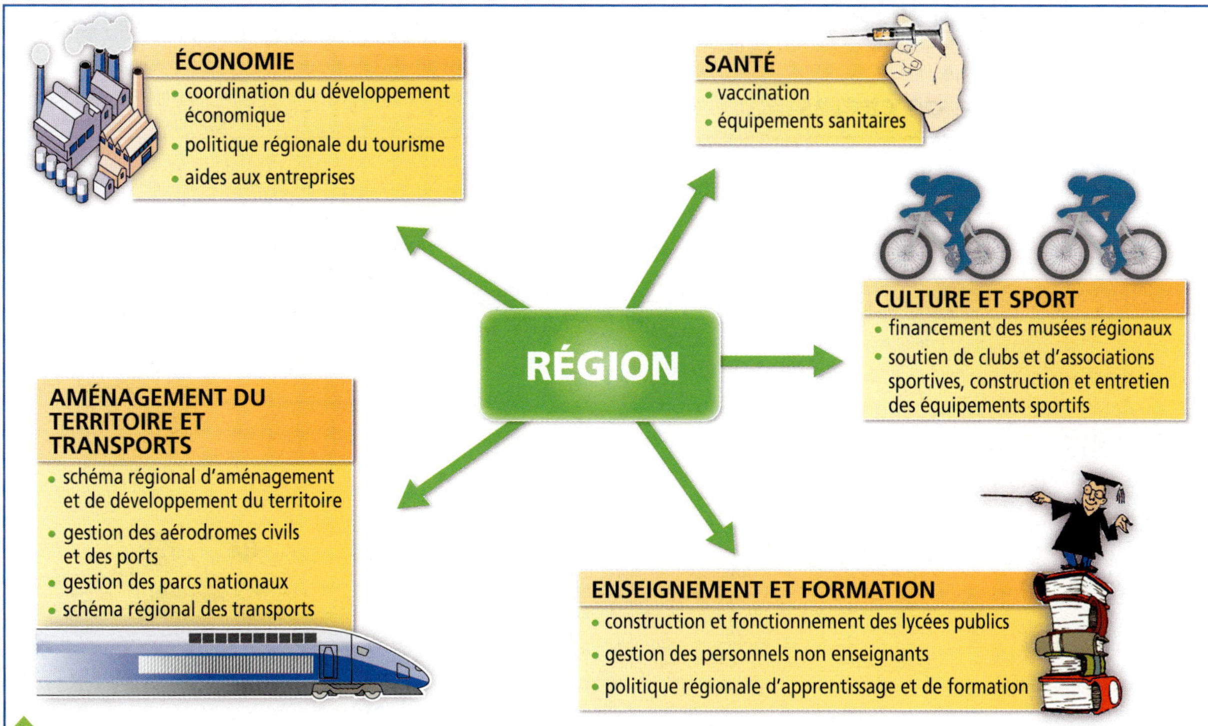

5 Les domaines d'intervention des régions

JE DÉCOUVRE

Le rôle de la région

1. Doc. 5 Quels sont les différents domaines d'intervention de la région ? Pourquoi peut-on dire qu'elle est un acteur majeur de l'aménagement et du développement du territoire ?

Les priorités de la Région Rhône-Alpes

2. Doc. 1 et 3 Repérez les axes et les domaines d'intervention principaux de la Région Rhône-Alpes.

3. Doc. 1 À quels besoins la Région cherche-t-elle à répondre et dans quel but ?

Les actions de la Région Rhône-Alpes

4. Doc. 2 et 4 Décrivez les actions menées par la région en matière de transports et de développement économique.

5. Doc. 2 et 4 À quelles priorités régionales correspondent ces deux exemples ?

CE QUE J'AI APPRIS

Sur la politique régionale de ma région

Les acteurs de la politique régionale

• La région est un acteur majeur. Elle exerce de nouvelles compétences que l'État lui a transférées dans des domaines variés, essentiels à la vie des habitants.
• D'autres acteurs interviennent dans la région, l'Union européenne, l'État, les autres collectivités territoriales, ou des acteurs privés et des citoyens.

Les priorités de l'action régionale

• La région définit les axes de sa politique régionale dans un **schéma régional d'aménagement et de développement durable du territoire** (SRADDT).
• La répartition des dépenses budgétaires permet de repérer les grands domaines d'intervention et les priorités de d'action de la région. En Rhône-Alpes, les dépenses pour l'enseignement et la formation sont essentielles, mais d'autres priorités existent, comme les transports ou le soutien aux entreprises créatrices d'emplois.

Des aménagements régionaux

• Différents aménagements visent à améliorer le cadre de vie des habitants de la région et à développer les territoires.
• À l'échelle de l'ensemble de la région, le développement du réseau TER et de l'intermodalité permettent de mieux relier les différents espaces et de répondre à l'augmentation des déplacements.
• À une échelle plus locale, l'aménagement du site de la grotte Chauvet valorise le territoire local en difficulté et favorise le rayonnement national et international de la région.

Retenir à l'aide de cartes

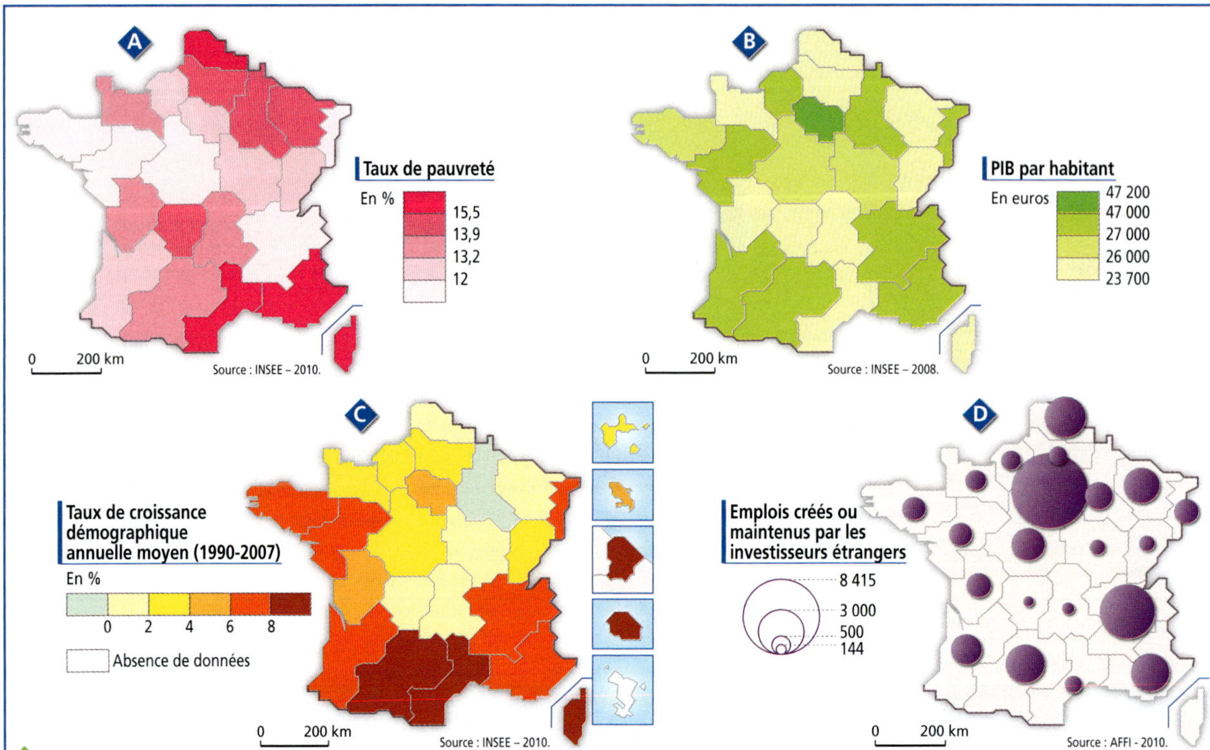

1 Situer ma région parmi les autres régions françaises

La France compte 27 régions (Voir carte repère p. 22) :
- 22 régions en France métropolitaine (en comptant la Corse) ;
- 5 régions d'outre-mer, qui sont aussi des départements : la Guadeloupe, la Martinique, la Guyane, La Réunion et Mayotte.

Retenir à l'aide d'un schéma une notion clé

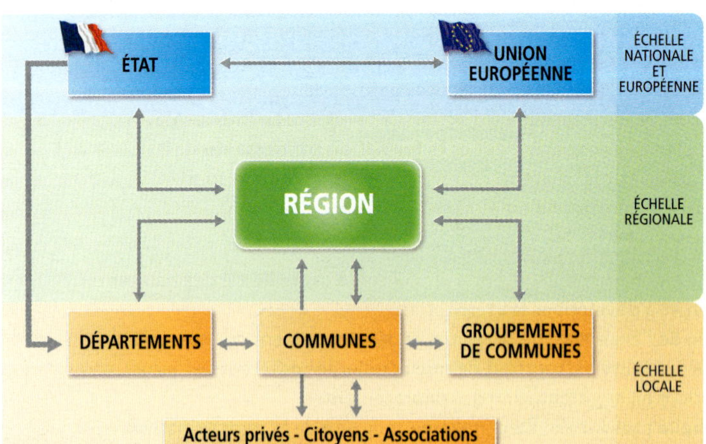

2 Les acteurs de la région

Les flèches grises représentent les interrelations entre les acteurs à toutes les échelles.

Lire les cartes

Situer et comparer les régions.

1. À l'aide des cartes, complétez le tableau suivant :

	Ma région	Autre(s) région(s)
Carte A		
Carte B		
Carte C		
Carte D		

2. En croisant les différentes données, que pouvez-vous conclure sur la place de votre région en France comparée à d'autres régions ?

françaises

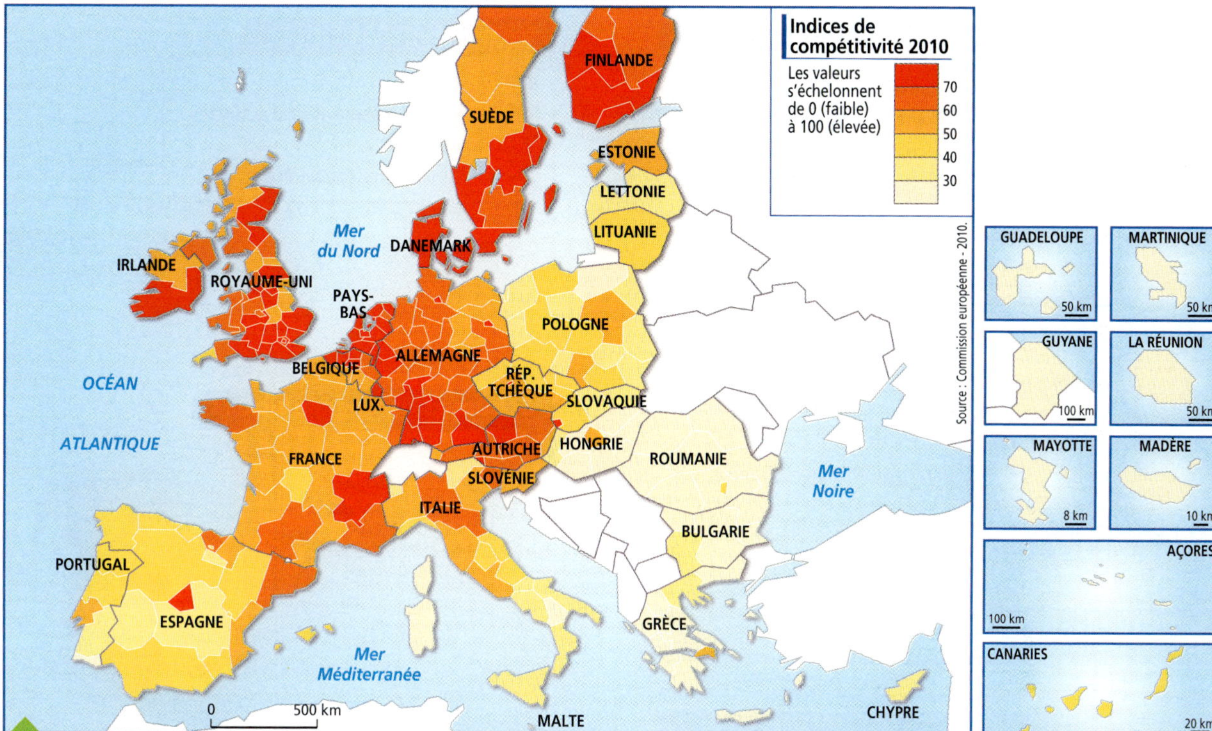

3 L'indice de compétitivité des régions européennes
L'indice de compétitivité est calculé à partir de plusieurs indicateurs et mesure le niveau de productivité d'une région et sa capacité à offrir des revenus élevés et une bonne qualité de vie à ses habitants.

Bilan → Comment étudier ma région ?

Une démarche en trois temps

1 Mesurer la place de ma région en France et en Europe

Étudier ma région 1 p. 232

- Où est localisée ma région en France et en Europe ? Quel est son poids économique ?
- Comment se manifestent le rayonnement et l'attractivité de ma région ?
- Comment ma région s'intègre-t-elle à l'Europe ?

2 Analyser l'organisation du territoire de ma région

Étudier ma région 2 p. 234
Méthode p. 240

- Quelles sont les grandes lignes de force (axes et pôles principaux) qui organisent ma région ?
- Quels sont les différents types d'espaces au sein de ma région ?
- Quelles sont les évolutions majeures ?

3 Comprendre la politique régionale mise en œuvre

Étudier ma région 3 p. 236
Dossier p. 230

- Quels sont les différents acteurs qui agissent dans ma région ?
- Quelles sont les grandes priorités de l'aménagement et du développement régional ?
- Quels sont les différents aménagements mis en œuvre par ma région ?

Méthode
en 3 étapes

Construire un croquis de l'organisation

Compétence 5.3 › **Lire et pratiquer différents langages** Socle

Étape 1 Sélectionner les informations

1. Complétez les propositions suivantes à l'aide de vos connaissances et du vocabulaire ci-contre :

a. Rhône-Alpes s'organise autour d'un axe central de circulation : ………………… .

b. Rhône-Alpes s'organise autour de trois pôles majeurs : Lyon, et deux autres pôles urbains importants : ………………… et ………………… .

c. Des espaces différenciés coexistent. Le couloir rhodanien et le sillon alpin, constituent des ……………………………………………………… .

d. Les espaces en difficulté sont surtout situés à l' ………………… du territoire régional et se localisent principalement dans les départements de la Drôme, de la Loire et de l' ………………… .

e. L'influence de …………………, métropole étrangère s'exerce sur les départements limitrophes.

f. Les dynamiques ………………… contribuent à la vitalité démographique des régions limitrophes.

Étape 2 Construire la légende du croquis : classer les informations et choisir les figurés

2. Recopiez le tableau suivant.

Des pôles et des réseaux organisent le territoire régional		Des contrastes spatiaux		Des dynamiques	
informations	*figurés*	*informations*	*figurés*	*informations*	*figurés*
• …………………, axe central de circulation.	• …………	• Des ………… …………………………	• …………	• Zone d'influence de …………………………	• …………
• Un ……………… ………………………	• …………	• Des espaces ………………………	• …………	• Dynamiques ………………………	• …………
• Deux pôles urbains majeurs	• …………				

a. Classez dans les trois rubriques les différentes informations de l'étape 1.

b. Associez à chacune des informations l'un des figurés des schémas cartographiques.

Étape 3 Réaliser le croquis

3. Complétez la légende en vous aidant de vos réponses aux questions 1 et 2.

4. Donnez un titre au croquis.

5. Finalisez le croquis en complétant la nomenclature : placez Lyon et localisez les pays limitrophes.

Vocabulaire à utiliser

Pôle majeur
Couloirs de peuplement et d'activités
Axe rhodanien
Dynamiques transfrontalières

Schémas cartographiques

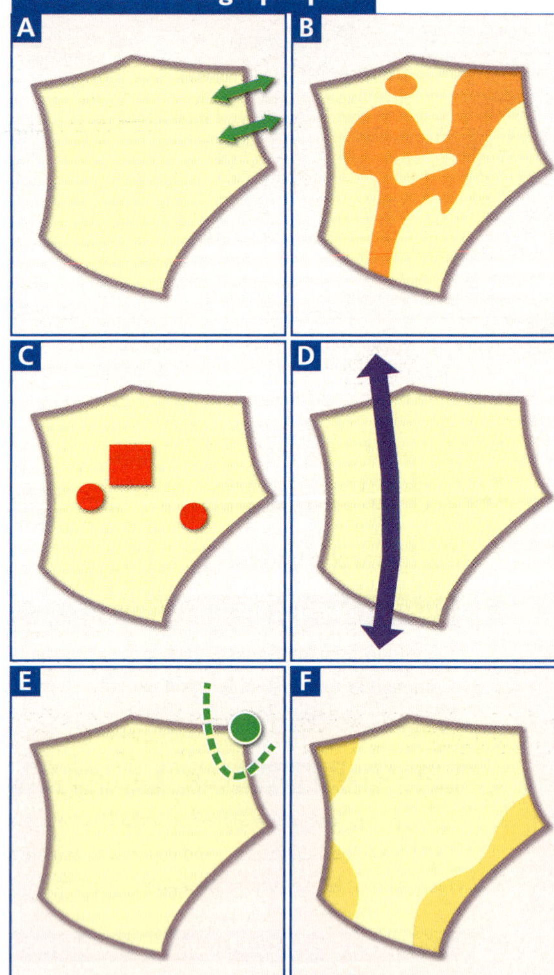

du territoire régional : des schémas au croquis

Titre : ....

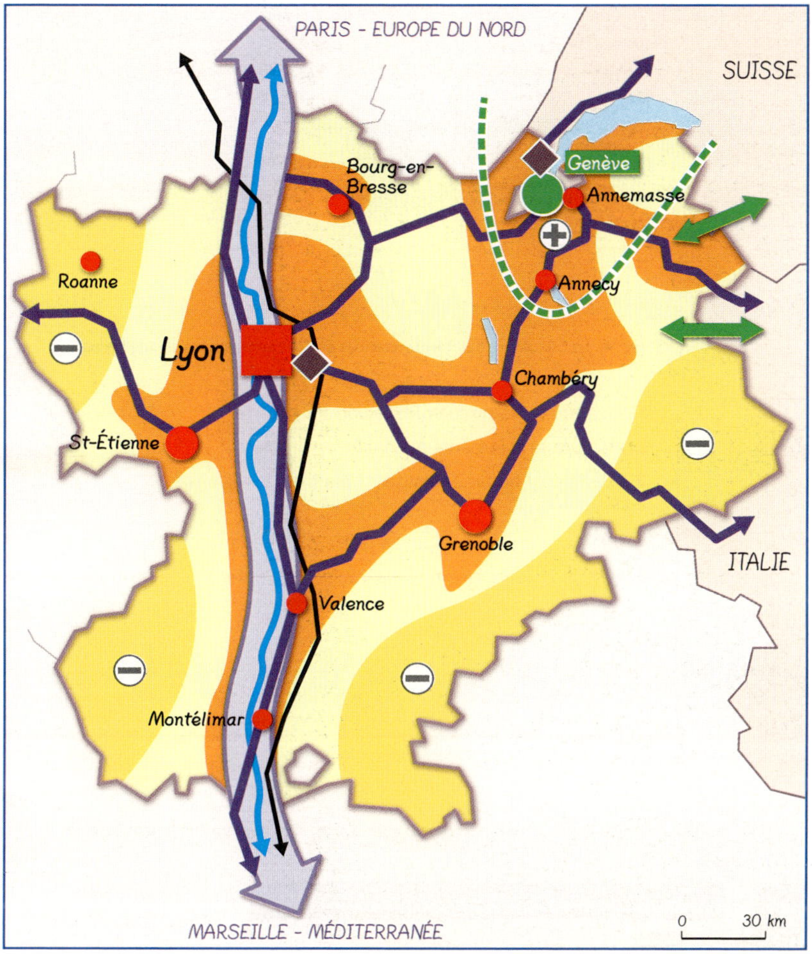

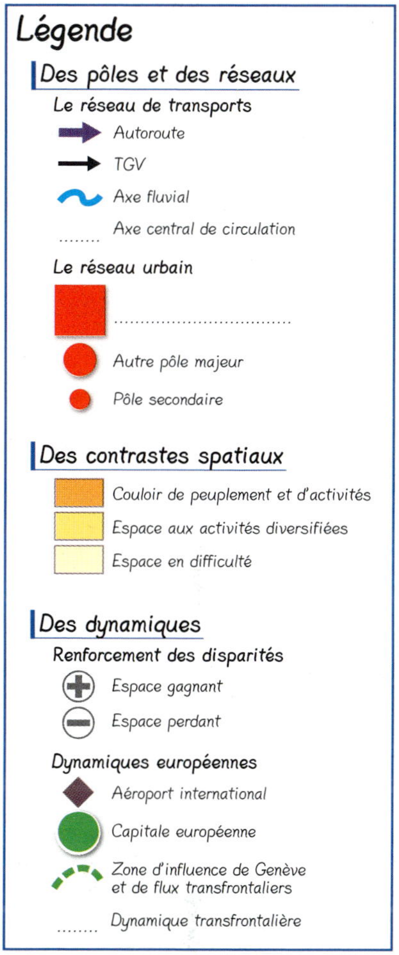

Mémo Brevet

Pour organiser la légende

1. Je fais la liste et je sélectionne les informations clés.
2. Je les classe en rubriques auxquelles je donne un titre.
3. Je sélectionne le figuré cartographique adapté pour chaque information.
J'utilise la fiche « langage cartographique » du Livret Brevet p. 22 et 23.

Pour réaliser le croquis

1. Je recopie la légende organisée en plan.
2. Je reporte les figurés cartographiques sur mon croquis.
Les figurés reportés doivent être absolument identiques à ceux de la légende.
3. J'indique les éléments de nomenclature et les repères géographiques nécessaires.
4. Je donne un titre à mon croquis.
5. Je soigne la réalisation du croquis. *Par exemple, j'utilise des crayons de couleurs et des feutres fins et j'écris la nomenclature en lettres noires d'imprimerie.*

Réviser les repères

Livret Brevet

→ L'essentiel p. 31

A LE VOCABULAIRE

Compétence 5.1 › Avoir des connaissances et des repères — Socle

1. Rappelez la définition de région.

2. Recopiez, puis complétez l'organigramme ci-contre en précisant les domaines de compétences de la région ou leur exemples.

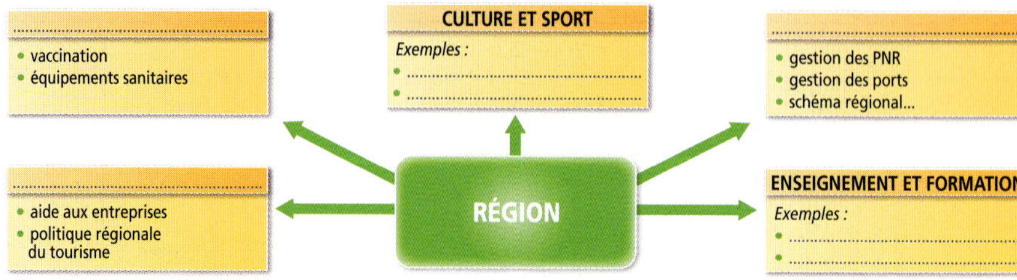

B LES LOCALISATIONS

Compétence 5.1 › Avoir des connaissances et des repères relevant de l'espace — Brevet

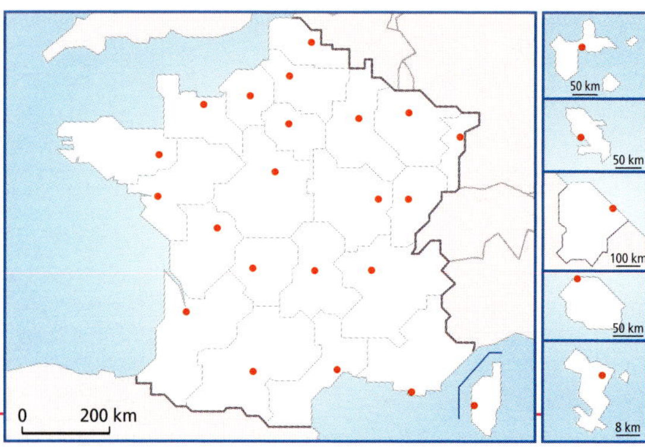

1. Localisez et nommez votre région sur la carte.
2. Indiquez sa métropole régionale.
3. Localisez et nommez d'autres exemples de régions métropolitaines.
4. Indiquez les pays européens limitrophes de la France.
5. Quelles sont les cinq régions françaises d'outre-mer ?

C LES ACTEURS

Compétence 5.1 › Avoir des connaissances relevant des grands types d'aménagement — Brevet

1 Affiche présentant l'aménagement d'une gare à Toulon, dans le Var

Logo	Acteur	Échelle
SNCF	....	....
Région Provence Alpes Côte d'Azur	....	....
Toulon Provence Méditerranée	Communauté d'agglomération qui rassemble douze communes	....
Var Conseil Général	....	....
Toulon	....	....
RFF	Réseau ferré de France entreprise publique gestionnaire du réseau national	nationale
Liberté • Égalité • Fraternité République Française	....	....
(drapeau européen)	....	....

1. Présentez le document. De quel aménagement s'agit-il ?
2. Repérez sur le panneau les différents logos.
3. Associez chacun des logos à un acteur de l'aménagement régional et complétez le tableau ci-contre.
4. Parmi ces acteurs, lesquels sont des collectivités territoriales ?

Réviser les savoir-faire

D ANALYSER UNE IMAGE PROMOTIONNELLE REGIONALE

Compétence 5.4 › **Être capable de porter un regard critique sur un document** — Brevet

▶ Présenter le document

1. Indiquez la nature du document.

2. Qui est à l'origine de ce document ? À qui s'adresse t-il ?

▶ Décrire l'image

3. Repérez la phrase principale, l'accroche de l'image.

4. Quelles sont les actions de la région qui sont mises en avant ?

5. Décrivez cet habitant de Rhône-Alpes. Pourquoi sourit-il ? Qu'est-ce qui dans sa coiffure rappelle le domaine de la recherche scientifique ?

▶ Interpréter l'image

6. Repérez les éléments visuels et les arguments dans le texte qui valorisent l'action régionale.

7. Quel est son message ? Quels sont les objectifs poursuivis par la région ?

E EXPLOITER UN SITE RÉGIONAL

Compétence 4.1 › **S'informer et se documenter**
4.4 › **Sélectionner des résultats lors d'une recherche** — B2i

▶ Entrer et naviguer dans le site

1. Recherchez à l'aide d'un moteur de recherche l'adresse de la Région Languedoc-Roussillon et accédez au site de la Région en en allant sur www.3e.hgeleve.magnard.fr/liens.

2. Repérez les différentes rubriques.

▶ Trouver des informations dans le site

- Pour connaître le fonctionnement du conseil régional, ouvrez la rubrique « Institution » et cliquez sur « Fonctionnement ».
- Pour connaître les priorités de l'action régionale, ouvrez la rubrique « Actions ». Pour chaque domaine, les grands axes sont indiqués.
- Pour connaître la répartition des dépenses régionales, ouvrez la rubrique « Institution » et cliquez sur « Budget ».
- Pour connaître les donnés statistiques de la région, ouvrez la rubrique « Services » et cliquez sur « chiffres clés ».
- Pour connaître des exemples d'aménagements régionaux, repérez un aménagement dans la barre de défilement et cliquez sur « Plus d'info » ou ouvrir « Tous les dossiers » dans la rubrique « La Région en actu ».

CHAPITRE 16

Le territoire national et sa population

▷ Quelles sont les ressources et les contraintes du territoire français ?

▷ Comment les Français occupent-ils leur territoire et avec quelles dynamiques ?

1 La rue Caumartin dans le 9e arrondissement de Paris
Les grands magasins et le quartier de l'Opéra attirent une foule nombreuse dans ce quartier piétonnier.

Confronter les documents

1. Présentez ces deux documents : nature, localisation.

2. Décrivez le paysage du document 1 : quel type d'espace représente-t-il ?

3. Décrivez le paysage du document 2 : quel type d'espace représente-t-il ?

4. Que montrent les documents sur les façons dont la population occupe le teritoire national ?

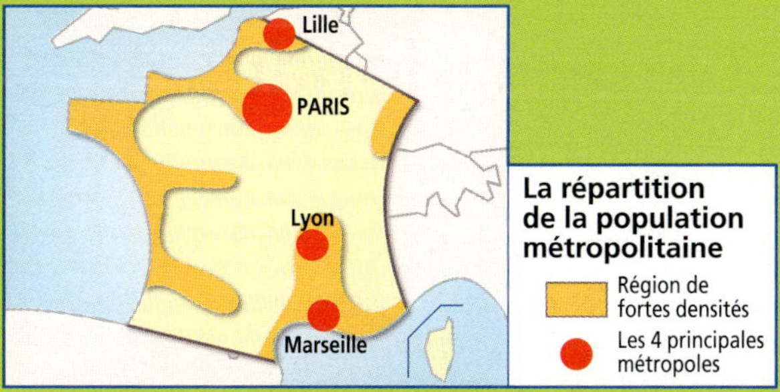

Territoire

Désigne un espace, délimité par des frontières, que les hommes se sont approprié. Le territoire français est composé de la France métropolitaine et de territoires ultramarins, c'est-à-dire situés sur d'autres continents et océans.

2 La vallée de Chamonix dans les Alpes, en Haute-Savoie
Située à 1000 mètres d'altitude, la vallée de Chamonix, est dominée par les plus hauts sommets de la chaîne alpine. Les hommes ont su s'adapter à ce milieu difficile.

Dossier Les flux migratoires internationaux

Quel est l'impact des flux migratoires sur la population française et sur son territoire ?

La France est une terre ancienne d'immigration. Depuis les années 1970, les flux migratoires se stabilisent en France métropolitaine : elle compte aujourd'hui 5,2 millions d'immigrés soit environ 5,5 % de la population. À l'inverse, certains départements d'outre-mer connaissent une augmentation des flux migratoires venus des pays voisins.

A La France, un territoire attractif à l'échelle mondiale

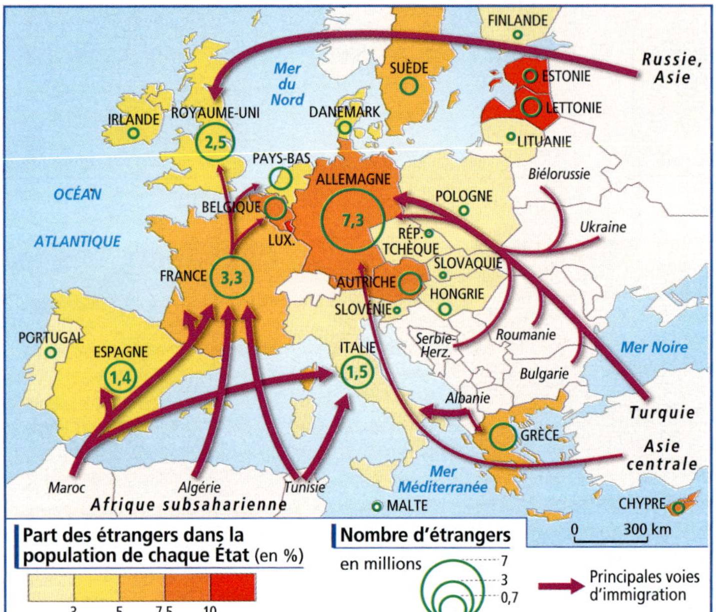

Source : G.-F. Dumont et P. Verluise, *Atlas de l'Union européenne élargie, 40 cartes en couleur commentées*, www.diploweb.com, oct. 2008.

1 Les flux d'immigration internationale en Europe

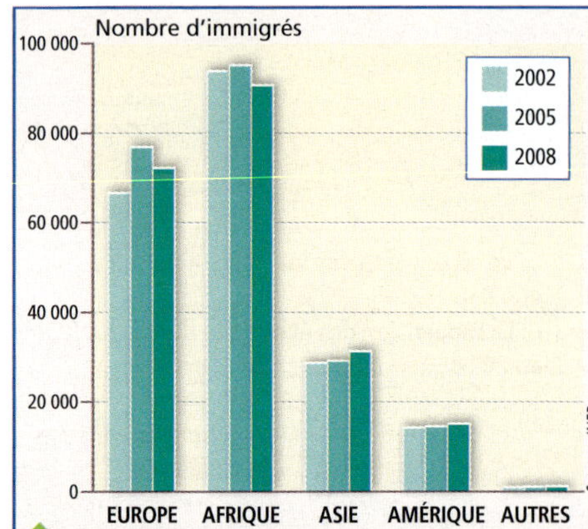

2 L'origine des flux d'immigrés arrivés en France (en 2002, 2005 et 2008)

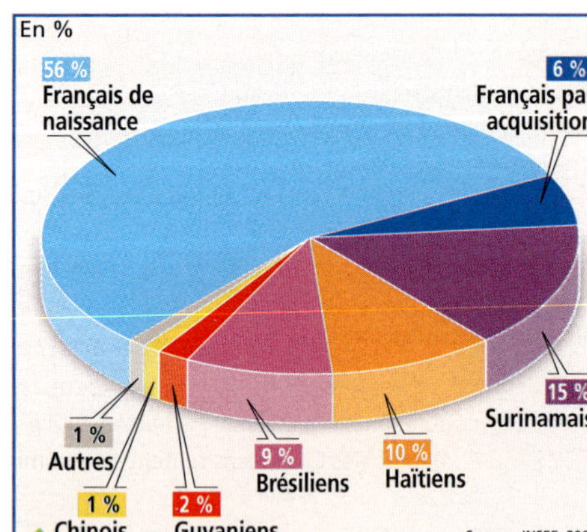

3 La population par nationalité en Guyane

4 Mayotte, terre d'immigration

Pour échapper à des conditions de vie difficiles, des Comoriens migrent massivement vers Mayotte à bord d'embarcations de fortune – les « kwassa kwassa » – qui chavirent parfois. Ce phénomène est devenu la première cause de mortalité au sein de l'archipel des Comores.

B Les conséquences des flux d'immigration sur le territoire Français

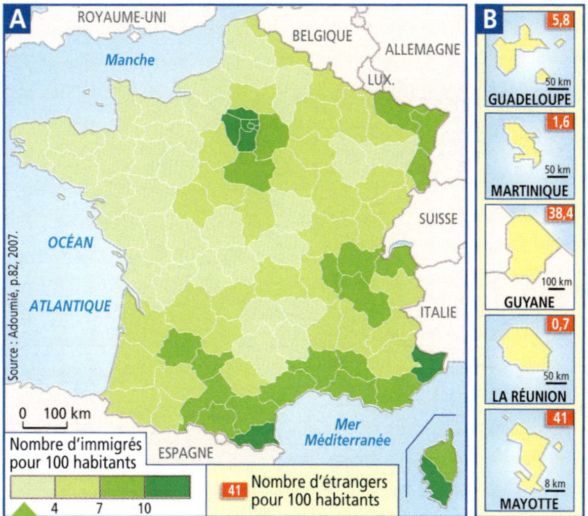

5 **A. La répartition des immigrés en France en 2010**
B. La répartition des étrangers dans les DROM en 2010
Un immigré est une personne née étrangère à l'étranger et résidant en France. Certains immigrés ont pu devenir français, les autres restant étrangers. La qualité d'immigré est permanente : un individu continue à appartenir à la population immigrée même s'il devient français par acquisition.

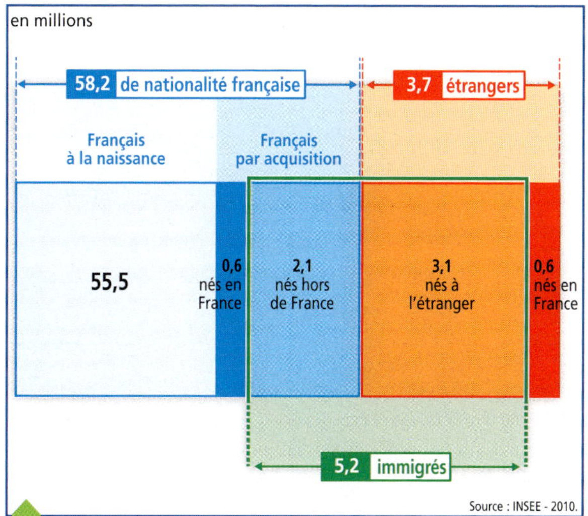

6 **La composition de la population française**

Bidonville de la commune de Pamandzi, à Mayotte **7**
La venue de nombreux migrants clandestins dans les bidonvilles a accentué le caractère anarchique de l'urbanisation sur l'île.

JE DÉCOUVRE

La France, un territoire attractif à l'échelle mondiale

1. Doc. 1 et 2 De quels continents viennent les flux migratoires ? De quel continent provient le plus fort flux d'immigrés ?

2. Doc. 4 Pourquoi les Comoriens tentent-ils d'immigrer à Mayotte ? Leur tentative est-elle risquée ?

Les conséquences des flux d'immigration sur la population et le territoire français

3. Doc. 1, 3 et 4 À combien s'élève le pourcentage d'étrangers dans la population de la France ? en Guyane ?

4. Doc. 5 Quelles sont les régions qui reçoivent le plus d'immigrés ? celles qui en reçoivent le moins ?

5. Doc. 6 Quelle est la différence entre un étranger et un immigré ?

6. Doc. 7 Comment l'immigration à Mayotte se marque-t-elle dans le paysage urbain ?

CE QUE J'AI APPRIS

Sur les flux migratoires internationaux et leur impact en France

- **Les flux migratoires internationaux** vers la France témoignent de l'ouverture du territoire au monde.
- **Les flux migratoires internationaux et leurs conséquences** s'observent dans le territoire français à toutes les échelles : nationale, régionale ou locale.
- **Dans la population française,** celui qui est appelé immigré peut être de nationalité française ou bien conserver sa nationalité d'origine.

Retenir à l'aide d'une carte

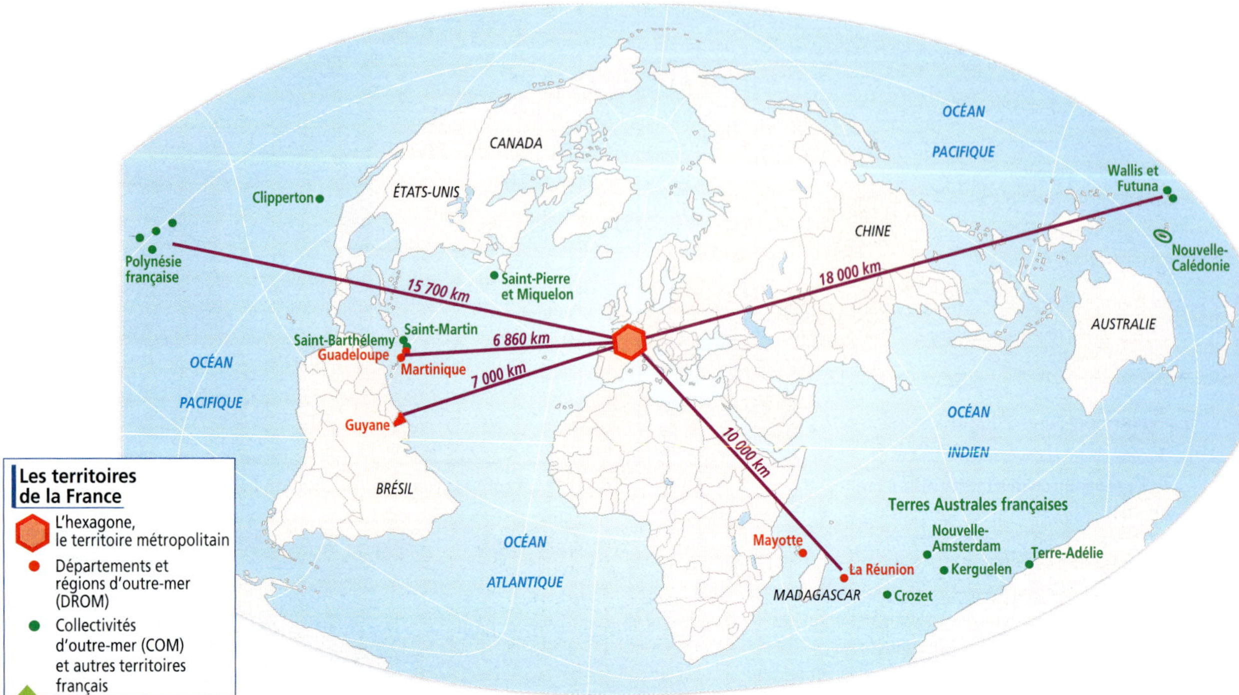

1 La France dans le monde

Retenir par un schéma une notion clé

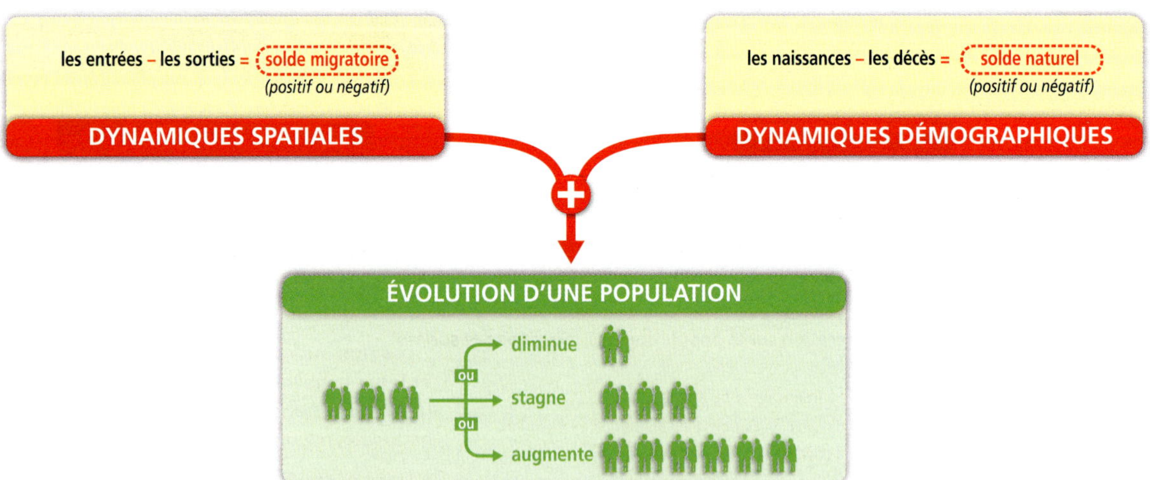

2 Les dynamiques d'une population sur un territoire
Le solde migratoire rend compte des ***dynamiques spatiales*** ou ***mouvements migratoires***.
Le solde naturel rend compte des ***dynamiques démographiques***.

national et sa population

Retenir à l'aide d'une carte

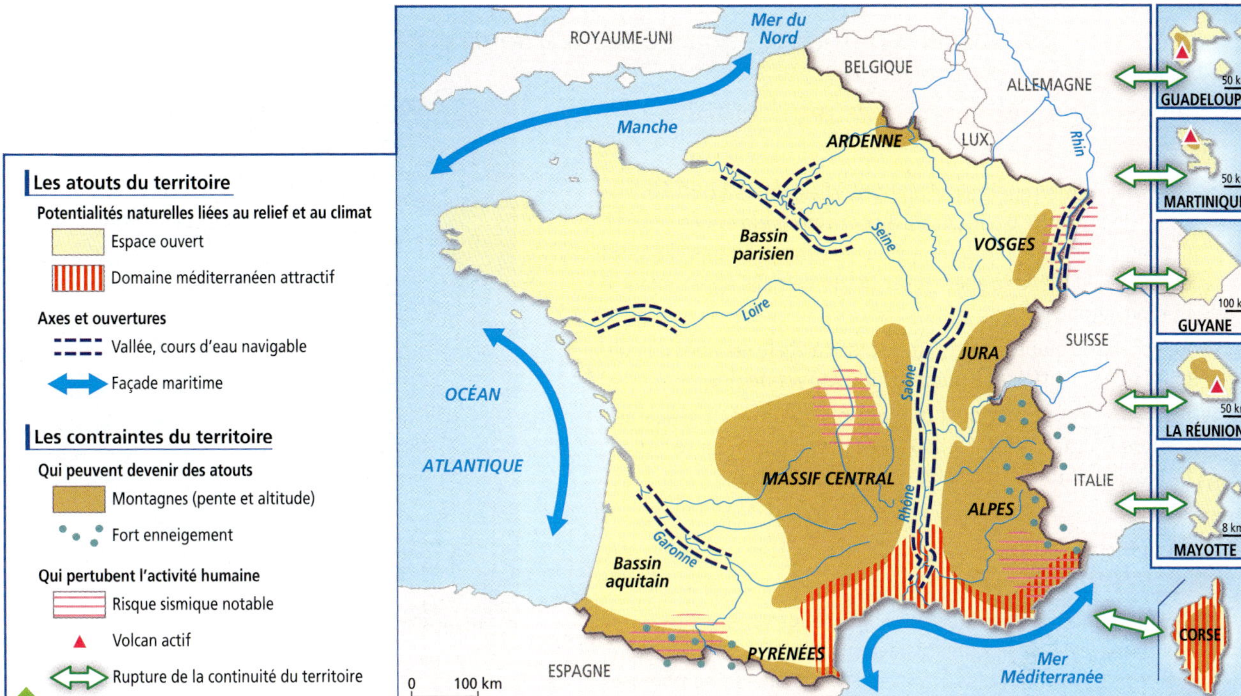

3 Le territoire français : atouts et contraintes

Lire les cartes

1. **Cartes 1 et 2** À quelles échelles les deux cartes sont-elles construites ?
2. **Carte 1** Quelle est l'idée essentielle mise en valeur ?
3. **Carte 2** Quelles sont les deux notions de géographie mises en valeur ?
4. **Cartes 1 et 2** Pourquoi peut-on dire que le territoire français et un territoire privilégié ?

Retenir par un schéma

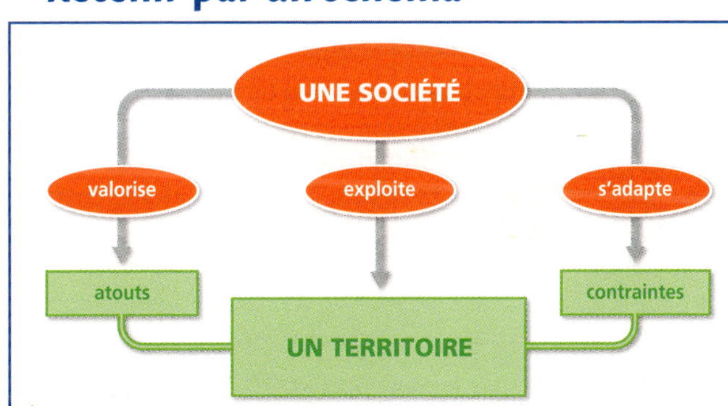

4 Territoire et société

Du dossier → aux leçons

ssier

- Les flux migratoires internationaux → Le territoire français, un territoire privilégié Leçon 1 p. 250
- → La population française, répartition et dynamiques Leçon 2 p. 252

Leçon 1

Le territoire français, un territoire privilégié

Quelles sont les ressources et les contraintes du territoire français ?

A La situation géographique du territoire français

- Le territoire métropolitain d'une superficie de 552 000 km², se situe à l'**extrémité occidentale du continent européen** (doc. 1). Il s'ouvre sur l'océan Atlantique, la Manche et la mer du Nord et au sud, la Méditerranée. Il est bordé de pays appartenant à l'Union européenne.
- À l'échelle du globe le territoire se place à égale distance du pôle Nord et de l'équateur, **à une latitude moyenne** (doc. 1).
- La France s'étend au-delà du continent européen grâce aux territoires ultramarins. Parmi ceux-ci, les **DROM** qui se situent tous à des latitudes tropicales (carte repère n° 5).

B Les caractéristiques du territoire métropolitain

- La France métropolitaine dispose d'**un relief varié** (carte repère n° 1) : des plaines et de vastes plateaux propices à la grande culture, des reliefs plus ou moins élevés qui favorisent de nombreuses activités touristiques. Les **contraintes** de l'altitude en montagne ne sont plus un frein à la mise en valeur du territoire (doc. 2).
- **Les grandes vallées fluviales sont des couloirs de circulation** qui permettent de relier le Nord et le Sud de l'Europe ; et les **façades maritimes** ont favorisé la **littoralisation** des activités et les échanges avec le monde (doc. 3).
- **Le territoire métropolitain bénéficie d'un climat tempéré** où coexistent plusieurs **domaines bioclimatiques** : climat océanique dominant à l'ouest, continental vers l'est, Même si certaines anomalies météorologiques existent (canicule, très fortes chutes de neige...), les activités des hommes ne sont entravées ni par des chaleurs excessives ni par des grands froids.

C Les spécificités du territoire ultramarin

- **Les contraintes sont à l'évidence plus marquées dans les territoires ultramarins**. Situés, pour l'essentiel, sous des latitudes tropicales, leurs climats peuvent être violents. Prenant naissance dans ces espaces tropicaux, les cyclones peuvent frapper les littoraux et les populations des DROM. Les montagnes sont souvent des pics volcaniques dont l'activité, jointe à celle des séismes, peut engendrer des catastrophes (doc. 4).
- Ces territoires sont situés par ailleurs loin de la métropole et l'**accessibilité pose un réel problème**.

1 La France, un « finistère » de l'Europe

2 Les montagnes : contraintes ou atouts ?

« C'est seulement au XVIIIe siècle que quelques aventuriers ont découvert la montagne et s'en sont approchés avec émerveillement et passion. De répulsive, d'effrayante, de dangereuse, elle est devenue le lieu du dépassement, du plaisir ; de l'enfer blanc, on est passé à l'or blanc... »

Benjamin Steck et Jean-Fabien Steck, *La France*, coll. Amphi Géographie, © Bréal, 2008.

Vocabulaire

DROM : départements et régions d'outre-mer.

Ressource ou atout : ce qui favorise l'implantation humaine et la mise en valeur de l'espace.

Contrainte : ce qui limite l'activité humaine et la mise en valeur de l'espace.

Façade maritime : littoral portuaire tourné vers l'extérieur, relié à l'intérieur des terres par un réseau de communication.

Littoralisation : concentration d'activités sur un espace littoral.

Domaine bioclimatique : zone géographique définie par un ensemble de caractères climatiques et biologiques (flore, faune, sols...) associés.

3 Un espace littoral ouvert sur la Manche
Port de commerce, de pêche et de plaisance, l'ancienne cité corsaire de Saint-Malo vit en étroit contact avec la mer.

4 La montagne Pelée en Martinique

A La situation du territoire français

1. Doc. 1 À quelle latitude se trouve la France métropolitaine ? Pourquoi peut-on dire de la France qu'elle est le « finistère » de l'Europe ?

B Les caractéristiques du territoire métropolitain

2. Doc. 1, 2 et carte repère n° 5 Localisez et nommez les principaux massifs du territoire français. Pourquoi et comment une contrainte peut-elle devenir un atout ?

3. Doc. 3 et carte repère n° 5 Expliquez pourquoi les principaux cours d'eau et les façades maritimes font du territoire français un carrefour maritime et terrestre.

C Les spécificités du territoire ultramarin

4. Doc. 4 À quelle contrainte les habitants de la Martinique sont-ils confrontés ?

Bilan **LE TERRITOIRE FRANÇAIS, UN TERRITOIRE PRIVILÉGIÉ**

À l'aide de l'ensemble des documents, rédigez un paragraphe présentant les atouts et les contraintes du territoire français.

Compétence 1.2 › **Rédiger un texte brut**
Compétence 5.3 › **Mobiliser ses connaissances pour donner du sens à l'actualité**
Socle

Leçon 2 La population française, répartition et dynamiques

Comment les Français occupent-ils leur territoire et avec quelles dynamiques ?

A Une population inégalement répartie

- Sur les **65 millions d'habitants** que compte la population française, **63,1 millions vivent en métropole** et **1,9 million en outre-mer**. Avec environ **114 habitants au km², la France est en Europe un pays de faible densité**. Mais le contraste est grand entre des espaces pleins et d'autres presque vides (doc. 3).
- **Les grandes aires urbaines** concentrent la population. L'Île-de-France rassemble près de 20 % de la population totale, suivie par les régions Rhône-Alpes, PACA, Nord-Pas-de-Calais. **Grandes vallées et façades littorales recueillent de fortes densités.**
- Au contraire, un **espace de faible densité s'étire des Ardennes aux Pyrénées** et correspond, avec les Alpes du Sud et la Corse, à des régions rurales et agricoles.

B Les dynamiques démographiques

- Avec 13 % de la population européenne, la France est le **deuxième pays le plus peuplé** derrière l'Allemagne, devant la Grande-Bretagne et l'Italie. L'**accroissement naturel** reste relativement élevé (+ 4,4 ‰) : c'est un trait particulier à la France (doc. 1).
- Cependant la population française continue de vieillir sous le double effet de l'augmentation de l'**espérance de vie** et de l'avancée en âge des générations nombreuses du **baby-boom**. **Les personnes de 65 ans ou plus représentent 16,8 % de la population** (doc. 2).

C Les dynamiques spatiales

- Les **régions les plus attractives forment « un croissant périphérique »** qui court de la Bretagne à l'Alsace en passant par les « Midis ». De nouvelles activités, le soleil et le cadre de vie attirent les populations.
- À l'inverse, le **solde migratoire** est négatif de la Picardie à la Lorraine, en passant par le Nord : ce sont pour la plupart d'anciennes **régions industrielles en déclin**.
- Depuis les années 1970 et la crise économique, le nombre d'immigrés arrivant sur le sol français s'est stabilisé et représente aujourd'hui **5,5 % de la population en France métropolitaine**. Mais l'immigration a changé de nature : il s'agit, maintenant, surtout d'une immigration par regroupement familial et de diplômés à haut niveau de qualification.

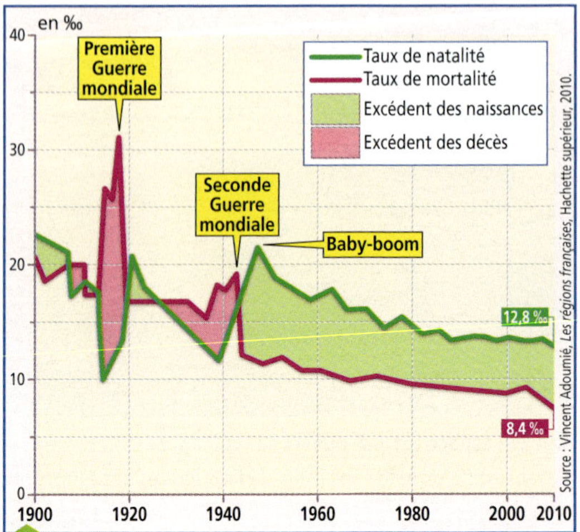

1 L'évolution de la natalité et de la mortalité depuis 1900

Année	Proportion (en %)		
	Moins de 20 ans	De 20 à 64 ans	65 ans ou plus
2001	25,7	58,4	15,9
2012 [1]	24,0	58,4	17,1
Projections	Moins de 20 ans	De 20 à 59 ans	60 ans et plus
2020	23,9	49,6	26,4
2030	23,0	47,5	29,4

2 L'évolution de la population par groupe d'âges

1. Résultats provisoires à fin 2011.

Vocabulaire

Mobilité ou dynamique spatiale : déplacements des hommes d'un espace à un autre.

Accroissement naturel : différence entre le taux de mortalité et le taux de natalité (en ‰).

Espérance de vie : âge que peut espérer atteindre un individu à la naissance.

Baby-boom : période de forte natalité de 1945 au début des années 1970.

Solde migratoire : différence entre le nombre de migrants entrant dans un pays et ceux le quittant.

Répartition de la population : localisation des hommes sur leur territoire.

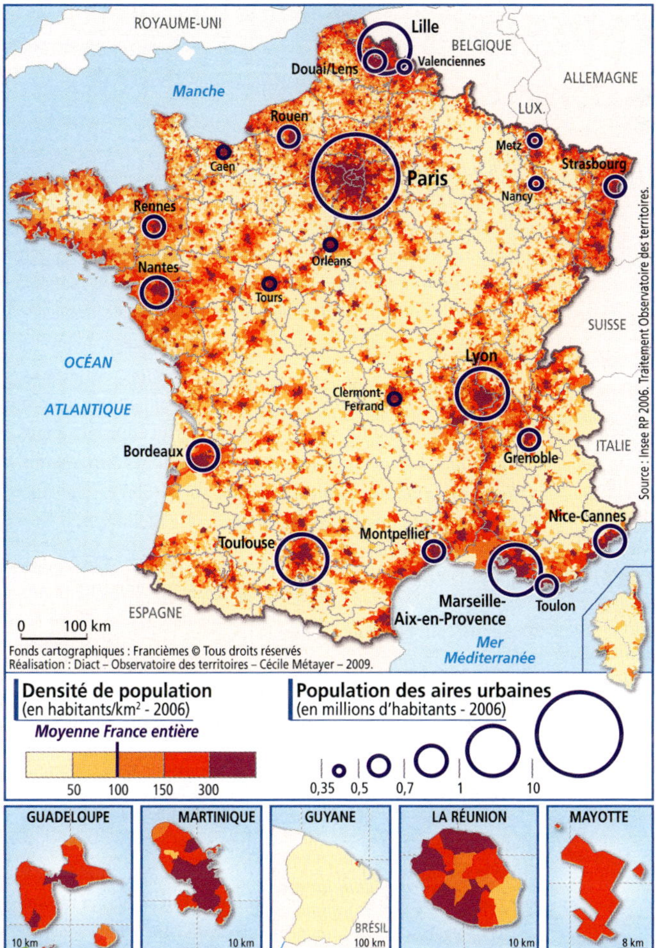

3 La répartition de la population française

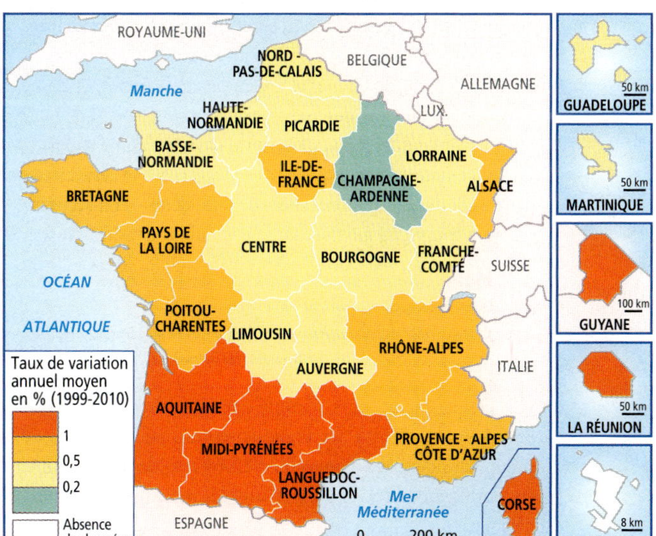

4 **L'évolution de la population française par région (1999-2010)**
Champagne-Ardenne a un taux de variation négatif (– 0,1 %).

5 **La mixité issue des migrations**

A Une population inégalement répartie

1. Doc. 3 et carte repère n° 3 Comparez les deux cartes : quels sont les types d'espaces les plus densément peuplés ?

2. Doc. 3 À quel type d'espace correspondent les régions les moins peuplées ? Où se situent-elles ?

B Les dynamiques démographiques

3. Doc. 1 Repérez les courbes des taux de mortalité et de natalité et les excédents de naissance et de décès. À partir de 1945, comment l'accroissement naturel évolue-t-il ? Quel est-il en 2010 ?

4. Doc. 2 Comment la part des jeunes de moins de 20 ans évolue-t-elle dans la population entre 2001 et 2011 ? Et la part des plus de 65 ans ? Comment vont évoluer les populations jeunes et âgées en 2020 et en 2030 ?

C Les dynamiques spatiales

5. Doc. 4 Quelles sont les régions qui présentent une croissance moyenne et forte ? Où sont-elles surtout situées ?

6. Doc. 4 Quelles sont les régions dont la croissance est faible, voire en baisse ? À quel type de région correspondent-elles ?

7. Doc. 5 Comment peut-on voir l'apport des migrations dans la population française ?

Bilan **LA POPULATION FRANÇAISE, REPARTITION ET DYNAMIQUE**

À l'aide de l'ensemble des documents, rédigez un paragraphe expliquant comment la population française occupe son territoire et avec quelles dynamiques.

Compétence 5.1 › **Situer des ensembles géographiques**

Compétence 5.3 › **Identifier la diversité des sociétés**

Socle

Méthode en 3 étapes

Construire un croquis

Compétence 5.3 › **Lire et pratiquer différents langages** Socle

Étape 1 Comprendre le sujet du croquis : lire et analyser le sujet proposé

Sujet : La population française, répartition et dynamiques spatiales.

1. Quel est l'espace géographique concerné par le sujet ?
2. Quel est le mot clé dans l'intitulé du sujet ?
3. Comment définir le terme « répartition » ?
4. Que doit-on retenir comme éléments quand il s'agit de représenter des « dynamiques spatiales » ?

Étape 2 Construire la légende du croquis

Sélectionner les informations

Lisez attentivement le texte proposé et répondez aux consignes ci-dessous :

5. En vous aidant des cartes repères n° 1 à 5, repérez les lieux cités dans le texte.
6. Relevez dans le texte ce qui peut être cartographié.
7. Classez les informations en trois colonnes : complétez le tableau ci-dessous.

Organisez la légende du croquis en fonction du sujet posé : les trois rubriques du tableau formeront les trois points de la légende.

Répartition de la population française		Dynamiques spatiales
Fortes densités	Faibles densités	
Agglomération parisienne	Diagonale des Pyrénées aux Ardennes	Solde migratoire négatif

Choisir les figurés

Voir Livret Brevet p. 18 et 19

8. Représentez les densités : choisir entre les plages colorées, les figurés ponctuels et les flèches.
9. Représentez la nuance (densité forte ou faible) : choisir deux couleurs différentes ou utiliser un rouge très appuyé et un rouge plus pâle ?
10. Représentez les dynamiques spatiales : choisir entre les plages colorées, les figurés ponctuels et les flèches.

Étape 3 Réaliser le croquis

11. Complétez la légende du croquis.
12. Ajoutez la nomenclature nécessaire.

1 La répartition de la population française

« L'Île-de-France s'individualise nettement : sur 2,2 % du territoire métropolitain se concentrent 19 % de la population. […]
Dix aires urbaines, Paris, Toulouse, Lyon, Montpellier, Nantes, Bordeaux, Marseille-Aix, Rennes, Strasbourg et Nice, ont accéléré ou maintenu leur croissance entre 2000 et 2006. […]
Outre la "diagonale du vide", globalement, l'espace rural isolé correspond à l'Ouest intérieur, au pourtour éloigné du Bassin Parisien, aux Alpes du Sud et aux autres espaces montagneux (Jura, Vosges, Pyrénées et Corse). […] Les territoires ultra-marins sont marqués par une forte densité de population (la Guyane exceptée), et par une forte émigration vers la métropole. »

Vincent Adoumié, *Géographie de le France*, © Hachette supérieur, 2011.

« Aujourd'hui, le décalage entre la première et la deuxième aire urbaine est gigantesque : rapport de 1 à 6,6 entre Paris et Lyon. […] Cette omnipotence parisienne explique la position relativement périphérique de la plupart des grandes villes françaises. Durant la dernière décennie, la population francilienne a augmenté de 0,7 % par an du fait d'un fort dynamisme naturel. Mais la croissance démographique est limitée par un déficit migratoire avec les autres régions françaises… L'Île-de-France attire beaucoup de jeunes adultes poursuivant leurs études ou à la recherche de leur premier emploi, mais son solde migratoire devient négatif dès l'âge de 30 ans au profit des régions voisines et des nombreuses régions du Sud et de l'Ouest. […]
Se forment des couloirs d'urbanisation : dans le couloir languedocien entre Perpignan, Montpellier et Nîmes, le long du littoral provençal de Marseille à Nice, dans l'axe de la Garonne, dans l'axe rhodanien, de Grenoble à Genève et en Alsace, et d'une façon globale, le long des axes fluviaux. […]
L'attractivité des littoraux dans notre pays, a comme ressort la valeur d'environnement qui est prêtée aux côtes, et cette attractivité a fait des littoraux des zones de forte densité et d'accumulation démographique. L'écharpe des faibles densités s'inscrit des Ardennes au sud-ouest du Massif Central (la "diagonale du vide"). »

Yves Colombel (dir.), *La France. Territoires et aménagement face à la mondialisation*, © Nathan, 2011.

« La France est un pays marqué par une tradition d'accueil migratoire. En 2005, les Français représentaient 94,4 % de la population en âge de travailler (15-64 ans), les ressortissants des autres membres de l'UE 2 % et les ressortissants de pays tiers 3,6 %. »

Magali Reghezza-Zitt, *La France dans ses territoires*, © Sedes, 2011.

Titre : La répartition de la population française et ses dynamiques spatiales

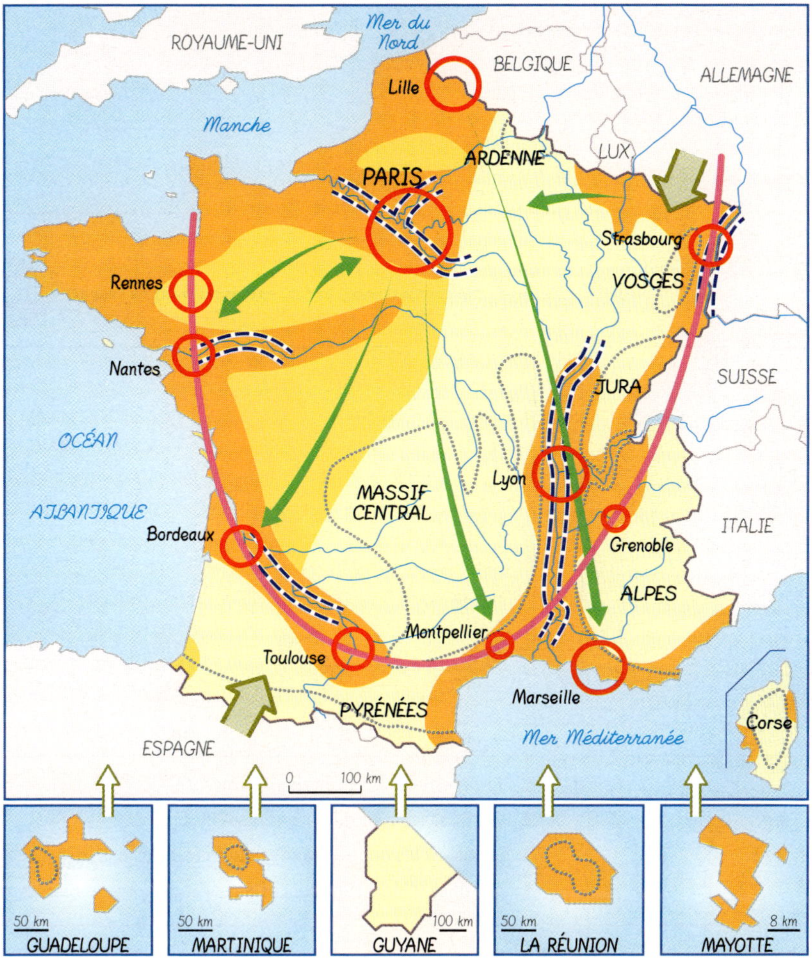

Légende

La répartition de la population française

Les fortes densités

- ☐ Les espaces très peuplés
- .... Paris et les principales aires urbaines
- .... L'arc des métropoles dynamiques
- .... Les grandes vallées fluviales

Les faibles densités

- ☐ Les espaces sous-peuplés
- ☐ Les espaces moyennement peuplés

Les dynamiques spatiales

À l'intérieur du territoire

- .... Flux internes

Les flux venant de l'extérieur

- .... Des pays étrangers
- .... Des DROM

Mémo Brevet

Pour bien comprendre le sujet du croquis

1. Je prends du temps pour le lire même s'il semble simple.
2. Je le recopie au brouillon et je le décompose en recherchant les mots-clés que je souligne de couleurs différentes.
3. Je m'assure de l'espace géographique auquel il correspond.

Pour construire la légende

4. Je dois organiser les informations en fonction du sujet posé.
5. Je réfléchis aux figurés que je vais choisir en me posant toujours ces questions : qu'est-ce qui est essentiel ? Qu'est-ce qui doit ressortir, se voir en premier ?
6. Je ne choisis pas n'importe quelle couleur, ni n'importe quel symbole.
7. Je fais des essais sur mon brouillon : je superpose deux figurés de surface, je dessine les flèches que je vais utiliser.

Exercices

Réviser les repères

Livret Brevet

→ L'essentiel, p. 32

A LE VOCABULAIRE

Compétence 5.1 › **Avoir des connaissances et des repères** Socle

1. Quelle définition du territoire français parmi les trois propositions suivantes est celle qui convient le mieux ?
A : la France et ses territoires d'outre-mer.
B : les DROM.
C : Le territoire métropolitain.

2. En géographie, qu'est-ce qu'un atout ? Une contrainte ?

3. Complétez la définition (formule) suivante :
Accroissement de la population = accroissement .... + solde ....

B LES LOCALISATIONS

Compétence 5.1 › **Avoir des connaissances et des repères relevant de l'espace** Brevet

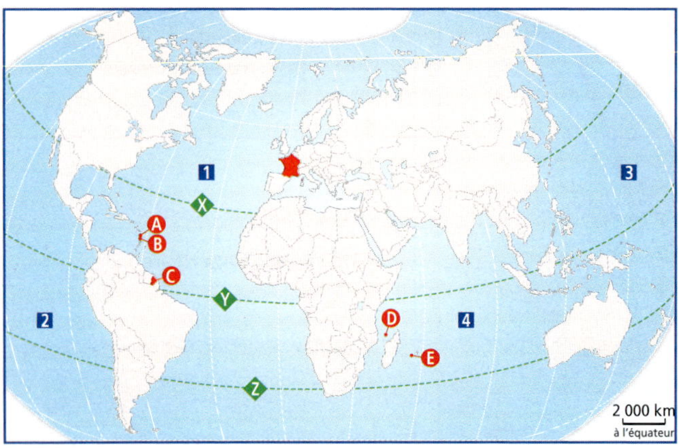

1. Identifiez les cinq DROM notés A, B, C, D, E.
2. Retrouvez les noms des océans numérotés de 1 à 4.
3. Nommez les lignes tracées sur le planisphère X, Y, Z.

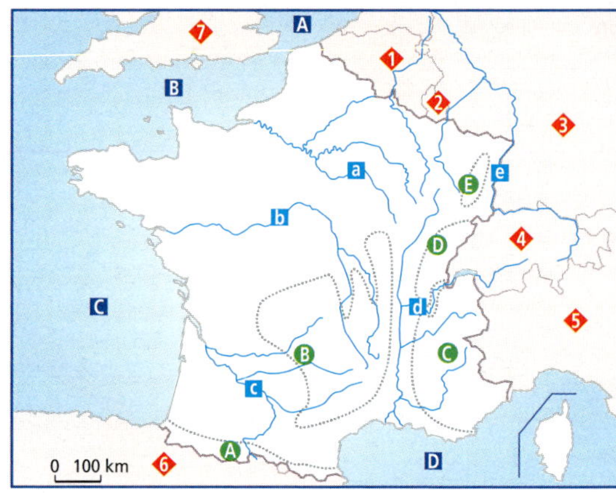

1. Nommez les pays frontaliers numérotés de 1 à 7.
2. Identifiez les cinq massifs notés A, B, C, D, E.
3. Retrouvez les quatre grands fleuves français a, b, c, d.
4. Identifiez le nom des mers et des océans notés A, B, C, D.

C LES ACTEURS

Compétence 1.4 › **Dégager l'essentiel d'un texte lu** Brevet

1 Le rôle de la police aux frontières

« En une dizaine de jours, la police aux frontières de Mayotte a intercepté une quarantaine de kwassas, d'après Hubert Derache, le préfet, qui s'exprimait sur les ondes d'une radio locale. L'un d'eux transportait même "107 personnes" à son bord, un record alors que la capacité moyenne est habituellement d'une quarantaine de personnes, au maximum. »

Journal *Malengo* actualité de l'île de Mayotte, 2 avril 2011.

► **Situer**

1. D'où viennent les « 107 personnes » transportées à bord d'un de ces bateaux (les « kwassas ») ?
2. À quel État l'île de Mayotte est-elle rattachée ?

► **Identifier les acteurs**

3. Qui est Hubert Derache ? Pourquoi son rôle est-il important ?
4. Pourquoi la police aux frontières est-elle intervenue ? De quelles frontières s'agit-il ?
5. Qui sont les personnes interceptées par la police ?

Réviser les savoir-faire

D ANALYSER ET COMPRENDRE DES STATISTIQUES

Compétence 4.1 > **Savoir exploiter des données** B2i

	Population au 1er janvier 2010	Taux de natalité	Taux de mortalité	Taux d'accroissement naturel	solde migratoire
		(pour 1 000 habitants)			
Allemagne	81 802 000	8,1	10,4	– 2,3	– 0,1
Belgique	10 840 000	11,8	9,7	2,0	5,9
Espagne	45 989 000	10,8	8,3	2,4	1,1
Irlande	4 468 000	16,7	6,5	10,2	– 6,2
Italie	60 340 000	9,5	9,8	– 0,4	5,3
Luxembourg	502 000	11,3	7,3	4,0	13,2
Royaume-Uni	62 008 000	12,8	9,1	3,7	3,0
Union européenne à 27	501 103 000	10,7	9,7	1,0	1,8
France	64 714 000	12,8	8,5	4,3	1,1

2 Évolution de la population dans les États de l'Union européenne limitrophes de la France

1. Le taux d'accroissement naturel de la France est-il dans la moyenne des États de l'UE ?

2. Le solde migratoire de la France est-il dans la moyenne des États de l'UE ?

3. Calculez le taux d'accroissement total des populations des différents pays. Quel État a une population qui diminue ? Quel État connaît la plus forte croissance de sa population ?

Bilan. L'accroissement de la population française est-il élevé comparé à la moyenne européenne ? Quel facteur permet de l'expliquer ?

E LA RÉPARTITION DE LA POPULATION FRANÇAISE : utiliser Géoclip pour étudier un changement d'échelle

Compétence 4.4 > **Sélectionner des résultats lors d'une recherche** B2i

▶ Observer les densités de population à l'échelle nationale, par région

1. Connectez vous au site **Géoclip**. Retrouvez le lien sur www.3e.hgeleve.magnard.fr/liens

2. Cliquez sur l'onglet « région » en haut à droite de la carte pour obtenir la carte de France.

3. Choisissez un indicateur « densité de population 2007 ».

4. Observez la légende : quelle est la région la plus densément peuplée ? Quelle est sa densité moyenne ? Quelle est la densité de votre région ? Déplacez le curseur sur la carte pour obtenir des informations précises.

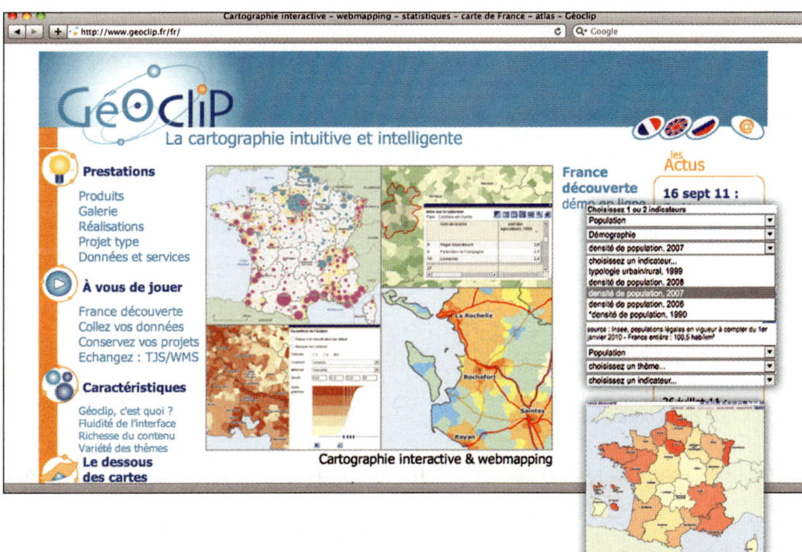

▶ Changer d'échelle

5. Cliquez sur l'onglet « département » pour changer le découpage. Dans la région la plus densément peuplée, quel est le département le plus peuplé ? le moins peuplé ?

6. Quelle est la densité de votre département ?
Cliquez maintenant sur l'onglet « commune » et utilisez la carte de localisation à droite de la grande carte pour situer votre département. Décrivez la répartition de la population dans votre département.

Brevet *Sujet blanc*

1 Localiser des repères

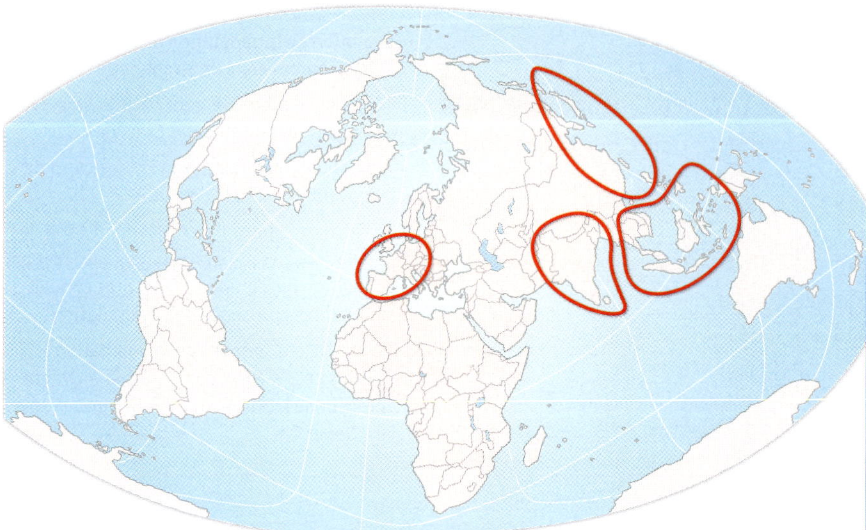

Questions

Sur le fond de carte :

1. Nommez les principaux foyers de peuplement.

2. Placez les espaces peu peuplés à l'aide des numéros indiqués dans la légende.

3. Placez et nommez les cinq États les plus peuplés de la planète.

Principaux foyers de peuplement

Espaces peu peuplés

1 Grand Nord
2 Groenland
3 Sibérie
4 Australie
5 Sahara
6 Amazonie
7 Antarctique

NOM DE L'ÉTAT États les plus peuplés

2 Connaître des notions, des acteurs, des situations géographiques

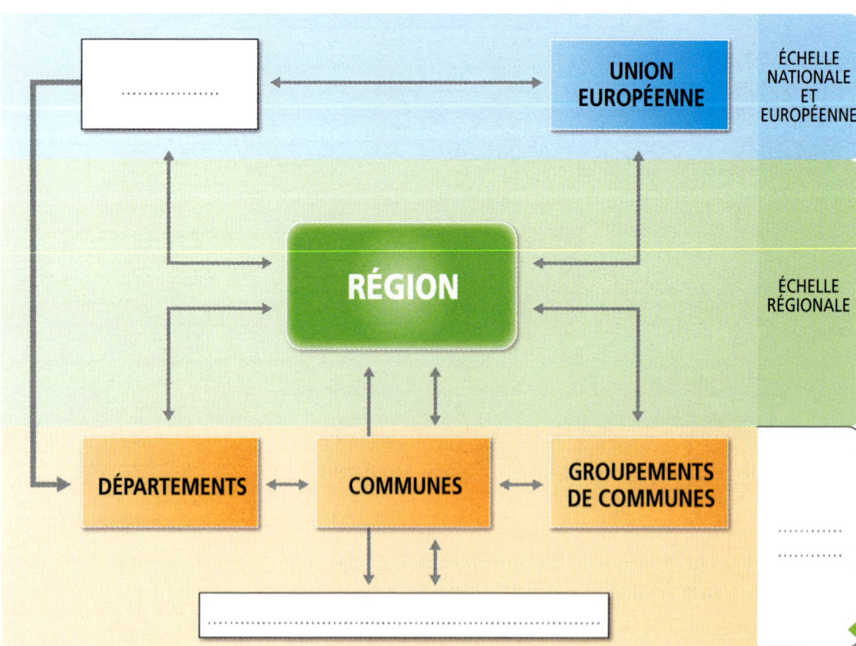

Les acteurs de la région

Questions

1. Qu'appelle-t-on un territoire en géographie ?

2. Complétez l'organigramme ci-contre pour définir les différents acteurs de la région.

3. Quelles sont les dynamiques de la population française et leurs conséquences sur le territoire ? Vous répondrez à cette question en rédigeant un développement.

Méthode pour rédiger le développement → p. 261

3 Travailler sur un document

Les cinq défis de la Région Aquitaine pour 2020

- **défi 1 :** mieux vivre en Aquitaine, cultiver la solidarité et le vivre ensemble.
- **défi 2 :** dessiner les nouvelles frontières du développement économique et social.
- **défi 3 :** occuper toute sa place en Europe et dans le monde, relever le défi des échanges, des transports et de la logistique.
- **défi 4 :** valoriser les territoires, garantir la qualité des espaces.
- **défi 5 :** pour une action régionale efficace et partenariale. Approfondir les liens et les échanges d'expériences entre groupes sociaux, institutions et territoires.

Conseil régional d'Aquitaine, extraits de *Aquitaine horizon 2020*, charte du SRADDT (Schéma régional d'aménagement et de développement durable du territoire), 2006.

Questions

1. Présentez le document. Définissez le terme de « région ».

2. Quel est l'objectif d'un SRADDT ? Quel est l'acteur régional à l'origine de ce document ?

3. Nommez les différents domaines d'intervention de la région en France.

4. Identifiez les priorités d'aménagement et de développement de la Région Aquitaine.

5. Que nous apprend ce document sur le rôle de la région comme acteur de l'aménagement et du développement de son territoire ?

4 Réaliser une tâche cartographique simple

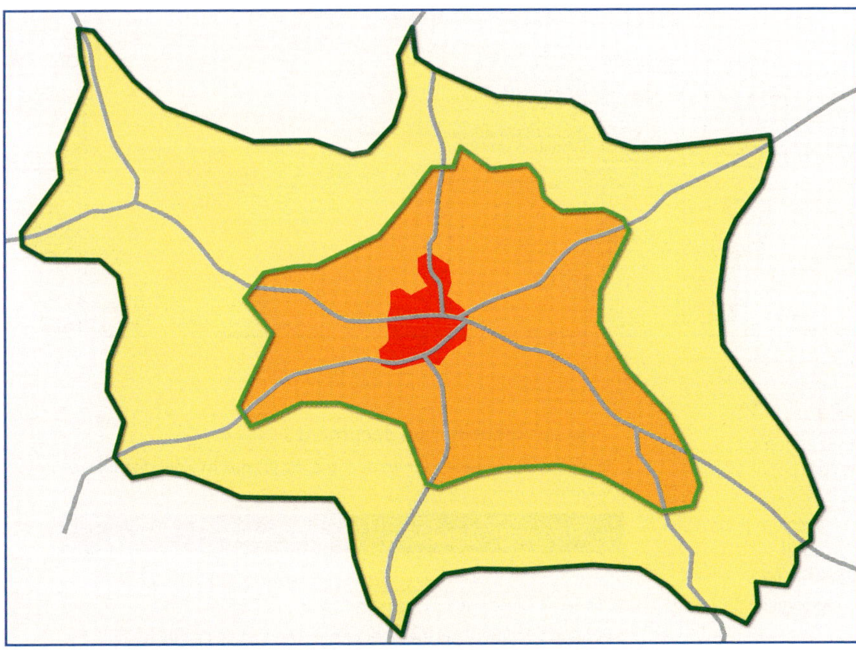

Questions

Complétez la légende de ce schéma cartographique.

1. Indiquez la couleur des trois figurés manquants.

2. Nommez les espaces désignés par les numéros 1 et 2.

Sujet accompagné 1 • Redynamiser les campagnes fragiles en France

Affiche de la 5e foire à l'installation en campagne (Limoges, 2009)
« Projets en campagne » est une manifestation qui permet aux acteurs du monde économique et aux élus des territoires ruraux de rencontrer les personnes qui souhaitent s'installer à la campagne pour y développer un projet professionnel.

Questions

1. Présentez le document.
2. Définissez l'expression « au vert » : à quel type d'espace renvoie-t-elle ?
3. À qui cette affiche s'adresse-t-elle ? Caractérisez les populations que l'on cherche à attirer à la campagne et expliquez pourquoi.
4. Expliquez les conséquences de l'arrivée de nouveaux habitants dans ce type d'espace.
5. Que nous apprend ce document sur l'évolution des campagnes les plus fragiles et les transformations des territoires ruraux ?

Sujet accompagné 2 • L'évolution démographique par région en France

a. Évolution de la population due au solde migratoire

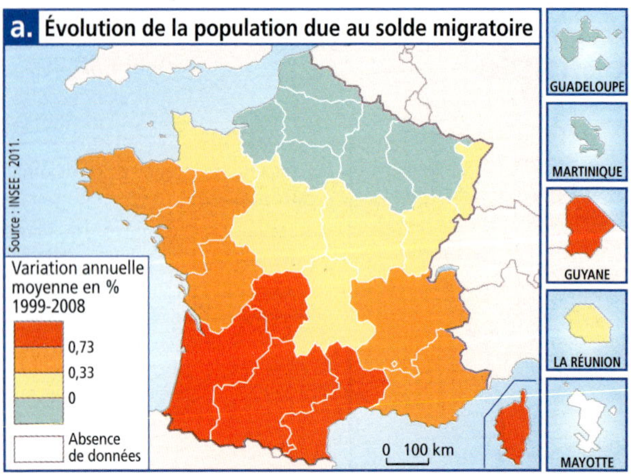

b. Évolution de la population due au solde naturel

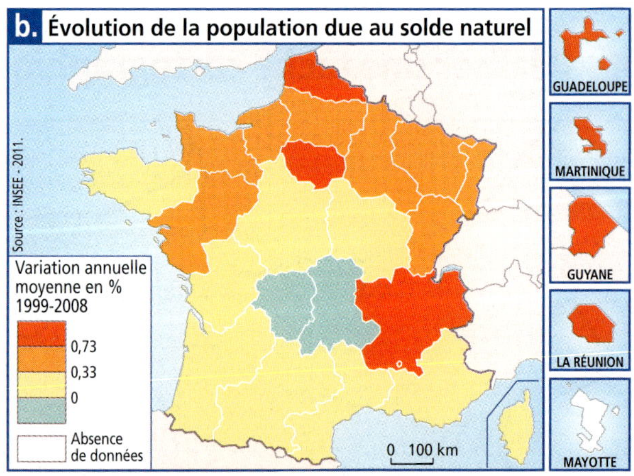

Questions

1. Présentez le document.
2. Définissez le « solde migratoire ». Localisez et nommez les régions attractives et celles qui perdent de la population. (doc. a)
3. Définissez le « solde naturel ». Identifiez les régions pour lesquelles le solde naturel est positif ou très positif. (doc. b)
4. Que nous apprend ce document sur les principales dynamiques et disparités démographiques régionales en France ?

Mémo Brevet

✓ Je sais identifier un document

- Je repère les éléments sur les documents. Je peux m'aider du tableau suivant :

titre	échelle[1]	source / auteur	date
......	......	......	......

1. locale, régionale, nationale, continentale, mondiale.

- Pour un document cartographique, je repère et j'explique le choix des figurés cartographiques.

 Sujet blanc → p. 258

Quelles sont les dynamiques de la population française et leurs conséquences sur le territoire ?

Conseils pour réussir l'étape 1

- Prenez le temps de **bien lire** la question pour en saisir le sens général.
- Repérez les **mots clés** et définissez-les.
- Identifiez les espaces concernés pour **ne pas faire de hors-sujet** et pour ne rien oublier.

Étape 1 Analyser et comprendre la question

Quelles sont les dynamiques de la population française et leurs conséquences sur le territoire ?

- dynamiques → *Mouvement d'une population, évolution démographique et migratoire*
- française → *La population de la France métropolitaine et ultramarine*
- conséquences → *Résultats, effets*
- territoire → *Espace délimité par des frontières que les hommes se sont approprié*

Étape 2 Mobiliser ses connaissances

► À partir du schéma et du chapitre 16 (p. 244 à 257), analysez la question posée en vous aidant des pistes ci-dessous.

Pistes

- Quels sont les deux types de dynamiques qui expliquent l'évolution de la population française ?
- Comment évolue la population si les deux soldes, migratoire et naturel, sont positifs ?
- Quel est l'impact du solde migratoire sur un territoire ?

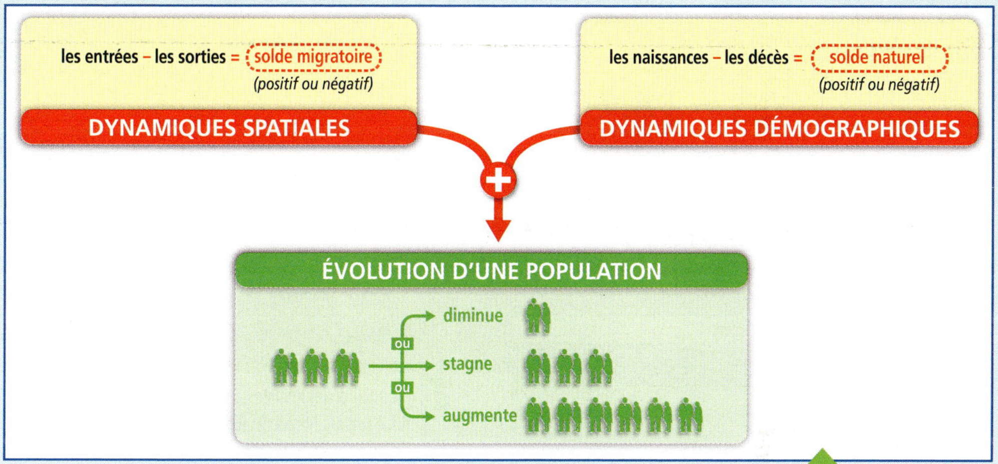

Les dynamiques d'une population sur un territoire

Étape 3 Préparer la rédaction du développement

► Organisez vos connaissances en deux parties pour traiter la question.

► Donnez un titre à chaque partie.

Étape 4 Rédiger le développement

► À l'aide du plan ci-dessous, rédigez une réponse organisée en développant les idées essentielles.

Plan

Introduction : une phrase qui présente le sujet et souligne la place spécifique de la France en Europe.

1. *Les dynamiques démographiques et spatiales de la population*
2. *Leurs conséquences sur le territoire : une population inégalement répartie*

Conclusion : une phrase qui récapitule les grandes tendances de l'évolution de la population française.

CHAPITRE 17

Les espaces productifs du territoire français

Comment fonctionnent et évoluent les espaces productifs du territoire français ?

Croquis paysager

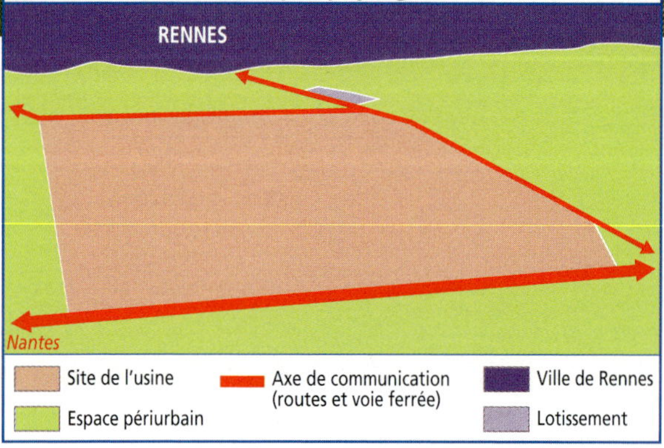

1 L'usine d'assemblage PSA (Peugeot-Citroën) à La Janais, près de Rennes

Ce site de 240 hectares, ouvert en 1961 pour déconcentrer la production automobile de la région parisienne, bénéficie d'un bassin de main-d'œuvre important ainsi que d'une bonne accessibilité. Avec 6 000 salariés, il est actuellement l'un des principaux acteurs économique de la région.

1 Piste d'essais
2 Montage
3 Magasin de stockage
4 Gare
5 Lotissement

Confronter les documents

1. Localisez les trois photographies.

2. Identifiez les activités économiques visibles.

3. Quels aménagements ont été nécessaires pour rendre ces espaces productifs ?

Espace productif

Espace aménagé et mis en valeur pour une activité économique.

2 Agriculture et énergie à Fécamp, en Haute-Normandie
Cinq éoliennes ont été installées en 2006 par EDF sur cette falaise soumise au vent. Elles produisent de l'électricité pour 10 000 habitants.

3 Le parc d'attraction Disneyland Paris
Situé à trente-deux kilomètres de Paris, le parc bénéficie d'un large accès et accueille environ quinze millions de visiteurs chaque année.

Étude de cas 1

Un espace agricole : l'espace productif laitier en Auvergne

Comment fonctionne et évolue l'espace productif laitier en Auvergne ?

L'Auvergne est la plus grande prairie de France avec 80 % du territoire agricole destiné à l'élevage d'herbivores. De nombreux producteurs aménagent et mettent en valeur ce territoire agricole. Le secteur laitier doit s'adapter au nouveau contexte économique où les **industries agroalimentaires** prennent de plus en plus de place.

1 Paysages et fonctionnement d'une exploitation laitière dans le Cantal

Le Buron de Fages est une exploitation agricole organisée en **GAEC**, qui dispose de 183 hectares de **surface agricole utilisée**. Spécialisée dans la production laitière, l'exploitation s'est tournée vers la fabrication des produits laitiers (beurre, fromage). Les produits élaborés sur place grâce à la laiterie sont commercialisés dans tout le Cantal.

2 L'agriculteur, un maillon de la chaîne agro-alimentaire

« Bernard Raynaud est producteur de lait depuis 1980. Il travaille au sein du GAEC des Bruyères à Charmensac dans le Cantal. La ferme est composée de 45 laitières et de 130 hectares de terres. [...] L'hiver, les vaches sont alimentées avec des fourrages produits sur l'exploitation ou achetés. Bernard Raynaud livre son lait à une **coopérative** de collecte de lait qui est ensuite transformé à Saint-Flour par les Fromageries Occitanes. Les Fromageries Occitanes développent et commercialisent des fromages, principalement des appellations d'origine contrôlée d'Auvergne (Fourme d'Ambert, Saint-Nectaire, Cantal, Salers, Bleu d'Auvergne), sous différentes marques. [...]
En 2007, la production de Fourme d'Ambert avoisinait les 2 400 tonnes. »

Syndicat Interprofessionnel de la Fourme d'Ambert, www.fourme-ambert.com, 2008.

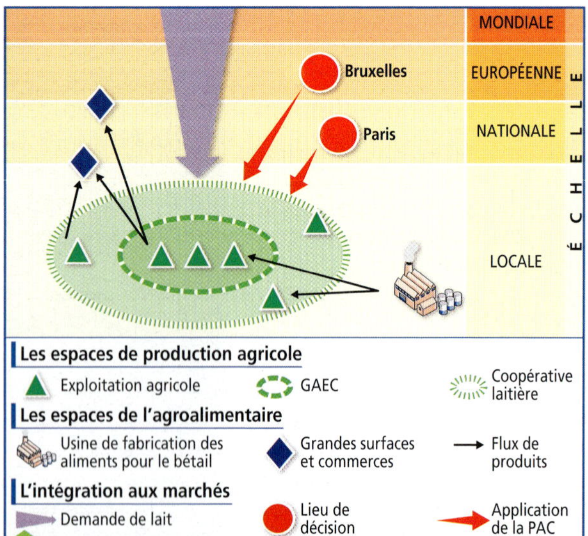

3 L'intégration des espaces productifs laitiers

4 Un monde agricole qui se transforme

« De 1980 à 2009, la population active agricole est passée de 8 % à 2,7 % de la population active totale. Même dans les espaces ruraux, les agriculteurs sont devenus minoritaires. [...] Le recul du nombre d'exploitations agricoles se poursuit. Depuis 2005, leur effectif diminue de 3 % par an. Moins nombreuses, ces exploitations grandissent. [...] La valeur de la production agricole diminue en raison de la baisse des prix et les revenus agricoles continuent à se dégrader. [...]
Les nouveaux exploitants qui s'installent ne sont plus exclusivement issus du monde agricole. Cette plus grande ouverture sur l'extérieur s'accompagne d'une transformation des métiers et des qualifications : les agriculteurs sont devenus des chefs d'entreprise, les jeunes disposent d'une formation adaptée aux exigences du temps présent. »

Source : INSEE, février et septembre 2011.

Vocabulaire

Coopérative agricole : entreprise coopérative créée par des agriculteurs afin d'assurer en commun par exemple l'utilisation des machines agricoles, la collecte et la commercialisation des productions.

Groupement agricole d'exploitation en commun (GAEC) : plusieurs agriculteurs s'associent pour mettre en valeur leurs exploitations.

Industries agro alimentaires (IAA) : ensemble des industries qui transforment les produits de l'agriculture avant leur mise sur le marché.

Politique agricole commune (PAC) : ensemble de mesures mises en place par l'Union européenne pour l'agriculture.

Surface agricole utilisée (SAU) : notion statistique de superficie agricole européenne.

5 Un « Plan bio pour l'Auvergne »

Affiche de Biocoop, premier réseau de magasins bio en France. Avec le « Plan bio pour l'Auvergne », le Conseil régional d'Auvergne soutient les exploitations biologiques et encourage la filière bio.

JE DÉCOUVRE

Décrire et expliquer un paysage

1. Doc. 1 Décrivez le paysage et repérez les différents aménagements. Comment ce paysage est-il mis en valeur pour la production agricole laitière ?

Identifier les activités économiques

2. Doc. 1 et 2 Décrivez les étapes de la production agricole et du producteur de lait. À qui livre-t-il son lait ? Par qui le lait est-il transformé puis commercialisé ? Quelle place occupe l'agriculture dans la filière agroalimentaire ?

3. Doc. 4 Quelles sont les transformations du monde agricole ?

Expliquer le fonctionnement de cet espace agricole à différentes échelles

4. Doc. 2 et 3 Quels sont les différents acteurs économiques qui interviennent dans la filière du lait ?

5. Doc. 3 Expliquez pourquoi l'exploitation agricole dépend des marchés européen et mondial.

6. Doc. 2, 4 et 5 Par quels moyens le producteur laitier peut-il rester compétitif ?

CE QUE J'AI APPRIS

Sur un espace agricole

Les facteurs de localisation

- Un espace productif agricole est un espace aménagé et mis en valeur par et pour l'activité agricole.
- La production doit s'adapter aux préoccupations du développement durable.

Les activités économiques

- Les activités agricoles s'organisent en filière et l'agriculture est de plus en plus dépendante des industries agroalimentaires.

L'intégration de l'espace de production au monde et le rôle des acteurs

- Plusieurs acteurs économiques interviennent dans le fonctionnement d'un espace productif à dominante agricole.
- Un espace productif agricole s'inscrit dans des marchés de dimension européenne et mondiale.

Un espace industriel : l'espace productif aéronautique en Midi-Pyrénées

Comment fonctionne et évolue l'espace industriel aéronautique en Midi-Pyrénées ?

Le site industriel de Blagnac près de Toulouse est consacré à l'assemblage et les essais des avions Airbus. Bien relié à l'Europe et au monde grâce à son accessibilité, dans un cadre de vie attractif, il bénéficie d'une main-d'œuvre qualifiée au sein de la Région Midi-Pyrénées. Ce site fait partie du **pôle de compétitivité** *Aerospace Valley* qui implique l'ensemble de la région. Il est ainsi représentatif dans ses dynamiques et ses enjeux des espaces productifs industriels.

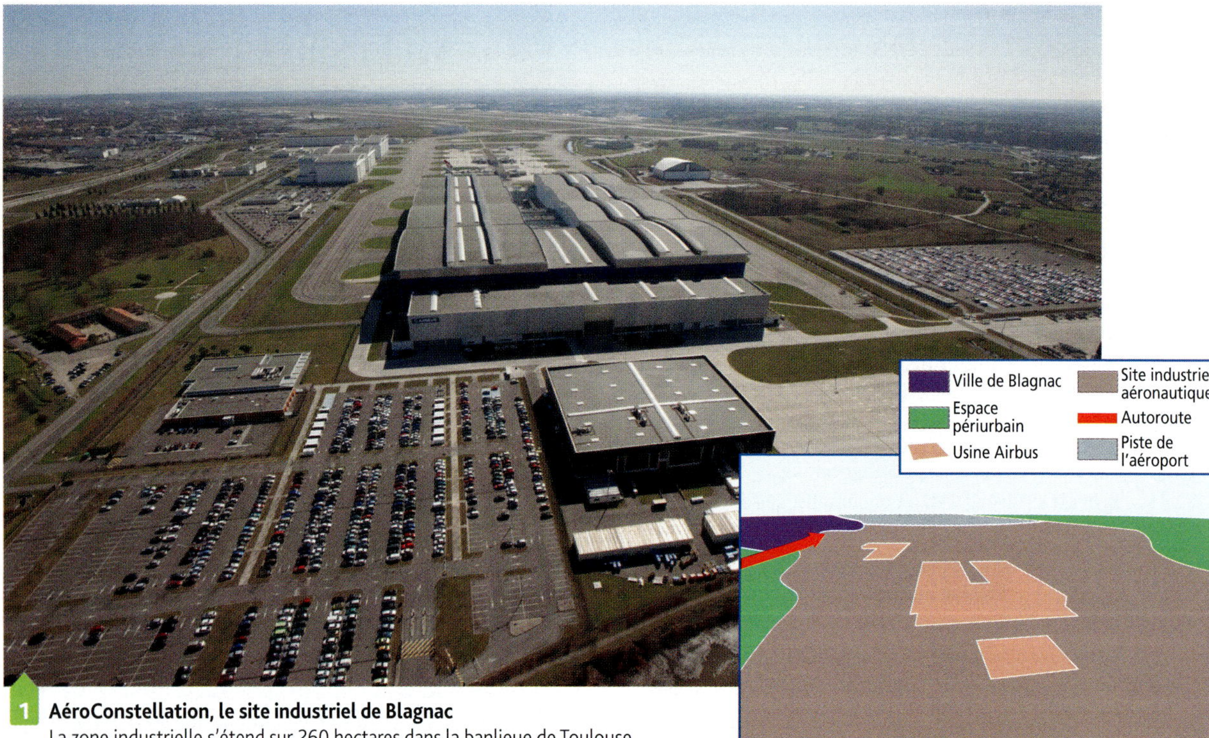

1 AéroConstellation, le site industriel de Blagnac
La zone industrielle s'étend sur 260 hectares dans la banlieue de Toulouse.

Croquis paysager

2 Une zone d'activités dédiée à l'aéronautique

« Pour aménager le site qui accueille le hall d'assemblage de l'A380 et les ateliers de maintenance d'Air France Industries, le Grand Toulouse[1] a mobilisé 158 millions d'euros. Toutes les installations industrielles liées à la construction et à la maintenance aéronautiques sont également implantées sur le site : bâtiments de montage et d'entretien, parkings d'avions, services techniques, banc d'essais des moteurs, mais aussi les unités nécessaires à l'accueil des visiteurs et au tourisme industriel. La ZAC AéroConstellation a été conçue dans le respect de l'environnement. Elle est certifiée à la norme de qualité environnementale ISO 14001 : gestion des matières premières et des déchets, diminution des coûts de pollution et limitation des risques de sinistres. »

« AéroConstellation, le plus grand site aéronautique européen », site de la communauté urbaine du Grand Toulouse, www.grandtoulouse.org, 23 juin 2009.

1. Grand Toulouse : regroupement de 37 communes urbaines organisées en communauté urbaine pour élaborer et conduire ensemble un projet commun de développement urbain et d'aménagement de leur territoire.

3 Le pôle de compétitivité *Aerospace Valley*

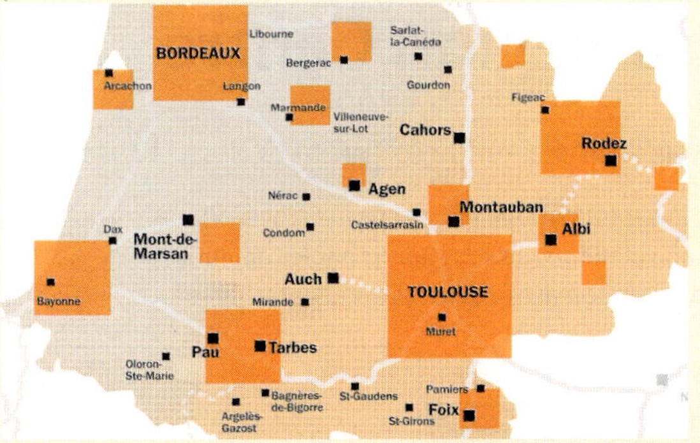

Les cadres oranges représentent les différents établissements.

« Créé sous l'impulsion de l'État et des collectivités territoriales, le pôle de compétitivité mondial *Aerospace Valley* associe industriels, ingénieurs, chercheurs, universitaires, étudiants et l'ensemble de la main-d'œuvre compétente des régions Midi-Pyrénées et Aquitaine. Il a permis le développement de nombreuses petites et moyennes entreprises et de grands groupes aujourd'hui leaders mondiaux, tels que Airbus, Dassault, Alstom ou EADS. »

Plaquette de présentation du site de l'*Aerospace Valley*, www.aerospace-valley.com.

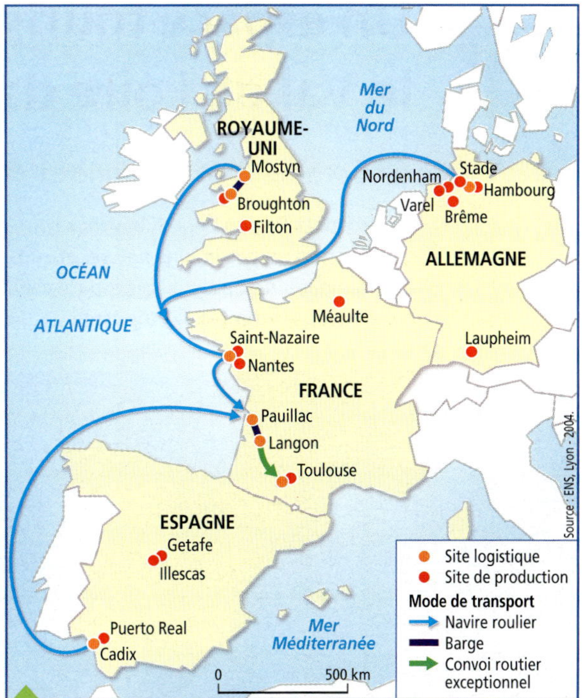

4 Blagnac, un site industriel intégré à l'espace européen

Vocabulaire

Aéronautique : science de la navigation aérienne, de la technique de construction des appareils permettant de se déplacer dans l'air.

Pôle de compétitivité : association d'entreprises, de centres de recherche et d'organismes de formation, encouragés par l'État, qui travaillent en commun pour gagner en compétitivité.

Facteur de localisation : élément qui explique l'installation et le développement des activités économiques.

JE DÉCOUVRE

Décrire et expliquer un paysage

1. Doc. 1 Localisez le site de Blagnac. Sur combien d'hectares s'étend-t-il ? Repérez dans le paysage les différents bâtiments et aménagements industriels.

2. Doc. 1 et 4 Quelles sont les différentes infrastructures qui rendent le site de Blagnac accessible ?

3. Doc. 2 Comment le développement durable a-t-il été pris en compte ?

Identifier les activités économiques

4. Doc. 1 et 2 Que fabrique-t-on dans l'usine Airbus ? Quelles sont les autres activités industrielles et économiques présentes sur le site de Blagnac ?

5. Doc. 3 Quels sont les objectifs du pôle de compétitivité *Aerospace Valley* ? Quel rôle la recherche et l'innovation jouent-elles dans le développement de l'activité industrielle ?

Expliquer le fonctionnement de cet espace à différentes échelles

6. Doc. 2 et 3 Comment les différents acteurs participent-ils au développement de l'industrie aérospatiale de Midi-Pyrénées ?

7. Doc. 1, 3 et 4 Comment le site industriel de Blagnac s'intègre-t-il à l'économie régionale, européenne et mondiale ?

CE QUE J'AI APPRIS

Sur un espace productif industriel

Les facteurs de localisation

- De nombreux aménagements favorisent l'accessibilité des activités industrielles.
- Le développement durable est désormais pris en compte.

Les activités économiques

- L'espace industriel combine activités de fabrication et de recherche.
- L'innovation et les pôles de compétitivité dynamisent l'activité industrielle.

L'intégration de l'espace industriel au monde et le rôle des acteurs

- Les acteurs institutionnels accompagnent le développement des espaces industriels.
- Les acteurs économiques participent à l'intégration européenne et mondiale de l'espace industriel.

Étude de cas 3

Un espace touristique : le Val de Loire dans la Région Centre

Comment fonctionne et évolue l'espace touristique du Val de Loire ?

Situé dans la Région Centre, le Val de Loire est un espace touristique majeur de la France. Il bénéficie d'un patrimoine naturel et culturel mis en valeur depuis longtemps par les acteurs économiques. Aujourd'hui, cet espace cherche à accroître son attractivité et à s'adapter aux nouvelles attentes des touristes.

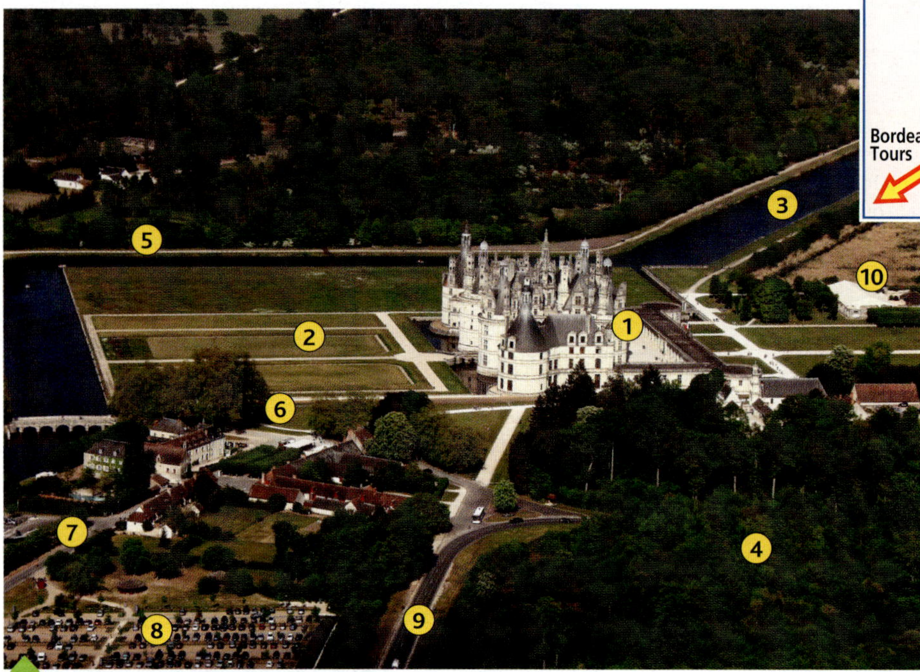

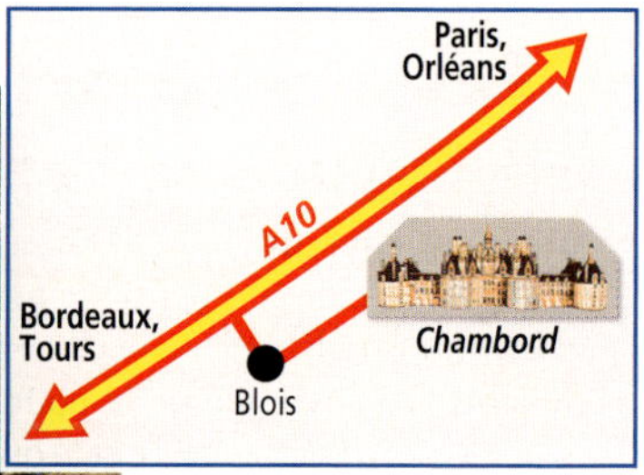

Un patrimoine
1. Château de Chambord inscrit au patrimoine mondial de l'UNESCO
2. Parc paysagé du château

Des équipements touristiques

3. Canal aménagé, activités nautiques
4. Espace forestier : réserve de chasse et randonnées
5. Sentier de promenade
6. Aire de pique-nique
7. Billetterie et commerces
8. Aire de stationnement
9. Voie d'accès
10. Restaurants et hôtels

1 Un site touristique aménagé : le château de Chambord Inscrit au patrimoine mondial de l'UNESCO depuis 1981, le château accueille près de 800 000 visiteurs chaque année.

2 Une offre touristique variée

« La Région Centre attire les visiteurs notamment grâce à ses nombreux châteaux et au Val de Loire, classés au patrimoine mondial de l'Unesco. Ses trois parcs naturels régionaux en font aussi une destination "nature"…
La Région Centre dispose d'une offre touristique variée : plus de 500 châteaux ouverts au public, de nombreux musées et sites, des itinéraires cyclables… À cette offre d'activités vient s'ajouter une capacité d'accueil plus dense sur l'axe ligérien[1]. »

Source : INSEE tourisme fiche régionale, 2007.

1. axe ligérien : axe de la Loire.

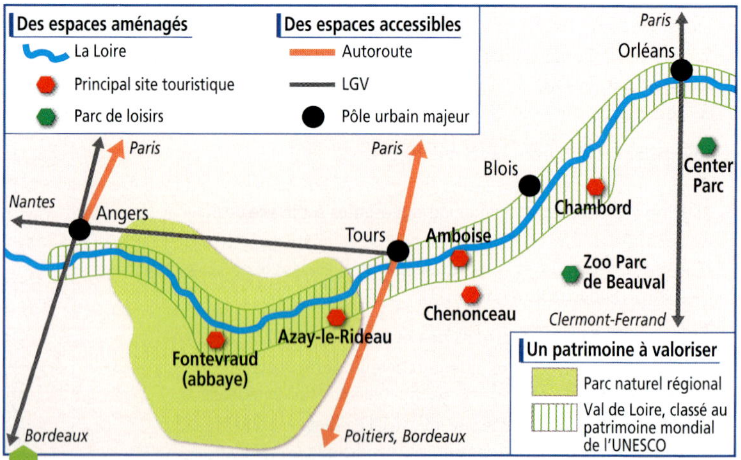

3 Le Val de Loire : un espace aménagé

4 **Des acteurs à toutes les échelles**

5 **« La Loire à Vélo », une nouvelle forme de tourisme durable**
« La Loire à vélo » est un projet interrégional (Centre et Pays de la Loire) avec une participation des autres collectivités (départements, agglomérations, communes...). Au fil du temps, les rives ligériennes aménagées en pistes cyclables se sont étoffées en hôtels, campings, chambres d'hôtes, loueurs de deux roues... spécialisés dans le tourisme à vélo.

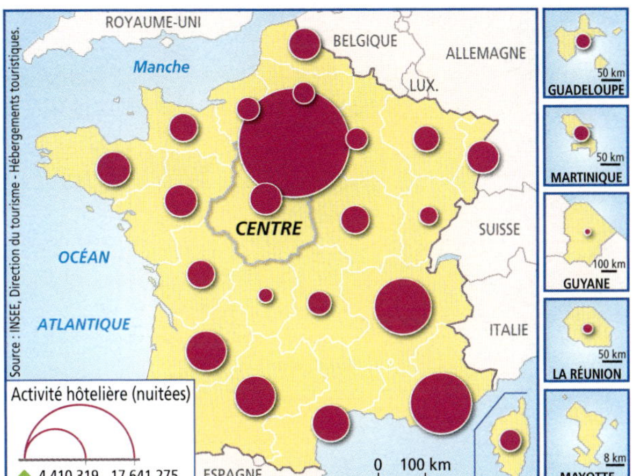

6 **La répartition des touristes en France**

JE DÉCOUVRE

Décrire et expliquer un paysage

1. Doc. 1 Repérez dans le paysage les éléments du patrimoine et les équipements touristiques. Qu'est ce qui attire les touristes ?

2. Doc. 1 et 3 Comment les visiteurs accèdent-ils à ce site touristique ?

Identifier les activités économiques

3. Doc. 2 et 5 Sur quelles activités anciennes le tourisme en Val de Loire repose-t-il ? Quelles sont les nouvelles activités qui se développent ?

4. Doc. 3 Quels sont les différents espaces aménagés du Val de Loire ?

Expliquer le fonctionnement de cet espace à différentes échelles

5. Doc. 2, 4 et 5 Quels sont les différents types d'acteurs qui jouent un rôle dans le développement du tourisme ?

6. Doc. 6 Quelle place le Val de Loire occupe-t-il dans l'espace touristique français ?

7. Doc. 4 D'où proviennent essentiellement les touristes étrangers ? Comment l'État et la région cherchent-t-ils à faire du Val de Loire une vitrine mondiale ?

CE QUE J'AI APPRIS

Sur un espace touristique

Les facteurs de localisation
• Le patrimoine historique, culturel et paysager est un facteur essentiel.
• De nombreux aménagements favorisent l'accessibilité et l'accueil des touristes.
• Le développement durable devient une nouvelle priorité.

Les activités économiques
• L'offre des activités s'élargit : tourisme culturel, œnologique, durable...
• De nouveaux aménagements touristiques sont nécessaires pour s'adapter à l'évolution des activités.

L'intégration de l'espace de production au monde et le rôle des acteurs
• Les acteurs touristiques sont nombreux et variés : acteurs institutionnels ou privés, du local au mondial.
• L'espace touristique attire des touristes étrangers et se tourne vers les marchés européen et mondial.

Les espaces productifs

Retenir à l'aide de cartes

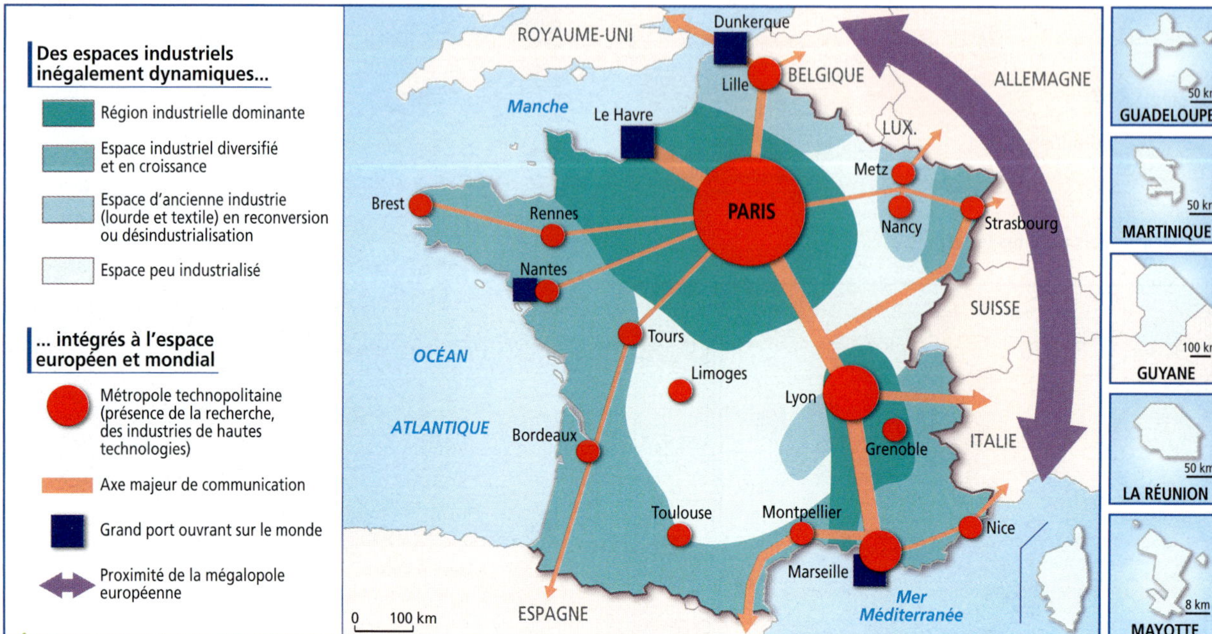

1 Les espaces industriels en France

L'espace industriel français est de plus en plus intégré à l'espace européen et mondial. Cette évolution entraîne des mutations des activités et de leur localisation.

Retenir à l'aide d'un schéma

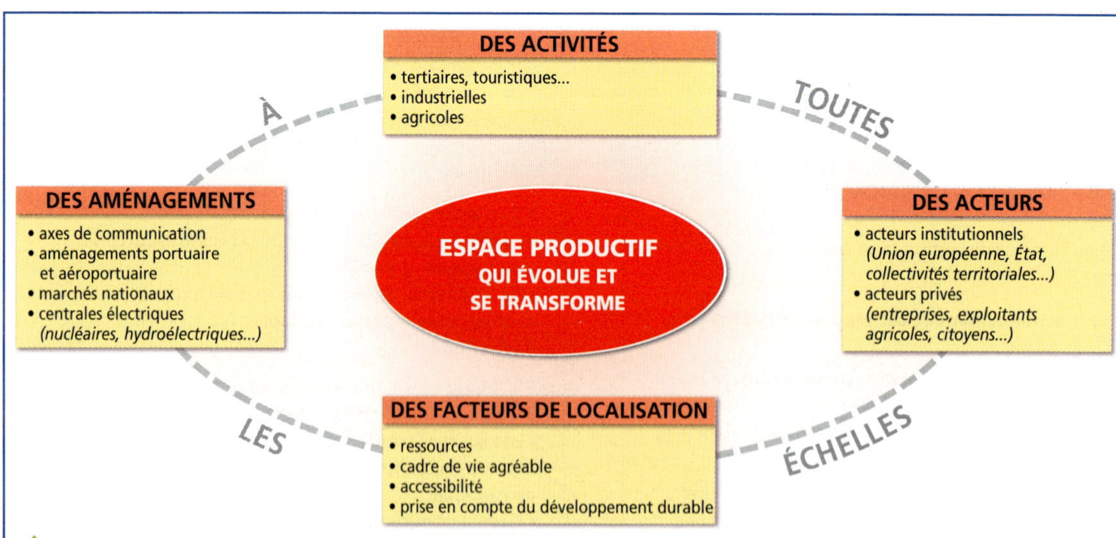

2 Qu'est-ce qu'un espace productif ?

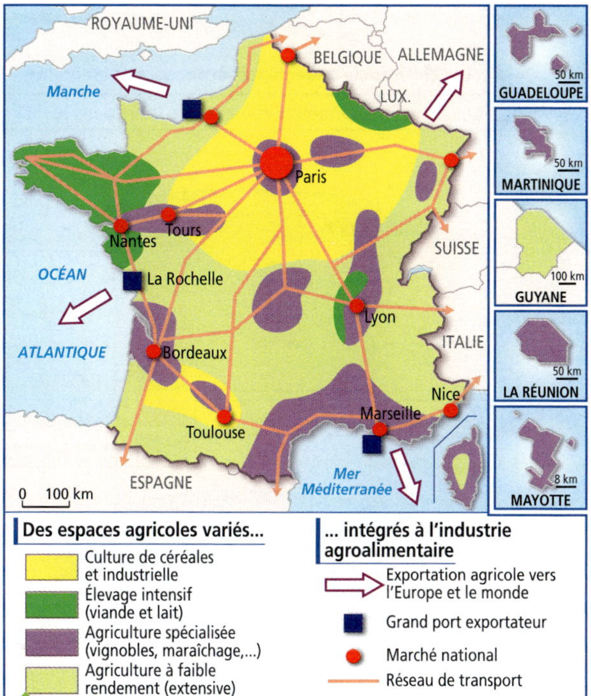

3 Les espaces agricoles en France
Variés sur l'ensemble du territoire, les espaces agricoles sont de plus en plus dépendants des industries agroalimentaires et intégrés aux marchés mondiaux.

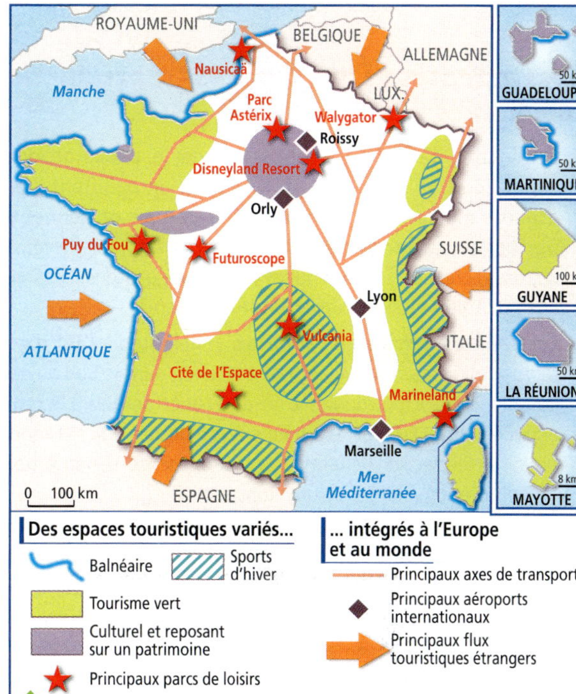

4 Les espaces touristiques en France
La France est le premier pôle touristique mondial. Son attractivité est liée à son patrimoine (culturel et historique, naturel) et son accessibilité. Le développement du tourisme vert rend tous les espaces potentiellement attractifs.

Lire les cartes

1. **Carte 1** Relevez les facteurs de localisation des espaces industriels.
2. **Carte 3** Où sont localisés les principaux espaces agricoles intensifs ?
3. **Carte 4** Où sont localisés les principaux parcs de loisirs ? Comment expliquer ces implantations ?
4. **Cartes 1 et 3** Quels figurés montrent l'intégration des espaces productifs à l'Europe et au monde ?

Des études de cas → à la leçon

Étude de cas	Question		Leçon
1	Quels sont les différentes activités économiques et espaces de production en France ?	→	Des activités et des espaces de production diversifiés
2	Comment évoluent les localisations des espaces de production ?	→	De nouveaux facteurs de localisation
3	Comment les espaces de production s'adaptent-ils aux nouveaux défis économiques ?	→	Des acteurs à toutes les échelles

Leçon p. 272

Leçon

Les espaces productifs

Comment fonctionnent et évoluent les espaces productifs du territoire français ?

A Des activités et des espaces de production diversifiés

- L'économie de la France repose sur des **espaces productifs** variés **(doc. 1)**. Au centre de la filière agroalimentaire, **les espaces agricoles se sont modernisés mais obtiennent des performances inégales**. Les régions productrices de grandes cultures céréalières, industrielles ou d'élevage intensif s'opposent aux territoires victimes de la **déprise agricole**.
- **Les espaces industriels,** autrefois concentrés à l'Est dans les régions minières, se développent à l'Ouest, dans le Sud ou encore dans les grandes métropoles. **L'Île-de-France demeure le premier espace productif. Les espaces énergétiques** **(doc. 5)** reposent pour l'essentiel sur l'énergie nucléaire, même si peu à peu les énergies renouvelables se développent.
- L'espace **tertiaire**, moteur de l'économie, se répartit sur l'ensemble du territoire malgré une forte concentration dans les métropoles. Sites touristiques, parcs de loisirs, centres d'affaires ou **technopôles**, **les espaces tertiaires nécessitent des aménagements importants**.

B De nouveaux facteurs de localisation

- La présence de ressources naturelles ou celle d'une main-d'œuvre importante ont longtemps favorisé les activités économiques. Aujourd'hui, l'**accessibilité** est devenue primordiale. **Les activités s'implantent à proximité des infrastructures de transports** **(doc. 2)**.
- Avec un marché de consommation, une population qualifiée, des équipements performants et la présence de technopôles, **les métropoles concentrent les principaux facteurs de localisation** **(doc. 4)**.
- Enfin, la prise en compte du cadre de vie ou du développement durable est aujourd'hui indispensable dans le choix des localisations et la gestion des espaces productifs **(doc. 3)**.

C Des acteurs à toutes les échelles

- Désormais, le rôle des acteurs à toutes les échelles est déterminant pour **permettre aux espaces de s'adapter à la mondialisation**. Les acteurs économiques se sont ainsi tournés vers l'exportation et les marchés mondiaux.
- Les espaces agricoles ont longtemps reçu le **soutien de l'Union européenne** à la production et les espaces industriels frontaliers bénéficient de la proximité avec la mégalopole européenne.
- **L'État et les collectivités territoriales soutiennent** les régions en difficulté et encouragent les espaces de l'**innovation** pour renforcer leur attractivité.

1 Les chiffres clé des activités économiques en France

a Les activités économiques en France (part dans le PIB)

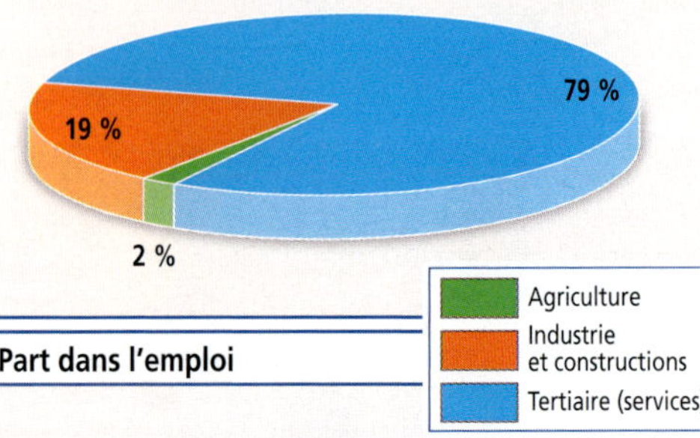

b Part dans l'emploi

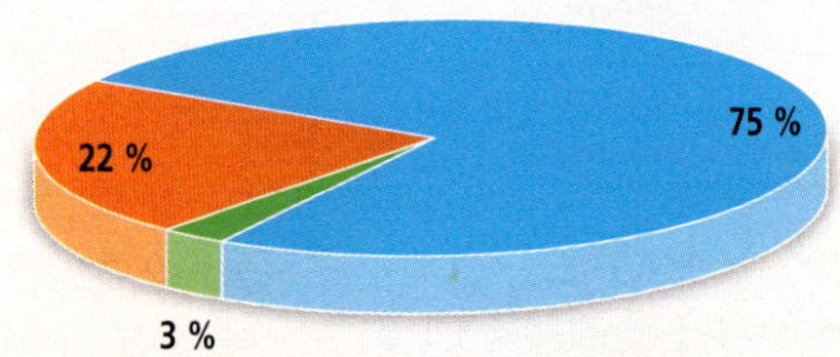

Agriculture

SAU (surface agricole utile) : 54 % du territoire.
Environ 500 000 exploitations agricoles.
1er producteur agricole de l'UE.
3e exportateur mondial pour l'agriculture.

Industrie et constructions

4e puissance industrielle de l'UE.

Tertiaire

4e exportateur mondial de services.
1re destination touristique mondiale (75 millions de visiteurs en 2010).

Sources : Ministère des affaires étrangères et européennes, OMC et INSEE, 2009.

Vocabulaire

Espace productif : espace aménagé et mis en valeur pour une activité économique.

Déprise agricole : recul de l'activité agricole.

Tertiaire : ensemble des activités de services (commerce, administration, banques, tourisme…).

Technopôle : parc d'activités de haute technologie en relation avec des centres de recherche et des universités.

Accessibilité : fait de favoriser l'accès à un territoire.

Facteur de localisation : voir p. 267.

Innovation : création ou amélioration de nouveaux produits et services pour augmenter la compétitivité.

2 Espaces productifs et développement durable

« Les entreprises sont encouragées à modifier leur comportement. Les produits sont de plus en plus pensés selon une approche "cycle de vie" qui examine les conséquences environnementales du produit. [...]
Des changements technologiques afin de diminuer la consommation d'énergie se développent. [...] L'espace agricole est lui aussi concerné par cette évolution. [...] Encouragés par les réformes qui visent à améliorer la qualité des productions tout en préservant l'environnement, les producteurs ont développé des produits biologiques. »

Florence Smits, *Géographie de la France*, © Hatier, 2011.

3 Des centres d'affaires tournés vers le monde

Financé par l'UE, l'État et les collectivités territoriales, le projet du nouveau quartier d'affaires de Marseille attire les entreprises françaises et étrangères.
① Tour de CMA-CGM ② les Quais d'Arenc : bureaux, commerces, logements classés haute performance énergétique ③ Le Silo : salle de spectacles, bureaux ④ Euromed Center (cinéma multiplexe de Luc Besson) ⑤ Les Docks (réhabilitation des anciens docks devenus bureaux et commerces)

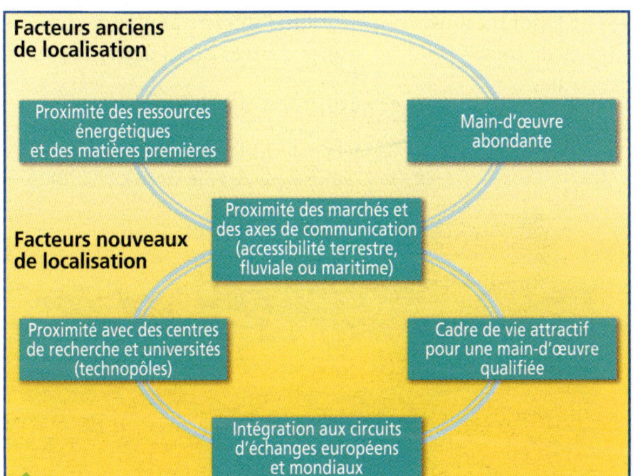

4 L'évolution des facteurs de localisation des espaces industriels

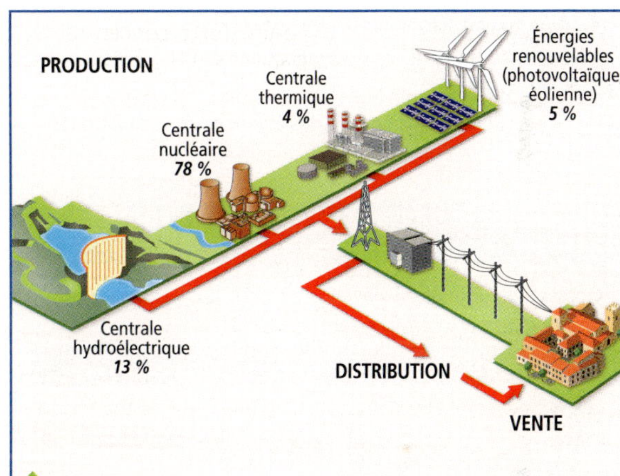

5 Les espaces énergétiques en France

A Des activités et des espaces de production diversifiés

1. Doc. 1 Quelles sont les activités économiques des espaces productifs ? Relevez le poids de chacune d'elle dans le PIB et dans l'emploi.

2. Cartes p. 270-271 Repérez les principales localisations des espaces productifs en France.

B De nouveaux facteurs de localisation

3. Doc. 4 Comment les facteurs de localisation des espaces industriels évoluent-ils ? Pourquoi ?

4. Doc. 2 et 5 Quelle place le développement durable occupe-t-il aujourd'hui dans les activités économiques ? Comment est-il pris en compte dans la production énergétique ?

C Des acteurs à toutes les échelles

5. Doc. 3 Quels sont les acteurs à l'origine de ce projet d'aménagement ? Comment ce centre d'affaires s'intègre-t-il à l'échelle mondiale ?

Bilan LES MUTATIONS DES ESPACES PRODUCTIFS

À l'aide de l'ensemble des documents, rédigez un paragraphe argumenté sur les mutations des espaces productifs.

Compétence 5.1 › **Situer des ensembles géographiques**
Compétence 5.3 › **Mobiliser ses connaissances pour donner du sens à l'actualité**

Socle

Méthode

en 3 étapes

Décrire et expliquer les transformations

Compétence 5.3 > **Lire et employer différents langages (carte)** Socle

Étape 1 Situer et décrire le paysage

1. Localisez le paysage : dans quelle région française est-il situé ? dans quelle commune ?

2. Observez l'image paysagère et associez chaque élément de la légende au numéro correspondant.

3. Complétez le tableau ci-dessous :

Eléments « naturels »	Activités économiques	Aménagements

Étape 2 Comprendre l'évolution du paysage en croisant des documents

4. Doc. 1 Quelles sont les différentes activités économiques qui ont façonné le paysage de La Bresse ?

5. Doc. 2 et 3 Repérez les bâtiments industriels le long de la rivière la Moselotte. Comment expliquez-vous cette localisation ? S'agit-il toujours d'industries textiles ?

6. Doc. 2 et 3 Comment ces sites industriels sont-ils reliés aux espaces environnants ?

7. Doc. 2 et 3 Repérez et nommez des équipements touristiques ou de loisirs.

Étape 3 Interpréter le paysage à l'aide d'un croquis paysager

8. Recopiez et complétez la légende en associant à chaque information le figuré correpondant.

Figurés de surface	Figurés ponctuels	Figurés linéaires

Mémo Brevet

Pour décrire un paysage

1. Je localise le paysage.

2. J'observe le paysage, j'identifie et je nomme les principaux éléments « naturels » (relief et végétation), les activités et les aménagements.

Pour expliquer un paysage

3. Je mets en relation la photographie avec d'autres documents (textes, cartes et données statistiques) pour comprendre l'évolution du paysage.

4. Je réalise un croquis d'interprétation montrant comment s'organise un paysage d'un espace de production.

1 L'évolution des activités économiques dans la commune de La Bresse

« Une première mise en valeur agricole grâce à l'élevage montagnard.

Début du XIXe siècle : développement industriel de la commune. Installation d'industries textiles dans les fonds de vallée.

Au cours des années 1960 : crise du textile et fermetures d'usines.

À partir des années 1970-80 :

• Reconversion des espaces industriels.

– Accueil de nouvelles entreprises qui s'installent sur plusieurs sites centraux délaissés par le textile.

– Création de nouvelles zones industrielles comme celle des Écorces.

– Reconversion de sites industriels en zones commerciales ou artisanales.

• Essor du tourisme : création d'infrastructures de sports et de loisirs pour les sports d'hiver et les activités estivales. »

Simon Edelblutte, « Géohistoire des paysages industriels d'une vallée vosgienne », *Revue Géographique de l'Est*, vol. 43, n°3, 2003.

2 Extrait d'une carte topographique, échelle 1/25 000

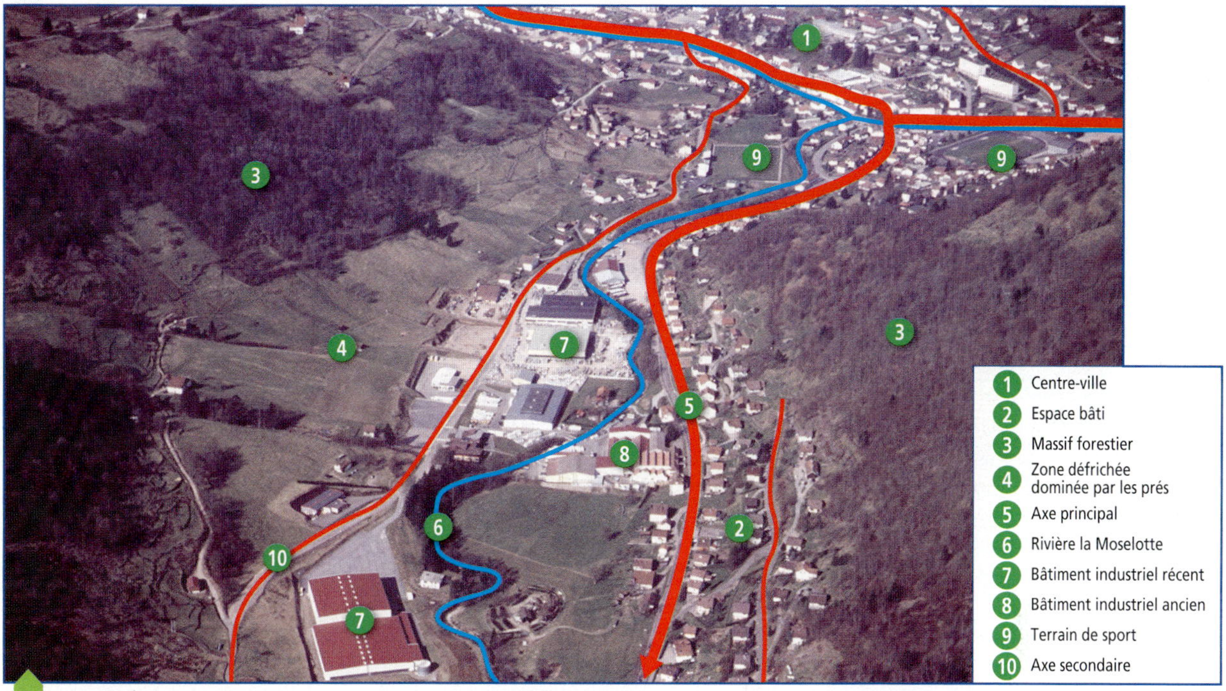

3 Un paysage de La Bresse dans les Vosges : la zone industrielle des Écorces

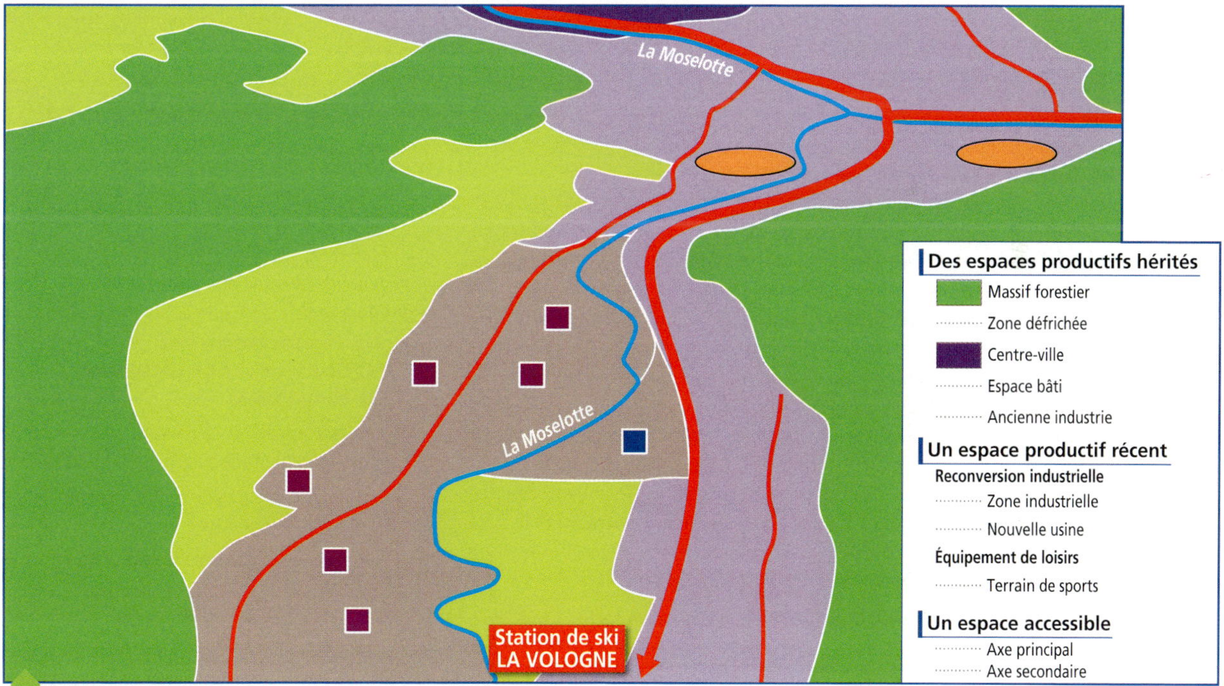

4 Le croquis paysager de la zone industrielle des Écorces

Réviser les repères

Livret Brevet

→ L'essentiel p. 33

A LE VOCABULAIRE

Compétence 5.1 › **Avoir des connaissances et des repères** Socle

1. Associer chaque terme à la bonne définition

Accessibilité •	• Parc d'activités de haute technologie en relation avec des centres de recherche et des universités.
Espace productif •	• Éléments qui expliquent l'installation et le développement des activités économiques en un lieu précis.
Facteurs de localisation •	• Espace aménagé et mis en valeur pour une activité économique.
Technopôle •	• Fait de favoriser l'accès à un territoire.

B LES LOCALISATIONS

Compétence 5.1 › **Avoir des connaissances et des repères relevant de l'espace** Brevet

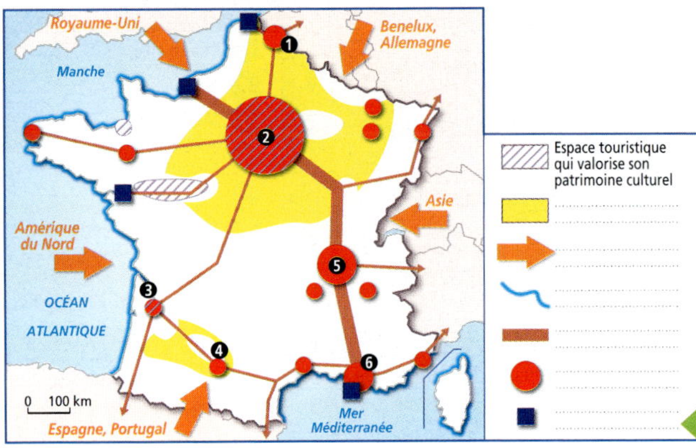

1 Les espaces productifs français

1. Recopiez la légende et trouvez les informations correspondant à chaque figuré :
– les métropoles technopolitaines.
– les grands ports ouverts sur le monde.
– les cultures de céréales et cultures industrielles.
– les principaux flux touristiques étrangers.
– les espaces touristiques balnéaires.
– les principaux axes de communication.

2. Identifiez :
– les métropoles technopolitaines numérotées de 1 à 6.
– les quatre ports ouverts sur le monde.
– un espace touristique qui valorise son patrimoine culturel.

C LES ACTEURS

Compétence 1.1 › **Dégager l'essentiel d'un texte lu** Brevet

2 **Un agriculteur dans la filière agroalimentaire**

« François Cousin est agriculteur à Connantre (Marne), à une cinquantaine de kilomètres de Matougues. Le producteur cultive 650 hectares, dont 65 de pommes de terre, 45 sont réservés par McCain[1]. […]

Les gens de McCain sont exigeants. Fourniture de bilans azotés, utilisation d'engrais "verts", traçabilité complète de la production, contrôle des outils de pulvérisation, suivi de l'irrigation. Le transformateur a son mot à dire sur plusieurs paramètres de la production. Sans compter le choix de la variété… […] McCain travaille avec une quinzaine de variétés de pommes de terre au total. […]

La taille des frites est un critère majeur, notamment pour les enseignes de fast-foods. Afin qu'à Londres, Bilbao, Bruxelles ou Romorantin, le consommateur retrouve la même frite partout. […] En France, le groupe contractualise 55 à 70 % des volumes achetés auprès de 800 à 900 producteurs. "*Nous nous mettons d'accord sur une surface, une période de livraison, et sur un prix.*" »

Patrick Déniél, « Une usine XXL pour les frites McCain », www.usinenouvelle.com, 12 octobre 2009.

1. McCain : Firme transnationale canadienne spécialisée dans la transformation et la distribution de produits alimentaires. Sa plus grosse usine est située à Matougues.

► Présenter un acteur et son activité

1. Que produit François Cousin ?

2. À qui est destiné une partie de sa production ?

► Décrire les liens entre un agriculteur et une entreprise agro-alimentaire

3. Où l'entreprise McCain est-elle située par rapport à l'exploitation agricole ? Pourquoi ?

4. À quelles exigences de McCain l'exploitant agricole doit-il répondre ?

5. Selon vous qui contrôle les prix ? Pourquoi ?

► Expliquer le fonctionnement d'un espace productif

6. Comment l'exploitation agricole de François Cousin est-elle intégrée au marché mondial ?

Réviser les savoir-faire

D LIRE UNE AFFICHE PUBLICITAIRE

Compétence 5.4 > **Être capable de porter un regard critique sur un document** Brevet

▶ Présenter le document

1. Indiquez la nature du document.
2. Qui est à l'origine de ce document ? À qui s'adresse-t-il ?

▶ Décrire l'image

3. Repérez la phrase principale, l'accroche de l'image.
4. Décrivez l'attitude du personnage. Que traduit-elle ?
5. Repérez les acteurs et les activités économiques cités.

▶ Interpréter l'image

6. Quels sont les différents facteurs de localisation mis en avant pour attirer les entreprises ?

E FAIRE UNE RECHERCHE : Découvrir à partir du site Electricité de France (EDF), un espace de production énergétique

Compétence 4.4 > **Sélectionner des résultats lors d'une recherche et donner des arguments permettant de justifier son choix** B2i

▶ Présenter un acteur

1. À l'aide d'un moteur de recherche, connectez-vous au site http://jeunes.edf.com.
2. Sur la page d'accueil, ouvrez la rubrique « Nos Métiers » puis « Le groupe EDF ». Cliquez sur « Le groupe EDF (version synthétique) » dans le menu « Approfondir ». Cliquez sur l'image pour ouvrir la présentation, et choisissez « Le groupe EDF en bref ». Quelle est l'activité économique principale de ce groupe ? À quelle échelle exerce-t-il son activité ?

▶ Découvrir un espace de production énergétique

Sur la page d'accueil, dans la rubrique « Production d'électricité ». Repérez le dernier élément du menu à droite, « Énergies renouvelables » et cliquez sur « Géothermie ». Cliquez sur le dernier article « La centrale géothermique de Bouillante ». Visionnez la vidéo puis répondez aux questions suivantes :

3. Que produit cette centrale ? Quels sont les aménagements nécessaires ?
4. Quel facteur explique la localisation de cette centrale géothermique en Guadeloupe ?
5. Pourquoi cette énergie est-elle considérée comme une énergie renouvelable ? Quelles autres activités économiques sont envisagées ?
6. Quel acteur participe à la production d'électricité ? À qui cette production est-elle destinée ?

CHAPITRE 18

L'organisation du territoire français

▷ Quels sont les grands contrastes du territoire français ?

1 Archamps Technopole, en Haute-Savoie
Archamps Technopole est située en Haute Savoie, près de Genève, au cœur des autoroutes A40 (Lyon-Turin) et A41 (Grenoble-Genève).
Elle concentre à la fois des activités tertiaires (sièges administratifs, technologies de l'information, recherche et enseignement supérieur) et des activités industrielles de pointe (électronique, micro-électronique, biotechnologies).
La technopole est le premier point d'implantation d'entreprises étrangères en Haute-Savoie.

Confronter les documents

1. Localisez les deux espaces présentés. À quel type de milieu (urbain/rural/périurbain) correspondent-ils ?
2. Pourquoi les entreprises s'installent-elles sur le site d'Archamps Technopole ?
3. Comment peut-on décrire la faible densité de population dans le paysage de l'Ardèche ?
4. En quoi ces deux documents s'opposent-ils ?

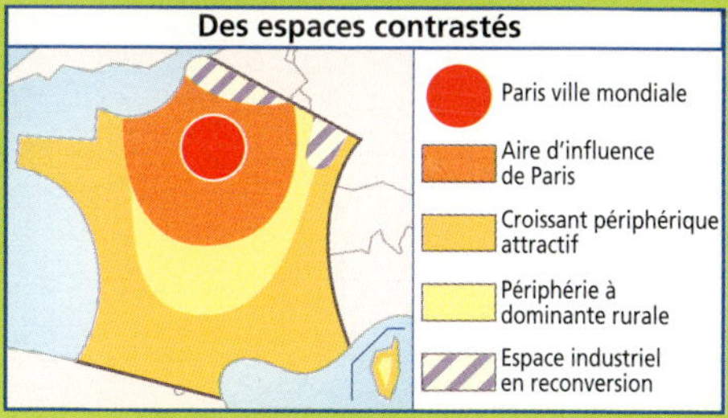

L'organisation du territoire

Résultat de toutes les actions d'une société sur son territoire.

2 Le Roux, commune du plateau ardéchois
Située en bordure du Massif Central, entre 700 et 1 250 mètres d'altitude, la commune ne compte plus qu'une quarantaine de résidents permanents.

Étude de cas

L'agglomération parisienne

▷ Quel est le poids et le rôle de l'agglomération parisienne dans l'organisation du territoire français ?

L'agglomération parisienne constitue un vaste espace dont la puissance multiforme permet à Paris de s'imposer comme une ville au rayonnement mondial. Mais cette puissance entraîne aussi un déséquilibre au sein du territoire national entre la capitale et les autres métropoles régionales, entre l'Île-de-France et les autres régions françaises. Des actions sont prévues pour tenter de réduire ce déséquilibre.

A Le poids de Paris et de son agglomération sur le territoire national

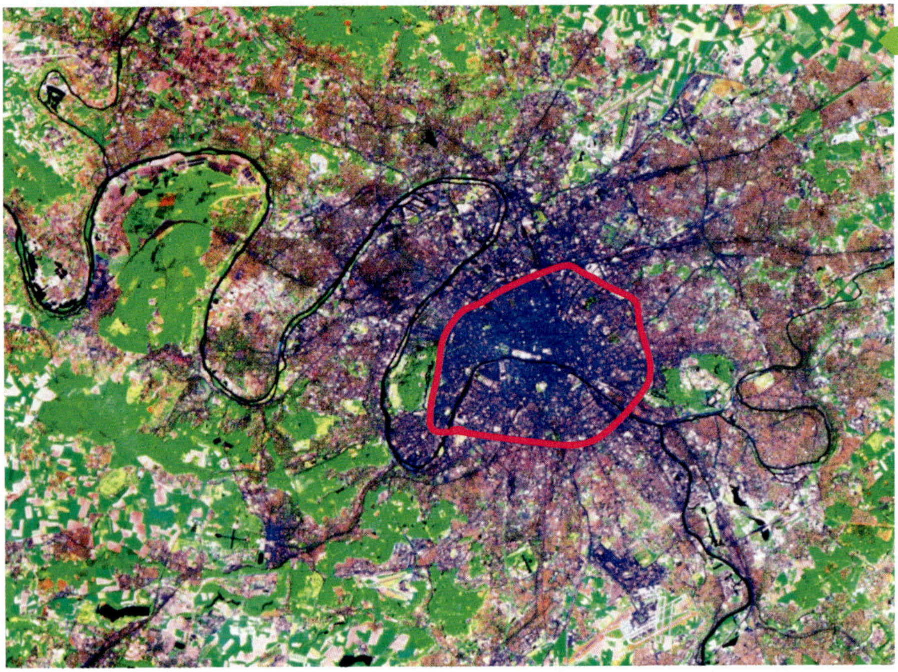

1 Paris intra-muros et une partie de l'agglomération parisienne
Image satellite. L'espace urbanisé apparaît en violet, en vert les espaces de cultures, les bois et les forêts et Paris intra-muros est délimité en rouge.

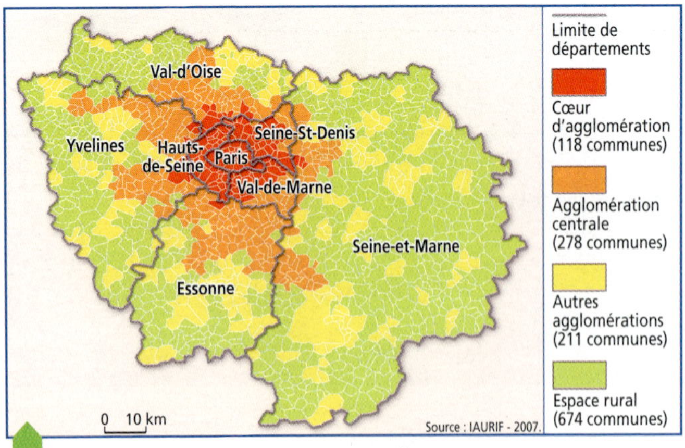

2 L'agglomération parisienne au sein de l'Île-de-France

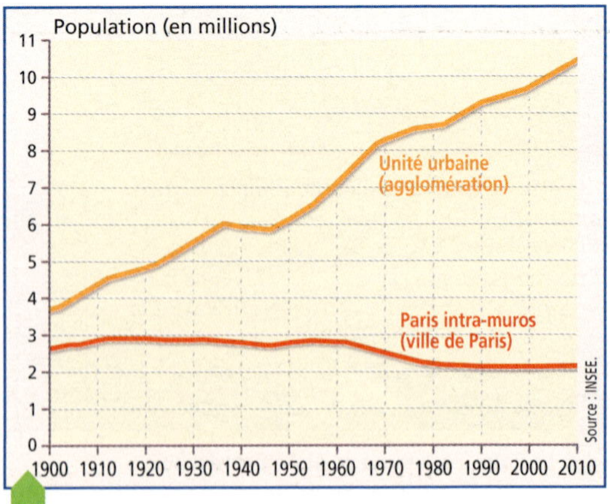

3 La croissance de la population parisienne depuis 1900

4 Un poids démographique et économique

• **Les quatre plus grandes unités urbaines françaises :**

	Population	Nombre de communes
Paris	10 303 282	412
Marseille-Aix-en-Provence	1 558 379	49
Lyon	1 509 766	130
Lille	1 014 239	59

• **Les chiffres clé :**

– 30 % du PIB national sont réalisés en Île-de-France.
– 37 % des cadres travaillent dans l'agglomération parisienne.
– La région parisienne concentre 40 % de la recherche française.
– 40 % des entreprises étrangères présentes en France sont implantées dans l'agglomération.
– La bourse de Paris regroupe 45 % des emplois financiers français.
– L'immense majorité des sièges sociaux des entreprises y sont implantés.

Source : INSEE, 2011.

5 L'Élysée, cœur du pouvoir politique Le palais de l'Élysée, lieu de résidence du Président de la République, à Paris.

6 Paris, un centre culturel

« Paris est un centre culturel majeur grâce à ses festivals, ses congrès, ses expositions, et la renommée de ses théâtres. C'est aussi l'une des capitales incontestées du luxe et de la mode, dont les grands noms (Chanel, Cartier, Dior) ont assuré la renommée des lieux comme la place Vendôme. [...] Paris est de très loin le premier centre universitaire français (près d'un tiers des étudiants du pays) et regroupe de nombreuses grandes écoles prestigieuses. La ville compte près de 50 000 étudiants étrangers, soit autant que les effectifs d'une grande université régionale. La presse, l'édition et plus globalement les médias sont massivement parisiens. »

Vincent Adoumié (dir.), *Géographie de la France*, © Hachette, 2011.

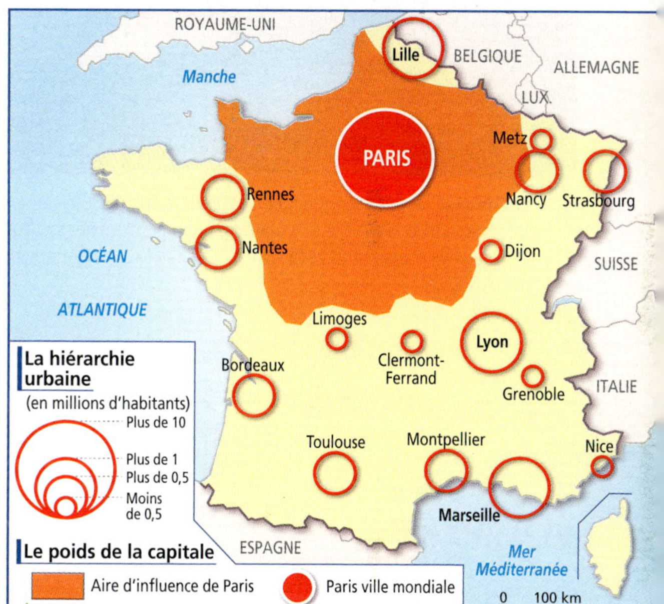

7 La centralité parisienne

Vocabulaire

Unité urbaine : ensemble de communes avec une zone bâtie d'au moins 2 000 habitants où aucune habitation n'est séparée de la plus proche de plus de 200 mètres. Si l'unité urbaine s'étend sur plusieurs communes, l'ensemble de ces communes forme une agglomération urbaine. L'agglomération parisienne est l'unité urbaine de Paris.

Centralité : capacité dans un lieu à concentrer hommes et activités et à influencer l'espace environnant.

JE DÉCOUVRE

Mesurer le poids de l'agglomération sur le territoire national

1. Doc. 1, 2 et 3 À quels espaces l'agglomération parisienne correspond-elle ?
2. Doc. 3, 4 et 7 Comment la population de l'unité urbaine par rapport à Paris intra-muros a-t-elle évolué ? Quelle place occupe-t-elle dans la hiérarchie urbaine ?
3. Doc. 4 Relevez des exemples qui montrent le poids économique de l'agglomération.
4. Doc. 5 et 6 Quelles sont les autres manifestations de la puissance de l'agglomération parisienne abordées dans ces deux documents ?

B Le rayonnement de l'agglomération parisienne : une métropole mondiale

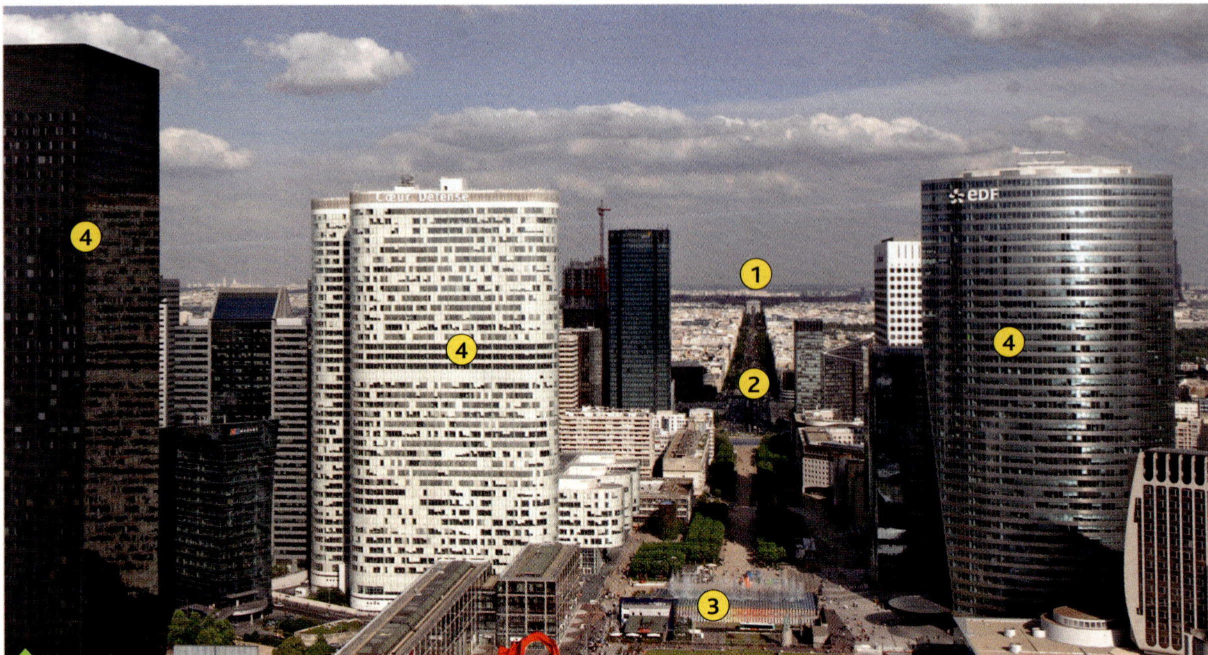

8 La Défense, le premier quartier d'affaires d'Europe
Dans ce quartier d'affaires se trouvent de nombreux sièges sociaux d'entreprises françaises (Crédit Agricole, Total, EDF...) ou étrangères (Esso, CSC...).

① Arc de triomphe, place de l'Étoile
② Avenue Charles de Gaulle
③ Esplanade de la Défense
④ Tours de bureaux et sièges sociaux d'entreprises

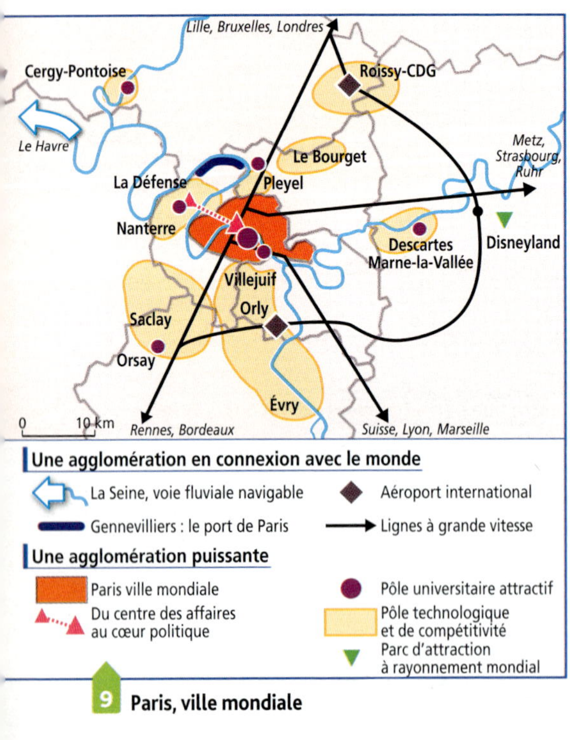

9 Paris, ville mondiale

10 Paris : une chance ou un handicap pour la France ?

a. Le rayonnement de l'agglomération parisienne assure à la France une puissance mondiale

« Le statut de ville globale de la métropole parisienne fait qu'elle appartient aux clubs très fermés des villes qui commandent l'économie-monde et qu'elle est largement insérée dans le système des métropoles européennes et mondiales. Paris est en concurrence directe avec Londres, qui selon les années, est placée devant la capitale française en termes de PIB. Dans ces conditions, le renforcement de Paris et de sa région métropolitaine devient une priorité... »

b. Le rayonnement de l'agglomération parisienne déséquilibre le territoire national

« L'aire d'influence de Paris s'étend au delà de 200 kilomètres, empêchant l'émergence de pôles concurrents. Cette monocéphalie du réseau urbain rapproche la France d'autres pays européens tels que le Royaume-Uni, également héritier d'une construction territoriale centralisée...

La domination du centre parisien est lisible à la simple observation d'une carte routière ou ferroviaire. Les réseaux majeurs (autoroutes, lignes à grande vitesse, transports aériens) sont dessinés en étoile... Les régions françaises sont ainsi très bien connectées à la capitale, mais sont nettement moins bien reliées entre elles. »

Magali Reghezza-Zitt, *La France dans ses territoires,* © Sedes, 2011.

C Corriger les inégalités : le rôle des acteurs dans l'organisation spatiale

11 Mieux équilibrer le territoire régional : le projet du Grand Paris

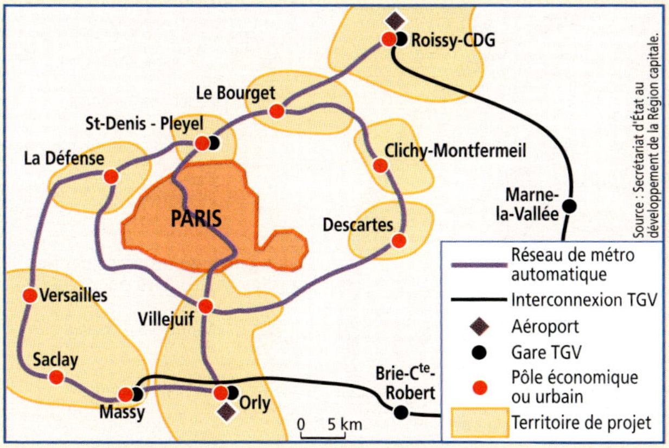

« Paris est prête à entamer une nouvelle phase de son développement en s'ouvrant sur le territoire de sa métropole.
Le Grand Paris organisera cet ensemble morcelé pour donner jour à une métropole équilibrée, articulée autour de quelques grandes centralités urbaines.
L'Île-de-France bénéficie d'une concentration importante d'acteurs dans les activités de recherche et développement, tant publics qu'industriels : plus de 80 000 chercheurs et sept pôles de compétitivité dans lesquels sont déjà présentes plus de 100 entreprises étrangères.
Le projet a défini un schéma de transport exceptionnel pour doter le Grand Paris d'un réseau de liaisons fluides et rapides dont ne dispose à ce jour aucune grande ville au monde.
Le Président de la République a fait de ce chantier l'une des priorités de son mandat. »

Agence française pour les investissements internationaux, www.invest-in-france.org, juin 2010.

12 Rééquilibrer le territoire national par les pôles de compétitivité

« Un pôle de compétitivité rassemble sur un territoire donné, des entreprises, des laboratoires de recherche et des établissements de formation. D'autres partenaires dont les pouvoirs publics, nationaux et locaux sont associés. L'enjeu est de s'appuyer sur des projets collaboratifs et innovants pour permettre aux entreprises impliquées de prendre une position de premier plan dans leurs domaines en France et à l'international. »

DATAR, http://competitivite.gouv.fr, 10 janvier 2012.

JE DÉCOUVRE

Comprendre le rayonnement de l'agglomération

5. **Doc. 8** Comment la puissance économique mondiale de Paris apparaît-elle dans le paysage du quartier de la Défense ?

6. **Doc. 8, 9 et 10** Relevez les activités qui permettent à Paris de rayonner et de jouer un rôle mondial. En quoi la puissance de Paris est-elle un atout sur le plan international ?

7. **Doc. 10** Comment le déséquilibre entre Paris et les régions se marque-t-il ?

Comprendre le rôle des acteurs dans l'organisation spatiale

8. **Doc. 11 et 12** Quels sont les acteurs essentiels du Grand Paris et du fonctionnement des pôles de compétitivité ? Sont-ils uniquement des acteurs institutionnels ?

9. **Doc. 11 et 12** Montrez que ces projets permettent de corriger les inégalités et de mieux équilibrer les territoires.

CE QUE J'AI APPRIS

Sur le poids de l'agglomération parisienne dans l'organisation de l'espace français

Une unité urbaine très puissante

- Elle concentre une part importante de la population et des activités dans son territoire.
- Elle regroupe toutes les fonctions de commandement d'une métropole mondiale.

Une unité urbaine au centre de l'organisation du territoire français

- Elle est à la fois une chance et un handicap pour le territoire français.
- Par des aménagements, les acteurs tentent de rééquilibrer le territoire, à l'échelle régionale et nationale.

Faisons le point — L'organisation du territoire

Retenir à l'aide d'un schéma

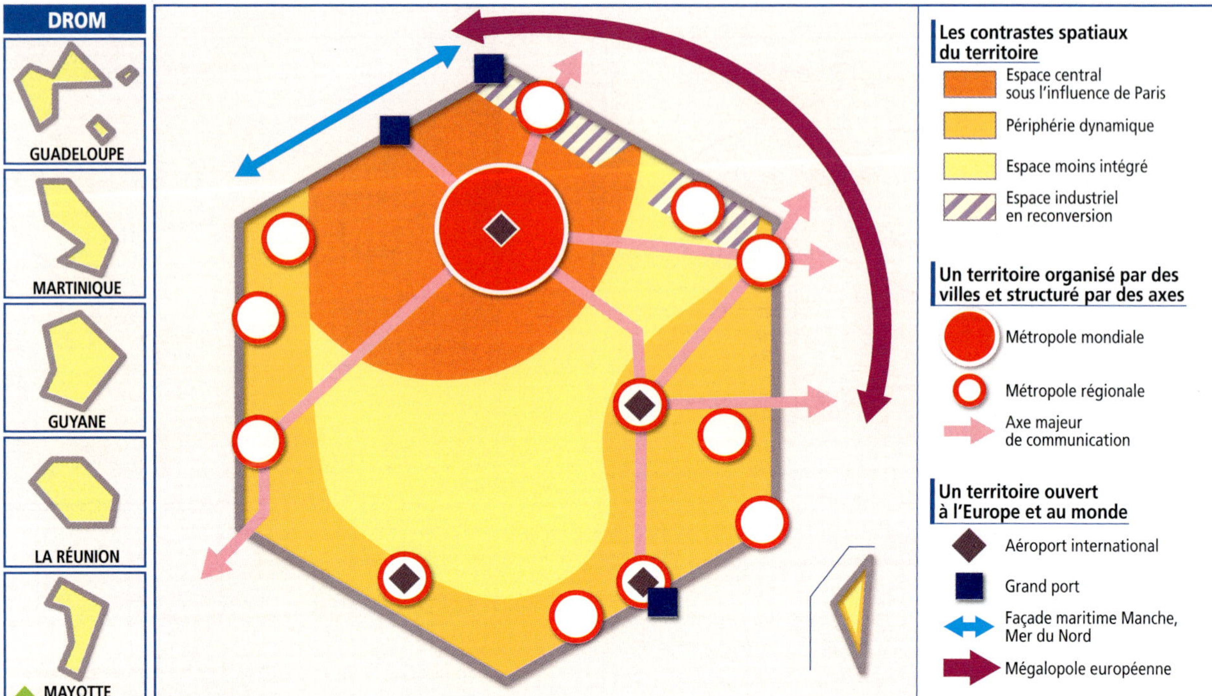

1 L'organisation du territoire français

Retenir à l'aide d'un schéma une notion clé

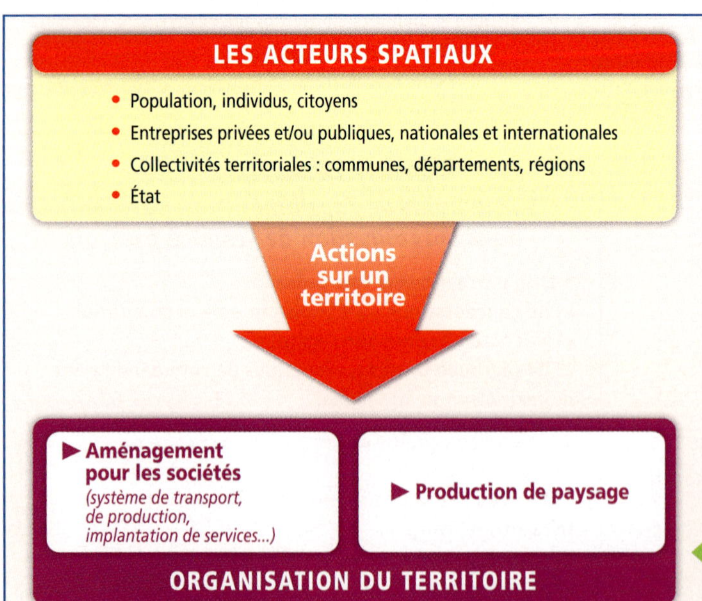

2 Les acteurs spatiaux
Ils agissent sur l'espace et contribuent à l'organisation du territoire.

Lire les cartes

1. Carte A Où sont localisés les espaces dynamiques qui attirent la population ?

2. Carte B Quels sont les espaces les plus favorisés pour l'accès au très haut débit ?

3. Carte C Où les médecins sont-ils les moins nombreux ? À quel type d'espace ces régions correspondent-elles ?

4. Carte D Pourquoi cette carte est-elle autant déformée ?
Quelle idée met-elle en valeur ?

Retenir à l'aide de cartes

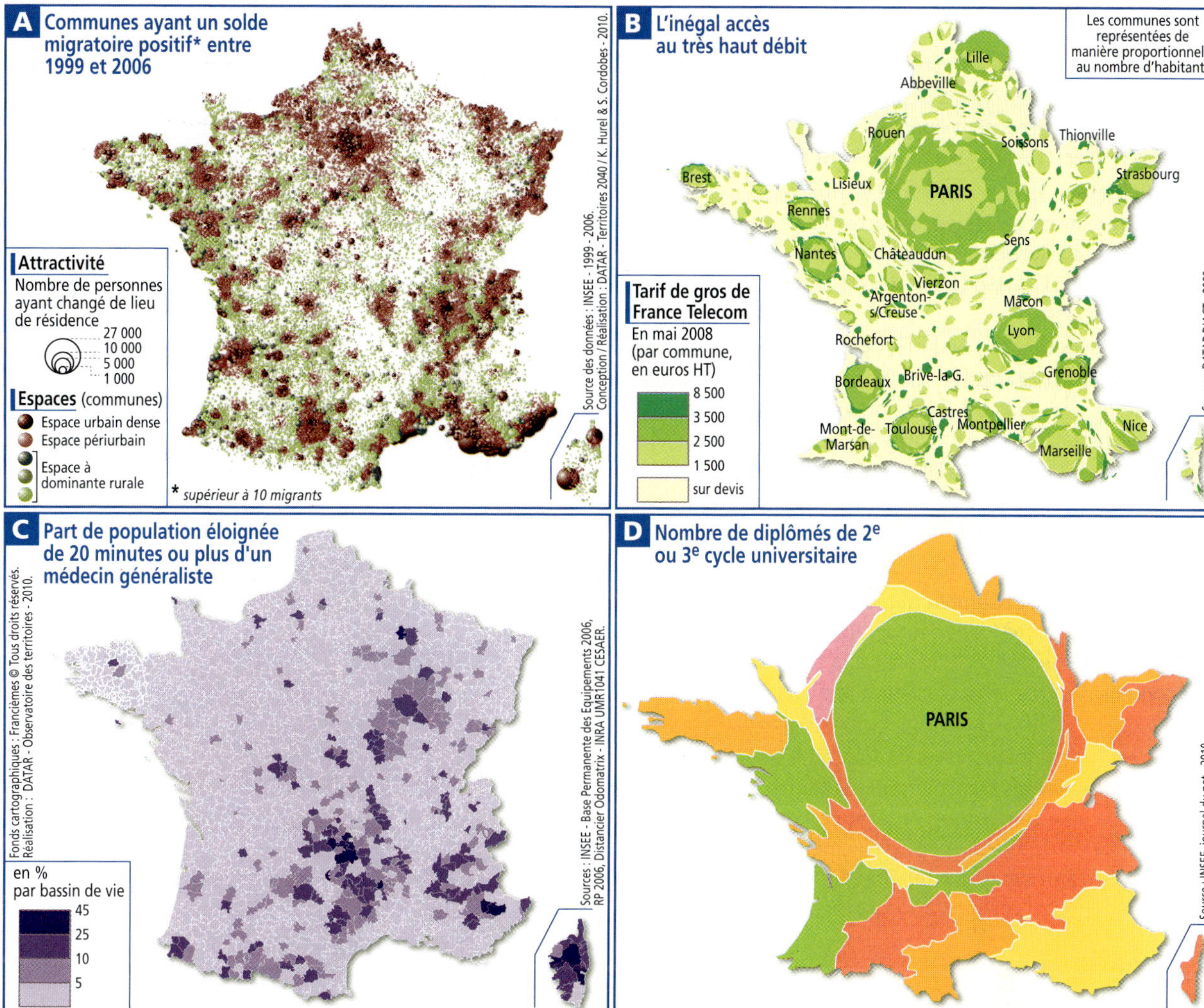

3 Différentes formes d'inégalités spatiales du territoire métropolitain français

De l'étude de cas → à la leçon

Étude de cas

- Quels sont les espaces moteurs qui organisent le territoire français ? → Les lieux et les espaces privilégiés de la production de richesse
- Comment Paris domine-t-elle l'ensemble du territoire français ? → Le poids et le rayonnement de l'agglomération parisienne
- Comment le territoire français est-il organisé ? → Un centre et des périphéries

Leçon p. 286

Leçon L'organisation du territoire français

Quels sont les grands contrastes du territoire français ?

A Les lieux de production de richesse

- Les principales métropoles organisent la vie économique. Les entreprises se regroupent là où les échanges sont facilités, les grandes villes sont toutes des **carrefours de communication importants**.
- **Elles concentrent également les activités de haute technologie et les emplois qualifiés** (doc. 1), **et forment ainsi de puissantes technopoles**. Ces tendances expliquent le phénomène de **métropolisation**.
- **Certains littoraux sont valorisés** grâce à la présence de **zones industrialo-portuaires** et aux échanges qu'elles ont avec le monde (doc. 3). Grâce à l'intégration européenne, les régions frontalières ont gagné en richesses, notamment lorsqu'elles se trouvent proches de la dorsale européenne (doc. 4).

B Le poids et le rayonnement de l'agglomération parisienne

- L'agglomération rassemble aujourd'hui plus de dix millions d'habitants. À cette **force démographique**, s'ajoutent tous les aspects de la puissance : **Paris est à la fois capitale politique, économique, financière et culturelle**. Elle fournit **30 % du PIB du pays** et rassemble beaucoup d'emplois qualifiés (doc. 2).
- Paris est la seule **ville mondiale** française. Lieu d'implantation **des grandes firmes transnationales, centre culturel majeur, première ville touristique** et capitale pour des ambassades du monde entier, elle participe pleinement à la mondialisation. Le projet d'aménagement du Grand Paris vise à renforcer la compétitivité de l'agglomération parisienne.

C Des périphéries contrastées

- Si Paris et sa région dominent largement et forment le **centre** du territoire, les autres espaces qui composent la France ne pèsent pas le même poids économique. Les régions du Nord et de l'Est, anciennement industrialisées, ont connu une **grave crise dans les secteurs sidérurgique, minier ou textile**. Mais elles ont également été l'objet d'une politique de **reconversion** et sont, pour certaines, de puissantes régions agricoles.
- Le croissant s'étirant de la Bretagne à l'Alsace en passant par les Sud symbolise le dynamisme du territoire. Ces régions motrices bénéficient d'un cadre de vie agréable et s'appuient sur les lieux privilégiés pour attirer les hommes et les entreprises (doc. 5).
- Le reste du territoire à dominante rurale est composé de régions bien intégrées aux **marchés européens** (Beauce, Brie...) mais aussi **d'espaces en difficultés** (régions de montagne, DROM).

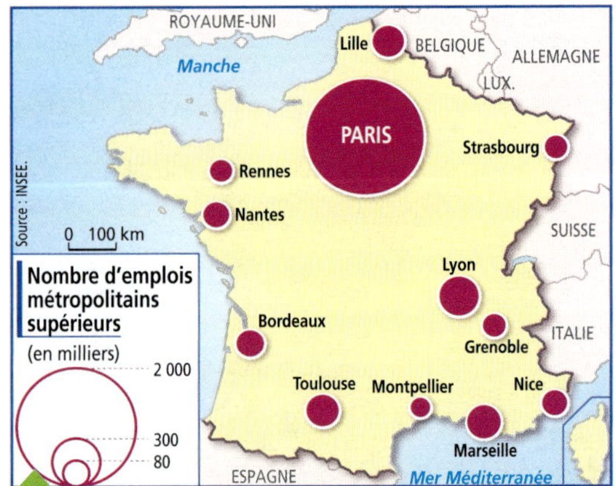

1 Les emplois métropolitains supérieurs

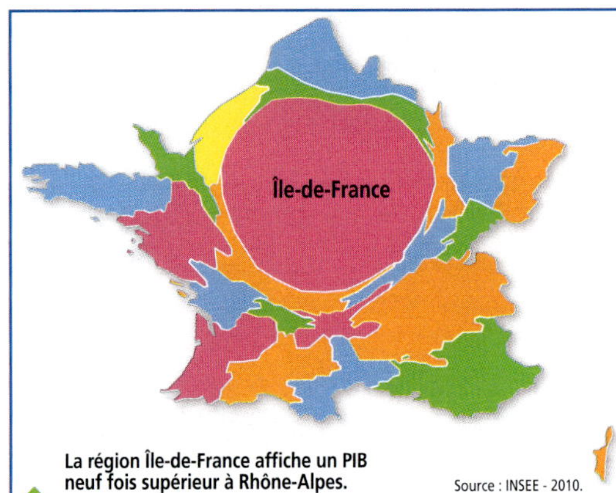

2 Le PIB en France par région

Vocabulaire

Emploi métropolitain supérieur : emploi hautement qualifié concentré dans les villes.

Technopole : ville dont l'industrie est tournée surtout vers la haute technologie.

Métropolisation : concentration accrue des hommes et des activités de décision, de conception et de direction dans les métropoles les plus grandes.

Ville mondiale : ville qui concentre les fonctions économique, financière, politique et culturelle et qui rayonne à l'échelle mondiale.

Centre / périphérie : système spatial fondé sur la relation entre deux types de lieux : les centres (dominant) et les périphéries (dominées).

Reconversion : changement d'activités industrielles.

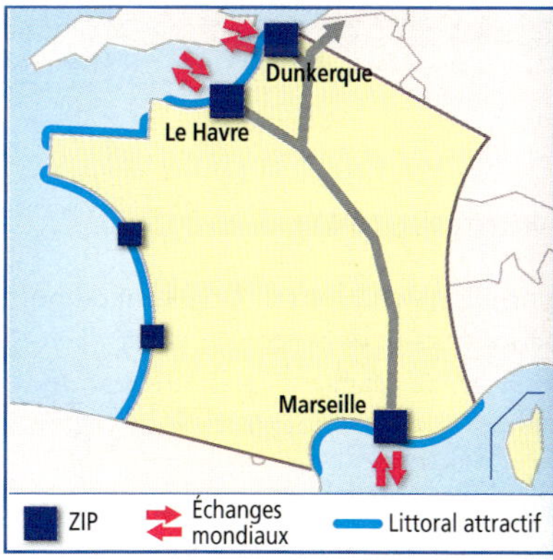

Des littoraux actifs 3
La zone industrialo-portuaire de Dunkerque ouverte sur la mer du Nord.

4 Des espaces transfrontaliers dynamiques : l'Eurométropole Lille-Kortrijk-Tournai

« La création de l'Eurométropole Lille-Kortrijk-Tournai constitue une étape supplémentaire dans la coopération transfrontalière entre la France et la Belgique. Les acteurs de la métropole franco-belge se sont fixés pour ambition de faire vivre leur espace commun au profit des citoyens du territoire et de l'intégration européenne.
Avec plus de dix autoroutes, deux lignes TGV et deux aéroports, l'Eurométropole Lille-Kortrijk-Tournai est profondément ancrée au cœur des grands pôles de décisions européens et mondiaux que sont Londres, Paris, Bruxelles, Amsterdam, Luxembourg ou encore Cologne qui lui sont reliés. Dès lors, elle peut légitimement être considérée comme une place de premier choix, attractive et innovante, au sein de l'Union européenne. »

Mission Opérationnelle Transfrontalière, organisme spécialisé issu de la DATAR, www.espaces-transfrontaliers.org, janvier 2012.

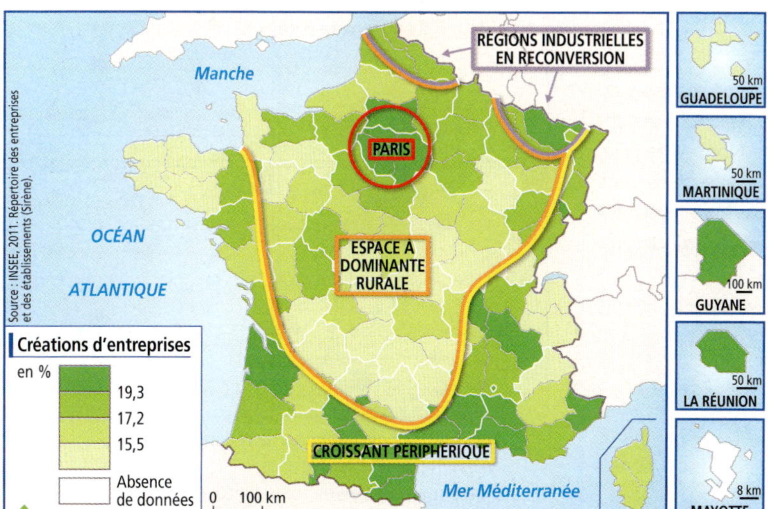

5 Les créations d'entreprises, un exemple de dynamisme économique des régions

A Les lieux de production de richesse

1. Doc. 1, 3 et 4 Nommez les trois types de lieux et d'espaces privilégiés mis en valeur dans ces documents.

2. Doc. 4 Quels sont les deux pays concernés par la mise en place de l'Eurométropole ? Quels sont les atouts de cette Eurorégion ?

B Le poids et le rayonnement de l'agglomération parisienne

3. Doc. 1, 2 et 5 Comment la puissance de la région parisienne apparaît-elle ?

4. Doc. 1, 2 et 5 En quoi peut-on dire que Paris « rayonne » sur son territoire ?

C Des périphéries contrastées

5. Doc. 2 et 5 Quels sont les contrastes entre le croissant périphérique et les régions à dominante rurale ?

6. Doc. 3, 4 et 5 Comment les régions anciennement industrialisées du Nord et de l'Est de la France apparaissent-elles ?

Bilan — LES INÉGALITÉS DU TERRITOIRE FRANÇAIS

À l'aide de l'ensemble des documents, rédigez un paragraphe sur les contrastes du territoire français.

Compétence 1.2 › **Rédiger un texte bref**
Compétence 5.3 › **Lire et employer différents langages**
Socle

Méthode
en 3 étapes

Réaliser un croquis

Compétence 5.3 › **Lire et pratiquer différents langages** Socle

Étape 1 Comprendre le sujet du croquis : lire et analyser le sujet proposé

Sujet : « L'organisation du territoire national »

1. Quel est l'espace géographique concerné par le sujet ?
2. Repérez le mot clé du sujet. Relisez sa définition (p. 279).

Étape 2 Construire la légende du croquis

▸ Sélectionner et classer les informations

3. Lisez attentivement le texte (doc. 1). Quel espace centralise l'essentiel des activités ? À quoi les centres secondaires correspondent-ils ?
4. Quels sont les deux types de périphéries ? En quoi se distinguent-elles ?

▸ Choisir les figurés

5. Observez attentivement les schémas cartographiques de repérage (doc. 2).
6. Recopiez le tableau (doc. 3) et complétez-le en classant dans les rubriques :
- les différentes informations sélectionnées dans le texte.
- les figurés sélectionnés dans les schémas cartographiques.

Étape 3 Réaliser le croquis

7. Recopiez et complétez la légende du croquis.
8. Ajoutez la nomenclature nécessaire.
9. Donnez un titre au croquis.

Mémo Brevet

Pour lire l'organisation d'un espace :
1. Je repère les différents types d'espace (moteurs, périphériques…).
2. J'observe les liens qui existent entre eux (axes de communication, flux…).
3. Je mesure la manière dont l'espace est intégré dans l'espace européen et l'espace mondial.

Pour construire la légende :
4. Je classe les informations en fonction du sujet posé.
5. J'associe à chaque information un figuré approprié.
6. Je réfléchis aux figurés que je vais choisir en me posant toujours cette question : qu'est ce qui est l'essentiel ?
7. Je ne choisis pas n'importe quelle couleur, ni n'importe quel symbole.

Pour réaliser le croquis
8. Je trouve un titre pertinent au croquis.

1 L'organisation du territoire français

« Avec l'hyper-centralisation autour de l'agglomération parisienne, les périphéries se dessinent en creux : l'ensemble du territoire peut à cet égard apparaître comme une périphérie plus ou moins intégrée de la région parisienne.
Toutefois, le processus de métropolisation, conforté par l'ouverture européenne et la mondialisation tend à promouvoir des centres secondaires de plus en plus puissants : des métropoles régionales qui tendent à devenir européennes. De ce fait, le territoire français prend la forme d'une structure composée de plusieurs régions prospères centrées sur leur métropole régionale. Quant aux périphéries, on peut distinguer deux types de territoires : les îles, et particulièrement les territoires ultra-marins, et un ensemble de territoires qui sont enclavés du fait de la mauvaise desserte en transports qui réduit l'accessibilité : certains espaces ruraux, en particulier les espaces de moyenne montagne.
D'autres territoires périphériques ont connu des dynamiques positives : les littoraux qui sont aujourd'hui des espaces attractifs et ensuite des régions frontalières qui ont trouvé un dynamisme nouveau grâce au processus d'intégration européenne. »

Magali Reghezza-Zitt, *La France dans ses territoires*, © Sedes, 2011.

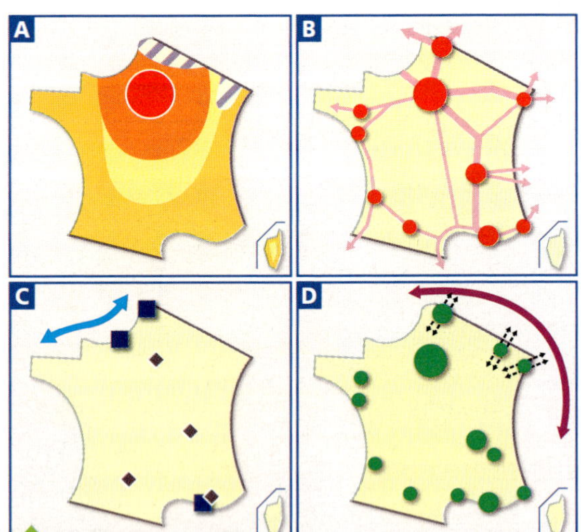

2 Schémas cartographiques de repérage
A Les différents types d'espace
B Métropoles et axes de communication
C Ports, aéroports internationaux et façade maritime
D Technopoles, régions transfrontalières et intégration européenne

à partir d'un texte et de schémas

3 Le tableau de la légende

Les centres		Les périphéries		Les dynamiques européenne et mondiale	
Informations	*Figurés*	*Informations*	*Figurés*	*Informations*	*Figurés*
L'aire d'influence de Paris	....	Les espaces industriels en reconversion	....	....	
Paris, ville mondiale	....	....		Aéroport	....
Les technopoles	....	....		Port	
....		La périphérie attractive		....	....
		....		Mégalopole	....
		....			

Titre : ....

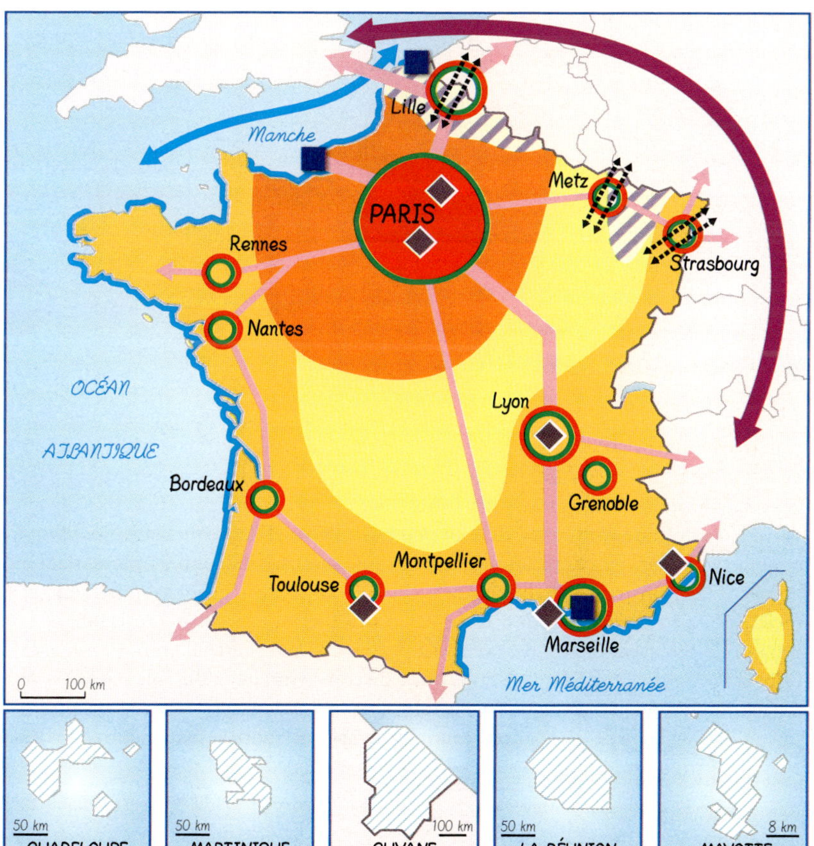

Légende

Les centres

Le centre principal
- .... Paris ville mondiale
- .... L'aire d'influence de Paris

Les centres secondaires
- .... Les grandes métropoles
- .... Les technopoles

Les périphéries

Les espaces dynamiques
- .... Croissant périphérique attractif
- .... Les espaces privilégiés
- .... Les littoraux
- .... Les espaces frontaliers

Les espaces moins intégrés
- .... Périphérie à dominante rurale souvent en déprise
- .... Les espaces industriels en reconversion
- .... Les périphéries ultramarines

Les dynamiques européennes et mondiales

Les axes de communication
- .... Principaux
- .... Secondaires

L'ouverture européenne et mondiale
- .... Les grands aéroports
- .... Les principaux ports
- .... La façade maritime Manche/Mer du Nord
- .... La mégalopole européenne de Londres à l'Italie du Nord

Exercices

Réviser les repères

Livret **Brevet**

→ L'essentiel p. 34

A LE VOCABULAIRE

Compétence 5.1 › **Avoir des connaissances et des repères** Socle

1. Complétez le texte ci-dessous à l'aide d'une ou plusieurs des quatre propositions.
« Les principales actions des sociétés humaines consistent à s'approprier et administrer l'espace sur lequel elles vivent, y habiter, et y développer leurs activités de production et d'échanges, en utiliser, exploiter les ressources. Toutes ces actions contribuent à .... »

Source : Glossaire de l'ENS-Lyon, 4 février 2011.

a) ...organiser l'espace. »

b) ...uniformiser les espaces. »

c) ...faire naître des centres et des périphéries. »

d) ...mettre en valeur des espaces différents. »

2. Sélectionnez dans la liste ci-dessous, les mots ou groupes de mots que vous associez à un **espace central**.

- capitale
- espace rural en déprise
- zone industrielle en reconversion
- métropole
- technopole
- quartier des affaires
- concentration des activités

B LES LOCALISATIONS

Compétence 5.1 › **Avoir des connaissances et des repères relevant de l'espace** Brevet

1. Associez chaque type d'espace au numéro correspondant :

- Espaces industriels en reconversion
- Croissant périphérique attractif
- Paris, ville mondiale
- Aire d'influence de Paris
- Périphérie à dominante rurale

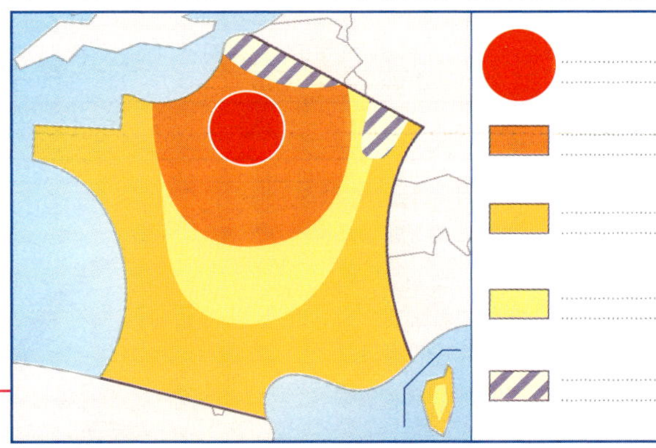

C LES ACTEURS

Compétence 1.4 › **Dégager l'essentiel d'un texte lu** Brevet

► Situer

1. Quel est l'espace concerné par ce texte de loi ?

► Identifier les acteurs

2. Relevez tous les acteurs concernés par cette loi. Classez-les selon l'échelle de leurs compétences, du national au local et en distinguant acteurs publics et acteurs privés.

► Comprendre le rôle des acteurs

3. Quels sont les objectifs pour le Grand Paris ?

4. Expliquez quel rôle essentiel jouent ces acteurs dans l'organisation spatiale de l'agglomération parisienne.

1 Les acteurs du Grand Paris

« Grand Paris est un projet urbain, social et économique d'intérêt national. Les collectivités territoriales et les citoyens sont associés à l'élaboration et à la réalisation de ce projet. Ce projet s'appuie sur la création d'un réseau de transport public de voyageurs dont le financement des infrastructures est assuré par l'État. Ce réseau s'articule autour de contrats de développement territorial définis et réalisés conjointement par l'État, les communes et leurs groupements. Ces contrats participent à l'objectif de construire chaque année 70 000 logements géographiquement et socialement adaptés en Île-de-France et contribuent à la maîtrise de l'étalement urbain. Le projet du Grand Paris favorise également la recherche, l'innovation et la valorisation industrielle au moyen de pôles de compétitivité et du pôle scientifique et technologique du plateau de Saclay dont l'espace agricole est préservé. Ce projet intègre un objectif de croissance économique afin de soutenir la concurrence des autres métropoles mondiales. »

Extrait de la Loi n° 2010-597 relative au Grand Paris du 3 juin 2010.

Réviser les savoir-faire

D LIRE UNE CARTE

Compétence 5.3 › **Lire et employer différents langages (carte)** Brevet

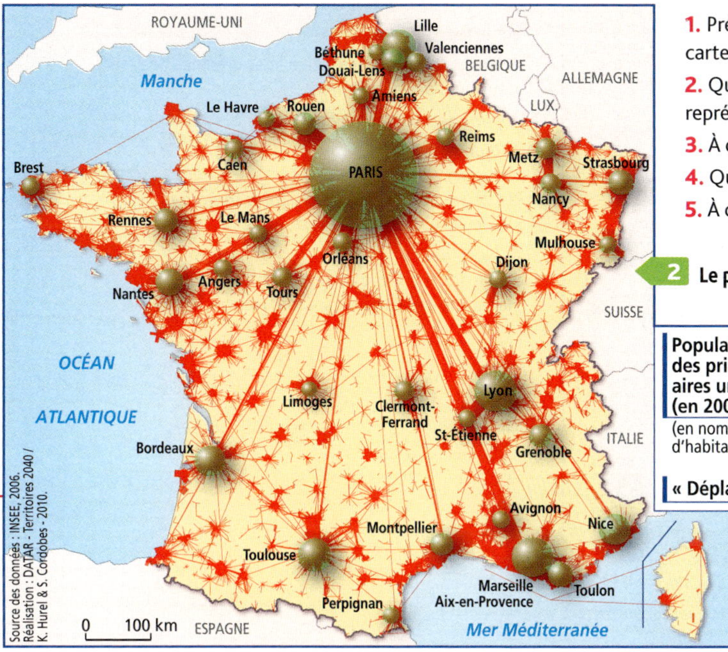

1. Présentez le thème, l'échelle, la source et la date de cette carte. Rappelez la définition d'aire urbaine.
2. Quels sont les deux types de figurés utilisés ? Pourquoi a-t-on représenté des cercles de tailles différentes ?
3. À quoi correspondent les traits rouges d'épaisseur différente ?
4. Quelle ville domine le territoire français ?
5. À quoi les autres grandes villes correspondent-elles ?

2 Le poids de Paris et des grandes métropoles

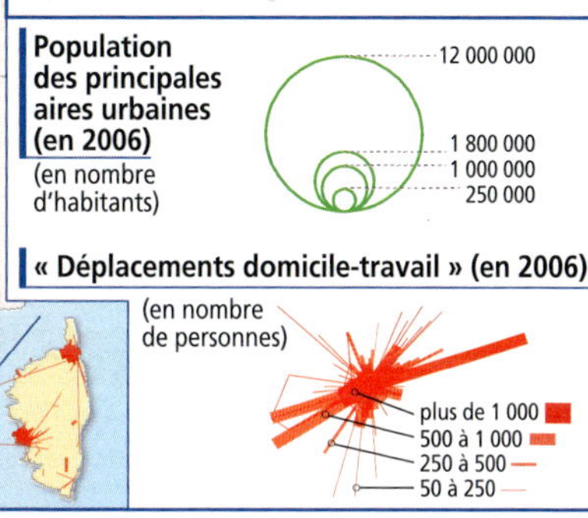

E FAIRE UNE RECHERCHE

Compétences 4.4 › **Chercher et sélectionner l'information demandée** B2i

Utiliser un système de cartographie interactive pour découvrir la région Île-de-France

► Accéder au site et identifier la source

1. Connectez-vous sur le site de **l'Institut d'aménagement et d'urbanisme d'Île-de-France** www.3e.hgeleve.magnard.fr/liens
2. Dirigez-vous dans le menu « Ressources », sélectionnez « Cartes interactives ». Dirigez-vous vers « Les Visiau en accès libre » et cliquez sur « Grand Public ».
3. Cliquez sur la thématique « Photos et plans de la région » puis sur « photographie aérienne 2008 ».

► Identifier l'espace photographié

4. À quoi correspond l'ensemble de l'espace photographié ?
5. À quoi les lignes blanches correspondent-elles ?

► Comprendre l'espace photographié

6. Utilisez le zoom pour reconnaître les types d'espace et retrouvez à quoi correspondent les trois éléments de la légende représentés ci-dessous :

A 
B 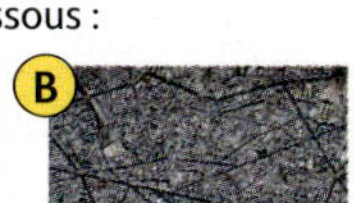
C 

7. Rédigez quelques lignes pour décrire l'organisation de l'espace photographié.

1 Localiser des repères

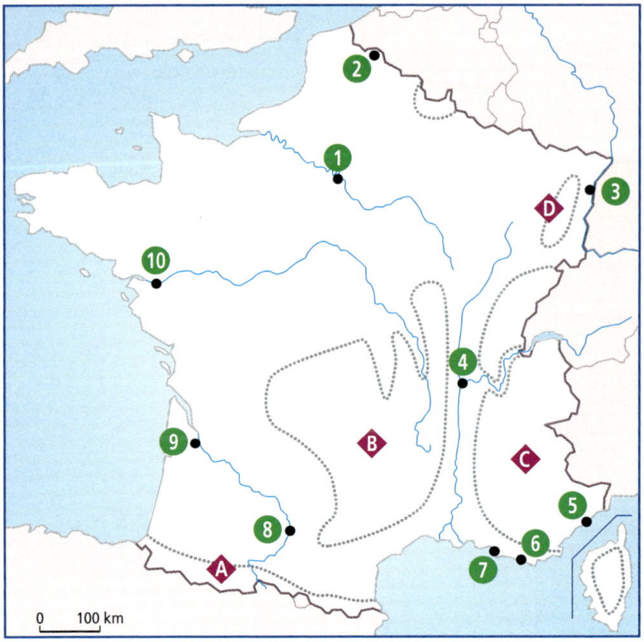

Questions

Sur le fond de carte :

1. Nommez les dix premières aires urbaines de France identifiées par des chiffres.

2. Nommez les montagnes identifiées par les lettres.

3. Nommez :
- le fleuve passant par Paris.
- le fleuve passant par Bordeaux et Toulouse.
- le fleuve passant par Lyon.

4. Nommez :
- la façade maritime où se situe Marseille.
- la façade maritime où se situe Nantes.

2 Connaître des notions, des acteurs, des situations géographiques

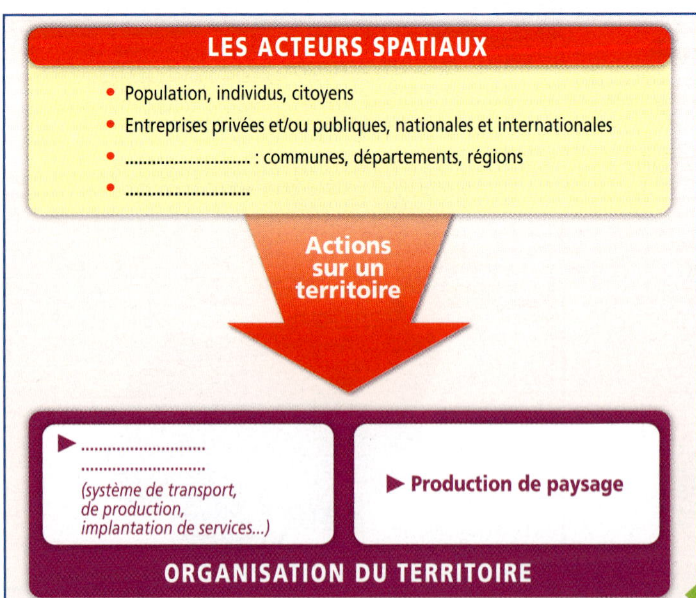

Les acteurs spatiaux

Questions

1. Qu'appelle-t-on l'organisation du territoire en géographie ?

2. Complétez le schéma pour identifier les différents acteurs spatiaux et leur action sur le territoire.

3. Quels sont les facteurs de localisation des espaces de production ? Vous répondrez à cette question en rédigeant un développement.

Méthode pour rédiger le développement → **p. 295**

3 Travailler sur un document

L'évolution du PIB par région de 1990 à 2007

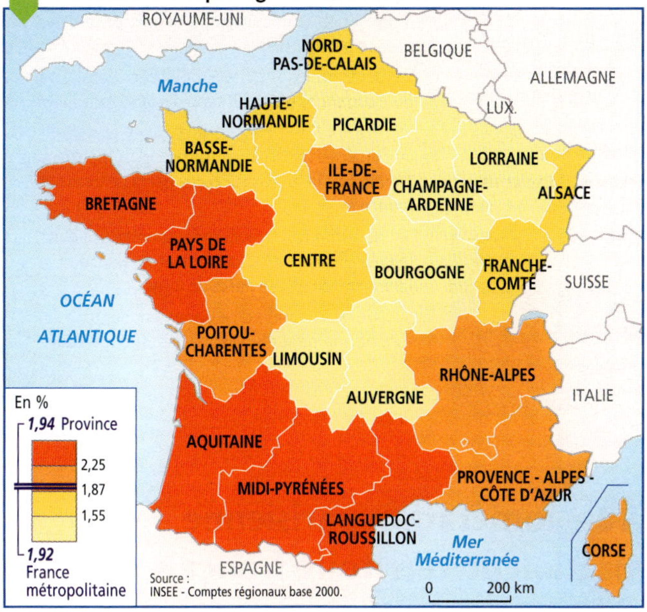

Questions

1. Présentez le document et définissez ce qu'est le PIB.
2. Identifiez les régions dont le PIB a le plus progressé et celles pour lesquelles le PIB augmente peu.
3. Expliquez ces différences de croissance économique entre les régions.
4. Que nous apprend ce document sur l'organisation du territoire français (contrastes et inégalités) ?

4 Réaliser une tâche cartographique simple

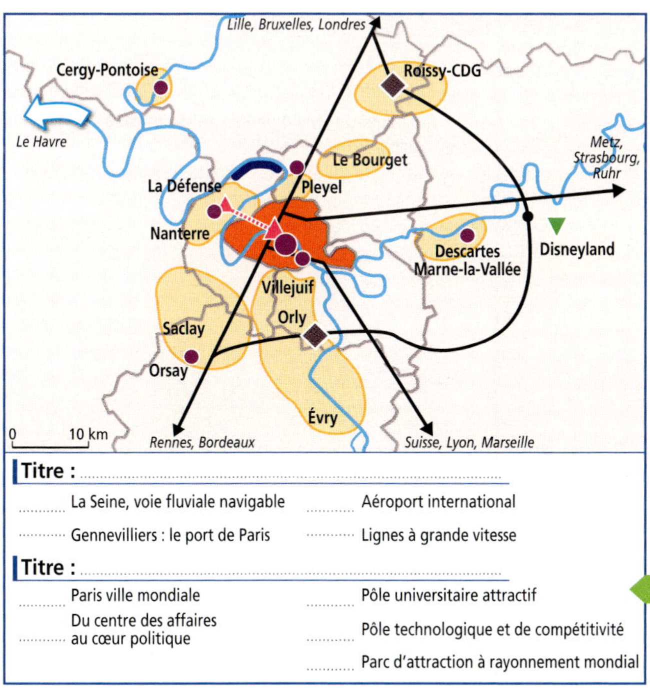

Titre : ....

- .... La Seine, voie fluviale navigable
- .... Gennevilliers : le port de Paris
- .... Aéroport international
- .... Lignes à grande vitesse

Titre : ....

- .... Paris ville mondiale
- .... Du centre des affaires au cœur politique
- .... Pôle universitaire attractif
- .... Pôle technologique et de compétitivité
- .... Parc d'attraction à rayonnement mondial

Paris, ville mondiale

Questions

Complétez ce schéma cartographique.

1. Replacez les titres dans la légende.

| Une agglomération en connexion avec le monde |
| Une agglomération puissante |

2. Complétez correctement la légende à l'aide des figurés ci-dessous.

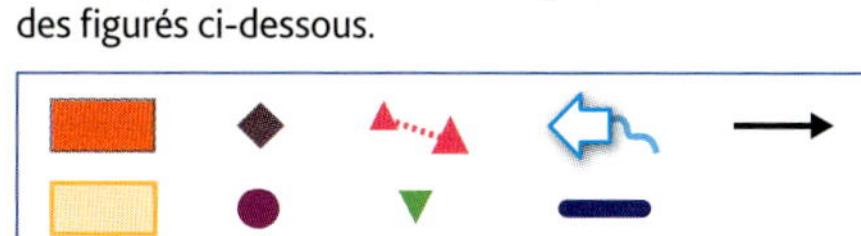

Sujet accompagné 1 • Le fonctionnement d'un espace productif tertiaire

Le Futuroscope : second parc de loisirs en France

futuroscope

- Ouvert en 1987.
- Parc à thèmes (multimédia et technologies cinématographiques et audio-visuelles).
- À sept kilomètres au nord de Poitiers[1], accessible par TGV et à proximité d'une sortie d'autoroute.
- Premier actionnaire : la Compagnie des Alpes, entreprise française spécialisée dans les domaines skiables et les parcs d'attractions dans toute l'Europe.
- Le Conseil Général de la Vienne, créateur du Futuroscope conserve une participation de 38 % dans le capital du Parc.
- Une fréquentation européenne : 93 % des visiteurs sont Français, 7 % des visiteurs sont étrangers (Espagne, Grande-Bretagne, Bénélux, Suisse).

Dossier de presse, www.presse.futuroscope.com, 2011.

1. Poitiers : capitale de la région Poitou-Charentes.

Questions

1. Présenter le document et définissez ce qu'est un espace productif.

2. Identifiez les activités implantées dans le parc du Futuroscope. À quel type d'espace productif correspondent-elles ?

3. Localisez le parc du Futuroscope. Quels facteurs expliquent la localisation des parcs de loisirs en France ?

4. Identifiez les acteurs qui interviennent dans la création et le développement du parc du Futuroscope et des parcs de loisirs.

5. Que nous apprend ce document sur le fonctionnement d'un espace productif tertiaire ?

Sujet accompagné 2 • La place de l'agglomération parisienne dans l'organisation du territoire français

La puissance de l'agglomération parisienne

« L'agglomération parisienne demeure marquée du sceau de l'exception, qu'il s'agisse de sa taille, de ses fonctions, de son organisation et désormais de sa place dans les réseaux mondiaux.

L'agglomération demeure en tête des classements nationaux, tant par la population que par le nombre d'emplois ou la contribution au produit intérieur brut (PIB). […]

Dans le secteur tertiaire, les activités liées à l'innovation sont en passe de devenir majoritaires. L'économie francilienne reste toutefois plus diversifiée que dans d'autres métropoles de rang international, avec une base industrielle non négligeable (environ 15 % du total). En outre, les emplois sont de plus en plus qualifiés. La région est aussi pleinement insérée dans la mondialisation. »

Magali Reghezza-Zitt, *La France dans ses territoires*, © Sedes, juillet 2011.

Questions

1. Présentez le document.

2. Définissez l'agglomération parisienne : à quels espaces correspond-elle ?

3. Caractérisez et expliquez les différentes formes de la puissance de l'agglomération parisienne.

4. Que nous apprend ce document sur la place de l'agglomération parisienne aux échelles nationale et mondiale ?

Mémo Brevet

✓ **Je sais prélever des informations dans un document**

Je dois comprendre la consigne donnée. Je sais :

- **Définir** : je donne la signification d'un mot, à l'aide du lexique.
- **Identifier** : je reconnais dans le document les éléments demandés.
- **Caractériser** : je liste les différents aspects qui permettent de définir précisément un fait géographique.
- **Expliquer** : je mobilise mes connaissances pour faire comprendre.

Méthode pour rédiger le développement

Sujet blanc → p. 292

Quels sont les facteurs de localisation des espaces de production ?

Étape 1 Analyser et comprendre la question

- Lisez attentivement la question et soulignez les mots importants.
- Définissez « facteurs de localisation » et « espace de production ».

Étape 2 Mobiliser ses connaissances

- À partir du schéma et du chapitre 17 (p. 262 à 277), analysez la question posée en vous aidant des pistes ci-dessous.

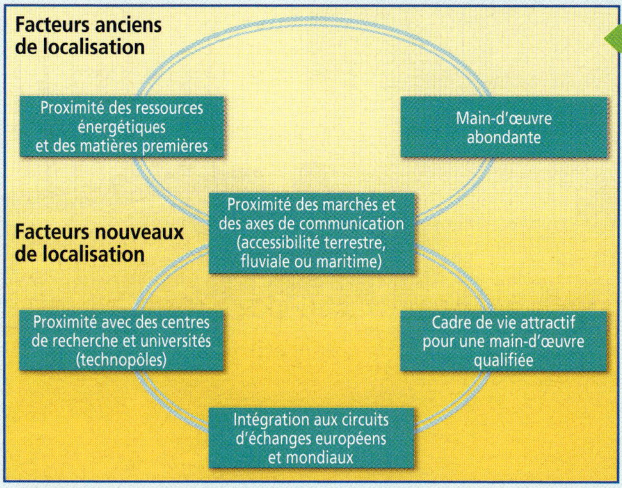

L'évolution des facteurs de localisation des espaces industriels

Conseils pour réussir l'étape 2

- Relisez attentivement les pages « leçon », « faisons le point » et les pages « dossier » du chapitre 17.
- Apprenez régulièrement vos leçons et utilisez les fiches Essentiel pour vous entraîner (Livret Brevet → p. 30 à 38).

Pistes

- Les espaces de production sont diversifiés : les espaces agricoles, les espaces industriels, énergétiques et les espaces tertiaires.
- On distingue différents facteurs de localisation : l'accessibilité, la proximité des ressources, la localisation des marchés de consommation, le cadre de vie…
- Ces facteurs de localisation se différencient selon les activités et évoluent avec le temps.
- Des acteurs interviennent à différentes échelles : acteurs économiques, Union européenne, État, collectivités territoriales…

Étape 3 Préparer la rédaction du développement

- Organisez vos connaissances en deux parties pour traiter la question.
- Donnez un titre à chaque partie.

Étape 4 Rédiger le développement

- À l'aide du plan ci-dessous, rédigez en développant les idées essentielles.

Plan

Introduction : une phrase qui présente le sujet et souligne la diversité des espaces de production.
1 Des facteurs de localisation anciens qui perdurent
2 De nouveaux facteurs de localisation et de nouveaux acteurs
Conclusion : une phrase qui montre que les espaces de production s'adaptent à la mondialisation.

CHAPITRE 19

L'Union européenne, une union d'États

▷ Comment se manifestent les contrastes et les liens entre les territoires européens ?

1 Le Parlement européen à Strasbourg : union et diversité des territoires
La devise européenne, « Unie dans la diversité », caractérise la manière dont les Européens se sont rassemblés, en créant l'Union européenne.

Confronter les documents

1. Doc. 1 et schéma cartographique Dans quel lieu a été prise la photographie ?

2. Doc. 1 Expliquez le sens de la devise pour l'Union européenne.

3. Doc. 2 Quel aménagement est prévu dans le village de Riglos ? Par qui est-il financé pour moitié ? Dans quel but ?

4. Doc. 1 et 2 Montrez que ces deux images illustrent l'unité et la solidarité des territoires européens.

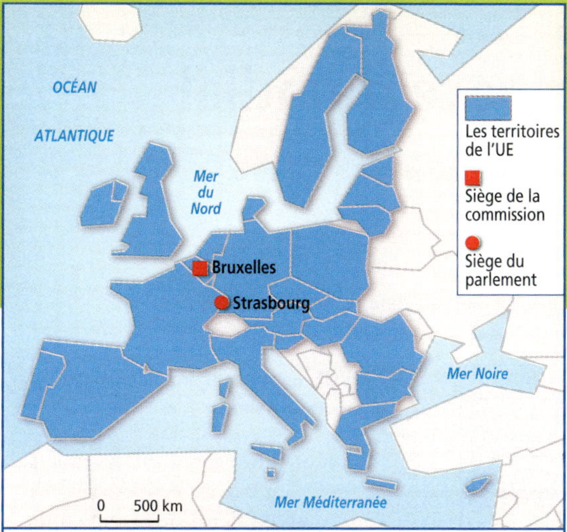

L'Union européenne en 2012

Union européenne

Association régionale qui réunit en 2012 vingt-sept états européens liés entre eux par une union économique et un projet politique.

2 L'Union européenne solidaire des espaces en difficulté
Dans le village de Riglos (Aragon), les aménagements pour canaliser le torrent ont été financés à hauteur de 50 % par le fonds de cohésion européen, destiné aux régions en difficulté afin de réduire les disparités économique et sociales sur le territoire de l'Union.

Dossier 1

L'Union européenne, un pôle majeur de l'espace mondial

Comment se caractérisent la place et le rôle de l'Union européenne dans le monde ?

L'Union européenne est un acteur majeur du monde contemporain.
Son rayonnement politique, économique et culturel s'exerce bien au-delà de ses frontières.

a. Un espace riche

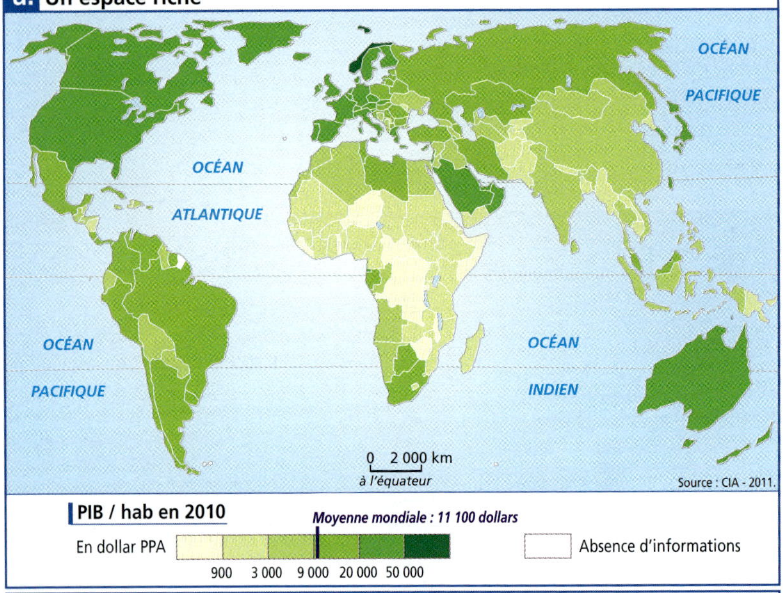

b. Un espace de libertés individuelles et collectives

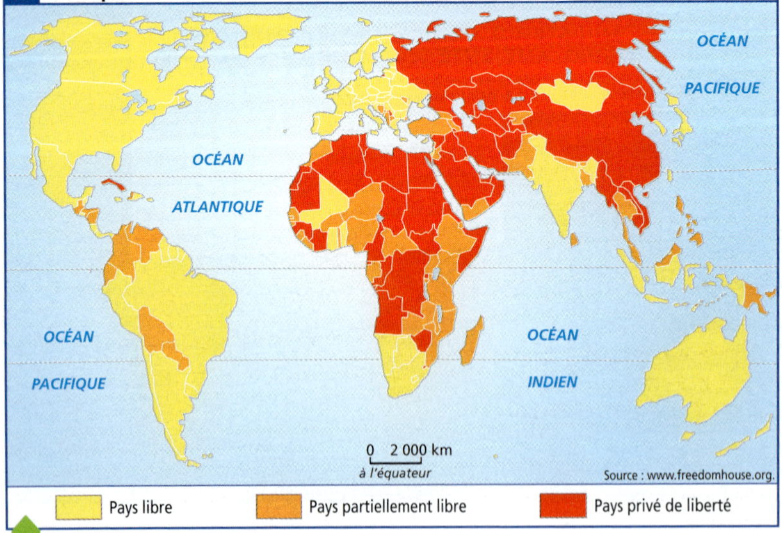

1 La place de l'Union européenne dans le monde

2 L'UE, un poids et un rôle majeurs dans le monde

« L'Union européenne est devenue la première puissance économique du monde en un demi-siècle, en grande partie du fait de ses élargissements successifs. Elle pèse 22 % du PIB mondial (2009), 23 % de la capitalisation boursière (USA 35 %) et l'euro reste la seconde monnaie de réserve du monde. Malgré les aléas[1] actuels, son niveau de vie et son système de protection sont parmi les plus élevés du monde.

L'UE est une partie du monde marquée par le jeu démocratique, l'état de droit et la capacité de critiques sur les manquements. Le grand nombre d'étudiants issus des pays émergents qui aspirent à venir étudier en Europe le confirme. »

Michel Foucher, Entretien paru dans *La documentation française*, juin 2010.

1. La crise économique.

3 Les chiffres clé de l'UE

- 7,2 % de la population mondiale (502 millions d'habitants).
- 20 % des chercheurs et scientifiques.
- IDH : 0,937 (Monde : 0,753).
- 30 % des 500 plus grandes firmes transnationales y ont leur siège social.
- 38 % des 500 premières universités mondiales.
- Espérance de vie à la naissance : 78,8 ans (Monde : 69,2 ans).
- Taux de scolarisation dans le secondaire en 2010 : 90 % (Monde : 59 %)

Sources : ONU, FMI et diverses institutions.

4 L'UE, un territoire attractif
Arrivée de Tunisiens sur le port de Lampedusa au printemps 2011. L'espace européen continue d'attirer un grand nombre de migrants (immigrés, réfugiés, demandeurs d'asile…) à la recherche d'une vie meilleure, malgré la surveillance de plus en plus stricte des quelque 78 000 kilomètres de frontières extérieures.

5 L'UE, un acteur majeur de l'aide au développement

« Une constante de l'aide au développement de l'UE [est] d'apporter un soutien maximal aux efforts mondiaux et locaux pour atteindre les **OMD**. Lors du sommet des Nations unies de septembre 2010, l'Union européenne a annoncé une initiative en faveur des OMD, bénéficiant d'une enveloppe d'un milliard d'euros, afin de renforcer l'appui apporté à ses partenaires des pays d'Afrique, des Caraïbes et du Pacifique (ACP) pour leur permettre de les atteindre. Un plan d'action en faveur de l'émancipation des femmes a été adopté. Il vise à renforcer les efforts pour promouvoir l'égalité hommes-femmes dans les pays en développement. En 2010, l'UE a aussi fourni une aide alimentaire et d'autres aides d'urgence à plus de 150 millions de personnes victimes de catastrophes d'origine naturelle ou humaine dans 80 pays dans le monde. Le budget final a dépassé le milliard d'euros. »

Commission européenne sur les politiques de l'UE en matière de développement et d'aide extérieure, Rapport annuel du 6 juillet 2011

Vocabulaire

OMD (Objectifs du millénaire pour le développement) : priorités établies par l'ONU pour le développement dans le monde en faveur des pays les plus pauvres dans les domaines de la santé, de l'éducation, des droits de l'homme et de l'environnement.

JE DÉCOUVRE

Identifier la place l'UE dans le monde

1. **Doc. 1 et 3** Comment se caractérisent la richesse, le niveau de développement et l'exercice des libertés de l'Union européenne par rapport aux autres régions du monde ?

2. **Doc. 2 et 3** Dans quels autres domaines la puissance de l'UE s'exerce-t-elle à l'échelle mondiale ?

Identifier les formes de l'influence de l'UE à l'échelle mondiale

3. **Doc. 5** Quel rôle l'Union européenne joue-t-elle en faveur des pays en développement ? Comment se manifeste l'aide qu'elle apporte aux populations les plus vulnérables ?

4. **Doc. 4** Quelle est la conséquence de l'attractivité de l'Europe ?

CE QUE J'AI APPRIS

Sur la place et le rôle de l'UE

Un pôle majeur dans le monde
L'UE est une puissance économique majeure.
Ses habitants à haut niveau de revenus vivent dans un espace de liberté.

De multiples formes d'influence
L'UE est un territoire attractif.
Terre d'immigration, elle participe au développement des États les plus pauvres.

Dossier 2 La santé, un exemple de contrastes et de solidarités au sein de l'UE

Quels sont les contrastes au sein de l'UE et comment essaie-t-elle de les atténuer ?

L'Union européenne connaît de forts contrastes sur son territoire entre des pays riches et des pays au développement moins élevé. Les valeurs d'égalité et d'équité inscrites dans le projet de l'UE conduisent les États à atténuer ces disparités en mettant en œuvre des politiques d'aides et de coopération transfrontalière dans plusieurs domaines dont la santé.

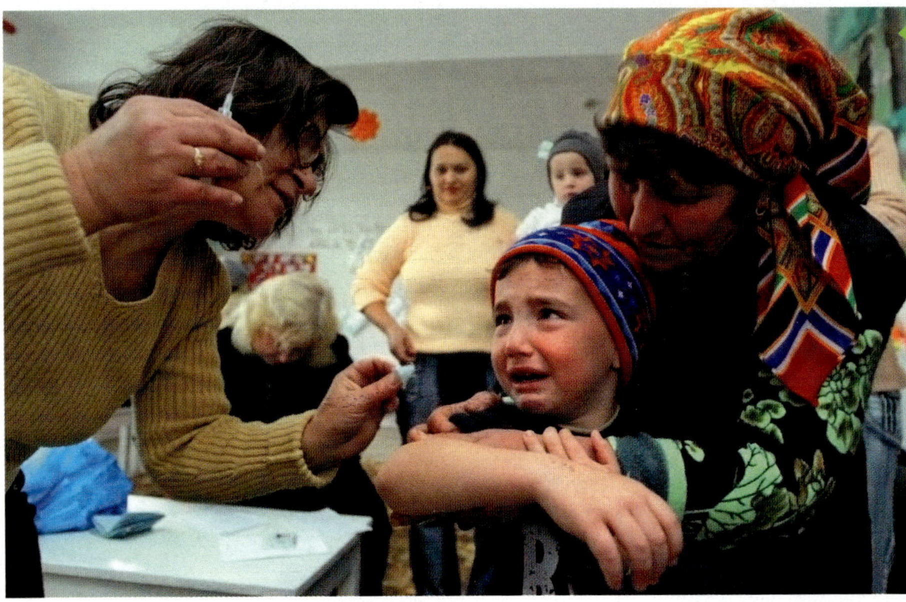

1 Une séance de vaccination dans un village du Nord-est de la Roumanie
Cet accès au soin se réduit de plus en plus : à la couverture médicale déjà très faible (1,9 médecins pour 1 000 habitants) s'ajoutent les départs de plus en plus nombreux des médecins roumains vers les pays de l'Europe de l'Ouest où ils obtiennent de meilleurs salaires.

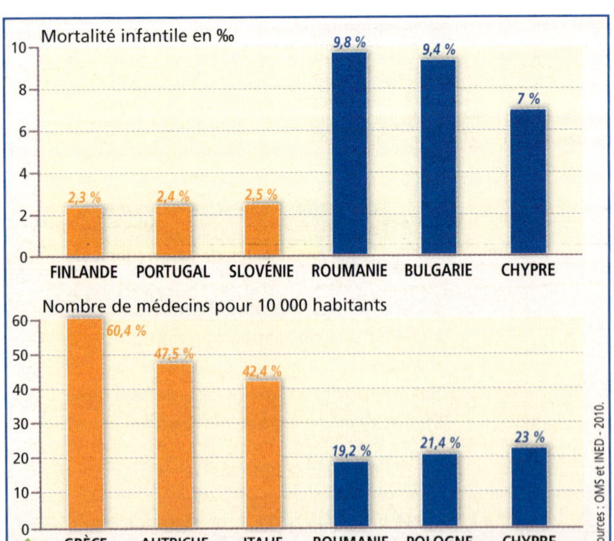

2 Les inégalités : trois plus fortes et plus faibles valeurs dans l'UE

3 À deux pas du centre de Glasgow, l'espérance de vie la plus basse d'Europe
Dans les quartiers dévastés par la désindustrialisation, où 38 % des habitants sont sans revenu, l'espérance de vie des hommes ne dépasse pas 54 ans et beaucoup de jeunes sont en mauvaise santé.

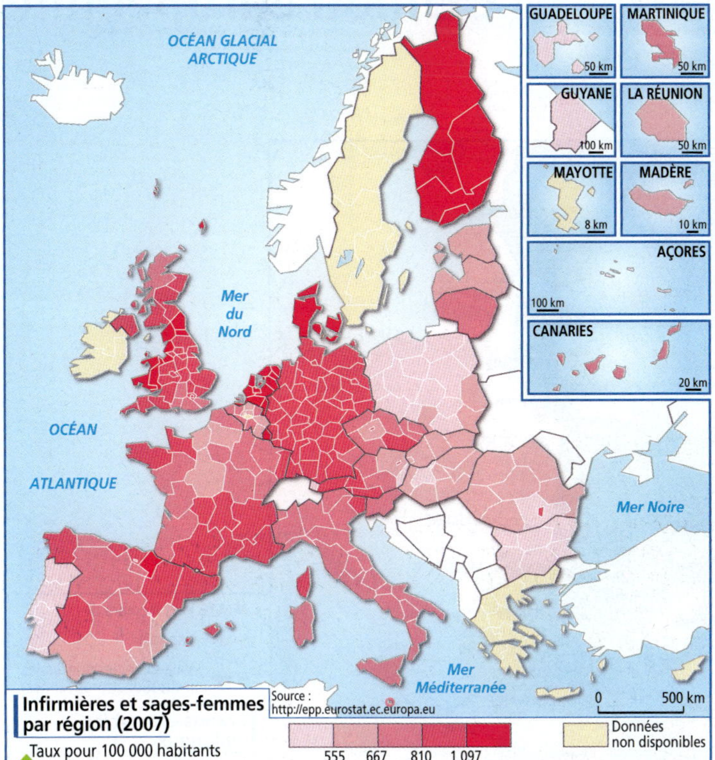

4 Le nombre d'infirmiers et de sages-femmes par régions dans l'UE, en 2007

5 La santé par delà les frontières

« Dans le cas du projet Healthacross, il est question de coopération transfrontalière dans le domaine des soins de santé, mais aussi de sauver des vies dans les villes de Gmünd en Basse-Autriche et de České Velenice en Bohème du Sud, toutes deux à la frontière entre l'Autriche et la République tchèque.

En effet, les services de soins d'urgence du côté tchèque de la frontière sont limités. Si České Velenice dispose d'une ambulance, il faut, en cas de nécessité, parcourir 35 kilomètres pour en trouver une autre, et l'hôpital le plus proche se situe à 60 kilomètres alors que l'hôpital autrichien de Gmünd ne se situe qu'à quelques centaines de mètres de l'autre côté de la frontière. De même, les patients autrichiens apprécient certains services de soins disponibles du côté tchèque…

Afin de réagir à ces problèmes, le projet entend dynamiser la coopération transfrontalière, réduire les temps de réaction en cas d'urgence médicale, et assurer un meilleur accès aux soins de santé en général dans la région frontalière. »

Inforégio, Commission européenne, © Union européenne, 1995-2012.

6 Améliorer la santé des européens

« L'Union européenne est l'une des régions les plus riches de la planète.

Pourtant, 17 % des Européens ont si peu de ressources qu'ils ne peuvent couvrir leurs besoins élémentaires. Pour éliminer les disparités en matière de santé, il faut aider les régions et les populations disposant de soins de santé moins performants à progresser plus rapidement afin de combler leur retard […].

Les fonds européens sont utilisés pour améliorer la santé des plus démunis et réduire les disparités existant en matière de santé entre les régions (les services de soins de santé de base, les systèmes d'approvisionnement en eau et d'assainissement et la rénovation des logements). »

Commission européenne, http://ec.europa.eu/social, © Union européenne, 1995-2012.

JE DÉCOUVRE

Repérer les grands contrastes en matière de santé au sein de l'Union européenne

1. Doc. 1 et 2 Relevez les données de la Roumanie en matière de santé. Comment pouvez-vous qualifier sa situation par rapport aux pays de l'Est ? Comment évolue l'accès aux soins ?

2. Doc. 2 et 4 Repérez les inégalités de la couverture médicale (médecins, infirmiers et sages femmes) dans l'Union européenne. Quels liens établissez-vous entre ces chiffres et ceux de la mortalité infantile ?

3. Doc. 3 « Les contrastes en matière de santé s'observent à toutes les échelles ». Justifiez cette affirmation. Quel lien pouvez-vous établir entre santé et pauvreté ?

Identifier les politiques communautaires mises en œuvre pour réduire les inégalités

4. Doc. 5 Quelles améliorations en matière de santé la coopération transfrontalière permet-elle ?

5. Doc. 6 Relevez les différentes actions menées pour réduire les contrastes.

CE QUE J'AI APPRIS

Sur les contrastes et les solidarités au sein de l'UE

Des inégalités régionales
Les territoires et les populations de l'UE présentent d'importants contrastes de richesse et de développement.

Des politiques de solidarité
L'UE cherche à réduire les inégalités entre les territoires en finançant des actions de développement régional.

Faisons le point — L'Union européenne

Retenir à l'aide de cartes

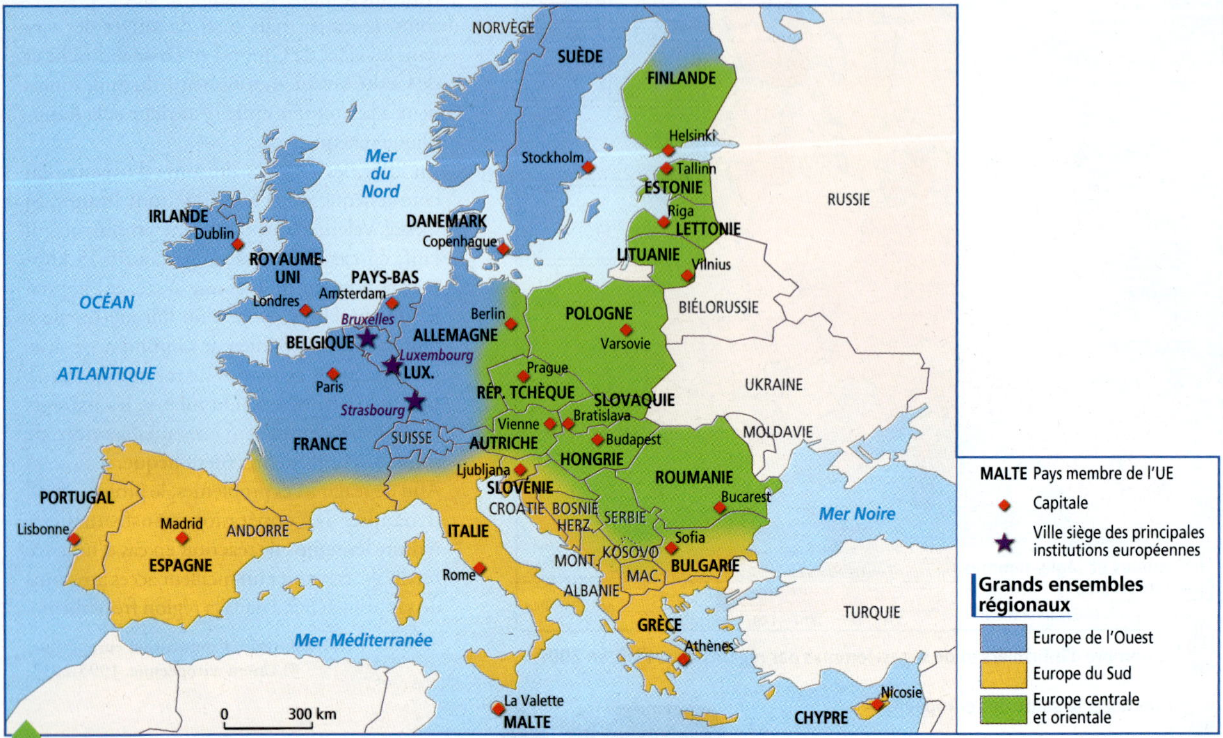

1 Les États de l'Union européenne et les grands ensembles régionaux

Retenir à l'aide d'un schéma

2 L'Union européenne, une union d'États

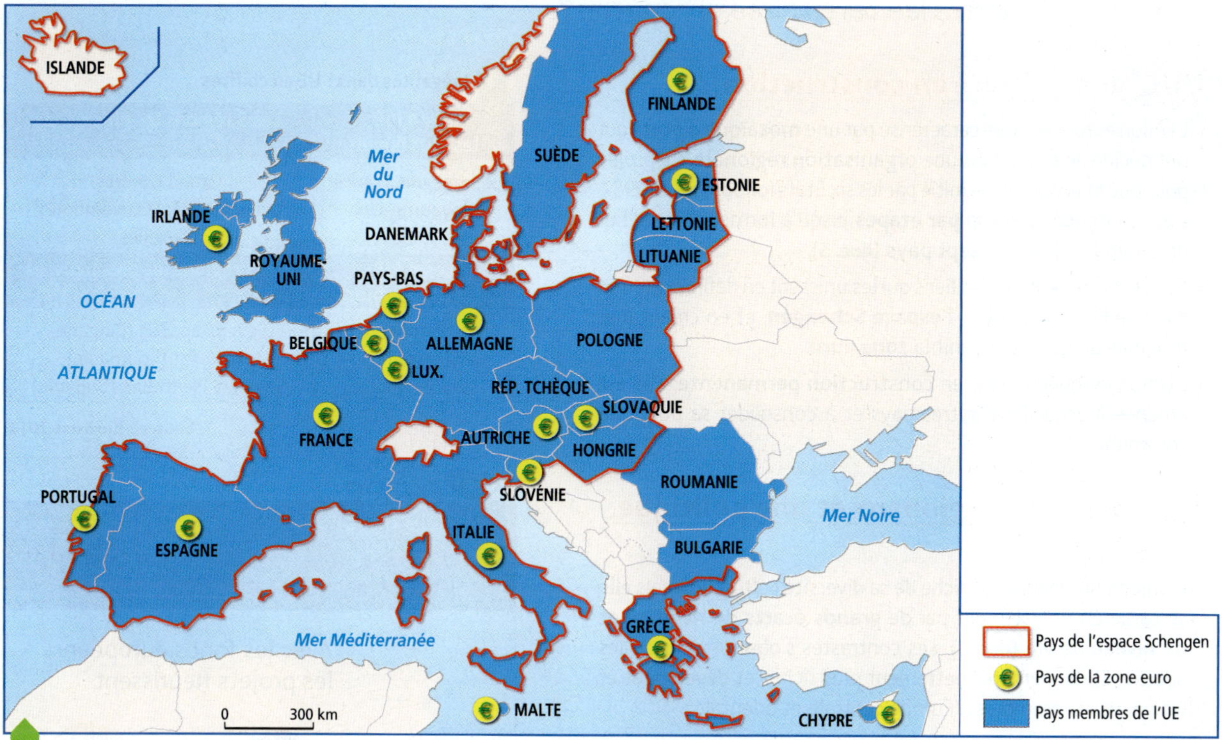

3 **Les pays de la zone euro et l'espace Schengen**

Lire les cartes

Carte 1

1. Citez les trois grands ensembles régionaux en Europe.

2. Combien d'États compte l'Union européenne ? Citez les villes où se situent les principales institutions européennes.

Carte 2

3. Citez les pays appartenant à la fois à l'UE, à la zone euro et à l'espace Schengen.

Des dossiers → à la leçon

Dossier **1** L'Union européenne, un pôle majeur de l'espace mondial →

Dossier **2** La santé, contrastes et solidarités au sein de l'UE →

L'Union européenne, une union d'États

Leçon p. 304

Leçon

L'Union européenne, une union d'États

▷ *Comment se manifestent les contrastes et les liens entre les territoires européens ?*

A L'UE, un territoire en construction

- L'Union européenne se caractérise par une **mosaïque d'États** qui ont décidé de s'unir dans une **organisation régionale**. Ce projet politique et économique initié par les six États fondateurs en 1957, s'est consolidé et **élargi par étapes** jusqu'à former aujourd'hui un ensemble de **vingt-sept pays** (doc. 5).
- Ces États ont renforcé les liens qui les unissent en définissant une zone de libre circulation, l'**espace Schengen**, et en créant une monnaie unique, qui définit la **zone euro**.
- L'Union européenne est en **construction permanente**. Elle est amenée à accueillir d'autres pays et à consolider sa politique commune.

B Des contrastes régionaux et une politique régionale

- L'Union européenne est riche de sa diversité culturelle, mais elle se caractérise également par de **grands écarts de richesse et de niveau de vie** (doc. 1). Les contrastes s'observent entre les anciens États membres nettement plus riches et développés et les nouveaux membres d'Europe centrale et orientale.
- Mais les plus fortes disparités opposent les régions européennes. On peut ainsi distinguer schématiquement **trois types d'espaces** : les **grandes métropoles** et la **mégalopole européenne** qui concentrent la richesse économique et l'innovation ; les **espaces en difficulté ou en retard de développement** notamment les espaces ruraux isolés et enfin les **espaces en situation intermédiaire**.
- Ces disparités ont conduit l'Union européenne à mettre en place une **politique d'aides pour réduire les écarts** et favoriser un développement plus équilibré. Les financements européens permettent de créer des emplois et de soutenir des projets d'aménagements pour ces espaces en difficulté (doc. 2).

C L'UE dans le monde, un espace privilégié

- Avec 502,5 millions d'habitants en 2011, au troisième rang mondial derrière la Chine et l'Inde, et des densités élevées, **l'Union européenne est un des espaces les plus riches et les plus développés de la planète**. Cela explique son attractivité pour les migrants venus du monde entier.
- **Espace de paix et de démocratie**, elle exerce une influence sur le monde en diffusant les valeurs des droits de l'homme et de coopération (doc. 3). Elle œuvre pour la paix dans le monde et contribue largement par son aide au développement aux **Objectifs du millénaire** de l'ONU (doc. 4).

1 Inégalités dans l'UE en chiffres

Les 4 PIB les plus élevés	Les 3 régions les plus riches
Allemagne, France Royaume-Uni Italie	Grand Londres Grand duché de Luxembourg Bruxelles
Les 4 PIB les plus faibles	**Les 3 régions les plus pauvres**
Estonie Lettonie Chypre, Malte	Severozapaden (Bulgarie) Nord-Est (Roumanie) Severen-Tsentralen (Bulgarie)

Source : Eurostat 2011.

2 La politique régionale de l'UE

Vocabulaire

Zone euro : partie de l'Europe où l'euro a été adopté.

Espace Schengen : espace de libre circulation des personnes entres les états signataires.

Mégalopole européenne : ensemble urbain européen qui s'étend de la région de Londres à celle de Milan par la vallée du Rhin.

Objectifs du millénaire : voir p. 299.

3 Des valeurs fondamentales

« La paix et la liberté : voilà ce que promet l'Europe par la voix de la chancelière de la première puissance européenne en 2009[1]. C'est ce que les pères fondateurs de l'Union avaient souhaité, il y a de cela plus de 50 ans. La paix pour réconcilier l'Europe après deux guerres mondiales ; la liberté de penser, de se déplacer et d'entreprendre dans le respect de l'état de droit. La réaffirmation de ces valeurs fondamentales rappelle que l'Europe est pressée de formuler son projet politique, son dessein économique et son assise territoriale. [...]Dans le projet européen, l'intégration prend de multiples dimensions au fur et à mesure qu'il se consolide. L'intégration est dans un premier temps économique (traité de Rome en 1957), puis politique (traité de Maastricht en 1992), sociale et territoriale (traité de Lisbonne de 2007). »

Emmanuelle Boulineau « Quelle Europe vingt ans après la chute du Mur ? », *Géocarrefour*, 2009.

1. Le 11 novembre 2009, les chefs d'État français et allemand ont pour la première fois célébré ensemble le 91ème anniversaire de l'armistice de la Première Guerre mondiale.

4 L'engagement de l'Union européenne dans le monde
L'UE est le premier donateur mondial de l'aide au développement.

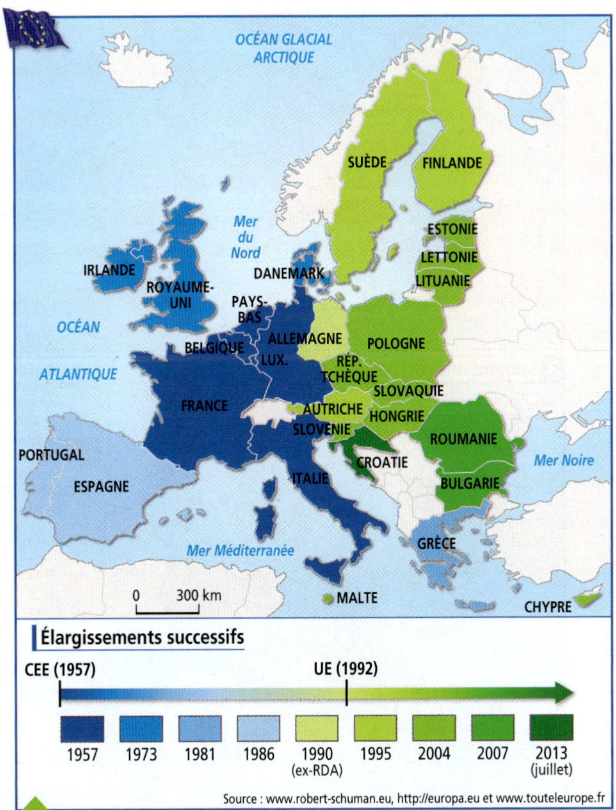

Source : www.robert-schuman.eu, http://europa.eu et www.touteleurope.fr

5 Les étapes de la construction européenne

A L'UE, un territoire en construction

1. Doc. 5 Repérez les grandes étapes des élargissements successifs. Quels sont les derniers États à avoir intégré l'Union européenne?

2. Doc. 3 Montrez que l'Union européenne s'est construite autour d'un projet à la fois politique et économique.

B Des contrastes régionaux et une politique régionale

3. Doc. 1 Localisez en Europe les espaces riches et pauvres. Entre quels États de l'UE observe-t-on de forts contrastes ? À quel type d'espace correspondent les régions les plus riches ?

4. Doc. 2 Décrivez l'affiche. Comment l'UE aide-t-elle les régions en difficulté ?

C L'UE dans le monde, un espace privilégié

5. Doc. 3 Quelles valeurs l'Europe incarne-t-elle et cherche-t-elle à diffuser ?

6. Doc. 4 Comment l'UE exerce-t-elle une influence sur le monde ?

Bilan **L'UNION EUROPEENNE : UN TERRITOIRE CONTRASTE EN CONSTRUCTION OUVERT SUR LE MONDE**

À l'aide de l'ensemble des documents, rédigez un paragraphe sur les caractéristiques des États de l'UE.

Socle

Compétence 5.1 > **Avoir des connaissances et des repères relevant de la culture civique**

Compétence 6.1 > **Connaître les principes et fondements de la vie civique et sociale**

Réaliser un croquis

Compétence 5.3 › **Lire et pratiquer différents langages (cartes)** Socle

Étape 1 Analyser des cartes et sélectionner les informations

Observez bien les cartes et répondez aux questions posées pour dégager des informations.

Carte 1

1. Localisez et situez les principales métropoles européennes. Quelles sont les deux villes mondiales ?

2. Nommez les États de l'UE traversés par la mégalopole.

3. Où se situe le premier port européen ?

4. Où la densité des grands axes de communication est-elle la plus forte ?

Carte 2

5. Expliquez pourquoi deux couleurs, le vert et le rouge, ont été utilisées.

6. À quel ensemble de pays appartiennent les États représentés en rouge ?

7. Repérez les PIB dans l'espace de la mégalopole. Que constatez-vous ?

Carte 3

8. Quelles sont les régions qui reçoivent le plus de subventions de la part de l'UE ?

9. Quelles sont celles qui en reçoivent le moins ?

10. Comment les figurés cartographiques mettent-ils en valeur ce contraste ?

Étape 2 Construire la légende du croquis : classer les informations

Organisez et classez les informations sélectionnées dans les cartes en complétant le tableau ci-dessous :

Type d'espace	Métropoles	Axes de communication	PIB par habitant	Aide de l'Union Européenne	Localisation des ensembles régionaux
Un espace en difficulté, en retard de développement	Aucune métropole à fort rayonnement international	....	Inférieur à 75 % de la moyenne européenne	Régions parmi les plus aidées	....
Un espace intermédiaire périphérique	....	Nombreux	De 75 % à plus de 100 %	....	Régions situées de part et d'autre de la mégalopole (nord, est, sud et ouest)
Le centre : l'Europe de la richesse	Deux villes mondiales	La plus forte densité	....	Régions les moins aidées	....

Étape 3 Réaliser le croquis

À partir des tableaux ci-dessous, complétez la légende du croquis en sélectionnant les informations et les figurés appropriés.

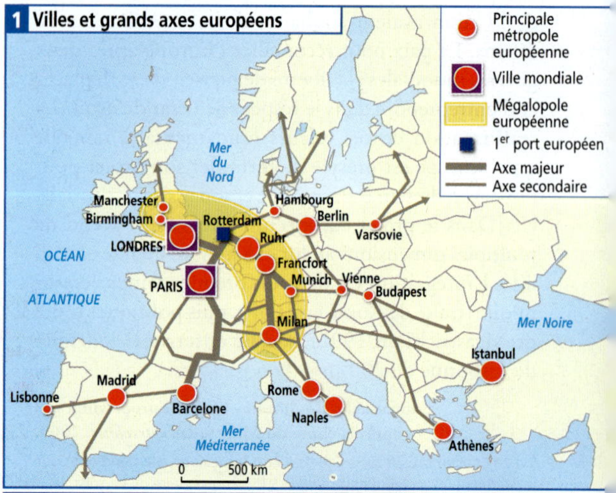

1 Villes et grands axes européens

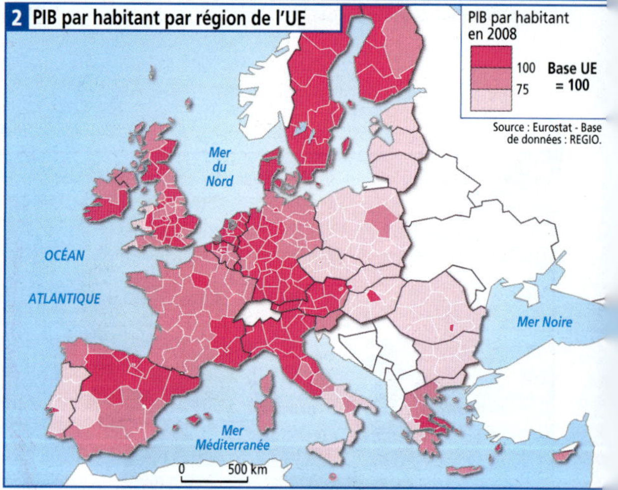

2 PIB par habitant par région de l'UE

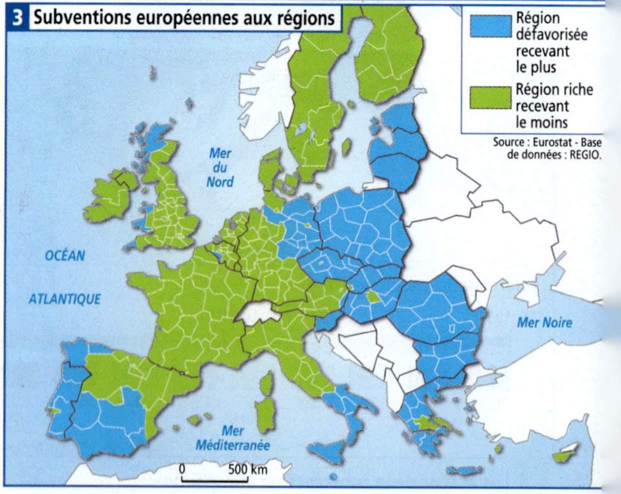

3 Subventions européennes aux régions

des grands types d'espaces dans l'UE

Titre : Les grands types d'espaces dans l'Union européenne

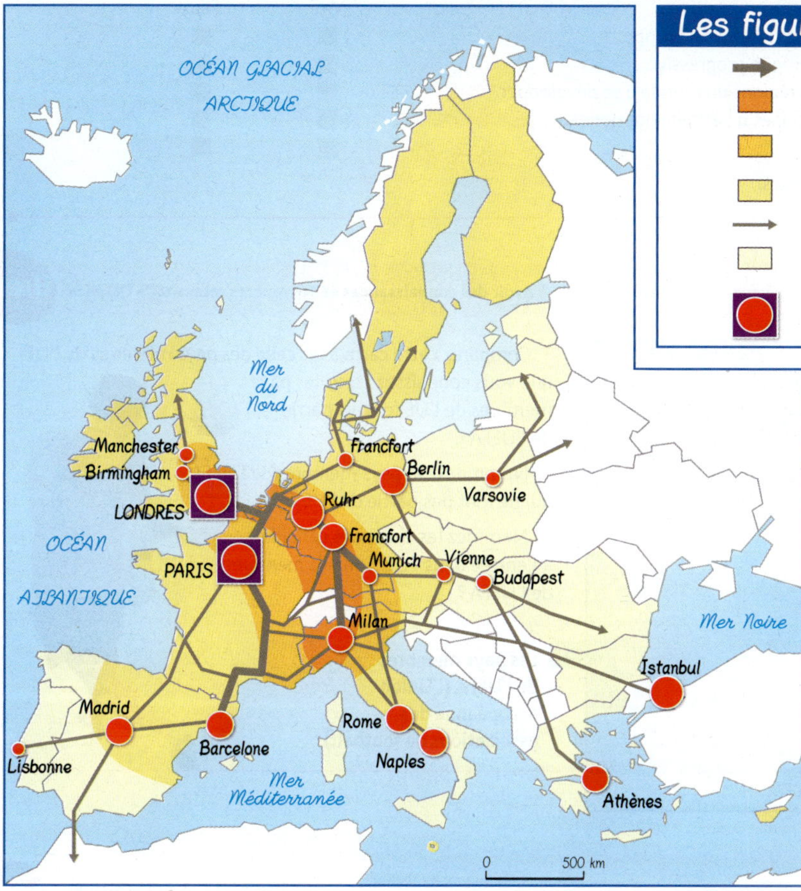

Les figurés

Les informations

- Deux villes mondiales
- Principaux axes de communication
- Espace européen intermédiaire
- Axes secondaires
- Mégalopole
- Espace européen de la richesse
- Espace européen en difficulté

Légende organisée

Figurés	Informations
Centre de l'Europe	
....	....
....	....
....	....
Périphéries plus ou moins intégrées au centre	
....	....
....	....
Axes de communication qui relient ces différents types d'espaces	
....	....
....	....

Mémo Brevet

Pour construire la légende

1. Je sélectionne des informations à partir de cartes thématiques.
2. Je repère les figurés utilisés à partir de cartes thématiques.
3. Je classe les informations et les figurés cartographiques dans un tableau à double entrée pour organiser ma légende.

Pour réaliser le croquis

4. Je sélectionne les informations et les figurés appropriés.
5. Je complète la nomenclature si nécessaire.

Réviser les repères

Livret Brevet

→ L'essentiel p. 35

A LE VOCABULAIRE

Compétence 5.1 > **Avoir des connaissances et des repères** — Socle

1. Définir l'Union européenne. Pour chaque affirmation ci-dessous, dites si elle est vraie ou fausse.

	Vrai	Faux
- L'UE est l'association régionale regroupant tous les pays d'Europe.	☐	☐
- L'UE est une construction économique et politique progressive.	☐	☐
- La politique régionale de l'UE vise à aider des régions du monde à se développer.	☐	☐
- L'UE est un ensemble de pays riches et développés à l'échelle du monde.	☐	☐
- L'UE est un territoire important dans le monde.	☐	☐

2. Justifiez vos réponses à l'aide de vos connaissances.

B LES LOCALISATIONS

Compétence 5.1 > **Avoir des connaissances et des repères relevant de l'espace** — Brevet

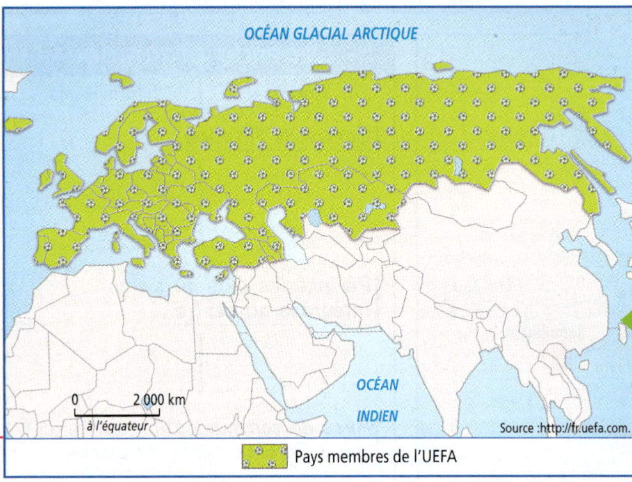

1 Les pays membres de l'UEFA (l'Union européenne des associations de football)

1. Comparez cette carte avec celle des pays membres de l'UE que vous connaissez : tous les pays membres de l'UE font-ils partie de l'UEFA ?

2. Nommez cinq pays membres de l'UEFA qui ne font pas partie de l'UE.

3. Nommez les cinq pays candidats à l'entrée dans l'UE. Sont-ils membres de l'UEFA ?

C LES ACTEURS
l'Union européenne, une union à « géométrie variable »

Compétence 5.3 > **Lire et pratiquer différents langages** — Brevet

► **Lire le schéma**

1. Que représentent les cercles de couleur sur ce schéma ?

2. Repérez la situation du Royaume-Uni. À quel(s) cercle(s) européen(s) appartient-il ?

► **Interpréter**

3. Comment ce schéma montre-t-il la diversité de situation des pays européens ?

4. Comment ce schéma montre-t-il l'union des pays européens ?

► **Conclure**

5. Pourquoi peut-on dire de l'Union européenne qu'elle est une union à « géométrie variable » ?

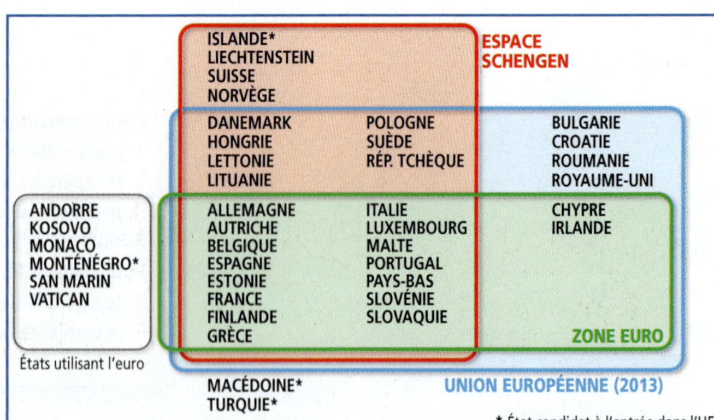

Réviser les savoir-faire

D LIRE UNE CARICATURE

Compétence 5.4 › **Être capable de porter un regard critique sur un document** — Socle

▶ Présenter le document

1. Identifiez la nature, la date, l'auteur du document.

▶ Lire et interpréter l'image

2. Combien de personnages attablés comptez-vous dans la scène en haut de l'image ? Et dans la scène en bas de l'image ?

3. Que représentent ces personnages attablés ? Que font-ils ? À quels moments de l'histoire de l'Union européenne se rapporte donc ce dessin ?

4. Quelle est la situation commune aux deux moitiés de l'image ? Observez les bulles : quelle est la différence ?

5. Expliquez quelle difficulté au sein de l'Union européenne l'auteur veut mettre évidence par cette caricature ?

3 **Pierre Kroll, caricature parue dans le journal belge *Le Soir*, 6 janvier 2007**

En 1957, la Communauté économique européenne (CEE) comptait six pays membres. En 2007, l'Union européenne est élargie à vingt-sept États.

E FAIRE UNE RECHERCHE

Compétence 4.4 › **Relever des informations permettant de connaître l'origine de l'information**
› **Sélectionner des résultats lors d'une recherche** — B2i

▶ Se rendre sur le site Europa :

www.3e.hgeleve.magnard.fr/liens

1. Qui est à l'origine de ce site officiel ?

2. Sur la page d'ouverture (A), repérez et lisez l'encadré « Qu'est-ce que la politique régionale » : quel est l'objectif principal de cette politique de l'UE ?

3. Sur la carte présente sur cette page (B), cliquez sur la France.

4. Sur la nouvelle page qui s'affiche (C), cliquez sur la région de votre choix ; la carte de la région apparaît.

5. Dans le menu apparaissant à droite de la carte régionale (D), repérez l'intitulé « success story » et cliquez dessus.
Sur cette nouvelle page (E), choisissez un des projets listés et cliquez dessus.

6. Présentez ce projet en complétant les différentes rubriques suivantes :
- objectif du projet.
- montant total du projet et % de la participation financière de l'UE.
- aménagements réalisés.

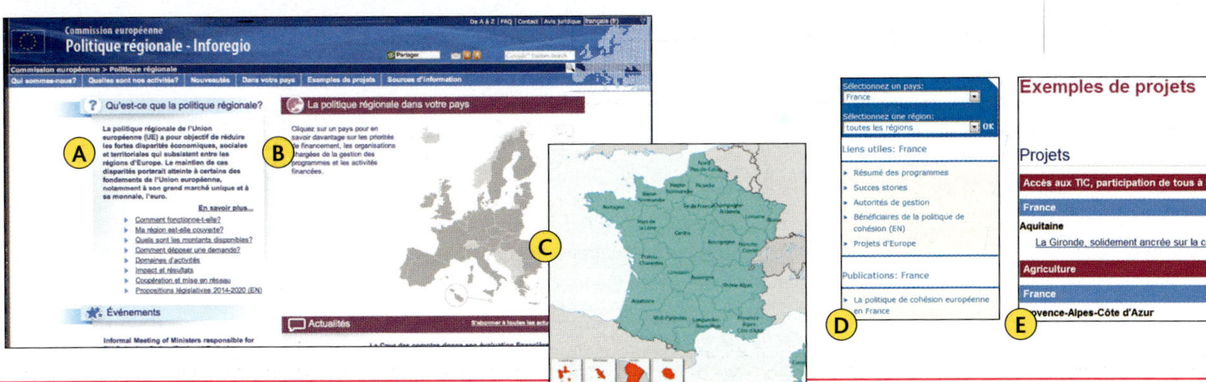

CHAPITRE 20

La France intégrée dans l'Union européenne

▷ *Comment les transports et les questions d'environnement placent la France au cœur de l'Europe ?*

1 La LGV Est européenne
La liaison ferroviaire à haute capacité fret et voyageurs entre Paris et Strasbourg est un maillon essentiel du corridor ferroviaire européen.

Confronter les documents

1. Localisez les deux photographies.

2. Quels aménagements le passage de la LGV a-t-il nécessités ?

3. En quoi les incendies en Grèce concernent-ils la France ?

4. Montrez comment ces deux exemples illustrent l'intégration de la France à l'Union européenne.

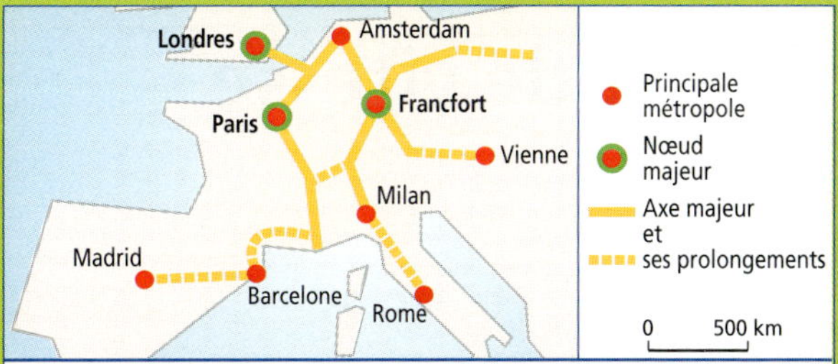

Grands axes, pôles majeurs et nœuds d'échange en Europe

Intégration

Il y a intégration quand un espace se rattache aux autres par ses échanges. L'intégration s'observe à l'échelle d'une ville, d'une région ou du monde.

2 Intervention d'un canadair français sur les hauteurs de Thessalonique, en Grèce
Lors des incendies de l'été 2011 qui ont ravagé des dizaines de milliers d'hectares de forêt, la Grèce a demandé de l'aide à l'Union européenne pour combattre les feux.

Étude de cas 1

Le réseau de lignes à grande vitesse en France et en Europe

Quels sont les enjeux d'un réseau de lignes à grande vitesse dans les transports français et européens ?

Déjà largement équipés en axes ferroviaires, les territoires français et européens développent actuellement des lignes nouvelles permettant une circulation à grande vitesse.

A Un réseau national en étoile aux inégalités persistantes

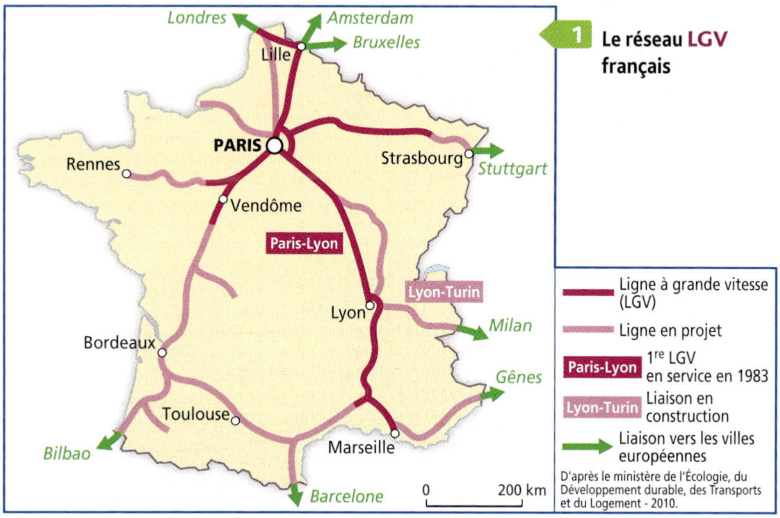

1 Le réseau **LGV** français

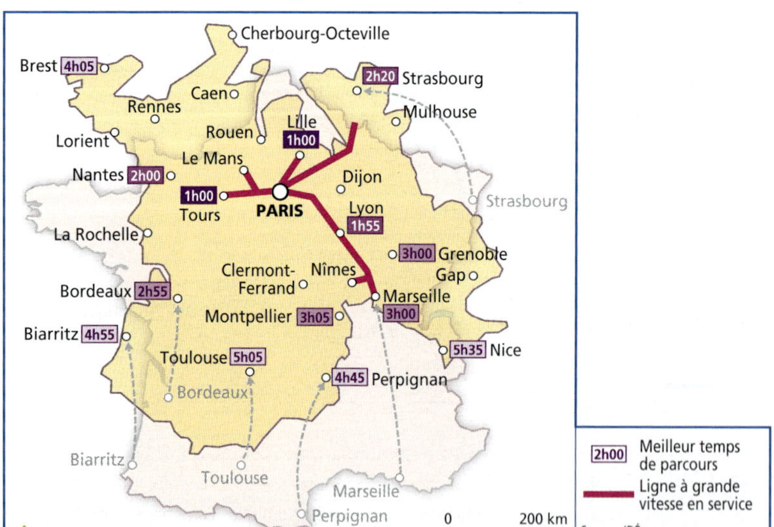

3 Les déséquilibres régionaux dans la desserte en TGV au départ de Paris

Cette carte par anamorphose déforme les distances suivant les temps de déplacement en TGV. Ce n'est pas la distance réelle entre deux villes qui est représentée, mais le rapprochement ou l'éloignement relatifs des lieux les uns par rapport aux autres en termes de temps de parcours.

2 Témoignage d'un navetteur[1] sur une LGV du réseau de transports français

« Stéphane Adam, 44 ans, prend le TGV comme le métro. Chargé de mission à Paris, il habite Vendôme[2] (Loir-et-Cher). Ses allers-retours en TGV (40 minutes chacun) rythment sa vie quotidienne. Chaque jour, invariablement, il prend le train de 7 h 27, direction Paris-Montparnasse. Il fera le trajet inverse à 18 h 40.

"[...] *Le TGV m'a offert la possibilité de garder une certaine qualité de vie.* [...] *Les abonnements coûtent cher. D'un autre côté, j'ai pu construire une maison de 200 m². [...] Les conditions de transport sont très agréables, on est loin de celles des banlieusards.* [...] *Les gens se rencontrent deux fois par jour pendant 40 minutes.* [...] *C'est une petite société, certains jouent aux cartes, d'autres se retrouvent au bar. Le TGV permet de développer du lien social.*" »

Article paru dans *Métro*, 3 avril 2007.

1. Personne utilisant très régulièrement un moyen de transport en commun pour se rendre à son travail.

2. Vendôme est située à environ 180 km de Paris.

Vocabulaire

LGV : Ligne à Grande Vitesse qui permet à un TGV (Train à Grande Vitesse) de circuler à plus de 220 km/h.

Réseau de transports : ensemble de lignes reliées entre elles dans des lieux précis (le réseau ferroviaire est composé de lignes ferrées et de gares).

4 Les manifestants anti-LGV à Bordeaux en 2011
Ces manifestants s'opposent avant tout au financement des aménagements car ils reposent sur les collectivités régionales.

5 Des retombées économiques de la LGV Rhin-Rhône pour Belfort

« Besançon à 20 minutes, Paris à 2 h 20, Barcelone à moins de 7 h du Territoire de Belfort !
Un grand pas pour le Territoire de Belfort !
L'aménagement du site de la gare TGV, de sa desserte et des terrains qui l'entourent constitue un important chantier qui générera près de 6 000 emplois.
Le Conseil général et ses partenaires préparent son arrivée afin que, dès sa mise en service, cette grande infrastructure de transport soit un véritable moteur du développement économique et du rayonnement du Territoire de Belfort et de l'Aire urbaine. Jusqu'à 4 000 voyageurs par jour seront accueillis sur le site de la future gare [...]. Équipements collectifs et espaces réservés à des activités économiques et tertiaires s'établiront autour de cette zone. »

D'après le site Internet du conseil général du Territoire de Belfort, www.cg90.fr, 2011.

6 Rapprocher les territoires
Publicité de la Chambre de Commerce et d'Industrie (CCI) de Pau pour le projet de la LGV Atlantique (le trajet Pau-Bordeaux s'effectue actuellement entre 1 h 50 et 2 h 10).

JE DÉCOUVRE

Décrire le réseau ferré national

1. **Doc. 1** Décrivez la forme du réseau LGV français. Pourquoi dit-on qu'il est « en étoile » ?
2. **Doc. 1 et 3** Comparez les trajets que devront réaliser un Marseillais et un Toulousain voulant se rendre à Lille en train.
3. **Doc. 2** Qu'appelle-t-on un navetteur ? En quoi peut-on dire qu'avec la LGV, Vendôme fait désormais partie de la banlieue de Paris ?

Comprendre les enjeux spatiaux et économiques des LGV

4. **Doc. 2, 3 et 6** Quels avantages procurent les LGV aux usagers ?
5. **Doc. 5 et 6** Quelles retombées économiques l'aménagement de la LGV aura-t-il sur le Territoire de Belfort ? Quels acteurs font la promotion de ce moyen de transport ?
6. **Doc. 4** Contre quoi les manifestants protestent-ils ? Pourquoi ?

B Une intégration à l'espace européen par de grands aménagements

7 Le réseau européen à très grande vitesse (supérieur à 250 km/h) en 2010

8 L'Europe à grande vitesse en 2015

9 Le tunnel de la LGV Perpignan-Figueras

Inaugurée le 27 janvier 2011, la LGV Perpignan-Figueras a nécessité le percement du tunnel du Perthus, long de 8,3 km. En 2012, la LGV sera achevée entre Figueras et Barcelone et reliera Paris à Barcelone en 5 h 30, au lieu de 8 h 30 actuellement.

10 La LGV Lyon-Turin

« Ce projet répond à la volonté de l'État français de rééquilibrer les modes de transports et d'organiser une alternative à la route, dans un environnement naturel particulièrement sensible. En ce sens, il s'inscrit dans une véritable logique de développement durable alliant progrès social, efficacité économique et protection de l'environnement.

La nouvelle infrastructure permet aussi de valoriser les zones de production de l'Europe méridionale en les reliant aux grands ports de la mer du Nord. Sur l'axe ouest-est, elle constituera le maillon clé du "couloir n°5", qui reliera Lisbonne à Budapest et, à plus long terme, à Kiev. C'est dans ce contexte que la France et l'Italie ont signé le 29 janvier 2001 un traité international pour la réalisation [de la LGV] Lyon-Turin. »

D'après le site du RFF, Réseau ferré de France (entreprise française publique), www.rff.fr, 2011.

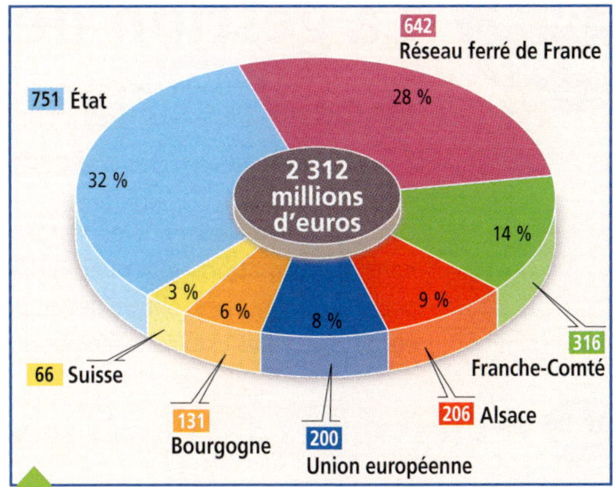

11 Le financement de la LGV Rhin-Rhône
Longue de 140 km, le coût global de la LGV Rhin-Rhône s'élève à 2,3 milliards d'euros.

Se rapprocher : 12 Londres-Lille en 1 h 20
Les usagers sont de plus en plus nombreux à utiliser l'Eurostar. En 2011, le seuil des 10 millions de passagers est franchi.

JE DÉCOUVRE

Décrire le réseau LGV européen

7. Doc. 7 et 8 Dans quelles régions le réseau de LGV est-il le plus dense ?

8. Doc. 7, 8 et 12 Quelles sont les métropoles les mieux desservies ? les espaces les moins bien desservis ?

Comprendre les enjeux des LGV en Europe

9. Doc. 9 et 10 Quel est l'objectif de la France en soutenant les projets de LGV Perpignan-Figueras et Lyon-Turin ?

10. Doc. 1 p. 312 et doc. 9 Quels types d'aménagements nécessite la construction de ces nouvelles voies ?

11. Doc. 7 et 10 Pourquoi la LGV Lyon-Turin est-elle considérée comme un « maillon clé » pour l'intégration de la France en Europe ?

12. Doc. 9, 10 et 11 Montrez que ces projets sont bien des projets européens.

CE QUE J'AI APPRIS

Sur les enjeux de la LGV dans l'organisation de l'espace français et son intégration en Europe

La centralisation autour de Paris
Paris joue un rôle de carrefour qui centralise tous les transports nationaux.

Les logiques d'intégration européenne
Le réseau de LGV permet de mieux relier les territoires et d'intégrer la France à l'Europe.

L'enjeu des grands aménagements
Les aménagements liés à la construction et à l'ouverture d'une LGV ont un impact économique sur les territoires.

Étude de cas 2

La gestion de la forêt méditerranéenne

Comment les territoires européens gèrent-ils les ressources et les risques de cet environnement forestier ?

La forêt méditerranéenne est caractérisée par la présence de nombreuses espèces réparties dans des formations végétales variées. Longtemps exploitée de façon intensive pour ses **ressources**, elle se développe à nouveau sur les versants méditerranéens européens, mais est menacée par des risques, comme celui des incendies.

A Les ressources de la forêt méditerranéenne

1 Un paysage de forêt méditerranéenne

2 Les différents usages de la forêt méditerranéenne

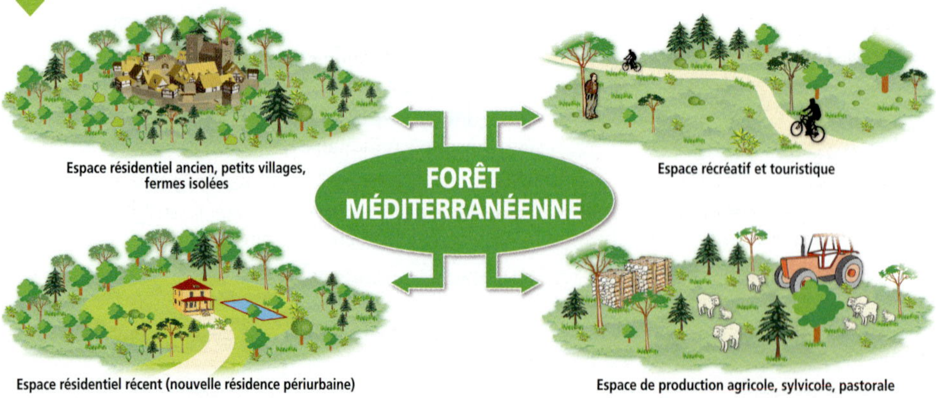

Vocabulaire

Ressource : élément considéré comme une richesse quand il est exploité.

Risque naturel : danger potentiel qui pourrait toucher un espace occupé par des activités humaines.

B Un territoire à risques à gérer

3 Des menaces multiples

« Le manque de gestion des forêts et l'implantation anarchique d'habitations sur le pourtour méditerranéen, surtout en zone littorale et autour des grandes villes, aggravent les incendies de forêts, favorisés par des conditions climatiques chaudes et sèches [...]. L'absence de gestion de la forêt méditerranéenne, peu à peu abandonnée par les ruraux qui cèdent la place aux touristes, est un autre facteur aggravant. *"Les villas secondaires abritent des gens qui ne connaissent rien à la végétation. Les sols ne sont plus entretenus, on laisse s'accumuler la végétation morte qui constitue autant de carburant [...]. Il faut absolument adopter de nouvelles politiques et introduire de nouvelles méthodes de gestion".* »

« Incendies dans le Sud de l'Europe : urbanisation en cause », *Le Matin*, 25 juillet 2009.

4 Un nouveau partenariat méditerranéen

« Le Partenariat de collaboration sur les forêts méditerranéennes permettra de mieux faire prendre conscience de la richesse des fonctions [de la forêt] : la protection des sols et des eaux, la valeur esthétique du paysage, la conservation de la biodiversité. [...]
Il vise également à mettre au point une approche régionale commune de gestion forestière, et, en particulier, de prévention des incendies, grâce au partage d'expertise, de connaissances et de meilleures pratiques.
À l'échelon local, le partenariat permettra de promouvoir la gestion durable des forêts parmi les communautés locales, les propriétaires et administrateurs de forêts, les agriculteurs, éleveurs, écologistes, responsables d'aires protégées et chercheurs. »

Extraits du site de la FAO, « Forêts et changement climatique dans le bassin méditerranéen », www.fao.org, 6 avril 2011.

5 Les deux principaux risques des régions méditerranéennes
Incendie dans le Gard en 2011 et inondation dans le Var en 2010.

JE DÉCOUVRE

Un important couvert forestier à exploiter

1. Doc. 1 Décrivez le paysage forestier méditerranéen.
2. Carte de localisation p. 316 et carte repère n° 6 Quels pays européens la forêt méditerranéenne couvre-t-elle ?
3. Doc. 1 et 2 Relevez les différentes ressources offertes par la forêt méditerranéenne. Indiquez pour chacune d'entre elles le domaine d'activité correspondant.

Des risques aggravés par les activités humaines

4. Doc 3 et 5 Quel est le lien entre le risque naturel d'inondation et la déforestation ? entre les incendies et le non entretien de la végétation ?
5. Doc. 1, 3 et 5 Quelles sont les conséquences du manque de gestion de la forêt méditerranéenne ?

La coopération européenne

6. Doc. 3 et 4 Quels acteurs sont concernés par la gestion de la forêt ? Quels sont les objectifs et les moyens de leur coopération ?

CE QUE J'AI APPRIS

Sur la gestion de la forêt méditerranéenne

La gestion d'un environnement forestier
Les ressources de la forêt méditerranéenne sont multiples et concernent différents secteurs d'activités.

Les risques
Les activités humaines aggravent les risques qui pèsent sur le territoire forestier.

La coopération européenne
La préservation de la forêt méditerranéenne passe par une coopération et des partenariats entre pays européens.

Un exemple de risque technologique : le risque nucléaire

Comment la France et l'Europe gèrent-ils le risque nucléaire ?

Le recours à l'énergie nucléaire permet aux populations de produire de l'électricité, mais la question de la gestion des combustibles reste un problème que les États européens doivent apprendre à gérer ensemble.

A Une forte présence du risque nucléaire dans l'environnement européen

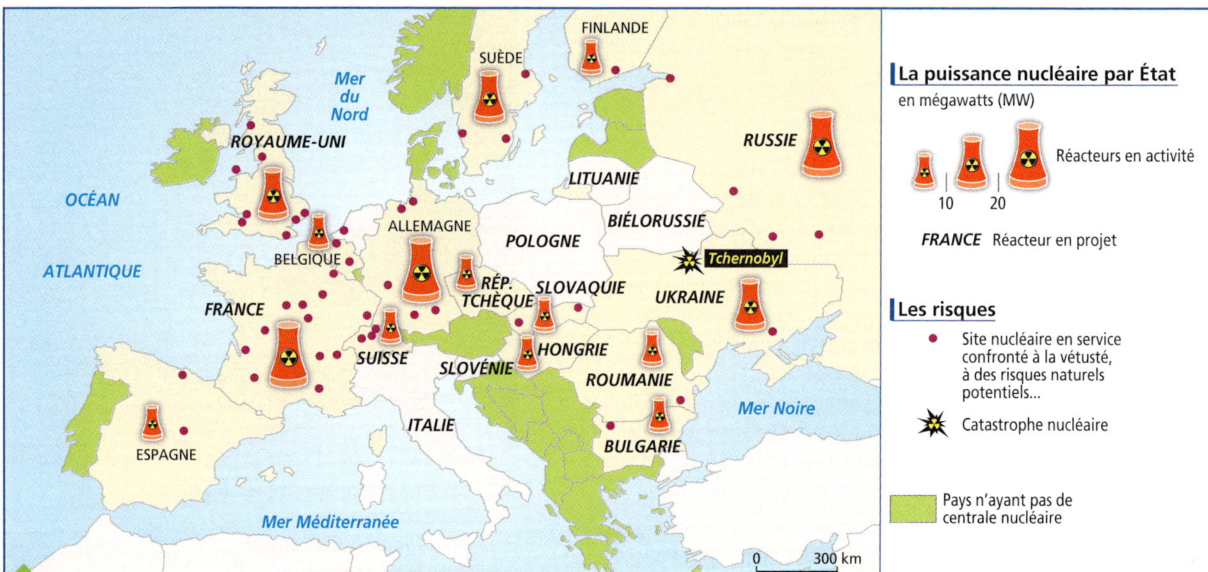

1 Les centrales nucléaires en Europe Les centrales nucléaires françaises produisent plus d'un tiers de l'électricité consommée dans l'Union européenne.

2 La centrale nucléaire du Blayais : un site à risque technologique
La tempête de 1999 a failli entraîner une fusion du réacteur car la montée des eaux de la Gironde avait inondé le système de refroidissement.

3 Où stocker les déchets nucléaires ?

« Le stockage des déchets nucléaires est une source de risques pour les hommes et la nature. [...] La France, le Japon, le Royaume-Uni, la Belgique et l'Allemagne retraitent les combustibles irradiés dans le but de recycler l'uranium et le plutonium et de ne conserver que des déchets ultimes. 96 % des combustibles utilisés sont recyclés ou mis en réserve dans des formations géologiques profondes avant d'être recyclés. Mais les fuites, voire des phénomènes explosifs, ne sont jamais à exclure. Le transport des produits nucléaires vers les centres de stockage est également source de risque. »

Yvette Veyret, Jacqueline Jalta, *Développements durables*, © Éd. Autrement, 2010.

B Une coopération européenne autour du nucléaire est-elle possible ?

4 Manifestants français contre l'implantation d'un site de déchets nucléaires
Manifestants de l'ACCID en 2005, dans les Vosges (association qui s'oppose à l'implantation d'un Centre de Stockage de Déchets Ultimes ou à tout autre type de décharge ou de stockages contrôlés).

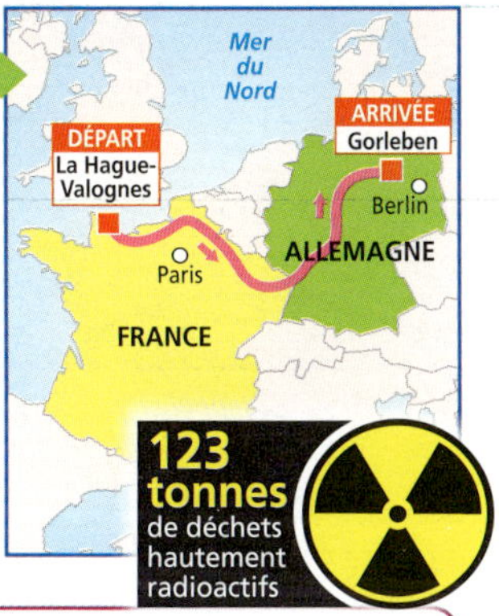

5 Le transport des déchets
Parti de l'usine de retraitement des déchets nucléaires de La Hague le 5 novembre, ce transport arrive le 8 novembre 2010 dans le centre d'entreposage à Gorleben.

Vocabulaire

Risque naturel : voir p. 316.
Risque technologique : danger potentiel lié à des activités industrielles, chimiques et nucléaires et à leur transport.

6 Les pays européens s'entendent pour des « stress tests »

« À partir du 1er juin 2011, les 143 centrales nucléaires de l'UE seront réévaluées selon des critères définis à l'échelon de l'UE. Il s'agit de tests complets, comme le souhaitait la Commission [européenne], portant à la fois sur les **risques naturels** et humains (conséquences de chutes d'avion et d'attaques terroristes). [...]
La Commission est également en contact étroit avec des pays non membres de l'UE et collabore avec eux à la réévaluation de leurs centrales nucléaires. Il s'agit en particulier de la Suisse, de la Fédération de Russie, de l'Ukraine et de l'Arménie. »

D'après le site officiel de l'UE, communiqué de presse du 25 mai 2011, http://europa.eu/
© Union européenne 1995-2012.

JE DÉCOUVRE

Le risque nucléaire dans l'environnement européen

1. **Doc. 1** Citez les pays disposant de centrales nucléaires. Lequel se distingue par son nombre élevé de centrales ?
2. **Doc. 2** Dans quel environnement est construite la centrale du Blayais ?
3. **Doc. 2, 3, 5 et 6** Quels peuvent être les dangers liés à l'activité nucléaire ?

Identifier les tentatives de coopérations

4. **Doc. 4 et 5** Comment la France et l'Allemagne sont-elles liées par la question des déchets nucléaires ?
5. **Doc. 6** Quelles sont les différentes solutions envisagées par les pays européens pour prévenir le risque et gérer un accident nucléaire ?

CE QUE J'AI APPRIS

Sur le risque nucléaire en Europe

Le risque nucléaire en Europe
L'activité nucléaire comporte des risques technologiques multiples qu'il faut gérer.

L'interdépendance des territoires européens
L'ensemble des pays européens est concerné directement ou indirectement par les risques nucléaires.

La coopération européenne autour du nucléaire
Plusieurs solutions pour limiter et gérer le risque nucléaire sont envisagées au niveau national et entre pays européens.

Retenir à l'aide de cartes

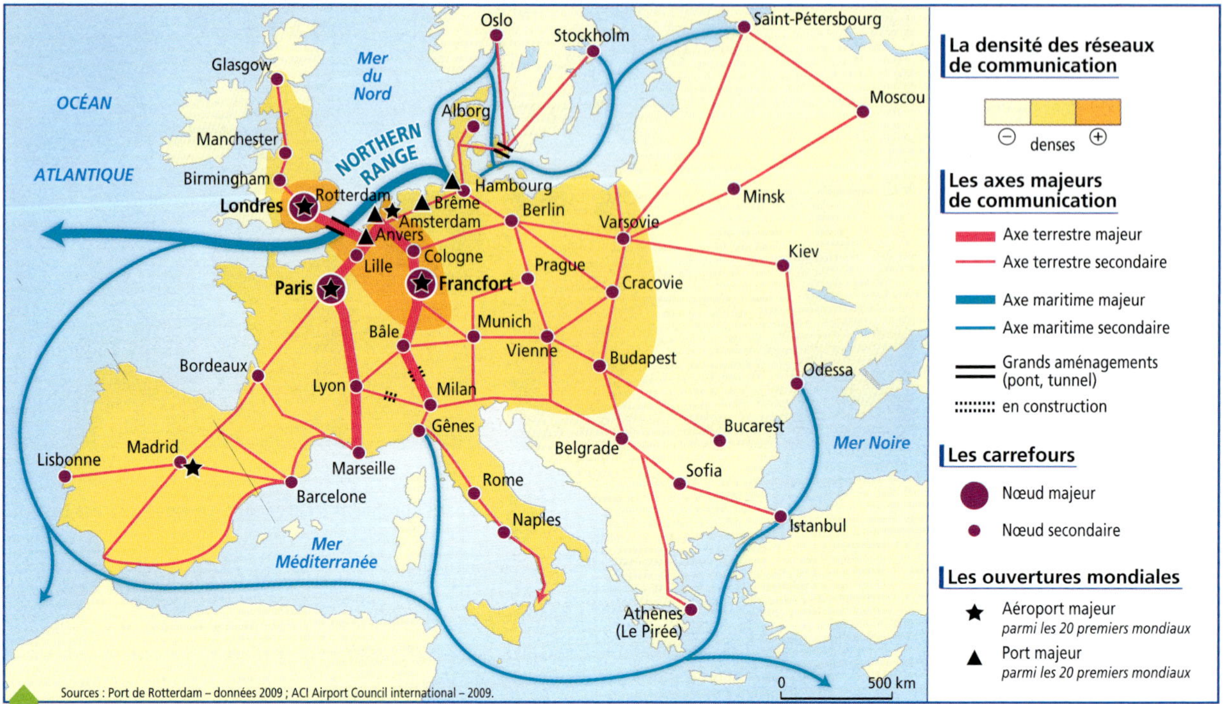

1 Métropoles européennes et axes majeurs de communication

Retenir à l'aide d'un schéma

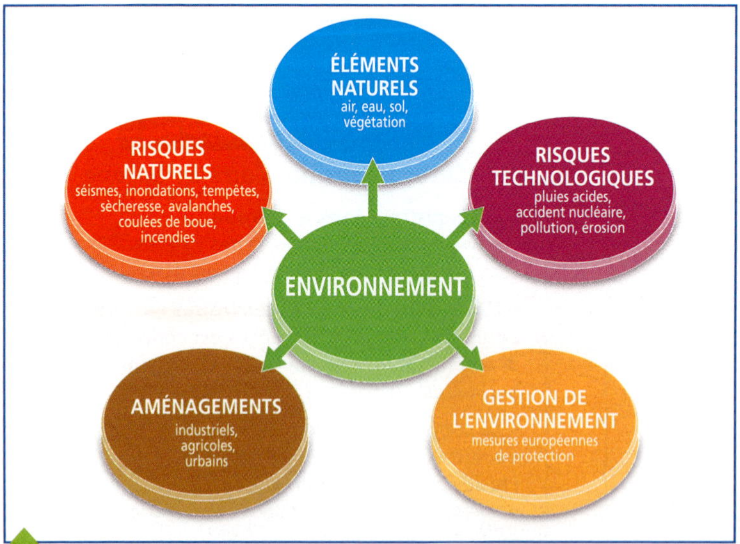

3 L'environnement, une préoccupation majeure pour les européens

Lire des cartes

1. Carte 1 À quels types d'espaces correspondent les nœuds majeurs ? Comment la France est-elle rattachée au reste de l'Europe ?

2. Carte 2 Où se situent les principales menaces environnementales ? Quelles menaces concernent la France ?

l'Union européenne

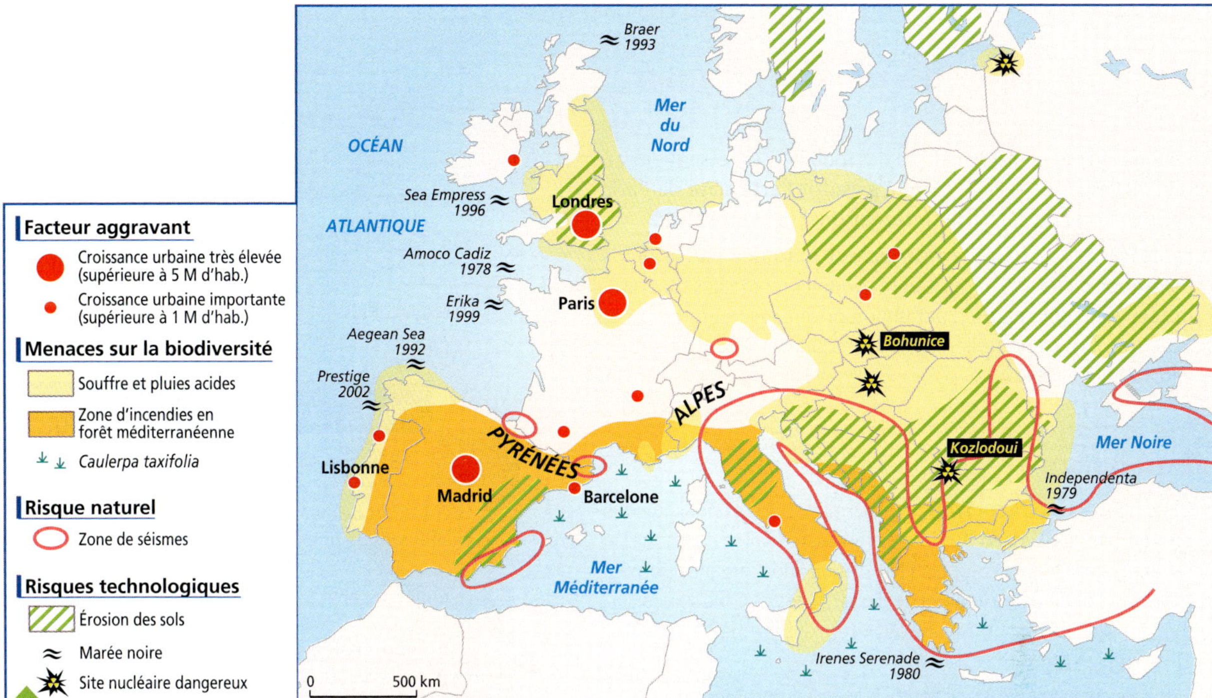

2 **Les principales menaces environnementales en Europe**

Des études de cas → aux leçons

Étude de cas 1

Tous les réseaux de transports en France présentent-ils une organisation spatiale semblable à celle du réseau LGV ?	→ Une centralisation des transports autour de Paris
Comme avec les LGV européennes, les territoires français cherchent-ils à mieux se connecter à l'UE et au monde ?	→ Une logique d'intégration européenne et mondiale
Quels sont les effets spatiaux et économiques sur les territoires des grands aménagements comme ceux des LGV ?	→ De grands aménagements européens

Leçon 1 p. 322

Étude de cas 2

Quelles sont les ressources de l'environnement européen ? Sont-elles, comme la forêt méditerranéenne, menacées ? Tous les risques que l'UE doit gérer sont-ils de même nature que le risque nucléaire ?	→ Un environnement et des ressources à gérer
Comme pour l'environnement forestier ou le choix de l'énergie nucléaire, les activités aggravent-elles les risques naturels et technologiques ?	→ Des risques aggravés par les activités humaines
Quelles sont les tentatives pour développer une meilleure collaboration européenne ?	→ Une coopération européenne nécessaire

Leçon 2 p. 324

Leçon 1 Les réseaux de transports français

Comment les réseaux de transports rattachent-ils l'espace français à l'Europe et au monde ?

A Une centralisation des transports autour de Paris

- La question des déplacements et des mobilités est essentielle au sein de l'espace français, car **elle garantit l'efficacité de Paris dans son rôle de carrefour international** (doc. 1).
- **La desserte du territoire français est marquée par le poids historique de Paris.** Les ports et métropoles régionales sont ainsi rattachés au pôle parisien par un important **réseau** terrestre et aérien qui forme une étoile, révélant ainsi une forte **centralisation** géographique (doc. 4).

B Une logique d'intégration européenne et mondiale

- **L'Hexagone s'ouvre sur trois façades maritimes et possède des couloirs de circulation fluviale et terrestre** (vallée du Rhône) le rattachant à la fois à l'Europe du Nord et du Sud. L'organisation des transports obéit à une logique de desserte des régions françaises, mais aussi d'intégration par une ouverture des frontières terrestres et maritimes (doc. 4).
- Différents modes de transports, à la fois complémentaires et concurrents, permettent **une circulation multimodale des hommes et des marchandises**. En tête, le réseau routier assure 80 % du trafic, loin devant les transports ferroviaires, aériens et fluviaux (doc. 2).
- La France est également bien intégrée dans les échanges mondiaux par son **hub** aéroportuaire, Roissy. Complété par une intense activité portuaire avec Marseille et Le Havre, **le réseau de transports français possède des portes d'entrée mondiales, faisant de l'Hexagone un espace de transit** (doc. 4 et 5).

C De grands aménagements européens

- **Afin de renforcer son intégration au reste du continent**, la France mène, comme ses voisins européens, des travaux d'amélioration des grands axes dans le cadre d'une politique européenne des transports.
- **En priorité, le réseau ferroviaire se modernise avec la construction de LGV reliant les grandes métropoles européennes entre elles**. Les coûteux travaux (tunnels sous la Manche et transalpin, canal Seine-Nord) obéissent à une logique de diminution du trafic routier, mais font l'objet de contestations locales et régionales sur les coûts et les tracés (doc. 3).
- Malgré la présence d'un réseau de transports très dense, certaines régions françaises restent isolées, faisant apparaître **des déséquilibres régionaux**.

1 L'aéroport Roissy-CDG, un hub mondial
Toutes les lignes aériennes partent de Roissy.

	Route	Rail	Fleuves	Pipelines	Air
2008	1878	443	145	124	2,7

2 Le transport de marchandises dans l'UE des 27, en milliards de tonnes/km (Eurostat 2010)

3 Le projet de canal Seine-Nord Europe

« Ce projet prévoit la réalisation d'un canal à grand gabarit, long de 106 km, entre l'Oise (Compiègne) et le canal Dunkerque-Escaut (Cambrai). [...] Son coût est estimé à 4,3 milliards d'euros courants [...]. Ce projet répond à un besoin de désenclavement[1] du bassin de la Seine, et va ouvrir la France sur le réseau fluvial à grand gabarit du nord et de l'est de l'Europe. À l'horizon 2020, ce canal permettra de transporter [...] 13 à 15 millions de tonnes de marchandises, soit l'équivalent de 500 000 poids-lourds par an sur l'un des corridors de transit les plus empruntés d'Europe. »

D'après le site du ministère de l'Écologie et du Développement durable, 8 avril 2011.

1. Mettre fin à l'isolement par des axes de communication.

Vocabulaire

Réseau de transports : voir p. 312.
Centralisation : concentration de tous les moyens de transports autour d'un centre unique.
Façade maritime : littoral constitué de ports reliés à l'intérieur des terres par un important réseau de transports.
Multimodalité : combinaison de plusieurs modes de transports (maritime, terrestre, fluvial, aérien).
Hub : point central d'un réseau de transports permettant le maximum de correspondances.

La France intégrée à l'Europe par les transports 4

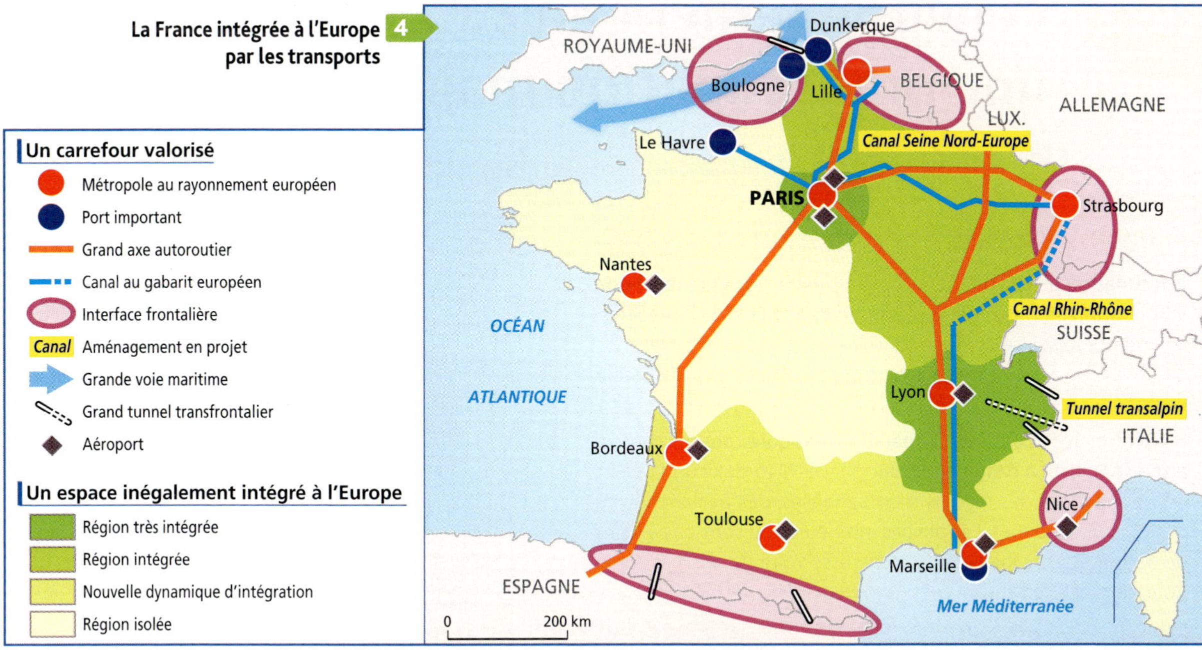

Le Havre, une plateforme multimodale 5

L'aménagement Port 2000 a permis d'étendre le port du Havre sur sa frange sud et d'accroître sa capacité d'accueil pour les porte-conteneurs.

1. Bassin Vauban
2. Port 2000 (pour les conteneurs)
3. Gare maritime
4. Complexe pétrochimique (stockage et redistribution d'hydrocarbures)
5. Gare de triage ferroviaire
6. Autoroute A131 (Le Havre-Paris)
7. Pont n° 8

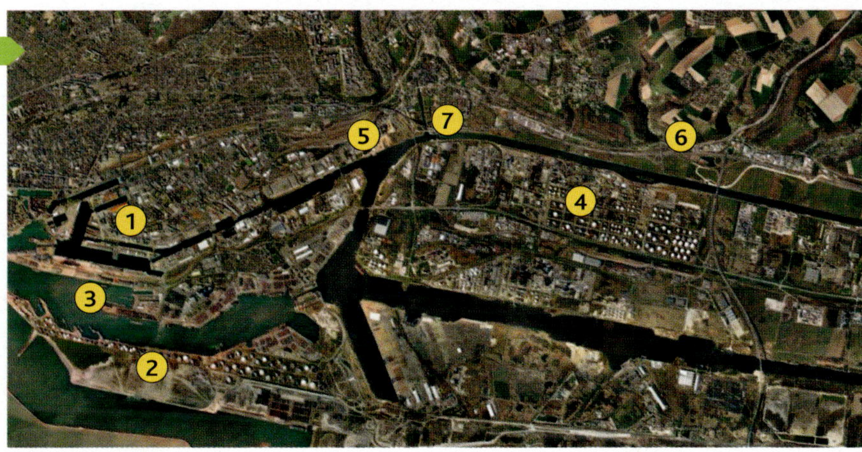

A Une centralisation des transports autour de Paris

1. Doc. 1 De quelle grande métropole française partent les lignes aériennes internationales ?

2. Doc. 1 et 4 Quels sont les différents moyens de transports qui desservent Paris ? Pourquoi parle-t-on d'un réseau en étoile ?

B Une logique d'intégration européenne et mondiale

3. Doc. 1, 2 et 4 Citez les villes situées sur l'axe principal qui traverse la France ainsi que les différents moyens de transports qui s'y trouvent.

4. Doc. 3, 4 et 5 Par quels moyens de transports la France s'intègre-t-elle dans les échanges mondiaux ?

C De grands aménagements européens

5. Doc. 3 Quels sont les objectifs du canal Seine-Nord ?

6. Doc. 5 Relevez les éléments faisant du port du Havre une plateforme multimodale.

Bilan — **LES ENJEUX DES RÉSEAUX DE TRANSPORTS FRANÇAIS**

À l'aide de l'ensemble des documents, rédigez un paragraphe sur les réseaux de transports français.

Compétence 5.1 › **Avoir des connaissances et des repères relevant de l'espace**

Compétence 5.3 › **Lire et pratiquer différents langages**

Socle

Leçon 2 L'environnement en Europe : une préoccupation majeure

Comment gérer les menaces environnementales en Europe ?

A Un environnement et des ressources à gérer

- **L'occupation du continent européen s'est accompagnée d'une valorisation des ressources.** Les réserves minières ou forestières, le potentiel hydroélectrique, la richesse des sols, la présence de paysages riches en patrimoine caractérisent cet ensemble composite.
- **L'environnement est fragilisé par des aléas qui exposent chaque année l'Europe à des risques (doc. 3).** Les littoraux connaissent des inondations, les régions montagneuses, des avalanches ou des coulées de boues. Les plaines intérieures ne sont pas à l'abri de tempêtes, de canicules, de sècheresse voire de séismes sur le pourtour méditerranéen.

B Des risques aggravés par les activités humaines

- **Urbanisation et activités économiques ont conduit à une occupation plus dense de l'espace. Cela a pour effet d'aggraver les risques naturels.** Les bilans s'alourdissent si les zones inondables sont habitées ou lorsque les broussailles de la forêt méditerranéenne ne sont pas entretenues (doc. 1). La modification des tracés côtiers peut également accélérer l'érosion et certains choix d'aménagement détériorent des paysages (doc. 3).
- Lorsque des activités humaines rejettent des éléments polluants dans l'air, l'eau (naufrage du Prestige en 2002), les sols (CO_2, nitrates, amiante), quand il y a des problèmes de manipulation de déchets toxiques radioactifs (transport, stockage), les **risques technologiques** peuvent avoir des conséquences graves (explosion de l'usine AZF à Toulouse, pluies acides, dégradation des sols, de la flore…) (doc. 2).

C Une coopération européenne nécessaire à la gestion de l'environnement

- **Une gestion des ressources et une prévention des risques conduit les pays à mettre en place des directives à différentes échelles.** En France, un plan de prévention des risques (PPR) et les lois Grenelle 2 prévoient des mesures de sauvegarde. Celles-ci s'ajoutent à des normes européennes dans le cadre du plan climat, du réseau Natura 2000, de **SEVESO** (doc. 4 et 5).
- Les réparations liées aux catastrophes sont prises en charge par les pays européens (5 milliards d'euros pour la tempête de 2009) qui s'orientent aussi vers des **énergies renouvelables**. Faute de moyens cependant, les pays d'Europe de l'Est éprouvent des difficultés à se conformer aux mesures environnementales.

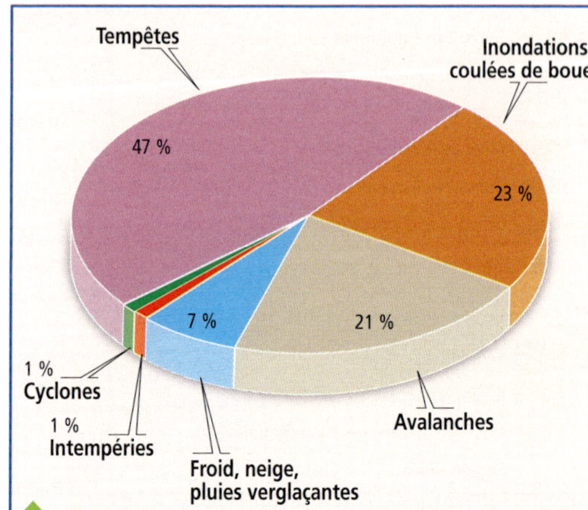

1 Part des victimes (sur 110 personnes) de catastrophes naturelles en France en 2010

2 La menace de la *Caulerpa taxifolia*
Cette algue tropicale, importée par l'homme, prolifère au large des rivages méditerranéens français, italien, espagnol et croate.

Vocabulaire

Ressource : voir p. 316.

Environnement : ensemble des éléments naturels et artificiels au milieu desquels vivent les hommes.

Risque naturel : voir p. 316.

Risque technologique : voir p. 319.

SEVESO : directive européenne identifiant les sites industriels à haut risques pour prévenir les risques.

Énergie renouvelable : source d'énergie pouvant se renouveler assez rapidement pour être inépuisable (énergie éolienne, solaire, géothermie, biocarburants).

3 La Faute-sur-Mer, petite station touristique de Vendée en février 2010
La tempête Xynthia, à l'origine des inondations sur le littoral atlantique, a touché plusieurs pays européens dont la France, faisant 59 victimes.

4 Le réseau Natura 2000

NATURA 2000

« La Commission européenne a annoncé l'extension du réseau Natura 2000, pilier de la protection de la biodiversité en Europe. [...] L'objectif de Natura 2000 n'est pas de créer de nouvelles réserves, mais de concilier activités humaines et protection de l'environnement. En théorie donc, rien n'y est interdit : construction, chasse, pêche, agriculture... Ces activités doivent être compatibles avec la protection de la nature. [Mais] les contre-exemples abondent. En France, [...] 300 sites Natura 2000 [sont] " impactés ou menacés " par divers projets (autoroutes, constructions, ouvertures de pistes en forêts...). »

Gaëlle Dupont, « Les ratés de la protection de la biodiversité en Europe », *Le Monde*, 20 janvier 2011.

5 Vers une gestion communautaire des risques ?

Pour mieux gérer les risques, l'UE s'efforce de renforcer les liens entre les différents acteurs.

« Violentes tempêtes en France, incendies en Grèce, sécheresse en Espagne... nul n'est à l'abri des catastrophes naturelles. [...] L'environnement est également menacé par les catastrophes d'origine humaine, comme les marées noires et la pollution radioactive. [...] Les catastrophes ne connaissent pas de frontières. Les épidémies et les incendies se répandent d'un pays à l'autre, les cours d'eau charrient les eaux polluées au-delà des limites territoriales et les marées noires souillent les plages au gré des courants marins.
La nouvelle stratégie requiert une action conjointe des États membres de l'UE. Elle prévoit un meilleur accès aux systèmes d'alerte rapide, un ciblage plus efficace des financements communautaires et la mise en place d'un inventaire des informations et des meilleures pratiques à l'échelle de l'UE. »

D'après le site de la Commission européenne, Nouvelle stratégie pour la prévention des catastrophes dans l'UE, http://ec.europa.eu, 24 février 2009
© Union européenne 1995-2012.

A Un environnement et des ressources à gérer

1. Doc. 3 Quelles ressources offre l'environnement de La Faute-sur-Mer pour l'activité touristique ?
2. Doc. 2 Par quoi les fonds méditerranéens sont-ils menacés ?

B Des risques aggravés par les activités humaines

3. Doc. 1 Classez par ordre d'importance les risques les plus meurtriers en France en 2010.
4. Doc. 2 et 3 Quelles sont les menaces environnementales ? Expliquez comment les activités humaines sont à l'origine de ce risque.
5. Doc. 5 Relevez des exemples de catastrophes naturelles et des exemples de catastrophes d'origine humaine.

C Une coopération européenne nécessaire à la gestion de l'environnement

5. Doc. 4 Qu'est-ce que le réseau Natura 2000 ? Comment la biodiversité des zones Natura 2000 est-elle gérée ?
6. Doc. 4 et 5 Quelles sont les stratégies européennes face aux différents risques ?

Bilan — La gestion de l'environnement en Europe

À l'aide de l'ensemble des documents, rédigez un paragraphe sur les préoccupations majeures des Européens en matière d'environnement.

Compétence 1.2 › **Rédiger un texte bref** — Socle
Compétence 5.2 › **Mobiliser ses connaissances pour donner du sens à l'actualité**

Méthode B2i en 3 étapes

Rechercher et synthétiser des

Compétence 4.3 › **Créer, traiter et exploiter des données**

Étape 1 Rechercher des informations à partir d'un site Internet

Un habitant de Lyon souhaite se rendre le plus rapidement possible à Londres, au meilleur tarif.

► En voiture

1. Connectez-vous au site Internet ViaMichelin : www.viamichelin.fr

2. Sur la page d'accueil **(doc. 1)**, remplissez la rubrique « Calculez votre itinéraire » pour un trajet au départ de Lyon et à destination de Londres. Cliquez sur le type d'itinéraire « Plus rapide ».

3. Quelle est la durée du voyage ? son coût ?

4. Regardez le détail de l'itinéraire : comment allez-vous traverser la Manche ?

► En train

1. Connectez-vous au site Internet de l'Eurostar : www.eurostar.com

2. Sur la page d'accueil **(doc. 2)**, remplissez la rubrique « Réserver » pour un aller simple au départ de Lyon et à destination de Londres, le 1er juin, pour un adulte.

3. Sélectionnez le trajet le moins cher mais le plus rapide.

4. Combien de temps le voyageur mettra-t-il ? Quel est le coût du trajet ? Y a-t-il un changement ?

► En avion

1. Connectez-vous au site Internet de British Airways : www.britishairways.com

2. Sur la page d'accueil, en haut à gauche, sélectionnez la langue française.

3. Remplissez la rubrique « Créez un voyage » **(doc. 3)** pour un aller simple au départ de Lyon et à destination de Londres, le 1er juin, pour un adulte.

4. Notez la durée et le coût du voyage.

Étape 2 Sélectionner des résultats lors d'une recherche

Reproduisez le tableau ci-dessous, puis reportez les informations que vous avez trouvées sur Internet.

Trajet Lyon-Londres	En voiture	En train	En avion
Durée du voyage (aller)			
Changements obligatoires (ville, tunnel, bateau...)			
Coût du voyage			

Étape 3 Exploiter des données

1. Comparez les informations que vous avez trouvées sur Internet.

2. À l'aide du tableau, retrouvez sur le **document 4** à quel mode de transport correspondent les tracés A, B et C.

3. Expliquez les avantages et les inconvénients de chacun des modes de transport.

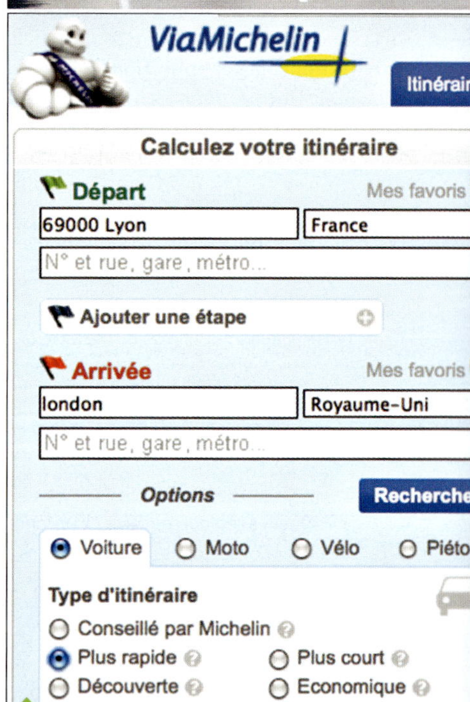

1 Page d'accueil du site Internet ViaMichelin

informations sur Internet

2 Page d'accueil du site Internet de l'Eurostar

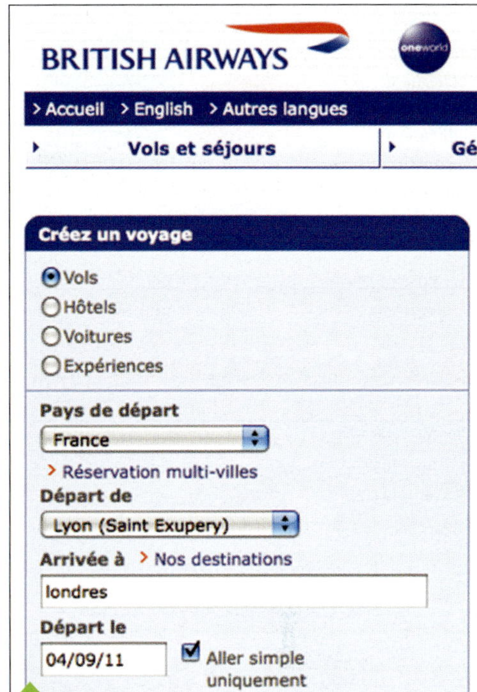

3 Page d'accueil du site Internet British Airways

4 Les trajets possibles entre Lyon et Londres

Mémo B2i

Synthétiser des informations recueillies sur Internet

Je recherche des informations

- Je me repère et je choisis les bonnes rubriques du site pour trouver mes informations.
- Je sélectionne les informations.

J'analyse les informations

- J'utilise un tableau à double entrée pour comparer les données.
- J'exploite mes résultats en les confrontant à d'autres documents.

Exercices

Réviser les repères

Livret **Brevet**

→ L'essentiel p. 36

A LE VOCABULAIRE

Compétence 5.1 › **Avoir des connaissances et des repères** Socle

1. Recopiez le schéma et complétez les différents éléments qui composent l'environnement.

2. Choisissez la bonne définition.

L'intégration d'un espace, c'est :

a. la circulation des hommes d'un territoire vers un autre territoire.

b. un processus visant à relier un espace aux autres par ses échanges à l'échelle d'une ville, d'une région ou du monde.

c. l'aménagement de voies de communication entre deux pays.

B LES LOCALISATIONS

Compétence 5.1 › **Avoir des connaissances et des repères relevant de l'espace** Brevet

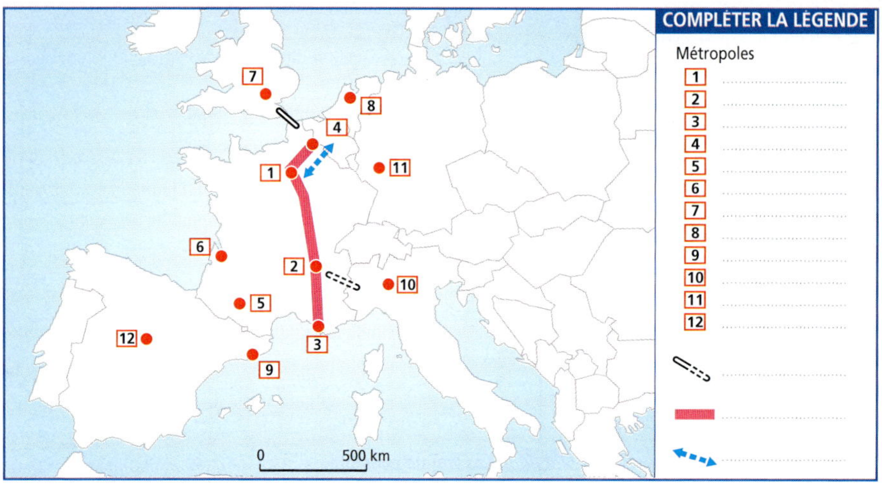

1. Citez les noms des pays limitrophes de la France.

2. Nommez les métropoles numérotées de 1 à 12.

3. Caractérisez les trois figurés indiqués sur la carte en choisissant parmi les propositions suivantes :

- Grand tunnel transfrontalier
- Axe routier secondaire
- Projet de ligne aérienne
- Projet de canal Seine-Nord Europe
- LGV Lyon-Turin en projet
- Chemin de randonnée
- Voie navigable
- Axe ferroviaire Lille-Paris-Lyon-Marseille

C LES ACTEURS

Compétence 1.1 › **Dégager l'essentiel d'un texte lu** Brevet

1 Charte[1] forestière de la montagne de Lure (Alpes-de-Haute-Provence)

« • Maintenir et (re)développer l'économie du territoire forestier (valorisation de la ressource en bois).

• Organiser les usages, les pratiques rurales et les activités de loisir/tourisme (concertation entre propriétaires, habitants, usagers, professionnels et collectivités).

• Améliorer la gestion forestière (notamment en forêt privée) (animation, développement des modes de gestion économiquement rentables et écologiquement respectueux des milieux. Prévention des feux de forêts…). »

Extraits de la Charte forestière de Lure signée en février 2007.

1. Une charte réunit les forestiers, des élus locaux et des représentants de toutes les activités du territoire ayant un rapport direct ou indirect avec la forêt.

► Situer

1. Quel type d'espace fait ici l'objet d'une charte ?

► Identifier les acteurs

2. Citez les différents acteurs concernés par cette charte.

3. Relevez les différentes activités présentes dans cet espace.

► Comprendre l'intérêt d'une coopération entre acteurs

4. Quel est l'objectif d'une charte forestière ?

Réviser les savoir-faire

D LIRE UN SCHÉMA CARTOGRAPHIQUE : l'aéroport de Roissy-CDG, un élément d'intégration de la France à l'Europe et au monde

Compétence 5.1 › **Avoir des connaissances et des repères relevant de l'espace** Brevet

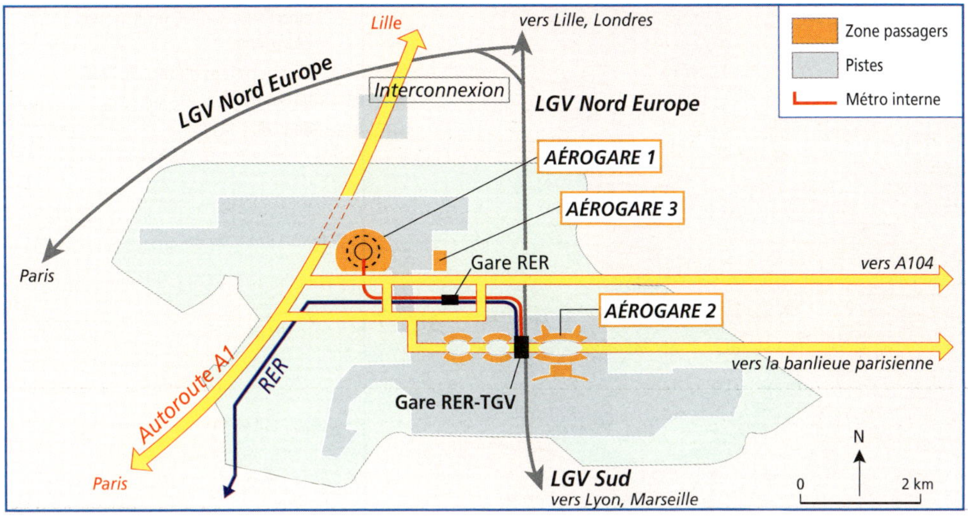

1. Dans quel pays et à proximité de quelle grande métropole se situe l'aéroport de Roissy-Charles-de-Gaulle ?

2. Relevez les différents modes de transports présents dans l'aéroport.

3. À l'aide de la définition de **multimodalité** (p. 322), expliquez en quoi Roissy-CDG permet une circulation multimodale.

4. Bilan : Comment l'aéroport de Roissy-CDG permet-il une intégration de la France à l'Europe et au monde ?

E FAIRE UNE RECHERCHE : l'ONF

Compétence 4.4 › **Sélectionner des résultats lors d'une recherche** B2i

▶ Présenter l'ONF

1. Connectez-vous au site de **l'Office national des Forêts** en allant sur www.3e.hgeleve.magnard.fr/liens .

2. Sur la page d'accueil, dans « Tout le portail ONF », cliquez sur l'onglet « L'ONF » (rubrique « Les essentiels »), puis sur « L'ONF en bref ». Relevez les six missions que s'est donné cet organisme.

▶ Expliquer le rôle de l'ONF en forêt méditerranéenne

3. À partir de la page d'accueil, sélectionnez dans le portail ONF, dans la rubrique « En régions », la région Provence-Alpes-Côte d'Azur.

4. Sur combien de départements l'ONF intervient-il en Méditerranée ?

5. Relevez quelques exemples d'actions menées par l'ONF en forêt méditerranéenne.

▶ Présenter un exemple concret de gestion de la forêt méditerranéenne à l'échelle locale

6. Sur la colonne de droite de la page, cliquez sur la fenêtre « Une journée avec… ».

7. À l'aide du diaporama, relevez des exemples concrets de mesures de prévention et de sauvegarde du massif forestier.

Brevet Sujet blanc

1 Localiser des repères

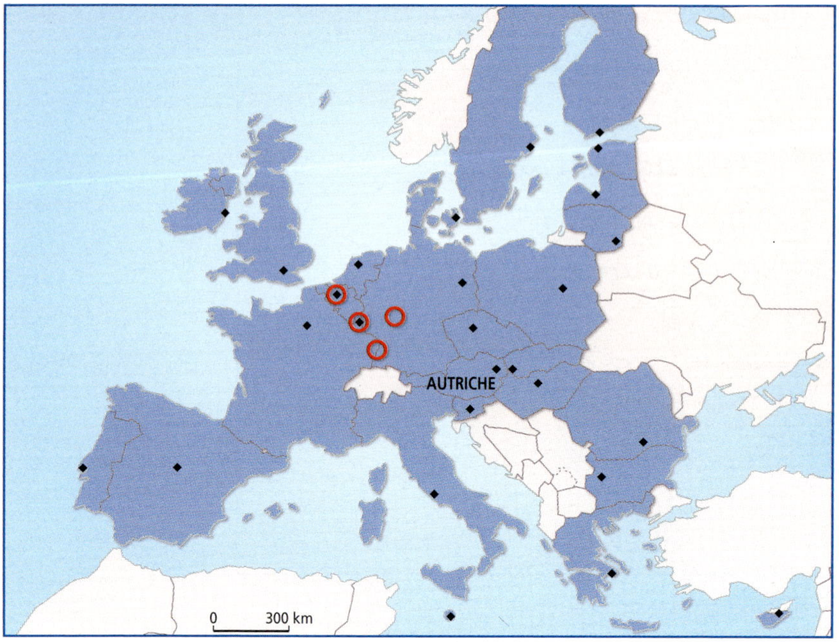

Questions

Sur le fond de carte, localisez :

- cinq États de l'UE limitrophes à l'Autriche.
- cinq capitales d'États de l'UE.
- les quatre villes, sièges des institutions de l'UE.

2 Connaître des notions, des acteurs, des situations géographiques

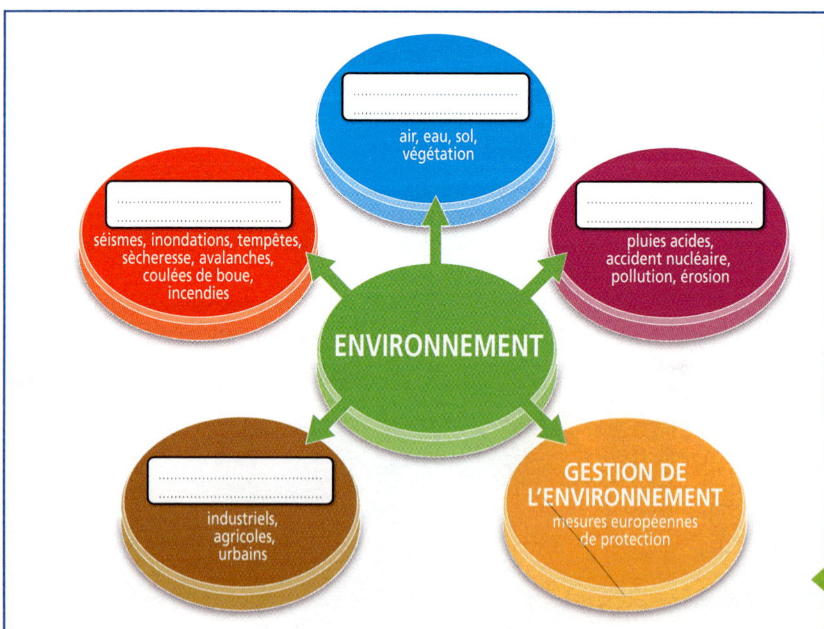

L'environnement, une préoccupation majeure pour les européens

Questions

1. Complétez le schéma ci-contre.

2. Qu'est-ce que l'Union européenne ? Vous répondrez à cette question en rédigeant un développement.

3. Montrez, à l'aide d'un exemple de votre choix, comment les pays européens s'organisent pour gérer les risques technologiques.

Méthode pour rédiger le développement → p. 333

3 Travailler sur un document

Le réseau européen à très grande vitesse (supérieur à 250 km/heure) en 2010

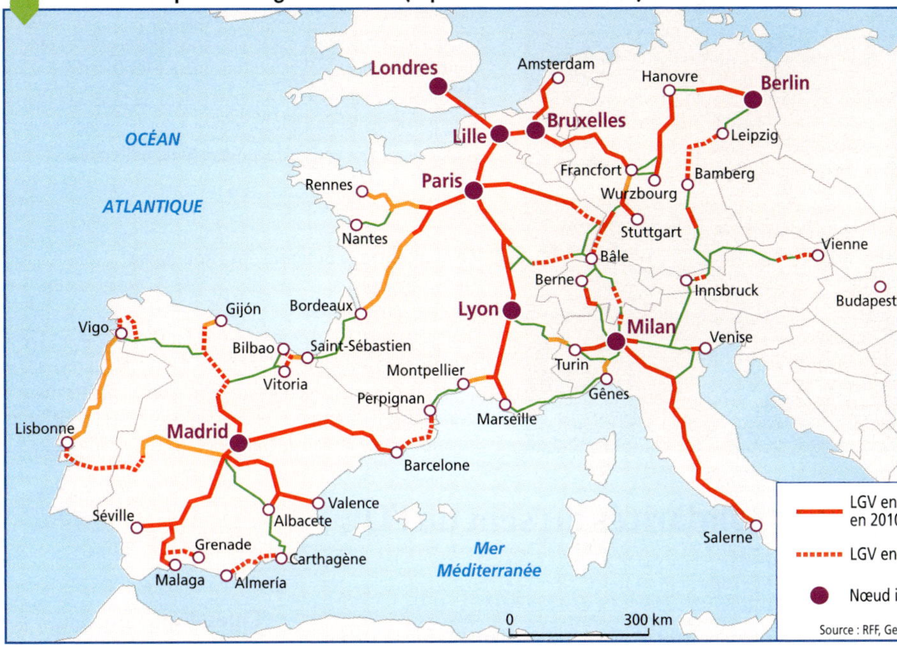

Questions

1. Présentez le document et définissez le terme de « réseau ».

2. Localisez et nommez les métropoles les mieux desservies. Quel avantage les lignes à grande vitesse (LGV) procurent-elles aux métropoles ? Caractérisez la place qu'occupe Paris dans ce réseau.

3. Quelles régions de l'Europe vont bientôt bénéficier de nouvelles LGV ? Expliquez.

4. Que nous apprend ce document sur les enjeux du réseau de LGV en France et en Europe ?

4 Réaliser une tâche cartographique simple

Titre : ....

Questions

Construisez une carte de l'Indice de Développement Humain (IDH) de l'Union européenne.

1. Choisissez pour chaque figuré cartographique une couleur appropriée.

2. Reportez sur le fond de carte les figurés sélectionnés.

3. Donnez un titre à votre carte.

Figurés cartographiques	☐	☐	☐
IDH (d'après chiffres du PNUD - 2010)	Faible de 0,70 à 0,75	Moyen de 0,75 à 0,85	Fort de 0,85 à 0,88
Pays	Bulgarie	Pologne Roumanie Croatie Portugal Lettonie Lituanie Rép. Tchèque Slovaquie Hongrie Estonie Royaume-Uni Slovénie Malte Chypre	Espagne Irlande France Grèce Autriche Allemagne Pays-Bas Belgique Luxembourg Suède Finlande Italie Danemark

Brevet

Sujets accompagnés ▷ Travailler sur un document

Sujet accompagné 1 • La politique régionale de l'UE

Le pont entre la Bulgarie et la Roumanie
(reconstitution par image de synthèse du projet sur la photographie du site)
Inauguré en 2011, ce pont relie Calafat (Roumanie) et Vidin (Bulgarie) et a été financé par le FEDER (Fonds européen de développement économique et région). Il permet de développer les transports en Europe orientale et d'intégrer ce territoire au réseau de transport de l'Union européenne.

Questions

1. Présentez le document et définissez brièvement l'Union européenne.
2. Quel aménagement est réalisé entre la Bulgarie et la Roumanie ? Identifiez l'acteur qui finance les travaux.
3. Expliquez pourquoi cet aménagement a été réalisé dans cette partie de l'Union européenne.
4. Que nous apprend ce document sur la politique régionale de l'UE ?

Sujet accompagné 2 • Les solidarités au sein de l'UE

Les menaces sur la forêt méditerranéenne en Europe

« Sous les effets conjugués de l'agriculture intensive, de la croissance urbaine, du tourisme, de la pollution et des incendies, la forêt méditerranéenne souffre et s'amenuise dramatiquement tous les ans. […] Les friches agricoles replantées en conifères aggravent les risques d'incendies, qui ne sont pas toujours accidentels. Annuellement, environ 600 000 hectares partent en fumée. […]
En Grèce, 200 000 hectares ont été effacés pendant le seul été 2007 ! […] Fragilisée, la forêt mobilise depuis longtemps l'attention des associations et des citoyens. Le WWF[1] a identifié trois cents sites méditerranéens exceptionnels que l'on pourrait préserver en créant un réseau de forêts connectées par des couloirs naturels permettant les flux de la faune et de la flore. Une ceinture verte qui intègrerait aussi, sur ses lisières, une zone tampon maintenant des activités humaines dans une gestion durable des ressources naturelles. D'ailleurs, la directive européenne Habitats, appliquée depuis 1994, va dans ce sens et a permis de classer des forêts en zone Natura 2000, notamment en Espagne, au Portugal, en Italie, en Grèce, en France. »

« Incendies de forêts », article paru dans le magazine *Géo* n°377, août 2010.

1. *World Wildlife Fund* : organisation internationale de protection de la nature et de l'environnement.

Questions

1. Présentez le document et définissez ce qu'est un risque en géographie.
2. Identifiez les activités humaines et les risques qui menacent la forêt méditerranéenne.
3. Identifiez les acteurs qui interviennent dans la gestion de la forêt. Quelles solutions existent pour prévenir et gérer les risques ?
4. Que nous apprend ce document sur l'environnement de la forêt méditerranéenne et les risques auxquels elle est exposée ?

Mémo Brevet

✓ Je sais répondre aux questions sur un document

- Je réponds à toutes les questions en prenant soin de ne rien oublier.
- J'utilise les informations du document et mes connaissances.
- Je reprends la question pour commencer ma réponse.

Exemple : 2. Identifiez les activités humaines et les risques qui menacent la forêt méditerranéenne.

→ *Les activités humaines et les risques qui menacent la forêt méditerranéenne sont…*

- Je rédige des phrases courtes et complètes (sujet + verbe + complément) et surveille mon orthographe !

Brevet

Méthode pour rédiger le développement Sujet blanc → p. 330

Qu'est-ce que l'Union européenne ?

Étape 1 Analyser et comprendre la question

- Lisez attentivement la question et soulignez les mots importants.
- Définissez ce qu'est l'Union européenne.

Étape 2 Mobiliser ses connaissances

- À partir du schéma et du chapitre 19 (p. 296 à 309), analysez la question posée en vous aidant des pistes ci-dessous.

L'UE en schéma

Pistes

- Quelle est la différence entre l'Union européenne et l'Europe ?
- Quelles sont les principales caractéristiques de l'Union européenne ?
- Comment évolue le territoire de l'Union européenne ?
- Quelle est la place de l'Union européenne dans le monde ?

Étape 3 Préparer la rédaction du développement

- Choisissez le plan qui vous semble le plus adapté à la question posée et organisez vos connaissances :

Plan A

1. *Une association régionale*
2. *Un territoire en construction*
3. *L'UE dans le monde*

Plan B

1. *Un territoire ancien en construction*
2. *Des contrastes régionaux*
3. *Un espace de paix et de liberté*

Conseils pour réussir l'étape 3

- Choisissez un plan adapté à la question.
- Ne recopiez pas systématiquement le plan de la leçon du manuel.
- Veillez à ce que le plan soit organisé en parties équilibrées.

Étape 4 Rédiger le développement

- À l'aide du plan adapté, rédigez en développant les idées essentielles.
- Attention, n'oubliez pas de rédiger une phrase d'introduction qui présente le sujet et une phase de conclusion qui ouvre sur le devenir de l'Europe.

CHAPITRE 21

La France dans le monde

▷ **Comment la France exerce-t-elle une influence mondiale ?**

1 Le pavillon de la France à l'exposition universelle de Shanghai en 2010

Une exposition universelle est une manifestation pendant laquelle les pays volontaires présentent des réalisations qui visent à les promouvoir.
Le pavillon français a été le pavillon le plus visité, attirant plus de dix millions de visiteurs.

Confronter les documents

1. Où et quand ont été prises ces photographies ?

2. De quelle façon la France est-elle présente sur ces images ?

3. Précisez, pour chaque photographie, le type d'influence de la France dans le monde qui est mis en avant.

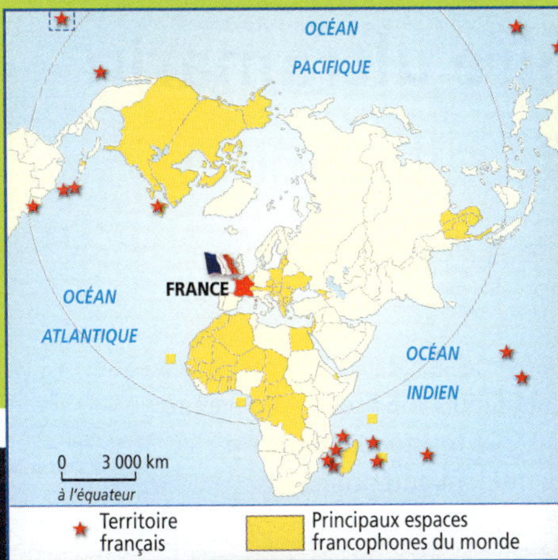

Influence ou rayonnement

Capacité pour un territoire à diffuser ses atouts.

2 Libération de Benghazi (Libye) en 2011

À Benghazi, de jeunes insurgés brandissent un étendard français à côté du libyen.
La France fait partie des États qui ont activement œuvré dès février 2011 à obtenir le soutien de la communauté internationale en faveur des insurgés libyens contre le régime du colonel Khadafi.

Étude de cas 1

La Guyane, un territoire ultramarin français en Amérique

Comment la Guyane contribue-t-elle à donner un rôle mondial à la France ?

Située à 7 000 kilomètres de la France métropolitaine, la Guyane se localise en Amérique du Sud, sur le littoral atlantique, au nord du Brésil. Territoire français depuis 1664, elle est devenue un département et une région d'outre-mer (DROM) en 2003. Ce territoire ultramarin français permet à la France d'exercer une influence sur le continent américain.

1 Un lancement d'*Ariane 5* de la base spatiale de Kourou, en Guyane
La France fait partie du club restreint des neuf pays maîtrisant la technologie aérospatiale.

2 Une base spatiale stratégique

Établi à Kourou en 1964, le centre spatial guyanais organise les lancements de la fusée Ariane.

« Le Centre Spatial Guyanais (CSG) est aujourd'hui l'une des bases de lancement les plus modernes et les mieux situées au monde. Il a gagné la confiance de nombreux industriels européens, mais aussi américains, japonais, indiens qui utilisent le CSG pour le lancement de leurs satellites.

Le CSG est un atout stratégique et permet à la Guyane de rayonner dans le monde entier : c'est sur lui que repose l'autonomie d'accès à l'espace de la France et de l'Europe. »

Centre national d'études spatiales, www.cnes-csg.fr, août 2011.

3 La Guyane, un DROM

	La Guyane	France métropolitaine
Superficie (en km²)	83 846	550 000
Nombre d'habitants	232 223	65 millions
PIB par habitant (en euros)	14 028	29 897

Source : INSEE, 2011.

4 Les domaines de la coopération transfrontalière Guyane-Brésil

« – **L'éducation :** développement de l'enseignement du français en Amapa[1] et du portugais en Guyane…
– La santé : échanges pour lutter contre les pandémies[2], élaboration d'un plan d'action opérationnel sur le VIH/Sida.
– **La recherche et la formation universitaire :** développement des activités du Centre franco-brésilien pour la biodiversité amazonienne.
– **La sécurité civile :** accord en matière de secours d'urgence, prévoyant un plan d'assistance mutuelle élaboré avec les pompiers brésiliens.
– **L'environnement :** coopérations entre parc naturels et en matière d'écotourisme. »

Commission des affaires étrangères, de la défense et des forces armées, Rapport du sénat 662, www.senat.fr, 22 juin 2011.

1. un des États du Brésil frontalier avec la Guyane.
2. une épidémie qui s'étend sur plusieurs continents.

5 La Guyane, une présence française en Amérique

6 Étudier en français à l'université des Antilles et de la Guyane

JE DÉCOUVRE

Identifier le territoire guyanais

1. Doc. 3 et 5 Localisez la Guyane. Quels sont les différents éléments qui montrent qu'elle est un territoire français ?

Comprendre comment la Guyane diffuse la culture française

2. Doc. 5 et 6 À quels étudiants s'adresse cette université ? Où se localise-t-elle ?
3. Doc. 4, 5 et 6 Comment la langue française est-elle diffusée ?

Comprendre le rôle international de la Guyane

4. Doc. 1 et 2 Qu'est-ce qui fait la célébrité de Kourou ? En quoi Kourou est un atout d'échelle mondiale pour la France ?
5. Doc. 4 et 5 Avec quels pays la Guyane est-elle en contact ? De quel(s) type(s) de contacts s'agit-il ?

CE QUE J'AI APPRIS

Sur la Guyane, un territoire ultramarin français en Amérique

La Guyane, un territoire français ultramarin
La Guyane est un DROM qui assure à la France une présence en Amérique.

Le rôle de la Guyane dans le rayonnement culturel de la France
La Guyane contribue à la diffusion de la langue et de la culture française.

Le rôle de la Guyane dans le rayonnement politique international de la France
Par ses partenariats et la coopération transfrontalière, la Guyane permet à la France d'assurer un rôle politique en Amérique latine.

Étude de cas 2

La Réunion, un territoire français ultramarin dans l'océan Indien

Comment la Réunion contribue-t-elle à donner un rôle mondial à la France ?

Située à 10 000 kilomètres de la France métropolitaine, La Réunion se localise dans l'océan Indien, au sud-est de l'Afrique et de Madagascar. Territoire français depuis 1642, elle est devenue un département et région d'outre-mer (DROM) en 2003. Ce territoire français ultramarin permet à la France d'exercer une influence dans l'océan Indien, mais aussi au-delà.

1 L'île de La Réunion, un parc naturel inscrit au patrimoine mondial
« Les pitons, cirques et remparts de l'île de La Réunion » ont été inscrits sur la liste du Patrimoine mondial de l'UNESCO le 1er août 2010 sur demande de la France. Ils coïncident avec la zone centrale du Parc national de La Réunion (créé en 2008 par les autorités françaises) soit plus de 40 % de la superficie de La Réunion.

REGION REUNION

2 La Réunion, un DROM

La Réunion, un DROM	La Guyane	France métropolitaine
Superficie (en km²)	2 520	550 000
Nombre d'habitants	833 500	65 millions
PIB par habitant (en euros)	14 420	29 897

Source : INSEE, 2011.

3 Port Réunion, au cœur des flux mondiaux
Troisième port français, Port Réunion est aussi le premier port des îles de l'océan Indien pour le volume de conteneurs traités.

4 Une coopération internationale

« – **Décembre 2010 :** visite du commandant des forces françaises de La Réunion auprès des autorités militaires du Botswana, de l'Afrique du Sud, du Lesotho et de la Tanzanie. Les forces armées sud-africaines ont réaffirmé leur souhait d'une coopération avec les forces armées françaises.
– **Février 2011 :** acheminement de fret humanitaire à Madagascar. La population du Sud de Madagascar a été particulièrement touchée par la sécheresse puis le cyclone Bingiza. L'envoi de ce [fret par avion militaire] traduit la solidarité de la France avec la population malgache.
– **Janvier 2011 :** visite du Premier ministre mauricien. Les échanges ont particulièrement porté sur la lutte contre la piraterie […] et les nombreuses actions menées par les forces armées françaises en la matière dans la zone sud de l'océan Indien. »

« Les Forces armées en zone Sud de l'océan Indien », Ministère de la Défense, www.defense.gouv.fr, 4 juillet 2010.

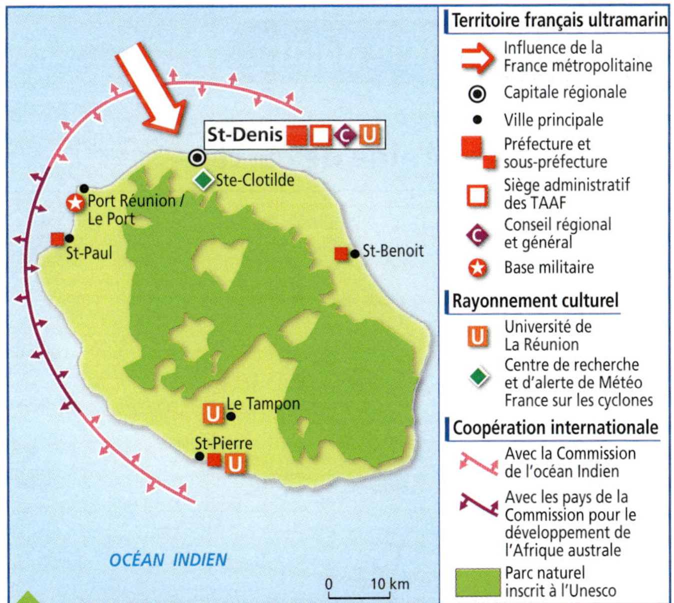

5 La Réunion, une présence française dans l'océan Indien

6 Étudier en français dans l'océan Indien

JE DÉCOUVRE

Identifier le territoire réunionnais

1. Doc. 2 et 5 Localisez La Réunion. Quels sont les différents éléments qui montrent qu'elle est un territoire français ?

Comprendre comment La Réunion diffuse la culture française

2. Doc. 6 À quels étudiants l'université s'adresse-t-elle ? Où se localise-t-elle ? Comment contribue-t-elle à diffuser la langue et la culture françaises ?

3. Doc. 1 et 6 Quelle valeur française transparaît avec la création du parc naturel de La Réunion ? Comment La Réunion contribue-t-elle à la diffusion du patrimoine français à l'échelle mondiale ?

Comprendre le rôle international de la Réunion

4. Doc. 3, 4 et 5 Avec quels pays La Réunion est-elle en contact ? De quel(s) type(s) de contacts s'agit-il ?

CE QUE J'AI APPRIS

Sur La Réunion, un territoire français ultramarin dans l'océan Indien

La Réunion, un territoire français ultramarin
La Réunion est un DROM qui assure à la France une présence dans l'océan Indien.

Le rôle de La Réunion dans le rayonnement culturel de la France
La Réunion contribue à la diffusion de la langue et de la culture françaises.

Le rôle de La Réunion dans le rayonnement politique international de la France
La Réunion permet à la France d'assurer un rôle militaire et politique dans l'océan Indien.

L'influence française

Retenir à l'aide de cartes

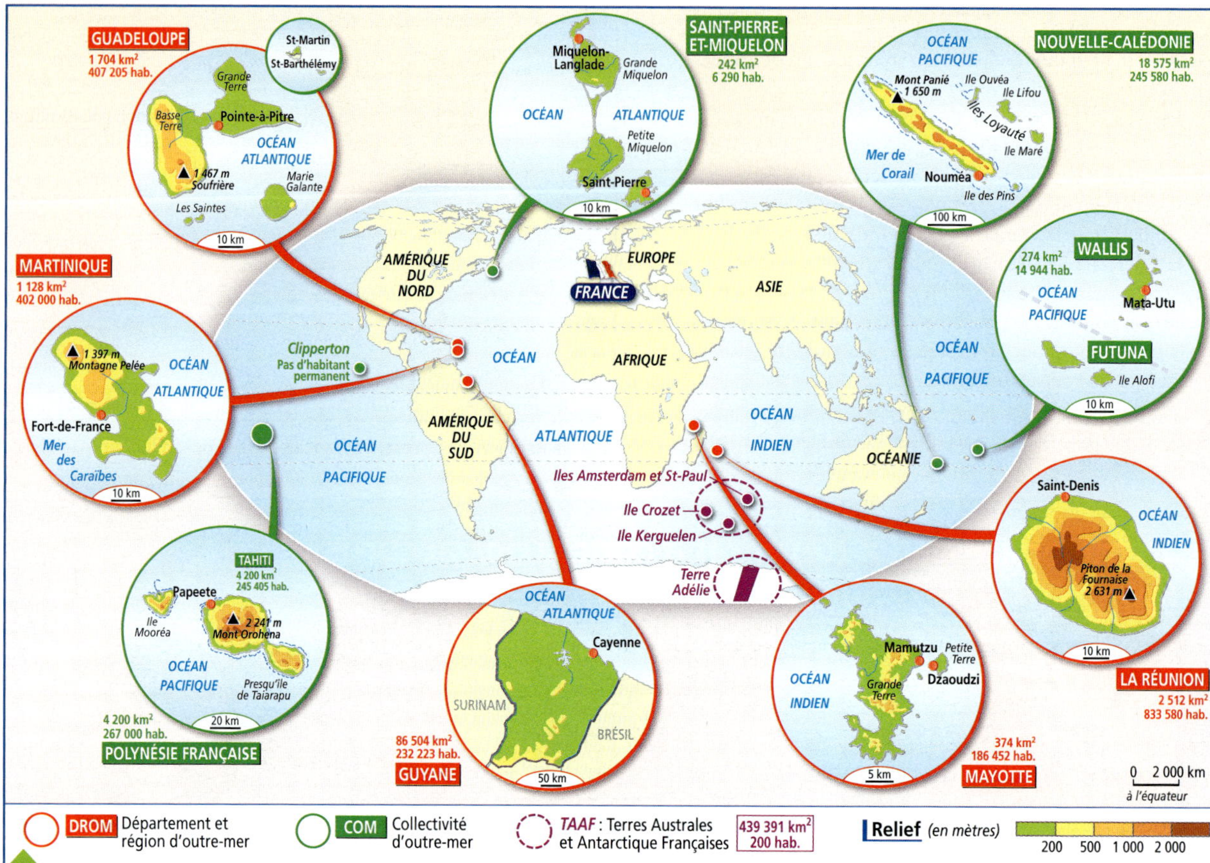

1 Le territoire ultramarin français

Retenir à l'aide d'un schéma une notion clé

INFLUENCE, RAYONNEMENT

Présence territoriale
- Les départements et régions d'outre-mer
- Les collectivités d'outre-mer
- ZEE
- Expatrié (individu résidant dans un autre pays que le sien)

Domaine économique
- Entreprises à l'étranger
- Investissements directs à l'étranger

Domaine culturel
- Valeurs
- Langue
- Histoire
- Arts
- Patrimoine

Domaine politique
- Participation à des instances internationales
- Diplomatie bilatérale et multilatérale
- Puissance et présence militaire
- Aide au développement

2 L'influence, le rayonnement d'un pays

dans le monde

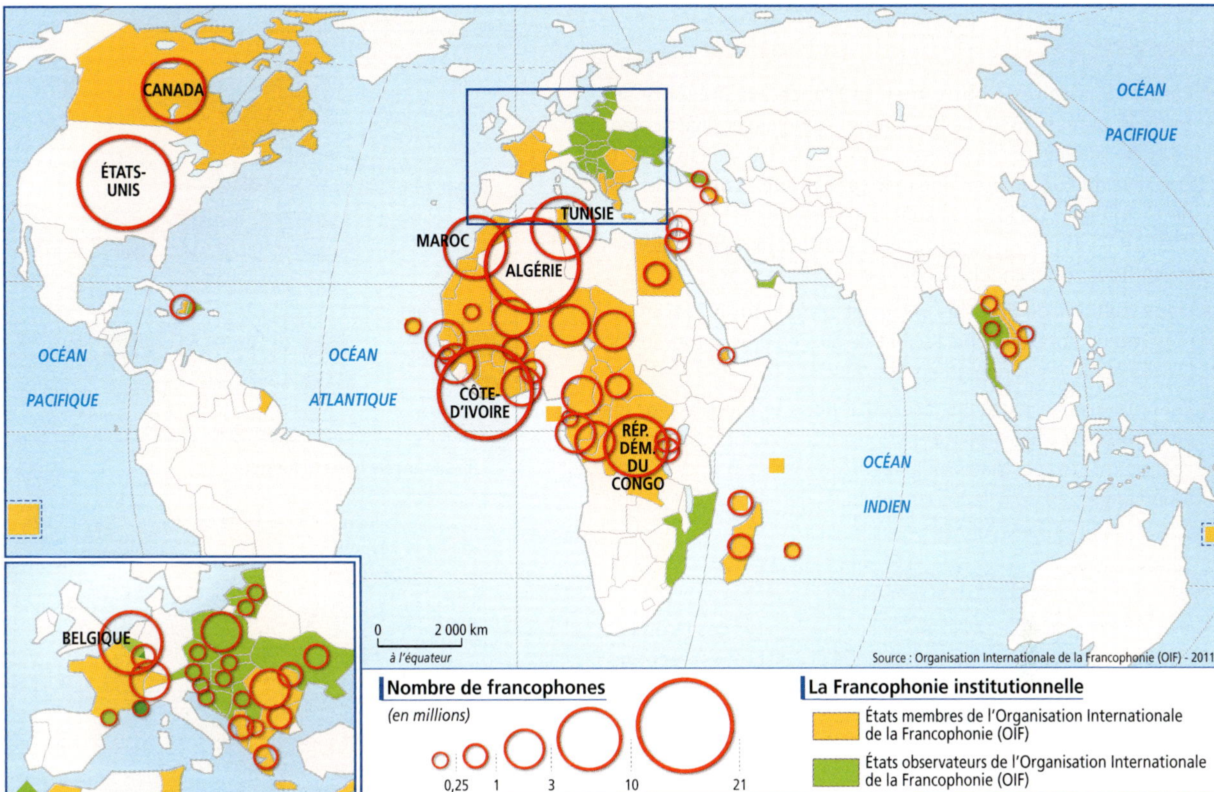

3 Francophones et Francophonie dans le monde

Lire les cartes

1. Observez les deux cartes : quelle différence d'organisation remarquez-vous entre les légendes ? Comment l'expliquez-vous ?

2. Chacune des cartes met en valeur un aspect de l'influence mondiale de la France. Lequel ?

3. Où dans le monde l'influence française s'exerce-t-elle ?

Des études de cas → à la leçon

Étude de cas 1

- Les territoires français d'outre-mer sont-ils les seuls appuis d'une présence territoriale française dans le monde ? → Une présence territoriale planétaire

Étude de cas 2

- En dehors des territoires français d'outre-mer, comment la culture française se diffuse-t-elle dans le monde ? → Un rayonnement culturel mondial
- La coopération organisée entre les territoires ultramarins et les pays environnants est-elle le seul outil d'une présence internationale pour la France ? → Un rayonnement politique international

Leçon p. 342

Leçon La France dans le monde

Comment la France exerce-t-elle une influence mondiale ?

A Une présence territoriale planétaire

- **Par ses territoires d'outre-mer, la France est présente sur toute la planète**. Issus de l'expansion coloniale et diversement peuplés, ils sont principalement constitués d'îles et font de la France le **deuxième domaine maritime mondial avec une ZEE de 11 millions de km²**. Ils sont aussi des points d'appui pour des interventions ou des partenariats régionaux, des recherches scientifiques ou technologiques.
- **Deux millions de Français vivent et travaillent à l'étranger**, pour moitié hors d'Europe. Ils sont de plus en plus nombreux au Proche et Moyen-Orient et en Asie-Océanie (doc. 1).
- Enfin, **la France est aussi présente dans le monde par ses entreprises transnationales** performantes comptant parmi les cent premières mondiales, et par leurs **investissements directs à l'étranger**, au deuxième rang mondial derrière les États-Unis (doc. 2).

B Un rayonnement culturel mondial

- La France est identifiée à l'étranger comme **le pays des Droits de l'homme et son patrimoine historique et culturel est reconnu**. La gastronomie, le luxe, ou des réalisations prestigieuses dans le cinéma ou l'architecture font partie des images associées à la France et contribuent à lui donner une place sur la scène mondiale.
- **Le français est une langue internationale** : neuvième langue la plus pratiquée sur la planète, il est parlé par 220 millions de personnes, présent sur tous les continents et utilisé dans les grandes organisations internationales, comme l'ONU. Grâce à l'**OIF**, qui rassemble soixante-quinze États, et grâce à d'autres organismes, **la diffusion de la francophonie et de la culture française assure à la France un rayonnement mondial** (doc. 3 et 5).

C Un rayonnement politique international

- La France est un **membre permanent du Conseil de sécurité de l'ONU**, et d'autres organismes internationaux comme l'OMC, ou le FMI (dirigé depuis 2008 par des Français). Elle dispose du deuxième plus grand réseau mondial d'ambassades après les États-Unis (doc. 4) et mène à travers le monde une **politique de coopération bilatérale et multilatérale** (doc. 5).
- **Puissance militaire dotée de l'arme nucléaire**, la France est présente dans le monde grâce à ses bases militaires, ses flottes et ses missions sous mandat de l'ONU ou de l'OTAN, comme en Libye en 2011.
- Enfin, **sa participation à l'aide au développement** et le rôle important de ses ONG contribuent à lui donner une influence internationale certaine, mais de plus en plus concurrencée.

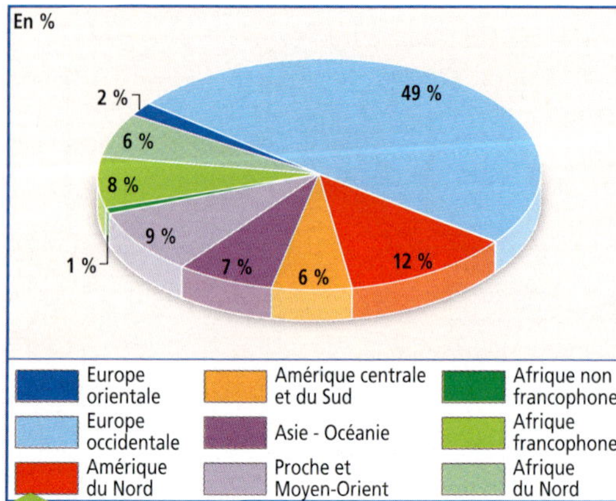

1 Les Français dans le monde

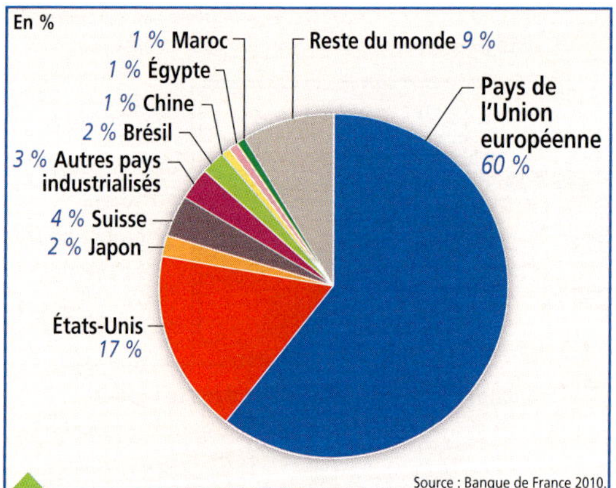

2 Les investissements français à l'étranger

Vocabulaire

Zone Économique Exclusive (ZEE) : espace maritime qui s'étend jusqu'à 370 kilomètres des côtes et dont l'exploitation est réservée à l'État côtier.

Entreprise transnationale : entreprise qui possède des filiales à l'étranger.

Investissements directs à l'étranger (IDE) : capitaux investis à l'étranger par des entreprises.

Organisation Internationale de la Francophonie (OIF) : organisation de 75 pays qui mènent des actions politiques afin de promouvoir la langue française, la paix et le développement durable.

La francophonie : fait de parler français ; désigne aussi les territoires dans lesquels la langue et la culture françaises sont diffusées.

Coopération bilatérale ou multilatérale : accords passés entre deux ou plusieurs pays.

3 Une influence dans plusieurs domaines

« Constamment réaffirmée, [la] capacité militaire de la France est un atout dans le système international : elle est à la fois un facteur de puissance et d'influence [...].

Le maintien d'une influence suppose un réseau de pays amis, prêts à voter les résolutions d'origine française. Par sa place et son rôle à l'ONU, par l'activité qu'elle y déploie, la France obtient ainsi l'appui dont elle a besoin pour affirmer son influence mondiale. [...]

La culture peut être une arme politique, un élément du « *soft power*[1] ». Si la France veut maintenir son influence à l'étranger, elle doit manifester sa présence et non plus seulement faire admirer sa culture. [...] Présente partout dans le monde, la langue française tente de maintenir son rang, malgré l'hégémonie culturelle américaine, la montée en puissance de la Chine et des pays émergents, hispanophones ou arabophones. »

Maurice Vaïsse, *La puissance ou l'influence ? La France dans le monde depuis 1958*, © Fayard, 2009.

1. *Soft power* : capacité d'influence.

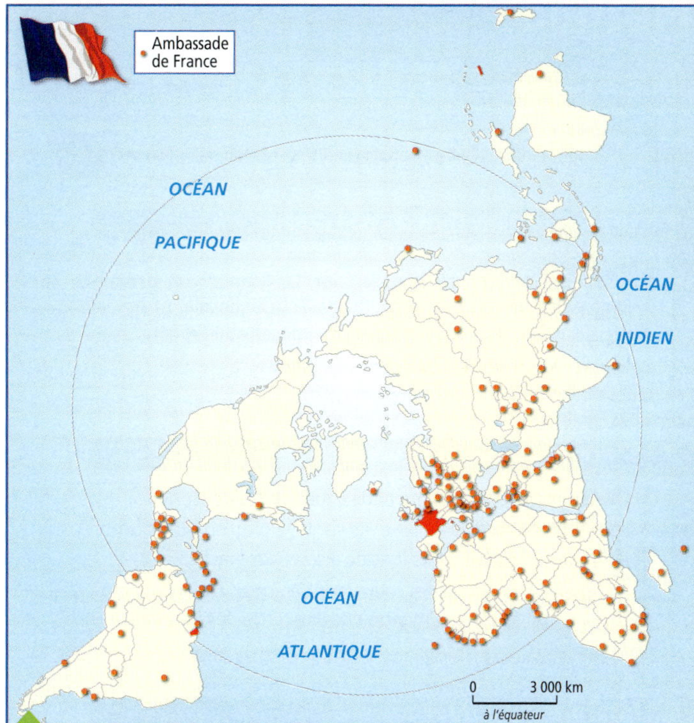

4 Les ambassades de la France dans le monde

5 La Francophonie Cet organisme créé en 1970 compte cinquante-neuf États membres et seize États observateurs.
- Promouvoir la langue française et la diversité culturelle et linguistique.
- Promouvoir la paix, la démocratie et les droits de l'homme.
- Appuyer l'éducation, la formation et la recherche.
- Développer la coopération au service du développement durable.

A Une présence territoriale planétaire

1. Doc. 1, 2 et carte p. 340 se manifeste la présence française ? Comment la France est-elle présente dans le monde ?

B Un rayonnement culturel mondial

2. Doc. 3 et carte p. 341 Comment la langue française contribue-t-elle à l'influence de la France dans le monde ?

3. Doc. 5 et carte p. 341 Qu'est-ce que la Francophonie ? Quels aspects de la culture française contribue-t-elle à diffuser dans le monde ?

C Un rayonnement politique international

4. Doc. 4 Où et comment la France assure-t-elle une présence diplomatique mondiale ?

5. Doc. 3 Par quels moyens la France exerce-t-elle son influence politique mondiale ?

Bilan — La France dans le monde

À l'aide de l'ensemble des documents, rédigez un paragraphe qui décrit et explique quelques aspects de l'influence française dans le monde.

Compétence 1.1 › **Rédiger un texte bref** Socle

Compétence 5.3 › **Mobiliser ses connaissances pour donner du sens à l'actualité**

Méthode
en 3 étapes

Lire des cartes :

Compétence 5.3 › **Lire et employer différents langages (cartes)** Socle

Étape 1 Se repérer dans l'espace de la carte

▶ Pour chaque carte

1. Repérez les éléments suivants : thème, échelle (locale, régionale, nationale, continentale ou mondiale), source, date.

2. Identifiez la projection et le centrage utilisés. Quel est l'intérêt de cette représentation ?

Étape 2 S'interroger sur les figurés

3. Quels sont les différents types de figurés utilisés ? À quoi correspondent-ils ?

4. Pourquoi a-t-on fait varier la taille des cercles (carte 1 et 2) ?

5. Pourquoi a-t-on utilisé des couleurs différentes (carte 2) ? Cette variation de couleur montre une différence de phénomène ou d'intensité ?

Étape 3 Interpréter les informations

▶ Carte 1

6. Localisez les pays où les expatriés sont plus nombreux.

7. Où trouve-t-on des Chambres d'Industrie et de Commerce françaises à l'Étranger ?

8. Quels liens établissez-vous entre ces deux localisations ? Expliquez.

▶ Carte 2

9. Repérez les espaces où sont implantées les forces militaires françaises. Comment expliquez-vous la localisation des « forces de souveraineté » ?

10. Sur quel continent les opérations bilatérales sont-elles les plus nombreuses ? À quoi correspondent les autres opérations extérieures ?

Bilan Croiser des cartes pour comprendre l'influence de la France dans le monde

11. Comment ces deux cartes illustrent-elles la présence mondiale de la France ?

12. De quels domaines d'influence de la France témoignent-elles ?

Pour comprendre la carte 1

Le **centrage** est la manière dont le planisphère est centré : ici, le « centre » de la carte est l'Europe (la France) et l'Afrique.

Figurent souvent au « centre » de la carte le pays d'où provient la carte, ou l'espace à mettre en valeur.

Pour comprendre la carte 2

La **projection** d'une carte est l'ensemble des techniques permettant de représenter le globe sur une surface plane. Toutes ces techniques déforment les contours ou les superficies représentées.

Ici, la projection est semi-polaire : l'Australie apparaît plus grande que les États-Unis, ce qui ne correspond pas à la réalité.

Mais son intérêt est de conserver en partie une vision globale du monde.

Mémo Brevet

Pour lire une carte

1. Je repère le thème de la carte, l'échelle, la date, la source.

2. J'observe la légende pour repérer les informations clef et les figurés qui les représentent.

3. Je repère sur la carte la localisation des figurés : quels espaces sont particulièrement mis en avant ?

4. Je mets en relation les phénomènes localisés et mes connaissances pour apporter des explications.

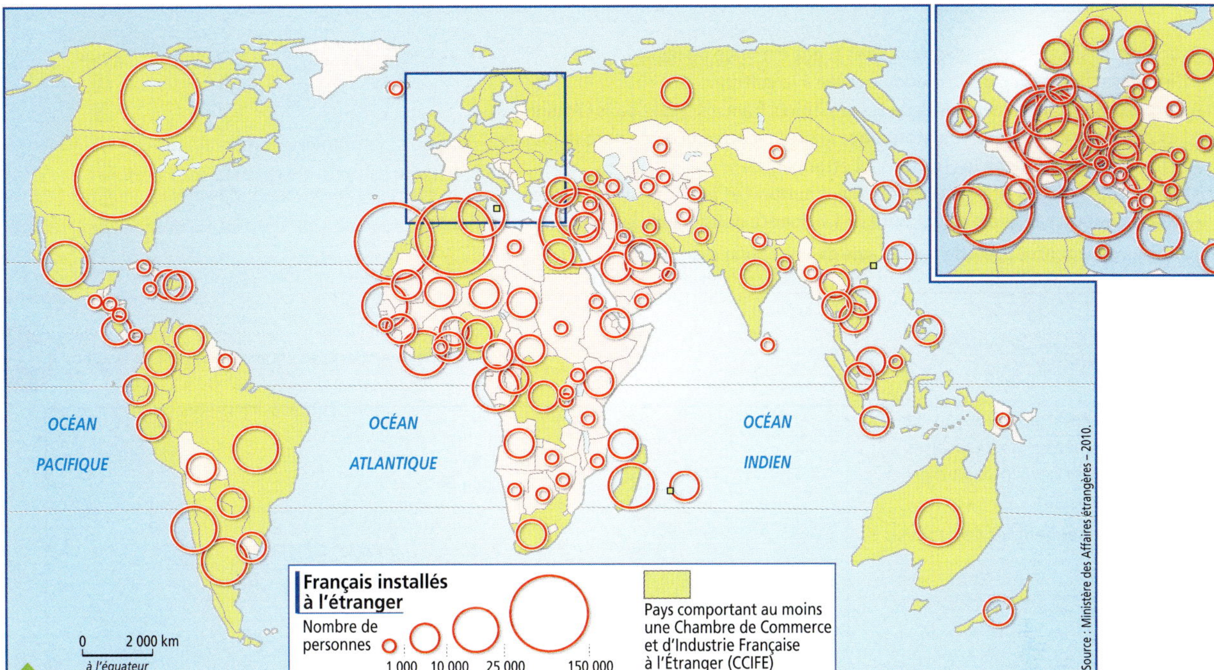

1 Les expatriés français dans le monde

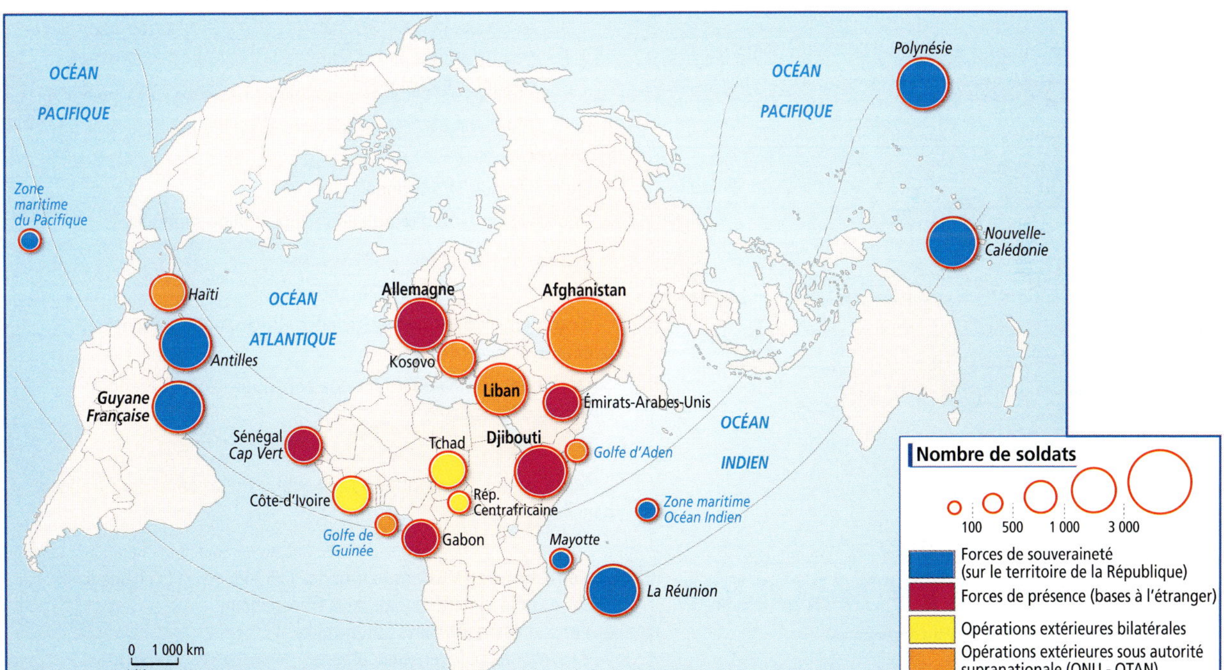

2 L'engagement militaire de la France dans le monde en 2010

Réviser les repères

Livret Brevet

→ L'essentiel p. 37

A LE VOCABULAIRE

Compétence 5.1 › **Avoir des connaissances et des repères** — Socle

1. Pour chaque affirmation ci-dessous, dites si elle est vraie ou fausse.

	Vrai	Faux
– L'influence française dans le monde est liée à la culture.	☐	☐
– L'expression « outre-mer » désigne les territoires français situés dans l'Atlantique.	☐	☐
– Les ZEE ultramarines sont un atout pour la présence de la France dans le monde.	☐	☐
– la francophonie désigne les Français à l'étranger.	☐	☐
– La Francophonie participe au rayonnement culturel et politique de la France.	☐	☐
– La coopération bilatérale est un outil de l'influence politique de la France dans le monde.	☐	☐

2. Justifiez vos réponses précédentes à l'aide de vos connaissances.

B LES LOCALISATIONS

Compétence 5.1 › **Avoir des connaissances et des repères relevant de l'espace** — Brevet

1. Identifiez les territoires français dans le monde : nommez les dix territoires numérotés, et précisez s'il s'agit d'un DROM ou d'une COM.

2. À quoi correspondent les territoires en jaune ?

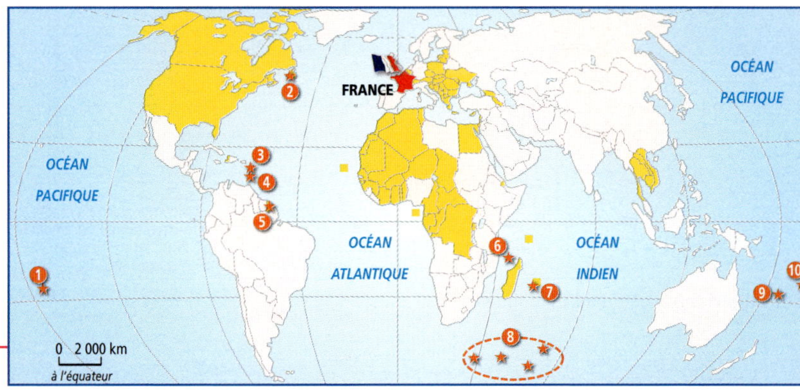

C LES ACTEURS

Compétence 5.4 › **Être capable de porter un regard critique sur un document** — Brevet

Ville émettrice des signaux

Audience des zones de réception (audience cumulée hebdomadaire, en millions de personnes)

Bureau délocalisé de TV5 Monde

TV5MONDE

1 La diffusion de TV5 dans le monde TV5 Monde est la chaîne de l'Organisation Internationale de la Francophonie.
- Émission dans 200 pays et territoires.
- 215 millions de foyers spectateurs.
- Diffusion de programmes français, avec sous-titrage en 10 langues.

▶ Situer

1. Qu'est-ce que TV5 Monde ?

2. Pourquoi peut-on dire qu'elle est une chaîne mondiale ?

▶ Identifier l'acteur et son rôle

3. Qui est à l'origine de TV5 Monde ?

4. Comment TV5 Monde participe-t-elle au rayonnement de la langue française ?

5. Dans quel domaine TV5 Monde contribue-t-elle à étendre l'influence française ?

▶ Conclure

6. Montrez que TV5 Monde est un acteur du rayonnement français dans le monde.

Réviser les savoir-faire

D LIRE UNE CARTE

Compétence 5.3 › **Lire et employer différents langages (carte)** — Socle

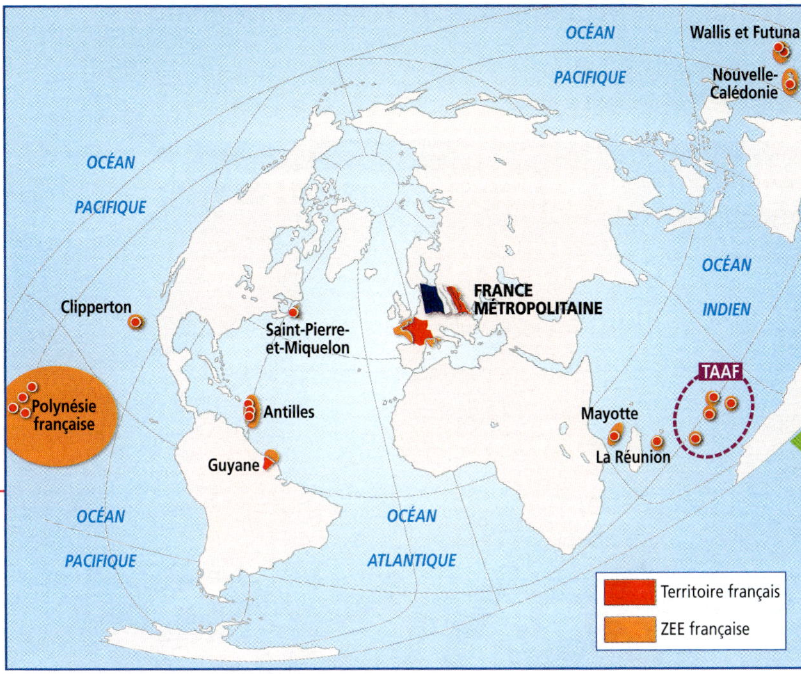

2 La Zone Économique Exclusive française

1. Présentez le thème, l'échelle, la source et la date de cette carte.
2. Qu'est-ce que la Zone Économique Exclusive ?
3. Quel est le type de figurés utilisé ?
4. Localisez la ZEE française. Quels sont les territoires qui permettent à la France d'avoir une ZEE dans tous les océans ?
5. Comment cette ZEE permet-elle à la France d'exercer son influence ?

E FAIRE UNE RECHERCHE

Compétences 4.4 › **Chercher et sélectionner l'information demandée** — B2i

Les Alliances françaises et l'influence culturelle de la France dans le monde

▶ Présenter les Alliances françaises et la Fondation

1. Connectez-vous au site de la fondation des **Alliances françaises** : www.fondation-alliancefr.org.
Que nous indique le nom de domaine (l'extension « .org ») ?
2. Cliquez sur l'onglet « La Fondation en action » : quelles sont les quatre missions de la fondation ? Quand cette fondation a-t-elle été créée ?
3. Cliquez sur l'onglet : « Travaillez dans les Alliances ». Qu'est-ce qu'une Alliance française ?

▶ Les Alliances françaises dans le monde

4. Cliquez sur l'onglet « Alliances françaises dans le monde », puis passez le curseur sur les bandeaux de couleur. Où trouve-t-on ces Alliances ?
5. Choisissez une des régions et cliquez sur le bandeau de couleur correspondant. Relevez trois actions différentes des Alliances françaises présentes sur place, et expliquez comment elles contribuent à l'influence française dans le monde.

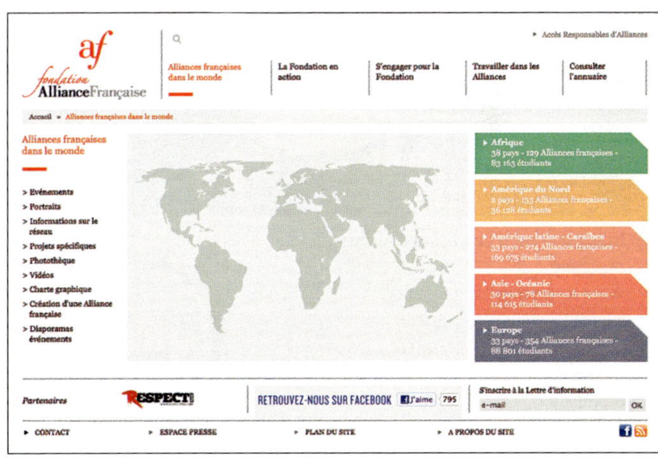

CHAPITRE 22

Réalités et limites de la puissance de l'Union européenne

▷ Comment se manifeste la puissance de l'Union européenne ?

1 Inauguration d'une usine d'Airbus en Chine
Placé au premier rang mondial, le constructeur aéronautique européen Airbus est un acteur majeur de l'industrie aéronautique mondiale.

Confronter les documents

1. Présentez les deux documents : nature, thème.

2. Décrivez le document 1 : quel aspect de la puissance de l'Union européenne montre-t-il ?

3. Décrivez le document 2 : quels sont les trois États caricaturés ? Comment l'Union européenne apparaît-elle face aux États-Unis et à la Chine ? Que veut montrer le caricaturiste à travers le jeu d'ombre ?

4. Comment ces deux documents présentent-ils la puissance de l'Union européenne dans le monde ?

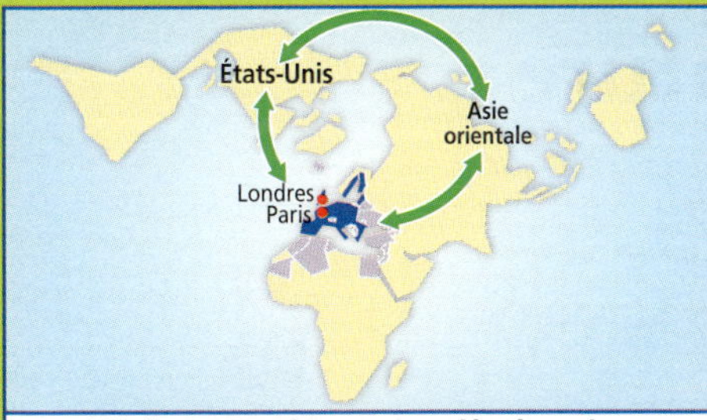

L'Union européenne, un pôle de puissance mondial

Puissance

Capacité à étendre son influence sur un vaste territoire dans les domaines économique, financier, culturel, politique et militaire.

2 L'Union européenne, un nain politique

Caricature de Ruben Oppenheimer, *Courrier International*, 20 novembre 2009.
Le Conseil européen rassemble les dirigeants des États membres sous la direction d'un président élu pour deux ans et demi. C'est l'institution européenne chargée d'impulser la politique de l'Union européenne.

Étude de cas

Un exemple de candidature d'adhésion : la Turquie

Quels sont les enjeux de la candidature turque ?

À cheval sur l'Europe et l'Asie, la Turquie est historiquement liée à l'Europe. Depuis 1959, elle tente d'intégrer l'Union européenne avec laquelle elle a développé des échanges et des programmes de coopération. Débutées en 2005, les négociations ne sont toujours pas terminées : son adhésion fait toujours débat au sein des pays de l'Union européenne.

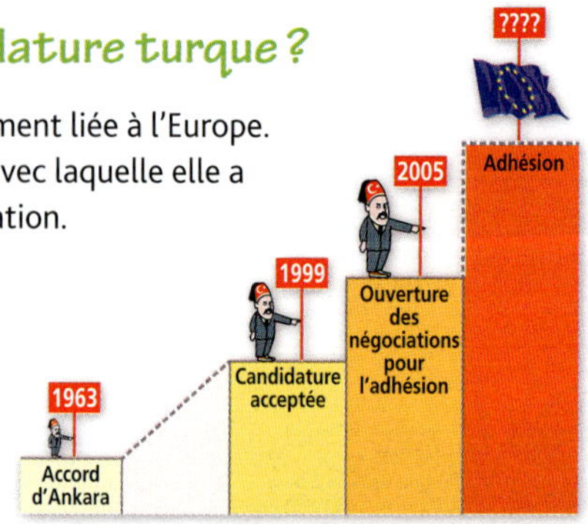

A Un partenariat privilégié entre l'Union européenne et la Turquie

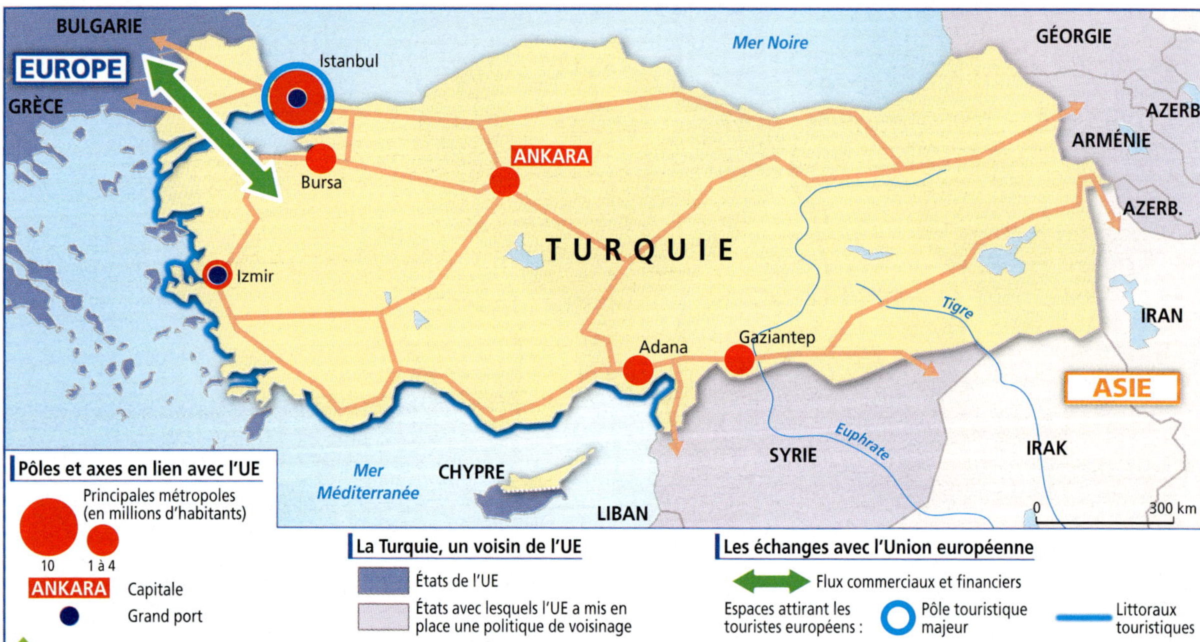

1 La Turquie, un État eurasiatique

2 Un accord de coopération policière entre l'Union européenne et la Turquie

Le Collège européen de police (CEPOL) réunit des hauts fonctionnaires de police de toute l'Europe dans le but d'encourager la coopération transfrontalière dans la lutte contre la criminalité et le maintien de la sécurité et de l'ordre publics.

« Le texte E 5465 a pour objet un accord de coopération entre le Collège européen de police (CEPOL) et l'Institut national de police turc. Ce partenariat prendrait la forme d'une participation aux formations du CEPOL, d'une harmonisation des normes en matière de formation et d'un échange de bonnes pratiques. Le projet d'accord a été modifié à la demande de la délégation française en vue d'intégrer les problématiques liées au trafic de stupéfiants et au crime organisé dans le partenariat entre les deux institutions. »

Commission des affaires européennes, www.senat.fr, 1er juillet 2010.

	Nom	Logo	Objectif
1949	Conseil de l'Europe		Le Conseil de l'Europe a pour objectif de favoriser en Europe un espace démocratique et juridique commun. La Turquie en est un membre fondateur.
1952	OTAN	NATO OTAN	L'OTAN est une alliance militaire entre les États d'Amérique du Nord et des États européens.
1995 2008	Euromed Union pour la Méditerranée	EUROMED	Cette organisation, qui regroupe l'UE et douze États méditerranéens, a pour but de promouvoir l'intégration économique et les réformes démocratiques pour créer un espace de paix, de sécurité et de prospérité.
1996	Union douanière avec l'UE	Union douanière	Elle permet la libre circulation des marchandises entre l'UE et la Turquie.
1962	UEFA	UEFA	Créée en 1954, l'Union des associations européennes de football vise à renforcer et développer l'unité et la solidarité au sein de la communauté du football européen.

3 La Turquie intégrée dans de nombreuses organisations européennes

4 La Turquie préside le Conseil de l'Europe

« Le Conseil de l'Europe est actuellement placé sous le signe de la Turquie. Le président de l'assemblée parlementaire est turc et c'est aussi la Turquie qui préside le comité des ministres.
Le président de l'Assemblée, Mevlüt Çavuşoğlu, a bien voulu répondre aux questions d'euronews :
"La Turquie a été encouragée à contribuer aux valeurs européennes et au travail des institutions européennes plus activement ces derniers temps, et la présidence du Conseil de l'Europe est un exemple de cette contribution." [...] On dit souvent du Conseil de l'Europe, une organisation européenne de 47 États membres, qu'il est l'antichambre de l'Union européenne. La Turquie en est un membre fondateur, pour autant ses négociations d'adhésion à l'Union européenne sont complètement figées depuis près d'un an. »

5 La Turquie prend la présidence au Conseil de l'Europe
Le 10 novembre 2010 à Strasbourg, le ministre des Affaires étrangères Ahmet Davutoğlu devient président du comité des ministres du Conseil de l'Europe pour six mois.

JE DÉCOUVRE

Situer la Turquie

1. Doc. 1 Sur quels continents se situe la Turquie ? Pourquoi dit-on que c'est un voisin de l'Union européenne (UE) ?

Identifier les types de liens entre la Turquie et l'Union européenne

2. Doc. 1 Quels sont les principaux flux entre l'UE et la Turquie ?

3. Doc. 1 Quels espaces attirent les touristes européens en Turquie ?

4. Doc. 3 À quelles organisations européennes la Turquie participe-t-elle dans le domaine économique ? au niveau politique ? et sur le plan militaire ?

5. Doc. 4 et 5 Quelle est la place de la Turquie au Conseil de l'Europe en 2011 ?

B Un rapprochement volontaire à un pôle de puissance mondial

5 La Turquie : un pays émergent

	UE	Turquie
Population en millions d'habitants (2011)	502,5	74
PIB/hab, en euros (2010)	24 500	6 142
Taux de croissance annuel du PIB (2011)	1,8 %	6,9 %
Taux de chômage (2011)	9,2 %	9 %
Part des 15-24 ans poursuivant leurs études	60 %	38 %
Population de moins de 15 ans (2010)	15 %	26 %

Source : Eurostat, 2010.

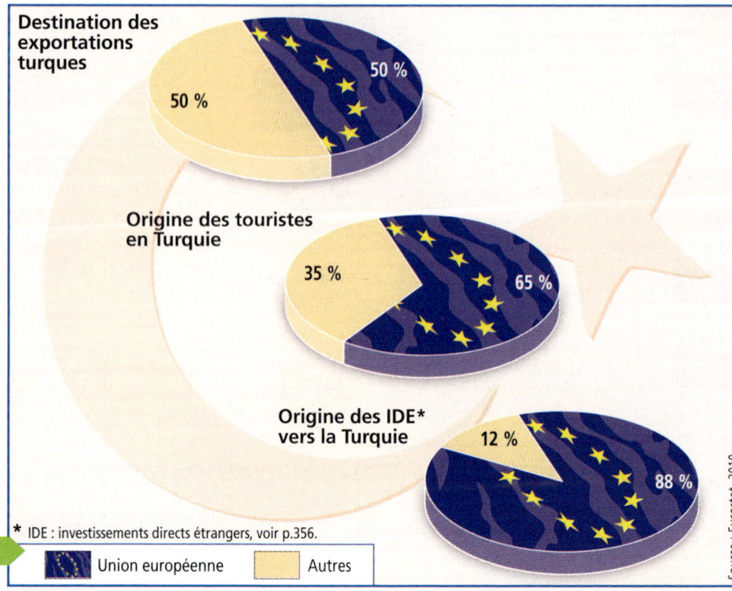

6 L'économie turque tournée vers l'UE, pôle de puissance

7 L'adhésion à l'UE : un moteur pour réformer la Turquie

« En tant que pôle de croissance, l'UE exerce une formidable force d'attraction sur l'électorat populaire turc ; en tant que projet de démocratisation politique, elle attire des intellectuels plus proches de la gauche ; en tant que projet de civilisation, elle séduit les élites. La perspective de l'adhésion agit comme un catalyseur[1] des réformes, au-delà même de celles qui sont nécessaires pour rejoindre l'acquis communautaire. La suppression de la peine de mort, les tentatives de réduire la place de l'armée dans l'arène politique, les avancées sur le droit des minorités, sont conformes au respect des critères politiques de Copenhague. »

Dorothée Schmid, www.ifri.org, IFRI (Institut français des relations internationales), janvier 2010.

1. Catalyseur : élément qui concentre et accélère les changements et évolutions.

8 La Chambre de Commerce Française en Turquie encourage les investissements entre les deux pays

Vocabulaire

Pays émergent : pays en voie de développement dont la croissance économique est rapide et dont le poids dans l'économie mondiale est de plus en plus important.

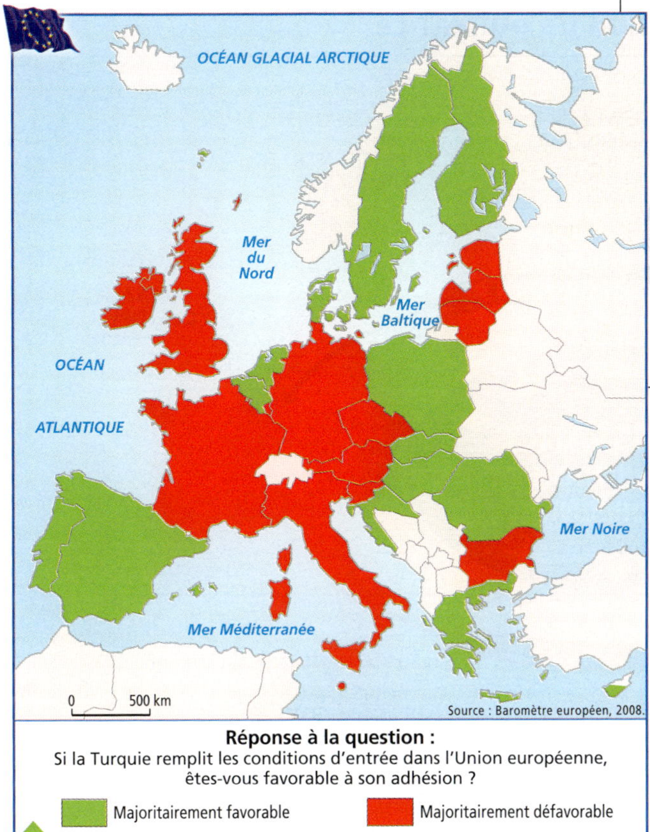

9 **Les Européens divisés à propos de l'adhésion de la Turquie**

10 **L'adhésion turque**
Dessin de Plantu

11 **Des arguments qui s'opposent**

Arguments favorables à l'adhésion

- ➕ Les Turcs sont historiquement proches des Européens.
- ➕ La Turquie est un pays émergent dont le dynamisme économique sera profitable à l'UE.
- ➕ L'influence de la Turquie au Moyen-Orient permettrait d'étendre la zone de stabilité politique et de sécurité de l'UE.
- ➕ La Turquie est un pays laïc.

Arguments hostiles à l'adhésion

- ➖ La Turquie n'est pas située en Europe.
- ➖ C'est un pays de culture et de religion musulmane.
- ➖ Ce n'est pas un pays suffisamment démocratique.
- ➖ Sa fragilité économique coûterait cher à l'Union européenne.

JE DÉCOUVRE

L'attractivité de l'Union européenne

1. Doc. 5 et 7 Sur le plan économique, quel attrait l'UE exerce-t-elle sur la Turquie ?
2. Doc. 6 et 8 Montrez que les liens économiques entre la Turquie et l'UE sont déjà forts.
3. Doc. 7 D'un point de vue culturel et politique, quelle dynamique l'UE crée-t-elle en Turquie ?

L'UE divisée face à l'adhésion turque

4. Doc. 9 Quels sont les pays hostiles à l'adhésion de la Turquie ?
5. Doc. 5 et 11 Relevez les statistiques qui appuient les arguments en faveur à l'adhésion, puis celles qui appuient les arguments défavorables.
6. Doc. 10 Pour la Turquie, quelle est la conséquence de ces désaccords au sein de l'Union européenne ?

CE QUE J'AI APPRIS

Sur les enjeux de l'adhésion turque à l'UE L'UE, un pôle attractif pour ses voisins

▸ L'UE, un pôle attractif pour ses voisins
Les liens entre l'Union européenne et la Turquie, pays voisin, sont anciens et nombreux.

▸ L'UE, un des grands pôles de puissance mondiaux
L'Union européenne, pôle de puissance mondial, exerce une forte attraction et explique la volonté d'adhésion de la Turquie.

▸ Les limites de la puissance européenne
La candidature turque divise les États de l'Union européenne qui peinent à trouver une position commune.

Retenir à l'aide d'un schéma la notion de puissance

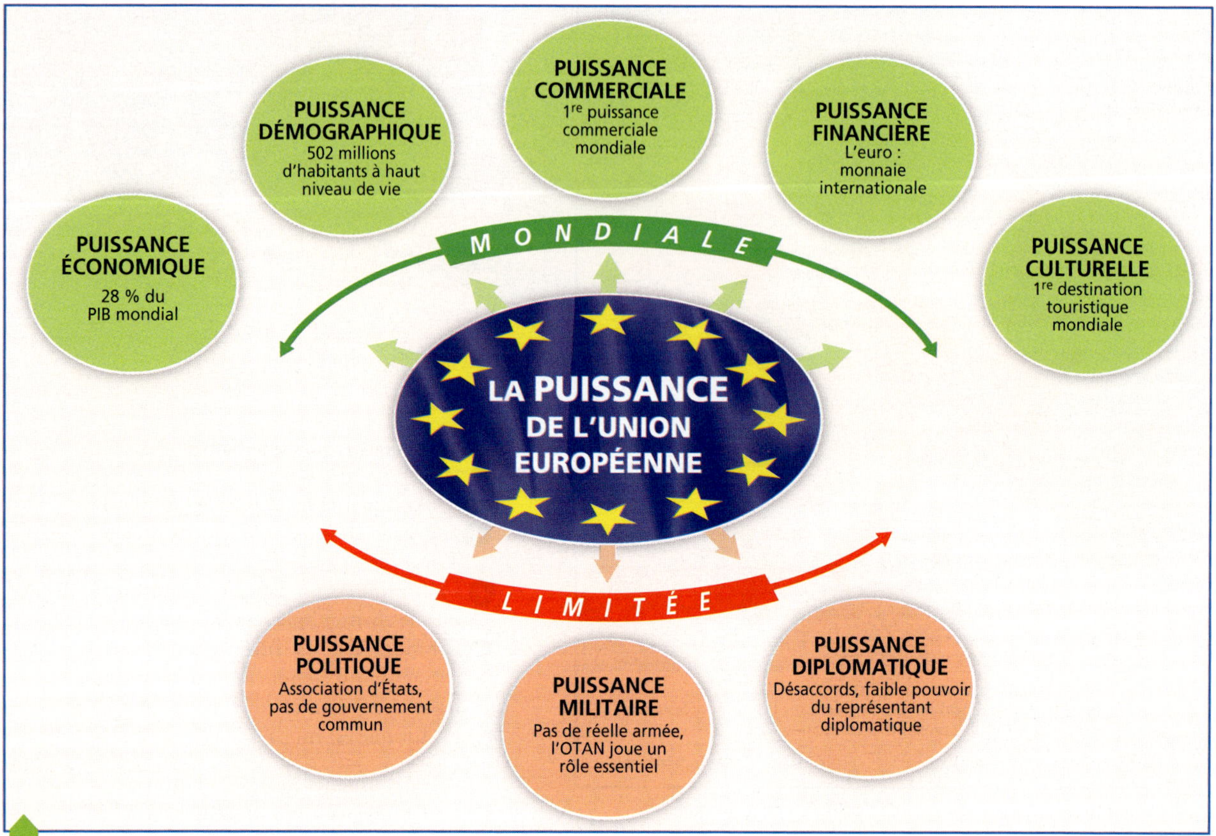

1 La puissance européenne

Repères clés :

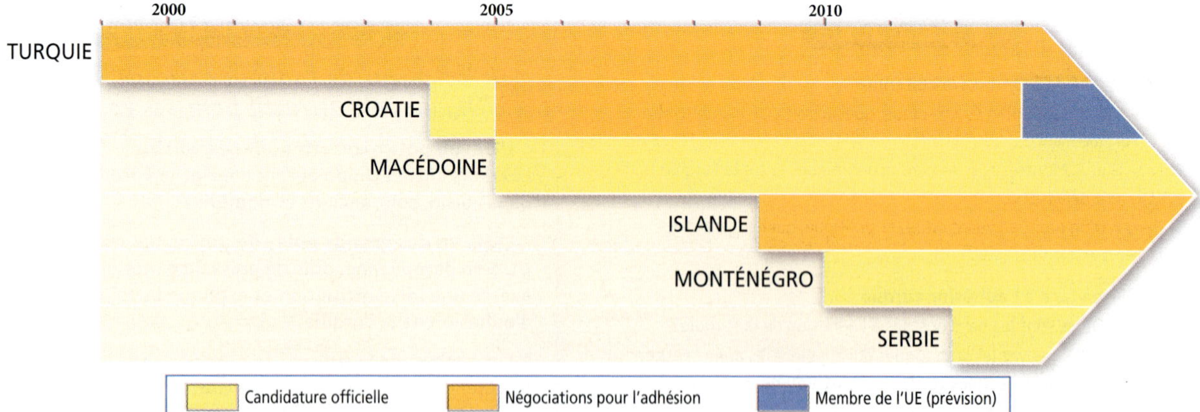

2 Les différents pays candidats en voie vers l'adhésion

Retenir à l'aide d'une carte

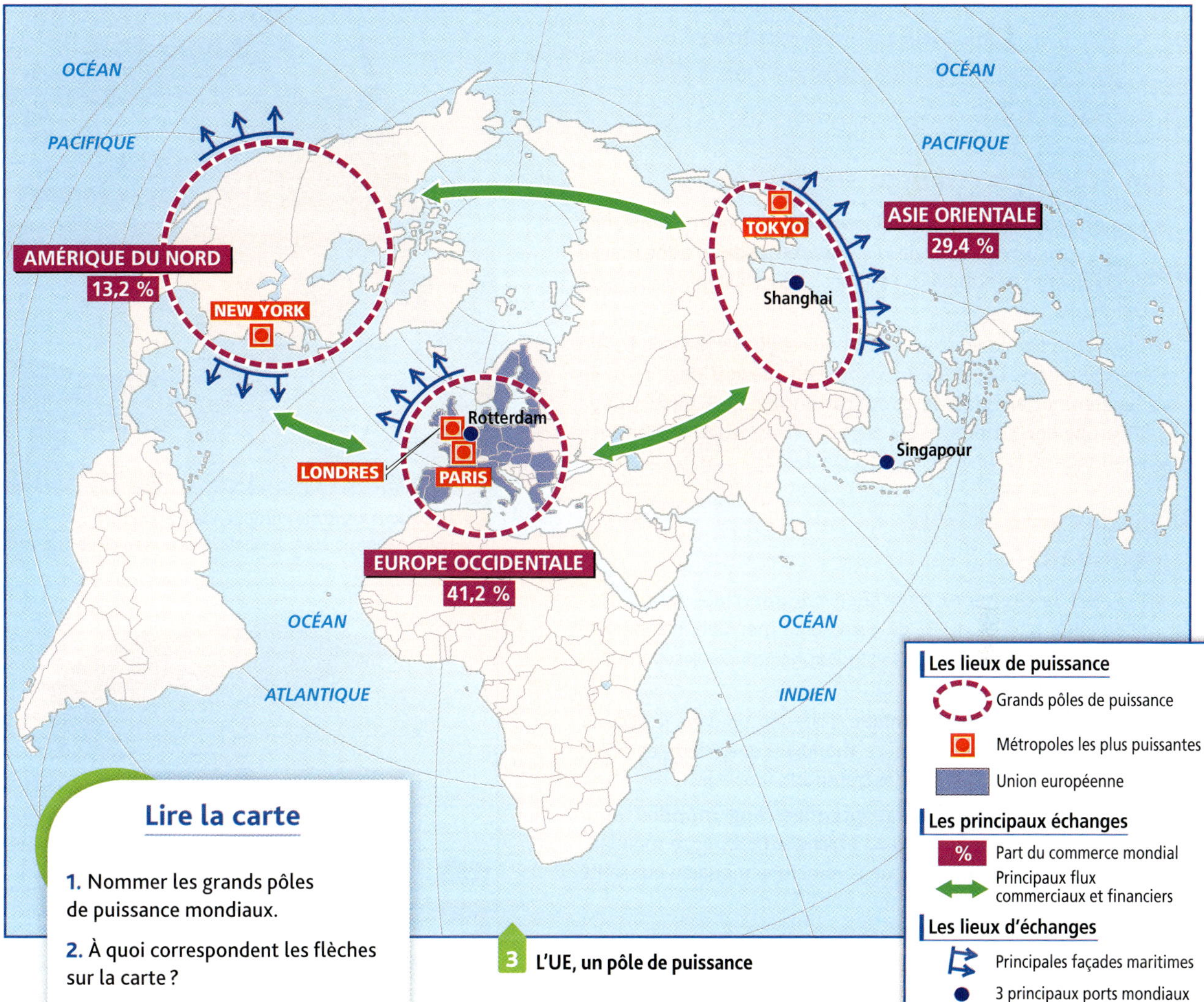

3 L'UE, un pôle de puissance

Lire la carte

1. Nommer les grands pôles de puissance mondiaux.

2. À quoi correspondent les flèches sur la carte ?

3. Quelle est la place de l'Union européenne dans l'organisation de l'espace mondial ?

De l'étude de cas → à la leçon

Étude de cas

- Quels liens particuliers l'Union européenne a-t-elle tissés avec les pays de son voisinage, à l'exemple de la Turquie ? → L'Union européenne, un pôle attractif
- Comme pour la Turquie, quelle attractivité exerce l'Union européenne ? Comment se manifeste sa puissance économique ? → L'Union européenne, un des grands pôles de puissance mondiaux
- Quelles sont les difficultés rencontrées par l'Union européenne, comme le montre l'exemple de l'adhésion turque, pour mener une diplomatie commune ? → Les limites de la puissance européenne

Leçon p. 356

Leçon

L'Union européenne : un grand pôle mondial

Comment se manifeste la puissance de l'UE ?

A Un pôle attractif pour ses voisins

- Depuis la fin de la guerre froide en 1989, l'Union européenne s'est élargie vers l'Europe de l'Est. **Les demandes d'adhésion se poursuivent** : de nombreux États souhaitent faire partie de cette Union **(doc. 3)**.
- L'UE est le partenaire commercial privilégié des pays du bassin méditerranéen. La **politique européenne de voisinage** instaure des **liens privilégiés de coopération avec les autres pays d'Europe** de l'Est et avec les pays des rives de la Méditerranée en Afrique du Nord et en Asie occidentale.

B Un des grands pôles de puissance mondiaux

- L'UE est la **première puissance commerciale mondiale** : elle réalise plus de 40 % du commerce mondial. Elle exporte principalement vers les autres grands pôles mondiaux ses produits industriels et agricoles **(doc. 2)**.
- **Grande puissance économique**, l'UE occupe dans le secteur des services la première place mondiale avec deux activités essentielles : le tourisme et les transports **(doc. 4)**.
- L'UE se situe également au **premier rang mondial** pour les **Investissements directs à l'étranger (IDE)** et sa monnaie, l'euro, est désormais reconnue comme une monnaie puissante face au dollar **(doc. 1)**.

C Les limites de la puissance européenne

- Depuis le traité de Lisbonne en 2009, l'Union dispose d'un président du Conseil européen et d'un **haut représentant pour la politique étrangère et de sécurité**.
- **Le rôle diplomatique de l'UE reste cependant limité** par la difficulté pour les vingt-sept États membres à s'entendre, toute décision devant être prise à l'unanimité.
- Sur le plan militaire, l'Union européenne intervient à l'étranger notamment en Afrique ou au Moyen-Orient dans le cadre de sa politique européenne de sécurité et de défense (PESD). Mais **elle ne dispose pas d'une armée commune** et les forces armées de la plupart des États membres sont intégrées dans l'**OTAN**, qui reste le plus souvent sous l'influence des États-Unis **(doc. 5)**.

1 La banque centrale européenne à Francfort (Allemagne) L'euro, symbole de la puissance de l'UE.

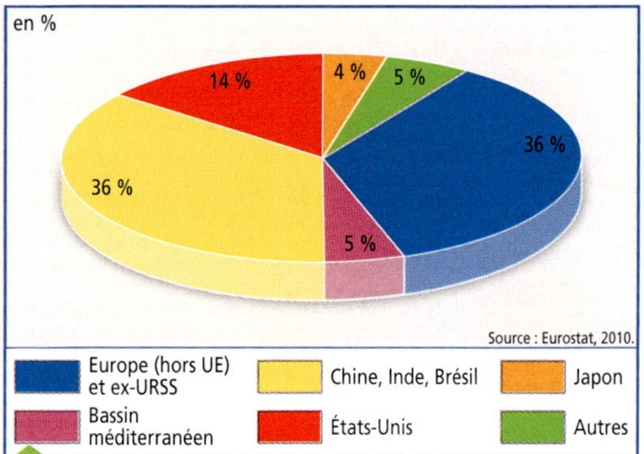

2 Les principaux partenaires commerciaux de l'UE en 2010

Vocabulaire

Politique européenne de voisinage : lancée en 2004 pour renforcer la prospérité, la stabilité et la sécurité aux frontières de l'UE. Elle englobe 16 pays.

Investissement direct étranger (IDE) : capital investi à l'étranger par des entreprises pour y développer leurs activités économiques.

Haut représentant pour la politique étrangère et de sécurité : représentant de l'Union européenne dans le monde, chargé de mettre en œuvre la politique étrangère commune.

OTAN : Organisation du traité de l'Atlantique Nord. Alliance militaire entre les États-Unis, le Canada et de nombreux États européens.

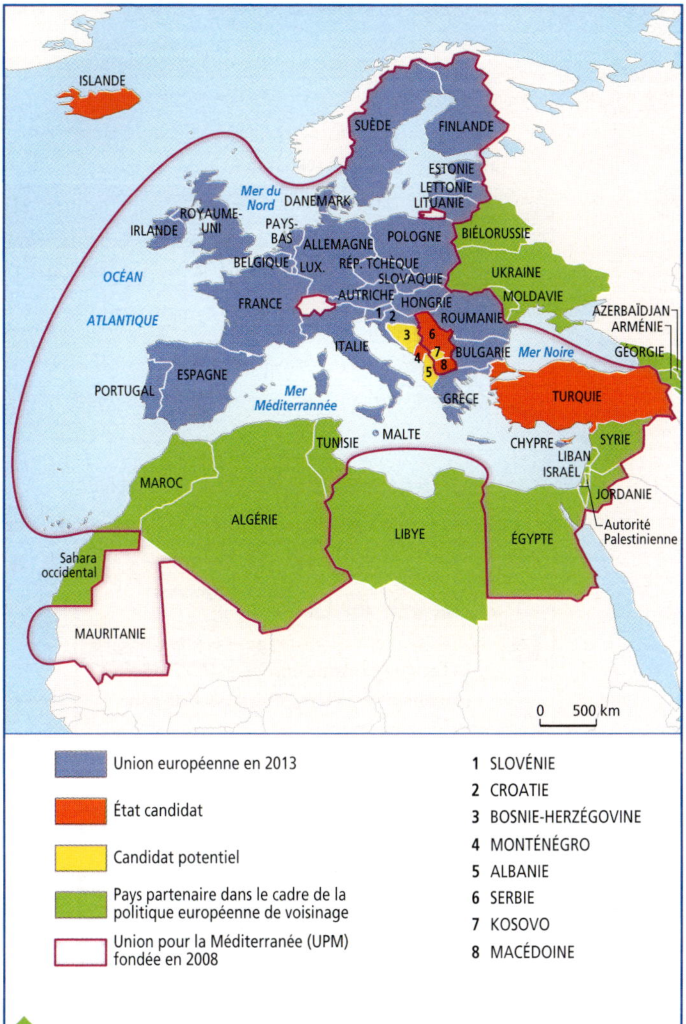

3 L'Union européenne : un territoire attractif

4 L'UE, un des pôles de puissance mondiaux

	UE (27)	États-Unis	Japon	Chine
Population (en millions)	502	314	127	1 337
part dans le PIB mondial (2010)	20,6 %	20,2 %	5,8 %	13,3 %
Part des exportations mondiales	37 %	10,8 %	5 %	13,5 %
Répartition mondiale des chercheurs	20,1 %	20 %	9,8 %	19,7 %

Source : FMI, Eurostat 2010.

5 Un rôle diplomatique et militaire limité

« L'UE peine à s'affirmer comme une puissance politique qui compte dans le monde. Ceci s'explique par les divergences d'approche entre États membres. En outre, une politique étrangère doit s'appuyer sur une capacité de défense qui fait défaut à l'UE. Les forces armées de la plupart de ses membres sont intégrées dans l'OTAN, tandis que certains sont neutres et souhaitent le rester (Irlande, Autriche, Suède, Finlande, Malte). [...]
Pour toutes ces raisons, la politique étrangère commune européenne s'avère encore un échec, dont la récente guerre en Irak en 2003 a révélé l'ampleur. Les Européens se sont montrés incapables d'afficher une position commune. »

D'après www.vie-publique.fr, août 2010.

A Un pôle attractif pour ses voisins

1. Doc. 3 Quels États souhaitent entrer dans l'Union européenne ?
2. Doc. 2 et 3 Avec quels territoires voisins l'UE échange-t-elle et coopère-t-elle ?

B Un des grands pôles de puissance mondiaux

3. Doc. 1 et 4 Comparez les pôles de puissance mondiaux. Quelle est la place de l'Union européenne ?
4. Doc. 1 Quel aspect de la puissance de l'Union européenne apparaît ici ?
5. Doc. 2 Quelle place occupent les autres pôles mondiaux dans les échanges européens ?

C Les limites de la puissance européenne

6. Doc. 5 Quel est l'obstacle à la puissance diplomatique de l'Union européenne ?
7. Doc. 5 Quelles sont les raisons qui expliquent la faiblesse militaire de l'Union européenne ?

Bilan — La puissance de l'Union européenne

À l'aide de l'ensemble des documents rédigez un paragraphe sur la puissance de l'Union européenne.

Compétence 6.1 › **Connaître les principes et fondements de la vie civique et sociale**
Compétence 5.3 › **Mobiliser ses connaissances pour donner du sens à l'actualité**

Socle

Méthode B2i en 3 étapes

Réaliser un graphique à l'aide d'un tableur pour

Compétence 4.3 › **Organiser la composition du document**
› **Savoir réaliser un graphique de type donné**

Étape 1 Construire le graphique

Définition : un tableur est un logiciel permettant de manipuler des données statistiques dans un ou plusieurs tableaux.
Exemples : Excel sous Windows, Numbers sous Mac, Gnumeric pour Linux.

1. Ouvrez un fichier dans un tableur et recopiez les données statistiques **(doc. 1)**.
Pensez à l'enregistrer dans un dossier créé à cet effet.

2. Observez les données.
S'agit-il d'une évolution ? S'agit-il d'une comparaison entre plusieurs États ?
Dispose-t-on des données pour l'ensemble des États du monde ?

3. Sélectionnez les données. Cliquez sur « Insertion » puis « Graphique » **(doc. 2)**. Choisissez le type de graphique adapté (histogramme, courbe ou secteurs) **(doc. 3)**.

4. En fonction du logiciel utilisé, suivez les étapes pour construire le graphique.

Étape 2 Présenter le graphique sur une page de traitement de texte

1. Ouvrez un fichier dans un traitement de texte puis enregistrez-le.

2. Donnez un titre au graphique, centrez-le.

3. Copiez puis collez (clic droit ou utilisez un raccourci clavier Ctrl+C puis Ctrl+V) le graphique réalisé dans le tableur **(doc. 5)**.

Étape 3 Analyser le graphique

Observez le graphique réalisé et répondez aux questions sur la page du document texte.
Rédigez en faisant des phrases complètes.

1. Quel est le thème du graphique ? Quels sont les types d'États comparés ?

2. Quel territoire participe le plus aux échanges internationaux ?

3. Quelle conclusion en tirer sur la puissance de l'Union européenne ?

1 Tableau des données statistiques

Part des importations et des exportations mondiales en 2009 (hors commerce intra-UE) en %

	Importations	Exportations
Union européenne (27 pays)	18	17,2
États-Unis	17,1	11,8
Japon	5,9	6,5

2 Recopier les données statistiques dans un tableur

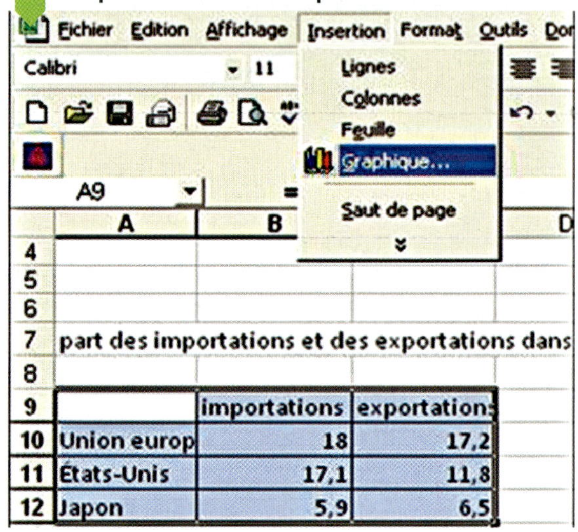

3 Choisir le type de graphique

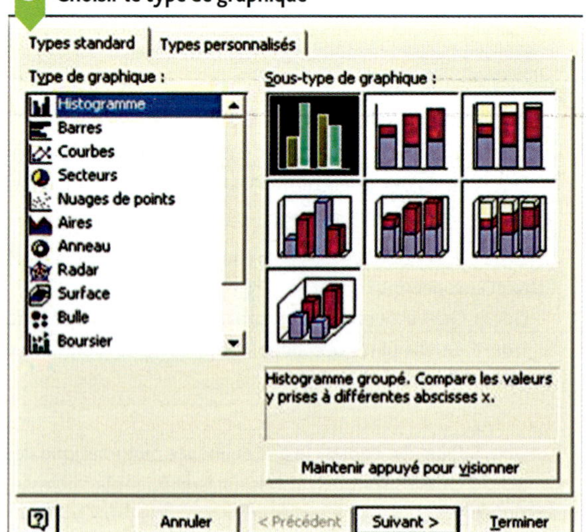

4 Les trois types de graphiques

Graphique circulaire (secteurs)

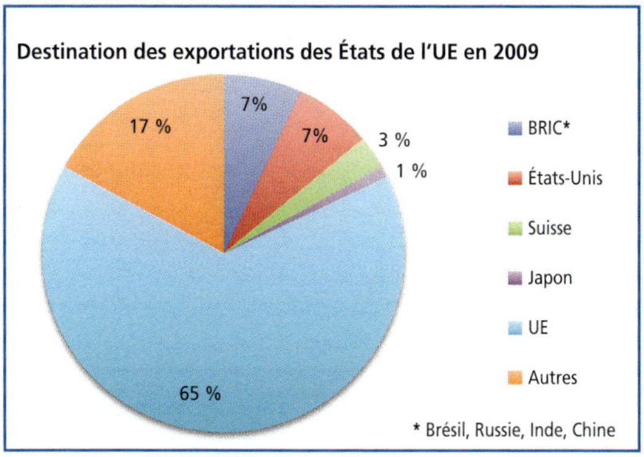

Permet de comparer la répartition des exportations de l'UE par destination à une date donnée. Le total est égal à 100 %.

Graphique en barres ou histogramme

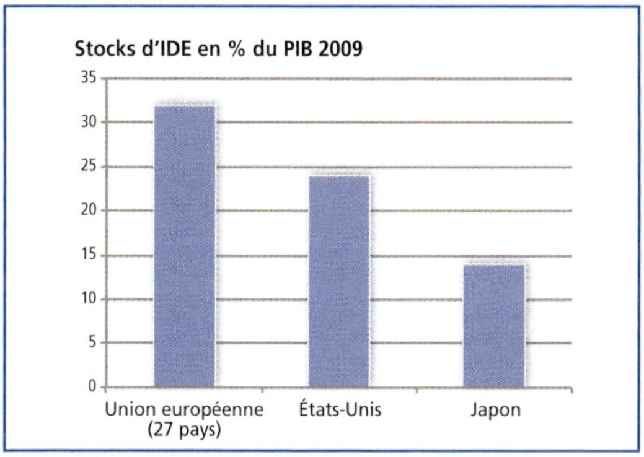

Permet de comparer les pays entre eux.

Graphique en courbe

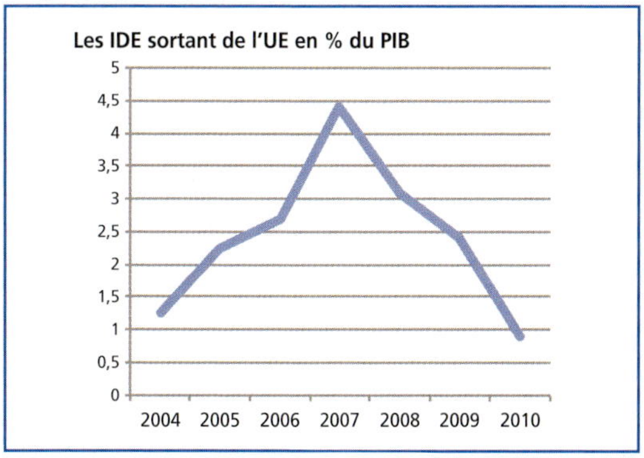

Permet d'observer une évolution dans le temps.

5 Insérer le graphique dans une page de traitement texte

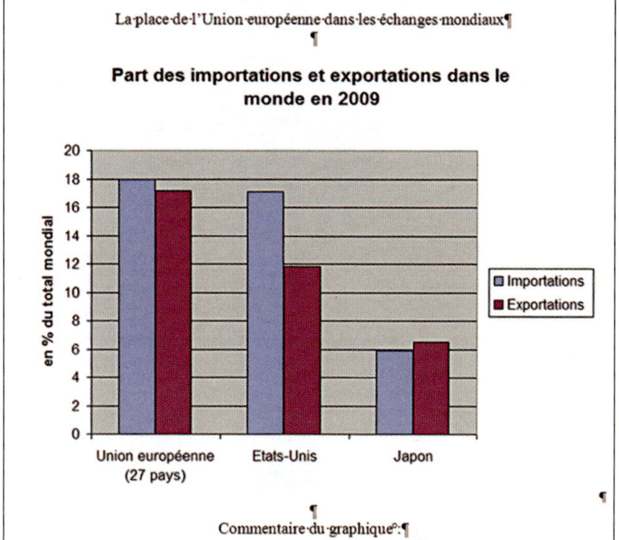

Mémo B2i

Pour construire un graphique

J'utilise un tableur.

- Construisez un tableau de données.
- Sélectionnez le tableau avant de cliquer sur l'icône « insérer un graphique ».
- Choisissez le graphique adapté.

Pour regrouper plusieurs éléments dans un document texte

- Ouvrez une page de traitement de texte.
- Enregistrez-la dans le bon dossier.
- Pour insérer les éléments : utilisez la fonction copier-coller (pour un graphique) ou bien la fonction « insérer » (pour une image).

Réviser les repères

Livret Brevet

→ L'essentiel p. 38

A LE VOCABULAIRE

Compétence 5.1 › **Avoir des connaissances et des repères** — Socle

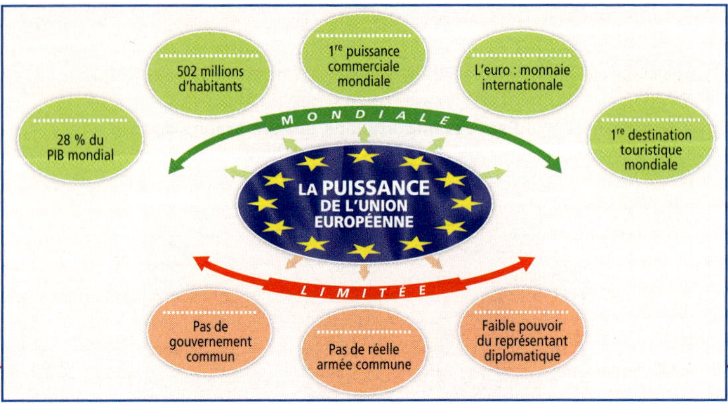

1. Complétez le schéma de la notion de puissance en plaçant les mots ou les expressions suivantes :
- Démographique
- Militaire
- Culturelle
- Politique
- Financière
- Diplomatie
- Commercial
- Économique

B LES LOCALISATIONS

Compétence 5.1 › **Avoir des connaissances et des repères géographiques relevant de l'espace** — Brevet

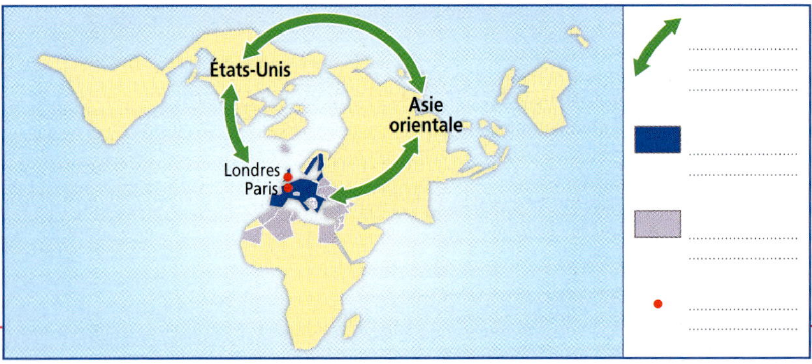

1. Caractérisez les figurés cartographique en indiquant à quelle information ils correspondent.

C LES ACTEURS

Compétence 1.1 › **Dégager l'essentiel d'un texte lu** — Brevet

1 La politique européenne de voisinage

« La Politique européenne de voisinage a pour objectif de renforcer la coopération politique, sécuritaire, économique et culturelle entre l'Union européenne et ses nouveaux voisins immédiats ou proches. Elle doit permettre de développer un espace de prospérité et de stabilité aux frontières de l'Union européenne élargie. Elle s'est donc d'abord adressée aux nouveaux voisins de l'Est, puis étendue, aux pays du sud de la Méditerranée. C'est dans ce cadre que le 23 août 2011, l'Union européenne a accordé une aide de 110 milliards d'euros pour relancer l'économie tunisienne. Il s'agit de soutenir le processus de transition politique et économique en Tunisie, a précisé la Commission européenne. »

www.touteleurope.eu, août 2011.

▶ Situer

1. Les États concernés par la politique européenne de voisinage font-il partie de l'Union européenne ?

2. Où sont-ils situés ?

3. Localisez la Tunisie sur la carte p. 357.

▶ Identifier les acteurs

4. Quel est l'acteur qui décide d'accorder une aide financière à la Tunisie ?

5. Quels sont les principaux objectifs visés par cet acteur ?

▶ Comprendre l'intérêt d'une coopération entre acteurs

6. Qui est concerné par la politique européenne de voisinage ? Quel est l'intérêt de cette politique pour l'Union et pour le pays ?

Réviser les savoir-faire

D CONSTRUIRE ET ANALYSER UN GRAPHIQUE

Compétence 4.3 › **Savoir construire un graphique**
› **Savoir regrouper plusieurs éléments dans un document**

B2i

Origine des importations de textile de l'UE en % (2010)	
Chine	45 %
Turquie	32 %
Bangladesh	9 %
Inde	7 %
Tunisie	4 %
Maroc	3 %
Autres	18 %

1. Ouvrez un tableur et saisir les données du tableau.
2. Choisissez le graphique adapté et le créer.
3. Copiez puis collez le graphique dans un document de traitement de texte.
4. Analysez le graphique : de quels types de pays proviennent ces importations de l'UE ? Comment l'expliquer ?

E FAIRE UNE RECHERCHE : l'adhésion à l'Union européenne

Compétence 4.4 › **Sélectionner des résultats lors d'une recherche**
› **Relever des éléments me permettant de connaître l'origine de l'information**

B2i

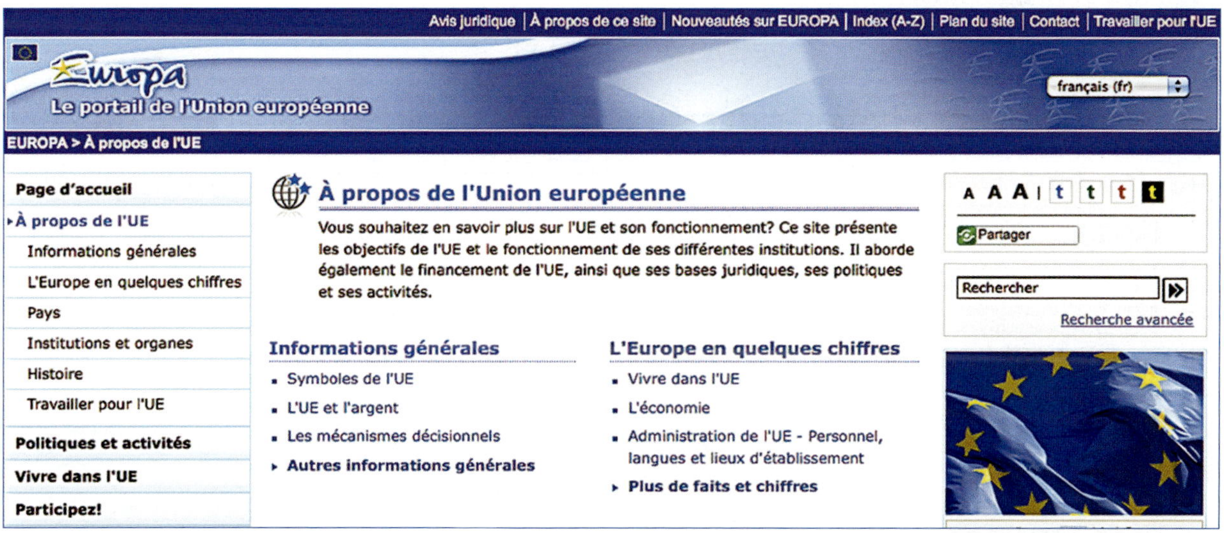

1. Connectez-vous sur le **portail Europa de l'Union européenne**, rubrique « en bref » en allant sur www.3e.hgeleve.magnard.fr/liens.

► Vérifier ses sources

2. Cliquez sur l'onglet « à propos de ce site ».
3. Relevez les éléments permettant de connaître l'origine des informations présentées.

► Le processus d'adhésion

4. Dans la rubrique « pays » cliquez sur le lien « adhésion ». Pourquoi le processus d'adhésion est-il long ?
5. À quel moment du processus l'Union européenne apporte-t-elle une aide aux pays qui souhaitent adhérer ?

► Les critères d'adhésion

6. Cliquez sur le lien « critère d'adhésion ». Quel est le nom donné à ces critères ? Quand ont-ils été définis ?
7. Relevez les trois catégories de critères mis en place par l'Union Européenne pour pouvoir y adhérer.

1 Localiser des repères

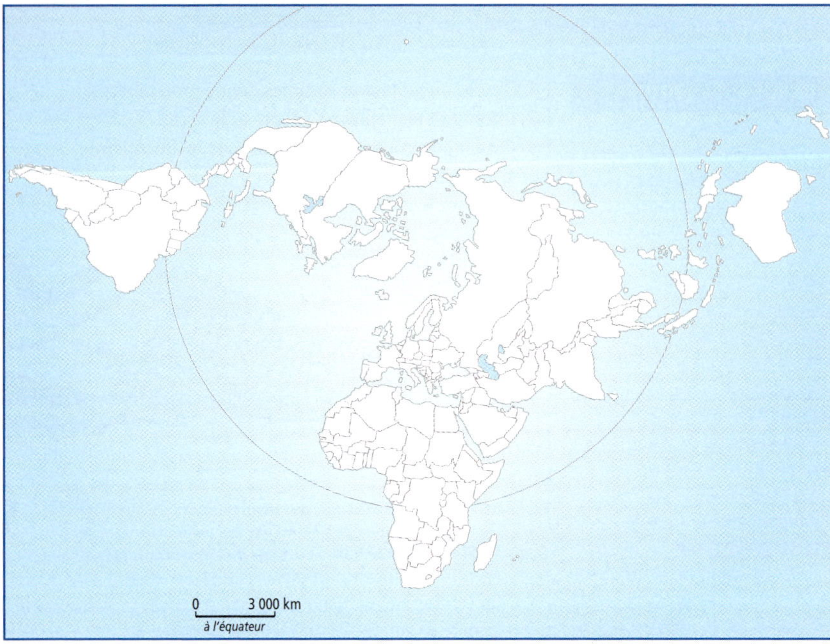

Questions

1. Sur le fond de carte, localisez :
   • les trois pôles de puissance mondiaux ;
   • trois pays émergents ;
   • trois pays parmi les plus pauvres.
2. Reportez le figuré cartographique approprié.

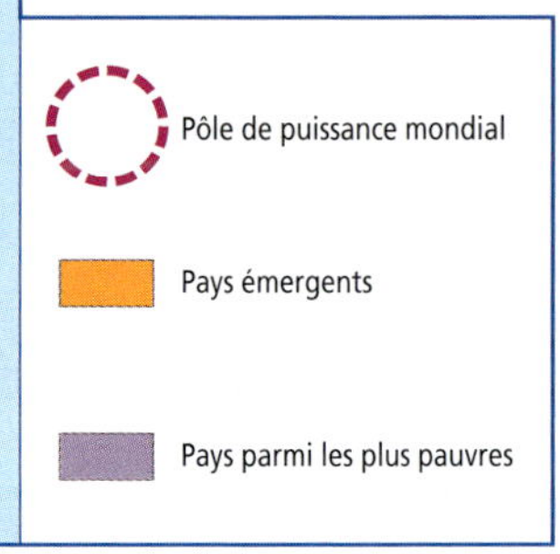

2 Connaître des notions, des acteurs, des situations géographiques

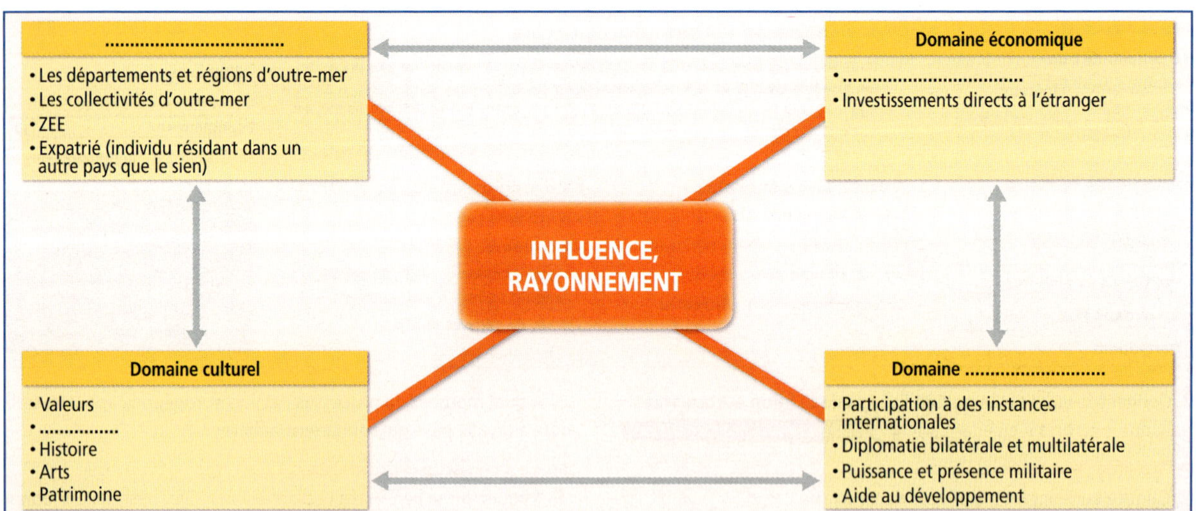

L'influence, le rayonnement d'un pays

Questions

1. Complétez l'organigramme ci-dessous pour définir ce qu'on appelle influence ou rayonnement en géographie.
2. Comment les DROM contribuent à donner un rôle mondial à la France ?
3. Quelles sont les réalités et les limites de la puissance européenne ?

Méthode pour rédiger le développement → **p. 365**

❸ Travailler sur un document

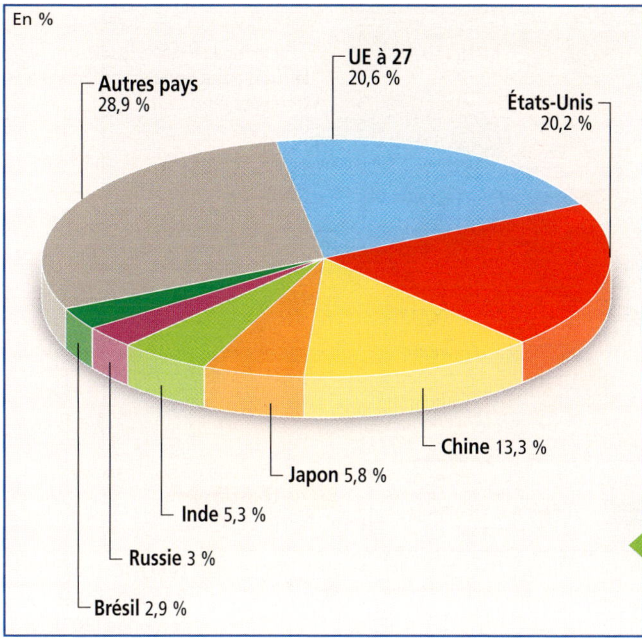

La place de l'Europe dans la richesse mondiale
Répartition du PIB mondial, à parité de pouvoir d'achat (2010)

Questions

1. Présentez le document et définissez le PIB.

2. Repérez les 7 territoires les plus riches.

3. Identifiez parmi eux les pôles de puissance et les pays émergents.

4. Que nous apprend ce document sur la place de l'Union européenne dans la richesse mondiale ?

❹ Réaliser une tâche cartographique simple

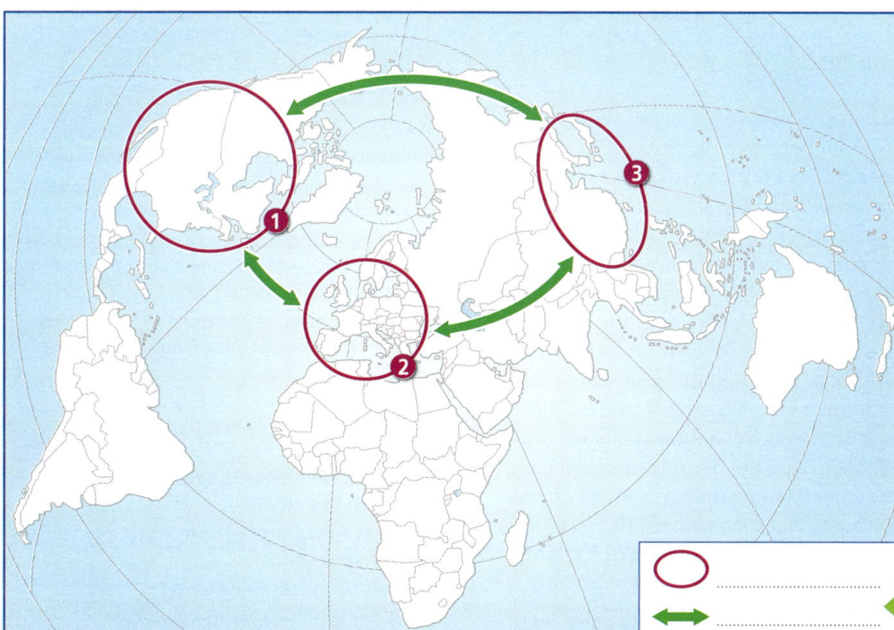

L'Union européenne dans le commerce mondial

Questions

1. Identifiez et nommez les espaces numérotés de ❶ à ❸.

2. Complétez la légende.

Sujet accompagné 1 • L'influence française dans le monde

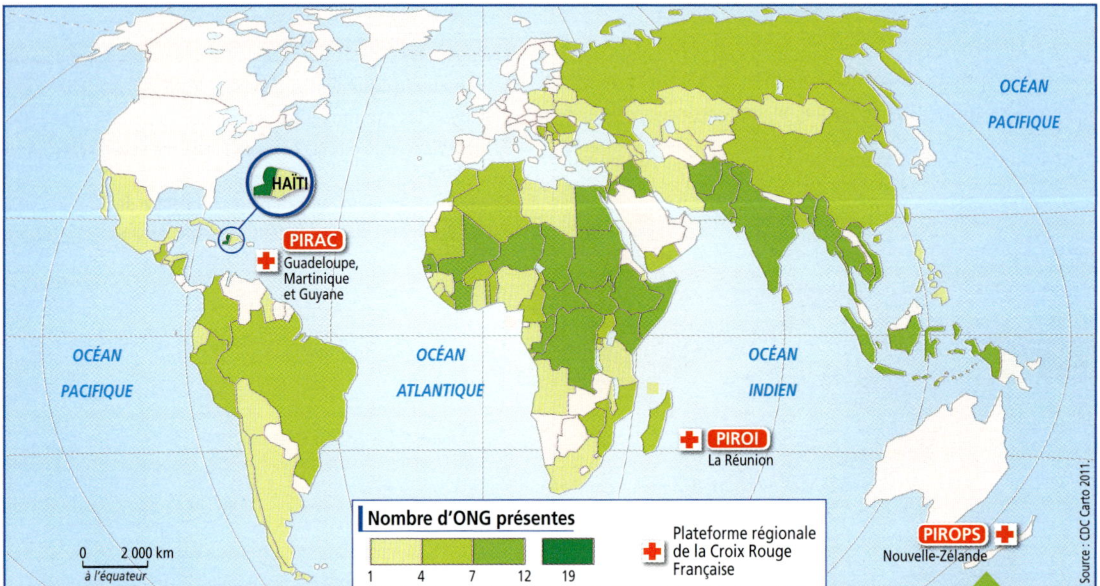

Les ONG françaises dans le monde (2011)

Questions

1. Présentez le document et définissez ce qu'est une ONG.
2. Localisez les parties du monde où les ONG françaises sont le plus présentes, et expliquez cette localisation.
3. Identifiez les territoires dans lesquels les plateformes régionales de la Croix Rouge sont implantées.
4. Que nous apprend ce document sur l'influence de la France dans le monde ?

Sujet accompagné 2 • L'adhésion de la Croatie à l'Union européenne

Le vingt-huitième État membre de l'UE

« Vingt ans après son indépendance, la Croatie a signé, vendredi 9 décembre à Bruxelles, le traité qui lui permettra de devenir, en juillet 2013, le vingt-huitième État membre de l'UE. [...] *"Le rêve européen des Croates, c'est une vie meilleure, des emplois et des aides sociales"*, admet Visnja Samardzija, à l'Institut des relations internationales, alors que le PIB par habitant est inférieur d'un tiers à la moyenne européenne et que le pays a plongé dans la récession en 2009.
Le secrétaire d'État aux affaires européennes met aussi en avant la nécessité d'ouvrir le minuscule marché croate, d'offrir un cadre législatif stable aux entrepreneurs et d'attirer les capitaux européens. Sans compter les 3,5 milliards d'euros de fonds européens que le pays touchera entre 2013 et 2015. Un mariage de raison, en somme, d'autant plus justifié que l'intégration est déjà une réalité : l'UE est le principal partenaire commercial de la Croatie et les banques du pays sont en quasi-totalité détenues par des établissements ouest-européens. Rien d'étonnant, dès lors, à ce que l'enthousiasme des Croates ait décru à mesure que la crise financière s'aggravait. »

Benoît Vitkine, *Le Monde*, 9 décembre 2011.

Questions

1. Présentez le document en précisant le contexte. Définissez brièvement ce qu'est l'Union européenne.
2. Identifiez et expliquez les arguments favorables à l'adhésion de la Croatie à l'Union européenne
3. Caractérisez la situation économique de la Croatie. Pourquoi l'adhésion de la Croatie à l'Union européenne inquiète-t-elle ses habitants ?
4. Que nous apprend ce document sur les enjeux de l'adhésion de nouveaux États à l'Union européenne ?

Mémo Brevet

Je sais dégager le sens d'un document

- Je mets le document en relation avec mes connaissances.
- Je suis capable de me demander :
  – à quelle partie du chapitre puis-je relier le document et ses questions ?
  – à quelle notion étudiée dans le chapitre l'étude de ce document correspond-elle ?

Brevet

Méthode pour rédiger le développement Sujet blanc → p. 292

Quelles sont les réalités et les limites de la puissance européenne ?

Étape 1 Analyser et comprendre la question

▶ Lisez attentivement la question et soulignez les mots importants.
▶ Définissez la notion de puissance. Identifiez l'espace concerné.

Étape 2 Mobiliser ses connaissances

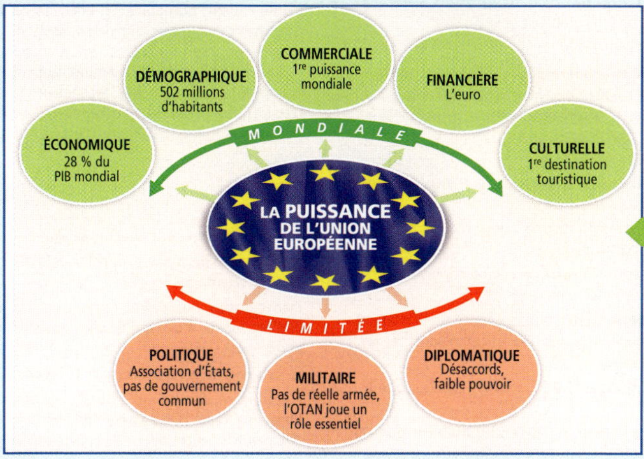

La puissance de l'Union européenne

▶ À partir du schéma et du chapitre 22 (p. 348 à 361), analysez la question posée en vous aidant des pistes ci-dessous.

Pistes
- Quels aspects de la puissance de l'UE relèvent des « réalités » de la puissance européenne ?
- Quelles en sont les limites ?

Étape 3 Préparer la rédaction du développement

▶ Organisez vos connaissances en deux parties pour traiter la question.
▶ Donnez un titre à chaque partie.

Étape 4 Rédiger le développement

▶ À l'aide du plan ci-dessous, rédigez en développant les idées essentielles.
▶ Commencez par l'idée essentielle, puis développez en utilisant un ou plusieurs exemples, en vous aidant de ce tableau.

Introduction : une phrase qui présente le sujet et souligne le poids de l'Union européenne à l'échelle mondiale. ▶ *L'Union européenne est un des pôles de puissance à l'échelle mondiale : elle en présente la plupart des aspects mais elle reste incomplète.*

1. Les aspects de la puissance de l'Union européenne

Idée essentielle	*Exemple*
L'UE est une puissance économique.	*En effet, elle réalise 28 % du PIB mondial.*

2. Les limites de l'Union européenne

Idée essentielle	*Exemple*
L'UE n'est pas réellement une puissance politique.	*Elle ne dispose pas d'un gouvernement commun.*

Conclusion : une phrase qui souligne l'attractivité de l'Union européenne sur les pays voisins :
▶ *Malgré ses limites, l'Union européenne est un territoire attractif pour ses pays voisins qui cherchent à y adhérer.*

Conseils pour réussir l'étape 4
- Aérez le paragraphe en sautant une ligne entre les différentes parties.
- Utilisez des mots de liaison et des connecteurs logiques.
- Argumentez en donnant pour chaque idée un exemple précis.
- Rédigez des phrases courtes et claires, ponctuées.
- Ne vous contentez pas de décrire sans donner d'explication.
- Ne citez pas d'exemple sans montrer comment il répond au sujet.

Lexique

A

Accessibilité : fait de favoriser l'accès à un territoire.

Accroissement naturel : différence entre le taux de mortalité et le taux de natalité (en ‰).

Aéronautique : science de la navigation aérienne, de la technique de construction des appareils permettant de se déplacer dans l'air.

Aire urbaine : une aire urbaine est un espace géographique continu qui comprend une ville-centre, ses banlieues immédiates et une couronne périurbaine.

Alliés : désigne l'ensemble des pays qui s'opposèrent aux forces de l'Axe durant la Seconde Guerre mondiale (États-Unis, Royaume-Uni, URSS, France libre, Australie, Canada, Brésil…).

Alpage : pâturage en haute montagne où les troupeaux sont conduits en été pour profiter d'une herbe fraîche et abondante.

Alternance : arrivée au pouvoir d'un autre courant politique.

Aménagement : intervention sur un territoire de plusieurs acteurs, en particulier des collectivités territoriales.

Antibiotiques : substances naturelles ou chimiques qui permettent de lutter contre des maladies (infections, bactéries).

Antisémitisme : haine à l'égard des juifs.

Antisémite : qui manifeste de la haine à l'égard des juifs.

Approfondissement : extension des compétences de l'Union européenne.

Arc de triomphe : arcade monumentale sous laquelle passaient les généraux romains victorieux dans l'Antiquité.

Armistice : cessation des combats avant de signer la paix.

Art contemporain : on appelle ainsi l'art actuel inspiré de notre quotidien.

Assemblée consultative : elle est composée des représentants des mouvements résistants et de ceux des partis politiques et des colonies.

Attractivité : qualités d'un territoire qui contribuent à attirer les populations, les entreprises…

Axe : alliance entre l'Allemagne, l'Italie et le Japon pendant la Seconde Guerre mondiale.

B

Baby-boom : période de forte natalité de 1945 au début des années 1970.

Bande ou bandeau : en bande dessinée, ligne de cases de gauche à droite sur une page.

Bas-relief : ouvrage de sculpture qui se détache d'un fond dont il fait partie.

BCG : Bacille de Calmette-Guérin. Vaccin contre la tuberculose.

BBC : British Broadcasting Corporation, radio britannique.

Benelux : Belgique, Pays-Bas, Luxembourg.

Bioéthique : concerne les réflexions et les législations sur les manipulations du vivant (procréation artificielle, clonage, dons d'organes, euthanasie…).

Bipolarisation : organisation du monde autour d'un bloc américain et d'un bloc soviétique.

Bloc national : coalition politique des partis du centre droit et de droite en 1919.

Blocs : alliances constituées autour des États-Unis et de l'URSS.

Blocus : opération militaire qui vise à isoler un territoire.

Bolcheviks : partisans d'une révolution pour l'instauration d'un régime communiste en Russie où l'égalité est réalisée par la suppression de la propriété privée sous l'autorité d'un parti unique.

Bolchevique : signifie « majoritaire » en russe. Ancien nom du parti communiste.

Bolchevisme : désigne le communisme russe, qui prône l'égalité par la suppression de la propriété privée.

Bulle ou phylactère : en bande dessinée, contient les dialogues.

C

Camp de concentration : camp de détention édifié afin d'emprisonner un grand nombre de personnes.

Case : dans la bande dessinée, cadre contenant une vignette.

CEE (Communauté économique européenne) : créée en 1957, elle prévoit la création d'un marché commun avec la libre circulation des biens et des personnes entre les pays signataires.

CECA (Communauté européenne du charbon et de l'acier) : créée en 1951, elle met en commun les productions d'acier et de charbon de l'Allemagne, de la France, de l'Italie et du Benelux.

Centralisation : concentration de tous les moyens de transport autour d'un centre unique.

Centralité : capacité d'un lieu à concentrer hommes et activités et à influencer l'espace environnant.

Centre / périphérie : système spatial fondé sur la relation entre deux types de lieux : les centres (dominants) et les périphéries (dominées).

CGT (confédération générale du travail) : syndicat ouvrier fondé en 1895.

Chambre « bleu horizon » : élue en 1919, elle comportait de nombreux anciens combattants. Le bleu était la couleur des uniformes des soldats français.

Chancelier : chef du gouvernement.

Charte de l'Atlantique : déclaration du 14 août 1941, initiée par le président américain F. Roosevelt et le Premier ministre anglais W. Churchill, qui pose les bases d'une future coopération internationale.

Civelots : personnes protégées.

Cluster : un cluster permet d'associer des entreprises, des universités, des laboratoires de recherche, travaillant sur des filières complémentaires, pour développer des projets innovants et conquérir de nouveaux marchés.

CNR : Conseil National de la Résistance où sont rassemblés les mouvements de résistance, les partis politiques et les syndicats.

CNUCED : Conférence des Nations unies sur le commerce et le développement créée en 1964 pour promouvoir des échanges commerciaux équilibrés entre les États.

Cohabitation : situation politique dans laquelle le président de la République et le Premier ministre sont de tendances politiques opposées.

Collaboration : politique d'entente engagée entre l'Allemagne nazie et le Gouvernement de Vichy.

Collectivité territoriale : structure administrative de l'État prenant en charge le fonctionnement et l'aménagement d'un territoire précis (commune, département, région).

Colonialisme : doctrine légitimant la domination politique et économique d'un pays sur un autre.

Commémoratifs : timbres émis pour commémorer un événement.

Commissaire de la République : Représentant du GPRF dans les territoires français libérés.

Communauté franco-africaine : association entre la France et ses anciennes colonies d'Afrique noire mise en place en 1958.

Conflit d'usage : opposition qui naît de la concurrence entre différents acteurs autour de l'utilisation d'un espace ou d'une ressource.

Constitution : loi fondamentale qui fixe l'organisation politique d'un État.

Contrainte : ce qui limite l'activité humaine et la mise en valeur de l'espace.

Coopération bilatérale ou multilatérale : accords passés entre deux ou plusieurs pays.

Coopération transfrontalière : collaboration visant à renforcer et à développer les rapports de voisinage entre collectivités territoriales relevant de plusieurs États, en particulier entre des régions frontalières.

Coopérative agricole : entreprise coopérative créée par des agriculteurs afin d'assurer en commun par exemple l'utilisation des machines agricoles, la collecte et la commercialisation des productions.

Course aux armements : processus dans lequel s'engagent plusieurs États qui cherchent à obtenir la supériorité militaire sur leurs adversaires.

Crime contre l'humanité : en 1945, le tribunal de Nuremberg chargé de juger les criminels nazis définit ainsi le crime contre l'humanité : « assassinat, extermination, réduction en esclavage, déportation et tout autre acte inhumain commis contre toute population civile, avant ou pendant la guerre, ou bien les persécutions pour des motifs raciaux ou religieux ».

Croissance urbaine : augmentation de la population de la ville.

D

Déflation : baisse des prix et des salaires.

Démocratie libérale : régime politique basé sur le pluralisme et sur la défense des libertés.

Démocraties populaires : pays communistes d'Europe de l'Est, soumis à un parti unique, le parti communiste, et dominés par l'URSS.

Déprise agricole : recul de l'activité agricole.

Destruction des Juifs d'Europe : expression utilisée par l'historien Raoul Hilberg pour désigner la volonté de faire disparaître le peuple juif.

Détente : période pendant laquelle les États-Unis et l'URSS ont privilégié le dialogue et la négociation pour éviter tout risque d'affrontement mutuel.

Diaspora : dispersion d'un peuple à travers le monde.

Dissuasion nucléaire : tactique consistant à faire renoncer l'adversaire à toute attaque en le menaçant d'une guerre nucléaire.

Domaine bioclimatique : zone géographique définie par un ensemble de caractères climatiques et biologiques (flore, faune, sols…) associés.

Dôme : toit élevé de forme arrondie (coupole).

Droite-gauche : depuis la Révolution française, on utilise la notion de droite et de gauche pour désigner les partis politiques en France. La droite est rattachée à l'ordre, à la propriété et au libéralisme économique. La gauche souhaite un progrès qui bénéficie à l'homme grâce à l'intervention de l'État.

DROM : départements et régions d'outre-mer.

E

Écoquartier (ou « quartier durable ») : quartier qui met en avant simultanément la gestion des ressources et de l'espace, la qualité de vie et la participation des habitants.

Ein Volk, ein Reich, ein Führer : un peuple, un empire, un chef.

Einsatzgruppen : unités mobiles de tuerie.

Élargissement : adhésion de nouveaux pays.

Emploi métropolitain supérieur : emploi hautement qualifié concentré dans les villes.

Énergie renouvelable : source d'énergie pouvant se renouveler assez rapidement pour être inépuisable (énergie éolienne, solaire, géothermie, biocarburants).

Entreprise transnationale : entreprise qui possède des filiales à l'étranger.

Environnement : ensemble des éléments naturels et artificiels au milieu desquels vivent les hommes.

Épuration : jugement sommaire ou organisé des collaborateurs par l'État.

Équilibre de la terreur : rapport de force entre l'URSS et les États-Unis. En cas d'attaque nucléaire, la riposte adverse entraînerait automatiquement la destruction des deux adversaires.

Espace Schengen : espace de libre circulation des personnes entres les États signataires.

Espace à dominante urbaine : ensemble des aires urbaines et des communes sous leur influence.

Espace périurbain : espace à la périphérie des villes qui, tout en conservant l'apparence de la campagne, accueille de nombreux habitants liés à la ville voisine pour leur travail, leurs courses ou leurs loisirs.

Espace productif : espace aménagé et mis en valeur pour une activité économique.

Espace rural : espace situé en dehors de l'espace à dominante urbaine.

Espérance de vie : âge que peut espérer atteindre un individu à la naissance.

Esplanade : vaste étendue plane devant un monument.

État fédéral : gouvernement supranational commun aux États européens.

État-Providence : qui organise la diffusion de nouveaux droits sociaux.

Euratom : accord de coopération sur la recherche nucléaire (1957).

Europe fédérale : courant favorable à un gouvernement supranational commun aux États européens.

Europessimisme : méfiance envers l'Europe d'une partie des opinions nationales.

Exode : fuite massive des Français en mai-juin 1940 devant l'avance de l'armée allemande.

Exode urbain : migration de la population urbaine en direction de l'espace à dominante rurale.

F

Façade maritime : littoral portuaire tourné vers l'extérieur, relié à l'intérieur des terres par un réseau de communication.

Facteur de localisation : élément qui explique l'installation et le développement des activités économiques.

FFI : Forces françaises de l'Intérieur créées en 1944 pour rassembler les groupes armés de la Résistance.

FFL : Forces françaises libres créées par le général de Gaulle pour poursuivre la lutte du côté des Alliés.

FLN : Front de libération nationale, parti nationaliste algérien fondé en 1954.

(La) francophonie : fait de parler français, désigne aussi les territoires dans lesquels la langue et la culture françaises sont diffusées.

G

G20 : groupe des vingt pays les plus industrialisés au monde.

Génocide : extermination programmée d'un peuple.

Géopolitique : étude des rivalités de pouvoirs à l'échelle de la planète.

Gestapo : police politique d'État allemande chargée de traquer les opposants, les juifs et les résistants.

Gestion durable : mesures qui permettent à un territoire d'assurer son développement économique en respectant les équilibres environnementaux et le mode de vie de la population.

Ghetto : quartier où les Allemands ont enfermé les juifs à partir de 1940.

Goulag : désigne le système concentrationnaire soviétique.

Groupement agricole en commun (GAEC) : plusieurs agriculteurs s'associent pour mettre en valeur leurs exploitations.

Guépéou : police politique aux ordres de Staline.

Guerre d'Espagne : guerre civile espagnole opposant, de 1936 à 1939, le gouvernement républicain au général Franco qui imposa une dictature.

Guerre totale : mobilisation de toutes les forces d'un pays, militaires, économiques et psychologiques dans le but de vaincre l'adversaire.

H

Harkis : Algériens ayant combattu aux côtés des Français pendant la guerre d'Algérie.

Haut représentant pour la politique étrangère et de sécurité : représentant de l'Union européenne dans le monde, chargé de mettre en œuvre la politique étrangère commune.

Hub : point central d'un réseau de transports permettant le maximum de correspondances.

« Hyperpuissance » : désigne les États-Unis, seuls à concentrer la puissance économique, technologique, financière, militaire, géopolitique, culturelle et médiatique.

I

Idéologie : ensemble d'idées propres à un groupe, un parti.

IIIe Internationale : organisation qui souhaite regrouper les partis socialistes du monde entier.

Impérialisme : domination exercée par un État sur un autre.

Industrie agroalimentaire (IAA) : ensemble des industries qui transforment les produits de l'agriculture avant leur mise sur le marché.

Influence ou rayonnement : capacité pour un territoire à diffuser ses atouts.

Innovation : application industrielle et commerciale d'une invention.

Intégration : il y a intégration quand un espace se rattache aux autres par ses échanges. L'intégration s'observe à l'échelle d'une ville, d'une région ou du monde.

Intermodalité : correspondance entre différents types de transports (maritime, fluvial, terrestre, aérien).

Internationale : organisation qui souhaite regrouper les partis socialistes du monde entier.

Invention : découverte ou création.

Investissement direct étranger (IDE) : capital investi à l'étranger par des entreprises pour y développer leurs activités économiques.

K

Kamikaze : pilote japonais volontaire ou réquisitionné pour s'écraser avec son avion chargé d'explosifs sur un navire américain.

Kolkhoze : ferme où la terre, les outils, les machines et le bétail sont détenus collectivement. Les paysans vendent leur production à l'État à un prix bas.

Komintern ou IIIe Internationale : organisation créée par l'URSS. Son but est d'« exporter » la Révolution dans le monde.

Koulak : en 1929, le mot désigne la classe des paysans riches ou moyens par opposition aux paysans pauvres.

L

Légende : inscriptions qui figure sur un timbre.

LGV : Ligne à Grande Vitesse qui permet à un TGV (Train à Grande Vitesse) de circuler à plus de 220 km/h.

Ligues : formations politiques antiparlementaires d'extrême droite.

Littoralisation : concentration d'activités sur un espace littoral.

Lotissement : ensemble de pavillons construits par un promoteur immobilier.

M

Maquis : refuges situés dans des régions isolées qui rassemblent des résistants et des réfractaires au STO.

Mégalopole européenne : ensemble urbain européen qui s'étend de la région de Londres à celle de Milan par la vallée du Rhin.

Métropole : ville dominante qui concentre l'essentiel de la population et des activités économiques.

Métropole régionale : très grande ville concentrant les activités les plus dynamiques et dominant son territoire régional.

Métropolisation : concentration accrue des hommes et des activités de décision, de conception et de direction dans les métropoles les plus grandes.

Milice : police politique créée par Vichy en 1943 pour traquer les juifs et les résistants.

Millésime : date indiquant l'année à laquelle le timbre a été émis ou imprimé.

Minorité nationale : population minoritaire dans un État multinational.

Mitage : construction isolée d'une résidence par un particulier sur une parcelle déjà desservie par les infrastructures (route, électricité, eau...).

Mobilité ou dynamique spatiale : déplacements des hommes d'un espace à un autre.

Moderne : concerne les timbres-poste émis après 1945.

Multimodalité : combinaison de transports permettant le maximum de correspondances.

Multipolaire : organisation du monde autour de plusieurs pôles.

MUR (Mouvement Unis de la Résistance) : créé par Jean Moulin en janvier 1943 pour unifier autour du général de Gaulle les trois grands mouvements de résistance Franc-Tireur, Combat et Libération.

N

Nationaliser : transférer à l'État desentreprises privées.

Nationalistes : partisans de la transformation d'une colonie en une nation indépendante.

Néorurale : population ayant quitté les villes pour s'installer dans les villages ou dans les espaces périurbains.

Non-alignement : volonté de ne s'aligner ni sur le bloc américain, ni sur le bloc soviétique.

NSDAP : Parti national-socialiste des travailleurs allemands, dit Parti nazi.

O

Occidentaux : désigne les pays capitalistes liés aux États-Unis. À Berlin, il s'agit des alliés français, britanniques et américains.

Organisation Internationale de la francophonie (OIF) : organisation de 75 États qui mènent des actions politiques afin de promouvoir la langue française, la paix et le développement durable.

Organisation du territoire : résultat de toutes les actions d'une société sur son territoire.

OMD (Objectifs du millénaire pour le développement) : priorités établies par l'ONU pour le développement dans le monde en faveur des pays les plus pauvres dans les domaines de la santé, de l'éducation, des droits de l'homme et de l'environnement.

OTAN : Organisation du traité de l'Atlantique Nord. Alliance militaire créée en 1949 autour des Etats-Unis et regroupant les pays membres de l'Alliance atlantique.

Outre-mer : espace au-delà des mers, peut désigner les territoires français hors de la métropole.

P

PACS (Pacte civil de solidarité) : contrat définissant les modalités juridiques de la vie commune entre deux personnes qui ne souhaitent pas ou ne peuvent pas se marier.

Pacte de Varsovie : Alliance militaire conclue en 1955 entre l'URSS et la majorité des démocraties populaires.

Palais Bourbon : Assemblée nationale où siègent les députés à Paris.

Parc national : territoire protégé par l'État qui abrite une faune et une flore exceptionnelles.

Pays émergent : pays en voie de développement dont la croissance économique est rapide et dont le poids dans l'économie mondiale est de plus en plus important.

Périurbanisation : extension de la ville au-delà des banlieues.

Philatélie : art de collectionner les timbres et de les étudier.

PIB : produit intérieur brut. Valeur des richesses produites dans un pays.

Pieds-noirs : désigne les Européens d'Algérie après l'indépendance.

Planche : correspond à une page entière d'une bande dessinée.

Planification : organisation de la production selon les directives d'un plan.

Plasticien : artiste se servant de supports ou de techniques variés, dits « plastiques ». Niki de Saint-Phalle utilise par exemple le grillage.

Plateau : dans la chanson de Craonne, le plateau surplombe le village de Craonne et était tenu par les soldats allemands.

Pogrom : explosion de violence organisée contre la communauté juive.

Poilus : surnom donné aux soldats français.

Pôle de compétitivité : association d'entreprises de centres de recherche et d'organismes de formation, encouragés par l'État, qui travaillent en commun pour gagner en compétitivité.

Politique agricole commune (PAC) : ensemble de mesures mises en place par l'Union européenne pour l'agriculture.

Politique européenne de voisinage : lancée en 2004 pour renforcer la prospérité, la stabilité et la sécurité aux frontières de l'UE. Elle englobe seize pays.

Préambule : avant-propos, introduction à un texte.

Président du Conseil : chef du gouvernement investi par l'Assemblée nationale.

Privatiser : vendre des entreprises publiques au secteur privé.

Prothèse : dispositif artificiel destiné à remplacer un membre, un organe ou une articulation.

Propagande : action visant à influencer l'opinion publique.

Puissance : capacité à étendre son influence sur un vaste territoire dans les domaines économique, financier, culturel, politique et militaire.

Purotins : soldats exposés.

R

Reconversion : changement d'activités industrielles.

Référendum : consultation directe des citoyens sur une question posée par le pouvoir exécutif à laquelle ils doivent répondre par oui ou par non.

Région : territoire avec à sa tête un conseil régional élu au suffrage universel.

Répartition de la population : localisation des hommes sur leur territoire.

Réseau de transports : ensemble de lignes reliées entre elles dans des lieux précis (le réseau ferroviaire est composé de lignes ferrées et de gares).

Réseau urbain : ensemble hiérarchisé de villes de niveaux d'équipement tertiaire différent.

Résistance : opposition à l'occupant et lutte pour la libération de son pays.

Ressource ou atout : ce qui favorise l'implantation humaine et la mise en valeur de l'espace.

Révolution nationale : programme conservateur, nationaliste et antirépublicain mis en œuvre par le Gouvernement de Vichy.

Rideau de fer : expression utilisée par le Premier ministre anglais Winston Churchill pour décrire la mise en tutelle de l'Europe de l'Est par l'URSS.

Risque naturel : danger potentiel qui pourrait toucher un espace occupé par des activités humaines.

Risque technologique : danger potentiel lié à des activités industrielles, chimiques et nucléaires et à leur transport.

S

SEVESO : directive européenne identifiant les sites industriels à haut risque pour prévenir les risques.

SFIC : section française de l'Internationale communiste née en 1920.

SFIO : section française de l'Internationale ouvrière née en 1905.

Shoah : de l'hébreu, signifie « catastrophe ». Fréquemment utilisé en France depuis le film de C. Lanzmann (*Shoah*, 1985) pour désigner l'assassinat des juifs d'Europe.

SIDA : syndrome de l'immunodéficience acquise. Ensemble de symptômes liés à la destruction de plusieurs cellules du système immunitaire par le rétrovirus VIH.

Sillon alpin : territoire qui relie Valence et Grenoble aux rives françaises du lac Léman.

Société des Nations (SDN) : première organisation internationale créée par le traité de Versailles en 1919.

Solde migratoire : différence entre le nombre de migrants entrant dans un pays et ceux le quittant.

Solution finale : expression utilisée par les nazis pour leur plan d'extermination du peuple juif.

Sovkhoze : ferme d'État où les paysans sont salariés de l'État.

Schéma régional d'aménagement et de développement durable du territoire (SRADDT) : document qui définit les grands axes de la politique régionale et planifie l'aménagement et le développement d'une région.

Spartakiste : nom adopté par les révolutionnaires communistes allemands en souvenir de la révolte de l'esclave Spartacus dans l'Empire romain.

STO (Service de Travail Obligatoire) : obligation pour les jeunes Français de 20 à 23 ans d'aller travailler gratuitement en Allemagne à partir de 1943.

Superpuissances : (ou Grands) États dominants les autres pays de la planète sur les plans économique, politique, culturel et militaire.

Supranationale : qui dispose de certains pouvoirs supérieurs à ceux des pays qui la composent.

Surface agricole utilisée (SAU) : notion statistique de superficie agricole européenne.

Système républicain : désigne la pratique politique mise en place par le général de Gaulle. Il donne de larges pouvoirs au président de la République qui instaure une relation directe avec le peuple.

T

Tchéka : police politique aux ordres du Parti communiste, devient la Guépéou en 1922.

Technologique : qui se rapporte à la technologie (ensemble des connaissances et pratiques qui concernent une technique).

Technopole : ville dont l'industrie est tournée surtout vers la haute technologie.

Technopôle : parc d'activités de haute technologie en relation avec des centres de recherche et des universités.

Territoire : désigne un espace, délimité par des frontières, que les hommes se sont approprié. Le territoire français est composé de la France métropolitaine et de territoires ultramarins, c'est-à-dire situés sur d'autres continents et océans.

Tertiaire : ensemble des activités de services (commerce, administration, banques, tourisme…).

Tiers-monde : désigne les pays pauvres souvent issus de la décolonisation.

Tranchée : fossé creusé par les soldats et destiné à les abriter.

Transnationale : entreprise qui est présente hors de son territoire national.

Travail à la chaîne : chaque ouvrier effectue une seule tâche sur des pièces défilant devant lui.

Trente Glorieuses : période de forte croissance économique dans les pays développés après 1945.

Troufions : désigne les soldats.

U

Union européenne : association régionale qui réunit en 2012 vingt-sept états européens liés entre eux par une union économique et un projet politique.

Union sacrée : union de l'ensemble des forces politiques.

Unité urbaine : ensemble de communes avec une zone bâtie d'au moins 2 000 habitants où aucune habitation n'est séparée de la plus proche de plus de 200 mètres. Si l'unité urbaine s'étend sur plusieurs communes, l'ensemble de ces communes forme une agglomération urbaine. L'agglomération parisienne est l'unité urbaine de Paris.

V

Ville mondiale : ville qui concentre les fonctions économique, financière, politique et culturelle et qui rayonne à l'échelle mondiale.

X

Xénophobie : haine de l'étranger.

Z

Zone Économique Exclusive (ZEE) : espace maritime qui s'étend jusqu'à 370 kilomètres des côtes et dont l'exploitation est réservée à l'État côtier.

Zone d'influence : espace géographique situé hors des frontières d'un État et sur lequel il exerce sa domination.

Zone euro : partie de l'Europe où l'euro a été adopté.

Édition : Aude Marot • Baptiste Lépine • Mathilde Mayeux
Conception de la couverture : Éric Doxat
Conception de la maquette intérieure : Delphine d'Inguimbert
Réalisation : Oxygène Multimédia
Iconographie : Booklage • Véronique Billiotte
Cartographie : Marie-Chrisine Liennard • Carl Voyer • Sonia Lambert

Cet ouvrage est imprimé sur des papiers certifiés provenant de forêts durablement gérées par un imprimeur certifié Imprim'Vert.

Achevé d'imprimé : Rotolito Lombarda
Dépôt légal : Avril 2012
N° d'édition : 2012 - 0146

Préparer et réussir l'épreuve orale d'histoire des Arts

Spécificités de l'épreuve

▶ Cette épreuve se passe **à l'oral** et dure 15 minutes maximum. Pour la préparer, l'élève pourra constituer un dossier sur les thèmes qu'il choisit de présenter lors de son oral. Il peut s'agir d'une ou plusieurs œuvres, la liste des sujets choisis sera validée par les professeurs. La présentation peut se faire **individuellement ou en groupe** (trois élèves maximum).

▶ En pratique, la plupart des collèges ont mis en place des listes de thèmes qui croisent des sujets historiques et culturels (guerre, propagande…) autour de six domaines artistiques : arts de l'espace, du son, du visuel, du langage, du spectacle, du quotidien. L'oral se déroule dans le collège et sera évaluée par deux professeurs.

Conseils pour bien préparer l'épreuve

L'épreuve se prépare tout au long de votre année de 3e.

▶ **Familiarisez-vous avec la démarche propre à l'histoire des Arts** : présenter l'œuvre, l'analyser (en la décrivant), puis l'interpréter (en lui donnant du sens). Vous devez connaître les œuvres étudiées et être capable de les situer dans le temps et dans l'espace. Il vous faudra aussi maîtriser le vocabulaire spécifique et les notions de base sur les techniques artistiques.

▶ **Mémorisez bien les itinéraires proposés** par votre professeur et qui visent à mettre les œuvres étudiées en perspective.

▶ À la maison, il est utile de **réaliser des fiches** : elles vous permettront de prolonger l'étude des œuvres (en les comparant à d'autres œuvres par exemple). Relisez régulièrement vos fiches.

▶ **Soyez curieux !** Faites des recherches au CDI ou sur Internet pour mieux connaître les œuvres et les artistes étudiés et vous constituer une culture personnelle. N'hésitez pas à écouter des chansons, visionner des films en lien avec les thèmes artistiques, visiter des monuments ou des expositions.

Conseils pour réussir le jour J

▶ Entraînez-vous à l'oral à présenter votre projet pour l'épreuve (dossier ou analyse d'une œuvre).

▶ Soyez polis avec le jury et présentez-vous en quelques mots. Veillez à bien contrôler le débit de vos paroles, parlez distinctement et employez le vocabulaire artistique spécifique.

▶ Vérifiez que vous êtes capable d'expliquer ce que vous ressentez face à une œuvre et le sens qu'elle a pour vous.

▶ Entraînez-vous à décrire une œuvre à partir d'un support audio ou visuel. Par exemple, ne vous mettez pas devant l'écran et procédez méthodiquement par différents plans s'il s'agit d'un document iconographique.

Votre manuel vous accompagne

▶ Découvrez des œuvres et des artistes dans les pages « Arts et Histoire » : elles vous permettent de mieux maîtriser la démarche d'étude des œuvres mais aussi de vous constituer un ensemble de connaissances.

Arts et histoire

▶ Appuyez-vous sur les fiches **Brevet HdA** de ces pages pour construire vos propres fiches de révisions !

Réaliser une fiche pour l'épreuve orale d'histoire des arts — **Brevet HdA**

▶ Consultez régulièrement les deux itinéraires intitulés « Les arts témoins du xxe siècle ». Chacun s'articule autour d'un domaine artistique, centré sur une période : « Arts, États et pouvoir » pour la période 1914-1945 et « Arts, techniques et expressions » pour la période après 1945. Chaque itinéraire est précédé d'une chronologie artistique et historique, et propose de découvrir d'autres œuvres. À la fin de chaque itinéraire, l'étude d'une « œuvre à la loupe » vous est proposée afin de vous entraîner.

Itinéraire 1 **Arts, États et pouvoir** p. 205

Itinéraire 2 **Arts, techniques et expressions** p. 207

Une œuvre à la loupe

Repères historiques

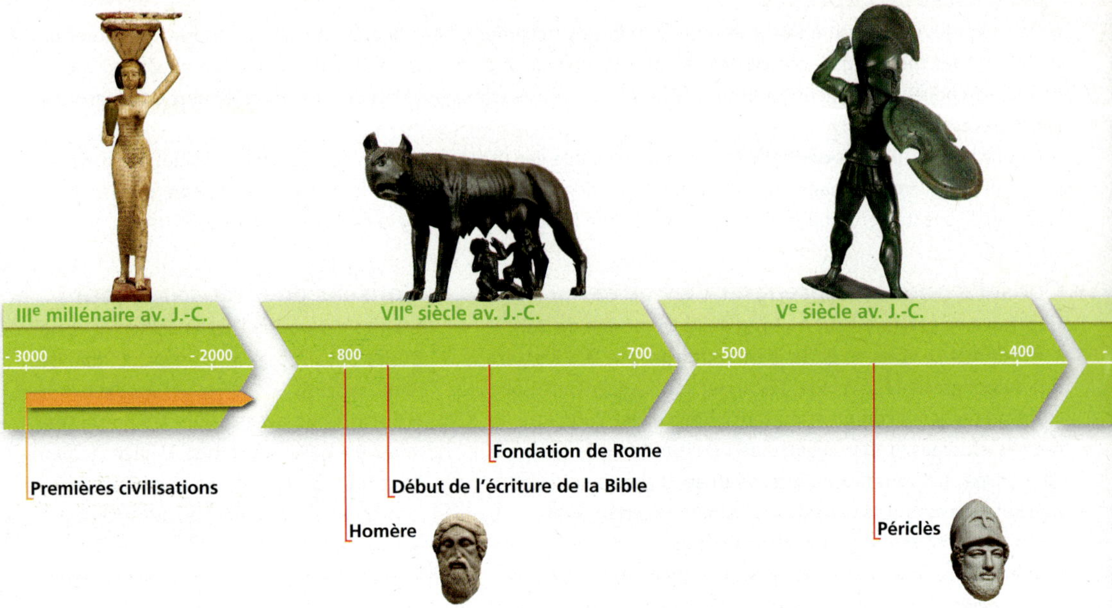

6e 5e 4e 3e

Repères	Explications
IIIe millénaire av. J.-C. • Les premières civilisations	• Durant le IIIe millénaire av. J.-C., dans la région du « croissant fertile », avec l'invention de l'agriculture et de l'écriture, apparaissent les premières cités-États.
VIIIe siècle av. J.-C. • Homère	• Le poète Grec Homère compose l'Iliade et l'Odyssée au VIIIe siècle av. J.-C.
• Fondation de Rome	• D'après les récits mythologiques, Romulus fonde la ville de Rome au VIIIe siècle av. J.-C.
• Début de l'écriture de la Bible	• Au VIIIe siècle av. J.-C., les Hébreux commencent la rédaction des livres qui forment la Bible.
Ve siècle av. J.-C. • Périclès	• Avec Périclès stratège de la cité, Athènes est à l'apogée de sa puissance au Ve siècle av. J.-C.

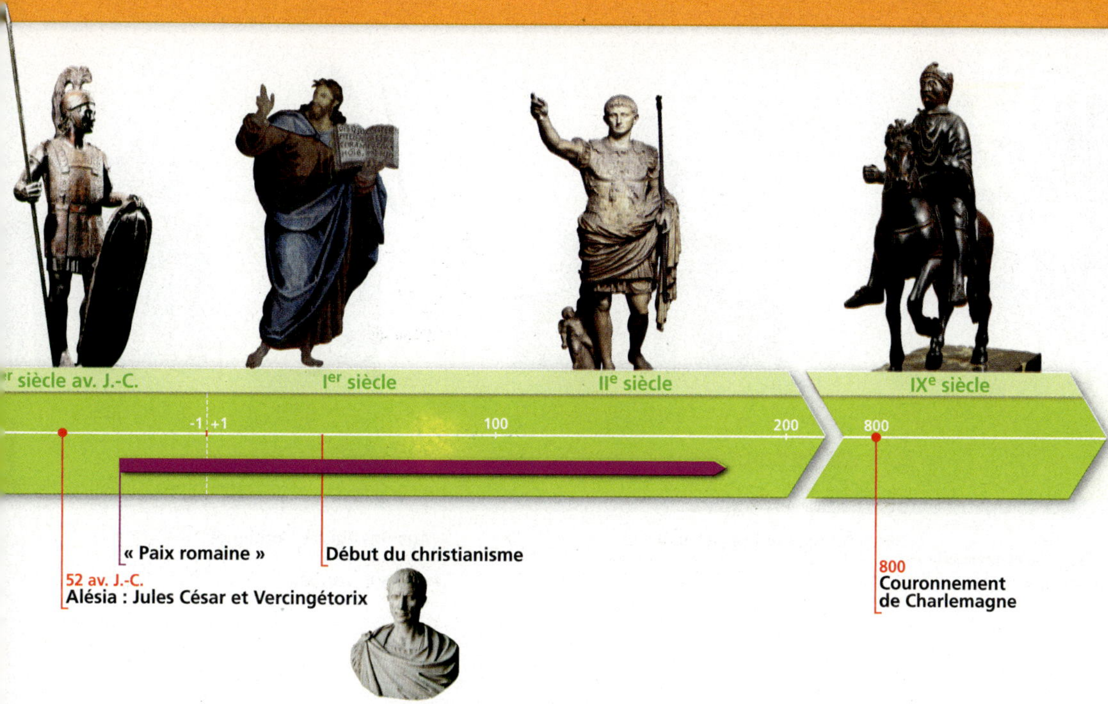

Repères	Explications
52 av. J.-C. • Jules César et Vercingétorix, Alésia	• En -52 av. J.-C., le consul romain Jules César bat les Gaulois de Vercingétorix à Alésia : c'est le début de la romanisation de la Gaule.
Ier siècle • Début du christianisme	• En Palestine romaine apparaît parmi les Juifs puis les Grecs et Romains une nouvelle religion autour de l'enseignement de Jésus-Christ : le christianisme.
Ier et IIe siècles • « Paix romaine »	• Entre les Ier et IIe siècles, la paix et la civilisation romaine s'étendent sur un très vaste empire tout autour de la Méditerranée.
622 • L'Hégire	• En 622, Mohammed et ses compagnons quittent la Mecque pour Médine où ils fondent une communauté musulmane. Cette date marque le début de l'ère musulmane.
800 • Le couronnement de Charlemagne	• En 800, à Rome, le roi des Francs Charlemagne est sacré empereur des Romains par le pape.

Repères historiques

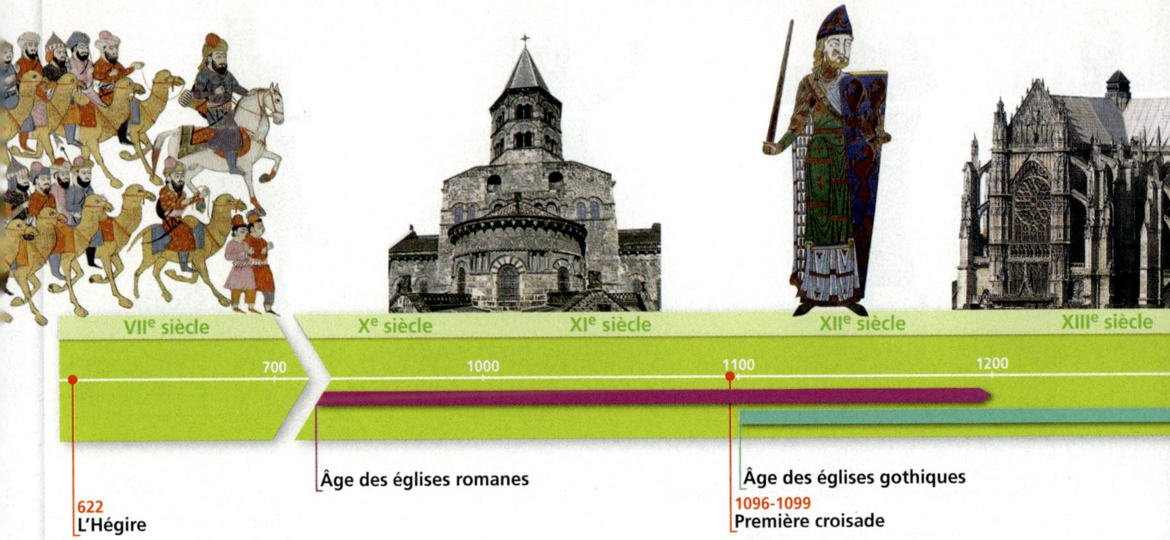

Repères	Explications
X^{e}-XIIe siècle • L'âge des églises romanes	• Le développement d'une architecture nouvelle accompagne l'essor de l'occident entre le Xe et le XIIe siècle.
1096-1099 • Première croisade	• À l'appel du pape Urbain II, des soldats et des princes chrétiens en Occident s'unissent pour la conquête de Jérusalem, alors aux mains des musulmans : c'est la première croisade (1096-1099).
XIIe-XVe siècle • L'âge des églises gothiques	• Des innovations architecturales permettent de construire entre le XIIe et le XVe siècle des églises plus hautes et plus lumineuses qui soulignent la puissance de la religion catholique.

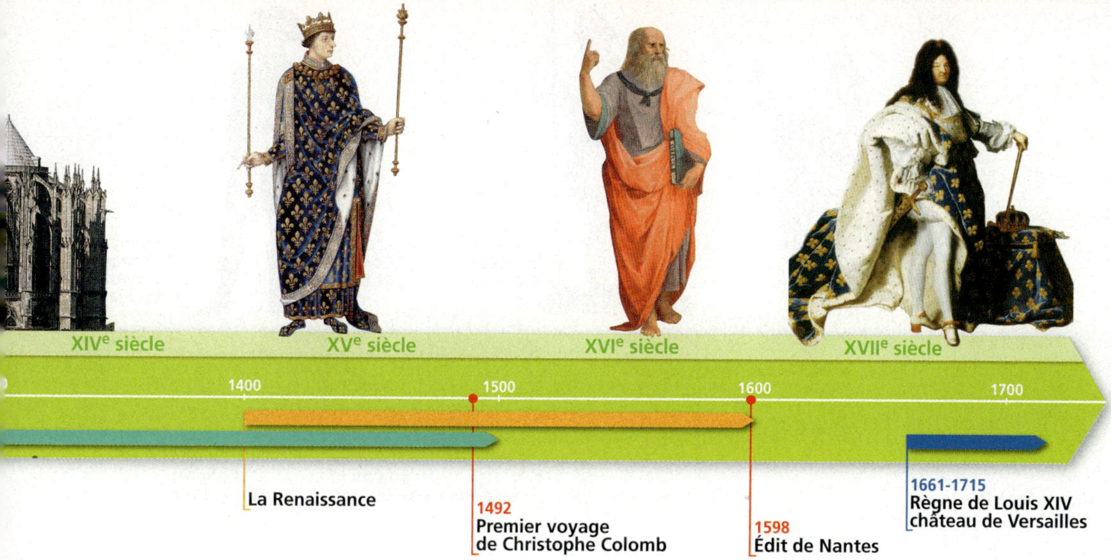

Repères	Explications
1492 • Premier voyage de Christophe Colomb	• En 1492 Christophe Colomb commande une expédition maritime en Atlantique et découvre un nouveau continent : l'Amérique. C'est le début des conquêtes européennes dans le Nouveau Monde.
XVe-XVIe siècle • La Renaissance	• Entre le XVe et le XVIe siècle, un mouvement artistique et philosophique d'abord italien, puis européen, développe une nouvelle définition de l'homme et du monde : cette période est appelée la Renaissance.
1598 • L'édit de Nantes	• Par la signature de l'édit de Nantes, le roi de France Henri IV reconnaît aux protestants la liberté de culte en 1598.
1661-1715 • Louis XIV • Versailles	• Le règne personnel de Louis XIV entre 1761 et 1715 incarne l'apogée de la monarchie absolue. • Construit par la volonté de Louis XIV pour accueillir la cour, le château de Versailles symbolise puissance de la monarchie absolue.

Repères historiques

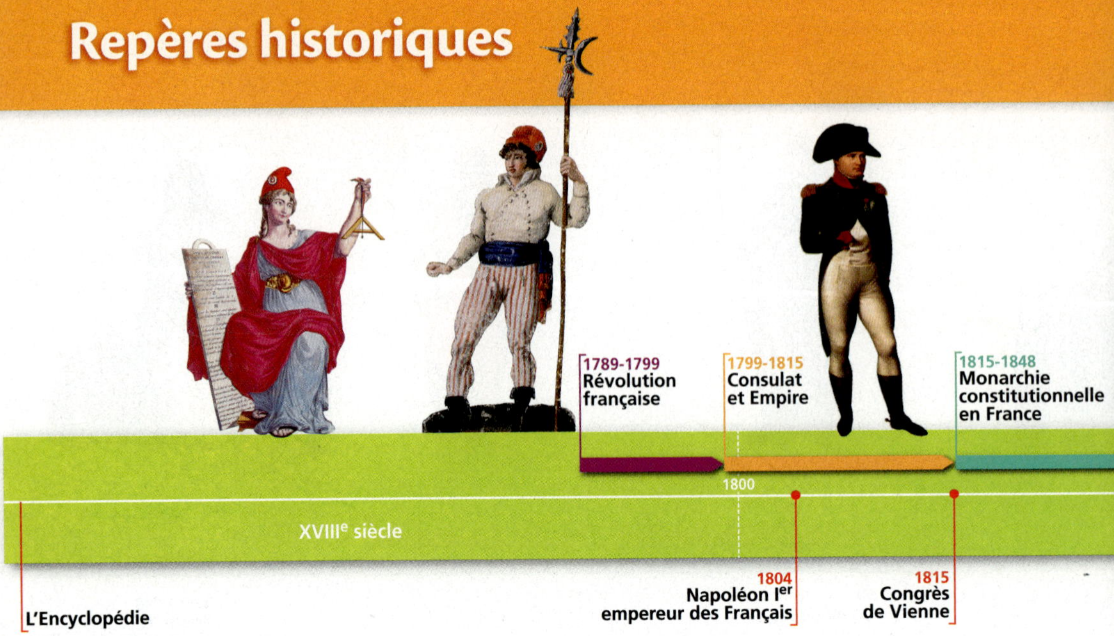

Repères	Explications
Milieu du XVIIIe siècle • L'Encyclopédie	• Au milieu du XVIIIe siècle paraît en France l'Encyclopédie, dans laquelle les philosophes des Lumières remettent en cause les fondements de la monarchie absolue.
1789-1799 • La Révolution française • 14 juillet 1789 : prise de la Bastille • Août 1789 : déclaration des droits de l'Homme et du citoyen • Septembre 1792 : Proclamation de la République.	• Entre 1789 et 1799, une révolution renverse les institutions d'Ancien régime et fonde une France nouvelle. • Le 14 juillet 1789, le peuple parisien s'empare de la prison de la Bastille. L'événement devient le symbole de la remise en cause de la monarchie absolue. • L'Assemblée constituante proclame une déclaration des droits de l'Homme et du citoyen le 26 août. • La Révolution abolit la monarchie et proclame la République en septembre 1792.
1799-1815 • Le Consulat et l'Empire	• Entre 1799 et 1815, Napoléon Bonaparte gouverne et réforme la France.
1804 • Napoléon Ier empereur des Français	• Le 2 décembre 1804, Napoléon Bonaparte devient Napoléon Ier, Empereur des Français. C'est la naissance d'une nouvelle dynastie.
1815 • Le Congrès de Vienne	• Les nations vainqueurs de Napoléon redéfinissent les frontières et l'ordre européen bouleversés par les guerres de la Révolution et de l'Empire.
1815-1848 • Monarchie constitutionnelle en France	• Entre 1815 et 1848, la monarchie est limitée en France par des chartes et le parlementarisme se renforce.

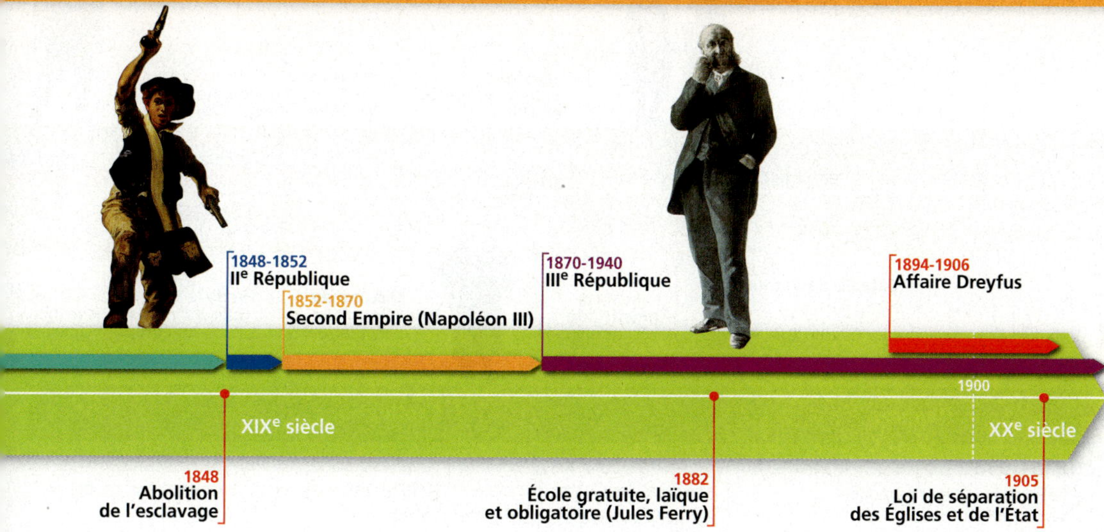

Repères	Explications
1848-1852 • La Seconde République • Établissement du suffrage universel masculin • Abolition de l'esclavage	• Entre 1848 et 1952, la France fait une seconde expérience républicaine. • La Seconde République proclamée en 1848 décrète le suffrage universel masculin. • Sous l'impulsion de Victor Schœlcher, en 1848, la Seconde République abolit définitivement l'esclavage.
1852-1870 • Le Second Empire (Napoléon III)	• Président de la République, Louis-Napoléon Bonaparte devient empereur des Français sous le nom de Napoléon III en 1852 : pendant le Second empire, la France modernise son économie.
1870-1940 • La Troisième République	• Au lendemain de la chute du second Empire, la République s'installe et se consolide lentement en France. En 1940, après la défaite militaire française, Pétain arrive au pouvoir et impose un régime autoritaire.
1882 • Jules Ferry et l'école gratuite, laïque et obligatoire	• En 1882, la République adopte les lois Ferry qui rendent l'école laïque, gratuite et obligatoire.
1894-1906 • Affaire Dreyfus	• Entre 1894 et 1906, la Troisième République connaît une crise politique grave : l'affaire Dreyfus divise les Français.
1905 • Loi de séparation des Églises et de l'État	• En 1905, la république française adopte la loi de séparation des Églises et de l'État qui impose la laïcité de l'État et la liberté de conscience.

Repères historiques

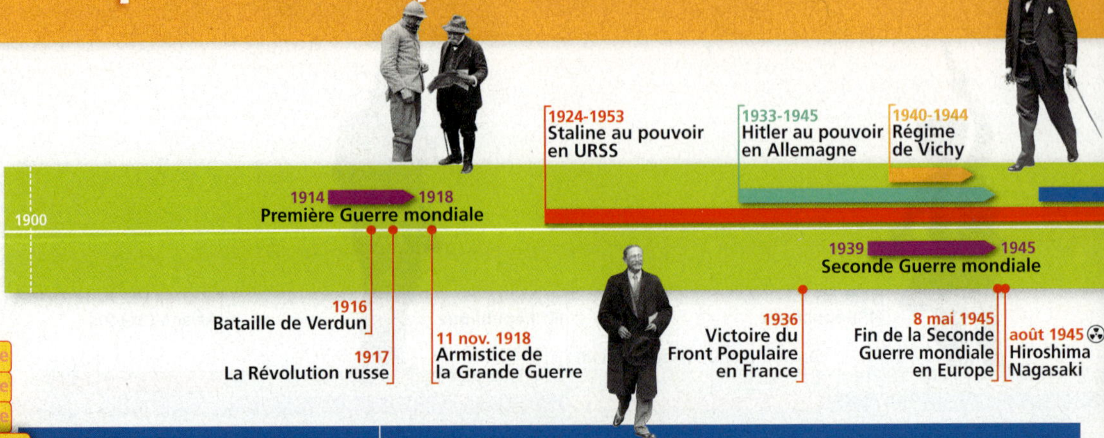

6e 5e 4e **3e**

Repères	Explications
1914-1918 • La Première Guerre mondiale • 1916 : Verdun • 11 novembre 1918 : armistice de la Grande Guerre	• La Première Guerre mondiale (1914-1918) est une guerre européenne puis mondiale, totale, qui fait plusieurs millions de morts. • En 1916, pendant plusieurs mois, l'armée allemande tente de percer le front français à Verdun, en vain et au prix de plusieurs dizaines de milliers de morts des deux côtés. • Le 11 novembre 1918, un armistice met fin aux combats : c'est la défaite de l'Allemagne et de ses alliés.
1917 • La révolution russe	• En octobre 1917 les communistes dirigés par Lénine s'emparent du pouvoir en Russie.
1924-1953 • Staline au pouvoir	• De 1924 à 1953, Staline dirige l'URSS et construit un régime totalitaire.
1933-1945 • Hitler au pouvoir	• En 1933, Hitler fonde un État totalitaire, raciste et antisémite en Allemagne : le régime nazi, qui prend fin en 1945.
1936 • Victoire électorale et lois sociales du Front Populaire	• En 1936, une majorité de gauche, le Front populaire, gouverne et fait adopter des lois de progrès social en France.
1939-1945 • La Seconde Guerre mondiale • 8 mai 1945 : fin de la Seconde guerre mondiale en Europe • Août 1945 : Hiroshima et Nagasaki	• Entre 1939 et 1945, la Seconde Guerre mondiale conduit à des millions de morts : c'est une guerre d'anéantissement. • Le 8 mai 1945, l'Allemagne capitule sans condition : c'est la paix en Europe. • En août 1945 les Américains anéantissent des villes japonaises Hiroshima et Nagasaki au moyen des premières bombes atomiques, contraignant le Japon à capituler.
18 juin 1940 • Appel du général de Gaulle	• Le 18 juin 1940, le général de Gaulle refuse la défaite et lance un appel à la résistance depuis Londres.
1940-1944 • Le Régime de Vichy	• Entre 1940 et 1944, le gouvernement du Maréchal Pétain, né de la défaite, collabore avec l'Allemagne nazie.

Repères	Explications
1944-1945 • Libération de la France, • Rétablissement de la République (la IVe) • Droit de vote des femmes, Sécurité sociale	• En 1944-1945 l'action des Alliés et de la Résistance permet la libération de la France. • En 1944, la IVe République est fondée : elle est née des mouvements de Résistance. • Dès sont instauration, la quatrième République étend le suffrage universel aux femmes et crée la Sécurité sociale.
1961-1989 • Le Mur de Berlin	• Entre 1961 et 1989 un mur divise Berlin en deux et symbolise la Guerre froide.
1947-1962 • Principale phase de la décolonisation	• Entre 1947 et les 1962, les principales colonies européennes en Asie et en Afrique deviennent des États indépendants.
1957 • Les traités de Rome	• En 1957, six pays – l'Allemagne, la Belgique, le Luxembourg, les Pays-Bas, l'Italie et la France – signent les traités de Rome ; ils créent un marché commun : c'est le début de la construction européenne.
1958-1969 • Les années de Gaulle **1958** • Fondation de la Ve République	• De 1958 à 1969, Charles de Gaulle est président de la République en France. • En 1958, Charles de Gaulle réforme les institutions et fonde la Ve République, dont il devient le premier président élu au suffrage universel.
1981-1995 • Les années Mitterrand	• De 1981 à 1995 François Mitterrand, un socialiste, est président de la République en France.
1992 • Le traité de Maastricht	• En 1992, la France adopte le traité de Maastricht qui approfondit la construction européenne.
1995-2007 • Les années Chirac	• De 1995 à 2007, Jacques Chirac est Président de la République en France.
2002 • L'euro monnaie européenne	• En 2002 la France adopte l'euro, monnaie unique européenne qui remplace le franc.

CHAPITRES 1-2

Un siècle de transformations scientifiques, technologiques, économiques et sociales

L'essentiel

Idées clés

Les grandes innovations scientifiques et technologiques

- Au XXe siècle, les progrès scientifiques et technologiques s'accélèrent dans le domaine de la médecine.
- La vaccination contre la tuberculose (BCG) depuis 1927, la découverte des antibiotiques (A. Fleming) puis leur commercialisation dès 1945 permettent de prévenir et soigner des maladies autrefois mortelles. L'imagerie médicale (radiographie, échographie) et les greffes de prothèses progressent. La radiothérapie permet de soigner certains cancers.
- Les États facilitent l'accès aux soins par la mise en place de systèmes de santé publiques (Europe), de campagnes de vaccination, et par le financement de la recherche.
- Mais de nouveaux défis se posent : SIDA, questions de bioéthique notamment.

L'évolution du système de production et ses conséquences sociales

- Depuis 1914, malgré les guerres et les crises, l'économie mondiale a connu une croissance économique. La plus forte croissance a eu lieu pendant la période des Trente Glorieuses.
- Des transformations du système de production (travail à la chaîne, robotisation) permettent de produire davantage. Avec la mondialisation, des entreprises comme Michelin deviennent transnationales.
- La société de consommation et de loisirs naît de la prospérité dans les pays développés.
- L'immigration, ancienne en France, se développe fortement après 1945 pour les besoins de l'économie française. À partir de 1974, les flux migratoires sont contrôlés. Les sociétés sont confrontés à de nouveaux défis : lutte contre la xénophobie, égalité des salaires hommes-femmes.

Mots clés

- Antibiotique (p. 10)
- Bioéthique (p. 12)
- BCG (p. 12)
- Sida (p. 12)
- Tuberculose (p. 12)
- Trente Glorieuses (p. 22)
- Travail à la chaîne (p. 22)

Personnages clés

Marie Curie (1867-1934)

Alexander Fleming (1881-1955)

Artiste clé

Andy Wharol
Peintre américain (1928-1987)

Il représente la société de consommation dans ses œuvres.

- *Campbell Soup Cans*, 1962 (p. 27)

Repères clés

- **1913** Première application du travail à la chaîne (Ford)
- **1914** M. Curie, radiologie des blessés
- **1927** Vaccin du BCG
- **1945-1975** Les Trente Glorieuses
- **1945** Commercialisation des antibiotiques
- **1960** Commercialisation de la pilule aux États-Unis
- **2004** Décryptage du génome humain

CHAPITRE 3

La Première Guerre mondiale : vers une guerre totale (1914-1918)

L'essentiel

Idées clés

Une guerre marquée par la violence de masse

- La guerre oppose les forces de l'Entente aux Empires Centraux. Au départ, c'est une guerre européenne, puis tous les continents sont impliqués
- D'août à décembre 1914, la priorité est donnée à l'offensive. De 1915 à mars 1918, les soldats s'enterrent dans les tranchées (bataille de Verdun). Les offensives reprennent en mars 1918 et l'Entente est victorieuse. Le 11 novembre 1918, l'armistice est signée à Rethondes.
- Cette guerre est marquée par une violence inédite au front : armes nouvelles très meurtrières, conditions de vie très difficile (le froid, la faim, la boue, le traumatisme psychologique).
- À l'arrière, les civils souffrent aussi : ils n'échappent pas à la violence de guerre (difficultés au quotidien, destruction des villes et villages...). Ils sont mobilisés pour soutenir l'effort de guerre. Dans l'empire Ottoman, 800 000 à 1, 2 millions de personnes sont déportées et assassinées.

L'Europe est bouleversée par la guerre

- La guerre provoque des manifestations et des grèves en Russie en février 1917 : c'est la révolution, le tsar Nicolas II abdique.
- En octobre 1917, les Bolcheviks s'emparent du pouvoir et Lénine met un terme à la guerre. Le nouveau régime est contesté et les pays européens font la guerre à la Russie des bolcheviks soviétiques.
- Dans de nombreux pays d'Europe, de violentes grèves éclatent, ainsi que des tentatives de révolution (Allemagne, Hongrie).
- Les traités de paix issus de la guerre redessinent une Europe affaiblie et fragile : les tensions sont nombreuses, même si la Société des Nations est créée pour maintenir la paix.

Mots clés

- Entente (p. 30)
- armistice (p. 32)
- entente
- génocide (p. 32)
- guerre totale (p. 38)
- poilu (p. 32)
- tranchée (p. 32)
- bolchevik (p. 40)

Personnage clé

Georges Clemenceau (1841-1929)

Artistes clés

Otto Dix
Peintre allemand
(1891-1969)
- *La Guerre* (p. 33)

Maurice Genevoix
Écrivain français
(1890-1980)
- *Lettres* (p. 33)

Ernst Jünger
Écrivain allemand
(1895-1998)
- *Orage d'acier* (p. 33)

Repères clés

Première Guerre mondiale (1914 – 1918)

- **1915** Génocide des Arméniens
- **1916** Bataille de Verdun
- **1917** Révolution russe
- **1918** Armistice
- **1919-1920** Traités de paix

Les régimes totalitaires en Europe dans les années 1930

Idées clés

Le régime soviétique

Un régime fondé par Lénine...

- Octobre 1917, Lénine, chef du parti bolchévique arrive au pouvoir.
- Il met en place une dictature et un parti unique (communiste).
- Le régime élimine ses opposants, rétablit la censure et supprime la presse d'opposition.
- L'État prend le contrôle du commerce et des industries.
- L'Union des républiques socialistes soviétiques (URSS) est fondée en 1922. Le Komintern, fondé en 1919, souhaite propager la révolution dans le monde.

... et consolidé par Staline

- Staline est seul au pouvoir en 1927 après avoir éliminé ses opposants.
- L'État met en place une économie planifiée.
- Le régime soviétique procède à l'élimination des koulaks et à la collectivisation des terres.

... qui devient absolu avec la « Grande Terreur »

- Staline poursuit l'élimination des opposants en organisant des procès truqués.
- Le régime met en place le Goulag. Staline a recours à la propagande et la jeunesse est encadrée (komsomols).

Le régime nazi

L'accession au pouvoir d'Hitler et la suppression des libertés

- Hitler, chef du parti nazi (NSDAP), arrive au pouvoir le 30 janvier 1933.
- La démocratie disparaît : restriction des libertés, interdiction des partis politiques à l'exception du parti nazi, élimination des opposants, ouverture des premiers camps.

L'État nazi encadre la population

- Le régime a recours à la propagande.
- Hitler s'appuie sur le parti nazi.
- La jeunesse est embrigadée.
- Hitler met en place une économie de guerre.

Un État raciste et antisémite

- Le régime totalitaire nazi est un « totalitarisme » raciste.
- Le régime est antisémite : il exclut les juifs de la société (violences lors de la « Nuit de Cristal » les 9-10 novembre 1938).

Mots clés

- antisémitisme (p. 58)
- camp de concentration (p. 58)
- collectivisation (p. 52)
- communisme (p. 50)
- dékoulakisation (p. 53)
- embrigadement (p. 58)
- Goulag (p. 53)
- kolkhoze (p. 53)
- Komintern (p. 54)
- koulak (p. 53)
- planification (p. 54)
- propagande (p. 58)
- totalitarisme (p. 48)

Personnages clés

Lénine (1870-1924)

Staline (1879-1953)

Hitler (1889-1945)

Auteur clé

Alexandre Soljenitsyne
Écrivain russe (1918-2008)

- *Une Journée d'Ivan Denissovitch* (p. 55)
- *L'Archipel du Goulag*

Repères clés

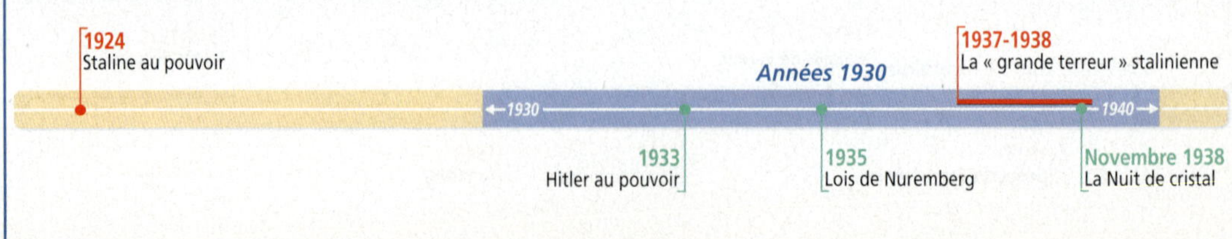

CHAPITRE 5

La Seconde Guerre mondiale, une guerre d'anéantissement (1939-1945)

L'essentiel

Idées clés

La guerre oppose les forces de l'Axe aux Alliés.

- Tous les continents sont impliqués dans le conflit : Asie, Europe, Afrique, Amérique.
- De 1939 à 1942 : les forces de l'Axe sont victorieuses : l'Allemagne occupe de nombreux pays et attaque l'URSS en juin 1941 (plan Barbarossa).
- À partir de 1942, les Alliés remportent des succès militaires. Les forces anglo-américaines débarquent en Normandie le 6 juin 1944.
- L'Allemagne capitule le 8 mai 1945, après la prise de Berlin.
- Le Japon capitule le 2 septembre 1945 après les bombardements atomiques sur Hiroshima (6 août 1945) et Nagasaki (9 août 1945).

Une guerre d'anéantissement

- La Seconde Guerre mondiale engendre des crimes de masse : « destruction des juifs d'Europe » avec l'exclusion dans les ghettos, les exactions des *Einsatzgruppen* et la déportation dans les camps d'extermination (conférence de Wannsee, 1942). 6 millions de juifs sont exterminés.
- Les bombardements touchent les populations civiles (Londres, Coventry, Berlin, Tokyo…).
- Des prisonniers sont torturés ou exécutés.
- La guerre mobilise les économies et les sociétés. Les États mettent en place une propagande : utilisation de la radio et du cinéma.
- Le bilan humain de la guerre est de 50 millions de morts (dont 22 millions pour l'URSS).

Mots clés

- Axe (p. 70)
- Alliés (p. 70)
- Auschwitz-Birkenau (p. 74)
- crime contre l'humanité (p. 74)
- génocide (p. 74)
- ghetto (p. 72)
- *Einsatzgruppen* (p. 72)
- Shoah (p. 74)
- solution finale (p. 74)

Personnages clés

Franklin D. Roosevelt (1882-1945)

Winston Churchill (1882-1945)

Auteurs clés

Primo Lévi
Écrivain italien
(1919-1987)
- *La Trêve*
- *Si c'est un homme* (p. 75)

© Pocket dpt. Univers Poche

Vassili Grossman
Écrivain russe
(1905-1964)
- *Carnets de guerre. De Moscou à Berlin, 1941-1945* (p. 66-67)

© Calmann-Levy

Repères clés

Seconde Guerre mondiale 1939 — 1945

- **déc. 1941** Entrée en guerre des États-Unis
- **janv. 1942** Conférence de Wannsee (solution finale)
- **juin 1942** Bataille de Midway
- **sept. 1942 - fév. 1943** Bataille de Stalingrad
- **1945** Libération des camps de la mort
- **6-9 août 1945** Bombes atomiques sur Hiroshima et Nagasaki

CHAPITRE

6 La guerre froide

L'essentiel

Idées clés

La constitution des deux blocs et les débuts de la guerre froide (1945-1962)

- Les relations entre les anciens alliés de la Seconde Guerre mondiale se dégradent après 1945.
- Les deux superpuissances s'opposent sur le plan idéologique : le régime soviétique est basé sur la propriété collective et le parti unique alors que les États-Unis défendent la liberté d'entreprise et la démocratie libérale.
- En 1947, avec le plan Marshall, les États-Unis décident de soutenir tous les États qui veulent résister à la poussée communiste alors que dans le camp soviétique, la doctrine Jdanov dénonce l'impérialisme américain.
- Les deux superpuissances constituent des alliances stratégiques : les États-Unis signent de nombreux traités avec leurs alliés (Alliance atlantique avec l'OTAN en 1949) et les soviétiques regroupent avec eux dans une alliance militaire les démocraties populaires (Pacte de Varsovie en 1955).
- Les deux blocs s'opposent dans les domaines politiques, économiques, scientifiques et culturels.
- Différentes crises ont lieu entre les deux blocs : Berlin (1948-1949), guerre de Corée (1950-1953), crise de Cuba (1962).
- Quelques pays refusent la logique des blocs et constituent le mouvement des non-alignés.

La détente et la fin de la guerre froide (1962-91)

- La crise de Cuba ouvre une période de Détente (1962-1975) avec une limitation des armements mais la méfiance demeure.
- Après la signature des accords d'Helsinki en 1975, les relations se tendent de nouveau entre les deux blocs (on parle de « guerre fraîche ») quand le président américain Reagan relance la lutte contre l'URSS.
- Mickhaïl Gorbatchev, conscient des difficultés de son pays, entame des négociations qui aboutissent à des accords de désarmement.
- Sans soutien soviétique, les démocraties populaires s'effondrent (1989). À son tour, l'URSS disparaît en 1991.

Mots clés

- bloc, bipolarisation (p. 90)
- course aux armements (p. 96)
- détente (p. 96)
- équilibre de la terreur (p. 92)
- impérialisme (p. 92)
- superpuissance (p. 92)

Artiste clé

Pablo Picasso
Peintre espagnol engagé pendant la guerre froide (1881-1973)

- *Massacre en Corée*, 1951 (p. 101)
- *La Guerre*, 1952 (p. 101)

Personnages clés

Georges Marshall (1880-1959)

Andreï Jdanov (1896-1948)

Ronald Reagan (1911-2004)

Mikhaïl Gorbatchev (né en 1931)

Repères clés

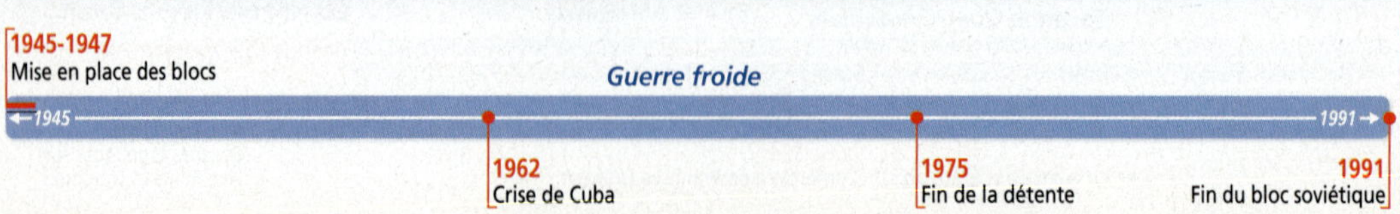

CHAPITRE 7

Des colonies aux États nouvellement indépendants

L'essentiel

Idées clés

Les colonies deviennent des États indépendants

- Après la Seconde Guerre mondiale, les puissances coloniales sont affaiblies et les mouvements nationalistes réclament l'indépendance.
- Le contexte international est favorable, avec le soutien de l'ONU, des États-Unis et de l'URSS.
- La principale phase des décolonisations se situe entre 1947 et 1962 : pendant cette période l'essentiel des colonies d'Asie et d'Afrique accèdent à l'indépendance. En 1955, la conférence de Bandung condamne le colonialisme.
- Les voies de l'indépendance sont multiples : la négociation, le referendum, la guerre.
- Ces nouveaux États indépendants forment le tiers-monde.

Les nouveaux États indépendants évoluent : ils ont de nouvelles revendications

- Face aux deux blocs formés autour des États-Unis et URSS, les nouveaux États prônent le non-alignement (conférence de Belgrade, 1961).
- Ils sont confrontés à de nombreuses difficultés : politiques (parfois même des guerres civiles) économiques, démographiques…
- Ces nouveaux États indépendants revendiquent un nouvel ordre économique mondial dans lequel ils auraient une place leur permettant de connaitre un vrai développement. En 1964, les États se réunissent dans le cadre de la CNUCED.

Mots clés

- colonialisme (p. 104)
- nationalistes (p. 104)
- non-alignement (p. 112)
- tiers-monde (p. 104)

Personnage clé

Ghandi
(1869-1948)

Artiste clé

Henri Cartier-Bresson
Photographe français
(1908-2004)

- Pionnier du photojournalisme, notamment en Inde (p. 116)

Repères clés

CHAPITRE 8

La construction européenne jusqu'au début des années 2000

L'essentiel

Idées clés

Une construction européenne pour la paix et la démocratie

- L'idée d'une union européenne naît au XIXe siècle et se développe après 1918. L'idée est reprise après la Seconde Guerre mondiale : il faut instaurer une paix durable en Europe de l'ouest, lutter contre les totalitarisme, imposer l'Europe dans un monde bipolaire.
- La Communauté économique européenne voit le jour en 1957 (Traités de Rome).
- L'Europe se construit d'abord par l'économie. C'est une Europe à six : Luxembourg, Belgique, France, Italie, Pays-Bas et République fédérale d'Allemagne.
- Cette union s'élargit en plusieurs vagues dans les années 1970-1980 à la Grande-Bretagne, au Danemark, à la Grèce, à l'Espagne et au Portugal.

Une construction qui s'approfondit dans les années 1990-2000

- Le traité de Maastricht crée l'Union européenne (1992).
- Une monnaie unique est créée, l'Euro, qui rentre en vigueur en 2002.
- L'Europe continue de s'agrandir : 28 membres en 2013, 500 millions d'habitants.
- L'Europe est en crise et continue de se questionner sur sa nature : espace démocratique et fédérale, ou union d'États-nations ?

Symboles clés

Un drapeau
Créé en 1955, le drapeau bleu avec 12 étoiles d'or devient l'emblème de toutes les institutions européennes en 1985.

Un hymne
L'*Ode à la Joie* de Beethoven (4e mouvement de la 9e symphonie, 1824) est l'hymne européen depuis 1972.

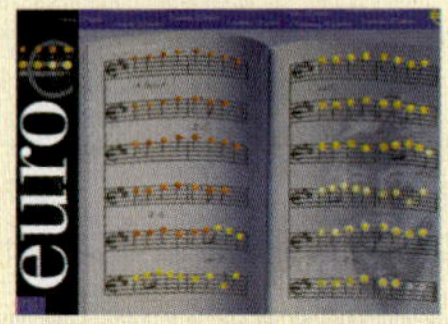

Une devise, une journée
« Unie dans la diversité » est la devise depuis 2000. Le 9 mai est la journée anniversaire de l'Europe.

Une monnaie
Depuis 2002, l'euro est la monnaie unique des États membres de la zone euro.

Mots clés

- CEE (p. 120)
- Europe fédérale (p. 120)
- Euro, zone euro (p. 124)
- Union Européenne
- Traités

Personnages clés

Jean Monnet (1888-1967)

Konrad Adenauer (1876-1967)

Jacques Delors (né en 1925)

Simone Veil (née en 1927)

Repères clés

Construction européenne

1950 → 2012

- **1957** Traités de Rome
- **1992** Traité de Maastricht
- **2002** Mise en circulation de l'euro

CHAPITRE 9 Le monde depuis le début des années 1990

Idées clés

D'un monde bipolaire à un monde multipolaire

- Au début des années 1990, avec la disparition de l'URSS, les États-Unis apparaissent comme la seule superpuissance.
- En 1992, avec la guerre en ex-Yougoslavie, l'Europe connaît son premier conflit depuis 1945.
- En 1994, le Rwanda connaît un génocide qui fait plus de 800 000 morts.
- Les États-Unis multiplient les interventions militaires avec ou sans l'aval de l'ONU (Kosovo en 1999, Irak en 2003…).
- Au début des années 2000, on assiste à l'émergence de nouvelles puissances (Chine, Inde, Brésil). Cette nouvelle situation géopolitique révèle l'avènement d'un monde multipolaire.

De nouvelles tensions géopolitiques

- La fin de la guerre froide ne fait pas disparaître les tensions.
- « L'arc des crises » concentre une grande partie des lieux de tension de la planète (Irak, Iran, Afghanistan, conflit israélo-arabe).
- De nouvelles menaces apparaissent, comme le terrorisme (11 septembre 2001 à New-York, Juillet 2005 à Londres…).

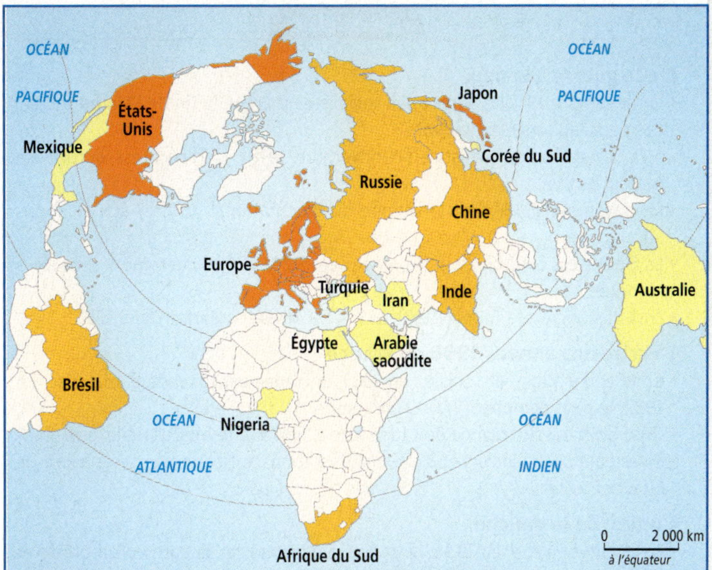

Grandes puissances traditionnelles économiques et/ou militaires | Puissances émergentes | Puissances régionales

Les puissances du XXIe siècle

Mots clés

- géopolitique (p 134)
- hyperpuissance (p 134)
- multipolaire (p 134)

Personnages clés

Vaclav Havel (1936-2011)

Bill Clinton (né en 1946)

George W. Bush (né en 1946)

Barack Obama (né en 1961)

Repères clés

1991 — 2006

- **1992-1995** Guerre en ex-Yougoslavie
- **1991** Fin de l'URSS
- **1994** Génocide au Rwanda
- **2001** Attentats à New York et Washington
- **2005** La Chine, 2e puissance mondiale

CHAPITRE 10

La République de l'entre-deux-guerres : victorieuse et fragilisée

L'essentiel

Idées clés

De la guerre à la paix

- En novembre 1917, le départ des socialistes marque la fin de l'Union sacrée, Clemenceau arrive au pouvoir.
- À la signature de l'armistice (11 novembre 1918), la France est victorieuse mais meurtrie.
- En novembre 1919, c'est la victoire du Bloc national (droite) aux élections législatives.
- La France est confrontée à des grèves en 1920 : 8 000 cheminots sont alors révoqués.
- Lors du congrès de Tours (1920), la SFIO se divise : création de la SFIC.

La crise des années 1930 en France

- Crise économique et sociale : en 1931, la France est touchée par la crise. En 1932, le pays compte 500 000 chômeurs.
- Crise politique : le régime doit faire face à l'instabilité ministérielle, aux scandales politico-financiers et à des manifestations antiparlementaires à Paris le 6 février 1934.

L'union de la gauche

- Le Front populaire, en 1936, regroupe le parti radical, le parti communiste et la SFIO.
- Léon Blum, premier président du Conseil socialiste, adopte des lois sociales : hausse des salaires, semaine de 40 heures, congés payés… mais aussi une politique culturelle : création de musées, développement de la pratique du sport et des loisirs…
- Les milieux d'affaires sont hostiles au Front populaire.

Mots clés

- chambre « bleu horizon » (p. 50)
- communiste (p. 50)
- droite-gauche (p. 48)
- Front populaire (p. 50)
- ligue (p. 50)
- SFIO (p. 48)
- Union sacrée (p. 50)

Artiste clé

Jean Renoir
(1894-1979),
Cinéaste, engagé aux côtés du Front populaire.

- *La Grande Illusion*
- *La Bête Humaine*

Personnages clés

Georges Clemenceau (1841-1929)

Léon Blum (1872-1950)

Repères clés

Entre-deux-guerres

1918 — 1939

- **1920** Congrès de Tours
- **6 février 1934** Émeute antiparlementaire à Paris
- **1936** Victoire du Front populaire Lois sociales

CHAPITRE 11
Effondrement et refondation républicaine (1940-1946)

L'essentiel

Idées clés

Vichy remet en cause la République
- L'armée française est défaite en mai-juin 1940 après de durs combats. Le Maréchal Pétain, devenu chef du gouvernement, demande l'armistice.
- Le Parlement réuni à Vichy accorde les pleins pouvoirs au Maréchal Pétain : c'est la fin de la IIIe République.
- Le Maréchal Pétain et son gouvernement proposent une « Révolution nationale », basée sur des valeurs opposées à celle de la République : c'est un régime autoritaire et antisémite.
- Après la rencontre de Montoire (octobre 1940), Pétain engage la France dans la collaboration avec l'Allemagne. La Milice se met au service de l'Occupant, des policiers français raflent des juifs. Pierre Laval, chef du Gouvernement met en place le STO.

La Résistance porte les valeurs de la République
- Dès le mois de juin 1940, le général de Gaulle refuse la défaite et veut poursuivre la lutte aux côtés du Royaume-Uni. Il lance un appel à la BBC le 18 juin 1940 et constitue les FFL qui participent à différents combats pour libérer la France. De nombreuses colonies françaises se rallient à la France Libre.
- Dès l'été 1940, certains français refusent de subir l'occupation et le régime de Vichy. Ils constituent des réseaux et des mouvements qui diffusent leurs idées dans la presse clandestine.
- De Gaulle veut unifier la Résistance intérieure autour de lui. Jean Moulin réunit le CNR en mai 1943 qui prépare la mise en place d'une nouvelle République.

La refondation républicaine
- À la suite des débarquements de Normandie (6 juin 1944) et de Provence (15 août 1944), la France est libérée.
- La démocratie est rétablie et les femmes obtiennent le droit de vote. De nombreuses réformes sont adoptées en application du programme du CNR : nationalisations d'entreprises et des sources d'énergie, Sécurité sociale.
- En désaccord avec la future constitution, de Gaulle démissionne en janvier 1946. La constitution de la IVe République reconnaît des droits économiques et sociaux aux Français.

Mots clés
- CNR (p. 164)
- collaboration (p. 162)
- exode (p. 161)
- épuration (p. 170)
- FFL (p. 168)
- maquis (p. 166)
- mouvement (p. 168)
- milice (p. 162)
- nationaliser (p. 170)
- réseau (p. 164)
- Révolution nationale (p. 162)
- STO (p. 162)

Personnages clés

Philippe Pétain (1856-1951)

Charles de Gaulle (1890-1970)

Jean Moulin (1899-1943)

Auteur clé

Edmond François Calvo, dit Calvo
Dessinateur français (1892-1958)
- *La Bête est morte*, 1944-1945

Une bande dessinée sur le thème de la guerre et de la Résistance. (p. 174)

Repères clés

Régime de Vichy / Résistance (1940 → 1944)

- **sept. 1939** Déclaration de guerre
- **18 juin 1940** Appel du général de Gaulle
- **1943** Création du CNR
- **1944** Libération de la France, Rétablissement de la république, Droit de vote des femmes
- **1945** Sécurité sociale
- **1945-1946** Refondation républicaine

CHAPITRE 12

De Gaulle et le nouveau système républicain (1958-1969)

L'essentiel

Idées clés

Un nouveau système républicain

- La crise du 13 mai 1958 accélère la fin de la IVe République, minée par l'instabilité gouvernementale et ramène au pouvoir le général de Gaulle dans des conditions contestées. Sous sa présidence (1958-1969) se met en place un nouveau système républicain.
- Ce nouveau système républicain assure la prééminence du Président de la République et de l'exécutif dans la Constitution. Le général de Gaulle entretient un lien direct avec les Français.
- Le général de Gaulle entend mener une politique de grandeur. Il développe la recherche et permet à la France de se doter de l'arme nucléaire. De Gaulle cherche à accroître l'influence française dans les relations internationales par une diplomatie qui refuse la logique des blocs.

La crise de mai 1968

- Les événements de mai 1968 révèlent l'incapacité du régime à répondre aux aspirations à plus de liberté des générations nées au cours des Trente Glorieuses. La crise est surmontée mais affaiblit de Gaulle qui quitte le pouvoir après l'échec du référendum sur la régionalisation en 1969.

Mots clés

- IVe et Ve Républiques
- Constitution (p. 178)
- nouveau système républicain (p. 180)
- OTAN (p. 180)
- politique de grandeur (p. 180)
- référendum (p. 180)

Personnage clé

Charles de Gaulle (1890-1970)

Artistes clés

Jean Effel
Dessinateur de presse

Berhendt
Dessinateur de presse

Affichistes anonymes
du mouvement de mai 1968

Repères clés

Les années De Gaulle

1958 — 1969

- Crise du **13 mai 1958** (Alger)
- **sept. 1958** Adoption de la Constitution
- **1968** Crise de mai 1968

CHAPITRE 13

La Ve République à l'épreuve de la durée

Idées clés

De 1969 à 1981

- Présidents de la République : G. Pompidou (1969-1974)
  V. Giscard d'Estaing (1974-1981)
- La Droite conserve la majorité et les présidents poursuivent la politique du général de Gaulle, en particulier dans le domaine institutionnel et diplomatique.
- Des réformes adaptent la loi aux évolutions de la société : droit de vote à 18 ans, loi Veil sur l'IVG.

Depuis 1981

- La droite et la gauche se succèdent au pouvoir. C'est l'alternance. La première alternance commence avec l'élection et les réformes de F. Mitterrand (1981-1986).
- Les changements fréquents de majorité parlementaire obligent à un partage du pouvoir exécutif : ce sont les cohabitations. La troisième cohabitation a lieu pendant les années Chirac (1997-2002).
- Des phénomènes nouveaux apparaissent : montée de l'abstention, de l'extrême-droite, révolte des banlieues.
- Des années 1970 à aujourd'hui, des débats traversent et recomposent les forces politiques. Certains sont suscités par les évolutions socioculturelles (place des femmes dans la société). La construction européenne montre une recomposition des forces politiques en France.

Mots clés

- Alternance (p. 190)
- Cohabitation (p. 190)
- IVG (p. 192)
- PACS (p. 190)
- Parité hommes-femmes (p. 193)

Œuvres clés

Le centre Georges Pompidou, 1977 (p. 199)

La pyramide du Louvre, 1989 (p. 199)

Personnages clés

François Mitterrand (1916-1996)

Simone Veil (née en 1927)

Jacques Chirac (né en 1932)

Repères clés

Les années Mitterrand : 1981 → 1995

Les années Chirac : 1995 → 2007

- **1974** Loi Veil sur l'avortement
- **1981** Abolition de la peine de mort
- **1999** Loi sur le PACS

Le langage cartographique

Définition

✔ Toutes les informations représentées sur une carte, un croquis ou un schéma sont traduites par des figurés cartographiques.

✔ Le langage cartographique est composé de trois grands types de figurés : les figurés de surface, les figurés ponctuels, les figurés linéaires.

1 Les figurés de surface

1 Quelques figurés de surface

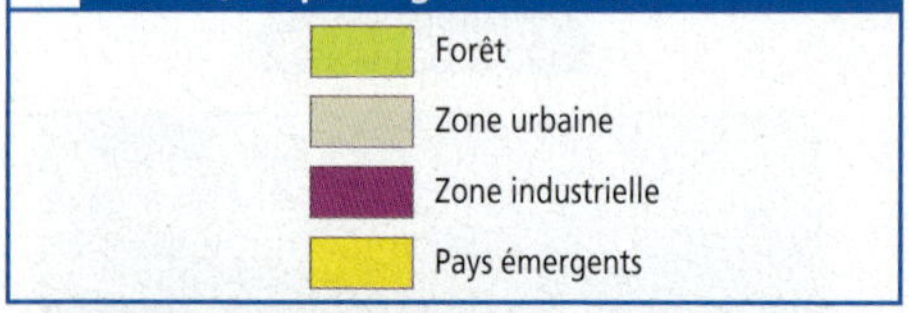

2 Établir une hiérarchie

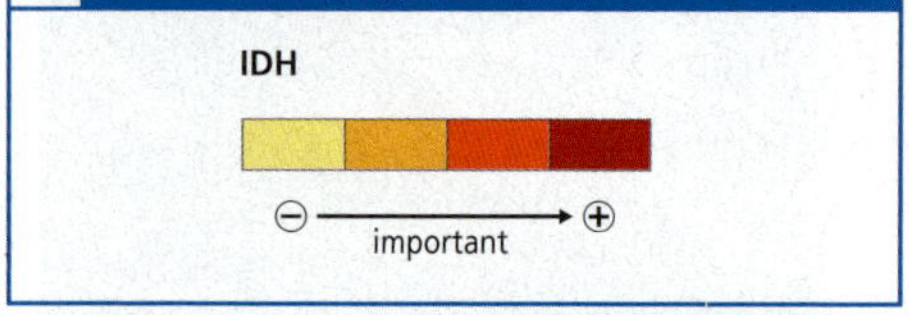

3 Croiser deux informations

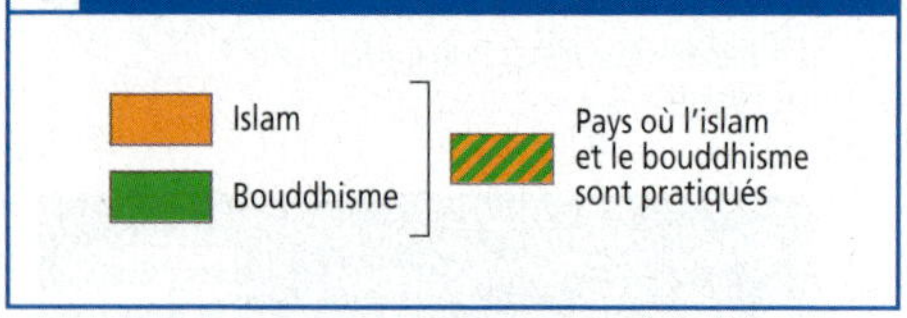

Fonction

Ce figuré est utilisé pour représenter une information qui s'étend sur une surface (une zone urbaine, une zone industrielle, le PIB d'une région…).

Règles d'utilisation

1. On choisit la couleur en fonction de l'information à représenter.
Exemple : vert pour la forêt, bleu pour une zone portuaire… (1)
On utilise des couleurs différentes pour représenter des informations différentes.

2. Pour hiérarchiser les informations, on peut utiliser un dégradé de couleurs différentes ou d'une même couleur.
Exemple : pour montrer que l'IDH est plus ou moins important d'un pays à l'autre, le figuré varie du jaune au rouge. (2)

3. Pour croiser deux informations, on superpose deux figurés de surface. Pour illustrer la seconde information, on peut utiliser des hachures. (3)
Exemple : pour représenter les deux religions dominantes dans un pays.

2 Les figurés ponctuels

1 Quelques figurés ponctuels

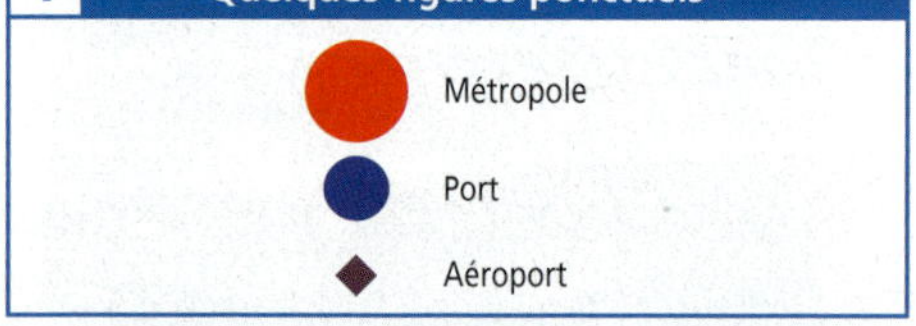

2 Établir une hiérarchie

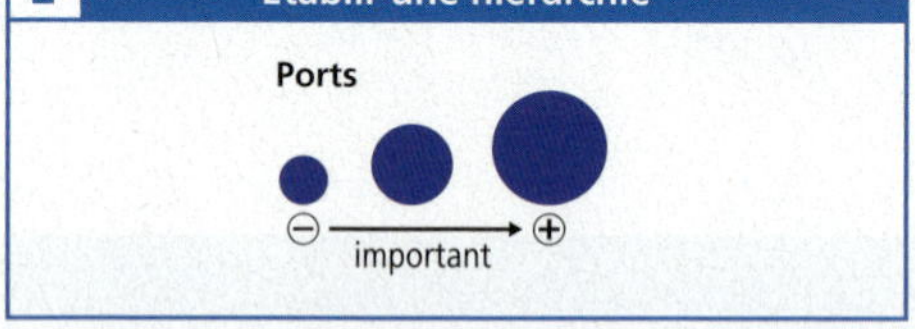

3 Croiser deux informations

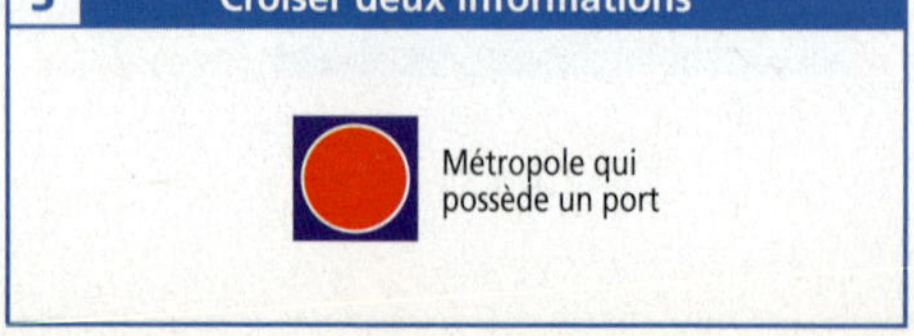

Fonction

Ce figuré est utilisé pour représenter une information qu'on peut localiser à un endroit précis (un port, une ville, un aéroport, une usine…)

Règles d'utilisation

1. On peut utiliser toutes les figures géométriques (cercle, carré, losange, triangle…) mais pas de petits dessins (comme un avion pour un aéroport par exemple).

2. La couleur est choisie en fonction de l'information à représenter.
Exemple : bleu pour un port, rouge pour une ville... (1)

3. Pour hiérarchiser les informations, on peut faire varier la taille du figuré.
Exemple : pour montrer qu'une ville est plus ou moins peuplée, on agrandit ou on diminue la taille du cercle. (2)

4. Pour croiser deux informations, on superpose deux figurés ponctuels de forme et de couleur différentes.
Exemple : pour représenter une métropole et son port, on peut insérer un cercle rouge dans un carré bleu. (3)

✔ La connaissance de ce langage est indispensable pour lire des cartes, réaliser des croquis et des schémas.

3 Les figurés linéaires

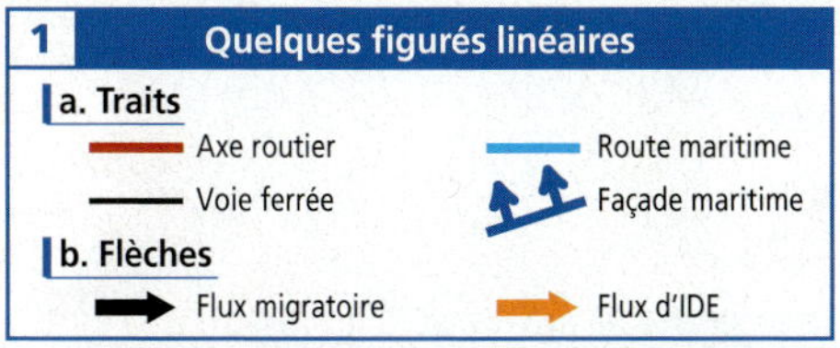

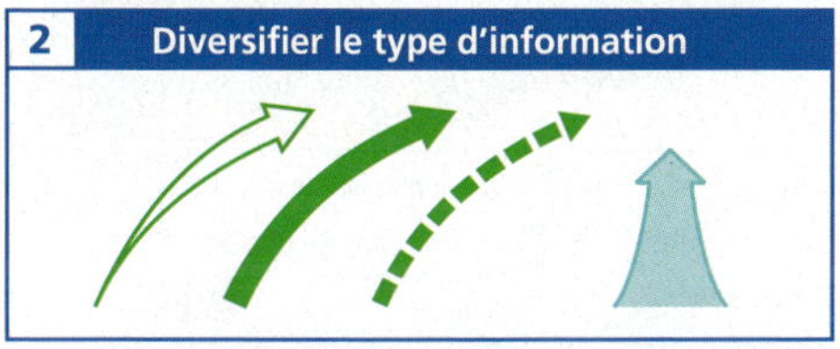

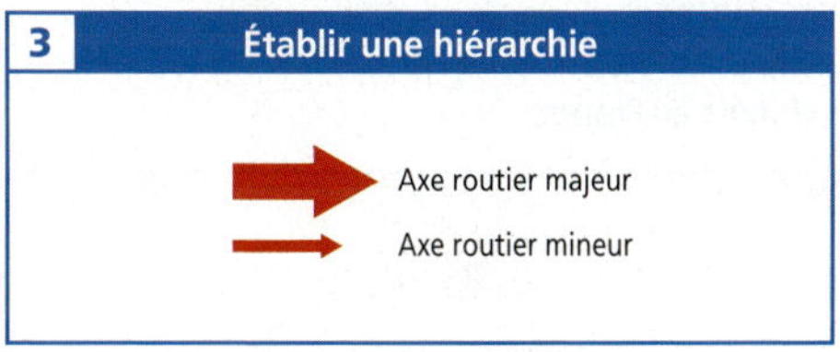

Fonction

Il existe deux types de figuré linéaire :

a. le trait ou la ligne, utilisés pour représenter une limite (frontière d'une région ou littoral…), un axe de communication (route, voie ferrée…) ; une façade…

b. la flèche, utilisée pour représenter un flux, c'est-à-dire un mouvement (flux migratoires, flux de marchandises, flux Internet…).

Règles d'utilisation

1. On choisit la couleur en fonction de l'information à représenter.

Exemple : une ligne rouge pour un axe routier, une ligne noire pour une voie ferrée, une ligne bleue pour un axe maritime. (1)

2. On peut varier la forme des flèches lorsque qu'il y a beaucoup d'informations à représenter.

Exemple : flèches vides ou remplies d'une couleur… (2)

3. Pour hiérarchiser les informations, on peut faire varier l'épaisseur du figuré.

Exemple : pour montrer qu'un axe routier est plus ou moins important, on épaissit ou on affine le trait. (3)

Petit lexique cartographique

Carte par anamorphose
La carte par anamorphose respecte la localisation des régions du monde les unes par rapport aux autres mais déforme les contours et les superficies en fonction de l'information à représenter.

Croquis
Représentation cartographique superposant plusieurs informations et rendant compte des localisations et de l'organisation d'un espace.

Échelle
– Cartographique : rapport entre une longueur réelle et sa représentation sur une carte.
– Géographique : elle se compose de plusieurs niveaux de lecture allant du local au mondial.

Légende
Liste des symboles et figurés visibles sur une carte. La légende donne un exemple de chaque symbole ou figuré utilisé sur la carte, accompagné de sa signification.

Nomenclature et repères géographiques
Il s'agit de l'ensemble des informations mentionnées sur une carte permettant d'identifier les pays, les océans, les mers…

Schéma
Représentation cartographique simplifiée de l'organisation d'un espace.

Cartes repères

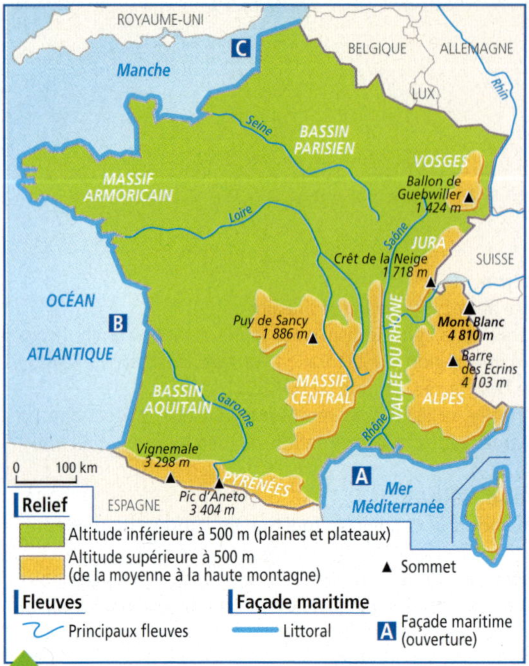

1 Le relief de la France

2 Les climats en France

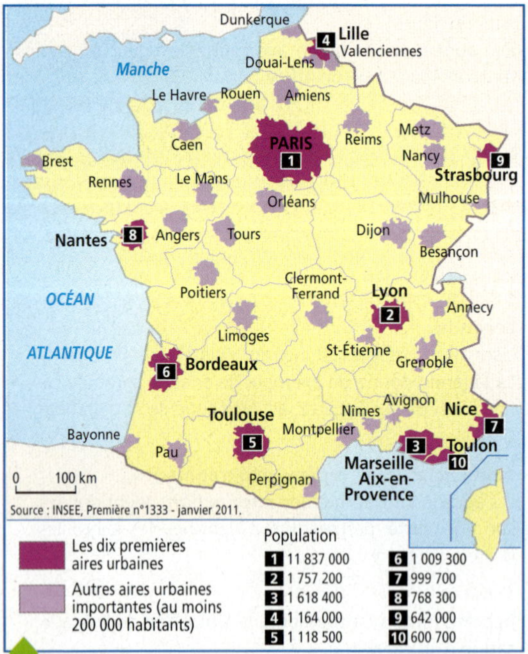

3 Les principales aires urbaines en France

4 Les régions françaises

Le territoire français ultramarin 5

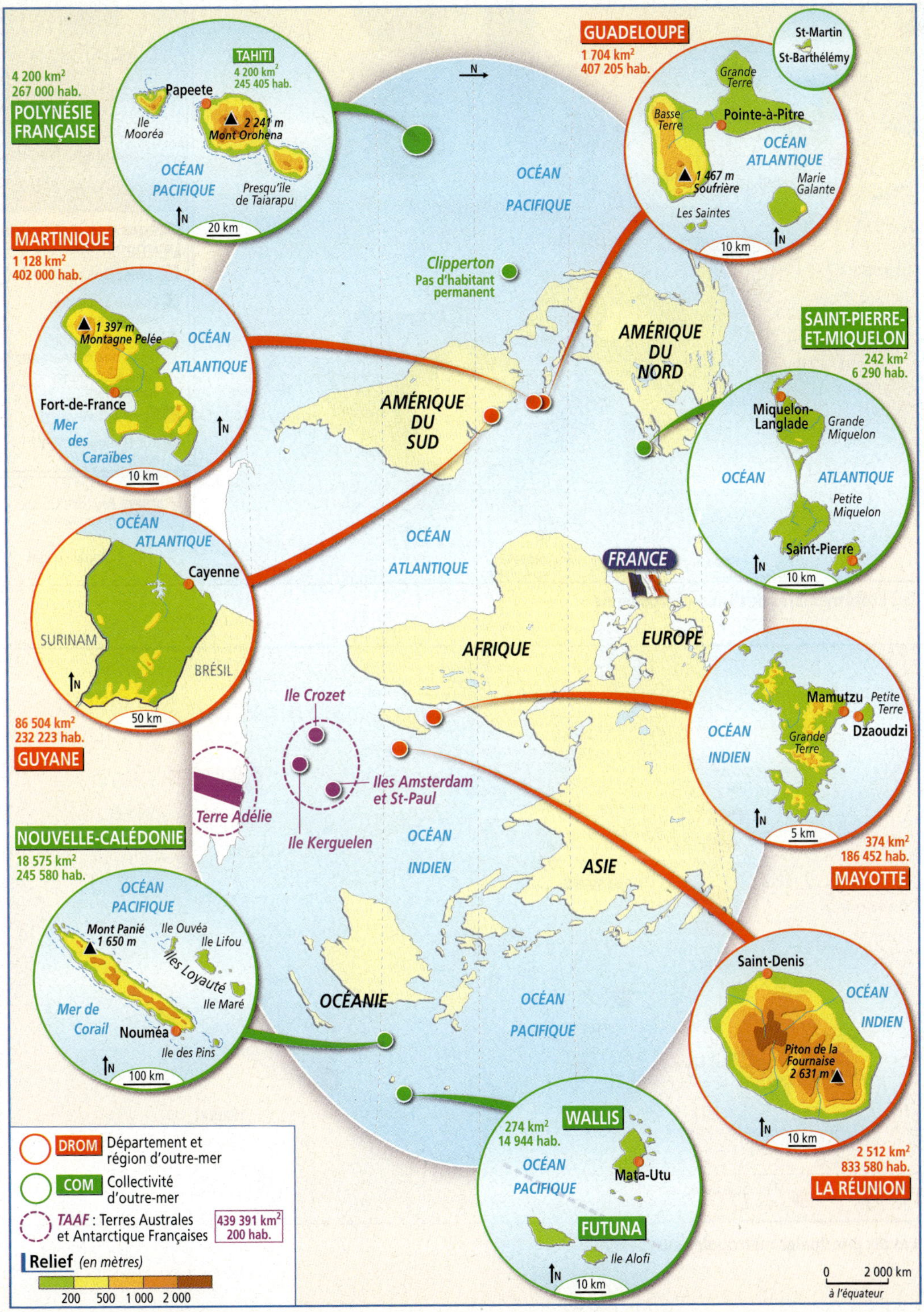
POLYNÉSIE FRANÇAISE
4 200 km²
267 000 hab.
TAHITI
4 200 km²
245 405 hab.
Papeete
Ile Mooréa
2 241 m
Mont Orohena
OCÉAN PACIFIQUE
Presqu'île de Taiarapu
20 km
GUADELOUPE
1 704 km²
407 205 hab.
St-Martin
St-Barthélémy
Grande Terre
Basse Terre
Pointe-à-Pitre
OCÉAN ATLANTIQUE
1 467 m
Soufrière
Marie Galante
Les Saintes
10 km
N
OCÉAN PACIFIQUE
Clipperton
Pas d'habitant permanent
MARTINIQUE
1 128 km²
402 000 hab.
1 397 m
Montagne Pelée
OCÉAN ATLANTIQUE
Fort-de-France
Mer des Caraïbes
10 km
AMÉRIQUE DU NORD
AMÉRIQUE DU SUD
SAINT-PIERRE-ET-MIQUELON
242 km²
6 290 hab.
Miquelon-Langlade
Grande Miquelon
OCÉAN ATLANTIQUE
Petite Miquelon
Saint-Pierre
10 km
OCÉAN ATLANTIQUE
Cayenne
SURINAM
BRÉSIL
50 km
86 504 km²
232 223 hab.
GUYANE
OCÉAN ATLANTIQUE
FRANCE
AFRIQUE
EUROPE
Ile Crozet
Iles Amsterdam et St-Paul
Ile Kerguelen
Terre Adélie
Mamutzu
Petite Terre
Dzaoudzi
Grande Terre
OCÉAN INDIEN
5 km
374 km²
186 452 hab.
MAYOTTE
NOUVELLE-CALÉDONIE
18 575 km²
245 580 hab.
OCÉAN PACIFIQUE
Mont Panié
1 650 m
Ile Ouvéa
Ile Lifou
Iles Loyauté
Ile Maré
Mer de Corail
Nouméa
Ile des Pins
100 km
OCÉAN INDIEN
ASIE
OCÉANIE
OCÉAN PACIFIQUE
Saint-Denis
OCÉAN INDIEN
Piton de la Fournaise
2 631 m
10 km
2 512 km²
833 580 hab.
LA RÉUNION
WALLIS
274 km²
14 944 hab.
OCÉAN PACIFIQUE
Mata-Utu
FUTUNA
Ile Alofi
10 km
DROM Département et région d'outre-mer
COM Collectivité d'outre-mer
TAAF : Terres Australes et Antarctique Françaises
439 391 km²
200 hab.
Relief (en mètres)
200 500 1 000 2 000
0 2 000 km
à l'équateur

Cartes repères

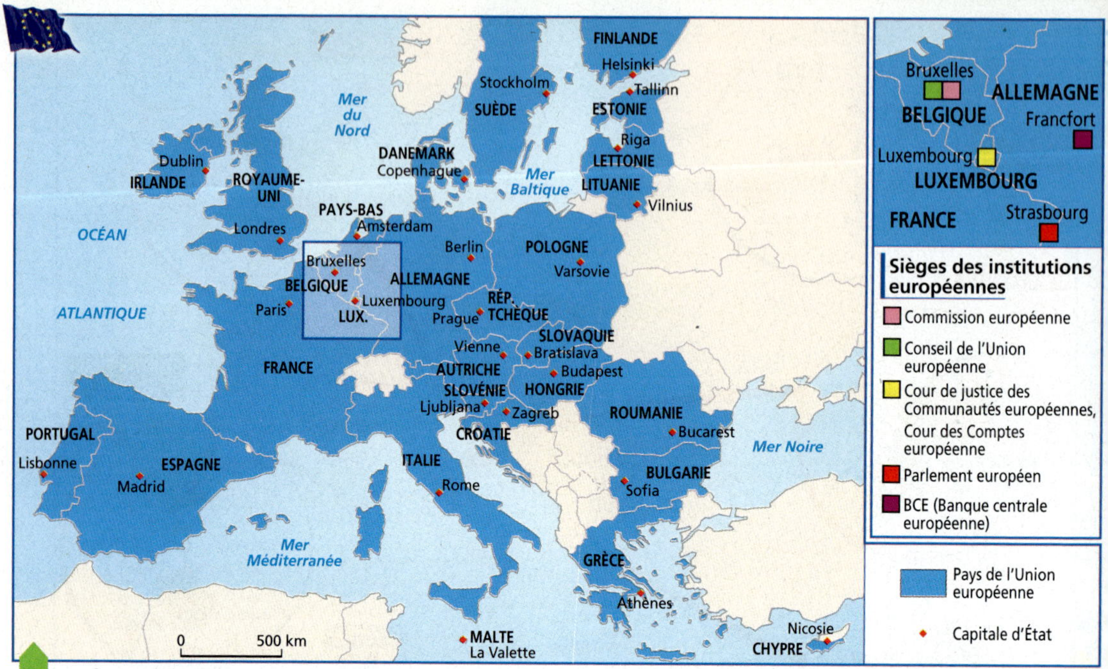

6 Les États membres de l'Union européenne

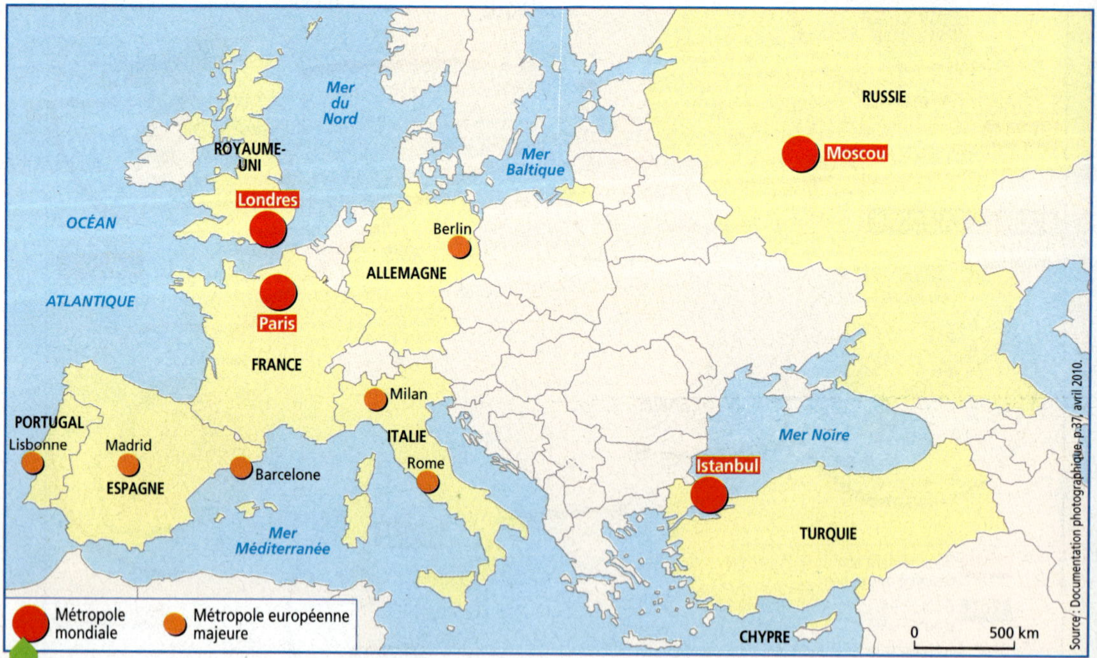

7 Les dix principales métropoles européennes

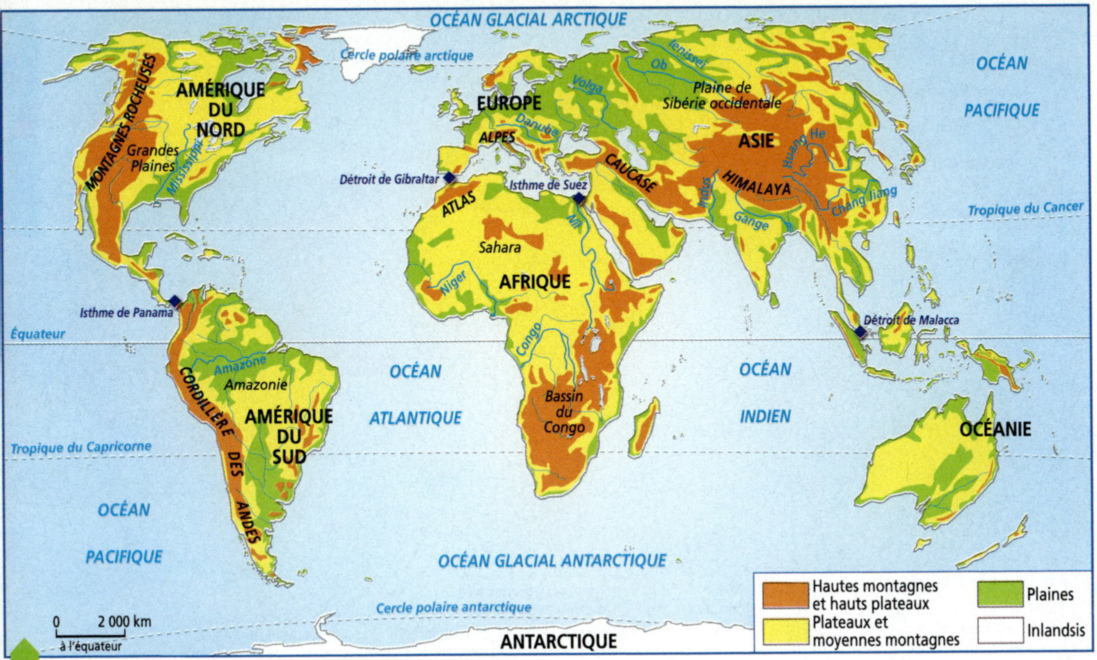

8 Les grands repères terrestres

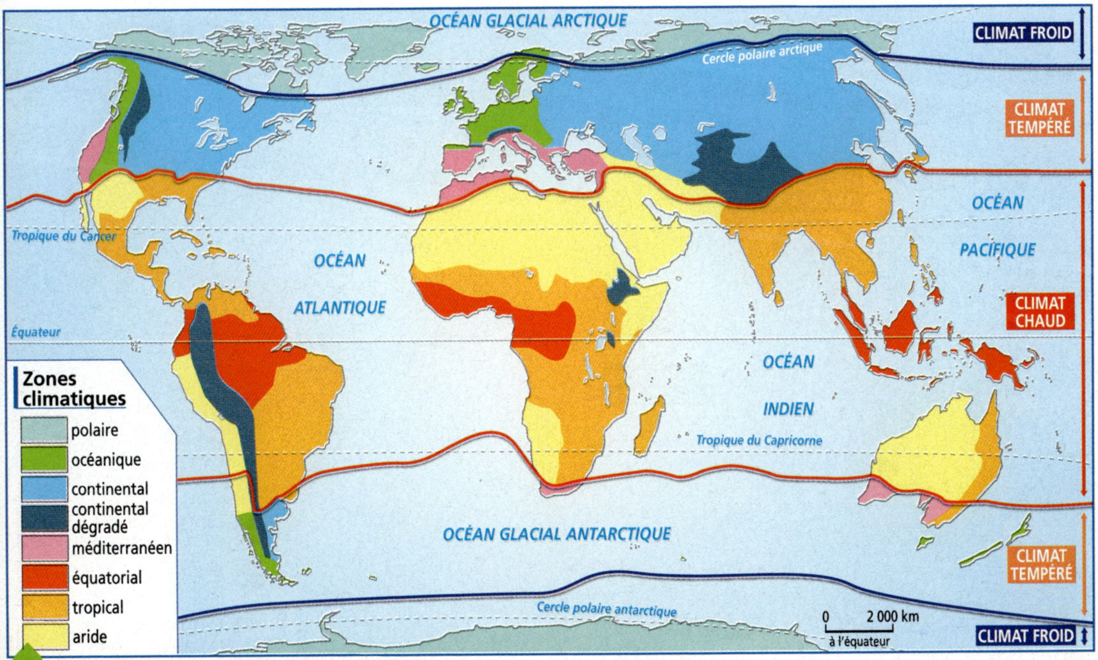

9 Les principales zones climatiques de la planète

Cartes repères

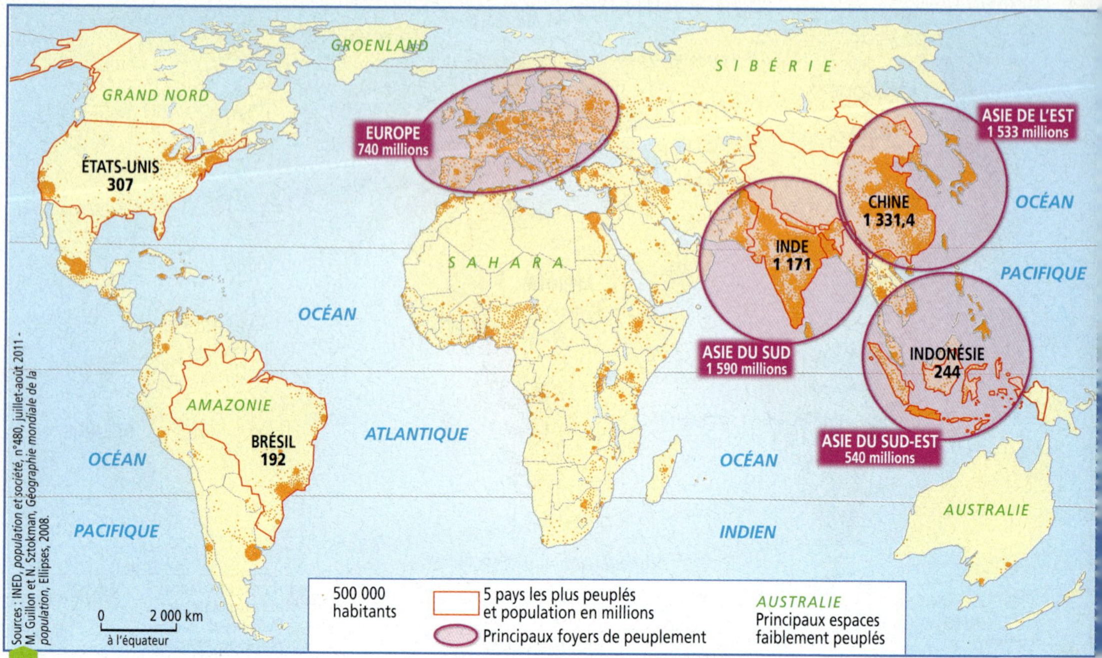

10 Le peuplement de la planète

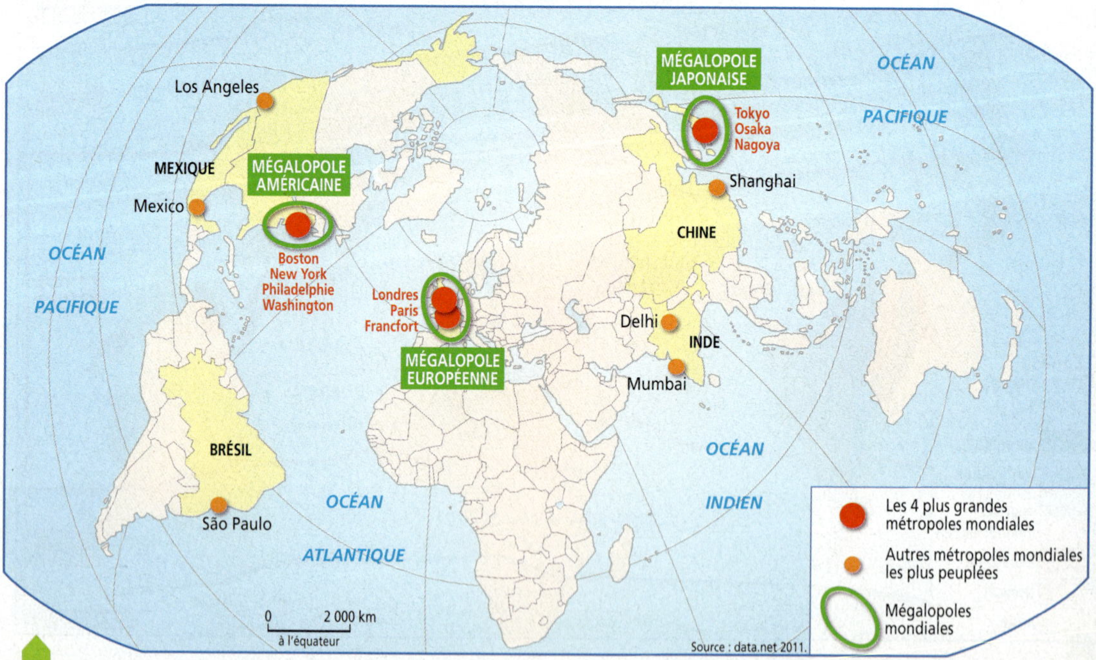

11 Les métropoles mondiales et les mégalopoles

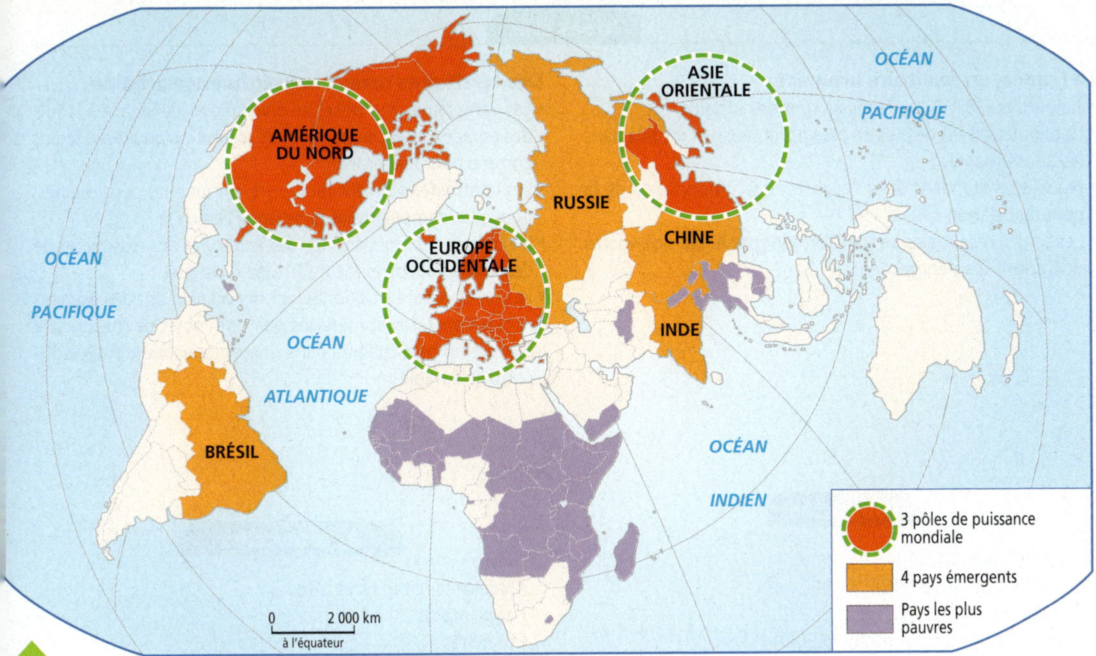

12 L'espace mondial hiérarchisé

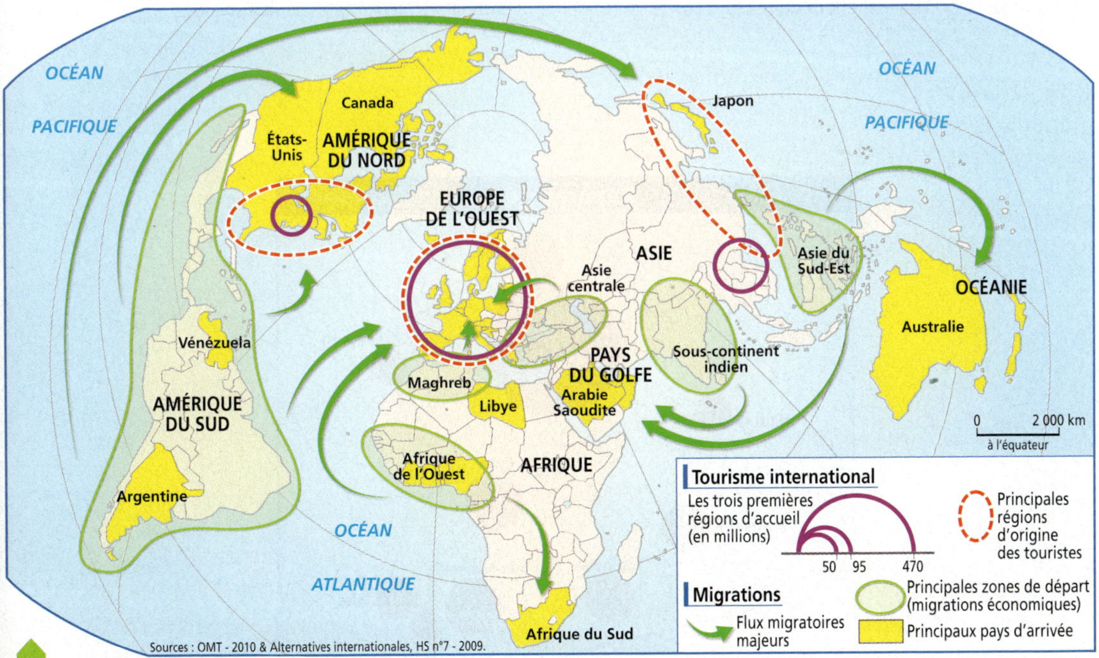

13 Migrations et tourisme dans le monde

CHAPITRE 14

De la ville à l'espace rural, un territoire sous influence urbaine

L'essentiel

Idées clés

La France, un territoire urbanisé

- Aujourd'hui, 82 % des Français sont des urbains.
- La population est de plus en plus nombreuse et mobile dans les aires urbaines.
- Les villes s'étendent dans l'espace rural : importance de la périurbanisation.
- Les territoires urbains se transforment par le biais de vastes opérations d'aménagement.

Des territoires ruraux sous influence urbaine

- Les campagnes françaises se diversifient, devenant à la fois des espaces de vie, de travail et de récréation pour les citadins comme pour les ruraux.
- Les contrastes s'accentuent entre campagnes périurbaines, nouvelles campagnes et campagnes en crise.
- Il existe des conflits d'usage de l'espace et des ressources de l'espace rural entre une multitude d'acteurs.
- Les parcs naturels nationaux et régionaux sont des espaces ruraux convoités et menacés qui font l'objet de mesures de protection particulières dans une perspective de développement durable.

Mots clés

- aire urbaine (p. 209)
- conflit d'usage (p. 215)
- écoquartier (p. 213)
- espace à dominante rurale (p. 220)
- espace à dominante urbaine (p. 220)
- gestion durable (p.215)
- iintermodalité (p. 213)
- périurbanisation ou étalement urbain (p. 220)

Acteurs clés

- habitants (citadins et ruraux)
- agriculteurs
- touristes
- collectivités locales
- État
- associations (écologistes, chasseurs…)
- entreprises industrielles ou de services

Repères clés

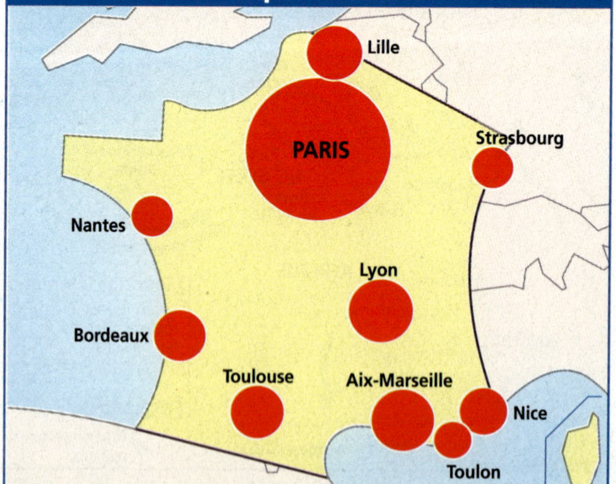

Les dix premières aires urbaines en France

CHAPITRE 15 La région

Idées clés

Chaque région française occupe une place particulière en France et en Europe, en fonction de :

- son poids économique ;
- son attractivité, son rayonnement et son ouverture internationale ;
- son ouverture européenne à travers notamment les échanges, les investissements ou les coopérations européennes.

L'organisation du territoire d'une région révèle :

- des axes et des pôles qui structurent le territoire régional ;
- des espaces différents et contrastés en fonction de leur population ou de leurs activités ;
- des évolutions, des dynamiques majeures.

Chaque région, à travers sa politique régionale, s'efforce d'aménager et développer ses territoires.

- La région est un acteur majeur secondée par d'autres acteurs : l'Union européenne, l'État, d'autres collectivités territoriales, des acteurs privés, des citoyens.
- Elle s'appuie sur de grands axes qui définissent ses priorités et un budget régional.
- Elle met en œuvre des aménagements dans tous les domaines et à toutes les échelles de son territoire.

Mots clés

- aménagement (p. 230)
- collectivité territoriale (p. 230)
- coopération transfrontalière (p. 232)
- métropole régionale (p. 234)
- région (p. 229)
- SRADDT (p. 236)

Acteurs clés

- l'État et l'Union européenne (échelle nationale)
- la région (échelle régionale)
- les autres collectivités territoriales (commune et département), acteurs privés, citoyens, associations (échelle locale)

Repères clés

Les régions françaises

- 22 régions en France métropolitaine (en comptant la Corse).
- 5 régions d'outre-mer, qui sont aussi des départements.

Chapitre

16 Le territoire français et sa population

L'essentiel

Idées clés

Le territoire français est un territoire privilégié

- La situation géographique du territoire est une situation favorable. La France est un « finistère » de l'Europe ouvert sur mers et océan.
- La France se situe à une latitude moyenne en zone tempérée.
- La France dispose de DROM aux latitudes tropicales.
- Le territoire français dispose d'autres atouts, comme un relief varié, jamais vraiment contraignant.
- Façades maritimes et grandes vallées fluviales facilitent la circulation.
- Le climat tempéré est favorable aux activités humaines.
- Les territoires ultramarins ont des spécificités marquées : les contraintes naturelles y sont violentes, l'accessibilité est un problème réel.

La population française, répartition et dynamiques

- La population française est inégalement répartie sur le territoire.
- Les espaces de fortes densités correspondent aux aires urbaines, aux vallées et aux littoraux.
- Les espaces de faible densité sont des espaces ruraux et agricoles.
- La population française évolue dans ses structures démographiques : la France est un pays qui fait figure de pays nataliste mais c'est aussi un pays vieillissant.
- La population française est marquée par des dynamiques spatiales : à l'intérieur du pays, les régions sont diversement attractives ; les migrations externes sont limitées.

Acteurs clés

- État français
- régions
- préfet d'un DROM
- émigrés
- entreprises
- citoyens

Mots clés

- accroissement naturel (p. 252)
- baby-boom (p. 252)
- contrainte (p. 250)
- domaine bioclimatique (p. 250)
- dynamique spatiale (p. 248)
- espérance de vie (p. 252)
- façade maritime (p. 250)
- littoralisation (p. 250)
- répartition de la population (p. 252)
- ressource ou atout (p. 250)
- solde migratoire (p. 252)

Repères clés

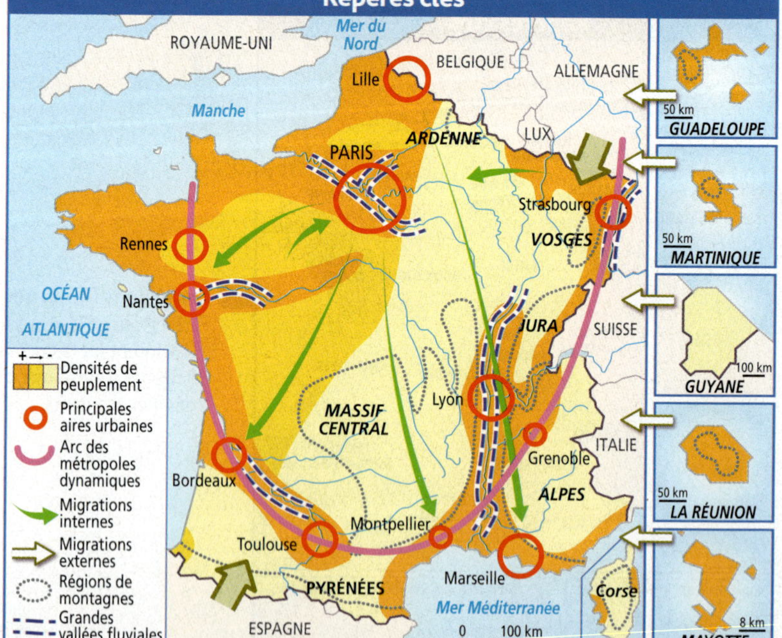

Le territoire français et sa population

Les espaces productifs

Idées clés

Des activités et des espaces de productions diversifiés

- L'économie française repose sur des espaces productifs variés aux performances inégales.
- Les espaces productifs sont des espaces à dominante agricole, industrielle, énergétique ou de loisirs.
- Les espaces productifs se transforment et évoluent différemment selon les régions : l'Île-de-France demeure le premier espace productif industriel.
- Les espaces productifs nécessitent des aménagements spécifiques (sites touristiques, parc de loisirs, centre d'affaires).

De nouveaux facteurs de localisation

- Les facteurs de localisation changent : la présence de ressources naturelles ou de main-d'œuvre est moins importante que l'accessibilité.
- La prise en compte du cadre de vie ou du développement durable est aujourd'hui indispensable dans le choix des localisations et la gestion des espaces productifs.

Des acteurs à toutes les échelles

- Le rôle des acteurs à toutes les échelles est déterminant pour permettre aux espaces de s'adapter à la mondialisation : L'UE (politique commune et soutien aux espaces agricoles) ; l'État et les collectivités territoriales ; les acteurs économiques (entreprises, industries, exploitations agricoles).

Mots clés

- accessibilité (p. 272)
- espace productif (p. 263)
- facteur de localisation (p. 267)
- innovation (p. 272)
- technopôle (p. 272)
- tertiaire (p. 272)

Acteurs clés

- Acteurs institutionnels : Union européenne, État, collectivités territoriales
- Acteurs privés : entreprises, exploitants agricoles, citoyens

Repères clés

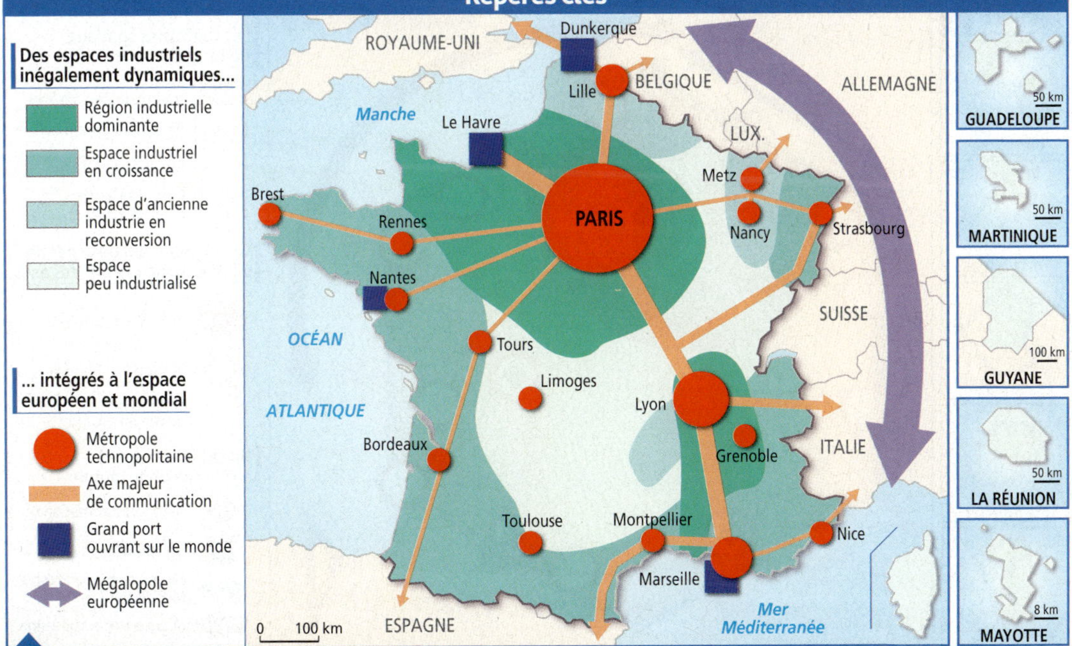

Les espaces industriels en France

CHAPITRE 18

L'organisation du territoire français

L'essentiel

Idées clés

Des centres qui attirent

- Certains lieux sont des espaces privilégiés de la production de richesse. Les principales métropoles organisent la vie économique.
- Les littoraux sont valorisés. Les régions frontalières bénéficient de la proximité des États de l'UE.
- L'agglomération parisienne (11 millions d'habitants) domine l'ensemble du territoire. Elle fournit un tiers du PIB national.
- Paris est la capitale politique, financière et économique ; c'est aussi un centre culturel majeur.
- Paris est la seule ville mondiale en France.

Des périphéries contrastées

- Il existe des espaces moteurs : le croissant dynamique s'étirant de la Bretagne à l'Alsace en passant par les Sud ; des régions agricoles bien intégrées aux marchés européens et mondiaux.
- Certaines régions sont en reconversion : les anciennes régions industrielles du Nord et de l'Est.
- Des espaces sont en difficultés : les régions rurales enclavées, les DROM.

Mots clés

- organisation du territoire (p. 279)
- centre / périphérie (p. 285)
- centralité (p. 281)
- emplois métropolitains supérieurs (p. 286)
- métropolisation (p. 286)
- reconversion (p. 286)
- technopole (p. 286)
- unité urbaine (p. 281)
- ville mondiale (p. 286)
- ZIP (p. 286)

Acteurs clés

- Union Européenne
- État français
- collectivités territoriales
- entreprises
- citoyens

Repères clés

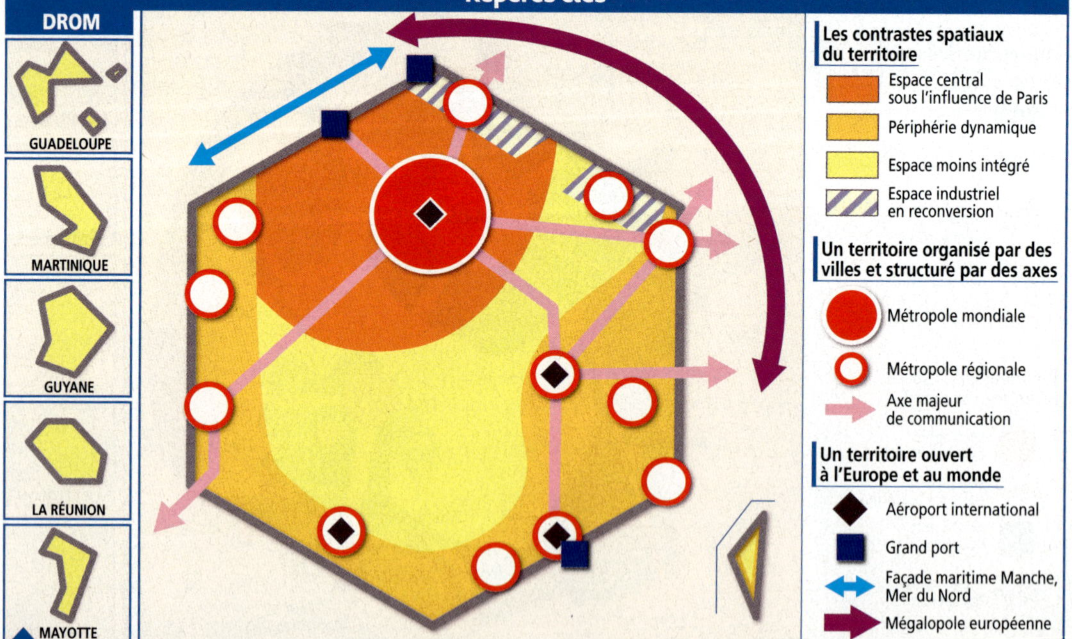

Croquis de l'organisation du territoire français

CHAPITRE 19

L'Union européenne, une union d'États

L'essentiel

Idées clés

L'Union européenne, un territoire en construction

- Les États sont unis dans une organisation régionale.
- Ce projet politique et économique initié par 6 États fondateurs s'élargit progressivement jusqu'à l'Europe des 27.
- L'UE crée une monnaie unique une zone de libre circulation.

De grands écarts de richesse et de niveau de vie au sein de l'UE

- Les anciens États membres sont nettement plus riches et développés que les nouveaux membres d'Europe centrale et orientale.
- Les grandes métropoles et la mégalopole concentrent la richesse économique et l'innovation.
- Les espaces en difficulté ou en retard de développement sont notamment les espaces ruraux isolés.
- Des politiques d'aides sont mises en place pour favoriser un développement plus équilibré par des aménagements.

L'Union européenne dans le monde, un espace privilégié

- Un espace très peuplé : 502,5 millions d'habitants en 2011 (troisième rang mondial).
- Un espace riche et développé.
- Un espace de paix et de démocratie.

Mots clés

- espace Schengen (p. 304)
- fonds européens (p. 301)
- mégalopole européenne (p. 304)
- zone euro (p. 304)

Acteurs clés

- Une organisation régionale : l'Union européenne
- Les 27 États membres
- Les régions européennes

Repères clés

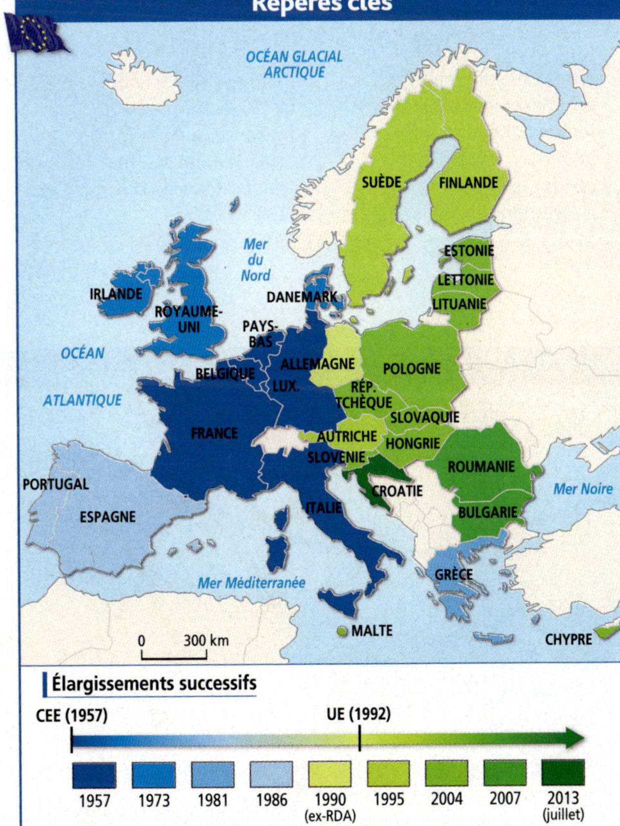

Source : www.robert-schuman.eu, http://europa.eu et www.touteleurope.fr

Les étapes de la construction européenne

CHAPITRE 20

La France intégrée dans l'Union européenne

L'essentiel

Idées clés

La France est intégrée à l'Europe par ses réseaux de transports

- Paris exerce un rôle de carrefour international (centralisation des transports).
- La France est intégrée à l'Europe et au monde par des ouvertures terrestres, maritimes et fluviales mais aussi par des portes d'entrée mondiales portuaires et aéroportuaires, et des transports complémentaires et multimodaux.
- De grands aménagements européens existent : l'amélioration des grands axes de transports, la modernisation du réseau ferroviaire avec les LGV.
- Mais des déséquilibres régionaux persistent.

L'environnement en Europe : une préoccupation majeure

- Le continent européen possède des ressources nombreuses et variées.
- Les aléas menacent les territoires européens.
- Les activités humaines aggravent les risques naturels et technologiques.
- Une coopération européenne est nécessaire pour la gestion de l'environnement : l'entente sur des normes communes visant à protéger leur environnement et le recours aux énergies renouvelables se développent en Europe.

Mots clés

- centralisation (p. 322)
- énergie renouvelable (p. 324)
- environnement (p. 324)
- forêt méditerranéenne (p. 316)
- hub (p. 322)
- intégration d'un espace (p. 311)
- LGV (p. 312)
- multimodalité (p. 322)
- réseau de transports (p. 312)
- ressource (p. 316)
- risque naturel et technologique (p. 316-317)
- SEVESO (p. 324)

Acteurs clés

- Chambre de commerce et d'industrie.
- État français
- maire
- Office National des Forêts (ONF)
- opposants aux projets nucléaire
- opposants aux tracés LGV
- résidents en forêt méditerranéenne
- Réseau ferré de France (RFF)
- Union européenne
- usagers

Repères clés

Grands axes, pôles majeures et nœuds d'échanges en Europe

CHAPITRE

21 La France dans le monde

L'essentiel

Idées clés

La France est présente dans le monde entier :

- par ses territoires d'outre-mer présents dans tous les océans et sur tous les continents.
- par les Français installés hors de France.
- par des entreprises et leurs investissements directs à l'étranger.
- La France a ainsi une assise territoriale qui dépasse ses frontières européennes.

La France exerce un rayonnement culturel à l'échelle mondiale grâce à :

- un patrimoine culturel et historique, des valeurs politiques reconnues.
- une langue parlée sur tous les continents, qui cimente l'Organisation Internationale de la Francophonie (75 pays membres).
- la reconnaissance de la culture française hors de ses frontières.

La France exerce un rayonnement politique international :

- par sa participation aux organismes internationaux et par ses ambassades.
- par sa puissance militaire.
- par sa participation à l'aide au développement, la France peut diffuser ses points de vue.

Mots clés

- coopération bilatérale et coopération multilatérale (p. 342)
- DROM (p. 342)
- francophonie (p. 342)
- outre-mer (p. 342)
- présence territoriale (p. 342)
- rayonnement (p. 335)
- réseau diplomatique (p. 345)
- ultramarin
- ZEE (p. 342)

Acteurs clés

- État français
- ambassadeurs
- Français expatriés
- entreprises françaises transnationales
- Chambres de commerce et d'industrie française à l'étranger
- Alliances françaises
- Organisation internationale de la Francophonie (OIF)
- TV5 Monde
- Radio France Internationale
- organisations non gouvernementales françaises

Repères clés

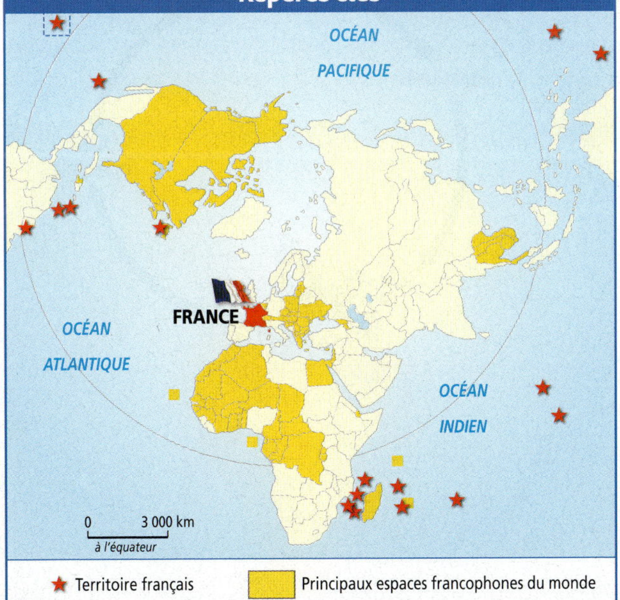

La France, une influence mondiale diversifiée

CHAPITRE 22

Réalités et limites de la puissance de l'UE

L'essentiel

Idées clés

L'Union européenne, un pôle attractif pour ses voisins

- C'est le partenaire commercial privilégié des pays du bassin méditerranéen.
- Elle s'est élargie vers l'Europe de l'est et les demandes d'adhésion se poursuivent.
- L'UE a instauré une politique européenne de voisinage vers les pays voisins.

L'Union européenne, un des grands pôles de puissance mondiaux

- C'est la première puissance commerciale mondiale.
- C'est une grande puissance économique.
- C'est une puissance financière, l'Euro est une monnaie forte.

La puissance européenne, une puissance limitée

- Son rôle diplomatique est limité car les États veulent conserver leur souveraineté.
- Sa puissance militaire est limitée car l'UE ne dispose pas d'une armée commune.

Mots clés

- exportations / importations
- IDE (p. 356)
- pays émergent (p. 352)
- politique européenne de voisinage (p. 356)
- pôle
- processus d'adhésion (p. 350)
- puissance (p. 349)

Acteurs clés

- UE
- État
- président du Conseil européen
- haut représentant pour la politique étrangère et de sécurité
- Conseil de l'Europe
- OTAN
- citoyens européens

Repères clés

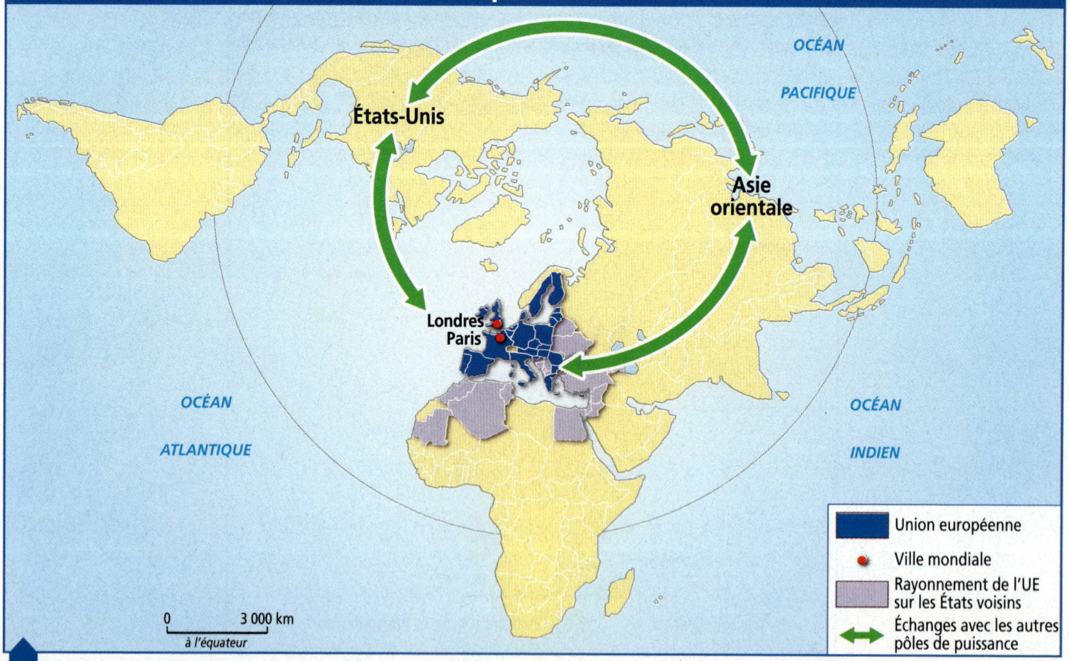

L'UE, un pôle de puissance mondial

1 La République et la citoyenneté

Idées clés

Les valeurs, les principes et les symboles de la République

- Les valeurs de la République, proclamées en 1789 dans la Déclaration des droits de l'homme et du citoyen, sont résumées par la devise « Liberté, Égalité, Fraternité ».
- Elles se traduisent par des principes inscrits dans la Constitution de 1958 : la République est indivisible, laïque, démocratique et sociale.
- Les symboles de la République (drapeau tricolore, devise, la *Marseillaise*, Marianne, le 14 juillet) qui représentent la France, sont issus de la Révolution française.

Nationalité, citoyenneté française et européenne

- Pour être citoyen français, il faut appartenir à la nation française, donc avoir la nationalité française qui s'acquiert de différentes manières.
- Les citoyens ont des droits (droits politiques, individuels, économiques et sociaux) mais aussi des devoirs (respecter les lois, payer des impôts, s'intéresser à la vie politique)
- Les citoyens français sont citoyens européens depuis le traité de Maastricht (1992) et ont de nouveaux droits au sein de l'Union européenne.

Le droit de vote

- La France est une démocratie représentative : tous les citoyens ont le droit de vote (suffrage universel) pour élire leurs représentants au pouvoir.
- La conquête du suffrage universel a été longue depuis 1789 (1848, suffrage universel masculin ; 1944, droit de vote des femmes ; 1974, majorité à 18 ans)
- Les modalités du vote sont précises (vote secret, inscription sur les listes électorales, jouissance de ses droits civiques).
- Le nombre d'abstentionnistes augmente depuis 30 ans.

Mots clés

- Citoyen
- Démocratie représentative
- Devise
- Droits civiques
- Éligibilité
- Fête nationale
- Hymne national
- Nation
- Nationalité
- Principe
- Référendum
- Suffrage universel
- Symbole
- Valeur

Documents clés

Sur les valeurs et principes de la République :
- La Déclaration des droits de l'homme et du citoyen (1789)
- La Constitution de la Ve République (1958)

Sur la nationalité et la citoyenneté :
- Le Code civil
- Le traité de Maastricht (1992)

Sur le droit de vote
- Le Code électoral

Images clés

La fête nationale (14 juillet)

Une carte d'électeur avec le logo de la République

Le vote secret

ÉDUCATION CIVIQUE

2 La vie démocratique

L'essentiel

Idées clés

La vie politique française

- Les pouvoirs centraux de l'État, situés dans la capitale Paris, sont constitués par le pouvoir exécutif (Président de la République, Gouvernement) et pouvoir législatif (Assemblée nationale et Sénat), contrôlés par des conseils indépendants (Conseil Constitutionnel, Conseil d'État, Cour des Comptes).
- À l'échelle locale, avec la politique de décentralisation, l'État a transféré des pouvoirs aux collectivités territoriales (régions, départements, communes et communautés). À l'échelle de l'Union européenne, le Parlement européen vote des lois que doit appliquer l'État.
- Le citoyen participe à la vie politique en défendant ses idées, notamment dans les partis.

La vie sociale

- Les syndicats défendent les droits et intérêts des travailleurs en utilisant différents moyens d'action (négociations, manifestations, grèves). Leurs représentants sont nombreux, mais leur nombre d'adhérents diminue.
- Les groupements d'intérêt (ou lobbies), de plus en plus nombreux, défendent les intérêts particuliers d'un groupe donné et font pression sur les décideurs politiques.

L'opinion publique et les médias

- En France, les médias sont nombreux et variés (télévision, presse, radio, Internet), ce qui garantit le pluralisme de l'information.
- En diffusant et commentant l'information, ils ont une influence sur l'opinion publique, ce qui leur est parfois reproché.
- L'opinion de la population est aussi influencée par les sondages, qui cherchent à connaître ses goûts et ses opinions, surtout au moment des élections.

Mots clés

- Collectivité territoriale
- Décentralisation
- Elections professionnelles
- Groupements d'intérêt
- Médias
- Opinion publique
- Parlement
- Parti politique
- Pluralisme politique ou de l'information
- Pouvoir exécutif
- Pouvoir législatif
- Sondage
- Syndicats

Documents clés

Sur la vie politique française

- La Constitution de la Ve République (1958)
- La première loi de décentralisation (1982)

Sur la vie sociale

- La loi Waldeck-Rousseau qui autorise les syndicats (1884)
- La loi sur les associations (1901)

Sur l'opinion publique et les médias

- La loi sur la liberté de la presse (1881)

Images clés

Le pluralisme politique qui garantit la démocartie

Une manifestation à l'appel de différents syndicats

La télévision, le média le plus suivi

Crédits photographiques

Couverture : AFP ; F. Cormon/hemis.fr/Gettyimages ; ImageSource/Getty.

Livret : **2** Franck Raux/Rmn ; Photo Scala, Florence ; Bpk Berlin, Dist Rmn ; DR - Lessing/Magnum ; **3** Museo della Civilta Romana Rome/Dagli Orti/Picture Desk ; Akg-images ; Pirozzi/Akg Images ; Akg-images ;**4** BNF ; Danyel Massacrier - Angelo/Leemage ; Akg-images ; **5** Photo Josse/Leemage ; Electa-Leemage ; **6** Habouzit/PMVP ; Photo Josse/Leemage ; **7** Hervé Lewandowski/Photo Rmn ; Archives Charmet/The Bridgeman Art Library ; **11** CIRIP/Coll. A. Gesgon ; **13** A. Harlingue/ Roger-Viollet ; **14** Bettmann/Corbis ; Rue Des Archives ; **17** Frederic Reglain/Gamma Rapho ; STR New/Reuters ; Eric Draper/White House/Handout/CNP/Corbis ; Edimedia/WHA/Rue des Archives ; **39** Denis/REA ; Ministère de l'Intérieur-DMAT ; Sylvain Thomas/REA ; **40** Boris Horvat/AFP ; **41** Hussein Malla/ AP/SIPA ; Pierre Verdy/AFP ; Isaf/Hanning/REA.

Manuel : **8** Albert Harlingue/Roger-Viollet ; **9** SPL/Biosphoto ; **10** PrismaArchivo/Leemage ; Merck ; **11** Imperial War Museum ; TBWA/L'Assurance Maladie ; **12** AP Photo/Keystone/Sigi Tischler/Sipa ; **13** Québec (province), Service provincial d'hygiène, Principes d'hygiène, 1923/Centre interuniversitaire d'études québécoises (CIEQ) ; Paul Almasy/Akg-images ; **15** www.mariecurie.science.gouv.fr ; **16** Akg-images ; 17 Heritage Images/Leemage ; **18** Coll. Perrin/Kharbine Tapabor ; Aucouturier/Andia.fr ; **19** Pierre Bessard/Rea ; **20** Fonds Iconographique - Centre Historique Minier, Lewarde ; Gerald Bloncourt/ Rue des Archives ; Pierre Gleizes/Rea ; **21** Robert Doisneau/ Rapho/Gamma Rapho ; L'Illustration ; Rue des Archives/Collection Jean Jacques Allevi ; Olivier Laban-Mattei/AFP ; **23** Aaron Josefczyk/Reuters ; Club Méditerranée ; Massimo Siragusa/Contrasto- Rea ; **25** Cité Nationale de l'Histoire de L'Immigration ; **26** The Andy Warhol Foundation/Corbis/Adagp, Paris 2012 ; Akg-images/Adagp, Paris 2012 27 MoMA, New York/Scala, Florence/Adagp, Paris 2012 ; Collection particulière/ Adagp, Paris 2012 ; **31** Australian War Memorial ; **32** SSPL /Leemage ; **33** TopFoto/Roger-Viollet ; De Agostini/Leemage/ ©Adagp, Paris 2011 ; **34** APIC/Getty Images ; **35** Ullstein Bild/ Roger-Viollet ; **37** Bettmann/Corbis ; **38** Imperial War Museum ; **39** Musée National de l'Education/CNDP ; Abel Faivre, Pour la France versez votre or, 1915/ADAGP, Paris 2012/BNF ; Historial de la Grande Guerre - Péronne (Somme) ; **40** Akg-images ; **41** Édimédia ; Moro Roma ; Akg-images ; **43** Kunstbibliothek, SMB /Dietmar Katz/BPK/RMN ; **45** Michel Petzold ; **46** Mairie de Craonne ; **47** Duvallon/Leemage ; **49** Erich Lessing/ Akg-images ; Neil Beer/Corbis ; **50** David King Collection ; Akg-images ; **51** Mary Evans/Rue des Archives ; **52** Rene Dazy/ Rue des Archives ; **53** eng.plakaty.ru ; **54** Bettmann/Corbis ; Collection privée ; **55** Tomasz Kizny /Agence VU ; **56** United States Holocaust Memorial Museum ; United States Holocaust Memorial Museum ; **57** Le Figaro ; BPK, Berlin, Dist. RMN-GP /Karl Paulmann ; **58** Leemage ; Akg-images ; **59** Akg-images ; US National Archives/Roger-Viollet ; Deutsches Historisches Museum ; 61 International Institute of Social History (Amsterdam) ; United States Holocaust Memorial Museum ; **62** DR ; **63** Ullstein bild/Akg-images ; **64** Keystone/Gamma Rapho ; **65** Mansell/Time & Life Pictures/Getty Images ; **66** Ria Novosti/AKG ; **67** Kaldei/RIA Novosti ; **68** The Granger Collection NYC/Rue des Archives ; Australian War Memorial ; **69** photo12. com/Oasis ; **70** Popperfoto/Getty Images ; **71** IWM/Camerapress/Gamma Rapho ; **72** Universal History Archive/Getty Images ; **73** Hulton Archive/Getty Images ; **74** AKG-images ; **75** Bernard Gotfryd/Getty Images ; Bilderwelt/Roger-Viollet ; **76** Prod DB © U.S. government/DR ; 77 AKG-images ; **78** www. memorialdelashoah.fr ; **81** Památník Terezín (Terezín Memorial) ; **83** IISG Collection(International Institute of Social History (Amsterdam) ; **84** ECPAD ; **87** Rue des Archives/RDA ; **88** Alain gesgon/Cirip ; 89 Marco Dormino/AP/Sipa ; **90** Akg images ; **91** Rue des Archives/BCA ; Geard Malie/AFP ; **92** Alain Gesgon/Cirip ; **93** Coll. A. Gesgon/CIRIP ; Coll. Dixmier/Kharbine- Tapabor ; **94** AP/Sipa ; **95** Leslie Gilbert Illingworth/Solo Syndication ; **96** Bettmann/Corbis ; **97** Chip Hires/Gamma Rapho ; Conseil de l'Europe ; **99** O. Simanca/Cagle Cartoons ; www.curiosphere.tv ; **100** Photo L'Adresse Musée de La Poste, Paris/La Poste ; **101** RMN/J.-G. Berizzi/Succession Picasso, 2012 ; The Bridgeman Art Library/Succession Picasso, 2012 ; **102** Keystone ; **103** United Nations Photo Library ; **104** Fototeca/Leemage ; **105** Bettmann/Corbis ; **106** Keystone ; Hulton-Deutsch Collection/Corbis ; **107** Selva/Leemage ; **108** Reporters Associés/Gamma Rapho ; Jean Vigne/Kharbine Tapabor ; **109** Journal La Montagne ; Ullstein Bild/Roger-Viollet ; Jean-Paul Margnac ; **110** AFP ; Keystone/Gamma Rapho ; **111** Georges Gobet/AFP ; **112** Plantu ; **113** Ian Berry/Magnum Photos ; Collection Eric Deroo ; **115** Le Figaro ; Fritz Behrendt/DR ; **116** Reuters ; **117** Henri Cartier-Bresson /Magnum Photos ; **119** www.cvce.eu ; **120** Keystone/Gamma Rapho ; Alain Gesgon/ Cirip ; **121** Corbis ; Prod DB © Bac Films – Mate – Ce Qui Me Meut Motion Pictures/DR ; **122** Keystone/Gamma Rapho ; Théo MEY/Photothèque de la Ville de Luwembourg ; **123** Ullstein Bild/Roger-Viollet ; © Christian Simonpietri/Sygma/ Corbis ; **124** European Union EP ; Fotolia.com ; European Union EP ; European Union EP ; Fotolia.com ; **125** www.no-euro.com ; Plantu ; **126** Fotolia.com ; www.touteleurope.eu ; **127** Plantu ; **128** Photo L'Adresse Musée de La Poste, Paris/La Poste ; **129** Photo L'Adresse Musée de La Poste, Paris/La Poste ; Photo L'Adresse Musée de La Poste, Paris/La Poste/2012 Niki Charitable Art Foundation/Adagp, Paris ; Photo L'Adresse Musée de La Poste, Paris/La Poste/Adagp, Paris 2012 ; **131** Chalvin ; **132** East News/Sipa ; **133** Georges Million ; Danilo Krstanovic/ Reuters ; **134** Steve Ludlum/The New York Times-Redux-Rea ; **137** AP Photo/Abdeljalil Bounhar/Sipa ; **139** www.curiosphere. tv ; **142** Keystone/Gamma Rapho ; **143** Plantu ; **144** Roger-Viollet ; 145 Collection Kharbine Tapabor ; **146** Leemage ; Alain Gesgon/CIRIP ; **147** Michel Petzold ; Coll. Dixmier/Kharbine Tapabor ; **148** ECPAD ; **149** Rue des Archives/Tal ; **150** Collection Kharbine Tapabor ; **151** David Seymour/Magnum Photos ; Collection Grob/Kharbine Tapabor ; **152** Ullstein Bild/Roger-Viollet ; Rene Dazy/Rue des Archives ; **153** Photo L'Adresse Musée de La Poste, Paris/La Poste ; Roger-Viollet ; **156** Prod DB R.A.C/DR **157** Prod DB © R.A.C /DR ; **158** Christophe Dutrône ; **159** The Bridgeman Library ; **160** Gamma-Rapho ; Hulton Archive/Getty Images ; **161** Rue des Archives/PVDE ; Keystone-France ; **163** Dépêche du Centre ; AKG-images ; Collection particulière ; **164** Musée de L'Ordre de la Libération ; Centre d'Histoire de la Résistance et de la Déportation/Ville de Lyon ; **165** Keystone/Gamma Rapho ; Collection Kharbine Tapabor ; **166** Musée de la Résistance du Mont Mouchet ; **167** Musée de la Résistance du Mont Mouchet. Auvers, Haute-Loire. Fonds Codura ; **168** Rue des Archives ; **169** Ministère de la Défense-DMPA ; Photo André Jacquelin- Archives Départementales de l'Ain ; Paris - Musée de l'Armée, Dist. RMN/Pascal Segrette ; **170** Robert Doisneau/Rapho/Gamma Rapho ; **171** Keystone/Gamma Rapho ; Collection Kharbine Tapabor ; **173** SIPA Press ; Centre d'Histoire de la Résistance et de la Déportation/Ville de Lyon ; Bridgeman Art Library ; Musée de la Résistance Nationale Champigny-sur-Marne ; **174** Gusman/ Leemage ; **175** Gibrat-Dupuis ; **176** Raymond Darolle/Sygma/ Corbis ; **177** Jean-Pierre Tartrat/Gamma rapho ; **178** Rue des Archives/AGIP ; **179** Collection particulière ; Jean Effel/L'Express 1958/ADAGP, Paris, 2012 ; **180** Alain Gesgon/Cirip ; **181** Dominique Berretty/Rapho ; Sipa ; **182** Rue des Archives/AGIP ; Keystone/Gamma Rapho ; **183** Berhendt/DR ; Roger-Viollet ; **184** Rue des Archives/Collection Jean Jacques Allevi ; **185** Keystone/Gamma Rapho ; Janine Niepce/Roger-Viollet ; **187** www.ina.fr ; **188** Ouest France, Une du 11 mai 1981 ; **189** Sipa ; **190** Michel Setboun/Sipa ; **191** Alain Buu/Gamma ; Pool/ Tondre-Ludovic/Rea ; **192** Nouvel Observateur ; Puech/Sipa ; **193** Plantu ; Patrick Kovarik/AFP ; **194** Keystone/Gamma Rapho ; **195** Mychele Daniau/AFP ; PS ; **196** Reporters Associés/ Gamma Rapho ; Jacques Pavlovsky/Sygma/Corbis ; Keystone/ Gamma Rapho ; Alexis Duclos/Gamma Rapho ; Frederic Reglain/Gamma Rapho ; Niko/Witt/Sipa ; **197** Rue des Archives/ AGIP ; **199** Marc Bertrand/Challenges- Rea ; Arnaud Chicurel/ Hemis.fr ; Bertrand Gardel/Hemis.fr ; **204** Rodemann/Age Fotostock ; DR ; Hergé/Moulinsard, 2012 ; Prod DB © United Artists/DR ; **205** De Agostini/Leemage/ Adagp, Paris 2012 ; Ullstein bild/Akg-images ; Bernard Gotfryd/Getty Images ; **206** Akg-images/Cameraphoto/ Adagp, Paris 2012 ; Prod DB © United Artists/DR ; The Bridgeman Art Library/Christie's Images/Adagp, Paris 2012 ; Artedia/Leemage/Adagp, Paris 2012 ; **207** RMN/J.-G. Berizzi/Succession Picasso, 2012 ; Marc Bertrand/Challenges-Rea ; Photo L'Adresse Musée de La Poste, Paris/La Poste ; José Barea/Hoa Qui/Gamma Rapho ; **208** Photo-aerienne-france.fr ; **209** Flament/Andia.fr ; **211** Valery Joncheray ; cartes ; **212** Vincent Jacques/Samoa-Nantes ; Nantes Métropole ; **213** Jean Claude Moschetti/Rea ; **214** Pierre Jacques/Hemis.fr ; Parc de la Vanoise ; **215** Alain Kubcsi/Explorer/Gamma Rapho ; A. Demotes/Photononstop ; **216** Pierre Witt/Gamma Rapho ; JPA/Photos-sud-france.com ; Jean-Frédéric Itte/Biosphoto ; **217** Thierry Borredon/Hemis.fr ; **221** L'Europe Vue du Ciel ; Stéphanie Le Dantec/les Amis de l'ecozac de la place de Rungis ; **223** Raymond Depardon/Magnum Photos ; Silvana Reggiardo /Min.Agri.Fr ; **227** carte ; PNR ; **228** F. Henry/REA ; **229** PhotoPqr/Le Progrès/R. Mouillaud ; **230** J. Degas/hemis.fr ; DRAC Rhône-Alpes - Ministère de la Culture et de la Communication ; **231** PhotoPqr/Le Dauphiné/M. Stéphane ; **233** L'Express n°2945 du 13-19 décembre 2007 ; Elenaphotos21 – Fotolia ; **234** photo-aerienne-france.fr ; **235** philippe.maeder@edipresse.ch ; **236** TER Rhône-Alpes ; **243** Région Rhône-Alpes ; laregion.fr ; **244** Photononstop ; **245** Jon Arnold /AWL Images Ltd/Corbis ; **246** AFP Photo/Gendarmerie Nationale ; **247** H. Vincent/REA ; **250** © spacephotos.com ; **251** C. Moirenc/Hemis/Corbis ; Danita Delimont/Gettyimages ; **253** Flore-Aël Surun/Tendance Floue ; **257** réalisé avec Géoclip/ geocli fr ; **259** Région Aquitaine ; **260** Région Limousin et Concept graphique Iti Communication - Limoges ; **262** www. leuropevueduciel.com ; **263** F. Cormon/hemis.fr/Gettyimages ; Disney ; **264** Géoportail ; Le buron de Fages ; **265** Biocoop ; **266** Airbus S.A.S 2010 photo by em company/Masdclet ; **268** Laurent Grandguillot/REA ; **269** Région Centre ; **273** Euroméditerranée/Golem Images ; **274** extrait de la carte IGN Top25 n°3618OT ; Le Hohneck/Gérardmer/La Bresse/PNR des Ballons des Vosges ; **275** S. Edelbutte - A. Humbert /CERPA ; **277** Campagne de communication « JeveuxMetz » © HOP/Metz Métropole Développement ; EDF ; **278** Archamps Technopole -Photographe Thierry Genand ; **279** Hubert de Bree ; **280** Inter-Network Media/gettyimages ; **281** AFP ; **282** H. Chauvet/Urba Images Server ; **287** F. Bocquet/photos-aeriennes ; **291** © IAU Île-de-France – cartes interactives ; **294** réa ; **296** EU ; **297** G. Bréhinier ; **298** Jobard/SIPA ; **300** AFP Photo/D. Mihailescu ; AFP Photo /Andy Buchanan ; **301** EU ; **304** © Mai 2010 - Préfecture de Paris et d'Île de France/brochure cofinancée par l'Union Européenne et les fonds européens de développement durable ; **305** euromaid ; **308** AFP Photo/Philippe Merl ; **309** Pierre Kroll ; Union européenne, 1995-2012 ; **310** Rothan/ Airdiasol ; **311** Barbarousis Sitiris/Epa/MaxPPP ; **313** David Thierry/PhotoPqr/Sud Ouest/MaxPPP ; Conseil Général Territoire de Belfort ; CCI Pau Béarn ; **314** TP Ferro ; **315** Howard Grey/Getty Images ; **316** Ectm photos ; **317** Mikael Anisset/ PhotoPqr/le Midi Libre/Max PPP ; Damourette/Sipa ; **318** Centrale Blayais/DR ; **319** Accid Vosges ; **323** IGN ; **324** Alexandre Meinesz/Gamma Rapho ; **325** Philip Plisson ; **326** Pierre Gleizes/Rea ; **327** Ian Jones/Gamma Rapho ; Air France ; **329** ONF ; **334** © Antonio Picacreta/ROPI-REA/Jacques Ferrier Architectures ; **335** AFP Photo/Patrick Baz ; **336** ESA/CNES/ Arianespace - Photo Optique Video CSG, Baudon, 200332 DanubeBridge2 ; **337** Université ag ; **338** © UNESCO;E. Charon/Urba Images Server ; **339** Université La Réunion ; **343** Cyril Bailleul /OIF ; **346** TV5 Monde ; **347** Fondation Alliance française ; **348** Du yu/AFP ImageForum ; **349** Ruben Oppenheimer ; **351** CE/courtoisie Otan/euromed/union douanière/ UEFA ; Conseil de l'Europe ; **352** Chambre de commerce française de Turquie ; **353** Plantu ; **356** José Giribas/ROPI-REA ; **360** istock ; europa.

OCÉAN GLA
EUROP
Alaska (É.-U.)
Groenland (Danemark)
ISLANDE
NORVÈGE
FINLA
SUÈDE
CANADA
ROYAUME-UNI
DANEMARK
IRLANDE
ALLEMAGNE
POLO
PAYS-BAS
BELGIQUE
SUISSE
FRANCE
PORTUGAL
ESPAGNE
ITALIE
AMÉRIQUE DU NORD
ÉTATS-UNIS
1 LUXEMBOURG
2 RÉP. TCHÈQUE
3 SLOVAQUIE
4 HONGRIE
5 AUTRICHE
6 LIECHTENSTEIN
7 SLOVÉNIE
8 CROATIE
9 BOSNIE-HERZÉGOVINE
10 SERBIE
11 MONTÉNÉGRO
12 KOSOVO
13 MACÉDOINE
14 ALBANIE
15 SAINT-MARIN
16 VATICAN
17 MONACO
18 ANDORRE
19 TERRITOIRES SOUS AUTORITÉ PALESTINIENNE
TUNISIE
MAROC
ALGÉRIE
BAHAMAS
CUBA
MEXIQUE
RÉPUBLIQUE DOMINICAINE
JAMAÏQUE
PORTO RICO
BELIZE
HAÏTI
GUATEMALA
HONDURAS
SALVADOR
NICARAGUA
COSTA RICA
PANAMA
AFRIQU
MAURITANIE
MALI
NIGER
SÉNÉGAL
GAMBIE
GUINÉE-BISSAU
GUINÉE
SIERRA LEONE
LIBERIA
BURKINA FASO
BÉNIN
NIGERIA
CÔTE D'IVOIRE
GHANA
TOGO
CAMEROUN
GUINÉE ÉQUATORIALE
GABON
VENEZUELA
GUYANA
SURINAME
Guyane (Fr.)
COLOMBIE
Équateur
ÉQUATEUR
AMÉRIQUE DU SUD
PÉROU
BRÉSIL
BOLIVIE
PARAGUAY
Tropique du Capricorne
OCÉAN
PACIFIQUE
OCÉAN
ATLANTIQUE
URUGUAY
ARGENTINE
CHILI
ANT